릭켄의
종교철학

프리도 릭켄 글 이종진 옮김

Alle Rechte vorbehalten
©2003 W.Kohlhammer GmbH Stuttgart
Umschlag: Data Images GmbH
Gesamtherstellung:
W. Kohlammer Druckerei GmbH + Co. Stuttgart
Printed in Germany

ISBN 3-17-011568-5

릭켄의
종교철학

프리도 릭켄 글   이종진 옮김

릭켄의 종교철학

발행	2010년 1월 5일 1쇄
	2020년 7월 30일 3쇄
지은이	프리도 릭켄
옮긴이	이종진
펴낸이	박민우
기획팀	송인성, 김선명, 박종인
편집팀	박우진, 김영주, 김정아, 최미라, 전혜련
관리팀	임선희, 정철호, 김성언, 권주련
펴낸곳	(주)도서출판 하우
주소	서울시 중랑구 망우로68길 48
전화	(02)922-7090
팩스	(02)922-7092
홈페이지	http://www.hawoo.co.kr
e-mail	hawoo@hawoo.co.kr
등록번호	제475호

값 24,000원

ISBN 978-89-7699-658-9 93100

이 책은 저작권법에 따라 보호받는 저작물이므로 무단 전재와 무단 복제를 금지하며,
이 책 내용의 전부 또는 일부를 이용하려면 반드시 저작권자와 (주)도서출판 하우의 서면 동의를 받아야 합니다.

*종교철학*의 한국어 번역에 대한 저자의 서언

철학은 종교를 필요로 하며 종교는 철학을 필요로 한다. 종교는 철학보다도 더 오래된 것이다. 유감스럽게도 나는 한국과 극동의 정신사 안에서 종교와 철학의 관계에 대하여 거의 아는 바가 없다. 유럽에서는 철학이 종교로부터 발전되었다; 아리스토텔레스는 그의 *형이상학* 서두에서 그리스철학이 그 기원을 신화에 두고 있을 가능성을 지시하고 있다. 종교들이 인간의 마지막 물음들을 제기하고 살아 있게 유지한다.

그러나 마찬가지로 종교는 철학을 필요로 한다. 종교적 신앙은, 캔터베리의 안젤무스의 잘 알려진 정식에 따르면, 통찰을 구하는 신앙(*fides quaerens intellectum*)이다. 철학은 종교를 증명할 수는 없으나, 종교가 인간적 삶을 위해 무엇을 의미하는지 그리고 그것이 인간적 삶을 어떻게 해석하는지를 이해하려고 한다. 철학은 종교가 다른 문화영역들과 맺는 관계에 대하여 묻는다: 과학, 도덕, 법, 정치, 예술. 철학은 변화하는데, 왜냐하면 인간의 자기이해와 이성에 대한 신뢰는 변화에 종속되어 있기 때문이다; 왜냐하면 무진장한 하나의 현실은 항상 새로운 관점들 아래서 고찰될 수 있기 때문이다; 왜냐하면 철학은 과학과 그리고 그것의 교체하는 범례들과의 대화에 의존해 있기 때문이다.

종교는 사람들이 자신들의 삶에 대한 종교의 의미를 파악하는 정도만큼 존속한다. 통찰에 대한 추구는 그런 이유로 결코 완결될 수 없는 과제이다. 시대의 정신적 상황은 변화한다; 통찰에 대한 추구는 그렇기 때문에 항상 새로운 길에 의존해 있다. 종교는 시대에 매여 있는 철학과 함께 영락하는 방식으로 하나의 철학에 매여 있어서는 안 된다. 각각의 시대는 종교에 이르는 자신의 고유한 길을 추구해야만 한다.

이 책은 여러 보기들을 가지고, 인간적 삶에 대한 종교의 의미를 이해하는데 수많은 길들이 있음을 보여주려고 한다. 보기들은 유럽 철학의 역사에서 차용한 것들이다. 그러나 그것들로써 드러나야 할 것은 유럽문화에 국한되어 있지는 않다. 이 책은 우리가 인간 삶의 다른 영역들로부터 어떻게 종교에 이르는 통로를 발견할 수 있는지를 그리고 종교가 이러한 영역들에 대해 무엇을 의미하는지를 보여주려고 한다. 이런 의미에서 이 책은 볼 수 있게 하는 안내(Anleitung zum Sehen)가 되기를 원한다.

수고스러운 번역의 작업을 해준 이종진 신부와 그의 번역문 교정을 도와준 예수회 연학수사들에게 진심으로 감사의 마음을 전한다.

2009년 12월, 뮌헨에서
프리도 릭켄

옮긴이의 말

　　본서는 열 한 명의 서양철학자들의 종교사상을 소개하고 있다. 본서는 단순히 이들의 종교철학적 사유를 개관하는데서 그치지 않고, 저자 자신의 비판적인 물음들과 그에 대한 가능한 대답들을 통해서 과거의 현자들과의 대화를 시도하고 있는 책이다. 4년간에 걸친 번역작업을 통해서 빼어난 철인들의 종교철학적인 통찰들과, 그에 덧붙여 옮긴이의 옛 은사이기도 한 저자의 학문적 식견을 배울 수 있었던 것이 본인에게는 가장 큰 기쁨이었다. 독자들이 목차와 참고문헌을 통해서 일견할 수 있듯이, 이 책은 저자가 평생에 걸친 독서량을 바탕으로 해서 쓴 것이다. 저자인 릭켄 신부는 철학사 전반에 정통해 있으며, 특별히 고대철학, 윤리학, 영미분석철학 그리고 종교철학이 그의 주요한 연구영역들이다. 저자가 서언에서 언급하고 있듯이 본서의 방법론은 비트겐슈타인의 '일목요연한 묘사übersichtliche Darstellung'(『철학적 탐구』 122번)에 입각해 있다. 이 책의 내용을 채우고 있는 수많은 인용문들은 독자로 하여금 어느 정도 원서를 직접 대한다는 느낌을 갖게 해주는데, 이런 효과야말로 이 책의 가장 큰 장점이라고 할 수 있을 것이다. 이 책에 소개되어 있는 사상가들 중에서 퍼스, 뉴먼, 토마스 아퀴나스, 플로티노스를 제외한 다른 사상가들의 대표적인 종교철학적 저서들은 이미 우리말로 번역이 되어 있다. 앞서서 고전을 번역한 학자들의 노고 때문에 역자 편에서 번역의 수고를 덜 수 있었다. 비록 그분들의 존함을 열거하지는 않지만 이 자리를 빌어서 감사의 말씀을 드린다.

역자의 번역문을 교정해 준 예수회 안의 벗들, 김건동 수사, 김민 수사, 김민철 수사, 김형욱 수사, 박근배 수사, 조창모 수사에게도 감사드린다. 이분들의 꼼꼼한 교정이 불충분한 번역문의 완성도를 높여주었다. 아울러 어려운 출판환경에서도 철학전문서적의 출간을 기꺼이 허락해주신 하우출판사의 박영호 사장님께 진심으로 감사의 말씀을 드린다.

서강대 다산관 연구실에서
2009년 12월
이종진

일러두기

1. 이 책은 독일 콜함머Kohlhammer 출판사가 Grundkurs Philosophie 시리즈 제17권으로 발행한 프리도 릭켄Friedo Ricken의 *Religionsphilosophie* (Stuttgart 2003)를 완역한 것이다.

2. 번역상의 일반적인 원칙은 원문에 충실하게 직역하는 것이었다. 예컨대, 독일어에서 흔히 발견되는 부문장들은 원문의 순서나 표기(보기: 쉼표사용)에 따라서 번역함을 원칙으로 했으며, 짧은 부문장의 경우에는 이해에 큰 어려움이 없다고 판단되는 경우에 한해서 하나의 수식어처럼 처리해서 번역했다. 의역은 가능한 한 피하려 했으나, 의미소통을 위해서 예외적으로 허용한 경우도 있다.

3. 사용된 부호와 표기의 원칙
  - 본문에서 저자 자신이 원문의 출처를 밝히기 위해서, 라틴어나 영어의 병기를 위해서, 혹은 생략된 문장을 지시하기 위해서 사용한 ( ), [ ]는 생략하지 않고 모두 표기하였다. 역자에 의해서 ( ), [ ]가 표기된 경우들도 있다. 가령, 본문에 소개된 사상가들의 이름이나 중요한 개념들에 대한 독일어 병기를 위해서, 혹은 보다 분명히 번역어의 의미를 전달하기 위해서 한자를 병기하거나 원문의 용어들(독일어나 영어)을 병기한 경우, 혹은 한국말 병기를 위한 경우 등이다.
    * 리처드 스윈번(Richard Swinburne)
    * 정립(Setzung),
    * 의식(意識), 관용의 원칙(Principle of Charity), 보증(warrant), 전(前)형식

(Vorform), 축복을 주는 신앙(seligmachenden Glauben)
* dem *Blauen Buch*[청색본]

- ' '의 사용은 주로 역자에 의해서 삽입된 것이다. 예컨대, 다소 긴 독일어의 합성명사를 하나의 단어로 직역할 때 생기는 이해의 어려움을 해소하기 위해서 역자가 부득이 여러 단어로 번역해야 할 때가 있었다. 이때 ' '를 사용해서 번역된 단어가 하나의 합성어임을 지시했다. 간혹, 한 단어의 강조를 위해서 저자가 사용한 경우도 있다.
* '진리로 간주함(Fürwahrhalten)', '삶의 진지성(Lebensernst)'[역자사용]
* '내기'[저자사용]

- " "는 모두 저자에 의해서 사용된 것으로서, 인용문의 표기를 위해서나 인용문의 일부표현을 보다 강조하기 위한 것이다.
* "방치된 논증", "전체는 하나의 수수께끼이다"

- §는 모두 저자에 의해 사용된 것으로서, 인용된 원서 안의 번호를 표기하거나, 본문의 좌우측여백에 기입된 저자 자신의 문단 번호를 나타내는 것이다.

- 굵은 글자체는 본문의 원어가 대문자로 표기된 경우이다.
*   ABERGLAUBE를 **미신**으로 번역

- *이탤릭체*로 표기된 것은 모두 원서의 표기원칙에 따른 것이다.

4. 각주의 사용

각주는 모두 역자에 의한 것이다. 각주의 사용은 특정한 개념이나 그것이 사용된 맥락의 부연을 위한 것이다.

5. 인용문의 번역

본문의 인용문들 중에서 우리말 번역서를 통해서 소개가 되어 있는 내용들은 역자가 해당 번역서를 참조하면서 수정해 번역했다. 성서의 원문들은 『성경』(한국 천주교 주교회의)을 따랐다.

차 례

*종교철학*의 한국어 번역에 대한 저자의 서언
옮긴이의 말
일러두기
약어들
서언

도입 ——————————————— 28
   I. 이 책이 다루고 있는 것과 그렇지 않은 것에 대하여 / 28
   II. 방법론에 대하여 / 31
   III. 관심과 테제들 / 33
      1. 종교와 형이상학 / 33
      2. 합리성 / 34
      3. 상호적 해석 / 37
   IV. 왜 이 책은 비트겐슈타인에게서 시작하는가? / 40
      1. 리처드 스윈번(Richard Swinburne) / 41
      2. 앨빈 플랜팅가(Alvin Plantinga) / 43

A. 사유에 한계를 짓기 : 루트비히 비트겐슈타인 (Ludwig Wittgenstein) - 48
   I. 증언들 / 49
      1. 비트겐슈타인과 나눈 드루리의 대화들 / 49

    2. 문화와 가치 / 57
Ⅱ. 철학 / 63
    1. 말함과 보여줌 / 63
    2. 윤리학과 미학 / 71
    3. 언어놀이들 / 77
    4. 원현상(原現象)들 / 80
    5. 일목요연한 묘사 / 83
Ⅲ. 신앙과 경험 / 95

B. 종교적 근본행위 : 윌리엄 제임스 (William James) ―――― 99
  Ⅰ. 종교적 근본행위의 개념에 대해서 / 99
  Ⅱ. 신앙과 결단 / 102
  Ⅲ. 반응으로서의 종교 / 111
  Ⅳ. 신앙상태 / 117
  Ⅴ. 진리에 대한 물음 / 122

C. 종교와 과학: 찰스 샌더스 퍼스 (Charles Sanders Peirce) ―――133
  Ⅰ. 프로그램: 종교와 과학의 결혼 / 133
  Ⅱ. 본능의 개념과 기능들 / 136
  Ⅲ. 과학의 신학적 전제들 / 141
  Ⅳ. 신의 실재 / 144
  Ⅴ. 명상, 학문이론, 신학 / 149
    1. "경시된 논증"의 전제와 구축 / 150
    2. 명상에 잠김 / 152
    3. 본능적 이성 / 159

D. 종교, 철학, 이성: 존 헨리 뉴먼 (John Henry Newman) ———172

Ⅰ. 종교란 무엇인가? / 173
Ⅱ. 철학이란 무엇인가? / 181
Ⅲ. 종교적 신앙과 이성 / 188
    1. 이성의 관여들 / 188
    2. 종교적 신앙의 현상학에 대하여 / 192
    3. 함축적 이성과 명시적 이성 / 198
    4. 종교적 신앙과 선행하는 근거들 / 200
    5. 반성의 위험들 / 203
    6. 물리적 신학 / 205
    7. 종교적 신앙, 미신, 광신 / 209

E. 자연적 종교와 계시된 종교 : 존 헨리 뉴먼 (John Henry Newman) ———212

Ⅰ. 동의의 문법 / 214
    1. 개념적 파악과 실제적 파악 / 215
    2. 개념적 동의와 실제적 동의 / 221
    3. 종교와 신학 / 226
Ⅱ. 양심 / 231
    1. 양심경험의 두 국면들 / 231
    2. 양심의 본능 / 234
Ⅲ. 자연적 종교와 계시된 종교 / 240
    1. 계시의 개념 / 240
    2. 자연적 종교 / 243
    3. 동의의 무조건성 / 249
    4. 추론감각 / 251

5. 계시된 종교 / 257

F. 종교의 장애와 본질에 대하여 : 프리드리히 슐라이어마허 (Friedrich Schleiermacher) ——————————— 265

  I. 어째서 종교는 교양인들에게 멸시받고 있는가? / 266
  II. 종교의 장애들 / 274
     1. 이해와 감각 / 274
     2. 교회 / 279
  III. 종교란 무엇인가? / 285
     1. 우주를 직관함 / 285
        a) 직관과 느낌 / 286
        b) 우주 / 292
     2. 자신을 전적으로 종속된 존재로 느낌 / 297
  IV. 종교적 다원주의 / 305

G. 이성과 계시 : 임마누엘 칸트 (Immanuel Kant) ——————— 318

  I. 순수한 이성종교 / 322
     1. 최상선의 이상에 대하여 / 322
        a) 최상의 연역된 선 / 322
        b) 최상의 근원적 선 / 325
     2. 순수한 실천이성의 요청들 / 328
        a) 요청들과 순수한 실천적 이성신앙 / 328
        b) 신의 실존 / 333
        c) 순수한 실천적 이성신앙과 종교비판 / 340
        d) 목적론적인 그리고 도덕적인 신 증명 / 343

II. "변신론에 있어서 모든 철학적 시도들의 실패에 대하여" / 347
　　1. 불행의 세 종류들과 그것들의 정당화를 위한 시도들 / 348
　　2. 교의적인 변신론과 진정한 변신론 / 353
III. 순수한 이성종교와 계시 / 356
　　1. 원죄에 대한 성서의 보도 / 358
　　2. 그리스도론에 대하여 / 362
　　　　a) 완전한 인간의 보기 / 364
　　　　b) 유비의 도식 / 366
　　3. 하느님의 나라와 교회 / 370
　　　　a) 윤리적 공동체 / 371
　　　　b) 가시적 교회 / 373
　　　　c) 계시신앙과 이성신앙 / 375
　　　　d) 자연적 종교와 계시된 종교 / 379

H. 회의주의와 종교비판 : 데이비드 흄 (David Hume) ——— 385

I. 자연종교에 관한 대화들 / 387
　　1. 배경 / 387
　　2. 해석의 문제들 / 391
　　3. 종교의 토대로서의 철학적 회의주의? / 394
　　4. 클리안테스의 목적론적 논증 / 398
　　5. 신의 자연적인 그리고 윤리적인 속성들 / 403
　　6. 이신론, 신인동형론, 유신론 / 407
　　7. 종교와 도덕 / 415
II. 종교의 자연사 / 419
　　1. 두 개의 물음들 / 419
　　2. 인간본성 안에서의 종교의 근원 / 420

3. "인간본성의 보편적인 부수현상" / 423
4. 대중적인 종교들의 유신론 / 425
5. 회고: "전체는 하나의 수수께끼이다" / 432

I. 인간조건(condicio humana)의 해석으로서의 참된 종교 : 블레즈 파스칼 (Blaise Pascal) ─────────── 437
I. 팡세의 본문 / 437
II. "신이 없는 인간의 비참" / 440
   1. 자기 자신으로부터 도주하고 있는 인간 / 440
   2. 가상의 지배 / 443
   3. 위대함과 비참함 / 447
   4. 회의론과 독단론 / 451
III. 종교적 신앙의 인식론에 대하여 / 453
   1. 마음의 느낌 / 453
   2. 판단, 의심, 신앙 / 455
   3. 신앙과 사랑 / 458
IV. 인간조건(condicio humana)의 해석으로서의 그리스도교 / 461
   1. 상호적 해석의 방법론 / 461
   2. 교만과 절망의 딜레마 / 467
   3. 세 질서들 / 470
   4. '내기' / 475

K. 덕으로서의 종교적 신앙 : 토마스 아퀴나스 (Thomas von Aquin) ─ 484
I. 다섯 길들 / 485
II. 신 증명들의 기능과 한계들 / 489
   1. 학문이론적인 단초 / 489

2. 강한 정초들과 약한 정초들 / 490
   3. 신 증명들과 종교적 현상 / 492
Ⅲ. 덕으로서의 종교적 신앙 / 494
   1. 인간조건(CONDICIO HUMANA) 안에서의 단절 / 494
   2. 신앙(fides)과 사랑(caritas)의 관계 / 499
   3. 신앙정초는 순환적인가? / 504
   4. 신앙의 내재적인 그리고 외재적인 합리성 / 506
   5. 신에 대해 생각함, 신을 생각함, 신을 믿음 / 510
Ⅳ. 종교적 신앙과 형이상학 / 512

L. 통찰을 구하는 신앙 : 아우구스티누스 (Augustinus) ──────514

Ⅰ. 본문 / 514
   1. *고백록(Confessiones)*을 종교철학적으로 읽음 / 514
   2. 논쟁들 / 517
Ⅱ. 무엇이 먼저인가 : 신을 인식하는 것인가 혹은 그를 부르는 것인가? / 519
Ⅲ. 삶의 길과 신앙에 이르는 길 / 529
   1. 키케로의 *호르텐시우스(Hortensius)* / 529
   2. 파우스투스 / 531
   3. 암브로시우스 / 536
   4. 플라톤주의자들의 서적들 / 538
   5. 신앙하는 마음 / 540
Ⅳ. 신앙과 인식 / 543
   1. 밀라노 환시 / 544
   2. 바오로 / 548
   3. 오스티아에서의 환시 / 551
Ⅴ. 신앙과 결단 / 554

1. 삶의 형식을 위한 결심 / 554
  2. 신앙인의 일상 / 558

M. 존재론과 신비주의 : 플로티노스 (Plotin) ──── 563
  I. 두 개의 출발경험들 / 566
  II. 일자에 대한 존재론적인 물음 / 569
  III. 봄의 길 / 578
  IV. 상징과 관조 / 585

저서들 / 593
참고문헌 / 600
인명색인 / 612
용어색인 / 619

약어들

AA   Kants gesammelte Schriften, hrsg. von der königlich-preussischen Akademie der Wissenschaften, 9 Bde., Berlin 1902-1923 (ND 1968)

AW   John Henry Newman: Ausgewählte Werke, hrsg. von Mathias Laros, Werner Becker und Johannes Artz, 8 Bde., Mainz 1951-69 (siehe auch: E, G, U, Z)

BFBG   Ludwig Wittgenstein: Bemerkungen über Frazers Golden Bough, in: Vortrag ber Ethik, Frankfurt a.M. 1989, 29-46 (s.u. LE)

BIB   Ludwig Wittgenstein: Das Blaue Buch, in: L.W.: Werkausgabe, Bd. 5, Frankfurt a.M. 1984

Br   Blaise Pascal: Pensées, hrsg. von Léon Brunschvicg, Paris 1897 (ND 1972)

Bw   Ludwig Wittgenstein, Briefwechsel, hrsg. von Brian F. McGuinnes u. Georg H. von Wright, Frankfurt a.M. 1980

CG   Friedrich Schleiermacher: Der christliche Glaube, 2. Bde, Krit. Ausgabe der 2. Aufl. (Berlin 1830/31), hrsg. von Martin Redeker, Berlin 1960

Conf.   Augustinus: Confessiones - Bekenntnisse, lat./dt., übers. von Joseph Bernhart, Frankfurt 1987 (^{1}München 1955)

CP   Charles Sanders Peirce: The Collected Papers of Charles Sanders Peirce, hrsg. von Charles Hartshorne u. Paul Weiss, 6 Bde., Cambridge, MA ^{3}1965-67

DnR	David Hume: Dialoge über natürliche Religion, übers. u. hrsg. von Norbert Hoerster, Stuttgart 1981
E	John Henry Newman: Über die Entwicklung einer Glaubenslehre, AW (s.o.) Bd. VIII, 1969
EP	Charles Sanders Peirce, The Essential Peirce, hrsg. von Nathan Houser u.a., 2 Bde., Bloomington, Ind. 1992 u. 1998
G	John Henry Newman: Zur Philosophie und Theologie des Glaubens. Oxforder Universitätspredigten, AW (s.o.) Bd. VI, 1964
GA	John Henry Newman: An Essay in Aid of a Grammar of Assent, hrsg. u. eingel. von Ian Ker, Oxford 1985 (ND 2001)
GMS	Immanuel Kant: Grundlegung zur Metaphysik der Sitten, AA (s.o.) Bd. 4, 1904 (ND 1968)
KGA	Friedrich Schleiermacher: Kritische Gesammtausgabe, hrsg. von Hans-Joachim Birkner u.a., Berlin/New York 1980—(noch nicht abgeschlossen)
KpV	Immanuel Kant: Kritik der praktischen Vernunft, AA (s.o.) Bd. 5, 1908 (ND 1968)
KrV	Immanuel Kant: Kritik der reinen Vernunft, A= 1. Auflage (1781), AA (s.o.) Bd. 3, 1904 (ND 1968); B= 2. Auflage (1787), AA (s.o.) Bd. 4, 1903 (ND 1968)
KU	Immanuel Kant: Kritik der Urteilskraft, AA (s.o.) Bd. 5, 1908 (ND 1968)
La	Blaise Pascal: Pensées, hrsg. von Louis Lafuma, Paris 1952 (ND 1962)
LDH	David Hume: The Letters of David Hume, hrsg. von John Y.T. Greig, 2 Bde., Oxford 1932
LE	Ludwig Wittgenstein: Lectures on Ethics, in: Philosophical Review 74 (1965) 3-12, übers. von J. Schulte: Vortrag über

	Ethik, in: L.W.: Vortrag über Ethik, Frankfurt a.M. 1989, 9-19
LWJ	William James: The Letters of William James, hrsg. von Henry James, 2 Bde., London 1920
MS	Immanuel Kant: Metaphysik der Sitten, AA (s.o.) Bd. 6, 1907 (ND 1968)
MVT	Immanuel Kant: Über das Mißlingen aller philosophischen Versuche der Theodizee, AA (s.o.) Bd. 8, 1912/23 (ND 1968)
ND	Cicero: De Natura Deorum — Vom Wesen der Götter, lat./dt., übers., hrsg. u. erläutert von Wolfgang Gerlach und Karl Bayer, Darmstadt 1978
NR	David Hume: Die Naturgeschichte der Religion, übers. u. hrsg. von Lothar Kreimendahl, Hamburg 2000
PP	Charles Sanders Peirce: Schriften zum Pragmatismus und Pragmatizismus, hrsg. von Karl-Otto Apel, Frankfurt a.M. 1991
Pragm.	William James: Pragmatism, Cambridge, MA u.a. 1975, Bd. 1 von: The Works of William James, hrsg. von Frederick H. Burckhardt, 17 Bde., Cambridge, MA 1975-1988
PR	Ludwig Wittgenstein: Personal Recollections, hrsg. von Rush Rhees, Totowa, N.J. 1981 (zitiert nach der deutschen Übersetzung: L.W.: Porträts und Gespräche, übers. von J. Schulte, Frankfurt a.M. 1984)
PU	Ludwig Wittgenstein: Philosophische Untersuchungen, in: L.W.: Werkausgabe Bd. 1, Frankfurt a.M. 1984
R	Friedrich Schleiermacher: ber die Religion — Reden an die Gebildeten unter ihren Verächtern, Berlin 1799, in: KGA (s.o.) Bd. I.12, 1995; zitiert nach der Paginierung der Originalausgabe; Rechtschreibung und Interpunktion wurden modernisiert nach der Ausgabe von Rudolf Otto, Göttingen ^{7}1991

RGV   Immanuel Kant: Die Religion innerhalb der Grenzen der bloßen Vernunft, AA (s.o.) Bd. 6, 1907 (ND 1968)

RLT   Charles Sanders Peirce: Reasoning and the Logic of Things, hrsg. von Kenneth L. Ketner, Cambridge, MA 1992

RS   Charles Sanders Peirce: Religionsphilosophische Schriften, hrsg. von Hermann Deuser, Hamburg 1995

SPP   William James: Some Problems of Philosophy — A Beginning of an Introduction to Philosophy, London u.a. 1948

S.c.g.   Thomas von Aquin: Summa contra gentiles libri quattuor, Editio Leonina Bd. XIII–XV/Summe gegen die Heiden, hrsg. u. übers. von Karl Albert, Paulus Engelhardt u.a., 4 Bde., Darmstadt 1974–96

S.th.   Thomas von Aquin: Summa Theologiae, Editio Leonina Bde. IV–XII/Summa Theologiae, vollständige, ungekürzte lat./ dt. Ausgabe, Salzburg 1933—(nocht nicht abgeschlossen)

TB   Ludwig Wittgenstein: Tagebücher (1914–1916), in: L.W.: Werkausgabe Bd. 1, Frankfurt a.M. 1984

TLP   Ludwig Wittgenstein: Tractatus logico-philosophicus, in: L.W.: Werkausgabe Bd. 1, Frankfurt a.M. 1984

U   John Henry Newman: Vom Wesen der Universität, in: AW (s.o.) Bd. 5, 1960

ÜG   Ludwig Wittgenstein: Über Gewißheit, in: L.W.: Werkausgabe Bd. 8, Frankfurt a.M. 1984

VB   Ludwig Wittgenstein: Vermischte Bemerkungen, in: L.W.: Werkausgabe Bd. 1, Frankfurt a.M. 1984

VRE   William James: The Varieties of Religious Experience, Cambridge, MA u.a. 1985

WB   William James: The Will to Believe and Other Essays in Popular

Philosophy, Cambridge, MA u.a. 1979, Bd. 6 von: The Works of William James, hrsg. von Frederick H. Burckhardt, 17 Bde., Cambridge, MA 1975–1988

WCSP Charles Sanders Peirce: Writings of Charles Sanders Peirce — a Chronological Edition, 6 Bde., hrsg. von Max H. Fisch, Bloomington, Ind. 1982–2000
Bd. 1 (1857–1866), 1982
Bd. 2 (1867–1871), 1984

Z John Henry Newman: Entwurf einer Zustimmungslehre, in: AW (s.o.) Bd. 7, 1961

Zettel Ludwig Wittgenstein: Zettel, in: L.W.: Werkausgabe Bd. 8, Frankfurt a.M. 1984

서언

이 책에서 다루어지고 있는 문제들은 내가 수십 년간 몰두했던 내용들이다. 1967년 이래로 나는 이 문제들을 '아이덴리트 모임(Aidenriedkreis)'에서 헬무트 엥겔(Helmut Engel), 게르트 해프너(Gerd Haeffner), 메다드 켈(Medard Kehl), 베르너 뢰저(Werner Löser), 클라우스 샤쯔(Klaus Schatz) 그리고 하랄드 쇤도르프(Harald Schöndorf)와 토론할 기회를 가져왔다. 1987년 6월 15일 뮌헨의 '마리오(Mario)' 야외주점에서 힐러리와 루트 안나 퍼트넘(Hilary und Ruth Anna Putnam)은 대화중에 내게 미국 실용주의의 종교철학에 대해서 주의를 환기시켰다. 독일 연구진흥재단과 뮌헨 예수회철학대학이 수주 받은 로텐도르프(Rottendorf)-프로젝트는 내게 1990년 가을 하버드에서 체류하며 연구할 수 있도록 지원해주었다. 1999년 11월 1일에 독일 연구진흥재단이 뮌헨 예수회철학대학과 뮌헨 루트비히-막시밀리안대학교가 공동으로 입안한 '유럽 종교와 종교이론 안에서의 경험개념과 그것이 비유럽적인 종교들의 자기이해에 끼친 영향'이라는 주제의 연구사업을 승인해줌으로써 다수의 교수들과 박사과정 학생들로 구성된 연구모임(Graduiertenkolleg)이 발족하였고, 이 모임을 통해서 나는 큰 자극과 도움을 받았다. 한나 라우터바흐(Hanna Lauterbach), 마누엘 피어벡(Manuel Fierlbeck), 베티나 쿠르쯔(Bettina Kurz) 그리고 올리버 마이스(Oliver Meys) 등이 예비 작업을 도와주었다. 올리버 마이스는 완결된 장들을 꼼꼼히 읽고 참고문헌목록을 점검해 주었다; 베른하르드 코흐(Bernhard Koch)는 마지막 교정을 해주고 색인 작업을 담당해주었다. 1991년 초에 콜함머(Kohlhammer) 출판사 대표인 위르겐 슈나이더(Jürgen Schneider)와 이 책의 출판계획에 대해 의논했다; 그는 늘 나를 격려해 주었고, 오늘에 이르기까지 내게 인내심을 보여주었다. 이 자리를 빌어서도 모든 이들에게 진심으로 감사드린다.

2003년 2월, 뮌헨
프리도 릭켄

B장의 영어판은 다음의 학술지에서 출간되었다: Bijdragen, tijdschrift voor filosofie en theolgie 60 (1999) 419-435; 독일어 본문은 먼저 다음에서 출간되었다: Klaus Dethloff, Ludwig Nagl, Friedrich Wolfram (Hrsg.), Religion, Moderne, Postmoderne, Berlin 2002, 137-150. C장은 먼저 다음에서 출간되었다: Ludwig Nagl (Hrsg.), Religion nach der Religionskritik, Wien 2003, 148-176. K장의 이전 판은 다음에서 발견된다: Markus Knapp und Theo Kobusch (Hrsg.), Religion — Metaphysik(Kritik) — Theologie im Kontext der Moderne/Postmoderne, Berlin 2001, 127-144. M장은 먼저 다음에서 출간되었다: Hannelore Eisenhofer-Halim, Wandel zwischen den Welten. Festschrift für Johannes Laube, Frankfurt a.M. 2003, 585-601.

도입

> 비록 종교의 모든 특별한 현시들이 부조리한 것일 수 있다 할지라도
> (내가 의미하는 것은 신조들과 이론들이다),
> 전체로서의 종교의 생명은 인류의 가장 중요한 기능이다.
> 윌리엄 제임스, 프랜시스 모스(Frances R. Morse) 양에게 보낸 편지(LWJ II 127)

> 철학적 질병들의 한 가지 주요 원인은 편식이다:
> 우리는 우리의 사유를 오직 한 종류의 예들을 가지고서 먹인다.
> 루트비히 비트겐슈타인, 『철학적 탐구』 § 593

I. 이 책이 다루고 있는 것과 그렇지 않은 것에 대하여

1_ 종교라는 현상은 상이한 관점들 아래서 고찰될 수 있다; 그것은 종교학, 신학, 종교사회학, 종교심리학 그리고 다른 학문들의 대상이다. 철학이 종교에게 제기하는 물음은 근대와 현대를 위해서 흄과 칸트에 의해 표명되었다: 종교와 이성 간에는 어떤 관계가 존립하는가?

흄이 *종교의 자연사* 서두에서 묻고 있듯이, 종교는 이성 안에 어떤 토대를 갖는가? 칸트는 두 개의 동심원의 그림을 사용하고 있으며, 역사적 혹은 계시된 종교의 보다 넓은 원 안에 있는 이성종교의 작은 원에 대해서 묻는다(RGV, AA 6,12). 흄은 두 번째 물음을 제기한다: 무엇이 인간본성 안에서 종교의 근원인가? 이미 이 약간의 소견들은 종교와 이성의 관계에 대한 물음의 다양한 의미를 분명하게 해준다. 종교는 그것이 이성으로 환원된다는 의미에서 이성적인가? 우리는 어떤 이성개념으로부터 출발해야 하는가? 무엇보다도 목적론적 신 증명(§ 263)에 몰두했던 흄에게서 그것은 이론적 이성이요, 자신의 종교철학을 철학적 윤리학과의 연계 안에서 발전시켰던 칸트에게서 그것은 실천적 이성이다. '이성'이라는 이름 아래서 무엇이 이해되든지 종교는 자신의 뿌리를 전적으로 이성 안에 갖는가, 혹은 종교는 인간본성 안에 있는 또 다른 토대를 갖는가? 이 토대는 이성과 어떤 관계에 있는가? 그것은 이성과 모순되는가, 혹은 그것은 이성의 필수적인 보완 혹은 추측컨대 심지어 이성의 뿌리인가? 종교와 이성의 관계를 규정하기 위해서 우리는 어떤 방법들을 갖고 있는가?

2. 이성과의 관계에 대한 물음은 여기서 특정한 역사적 종교의 관점으로부터 제기되고 있으며, 그것은 곧 유대-그리스도교적 종교이다. 이로써 본질적인 주제의 제한이 언급되었다. 관건이 되는 것은 종교 간 대화의 철학도 아니요, 종교 자체의 본질에 대한 물음도 아니다. 이러한 제한은 자의적인 것이 아니다; 그것은 철학과 그것의 방법론이 지닌 가능성과 한계에서 생겨난다. "각자는", 아리스토텔레스가 *니코마코스 윤리학*의 서두에서 적고 있듯이, "그가 알고 있는 것을 올바르게 판단한다[...] 그런 까닭에 젊은이는 정치학에 대한 적합한 청자가 아니다. 왜냐하면

그는 삶의 실천에서 미숙하기 때문이다; 탐구는 그러나 이 실천으로부터 출발하며 이것을 다룬다"(I 1, 1094b27-1095a4). 여기서 도덕철학에 대해 말해진 것은 훨씬 더 높은 정도로 종교철학에 대해서 타당하다. 종교철학은 삶의 형식에 대한 반성이며, 삶의 형식에 친숙한 사람에게만 가능하다. 종교철학은 오직 내부관점에서만 가능하며, 이 내부관점은 항상 종교의 특정한 역사적 형식의 내부관점일 수 있을 뿐이다. 이로써 삶의 형식으로서의 종교적 혼합주의가 배제되고 있지는 않다; 이러한 전제가 반대하고 있는 것은 종교 자체에 대한 철학함이다. 왜냐하면 그와 함께 공허한 추상이 반성되어야 할 현상의 자리를 차지하게 될 것이기 때문이다. '종교'는, 이는 그러한 제한에서 생겨나는데, 여기서 우선은 역사적 형성물에 대한 고유명사로서 사용되고 있다. 그것은 탐구의 출발점으로서 충분하다; 종교라는 말로 이해되고 있는 것은, 여기서 해석되어야 할 철학자들이 그 말 아래서 이해한 바의 것이다. 종교의 개념은 처음에 서 있을 수도 없고 그럴 필요도 없다; 그러한 개념의 요소들과 그것들의 연관을 제시하는 것이 해석의 과제이다.

3_ 각 장들의 순서는 철학사의 연대기와는 정반대이다; 이 책은 현대로부터 시작해서 고대로 거슬러간다. 관건이 되는 것은 현대와 전통의 상호적 해석이다. 비트겐슈타인으로부터 출발하면서 전통의 종교철학에 이르는 통로가 개시될 것이며, 전통으로의 회귀는 현상들, 이성형식들 그리고 방법론들의 다양성에 대한 시선을 이끌면서 현대의 토론을 풍부하게 해줄 것이다. 그것은 일면적 편식을 통해 발원한 철학적 질병들의 치료에 도움을 줄 것이다. 동아리의 영역은 비트겐슈타인에게서 시작하여 그가 최고의 존경을 표했던 아우구스티누스의 작품인 *고백록*으로 끝맺는다. 플로티노스와 함께 그리스도교 전통에

서 벗어나게 된다. 그 장은 다른 종교들 그리고 그리스도교 밖의 신비주의와 연결되는 다리를 놓을 것이다. 신플라톤주의의 철학은 고대 이래로 그리스도교 복음의 해석을 위해 동원되었다; 유대교, 그리스도교 그리고 이슬람의 신비주의는 신플라톤주의의 개념들을 사용했다. 독일관념론의 종교철학은 신플라톤주의에서 출발한다. 플로티노스는 페르시아인과 인도인의 철학에 심취했다고 한다: 아마도 그의 철학은 아브라함적인 종교들과 극동아시아의 종교들 간의 대화에 기여할 수 있을 것이다.

II. 방법론에 대하여

4. 비트겐슈타인에 따르면, 올바로 이해된 철학이 치유해야만 하는 지성의 질병들 중의 하나는 "보편성에 대한 추구"(BIB 37)이거나 혹은 본질적인 것 내지는 공통적인 것에 대한 물음이다(PU § 65). 보편성의 추구에 대한 주요근원들 중의 하나는 "자연과학적 방법론에 대한 우리의 편견", 즉 자연현상들을 가능한 한 작은 수의 법칙들로 환원하려는 방법론에 대한 편견이다(BIB 39). 이러한 질병에 대한 종교철학적 치료제는 윌리엄 제임스에게서 발견된다. 그것은 '종교적 경험의 다양성'이라는 상표를 달고 있다. 비트겐슈타인이 다양한 언어놀이들을 묘사하고 있듯이, 종교철학은 종교적 의식(意識)과 그 표현들의 다양한 형식들을 묘사해야 한다. 종교철학은 종교현상에 대한

앎을 전제할 수 없으며, 그 현상에 대한 반성에 자신을 국한시킬 수 있을 뿐이다. 그것은 현상을 그 다양한 형식들과 굴절들 안에서 묘사해야 하며, 그것은 종종 단지 문자 그대로의 인용수단을 통해서만 가능하다. 종교현상의 다양성에 상응하는 것은 그것을 반성하는 가능성의 다양성이다. 이 책에서 언급되는 철학자들은 현상의 다양성과 반성의 다양한 가능성들을 보여줄 것이다. 그들은 무엇인가가 드러나야만 하는 보기들로서 기여하며, 보기들의 선별은 사안적인 관심사가 분명하게 되도록 하는 데 있다.

5_ 이 책의 각 장은, 비트겐슈타인의 비유를 사용하자면, 하나의 "풍경스케치"(PU, 서언)이다. 스케치들은 상이한 예술가들에 의해서 상이한 양식들로 표현되며, 각각의 스케치는 풍경의 또 다른 지형이나 세목을 부각시킨다. 그럼에도 불구하고 관건이 되는 것은 하나이자 동일한 무한하고 다양한 풍경이다. 그것은 항상 다른 명암 안에서 출현하며, 상이한 관점들로부터 관찰될 수 있다. 풍경의 특성은 우선은 스케치들의 개관에서 나타난다. 화가의 자취를 따르면서 스케치에 묘사된 지형들을 방문하려는 사람은 스케치들 말고도 지도를 필요로 한다. 그것은 스케치들을 전체가 되도록 질서지우지만, 풍경의 특성이나 풍부함 그리고 다양성에 대해서는 단지 적은 것만을 인식하게 해주는 표시이다. 이 지도는 각 장들의 사안적인 표제들과 그에 뒤따르는 단락인데, 이것들이 체계적인 연관을 암시한다.

Ⅲ. 관심과 테제들

1. 종교와 형이상학

6_ '종교'는 우선 고유명사로 사용되고 있다. 그럼에도 불구하고, 테제로서, 세분화되지 않은 부정적 개념규정이 처음에 위치해야 한다: 종교는 형이상학이 아니다. 우리가 아리스토텔레스의 *형이상학* 12권에 나오는 부동의 동자의 복된 삶(12, 7,1072b14-30)의 값을 시편 51의 용서, 자비 그리고 구원을 바라는 기도와 비교한다면, 차이는 분명해진다. 키케로는 에피쿠로스의 이신론적 신 개념에 반대하고 있다; 그에게는 의례, 경건 그리고 기도(*cultus, honores, preces*)가 종교의 본질에 속하는 것들이며(ND 1,3), 아우구스티누스는 신이 그 자체로 무엇인지의 물음과 신이 그에게 무엇인지 그리고 그가 신에게 무엇인지의 물음을 구분한다(Conf. 1,4,4-5,5). 파스칼에 따르면, "형이상학적 신 증명들은 인간의 사유로부터 그토록 떨어져 있고 그토록 엉클어져 있어서 거의 사람들에게 와 닿지 않는다[...] 반면에 중보자를 통해서 신을 인식한 자들은 자신들의 비참을 인식한다"(Pensées, La 190; Br 543). 슐라이어마허의 *둘째 강연*은 종교를 형이상학과 도덕의 찌꺼기로부터 정화하려고 한다. 살아진 신앙으로부터 형이상학 혹은 존재론에로 이르는 길은 있지만, 형이상학 혹은 존재론으로부터 살아진 신앙에로 이르는 길은 없다. 존재론은 신앙을 반성하고 전개시키는 수단으로 기여할 수는 있지만, 신앙을 근거 지을 수는 없다.

하나의 종교는 전체이며, 신 개념은 자신의 의미를 이 전체로부터 획득한다; 그것은 이 전체로부터 분리되어서는 안 된다. 형이상학의 신 개념은 추상이며, 그것에는 다만 인간 삶의 다른 영역들과 종교가 맺고 있는 관계를 산출하는 과제가 부여된다.

잘 알려진 종교비판의 도식이 말하듯이, 인간 사유의 발전은 주술에서 종교로, 종교에서 형이상학으로 그리고 형이상학에서 경험적 과학에로 이어진다. 종교는 형이상학이 되며, 실증주의적인 학문은 형이상학 그리고 그와 함께 종교를 파괴한다. 그리스도교 철학은 이러한 발전의 책임에서 완전히 면제될 수 없다. 신 증명들과 함께 철학적 신론을 강하게 강조함으로써 그리스도교 철학은 종교가 형이상학에로 환원되는 데에 결정적으로 기여했다. 오늘날 종교의 사안을 변호하려는 자는 이러한 발전에 직면하여 두 가지 가능성들을 갖는다. 그는 두 번째 보폭에 반대하여 논변할 수 있으며 현대의 인식이론적인 그리고 학문이론적인 토론과 대질 속에서 형이상학적 신의 존재를 변호할 수 있다. 두 번째 가능성은 종교가 형이상학에로 환원되는 것을 논박하는 데에 존립한다. 그것은 보다 근본적인 길인데, 왜냐하면 그 길은 유럽과 미국 문명이라는 커다란 조류의 자기이해를 뒤흔들기 때문이다. 그러한 자기이해는 진보에 대한 그리고 학문적 합리성의 이상에 대한 생각을 통해서 규정된 것이다.

2. 합리성

7_ 하나의 종교는 전체이다. 종교와 이성의 관계에 대한 물음에 있어서 우리는 이 전체로부터 출발해야 하며, 그것은 전체로서 더 이상

연역적인 의미에서 정초될 수는 없다. 피터 윈치는 종교적 신앙과 학문적 탐구 간의 차이를 밝혀주는 비교를 이끌어내고 있다: "확실히 그것은 설명을 *구하지만* 스스로 설명되어질 수는 없다"(Winch 1993, 112). 종교적 신앙은 설명을 구한다. 그러나 그것은 스스로가 설명의 대상이 아니다; 그것의 합리성은 설명할 수 있는 그것의 힘에 존립한다. 종교적 신앙은 그에 따라서, 마치 한 학문의 전체처럼, 평가된다; 종교적 신앙은 삶을 해석함을 통해서 삶에 의미를 부여할 수 있다.

종교적 신앙의 해석학적 힘에 대한 필수적인, 그러나 충분하지는 않은 조건은, 종교적 신앙의 합리성이다.

8_ 종교적 확신은 상이한 토대들에 의거하며 다수의 요소들을 포괄한다. 그리스도교를 위해서는, 온전히 열거했다는 주장이 없이, 다음의 것들이 지칭되고 있다(Alston 1999, 240 이하): (1) 구약과 신약성서의 경전들. 이들은 그리스도교 신앙 안에서 저마다의 정초가 의거할 수 있는 하나의 혹은 유일한 마지막 법정이다. (2) 전통. 이것은 경전을 해석하며, 경전에 의거하여 구속력 있는 신앙조항들을 정식화한다. (3) 종교적 경험. 보기들은 신비주의자들의 보도들과 종교적 경험의 또 다른 다양한 형식들인데, 가령 윌리엄 제임스는 *종교적 경험의 다양성*에서 이들을 묘사하고 있다. (4) 역사적 연구의 결과물. 그리스도교는 나자렛의 예수가 역사적 인물이라고 주장한다; 역사적 연구는 이러한 가능성을 적어도 배제해서는 안 된다. (5) 자연적 혹은 철학적 신학. 이것이 수행해야 하는 최소한의 것은 성서와 전통 안에 함축된 신 개념이 그 자체로 모순적이지 않다는 점을 입증하는 것이다.

9_ 합리성의 첫 번째 기초적인 요구는 이 자료들의 내재적인 비모순성에 존립한다. 성서의 진술들은 서로 모순되어서는 안 된다; 전통은 성서를 주석함에 있어서 타당한 해석학적 규칙들을 따라야 한다; 종교적 경험들은 성서와 전통에 의해 미리 정해진 테두리에 순응해야 한다. 개인의 신앙의 확신은 열거된 관점들을 통해서 정당화된다. 이것은 그가 모든 관점들에 의존해야 함을 의미하는 것은 아니다. 개인은 그의 개인적인 신앙을 가령 전적으로 성서의 특정한 구절로부터 근거 지을 수 있다. 그에 반해 요구되는 것은 이러한 확신이 모순 없이 신앙(신앙내용: *fides quae*)의 전체에 순응하는 것이다.

두 번째 요구는 외재적인 비모순성, 다시 말해서 신앙내용(*fides quae*)의 전체와 우리의 여타의 지식과의 결합가능성이다. 신앙 안에서 전제된 역사적 사실들은 역사적 연구의 결과들과 모순되어서는 안 된다. 더욱 어려운 것은 신앙과 자연과학의 결합가능성의 물음이다. 그것은 철학이 없이는 해결될 수 없다; 반성되어야 할 것은 가령 자연과학적 인식의 성격과 효력범위이다. 관건이 되는 것은 배타적으로 종교적 신앙과 관계되는 물음이 아니다. 우리는 윤리적 의식과 자연과학이 어떻게 결합될 수 있는지의 문제로서 이미 이 물음과 만나고 있다.

세 번째 요구는 비트겐슈타인의 "일목요연한 묘사"(PU § 122)라는 개념 안에 표현되어 있다. 종교적 신앙과 그것의 개별적 내용들은 하나의 표석(漂石)처럼 관련 없이 우리의 이성적 확신들의 전체 안에서 있어서는 안 된다; '일목요연한 묘사'는 그들의 자리를 전체 안에서 제시해야 하며, "연결고리들"을 통하여 결합들이 산출되어야만 한다. 종교적 신앙이 또 다른 합리성의 형식들에 대해 갖는 상응들이 제시되어야 한다; 이러한 상응들은 상이한 정도의 근접성을 가질 것이다. 그렇게 그리스도교의 창조론과 자연과학의 세계상 간에 '연결고리들'을 발견하는 것은 토마스 아퀴나스의 다섯 길들(§ 263)의 의미에서의 자연신학의 과제이다. 이러한 상응들 중의 하나는 다른 모든 것들에 앞서 뛰어난 것인데, 그것을 발견해내는 것이 이 책의 관심사이다. 칸트는 그것을 "신의 개념은 [...] 도덕에 속하는 개념"이라는 말로 표현했다(KpV, AA 5,138). 순수한 실천적 이성 혹은, 전통과 함께, 자연적인 윤리법칙은 모든 종교의 합리성을 위한 부정적인 규범이다. 이 기본적인 규범에 위배되는 근본주의 혹은 광신의 어떤 형식도 정당화된 종교적 신앙이기를 주장할 수 없다. 그리스도교 전통과 칸트는 이 부정적인 관계에 자신을 국한하지는 않았다. 자연적 윤리법칙의 준수는 성서와 전통에 있어서는 신에게 이르기 위한 필수적인 조건이다. 칸트에 따르면 도덕은 필연적으로 종교에 이르며, 오직 종교만이 "이러한 우리의 올바른 행위로부터 무엇이 귀결되는지"(RGV, AA 6,5)라는 물음에 대한 답을 줄 수 있다. 토마스 아퀴나스에 따르면 종교적 신앙은 인간을 자신의 행위의 마지막 목적에로 정향시키는 덕이다. 종교와 윤리성 간의 상응은 인식의 형식에 있어서도 존립한다. 칸트에 따르면 윤리적 인식은 신에 대한 이성신앙의 출발점이며, 뉴먼은 아리스토텔레스의 프로네시스, 곧 윤리적 인식을 가능하게 하는 덕을 근거로 해서 종교적 신앙의 인식론을 기획하고 있다.

3. 상호적 해석

10_ 종교적 신앙은, 베이실 미첼의 표현대로, "우리가 그것을 통해서

살아가는 바로서의 신앙"("'a faith to live by'")이다; 그것은 인간 실존의 포괄적이고 실천적인 의미기획이며(Mitchell 1980, 138), 단순한 비모순성은 그것을 위해서 충분치 않다. 그것을 실행할 수 있기 위해서 비모순적인 체계는 현실과의 연관을 필요로 한다. 자연신학은 그것을 산출할 수 없다. 자연신학이 신의 존재를 설득력 있게 입증할 수 있다 할지라도, 그것의 신 개념과 성서의 보도 사이에는 벌어진 틈이 남을 것이다. 왜냐하면 성서의 보도는 자연신학의 수단들을 가지고 증명되지 않기 때문이다. 성서를 계시된 혹은 영감을 받은 것으로 특징짓는 것은 신학적인, 따라서 오직 체계로부터 근거 지을 수 있는 진술이다; 역사적 증명들은 여기서 가능하지 않다. 그 자체로 비모순적인 *신앙내용들*(fides quae)의 현실연관은 어떻게 가능한가? 우리는 그것들의 의미부여적인 힘을 어떻게 확인할 수 있는가?

그것은 상호적인 해석의 과정을 필요로 한다: 성서는 삶을 통해서 그리고 삶은 성서를 통해서 해석되어야 한다. "그리스도교는", 비트겐슈타인이 이 상호적인 과정을 묘사하고 있듯이, "인간 영혼에 무엇이 일어났으며 또 일어날 것인지에 관한 가르침이 아니라―내 말은, 이론이 아니라―인간의 삶 속에서 일어나는 실제적인 사건들에 대한 하나의 기술이다. 왜냐하면 '죄의 인식'은 실제 일어나는 사건이며, 절망도 그렇고, 또 믿음을 통한 구원도 그렇기 때문이다"(VB 488). 우리는 성서가 다루고 있는 인간 삶의 실제적 사건들이 어떤 것들인지를 알 때 성서를 올바로 이해한 것이며, 우리가 그 사건들을 성서의 빛 안에서 볼 때 그것들을 이해하는 것이다; 그 사건들은 이 관점 안에서 새로운 차원을 획득한다. 비트겐슈타인의 보기들에 머물러 있

자면: 죄의 인식은 구원을 통해서 그 의미를 얻으며, 구원에 대한 소식은 죄의 인식이 없이는 공허한 말로 남는다.

성서 본문의 의미부여적인 힘은 이 상호적 해석의 과정 안에서야 비로소 경험될 수 있다. 그러나 그것을 위해 우리는 우선 이 과정에 관여해야 하며, 우리를 그렇게 움직일 수 있는 것이 무엇인지를 물어야 한다. 각기의 해석의 전제는 긍정적인 선입견이다; 가다머는 그것을 "완전성의 선취"라 부르며(Gadamer 1965, 277 이하), 분석철학은 관용의 원칙(Principle of Charity)에 대해 말한다. 한 본문으로부터 포괄적인 의미기획을 기대하는 것 그리고 삶만이 이 본문을 이해하도록 가르칠 수 있다는 데서 출발하는 것은 비범하게 강한 '완전성의 선취'를 요구한다; 그것은 자신의 이해에 앞서서 본문에 최상의 권위를 승인해줌을 뜻한다. 우리가 아우구스티누스의 정식인 *알기 위해 믿는다* (*credo ut intelligam*)로써 신앙과 이해를 구분한다면, 완전성의 강한 선취는 신앙의 행위이며, 이것이 이해의 전제이다. 신학은 계시와 영감에 대해 말하면서 이러한 선취를 요구하고 정당화한다. 그러나 그것은 다만 권위의 내재적인 정초일 뿐이다. 외재적 정초는 전통, 삶의 형식 그리고 공동체라는 개념들에 의거할 수밖에 없다. 해석은 개인과 함께 시작하지 않는다; 그것은 신앙공동체 안에서 오랜 역사를 갖는다. 전통은 공동체가 그 역사 안에서 이 본문을 가지고 경험했던 내용들에 대해 보도하며, 본문으로부터 먼저 주어진 삶의 형식이 어떻게 확증되었는지 그 경험들에 대해 보도한다. 그리고 공동체는 개인이, 더욱이 종교적인 양육 안에서, 이 경험들을 하도록 안내한다.

Ⅳ. 왜 이 책은 비트겐슈타인에게서 시작하는가?

11_ 현대의 담론에서 출발하면서 종교철학에로의 통로를 열고자 하는 이 책은 어째서 비트겐슈타인과 함께 시작하는가? 비트겐슈타인이 죽은 지 50년이 흘렀고 그 사이에 활발한 종교철학적 토론이 벌어졌었다. 비트겐슈타인과 연결된 학자들 옆에, 누구보다도 리처드 스윈번(Richard Swinburne)과 캘빈파의 인식론(Reformed pistemology)을 거명할 수 있는데, 그것의 가장 잘 알려진 대변자는 앨빈 플랜팅가(Alvin Plantinga)이다. 우리는 다시 한 번 데이비드 흄에게로 돌아가자. 그의 *종교의 자연사*는 하나의 구분과 함께 시작하는데, 그것은 종교철학의 근본적 문제를 표현하고 있다. 종교에 대한 탐구는 무엇보다도 두 물음들에 몰두해야 한다는 것이다: 종교는 이성 안에서 어떤 토대를 갖는가? 어떤 것이 인간 본성 안에서 종교의 근원인가? 흄 자신의 영향력 있는 대답은 단호하다: 종교는 순수한 이성종교이거나 아니면 미신이다. 이성종교는 "비록 어느 정도 불명료하거나 혹은 개괄적이라도, 단순한 명제: 우주의 질서의 원인 또는 원인들은 아마도 인간 지성과 어떤 먼 유비를 갖는다"에로 환원된다는 것이다. 이 명제는 "인간적 삶을 건드리거나 혹은 그 어떤 행위나 혹은 부작위의 동기가 될 수 있는"(DnR 141) 어떤 결론도 허용하지 않는다는 것이다. 흄과 마주해서 종교의 관심사를 변호하려는 자는 두 가지 가능성들을 갖는

다: 그는 종교가 전적으로 이론적 이성에서 발원한다는 흄의 테제에 반대하여 인간 본성 안에서의 종교의 토대에 대해 물을 수 있다; 혹은 그는 이 테제를 고수하며 흄의 *대화*에 나오는 비판에 맞서서 자연 신학의 신 증명들을 변호할 수 있다. 첫 번째 견해의 결연한 대변자는 루트비히 비트겐슈타인이다; 리처드 스윈번은 다른 길을 택하고 있다; 그의 책 *신의 존재*(The Existence of God, 1979)는 흄의 *대화*에 대한 대답으로 읽혀질 수 있다.

1. 리처드 스윈번

12_ 스윈번의 단초에서 독특한 것은, 그가 도덕적 의식으로부터의 신 증명 그리고 이와 더불어 양심 안에 신 의식의 근거를 두는 것을 거부하고 있다는 점이다. 그것이 무엇을 의미하는지는 짧은 비교가 제시할 것이다. 칸트가 *판단력 비판*에서 말하고 있듯이, "사람들이, 자연의 합목적성을 여전히 무관심하게 외면했던 시기에[...], 정의와 불의에 대해 반성하기 시작하자마자, 판단이 불가피하게 나타나야 했다: 한 인간이 정직하게 혹은 그릇되게 행동했는지의 여부는 결말에 있어서는 결코 하나일 수 없다는 것"(AA 5, 458). 자연의 질서에 대한 모든 반성에 앞서서 양심은 신의 존재에 대한 의식을 함축한다. 스윈번은 그에 반대하여 논변하고 있다. 신앙인은 양심의 음성을 신의 음성이라고 간주한다는 것이다. 이러한 확신은 그럼에도 불구하고 정당화를 필요로 한다는 것이다. "양심의 음성이 신의 음성이라는 종교적 신앙은 신이 도덕적 의식을 야기했다는 것이 참일 때에만 참이

다"(Swinburne 1991, 179). 양심을 신의 음성으로 승인하는 것은 따라서 신의 존재가 그에 앞서 다른 길 위에서 인식되었음을 전제로 한다. 스윈번은 그가 의거하고 있는 13세기에서 18세기까지의 스콜라적 전통과 함께, 신 존재의 물음에 있어서 합리적 논증을 통하여 정당화된 결과들에 이를 수 있다고 생각한다. 그의 논증들은 경험(experience)으로부터의 논증들이다; 그는 자연과학들처럼 귀납적 논리 혹은 확증이론(Confirmation Theory)을 가지고 작업한다. "소립자나 원자력처럼 직접적인 경험의 한계를 훨씬 넘어서 있는 사물들에 대해 정당화된 [...] 결론에 이르는 현대과학의 능력을 믿는 자들은[...], 내 의도에 큰 공감을 선사해야 한다"(Swinburne 1991, 2). 종교적 신앙은 과학적 가설의 성격을 가진다. 그것은 신 증명들과 종교적 경험에 의거한다. 종교적 경험에 대한 스윈번의 개념은 감각지각의 본보기에 방향이 맞추어져 있다. 신은 지각되는 대상이다. 이러한 대상이 없다는 것이 보여 질 수 있다면, 그 대상을 지각한다는 주장은 논박된 것이다. 신을 경험했다는 주장은 신의 비존재가 그의 존재보다 훨씬 개연적이라는 것이 증명되기까지 정당화된 것이다; 그 주장이 변호되어야 한다면, 무신론자의 증명들이 논박되어야 하고 신의 존재에 대한 더 커다란 개연성이 증명되어야 한다. 신에 대한 신앙은 스윈번에 따르면 따라서 이중의 토대에 의거한다: 신 경험과 우주론적인 가설에. 이때 경험의 타당성은 가설의 개연성의 정도에 달려있다. 또 다른 근거들을 가지고 이러한 개연성이 매우 낮다는 것이 보여 질 때, 신 경험은 더 이상 타당성에 대한 주장을 할 수 없다. '종교는 이성 안에서 어떤 토대를 갖는가?'라는 흄의 물음에 대한 스윈번의 대답은 이렇다: 종교적 신앙은 경험적 앎의 한 형식이다; 그것은 개연적인 가설에 대한 조건 지어진 동의이다. 종교적 신앙의 합리성에 대한 물음이 결정되는 척도들은 자연과학의 척도들이다.

2. 앨빈 플랜팅가

13_ 플랜팅가가 종교적 신앙에 갖다 대는 척도는 또 다른 맥락에서 발전된 그의 인식이론이다. 유신론적 신앙은, 이성 안에서의 그것의 토대에 관한 흄의 물음에 플랜팅가의 대답이 요약하는 바에 따르면, 그 자신의 고유한 인식이론적 전제들을 반성한다. 유신론적 신앙에 의해 발전된 이 인식이론은 우리가 보통 인식과정에 대해 알고 있는 것과 일치한다. 스윈번에 있어서처럼 다른 영역에서 차용된 척도가 종교적 신앙에 적용되고 있으며, 스윈번에 있어서처럼 종교적 신앙은 이론적 인식에 부속되고 있다.

플랜팅가의 인식이론은 플라톤의 *테아이테토스*와 함께 묻는다: 무엇이 지식을 참된 의견(true belief)과 구분하는가? 참된 의견이 지식이기 위해서는, 그것은 어떤 또 다른 성질을 가져야 하는가? 내가 p를 참으로 간주하고 또 p가 참인 경우에만, 나는 p를 안다; 그러나 그것은 내가 p를 안다는 것에 대한 필수조건이기는 하나 충분조건은 아니다. 플랜팅가는 이 추가적인 성질을 "보증(warrant)"이라는 용어로 표시한다. 인간의 기관들과 능력들 밑바닥에는 하나의 계획이 놓여 있다; 그것들은 기능 혹은 목적을 가진다; 그것들이 자신의 목적을 채우는지의 여부에 따라서 혹은 어느 정도로 그러한지에 따라서 그것들은 좋게 혹은 나쁘게 기능할 수 있다. 의견 혹은 확신(belief)이 '보증'이라는 성질을 갖는 것은 그것이 적합한 상황 아래서 제대로 작동하는 인식능력에 의해 산출된 한에 있어서이다. 그것은 유신론적 신앙에도 들어맞는다. 유신론적 신앙은, 캘빈이 가르치는 것처럼, *신성한 감각*(sensus divinitatis)이라는 고유한 능력에 의거한다. 그것은 우리의 또 다른 인식능력들처럼 신에 의해서 계획되고 만들어진 것이다. 그것의 목적은 우리로 하여금 신에 대해 참된 확신을 가질 수 있게 하는 것이다. 그것이 올바로 작동할 때, 그것은 보통 신에 대한 참된 확신을 낳게 한다. 그럼에도 불구하고 신학적 이유들로부터 이러한 상론은 보완을 필요로 한다. *신성한 감각*은 창조 시에 신에 의해 인간에 부여된 자연적 인식능력들에 속한다. 그러나 우리가 살아가는 질서는 원초적인 창조질서가 아니라 죄로 인한 타락 이후의 창조질서이다. 죄로 인해서 *신성한 감각*은 약화되었다; 그것은 신앙과 성령의 작용을 통해서 치유되고 회복된다.

*신성한 감각*에 대한 플랜팅가의 상론은 종교적 의식의 현상학이 관건이 되고 있다는 것, 혹은 유신론적 신앙의 인간학적 토대의 제시가 그에게 관건이 되고 있다는 해석을 시사한다. 그러나 죄, 신앙, 성서 그리고 성령에 대한 신학적 진술들을 통한 범례의 보완은 이러한 해석에 반하고 있다. 플랜팅가는 종교철학이 아니라 체계적 신학을 구사하고 있다는 인상이 생겨난다. 플랜팅가 자신은 그의 방법론에 대해서 무슨 말을 하고 있는가? 그는 어떤 전제로부터 출발하면서 무엇을 보여주려 하는가? "만일 유신론적 신앙이 *참*(true)이라면, 그것은 보증을 *가진*(does have warrant) 것처럼 보인다"(Plantinga 2000, 188). 왜냐하면 그렇다면 우리를 자신의 형상에 따라 창조하고, 우리를 사랑하며, 우리가 자신을 인식하기를 원하는 한 인격이 있다는 것이기 때문이다. 그러나 그때에는 신에 대한 신앙(belief)을 산출하는 인식적 과정이 신에 의해 이 목적을 위해 계획되었다는 것이 전제되

어야 하며, 그로부터 유신론적 신앙이 보증을 갖고 있음이 귀결된다는 것이다. 이러한 논변은 순환적인 것처럼 보인다. 우리가 신을 인식할 능력이 있다는 것을 보여주기 위해서 유신론적 신앙의 진리가 전제되고 있다. 우리가 신을 인식할 수 있다는 것은 신이 우리를 창조했음을 통해서 입증되고 있다.

순환성의 반론에 대한 플랜팅가의 대답에 따르면, 그는 유신론적 신앙이 보증을 갖는다는 정언적 진술의 진리를 증명하려는 것이 아니라, 다만 '만일 유신론적 신앙이 참이라면, 그것은 보증을 갖는다'라는 가언적 진술의 진리를 증명하려 한다는 것이다. 그는 자신의 증명목적을 세 개의 테제들로 요약하고 있다(Plantinga 2000, 168-170; 351-353): (1) 발전된 범례는 가능하다; 결과적으로 유신론적 신앙이 보증을 갖는 것이 가능하다. '가능한'이란 말은 '인식적으로 가능한', 다시 말해서 우리가 알고 있는 것과 결합될 수 있는, 을 의미한다는 것이다. (2) 범례에 반대하면서 동시에 유신론적 신앙에는 반대하지 않는 반론들은 제시되지 않는다. 다음의 반론은 그런 까닭에 가능하지 않다는 것이다: '나는 유신론적 신앙이 참인지를 알지 못한다. 그러나 나는 그것이 합리적이지 않다는 것 혹은 보증을 갖지 않는다는 것을 안다'. 합리성을 공격하는 자는, 유신론적 신앙이 참이 아니라는 것을 보여주어야 한다. (3) 유신론적 신앙이 참이라면, 범례는 진리에 아주 가까워진다. 플랜팅가가 명시적으로 강조하는 바는, 어떻게 우리가 조건 짓는 진술의 진리를 "보여"줄 수 있는지를 그는 알지 못한다는 것이다. "나는 신의 존재에 대한 수많은 훌륭한 논증들이 있다고 믿는다; 그러나 어느 것도 실제로 *보여줌*(showing) 혹은 *증명*(*demonstration*)으로 생각되어질 수는 없다"(Plantinga 2000, 170). 그리고 고전적인 그리스도교의 진리를 증명할 수 있는 전망은 더욱 현저히 적다는 것이다.

　유신론적 신앙에 대한 플랜팅가의 정초는 일관성의 제시에 국한된다. 유신론적 신앙은 자체적으로 일관성이 있으며, 우리의 다른 지식과도 일관적이다. 이 일관성은 전적으로 인식이론에 대해 제시되고 있다. 유신론적 신앙은, *신성한 감각*에 대한 캘빈의 가르침이 보여주듯이, 그 자신의 인식이론적인 전제들을 반성한다; 그것들은 우리가 보통 인식과정에 대해 알고 있는 것과 일치한다. 플랜팅가는 가설적 진술을 넘어서지 못하고 있으며, 그가 순환성의 반론에서 어떻게 벗어날 수 있는지를 보기란 어렵다. 그의 논변을 요약해 보자면, 유신론적 신앙의 인식론은 올바른 것이다; 결과적으로, 유신론적 신앙이 참이라면, 신을 인식하는 것이 가능하다. 그러나 그것은 명백히 다음의 순환에 이르는 결과가 된다: 유신론적 신앙이 참이라면, 그것의 진리를 인식하는 것이 가능하다. 그것의 진리를 인식하는 가능성은 이미 그것의 진리를 전제로 한다.

참고문헌

종교의 개념
Feil 1986, 1997, 2001
Wagner 1986
Lott 1988

종교학
Cancik/Gladigow/Laubscher 1988-2001

종교철학 입문
Niewöhner 1995
Yandell 1999
Schaeffler 2002

체계적 기획들
Wuchterl 1989
v. Kutschera 1990
Welte 1997

신앙과 이성: 분석적 종교철학
Kenny 1992
Jäger 1998
Wolf, R. 1998
Loichinger 1999

프랑스 종교철학
Wolf, K. 1999

현대철학 안에서의 신 물음
Baumgartner/Waldenfels 1999

A. 사유에 한계를 짓기 :
루트비히 비트겐슈타인

14_ 어째서 종교철학에 대한 이 입문은 루트비히 비트겐슈타인과 함께 시작하는가? 종교라는 말의 사용이 그 어떤 형태로든 통일성을 이루는지에 대해서는 논란의 여지가 있다. 그렇기 때문에 우리는 일반적으로 승인된 종교의 개념으로부터 출발할 수는 없고, 그 말의 사용을 보기들을 통해서 구체화시키는 길만이 남는데, 이를 위해서는 친구였던 드루리(M.O.C. Drury)가 비트겐슈타인과 나눈 대화의 기록들과 비트겐슈타인의 유고로부터 출판된 *문화와 가치*[1])에 담겨있는 종교에 대한 경구들과 반성들이 도움이 될 것이다. 내가 보기에 그것들은 이 주제에 관한 최근의 철학적 문헌 안에서 가장 심오한 것으로 여겨지는 것들이다; 심원한 진지함과 설득력 있는 정직성이 그것들로부터 말해지고 있다. 비트겐슈타인은 자신이 종교적인 인간이 아니라고 스스로에 대해서 말했었다: 그의 증언들은 우리의 세속화된 문화

---

1) 역자 주: 이 책의 원 제목은 Vermischte Bemerkungen이다. 여기서는 이 책을 우리말로 번역한 이영철 교수가 선택한 대로 문화와 가치라는 제목으로 표기한다: "이 책의 원제는 편집자들에 의해 'Vermischte Bemerkungen'으로 붙여졌는데, 직역하자면 '잡다한 소견들'쯤이 될 것이다. 그러나 이 책을 영어로 옮긴 피터 윈치는 이 책에 나타나는 주요 관심을 '문화와 가치'로 나타낼 수 있다고 보고 이를 그의 영역본의 표제로 삼고 있는데, 본 번역의 경우도 표제 문제에서는 이를 따르기로 하였다"(루트비히 비트겐슈타인, 『문화와 가치』. 이영철 옮김, 책세상 2006, 8쪽). 이 책에서의 인용문은 대체로 이영철 교수의 번역문을 따르고 있다.

와 자연과학적-기술적인 문명 안에서 한 인간이 종교라는 현상을 어떻게 보고 있는지를 분명히 보여줄 것이다. 동시에 비트겐슈타인의 철학은 종교에 대해서 반성할 하나의 도구를 제공한다. 그것은 최초의 체계적인 윤곽을 그리는데 기여할 것이며, 다음으로 그 윤곽은 전통으로의 회귀 안에서 세분화되고 더 상세히 부연되어야 할 것이다.

I. 증언들

1. 비트겐슈타인과 나눈 드루리의 대화들

15_ "나는 비록 종교적인 인간은 아니지만 그와 달리 될 수도 없습니다: 나는 저마다의 문제를 종교적인 관점에서 바라봅니다"(PR [=*Personal Recollections*] 121). 이 메모와 관련해서 드루리가 묻기를, *철학적 탐구*(*Philosophische Untersuchungen*)에서 상론된 문제들은 ― 언어놀이, 가족유사성, 사적언어논증, 심리학의 철학 등등은 ― 종교적 관점에서 볼 수 있는 것들인가? 그는 비트겐슈타인의 *윤리학에 관한 강의*(*Vortrag über Ethik*)를 가지고 길과 목적을 구분한다. 하나의 해석은 길을 잃어서는 안 되며, 목적을 보여주어야 한다; 그것은 길을 걷는 수고를 피해서는 안 되며 폭넓은 도약으로 총괄적인 결론에 이르러야 한다. 길은 우리를 여전히 몰두시킬 것이다; 여기서 관건이 되는 것은, 그렇게 과감히 시도된 것으로, 목적에 대한 첫 번째 표상

을 중재하는 것이다. 드루리는 그것을 두 인용문 안에서 파악하고 있다. 시몬느 베이유(Simone Weil, 1957, 74)가 적고 있듯이, "세계 밖에 하나의 실재가 있다. 즉: 공간과 시간 밖에, 인간의 정신적인 우주 밖에, 인간의 능력으로 접근할 수 있는 저마다의 영역 밖에. 이러한 실재에 상응하게 인간 마음의 가장 내밀한 곳 안에는 무엇인가 절대적으로 선한 것에 대한 갈망이 있는데, 그것은 항상 존재하며 이 세계 내의 그 어떤 대상을 통해서도 채워질 수 없는 것이다"(PR 126). 아우구스티누스는 자신의 *고백록*(*Confessiones*)을 다음의 문장들로 끝맺고 있다: "주님은 실로 완전무결하고 변함없는 최고선으로서 당신 자신이 당신의 안식이므로 [...] 우리들 중에 과연 누가 이 진리를 가르칠 수 있겠습니까? 천사가 천사를 가르칠 수 있겠습니까? 또 천사가 사람을 가르칠 수 있겠습니까? 당신께 청해야 할 일, 당신 안에서 구해야 할 일, 당신께 두드려야 할 일이니: 그렇게, 예 그렇게 해서만 받고, 발견하고, 열려질 것입니다"(Conf. 13, 38; PR 134). 이 문장들 안에서 비트겐슈타인 철학의 세 중심사상들이 표현되고 있다: 절대적인 선 혹은 신비적인 것 혹은 세계의 의미로서, 이것들에 대해서는 *논고*(*Tractatus*)의 마지막 문장들과 *윤리학에 관한 강의*가 말하고 있다; 언어와 사유의 한계들; 종교의 선(先)합리적인 성격: 마음의 갈망 혹은, *논고*의 언어로 하자면, "한계 지어진 전체로서의 세계에 대한 느낌"(TLP 6.45 강조는 필자에 의한 것).

16_ 드루리와의 대화들 안에서 우리에게 마주치는 바대로 이제 종교라는 현상의 몇 가지 특징들을 살펴보기로 하자. 첫 번째 것으로 경외심이 거명될 수 있을 것이다. 드루리는 비트겐슈타인에게, 자신은

오리게네스를 읽었으며, 그의 가르침, 즉 마지막 날에 모든 것이 원상 복구될 것이며 사탄과 타락한 천사들 역시 창조의 시초에 그들이 가졌었던 지위를 다시 얻게 될 것이라는 가르침이 자신의 마음에 들었노라고 말하고 있다. 비트겐슈타인은 오리게네스의 단죄를 정당화하고 있다: "우리의 현재의 행위들이 최후에 있어서 하찮은 것이라면, 그때 삶은 자신의 진지함을 상실합니다. 오리게네스의 가르침의 종교적 이념들은 나에게는 이미 늘 성서적이라기보다는 그리스적인 것으로 다가왔습니다. 그에 반하여 나의 생각들은 백퍼센트 히브리적인 것입니다." 플라톤과 성서 사이의 차이는 다음과 같은 점에 있다는 것인데, 즉 플라톤이 신들에 대해서 이야기할 경우에, "사람들이 창세기에서 묵시록에 이르기까지 성서 안 도처에서 느끼는 경외심은 나타나지 않습니다. '그가 오는 날을 누가 견디어 내며 그가 나타날 때에 누가 버티고 서 있을 수 있겠느냐?'[말라 3,2]"(PR 221 이하). 비트겐슈타인과 파스칼 사이의 비교는 중요한 요점을 부각시키고 있는데, 그것은 파스칼에 대해서 이따금 신앙주의의 비난이 제기되었다는 것이다. 파스칼에 대해서 비트겐슈타인의 경고가 맞세워지고 있다: "드루리, 당신은 결코 거룩한 일들과 마주해서 너무나 친숙한 태도를 보일만큼 외람되게 처신하지 마십시오." 드루리가 논평하고 있듯이, 신앙주의의 본질적인 결함은 "그것이 거룩한 일들과 마주해서 외람되게도 너무나 친숙한 태도를 취하면서 모든 어려움들을 기피한다는 점에 있다"(PR 138)는 것이다. 신앙주의에 있어서는 종교적 신앙은 결단이요, 정립(Setzung)이거나 혹은 인습이지, 또 다른 현실과의 만남은 아니다.

경외심의 태도는 기도의 언어 안에서 그 표현을 발견하고 있다. 비트겐슈타인은 라틴의례의 오래된 전례기도들에 대해서 말하고 있다: 이 "기도들은 마치도 수백 년간의 숭배를 빨아들인 것처럼 읽히고 있습니다. 우리가 이탈리아에서 전쟁포로로 있었을 때, 우리는 일요일마다 미사에 참여하도록 강요받았습니다. 나는 이 강요가 무척이나 기뻤습니다". 그는 두 명의 제자들에게 사뮤엘 존슨(Samuel Johnson: 1709-1784)의 *기도와 명상*(*Prayers and Meditations*)을 선사한다. "내가 믿기로는, 이 책이 그토록 그의 마음에 들었던 이유는, 기도들이 간결하고 극도로 진지하며, 존슨이 항상 자신의 삶이 개선될 수 있도록 은총을 간구하고 있기 때문이다"(PR 139 이하). 드루리는 어느 저녁기도의 방문에 대해서 보도하고 있다. "설교가 시작되었을 때, 본당신부는 엄선된 성서를 낭독했다: '내가 떠나는 것이 너희에게 이롭다. 내가 떠나지 않으면 보호자께서 너희에게 오지 않으신다.'[요한 16,7] 몇 분 후에 비트겐슈타인은 내 옆으로 기대면서 속삭였다: '나는 그가 말하는 것을 전혀 경청하고 있지 않습니다. 그러나 그 성서에 대해서 한 번 숙고해 보십시오. 그것은 놀랍습니다. 참으로 놀랍습니다.'"(PR 185). 종교적 언어는 태도의 표현이다; 그것은 태도를 중재할 수 있다; 그것은 우리로 하여금 태도에 대해 경탄하게 할 수 있다. 경외심과 숭배의 태도와 분리되었을 때 종교적 언어는 "비행"이 된다. "내가 말하고 싶은 것은", *철학적 소견들*(*Philosophische Bemerkungen*)의 서문에 적혀 있듯이, "'이 책이 하느님의 명예를 위하여 쓰여 졌다는 것인데', 그러나 그것은 오늘날 비행이 될 것입니다. 다시 말해서 그것은 올바로 이해될 수 없을 것입니다." 그 사용이 특정한 시기에 이의가 없었던 단어들은 나중에 악한들의 단어들이 될 수 있다; 왜냐하면, 드루리가 비트겐슈타인의 은유로써 말하길, "이 단어들이 계속해서 피상적인 방식으로 사용된다면, 그토록 많은 진흙이 그것들에 달라붙어서 사람들은 더 이상 이 길 위에서 걸을 수가 없기"(PR 120) 때문이다.

성서의 이해 안에서 신앙은 회심을 의미한다. 비트겐슈타인은 드루리와 주의기도에 대해서 말하고 있다: "그것은 비길 데 없는 기도입니다. 어느 누구도 일찍이 그와 비교될 수 있는 기도를 작성하지 못했습니다. 그러나 다음을 숙고해 보십시오. 그리스도교는 일련의 기도들을 말하는 데에 존립하지 않습니다. 바로 정반대로 우리에게 제안되고 있는 것은 이것입니다: 종교적인 삶을 영위하기 위해서 우리는 — 당신과 나는 — 종교에 대해서 수많은 말을 해도 좋을 뿐만 아니라, 어떤 방식으로든 우리의 삶이 변화되어야 합니다"(PR 139). 자신의 삶을 변화시킨다는 것이 비트겐슈타인에게 의미하는 바는 자만심으로부터 자유롭게 되는 것이다. *철학적 소견들*의 서문에서 계속되고 있듯이, 그 책이 하느님의 명예를 위해서 쓰여 졌다는 것은 "그것이 선의로 쓰여 졌으며, 그것이 선의가 아닌, 가령 허영심 등등으로 쓰여 진 한, 작성자는 그 책을 단죄된 것으로 알고자 한다는 것을 의미한다. 그 자신이 그러한 성분들로부터 깨끗하지 않을 때, 그는 그 책을 불순물로부터 정화시킬 수 없다."드루리가 전해주는 바에 따르면, 케임브리지의 교수직을 포기하는 비트겐슈타인의 결정 뒤에는 자신의 허영심에서 벗어나려는 소망이 있었다. "지적인 허영심은, 이제 그가 그것을 자기 자신 안에서 발견한 것이든 혹은 다른 이들 안에서 발견한 것이든, 비트겐슈타인이 혐오한 것이었다. 내가 믿기로는, 그는 철학 안에서 의미심장한 평판을 얻는 것보다도 모든 허영심의 흔적에서 자유롭게 되는 것을 더 중요하게 여겼다"(PR 118). 비트겐슈타인이 언젠가 말한 것인데, 아우구스티누스의 *고백록*은 그의 견해에 따르면 아마도 "일찍이 쓰여 진 가장 진지한 책"(PR 133)이라는 것이다. 그로써 그는 종교적 신앙에 대한 자신의 이해를 위해서 그리스도교 전통의 위인들 중의 한 사람을 지시하고 있다. 하느님은 허영심

많고 교만한 자들을 물리치시기 때문에, 아우구스티누스는 *인간조건* (*condicio humana*)의 비열함에 대한 고백으로 시작한다: 인간은 자신의 덧없음과 죄를 자신과 함께 지고 다닌다. *고백록*은 기도의 형식을 갖고 있으며 그것을 통해서 종교적인 언사의 형식을 두드러지게 한다. 아우구스티누스는 무엇이 먼저인지를 묻고 있다: 하느님을 기도 안에서 부르고 기리는 것이 먼저인지 혹은 그분을 아는 것이 먼저인지, 그리고 이런 물음 자체가 다시금 인식을 구하는 기도라는 것이 특징적이다(Conf. 1, 1,1). 그것은 "진지한" 책이다: 그것은 추구함의 진지성과 자신의 삶을 변화시킨 한 인간에 대해서 말하고 있다.

17_ 드루리의 대화들을 근거로 해서 종교와 철학의 관계를 첫 번째로 일별해 보자. 얼마 안 지난 과거에 유럽에서는 "종교란 주제에 대해서 진실로 무엇인가 중요한 할 말을 가졌던" 두 명의 저자가 있었다고 하는데, "말하자면 톨스토이와 도스또옙스키이다". 그들 중에서 비트겐슈타인은 톨스토이를 우위에 두고 있다. 그의 짧은 이야기들은 "모든 민족들을 위해서 쓰여 졌다". 비트겐슈타인이 가장 좋아하는 이야기는 *세 은사(隱士)*들이다(PR 129). 톨스토이는 모토로서 산상수훈의 두 구절들을 이야기의 처음에 언급했다: "너희는 기도할 때에 다른 민족 사람들처럼 빈말을 되풀이하지 마라. 그들은 말을 많이 해야 들어 주시는 줄로 생각한다. 그러니 그들을 닮지 마라. 너희 아버지께서는 너희가 청하기도 전에 무엇이 필요한지 알고 계신다"(마태 6,7-8). 한 대주교가 그와 함께 여행하는 순례자들이 완전히 동떨어지고 자그마한 섬에 거주하는 세 나이든 은사들에 대해 이야기하는 것을 듣게 된다. 그의 재촉 때문에 선장은 그 섬 쪽으로 항해해서 보트로 그가 섬으로 건너가게 해준다. 그가 노인들에게 어떻게 기도하

는지를 묻자 그들은 말한다: "그대들도 셋이요, 우리도 셋이니 우리를 불쌍히 여기소서!" 대주교는 그들에게 그렇게 기도하는 것을 금하고 무진 애를 써서 주의기도를 가르쳐 준다. 날이 어두워지자 대주교는 배로 되돌아온다. 그는 세 은사들에게 하느님의 말씀을 가르치도록 자신을 이곳까지 인도해주신 것에 대해서 하느님께 감사드린다. 밤중에 그와 조타수는 세 은사들이 바다를 건너서 배 쪽으로 달려오는 것을 보게 된다. 그들은 대주교가 그들에게 가르쳐준 것을 잊어버렸던 것이다. 그래서 그들은 다시금 그 기도를 가르쳐달라고 대주교에게 청원한다. 그러자 대주교는 세 노인들 앞에서 깊이 머리를 숙이고 말한다: "'그대들의 기도 역시 하느님을 향해 올라갑니다, 그대 하느님의 거룩한 사람들이여. 나는 그대들에게 가르칠 것이 아무 것도 없습니다. 우리 불쌍한 죄인들을 위해서 기도해주시오.' 그리고 그는 은사들 앞에서 무릎을 꿇었다." 이 이야기는 물 위에서 걸으신 예수님의 사적(마르코 6,45-52)을 본 딴 것이다. 은사들의 기도는 예수의 기도처럼 힘을 가지고 있다; 제자들이 예수 앞에서 그랬던 것처럼 대주교는 은사들 앞에서 무릎을 꿇는다. 그들의 신앙과 기도는 가르침의 열매가 아니다; 그들은 대주교에 의한 가르침을 필요로 하지 않으며, 대주교는 그들에게 어떤 것도 가르칠 수 없다. 그들의 신앙과 기도는 정통신앙이나 신학보다도 더 깊이 뿌리내린 것이다.

톨스토이에 대한 암시는 드루리가 성공회 사제가 되려는 자신의 의도에 대해서 비트겐슈타인과 말하는 대화 안에서 발견된다. 비트겐슈타인의 반응과 톨스토이의 이야기는 서로 보완된다. "내 염려는 당신이, 마치 여기서 하나의 증명이 필요하기라도 한 듯이, 그리스도교 신앙에 대한 철학적 정당화를 시도하게 될지도 모른다는 것입니다."

세 은사들의 신앙과 기도는 증명들에 의거하는 것이 아니다. "가톨릭 주의의 상징들은 너무나 놀랍고 말로 표현할 수가 없습니다. 그러나 그로부터 철학적 체계를 만들려는 모든 시도는 저속한 것입니다"(PR 148). 신앙은 증명과 철학적 정당화에 의존해 있지 않다. 종교적 언어는 상징으로 작동하며, 상징들은 논증하는 철학적 체계 안에서 해소되지 않는다. 드루리는 자신이 테넌트(F.R. Tennant)의 책인 *철학적 신학*을 읽고 있노라고 말한다. 테넌트는 목적론적 신 증명의 새로운 해석을 발전시키고 있으며, 종종 버틀러(Butler)의 격언인 "'개연성은 삶의 척도이다'"란 말을 인용하고 있다는 것이다. 비트겐슈타인의 대답인즉: "당신은 아우구스티누스가 하느님의 존재는 '극도로 개연적이다'라고 말하리라는 것을 상상할 수 있습니까!"(PR 133).

우리가 *고백록*과 세 은사들에 대한 이야기에 초점을 맞춘다면, 종교적 신앙의 한 본질적 특성은 기도가 향하고 있는 분의 현존에 대한 반성되지 않은 확신이다. 그것은 어떤 철학적 증명에 의거할 수는 없다; 여기서 모든 증명은 너무도 약한 것이 될 것이다. 그로부터 철학은 종교적 신앙을 위해서 아무런 의미도 갖지 않는다는 것이 귀결되는가? 드루리는 "간접적인 길"에 대해서 말하고 있으며, 그로써 그는 비트겐슈타인 철학의 본질적인 관심사를 알아맞히고 있다. 그 길은 "우리가 정신적인 폐소(閉所)공포증의 느낌을 야기할 만큼" 말해질 수 있는 것의 영역을 한정하는 데에 존립한다. 우리가 말해질 수 있는 것의 한계들을 분명히 할 경우에 우리에게 의식되는 것은, 이 영역이 얼마나 좁은가 하는 것이다. 그로부터 폐소공포증이 생겨나는데, 그것은 우리가 이 좁은 공간에서 살아갈 수 없다는 불안한 느낌이다. "모든 자연과학들과 심지어 통상언어의 표현들 근저에 잠복적인 형이상학이 존재하며, 이 형이상학은 폭로되어서 제거되어야 한다"(PR

126 이하). 폐소공포증을 만들어내는 것이 이 형이상학이다. 형이상학은 존재자의 마지막 원리들과 원인들에 대해서 물으며, 그와 함께 현실의 한계들을 규정한다. 자연과학들 안에 잠복해 있는 형이상학은 우리의 세계를 한계지우며, 우리는 이 세계가 너무 비좁다고 느낀다. 우리는 이 의식되지 않은 형이상학을 의식해야 하며, 그것의 주장이 정당화되지 않은 것임을 폭로해야 하고, 그리하여 그것의 감옥으로부터 해방되어야 한다. 그 "심오한 사상가는 우리로 하여금 말해질 수 없는 그 무엇이 존재한다는 통찰에 이르게 한다". 그리고 드루리는 여기서 이해받지 못할 것이라는 비트겐슈타인의 염려를 상기시키는데, 왜냐하면 *철학적 탐구*에서 "음악이 내 삶 안에서 나에게 의미했던 그 모든 것에 대해서 단 한 마디라도 말하는 것이"(PR 122;120) 그에게는 불가능한 것이기 때문이다. 종교의 언어는 상징들로 작동하며, 상징들은 말하지 않고 보여준다.

2. 문화와 가치(Vermischte Bemerkungen)

18_ 종교는 인간이 구원을 필요로 하고 있다는 아우구스티누스적인 의식을 전제로 한다: "자기들이 *불완전하다기*보다는 *병들어 있다고* 믿는 정도만큼, 사람들은 종교적이다. 반쯤이라도 분별이 있는 사람들은 자신이 지극히 불완전하다고 믿는다. 그러나 종교적인 사람은 자신이 *가련하다고* 믿는다"(VB 513). "그리스도교라는 종교는 오직 무한한 도움을 필요로 하는 자를 위한 종교, 그러니까 오직 무한한 고난을 느끼는 자를 위한 종교이다[...] 이 고난 속에서 자기의 가슴을 오므리지 않고 여는 사람은 그 치료수단을 가슴속에 받아들인

다"(VB 514). 신앙은 구원에 대한 갈망으로부터 생겨난다; 구원되어야 하는 것은 마음이기 때문에 신앙은 지성의 사안일 수가 없다: 신앙이란 "나의 사변적 지성이 아니라 나의 *가슴*, 나의 *영혼*이 필요로 하는 것에 대한 신앙이다. 왜냐하면 나의 추상적 정신이 아니라 나의 영혼이, 그 고통과 더불어, 구원받아야 하기 때문이다"(VB 496). 구원받을 수 있는 것은 의심하지 않고 확신하는 신앙이지 철학적 사변이 아니다: "내가 **실제로** 구원받으려면, ─ 나는 지혜, 꿈, 사변이 아니라 ─ *확실성*을 필요로 하며, 이 확실성이 신앙이다[…] 의심과 싸우는 것이 말하자면 *구원*이다. *구원*에 꽉 매달리는 것은 이 신앙에 꽉 매달리는 것이 되지 않을 수 없다"(같은 곳). 종교적 신앙 안에서의 가르침은 병을 의식하게 해야 하며, 그것은 "양심에의 호소"여야 한다. 그리고 동시에 그것은 "구원의 수단"을 보여주어야 한다. 신앙의 행위는 가르침의 수용 이상이다; 그것은 "열정적인 파악"이다. "그것은 마치 누군가가 한편으로는 나로 하여금 나의 절망적인 상황을 보게 하고, 또 한편으로는 나에게 구원의 수단을 제시하고 난 후에, 내가 스스로, 또는 어쨌든 *교사*의 손에 이끌리지 않고서, 그것으로 돌진하여 그것을 꽉 붙잡는 것과 같을 것이다"(VB 541). "지혜는 열정이 없다. 이에 반해서 키르케고르에 의하면 신앙은 *열정*이다". 비트겐슈타인이 강조하는 바는, 열정이 결정 그 이상이라는 것이다; 그것은 수동성의 계기를 내포한다; 열정적인 사람은 무엇인가를 파악하면서 동시에 무엇인가에 사로잡힌다; 종교적 신앙은 따라서 하나의 가르침에 대한 승인 이상이다: "요컨대, 훌륭한 가르침이 사람을 반드시 *사로잡는* 것은 아니다; 우리들은 그 가르침을 마치 의사의 처방처럼 따를 수 있다. ─ 그러나 여기서 우리들은 무엇인가에 의해 사로잡히고,

방향 전환되어야만 한다"(VB 525). "하나의 준거체계를 위한 열정적 자기결단"(VB 540)은 삶에 새로운 방향을 제공하기 마련이다. "내가 믿기로는, 그리스도교가 말하고 있는 것은 무엇보다도, 모든 훌륭한 가르침들이 아무런 소용이 없다는 것이다. *삶*이 바뀌어야 한다는 것. (또는 삶의 *방향*이 바뀌어야 한다는 것.)"(VB 525). 자신의 끝없는 곤궁을 인식하고 "신에 대한 참회의 고백 속에서 그렇게 가슴을 여는 사람은 다른 사람들에 대해서도 가슴을 연다. 이렇게 해서 그는 특별한 사람으로서의 그의 위신을 상실하고, 그래서 어린아이처럼 된다. 즉 직위, 위신, 그리고 다른 사람들로부터의 거리가 없어지게 된다. 다른 사람들 앞에서 자신을 연다는 것은 오직 특별한 종류의 사랑에서만 가능하다"(VB 514). 그렇게 종교는 "허영심을 분쇄하고 모든 균열들을 뚫고 들어갈 수 있다"(VB 517).

19_ 종교적 신앙은 "신뢰"(VB 551)이다; 그것은 마지막에 있어서는 혼자가 아니라는 습관적인 의식이다: "만일 우리가 그리스도에 관하여 들어본 적이 없다면, 우리는 어떤 느낌을 지닐까? 우리는 암흑과 버림받음의 느낌을 지닐까? 우리가 그런 느낌을 지니지 않는 것은 단지, 누군가가 자기와 함께 방 안에 있다는 것을 알 때 어린아이는 그런 느낌을 지니지 않는다는, 바로 그런 식일 뿐인가?"(VB 468). 종교적 신앙은 깊이와 내적인 고요의 차원을 열어준다: "종교는 말하자면 수면의 파도가 제아무리 높더라도 고요함을 유지하는 가장 깊은 바다의 고요한 밑바닥이다"(VB 525). *문화와 가치*가 반복해서 말하고 있는 빛 역시 아마도 이러한 차원에 대한 상징으로 해석되어도 좋을 것이다: "노동의 빛은 아름다운 빛이다. 그러나 그 빛은 또 다른 빛에

의해 비춰질 때, 오직 그 때에만 진정 아름답게 빛난다"(VB 486; 531 이하; 543 참조). "언표할 수 없는 것(나에게 불가사의하게 보이고, 내가 말로 나타낼 수 없는 것)은 아마도, 내가 언표할 수 있는 것에 의미를 부여하는 배경을 이룬다"(VB 472). 이 빛은 기쁨이라는 근본 정서 안에서 감지된다: "당신이 인생에서 발견하는 문제를 해결하는 길은, 그 문제성 있는 것을 사라지게 만드는 그런 방식의 삶을 사는 것이다[...] 그러나 우리는 삶 속에서 문제를 보지 못하는 사람은 무엇인가 중요한 것, 아니 가장 중요한 것을 보지 못하고 있는 거라는 느낌을 갖지 않는가?[...] 또는 나는 이렇게 말해야 하지 않는가: 올바로 사는 사람은 문제를 *비애*로, 그러니까 문제성 있는 것으로 느끼지 않고, 오히려 기쁨으로 느낀다; 그러니까 말하자면 그의 삶을 둘러싼 빛나는 에테르(정기)로 느끼지, 문제성 있는 배경으로 느끼지 않는다"(VB 487 이하).

20_ 그리스도교는 역사적인 종교이다. 역사적인 진리와 신앙의 동의는 서로 어떻게 관계하는가? 그리스도교의 복음에 대한 신앙은 역사적인 보도에 대한 신앙 그 이상의 것이다. 비트겐슈타인에게 중요한 것은, 네 복음서들의 보도는 단지 "아주 통상적인 역사적 개연성 이상을 가지지 않는다는 점이고, 이는 이 보도가 본질적이고 결정적인 것으로 간주되지 않게 *하기 위해서도* 중요한 것이다[...] 당신이 마땅히 보아야 할 것은 가장 훌륭하고 가장 정확한 역사가에 의해서조차도 전달될 수 없다; *그런 까닭에* 평범한 표현으로도 충분하다. 아니 그것이 더 낫다"(VB 493 이하). 역사적인 보도는 "역사적인 보도에 속해 있는" 신앙으로 믿어져야 하는 것이 아니다. "— 오히려: 만사

를 제치고 믿으라, 그리고 그대는 오직 삶의 결과로서만 그렇게 믿을 수 있다"(VB 494). 종교적 신앙은 오직 "삶의 결과(Resultat eines Lebens)"로서만 가능하기 때문에, 그리스도교는 "인간의 삶 속에서 일어나는 실제의 사건에 대한 하나의 기술"이라고 비트겐슈타인은 주장할 수 있는 것이다. "왜냐하면 '죄의 인식'은 실제로 일어나는 사건이며, 절망도 그렇고, 또 신앙을 통한 구원도 그렇기 때문이다"(VB 488). 역사적인 보도는 인간에게 무엇인가를 보게 만들어주며, 오로지 삶만이 그에게 그런 능력을 부여하는 경험들을 중재할 수 있다. 그렇기 때문에 비트겐슈타인은 종교성의 단계들에 대해서 말한다. 역사적인 종교의 모든 진리들이 모든 신앙인에 의해서 통찰될 수는 없다. "아직 보다 낮은 단계에 있는 자에게, 보다 높은 단계에서 의미를 가지는 이 가르침은 아무것도 아니며 공허하다; 그것은 단지 *잘못* 이해될 수 *있다*, 그리고 따라서 이 말들은 이 사람에게는 유효하지가 *않다*"(VB 494). 비트겐슈타인은 개인적인 보기들을 들고 있다. 바오로의 은총선택에 대한 가르침(예정설)은 자신의 단계에서는 무신앙심이라는 것이다(같은 곳); 그는 예수를 "주님"이라고 부를 수 없다는 것이다(1코린 12,3 참조). 왜냐하면 "그가 나를 심판하러 온다는 것을 *나는 믿지 않기 때문이며*, 나에게 *그것*은 아무 것도 말해 주는 바가 없기 때문이다. 그것은 내가 *전혀* 다른 삶을 살 경우에만 나에게 무엇인가를 말해 줄 수 있을 것이다". 그와는 반대로 무엇인가가 그를 "그리스도의 부활에 대한 신앙에로"(VB 495) 기울게 한다. 성서의 본문은 상이한 깊이 속에서 이해될 수 있다; 수심을 잴 수 없는 깊이를 지닌 본문들이 있다: "신약성서의 비유들은 온갖 깊이를 가진 임의의 해석을 허용한다. 그것들은 바닥이 없다. *그것*들은 어린아이가 하는 최초의 말보다도 스타일을 더 적게 지니고 있다. 최상의 예술작품에도 또한 '스타일'이라 불리는 어떤 것, 심지어 '풍(風)'이라고도 불릴 수 있는 것이 여전히 들어 있다."(VB 501). 스타일은 시간에 매여 있음의 표현이다; 스타일의 최상의 형식들 역시 의욕된 것이며, 작위로부터 자유로운 것이 아니다. 비유들은 수심을 잴 수 없는 깊이를 가진다. 왜냐하면 그것들은 그 어떤 스타일도 갖지 않기 때문이다; 그것들은 마치 어린아이의 최초의 말처럼 더 근원적이고, 더 자연스러우며, 더 반성되지 않은 표현이다(PU § 244 참조).

21_ 역사적인 종교의 명제들에서처럼 신 개념에 있어서도 마찬가지이다: 여기서도 이해는 "삶의 결과"로서만 가능하다. 비트겐슈타인은 신이란 말의 해명을 색이란 말의 해명과 비교한다. 색이란 단어가 무엇을 의미하는지를 나는 단지 하나의 색견본을 근거로 해서만 설명할 수 있다. 이러한 의미에서 색의 본질이 그것의 존재를 보증한다; 색이 있다는 것을 내가 알고 있는 경우에만 나는 색이 무엇인지를 알 수 있다; 내가 색이 무엇인지를 알고 있다면, 나는 색이 있다는 것을 안다. 마찬가지로 신의 본질이 그분의 존재를 보증한다. "신이라는 낱말을 우리는 어떻게 배우는가(즉, 그 낱말의 용법은)? 나는 그것에 관해 상세한 문법적 기술을 할 수 없다. 그러나 나는 말하자면 그 기술을 위한 기여는 할 수 있다; 나는 그것에 관해 많은 것을 말할 수 있고 또 어쩌면 시간의 경과에 따라 일종의 사례 수집을 할 수 있다"(VB 566 이하). 이러한 사례 수집은 인간 삶의 실제적인 경과들을 묘사할 수밖에 없다: 죄의 인식, 절망 그리고 그와 같은 것. 삶만이 하느님에 대한 신앙에로 양육시킬 수 있는 것은, 마치 삶만이 그리스

도교의 역사적인 보도를 이해시킬 수 있는 것과 같다. "그리고 이것을 행하는 것은 역시 *경험*이다; 그러나 우리에게 '이 존재자의 존재'를 보여주는 것은 눈으로 봄이나 기타 감각경험들이 아니라, 오히려 예컨대 다양한 종류의 고통들이다. 그리고 고통들은 감각적 인상이 대상을 보여주는 방식처럼 우리에게 신을 보여주지는 않으며, 신을 추측할 수 있게 해주지도 않는다. 경험들, 사고들, — 삶이 우리에게 이 개념을 강제로 떠맡길 수 있다"(VB 571).

Ⅱ. 철학

1. 말함과 보여줌

22_ 비트겐슈타인의 *논고*는 독자들에게 하나의 수수께끼를 제시한다. 1-2.063의 명제들은 존재론 혹은 형이상학을 발전시키고 있다. 세계는 사실들의 총체이지 사물들의 총체가 아니다. 사실은 사태들의 존립이다. 사태는 대상들 혹은 사물들의 가능한 결합이다. 대상들은 형식(Form)을 가진다; 그것을 통해서 어떤 사태들 안에서 대상이 나타날 수 있는지가 규정된다. 다시 말해서 어떤 대상들이 함께 사태들에로 결합될 수 있는지는 형식을 통해서 규정된다. 대상들은 단순하다. 그것들은 세계의 실체를 형성한다. 세계의 실체는 모든 가능한 세계들에 공통적인 어떤 것이다; 그것은 실제의 경우에 종속됨이 없이 존

립하는 그 무엇이다. 비트겐슈타인은 일기(22.6.15 TB 164)에서 다음과 같은 보기를 들고 있다: 지팡이와 공이 단순한 대상이라고 가정하자. 그리고 지팡이를 A 그리고 공을 B라고 부르자. 이때 우리는 이렇게 말할 수 있다: 'A는 벽에 기대어 있다', 그러나 'B는 벽에 기대어 있다'는 아니다. 여기서 나타나는 것은 A와 B의 형식이다; 지팡이가 벽에 기대있는 것은 하나의 가능한 사태이지만, 공이 벽에 기대있는 것은 그렇지 않다.

　이와는 반대로 *논고*의 마지막에는 이렇게 적혀 있다: "말해질 수 있는 것, 그러므로 자연과학의 명제들 — 그러므로 철학과는 아무 상관도 없는 어떤 것 — 이외에는 아무 것도 말하지 말고, 다른 어떤 사람이 형이상학적인 어떤 것을 말하려고 할 때는 언제나, 그가 그의 명제들 속에 있는 어떤 기호들에다 아무런 의미도 부여하지 못하였음을 입증해 주는 것, — 이것이 본래 철학의 올바른 방법일 것이다. 이 방법은 그 다른 사람에게는 불만족스럽겠지만 — 그는 우리가 그에게 철학을 가르쳐 주었다고 느끼지 않았을 것이다 — 이 *방법*은 유일하게 엄격히 올바른 방법이다"(TLP 6.53). 양자, 즉 *논고*의 형이상학과 비트겐슈타인의 다음과 같은 주장, 곧 철학은 형이상학적 명제들의 무의미성을 입증해야 한다는 주장이 어떻게 결합될 수 있는지는 사다리의 그림을 통해서 드러나고 있다. 논고의 명제들은 하나의 사다리이며, 그 위에서 우리는 명제들을 넘어서 올라가며, 우리가 그것을 딛고 다 오르고 나면 그 사다리를 내버린다. 사다리의 그림은 비트겐슈타인의 고안물이 아니다; 그것은 이미 고대의 회의주의자인 섹스투스 엠피리쿠스(Sextus Empiricus)에게서 발견된다. 섹스투스는 어떤 증명도 존재할 수 없다는 것을 증명하려 한다. 우리는 그것이 어리석은 감행이라고 말할 것이다: 어떤 증명도 존재하지 않는다는 것을 증명하는 자는 바로 증명의 비실존에 대한 자신의 증명을 통해서 증명이 존재한다는 것을 보여준다. 이러한 보복논증에 대한 회의주의자의 대답은 우리가 증명이란 말을 인용부호 안에 설정한다는 점에 존립한다. 퓌론적인 회의주의자는 아무 것도 주장하지 않는다. 그는 논증하지 않는다. 그에게 관건이 되는 것은 증명이 가상임을 일깨우는 것이다. 만일 그가 이 가상을 통해서 다른 이들을 불안하게 만들었다면, 그는 자신의 목적을 이룬 셈이다. 논증의 외관은 설사약과도 같다. 설사약은 그것의 작용을 통해서 배설시키려는 내용물들과 함께 스스로도 배설된다(Sextus Empiricus, Adv. math. VIII 480 이하).

사다리 그림의 철학사적인 유래에 대한 지적이 곧 비트겐슈타인이 회의주의자임을 주장하려는 것은 아니다. 물어보아야 할 것은, 어떤 목적을 위해서 비트겐슈타인이 이 그림을 사용하고 있는가이다. 그림에도 불구하고 하나의 공통점이 있는데, 이는 비트겐슈타인의 관심사를 이해하는데 도움이 된다. 퓌론적인 회의주의자들처럼 비트겐슈타인은 철학을 새로운 관점에로 인도해야 할 하나의 치료로서 이해한다. 회의주의자는 진리에 대한 포기를 통해서 내적인 평온을 발견하려 한다. 비트겐슈타인은 이렇게 적고 있다: "사고 속에 평화가 깃드는 것. 이것이 철학하는 자가 열망하는 목적이다"(VB 511). "진정한 발견은 내가 원할 때 나로 하여금 철학하기를 그만두도록 할 수 있게 만들어 주는 것이다. ─ 철학을 조용히 쉬게 하는 것, 그래서 철학이 더 이상 *자기 자신*을 문제로 삼는 물음들에 의해서 채찍질 당하지 않도록 하는 것이다"(PU § 133). 회의주의자는 진리를 단념한다. 비트겐슈타인이 열망하는 것은 완전한 명료성인데, 그 안에서 철학적 문제들은 완전히 사라진다(같은 곳).

*논고*의 서문은 다음의 문장들로 시작된다: "이 책은 아마 이 책 속

에 표현된 사고들을 — 또는 어쨌든 비슷한 사고들을 — 스스로 이미 언젠가 해 본 사람만이 이해하게 될 것이다. — 이 책은 그러므로 교과서가 아니다. — 이 책의 목적은 이 책을 읽고 이해하는 어떤 이에게 즐거움을 준다면 달성될 것이다."『논고』를 대강 훑어보고 거기서 논리학, 의미론, 명제의 일반적인 형식, 수학 등등에 대해서 적혀 있는 것을 읽게 되면, 이 안내문이 즉시 그 책에서 손을 떼라는 요구로 이해될 수 있다. 그렇다면 아마도 이 책은 이러한 물음들과 치열하게 대질한 소수의 전문가 그룹에게 향해져 있다. 비트겐슈타인은 1919년 10월 혹은 11월에 그가 『논고』의 원고를 의뢰한 출판인이었던 루트비히 폰 픽커(Ludwig von Ficker)에게 다음과 같이 적고 있다: "그 원고의 독서로부터 당신은 말하자면 — 내가 단호히 믿는 바대로 — 많은 것을 얻지 못할 것입니다. 왜냐하면 당신은 그것을 이해하지 못할 것이기 때문입니다; 그 내용이 당신에게는 완전히 생소하게 여겨질 것입니다"(Bw 96). 그러나 이 말에 모순이 되는 것은 이 책이 교과서가 아니라는 진술이다. 따라서 마지막으로 관건이 되는 것은 명백하게도 논리학이나 의미론의 이론을 제시하는 것이 아니다. 그렇다면 『논고』에 이르는 통로를 발견하기 위해서 스스로 이미 언젠가 사고해 본 적이 있어야한다는 생각들은 어떤 것들인가? 『논고』의 마지막에서 그것은 사다리의 그림에 따라 의미되고 있다: "그는 이 명제들을 극복해야 한다. 그러면 그는 세계를 올바로 *본다*"(TLP 6.54 강조는 필자에 의함). 『논고』는 따라서 분명하게도 세계를 어떻게 *보아야* 하는가라는 물음에 의해서 불안하게 된 사람들을 위해 쓰여 진 것이다. 그러나 언제 사람들은 세계를 올바로 보는가? 세계를 올바로 보기 위해서 왜 『논고』가 전개하듯이 그 같은 기술적인 비용이 요구되는가? 세계를 올바로 보는 것을 사람들은 어떻게 배우는가?

23_ 러셀에게 보낸 편지(1919년 8월 19일)에서 비트겐슈타인은 논고에 대해 적고 있다: "중요사안은 명제들—즉, 언어—을 통해서 말해지는 것(그리고, 그와 동일한 결과에 이르게 되겠지만, *사유되는* 것)과 명제들을 통해서 표현될 수 없고 단지 보여 질 수 있는 것에 대한 이론입니다. 이것이, 내가 믿기로는, 철학의 근본문제입니다"(Bw 88). 결국 비트겐슈타인에게 관건이 되는 것은 말함과 보여줌 사이의 구분이다. 우선 보여줌에 머물러 보자. 루트비히 폰 픽커에게 보낸 편지(아마도 1919년 10월 중순)에는 이렇게 적혀 있다: "작업은 엄격히 철학적이고 동시에 문학적이다. 그러나 그 안에서 수다를 떨고 있지는 않다"(Bw 95). 이와 비슷하게 비트겐슈타인은 서문에서 그의 작업의 이중적인 가치에 대해서 말하고 있다: 그 안에서 표현되고 있는 사고들의 진리성과 그것들이 표현되고 있는 방식들에 대해서. "이 가치는 그 사고들이 더 잘 표현되어 있으면 있을수록 더 커지게 될 것이다". 논고의 보고는 따라서 두 영역들 위에서 움직이고 있다: 철학적이고-내용적인 영역과 언어적인 형식의 영역 위에서; 비트겐슈타인이 폰 픽커에게 보낸 편지에서 작업이 "동시에 문학적이다"라고 적었을 때, 그는 두 번째 영역을 의미하고 있다. 논고의 언어적 형식은 말해질 수 없는 그 어떤 것을 보여주려는 데에 있다. 파울 엥겔만(Paul Engelmann)은, 비트겐슈타인은 1916년에 올뮛쯔(Olmütz)에 머물 때 그와 나눈 대화들 안에서 논고의 관심사를 설명해 주었는데, 비트겐슈타인의 업적을 "어떤 명제에서 보여 지는 것[에 대한 지시에서]. 그리고 그 명제에서 보여 지는 것을 그 명제가 아직도 진술할 수 없다는 것"(Engelmann 1970, 63)에 대한 지시에서 보고 있

다. 엥겔만은 비트겐슈타인에게 울란트(Uhland)의 시(詩)인 *에버하르트 백작의 사나무*(*Graf Eberhards Weissdorn*)를 전선으로 선사했다. 비트겐슈타인은 편지에서(1917년 4월 9일) 엥겔만에게 감사하며 적고 있다: "울란트의 시는 참으로 대단합니다. 그리고 이렇습니다: 말로 표현할 수 없는 것을 진술하려고 애쓰는 경우에, *아무 것도* 잃어버리지 않습니다. 오히려 말로 표현할 수 없는 것은, ― 말로 표현할 수 없이 ― 진술된 것 안에 *내포되어* 있습니다"(Bw 78). 엥겔만(1970, 63)은 이렇게 논평하고 있다: "예컨대 시가의 명제들은 그것들이 말하는 바를 통해서 작용하는 것이 아니라, 마치 아무 것도 말하지 않는 음악처럼, 그 명제들에서 보여 지는 것을 통해서 작용한다."

말함과 보여줌의 구분으로부터 철학의 개념과 과제가 규정된다. "철학은 가르침이 아니라 활동이다. 철학적 작업은 본질적으로 주해들로 이루어진다"(TLP 4.112). "[...] 어떤 하나의 방법이 예들 가운데에서 보여 진다"(PU § 133). "철학의 결과는 '철학적 명제들'이 아니라 명제들이 명료해짐이다"(TLP 4.112). "우리는 우리의 말의 사용을 위한 규칙체계를 전대미문의 방식으로 정화하거나 완전하게 만들고자 하지 않는다. 왜냐하면 우리가 얻고자 애쓰는 명료성은 물론 *완전한* 명료성이지만, 그러나 이는 단지 철학적 문제들이 *완전히* 사라져야 한다는 뜻일 뿐이기 때문이다"(PU § 133). 명제들의 명료화는 말해질 수 있는 것과 단지 보여 질 수 있는 것 사이의 한계를 긋는데 기여한다. 논고의 서문에서 비트겐슈타인이 적고 있듯이 "이 책은 그러므로 생각에 한계를 그으려 한다. 또는 차라리, 생각이 아니라 사고의 표현에 한계를 그으려 한다". 이 한계는 "오직 언어 안에서만 그어질 수 있을 것이다". 비트겐슈타인은 칸트의 관심사를 나누고 있

다: 철학은 이성비판이다; 철학은 이성의 한계들을 제시해야 한다; 이성비판은 비트겐슈타인에 따르면 단지 언어비판으로서만 가능하다. 이성비판이 비트겐슈타인에게 의미하는 것은 무엇보다도 과학적인 이성의 비판이자 한계규정이다: "철학은 자연과학의 논란 많은 영역을 한계 짓는다"(TLP 4.113). "비록 모든 *가능한* 과학적 물음들이 대답된다 하더라도, 우리는 우리의 삶의 문제들이 여전히 조금도 건드려지지 않은 채로 있다고 느낀다"(TLP 6.52). 일기(25.5.15) 안의 본래의 초고에서는 그에 앞서 직접적으로 이렇게 표현되어 있다: "신비적인 것을 향한 충동은 과학에 의해서 우리의 소망들이 충족되지 않음에서 온다"(TB 143).

한계 짓기는 한계 너머에 놓여 있는 것을 지시하는 과제를 가진다: 철학은 "안으로부터, 생각될 수 있는 것을 통하여, 생각될 수 없는 것을 한계 지어야 할 것이다. 철학은 말할 수 있는 것을 명료하게 묘사함으로써, 말할 수 없는 것을 의미할 것이다"(TLP 4.114 이하). 비트겐슈타인이 원고와 함께 폰 픽커에게 보낸 편지에는 이런 말이 있다: "이 책의 의미는 윤리적인 것입니다. 내가 언젠가 서문에 쓰려고 했지만 실제로는 서문에 들어있지 않은 문장을 이제야 당신께 적어 보냅니다. 왜냐하면 그것은 열쇠가 되겠기 때문입니다: 말하자면 나는 내 작품이 두 부분으로 구성되어 있다고 적으려 했습니다: 여기에 쓰여 진 것과, 그럼에도 불구하고 내가 쓰지 *않은* 것으로. 바로 이 두 번째가 중요한 부분입니다. 말하자면 윤리적인 것은 나의 책을 통해서 내부로부터 한계 지어지고 있습니다; 그리고 내가 확신하기에, 그것은, *엄격히*, **오직** 그렇게만 한계 지어질 수 있습니다"(Bw 96). 윤리적인 것 혹은 신비적인 것은 *오직* 내부로부터만 한계 지어질 수 있다. 이 한계 짓기는 *엄격히*, 즉 논리학과 의미론의 수단들을 가지고 수행되어야 한다. 그러나 이것들이 가치를 획득하는 것은 오로지 한계 짓기의 과제를 통해서이다. 논고는 비엔나 학파에게 커다란 영향력을 행사했다. 양자에게 공통적인 것은 과학의 언어를 명료하게 하려는 관심사이다. 파울 엥겔만이 보기에, 이때 비엔나 학파에게 배타적으로 중요한 것은 한계의 이편에 놓여 있는 것이다. 이 학파는 침묵할 아무 것도 가지고 있지 않다. "*반면에 비트겐슈타인의 깊은 확신은, 인간의 삶을 위해서 유일하게 중요한 것은, 그의 견해에 따르면, 그것에 대해서 침묵해야만 하는 어떤 것이라는 점이다*"(Engelmann 1970, 77).

말함과 보여줌의 구분은 논고에서 두 가지 맥락들 안에서 역할하고 있다: 한 번은 언어와 세계와의 관계에서; 다른 한 번은 미적이고 윤리적인 가치가 관건이 되는 곳에서. 논고의 4.0312는 논고의 의미론, 즉 명제의 그림이론을 요약하고 있다: "명제의 가능성은 기호들이 대상들을 대표한다는 원리에 의거한다." 명제는 사태의 그림이다. 그림의 요소들은 그림 안에서 대상들을 대표한다. 그림은 그것의 요소들이 특정한 방식으로 서로 관계한다는 점에 존립한다. 하나의 명제에 대한 보기는 'aRb'이다; 이 명제는 a가 b에 대한 R의 관계에 있다고 말한다. 그림의 요소들이 특정한 방식으로 서로 관계한다는 것은 대상들이 그렇게 서로 관계한다는 것을 표상한다. 그것은 그림과 현실이 무엇인가를 공통적으로 가지고 있는 경우에만 가능하다: 모사의 형식. 예컨대 그림 위의 기호들의 공간적인 관계들은 현실 안에서의 공간적인 관계들을 위해 존립하며, 그림 위의 색들은 현실에서의 색들을 재현한다. 그렇다면 하나의 선율이 기보법 안에 기록될 경우는 어떠한가? 이 경우에 우리는 더 이상, 앞선 보기들에서처럼, 범주적인 상응을 갖지 못한다; 여기서는 음조들이 음조들을 통해서가 아니라 공간적인 기호들을 통해서 재현된다. 그럼에도 불구하고 기보법은 음조를 모사할 수 있기 위해서 무엇인가를 그것과 공유해야 한다; 비트겐슈타인은 그것을 *논리적인* 형식이라 부른다. "그림은 모사된 것과 모사의 논리적 형식을 공유한다"(TLP 2.2). 보여줌에 대한 물음을 위한 결정적인 귀결은 이제 이렇다: 공통의 논리적 형식은 그림이 현실을 모사할 수 있기 위한 전제이다. 그럼에도 불구하고 그것은 스스로 다시 모사될 수는 없다. 즉 언어 안에서 서술되거나 말해질 수는 없다. 그것은 오히려 단지 보여 질 수 있을 뿐이다. "명제는 전체 현실을 묘사할 수 있지만, 현실을 묘사할 수 있기 위해서 명제가 현실과 공유해야 하는 것—논리적 형식—을 묘사할 수는 없다. 논리적 형식을 묘사할 수 있으려면 우리는 명제를 가지고 논리 바깥에, 즉 세계 바깥에 설 수 있어야 할 것이다. 명제는 논리적 형식을 묘사할 수 없다. 논리적 형식은 명제 안에서 반영된다. 언어 안에서 반영되는 것을 언어는 묘사할 수 없다. 언어 안에서 표현*되*는 것을 *우리*는 언어를 통해서 표현할 수 없다. 명제는 현실의 논리적 형식을 *보여 준다.* 명제는 현실의 논리적 형식을 내보인다"(TLP 4.12; 4.121). 논리적 형식을 인식하기 위한 유일한 가능성은 우리가 보기들을 가지고 언어사용 안에서 보여 지는 것을 관찰하는 데에 있다. 논리적 형식을 언어적으로 표현하려는 것은 무의미하다; 그것은 기껏해야 보기들의 차이들이 일반 개념들을 통해서 가려지게 되도록 만들 뿐이다.

2. 윤리학과 미학

24_ 논고에 대한 해석은, 비트겐슈타인이 한편으로는 형이상학의 모

든 형식을 무의미한 것으로 거부하고, 다른 한편으로는 스스로가 하나의 존재론을 발전시키고 있다는 외견상의 모순으로부터 시작되었다. 외견상의 모순에 대한 해결은 사다리의 그림이어야 할 것이다. 우리는 이제 이 그림이 무엇을 말하려 하는지 그리고 어떻게 외견상의 모순이 해결될 수 있는지를 이해할 수 있다. 사다리는 전망이 좋은 곳을 얻는데 기여한다. 그곳으로부터 우리는 이전에 보지 못했던 어떤 것을 보게 된다. 논고의 존재론은 그림이론에 기여하며. 그림이론은 철학의 주요문제, 즉 무엇이 명제들을 통해서 말해질 수 있고 무엇이 단지 보여 질 수 있는 지를 해명해야 하는 것이다. 언어와 세계의 관계는 더 이상 언어 안에서 표명될 수 없다. "그림은 모든 것을 묘사할 수 있지만 그것에 의해서 모사된 내용과 갖는 그 자신의 모사하는 관계만은 묘사할 수 없다[...] 참인 명제들이 이제 세계의 그림이라면, 그 명제들 안에서 세계에 대한 그것들 자신의 관계는 언급될 수 없는데, 그 관계가 명제들을 그림으로 만드는 것이다"(Engelmann 1970, 81). 사다리, 즉 논고의 존재론적인 장치는 우리를 이러한 통찰에로 인도하는 과제를 갖는다. 우리는 논고의 존재론과 그림이론을 무엇인가를 가리키는 지시봉에 비교할 수 있다. 우리가 이러한 방식으로 사안을 보게 되자마자, 지시봉은 필요 없게 된다. 논고의 존재론적인 장치는 하나의 불가능성을 명시하는데 기여한다: 언어와 세계의 관계를 의미 있는 언어 안에서 표현하는 것의 불가능성.

25_ 사다리에 대한 단락에 적혀있기를, "그는 이 명제들을 극복해야 한다. 그러면 그는 세계를 올바로 본다"(TLP 6.54). 세계에 대한 이

올바른 조망은 어디에 존립하는가? 논고의 존재론과 그림이론은 어느 정도까지 세계에 대한 올바른 조망에로 인도하는가? 그와 함께 우리는 보여줌의 두 차원들 중에서 두 번째에 와 있다. 그것은 논고 6.522에 표명되어 있다: "실로 언표 불가능한 것이 있다. 이것은 스스로 *드러난다. 그것이 신비적인 것이다.*" 우선 확인해야 할 것은, 여기서 명백한 실존진술이 이루어지고 있다는 것이다: 언표 불가능한 것이 *있다.* 보여줌에 열려 있는 이 두 번째 차원과 존재론 내지 그림이론과의 연관은 논고 5.552로부터 분명해진다: "논리를 이해하기 위해 우리가 필요로 하는 '경험'은 어떤 것이 이러이러한 상태에 있다는 것이 아니라, 어떤 것이 *있다*는 것이다: 그러나 이것은 바로 경험이 *아니다.* 논리는 모든 경험에 — 즉 어떤 것이 *어떠하다*는 것에 — *앞선다.* 논리는 어떻게(wie)에는 앞서나, 무엇이(was)에는 앞서지 않는다." 이 본문은 두 개의 경험개념들을 구분하고 있다. 한번은 논리가 경험의 전제이며, 다른 한 번은 경험이 논리의 전제이다. 첫 번째 것은 자연과학의 경험개념이다. 이 경험의 내용은 어떤 것이 이러이러하다는 것이다. 자연과학은 어떤 것이 *어떠한지*를 묻는다. 이 과학적인 경험은 논리를 전제로 한다; 그림과 현실이 공유하는 논리적인 형식이 없이는 자연과학의 명제는 현실을 모사할 수 없다. 두 번째 경험개념에 있어서 경험은 논리의 전제이다. 여기서도 우리는 다시 그림이론으로부터 출발할 수 있다. 명제는 *현실*의 그림이다(TLP 4.01). 언어는 현실에 대해서 말한다. 그림이론은 명제가 현실의 그림이라고 주장하면서, 현실 혹은 세계가 있다는 것을 전제하고 있다. 논리적 형식은 *현실*의 형식이다(TLP 2.18). 이어지는 구절에는 이렇게 적혀 있다: "만일 이것이 사실이 아니라면, 우리는 어떻게 논리를 적용할 수 있을까?"(TLP 5.5521). 논리의 이해와 적용은 "어떤 것이 *있다*'는 경험을 전제로 한다; 그리고 그것은 비트겐슈타인에 따르면 경험이 아니다. 이 두 번째 '경험'은 논고의 마지막에(TLP 6.44 이하) 기술되어 있다: "세계가 *어떻게*(wie) 있느냐가 신비스러운 것이 아니라 세계가 있다는 *것*(daß)이 신비스러운 것이다. 영원의 관점에서 세계를 직관하는 것은 세계를 전체—한계 지어진 전체—로서 직관하는 것이다. 한계 지어진 전체로서의 세계에 대한 느낌은 신비적인 느낌이다." 세계를 *영원의 관점에서*(sub specie aeterni) 보는 것은 어떤 것이 있다는 경험 안에 존립한다. 비트겐슈타인은 그것을 *윤리학에 관한 강의*에서 기술하고 있다. 그것은 다음의 체험인데, "내가 그 체험을 가질 때, 나는 *세계의 존재에 대해서 경탄한다*. 그때 나는 다음과 같은 종류의 진술들을 사용하고 싶어 한다: '도대체 어떤 것이 존재한다는 것은 얼마나 특별한가', 혹은 '세계가 존재한다는 것은 얼마나 특별한가'"(LE[=*A Lecture on Ethics*] 14). "그것은 사람이 세계를 기적으로 보는 체험이다"(LE 18).

"사실들은 모두 과제에만 속할 뿐, 해결에는 속하지 않는다"(TLP 6.4321). 각각의 사실은 이중의 관점에서 관찰될 수 있다. 하나의 관찰방식은 "어떤 것이 이러이러한 사태에 있다"는 말로 표현된다. 그렇게 관찰되었을 때, 사실은 과학의 대상이다. 또 다른 관찰방식은 개별적인 사실 안에서 "어떤 것이 있다"는 기적을 보는 것이다. 나는 하늘이 파랗지 구름이 끼지 않았다는 것에 대해 경탄하는 것이 아니라, "하늘의 존재에 대해 경탄하며, *그것이 어떻게 보이는가는 아무래도 상관없다*"(LE 15). 윤리학과 미학은 여기서 언급되고 있는 놀라움과 관계가 있다. 논고의 6.421에 따르면 윤리학과 미학은 "하나"다.

일기에서 [그에 대한] 설명이 발견된다: "예술작품은 영원의 관점에서 본 대상이다. 선한 삶은 영원의 관점에서 본 세계이다. 이것이 예술과 윤리학 사이의 연관이다. 일상적인 관찰방식은 말하자면 대상들을 그것들의 중심으로부터 보는 것이며, 영원의 관점에서의 관찰은 바깥에서부터 보는 것이다. 그 결과 대상들은 전체적인 세계를 배경으로서 가진다[…] 사물들 가운데 있는 사물로서의 각기의 사물은 마찬가지로 무의미하며, 세계로서의 각기의 사물은 마찬가지로 의미심장하다"(1916년 10월 7일과 8일. TB 178). 우리는 여기서 일상적인 윤리학-개념과 관계하는 것이 아니다. 그에 따르면 윤리학은 도덕적으로 올바르거나 잘못된 행위에 대해서 묻는다; 비트겐슈타인에 따르면, 윤리학에서 문제가 되는 것은 오히려 전체로서의 세계와 삶에 대한 입장표명이다; 삶과 세계의 의미가 관건이 되고 있다. 선한 삶은 세계 바깥의 관점으로부터 본 전체로서의 세계에 대한 조망이며, 이것이 의미하는 바는, 이러한 조망은 세계내적인 사실들을 가지고 결정될 수 없다는 것이다; 과학은 세계의 의미를 증명할 수도 반박할 수도 없다. 세계의 의미를 대변하거나 혹은 반대하는 그 어떤 세계내적인 사건들도 제시되지 않는다. 비트겐슈타인에게 있어서는 그렇기 때문에 변신론의 문제가 있을 수 없다: 세계 내의 악의 사실은 세계의 의미에 반(反)하는 것으로 제시될 수 없다.

우리가 세계를 한계 지어진 전체로서 바라볼 경우 세계의 의미는 "드러난다"; 그것은 놀라움의 체험 안에서 나타난다. "한계 지어진 전체로서의 세계에 대한 느낌은 신비스러운 느낌이다[…] 실로 언표 불가능한 것이 있다. 이것은 *드러난다*. 그것이 신비적인 것이다"(TLP 6.45; 6.522). 의미가 드러나더라도 그것을 받아들일지 혹은 거부할지에 대해서 우리는 자유롭다; 우리는 의미를 위해서 혹은 그것에 반하여 결정할 수 있다. 선하거나 악한 의향, 즉 의미를 받아들이거나 혹은 거부하는 의향은 전체로서의 세계를 변화시킨다. 의미의 추가나 탈락을 통해서 "세계는 말하자면 전체로서 감소하거나 증가해야 한다. 행복한 자의 세계는 불행한 자의 세계와는 다른 세계이다"(TLP 6.43; TB 168 참조). 미적인 관조는 하나의 사물을 다른 사물들 가운데서의 사물로 보는 것이 아니라 세계로서 본다. 여기서 다시금 무엇이 어떠함(Wie)과 그것이 본질적으로 있음(Daβ) 사이의 구분이 존재한다. "예술적인 기적은 세계가 있다는 것이다. 존재하는 무엇이 있다는 것이다"(TB 20.10.16, 181). 이 기적은 각각의 대상과 접해서 경탄하게 만든다. 윤리학과 미학의 통일성은 세계에 대한 하나이자 동일한 관점이 관건이 되고 있다는 점에 존립한다: 영원의 관점에서의 관조 혹은 "한계 지어진 전체로서의 세계에 대한 느낌"(TLP 6.45). 철학적 전통은 — 아리스토텔레스와 토마스 아퀴나스가 의미되고 있다 — 관상이 활동의 최상의 형식이라는 테제를 알고 있다: 행위의 마지막 목적은 행복이며, 행복의 최상의 형식은 관조(Theoria), 즉 우주에 대한 탐구적인 그리고 경탄하는 관조이다. 이 테제는 비트겐슈타인에 있어서의 윤리학과 미학의 통일성을 이해하는데 도움을 줄 수 있다. 모든 활동과 행위의 아르키메데스적인 지점은 세계와 삶에 대한 긍정이다. 이 중심은 관조, 즉 영원의 관점에서의 세계에 대한 관조 안에서만 발견될 수 있다. "예술적인 관찰방식의 본질은 그것이 세계를 행복한 눈으로 관조한다는 것인가?" 의미는 미적인 체험 안에서, 비트겐슈타인이 이해하는 것처럼, "존재하는 무엇이 있다"(TB 20.10.16, 181)는 기적 안에서 개시된다.

3. 언어놀이들

26_ 언어놀이(language game)라는 말은 한 강의노트에서(dem *Blauen Buch*[*청색본*]) 발견되고 있는데, 이것은 비트겐슈타인이 1933/34년에 케임브리지에서 자신의 학생들에게 받아쓰게 했던 것이다. 여기서 '언어놀이들'이란 말로 이해되고 있는 것은 원시적인 언어형식들 혹은 원시적인 언어들이다. 언어놀이들은 "기호들의 사용을 위한 보다 단순한 방식들인데, 그것들에 따라서 우리는 극도로 복잡한 통상언어 안에서 기호를 사용한다. 언어놀이들은 언어형식들이며, 그것들을 가지고 어린아이는 단어들을 사용하기 시작한다"(BlB 37). '언어놀이'는 여기서 방법론적인 개념이다; 원시적인 언어형식들에 대한 연구는 이중의 방법론적인 목적에 기여한다. (1.) 우리의 일상어는 대단히 복잡한 구성물이다. 그것으로부터 우리는 원시적인 언어형식들을 끄집어내는데, 이는 그것들이 삽입되어 있는 복잡한 배경 없이 그것들을 관찰하기 위함이다. 이런 방식으로 우리는 언어의 작용을 들여다보게 된다. "우리는 명료하고 투명한 활동들과 반응들을 본다"(같은 곳). (2.) 언어놀이들의 방법은 비트겐슈타인이 "보편성에 대한 갈망" 혹은 "개별경우에 대한 경멸적인 태도"(BlB 39)라고 부르는 정신적인 질병을 위한 치료이다. 비트겐슈타인은 *청색본*에서 보편성에 대한 갈망에로 이끄는 몇 가지 경향들을 열거하고 있다; 그들 중에서 두 가지만 거명해보자면: (a) "모든 사물들에 공통적으로 있는 어떤 것을 찾아보려는 경향, 이 사물들을 우리는 대개 일반적인 명칭아래서 개괄한다"; 자연과학적인 방법, 즉 "자연현상들에 대한 해명을 가능한 한 가장 적은 수의 원초적인 자연법칙에로 환원시키는"(같은 곳) 방법에

찬성하는 우리의 선입견. 종교라는 낱말은 종교의 본질에 대해 묻도록 잘못 인도할 수 있다. 그와는 반대로, 드루리의 증언에 따르면, 비트겐슈타인은 일찍감치 윌리엄 제임스의 책인 *종교적 경험의 다양성*(*The Varieties of Religious Experience*)으로부터 영향을 받았다; "다양성"이란 범주는 그의 사유 안에서 중요한 역할을 했다는 것이다. 드루리에게 그가 말하기를, "사람들이 자신들의 종교적 신념을 표현할 수밖에 없는 방식들은 거대한 차이들을 보여줍니다. 종교의 모든 순수한 표현방식들은 놀라운 것입니다. 가장 미개한 민족들에게 있어서도"(PR 138). 우리가 본 것처럼(§ 20), 비트겐슈타인은 종교성의 단계들에 대해서 말한다. "'지혜는 회색빛이다.' 그러나 삶과 종교는 색채가 풍부하다"(VB 538).

철학적 탐구 § 7에서 비트겐슈타인은 '언어놀이'의 세 의미들을 구분하고 있다. (1.) 언어놀이들은 어린아이들이 그것들을 통해서 모국어를 배우는 놀이들이다. (2.) 우리는 이 배움의 과정으로부터 다시 부분적인 과정을 끄집어낼 수 있다: "배우는 자는 대상들을 *명명한다*. 즉 그는 선생이 돌을 가리킬 때, 낱말을 말한다." 이 연습은 다시 단순화된다: "학생은 선생이 자기에게 말해주는 낱말들을 따라 말한다". 여기서 언어적인 과정은 행위맥락으로부터 분리되어 있다. (3.) "나는 또한 언어와 그 언어가 뒤얽혀 있는 활동들의 전체도 '언어놀이'라고 부르게 될 것이다." *철학적 탐구* § 23은 § 7의 세 번째 의미를 다루고 있다: "'언어놀이'란 낱말은 여기서, 언어를 말하는 것이 어떤 활동의 일부 또는 삶의 형식(Lebensform)의 일부임을 부각시키고자 의도된 것이다." 이 대목에서 "삶의 형식"이란 언어를 말함이 삽입되어 있는 활동을 의미한다. 그것은 우리를 언어놀이들의 방법론

적인 의미로부터 두 번째인 인식론적인 의미에로 이끌어 간다. 그것들은 지식의 토대에 대한 데카르트의 물음에 대해 답하려고 한다. 그러나 이 토대는 합리주의적인 전통에서처럼 정신적인 봄, 명증이 아니라 행위이다; 언어놀이 혹은 언어놀이의 근저에 놓여있는 행위는 "원현상(原現象)"인데, 우리는 그것을 보아야만 하며, 정초에 대한 물음은 거기서 마지막에 다다른다:

"우리의 잘못은, 우리가 사실들을 '원현상들'로 보아야 할 곳에서 어떤 설명을 구하는 것이다. 즉 *이러한 언어놀이가 행해지고 있다고* 우리가 말해야 할 곳에서."(PU § 654)
"만일 내가 논거들을 다 소진했다면, 이제 나는 단단한 암석에 도달한 것이며, 나의 삽은 뒤로 굽힌다. 그 경우 나는 이렇게 말하는 경향이 있다: '나는 그저 그렇게 행위하고 있다.'"(PU § 217)
"그러나 정초, 명증성의 정당화는 마지막에 이르게 된다; ─ 그러나 마지막은, 우리에게 어떤 문장들이 직접적으로 참된 것으로 명백해지는 것이 아니라, 즉 우리 편에서의 일종의 *봄*이 아니라, 우리의 *행위*인데, 이것이 언어놀이의 근저에 놓여 있다."(ÜG § 204)
"당신이 숙고해야만 하는 것은, 언어놀이는 말하자면 무엇인가 예측할 수 없는 것이라는 점이다. 내가 의미하는 것은: 그것은 근거지어지지 않았다. 이성적인(혹은 비이성적인) 것이 아니다. 그것은 거기에 있다 ─ 우리의 삶처럼."(ÜG § 559)

4. 원현상(原現象)들

27_ 무엇이 이러한 행위이며 혹은 이러한 원현상들인가? 요아킴 슐테(Joachim Schulte, in: L. W. Vortrag über Ethik und andere kleine Schriften)가 *원인과 결과. 직관적 파악*(*Ursache und Wirkung. Intuitives Erfassen*)이라는 제목으로 출판한 1937년 10월의 비트겐슈타인의 기록들 안에서 우리는 다음의 언명들을 읽게 된다:

"언어놀이의 근원과 원초적인 형식은 반응이다; 이 위에서야 비로소 복잡한 형식들이 자라날 수 있다.
　언어는 ─ 나는 이렇게 말하고 싶다 ─ 세련되어진 것이다, '한 처음에 행위(Tat)가 있었다'.
　집을 짓기 위해 처음에는 단단하고 견고한 돌이 있어야 하며, 돌덩어리들이 *다듬어지지 않은* 채 그 위에 포개어져 놓인다. *그런 다음에* 중요한 것은 물론, 돌이 다듬어지는 것, 그것이 너무 단단하지 않은 것이다.
　언어놀이의 원초적인 형식은 확실함이지 불확실함이 아니다. 왜냐하면 불확실함은 행위에로 이끌 수 없겠기 때문이다."(115)

이 본문에서 관건이 되는 것은, 데카르트의 첫 번째 명상을 배경으로 해서 가장 분명해진다. 데카르트는 모든 생활세계적인 확실성들을 의심하는데, 이는 이것들을 '나는 생각한다'의 확실성에로 되돌림을 통해서 정초하기 위한 것이다. 그와는 반대로 비트겐슈타인에 따르면, 마지막 확실성은 사유 안에서가 아니라 기초적인 반응 안에서 발견될 수 있다. 언어 그리고 그와 함께 사유의 근원과 토대는 반성이 아니라 반응이다. 내가 불에 델 것이라는 믿음은 과학적인 탐구의 결과가 아니다. 그것은 오히려 반응이다; 그것은 "내가 불에 델 것이라는 일종의 두려움이다". "내가 손을 불 속에 집어넣으면 델 것이라는 것: 이것이 확실함이다"(PU §§ 473 이하). 늘 계속해서 근거를 묻는 사유는 우리의 목전에 있는 것을 못 보게 만들 수 있다: "우리가 '왜'라는 물음을 억제할 때, 비로소 우리는 중요한 *사실*들을 종종 알아채게 된다; 그러면 우리의 탐구들 안에서 그것들은 우리를 어떤 대답에로 이르게 한다"(PU § 471). 우리는 집을 짓기 위해서 우선 견고한 돌을 필요로 하는데, 예컨대 방금 묘사한 불에 대한 반응이다. 그러나 이 단단한 돌은 다듬어진다; 원시적인 반응은 확장된다. 우리는 물로 불을 끌 수 있다는 것을 발견해낸다; 우리는 안전한 화덕이나 난로를 고안해낸다; 우리는 아이들에게 경고하는 언어를 발전시킨다; 우리는 방화범에 대한 법률을 공포한다. 반응 위에서, 언어놀이의 원시적인 형식 위에서, "복잡한 형식들", 예컨대 과학과 기술이 자라날 수 있다.

철학적 탐구 Ⅱ iv(495)에서 비트겐슈타인은 "나는 그가 괴로워하고 있다고 믿는다"라는 문장을 취하고 있다. 이 문장을 반성하는 철학자는 즉시 물을 것이다: 당신은 그렇게 믿는 어떤 근거를 가지고 있는가? 당신의 믿음은 어디에 의거하는가? 비트겐슈타인은 문제를 첨예화한다: "나는 그가 자동기계가 아니라고도 *믿는가?*" 우리가 *사유하는 것*(res cogitans)과 *연장된 것*(res extensa)의 데카르트적인 구분에서 시작한다면, 우리는 다시금 이러한 믿음의 근거들에 대해 물을 수 있다. 아마 우리는 그가 한 인간처럼 행동하지만 자동기계일 수도 있는 가능성을 결코 확실성을 가지고 배제할 수는 없다; 우리는 따라서

그가 자동기계가 아니라는 것을 결코 알 수는 없고, 기껏해야 믿을 수 있을 뿐이다. "그 낱말을 나는 단지 마지못해서 이 두 맥락에서 발설할 수 있을 것이다. (또는 *이런* 걸까: 나는 그가 괴로워한다고 믿는다; 나는 그가 자동기계가 아니라고 확신한다? 헛소리!)" 믿음과 확신이란 표현들은 사태에 대한 입장표명을 나타내는 것들이며, 이 입장표명에 수반되는 물음은, 우리가 이런 사태를 믿는데 어떤 근거들을 가지고 있는가, 혹은 우리의 확신이 무엇에 의거하는가이다. 우리가 그처럼 생각할 경우, 우리는 다른 사람들과의 관계를 일차적으로 *인식적인* 관계로서 이해하는 것이다; 우리가 인간이지 자동기계가 아니라는 것을 우리가 알거나 적어도 믿을 때에만, 우리는 서로를 인간으로서 바라보며 대우할 수 있다. 비트겐슈타인은 여기서 믿음에 대해 말하는 것을 빙 둘러 거절하지는 않는다. 그러나 그는 그 낱말을 단지 마지못해서 사용하고 있을 것이다. 우리는 '나는 그가 자동기계가 아니라고 믿는다(혹은: 나는 그것을 확신한다)'란 문장이 의미가 있는 상황들을 그려볼 수 있다. 일상적인 상황에서는 실상이 그렇지 않다는 데에 그의 거리낌이 기인한다. 왜 아닌가? "그에 대한 나의 태도는 영혼에 대한 태도이다. 나는 그가 하나의 영혼을 가지고 있다는 *의견*을 가지고 있지 않다." 여기서 우리는 우리의 논거들이 소진되어서 삽이 휘어지게 되는 경우를 갖게 되며, 유일한 대답은 "나는 그저 그렇게 행위하고 있다"(PU § 217)이다.

우리는 선언어적인 태도 내지는 행동방식에 부딪치게 된다. 우리의 언어는 그것에 기인하며, 그것은 언어를 도구로 해서 정당화될 수 있는 것이 아니다. "다른 이가 아프다고 확신하는 것, 그가 그런지 의심하는 것 등등은 다른 사람들과 맺는 관계의 수많은 자연스럽고 본능적인 방식들이다. 그리고 우리의 언어는 단지 하나의 보조수단이며 이러한 태도의 계속적인 확장이다. 우리의 언어놀이는 원초적인 행동거지의 확장이다. (왜냐하면 우리의 *언어놀이*는 행동거지이기 때문이다.)(본능.)"(Zettel § 545). 우리가 이미 *원인과 결과*의 본문에서 만난 원초적이라는 낱말이 의미하는 것은, "행동방식이 *선(先)언어적*이라는 것이다: 언어놀이는 *그것에* 기인한다, 언어놀이는 사유방식의 원형이지 사유의 결과는 아니다"(Zettel § 541). 언어놀이들의 방법은 치료이다; 철학적 질병들 중의 하나는, 언어놀이가 우리를 그로부터 낫게 만들어야 하는데, 논거들에 대한 잘못된 추구이다; 철학의 과제는 근거에 대한 물음이 어디서 종결되는지를 보여주는 일이다: 비트겐슈타인의 테제에 따르면, 언어놀이의 근원과 원초적인 형식은 반응이다.

5. 일목요연한 묘사(übersichtliche Darstellung)

28_ 후기 비트겐슈타인의 철학은 해체된다; 형이상학 또는 자연과학의 완결된 세계상의 자리에 언어놀이들의 예측할 수 없는, 변화하는 다양성이 인간의 자연사 안에 있는 그 상이한 뿌리들과 함께 등장한다. 그것은 이러한 해체에 머물고 있는가, 혹은 비트겐슈타인의 철학에서 지극히 신중하게 구성적인 또는 체계적인 특징이라고 부를 수도 있을 무엇이 발견되는가? 대답을 주는 것은 "일목요연한 묘사"라는 방법론적인 개념이다.

"우리의 몰이해의 한 가지 주요 원천은, 우리가 우리의 낱말들의 사용을 *일목요연하게 보지* 못한다는 점이다. — 우리의 문법에는 일목요연성이 결여되어 있다. ― 일목요연한 묘사가 이해를 성립시키며, 이해란 다름 아니라 우리가 '연관들을 보는'데에 존립한다. 그런 까닭에 *중간 고리*들의 발견과 고안이 중요한 것이다. 일목요연한 묘사라는 개념은 우리에게 근본적인 중요성이 있다. 그것은 우리의 묘사 형식을, 즉 우리가 사물들을 보는 방식을 지칭한다. (이것은 하나의 '세계관'인가?)"(PU § 122).

일목요연한 묘사란 무엇인가? *철학적 탐구* § 122의 초기형태는 프레이저의 **황금가지**에 관한 소견들(Bemerkungen über Frazers GOLDEN BOUGH)에서 발견되는데, 이는 종교철학을 위해서 중요한 비트겐슈타인의 원전들 중의 하나로서, 윤리학과 미학에 대한 상론과 원현상들에 대한 상론 사이의 연관을 알아보게 해주는 것이다. 비트겐슈타인은 거기서 괴테의 시 *식물의 탈바꿈*(Metamorphose der Pflanze)으로부터 한 구절을 인용하고 있다: "그렇게 그 일단의 무리는 비밀스런 법칙을 예시한다"(Hamburger Ausgabe Bd. 1 199). 요아킴 슐테(Joachim Schulte: 1984)는 이 지시를 추적했다; 그는 괴테와 비트겐슈타인이 공통의 방법을 이용하고 있음을 보여주었다. 괴테는 자신의 자연과학적인 저술들 안에서 요한 하인로트(Johann Heinroth)가 자신의 "절차방식"을 특징지은 것에 동의하면서 그것을 인용하고 있다:

"말하자면 나의 사유능력이 *대상적*으로 활동적이라는 것, 그는 그로써 이렇게 말하고 싶어 한다: 나의 사유는 대상들과 분리되지 않는다는 것, 대상들의 요소들과 직관들이 그 사유 안으로 들어가며 그것에 의해서 가장 내적으로 관통된다는 것, 나의 직관 자체가 사유이며 나의 사유 자체가 직관이라는 것이다"(Hamburger Ausgabe

Bd. 13 37).

준칙들과 반성들(Maximen und Reflexionen: Hamburger Ausgabe Bd. 12)에서 그는 자신의 "절차방식"의 이상을 다음과 같이 기술하고 있다:

"최상의 것은, 모든 사실적인 것이 이미 이론임을 파악하는 것일 거다. 하늘의 푸름은 우리에게 색채론의 근본법칙을 계시한다. 사람들은 현상들 배후에서 그저 아무 것도 구하지 않는다는 것이다: 그것들 자체가 가르침이다."(Nr. 488) "어떤 현상도 자기 자신에 즉해서 그리고 자기 자신으로부터 해명되지 않는다; 오로지 많은 것들이, 함께 개관되고, 방법적으로 질서 지어져서, 마지막으로 이론으로 간주될 수 있는 어떤 것을 부여한다."(Nr. 500)

사람들은 이것을 가령 비트겐슈타인의 다음과 같은 진술과 비교한다는 것이다:

"그리고 우리는 어떠한 이론도 세워서는 안 될 것이다. 우리의 고찰 속에는 어떤 가설적인 것도 있어서는 안 된다. 모든 *설명*은 사라져야 하고, 오직 기술만이 그 자리에 들어서야 한다[...] 문제들은 새로운 경험의 제시에 의해서가 아니라 오래전부터 우리에게 친숙한 것을 나란히 놓음에 의해서 풀린다."(PU § 109)
"우리는 이미 우리 눈앞에 명백히 놓여 있는 어떤 것을 *이해*하고자 원한다. 왜냐하면 우리는 *그것*을, 그 어떤 의미에선가, 이해하지 못하고 있는 것처럼 보이기 때문이다."(PU § 89)

청색본에서 비트겐슈타인은 철학자의 작업을 조립놀이와 비교하고 있다. 우리가 하나의 문제 앞에 서 있는 경우, 우선은 우리가 잘못된 조각들을 가지고 있거나 혹은 충분하지 못한 조각들을 가지고 있는 것처럼 여겨진다. "그러나 그것들 모두가 현존하는데, 바로 뒤죽박죽으로; 그리고 조립놀이와 우리의 경우 사이에 또 하나의 유비가 존재한다: 우리가 조각들을 조립하려고 할 때 힘을 가하는 것은 소용이 없는 일이다. 그것들을 *신중하게* 관찰하고 질서 지우는 것이 우리가 해야 할 모든 것이다"(BlB 78).

29_ 제임스 조오지 프레이저 경(Sir James George Frazer: 1854-1941)은 영향력 많은 인류학자이자 민속학자였다. 비트겐슈타인의 소견들이 적용되고 있는 그의 유명한 저작은 *황금가지. 주술과 종교에 대한 연구*(*The Golden Bough. A Study in Magic and Religion*, 1890)이다. 프레이저는 거기서 진보이론을 대변하고 있다. 주술적인 것으로부터 종교적인 것이 발전하며, 이것으로부터 과학적인 사유가 발전한다. 주술과 종교는 프레이저에게 있어서는 과학적인 오류에 의거하는, 자연에 대한 지배력을 획득하기 위한 시도이다. 프레이저의 종교철학의 전제는 진보신앙이다. 비트겐슈타인은 주술 또는 종교와 과학 사이의 극복할 수 없는 분리선을 그으면서 프레이저의 종교철학과 거리를 두고 있다: "과학에는 진보가 존재하지만 주술에는 그렇지 않다는 것으로 주술과 과학의 차이가 표현될 수 있다는 것은 너무도 단순하게 들린다. 주술은 그 자체 안에 아무런 발전방향도 가지고 있지 않다"(BFGB 40). 관건이 되고 있는 것은 상이한 언어놀이들 또는 삶의 형식들이다; 그렇기 때문에 주술을 과학의 전(前)형식(Vorform)으로 간주하는 것은 잘못된 것이다; 진보의 개념은

주술에 적용될 수 없다. 진보신앙은 우리의 문명을 낯선 문화에 대한 척도로 삼고 그것을 통해서 사실들에 눈이 멀게 되도록 우리를 오도한다; 우리에게 친숙한 개념들과 척도들을 가지고 우리는 무엇인가를 설명하고 싶어 한다:

"프레이저가 하는 일은, 자신과 매우 비슷하게 생각하는 사람들에게 그것들[종교적인 관습들]을 그럴듯하게 만드는 것이 전부이다. 이 모든 관습들이 말하자면 결국 어리석은 짓들로서 묘사된다는 것은 대단히 기묘한 일이다. 사람들이 순전한 어리석음으로부터 그 모든 것을 행한다는 것은 결코 그럴듯하지 않을 것이다."(BFGB 29)

"프레이저에게 정신적 삶이란 얼마나 비좁은가! 그렇기 때문에, 그의 시대의 영국적 삶과는 다른 삶을 파악하기란 얼마나 불가능한 일이었는가!"(BFGB 33)

설명은 현상의 깊이에 도달하지 못한다; 설명은 "묘사된 것이 우리에게 끼치는 인상과 비교했을 때, 너무나 불확실하다"(BFGB 31). 만일 우리가 미개인에게 그의 종교적인 의례들이 과학적인 오류에 기인한다고 설명한다면, 그리고 우리의 지식수준으로부터 그의 오류를 설명해 준다면, 그는 어떻게 반응할까? 그로써 그의 종교적 신념들이 사라지게 될까? 비트겐슈타인은 하나의 비유를 들고 있다: 누군가가 "사랑 때문에 마음이 동요되었다, 그리고 우리가 그에게 가설적인 설명을 제시한다. 그것이 그를 진정시킬까, 혹은 그의 경험은 설명보다도 더 깊이 도달하는가?"(BFGB 31). "프레이저는 미개인이 오류로 인하여 죽는다고 믿는 입장이었을 것이다"(BFGB 36). 사람은 종교적인 신념을 위해서 죽을 수 있다; 과학적인 오류를 위해서도 사람은 죽을 수 있는가?

프레이저의 가설의 방법에 반대하여 비트겐슈타인은 자신의 일목요연한 묘사라는 방법을 내세운다: "나는 설명의 기도(企圖) 자체가 이미 잘못되었다고 믿는데, 왜냐하면 우리들은 우리들이 *아*는 것을 단지 올바르게 나란히 세워야할 뿐 어떤 것도 덧붙여서는 안 되기 때문에, 그리고 설명을 통해서 얻고자 애쓰는 만족은 그 결과 저절로 생기기 때문이다"(BFGB 31). "사실들에 대한 정의(正義)만큼 어려운 것은 아무것도 없다"(BFGB 35). 마치 미개인에게 기술적인 사유가 낯설 것이고 그 대신에 그가 주술을 사용할 것 같지만, 전혀 그렇지 않다; 오히려 그에게는 주술과 마찬가지로 기술도 발견된다: "외견상 자신의 적을 죽이기 위해서 적의 그림을 찌르는 그 동일한 미개인이, 자신의 오두막을 실제로는 목재로 지으며, 자신의 화살을 솜씨 있게 깎아 만들지 상징적으로 하지 않는다"(BFGB 32). 우리는 사물이나 경과들에 대한 잘못된, 너무 단순한 표상에 의거하는 작용들과 주술적인 작용들을 구분해야 한다. 비트겐슈타인은 두 가지 보기들을 서로 맞세우고 있다: 사람들은 병이 육체의 한 부분에서 다른 부분으로 이동한다고 말한다, 그리고 마치 병이 액체이거나 또는 열의 상태이기라도 한 것처럼 그것을 돌리기 위해서 예방수단을 강구한다. 여기서 우리는 잘못된 기술과 관계한다. 그와는 반대로 "어린아이를 입양하는 과정에서 어머니가 그 아이를 자신의 치마 속으로부터 끌어낸다면, 그녀는 그 아이를 낳았다고 믿는 것이며 여기에 *오류*가 있다고 믿는 것은 미친 짓이다"(BFGB 33). 프레이저는 아프리카에 있는 비의 왕들에 대해서 보도하고 있는데, 사람들은 그들에게 올바른 시점에 — 그것은 바로 우기를 의미한다 — 비를 마련할 능력을 부여한다. 비트겐슈타인은 이렇게 논평하고 있다: 사람들이 비왕에게 비를 간구하는 것은, "*우기가 올 때이다*"(BFGB 40). 그들은 따라서 비왕이

비를 만들 수 있다고 생각할 수가 없다. 왜냐하면 그렇지 않다면 그들은 의례를 그 해의 건기에 행할 것이기 때문이다. 따라서 사람들은, 프레이저가 가정하듯이, 어리석음으로 인해 비왕의 직무를 제정했을 리가 없다. 왜냐하면 그들은 3월에는 아무튼 비가 시작된다는 경험을 하지 않았을 만큼 그렇게 어리석지 않다는 것이 분명하기 때문이다. "혹은 이렇기도 하다: 사람들은 해가 떠오르는 아침 무렵에 낮이 되는 의례들을 거행하지만, 밤에는 그런 의례들을 거행하지 않고, 그저 등불을 붙인다"(BFGB 40).

30_ 오래 전에 친숙한 것을 나란히 세움은 프레이저의 주술에 대한 설명이 잘못된 것임을 보여주었다; 그것은 의례를 기술 옆에다 세워 놓았으며, 의례가 독자적인 현상임을 입증했다. 우리가 이제 비트겐슈타인 자신이 주술이나 의례에 대해서 무엇을 말하는지를 묻는다면, 우리는 이 물음을 이렇게 표현해서는 안 된다: 비트겐슈타인은 의례를 어떻게 해석하거나 설명하는가? 여기서는 해석하거나 설명할 것이 아무 것도 없다. 그저 어떤 것이 묘사될 수 있을 뿐이다. "우리들은 여기서 그저 *묘사하고*, 인간의 삶이란 그런 거다, 라고 말할 수 있을 뿐이다"(BFGB 31). 우리는 하나의 원현상 앞에 서 있다; 우리는 단단한 암석에 도달했으며, 거기서 삽은 휘어진다. 의례는, 프레이저가 원하는 바대로, 비판되거나 오류로 폭로될 수는 없다. 오류와 진리라는 술어들은 의례에 적용될 수가 없다. 왜냐하면 의례는 더 깊고 근원적인 영역에 정착해 있기 때문이다: "오류는 주술이 과학적으로 해석될 때 비로소 발생한다"(BFGB 32). 아우구스티누스는 자신의 *고백록*을 기도의 양식으로 썼다. 비트겐슈타인은 프레이저에게 이런 물음을 던진다: "아우구스티누스가 자신의 *고백록*의 매 페이지에서 하느님을

부를 때, 그는 그러니까 오류에 빠져 있었는가? 그러나 이렇게 말하는 사람도 있을 수 있다. 즉 그는 오류에 빠져 있지 않았더라도, 전혀 다른 직관들을 표현하는 불교의 성자는 — 또는 그 누구이건 간에 — 오류에 빠져 있었다고. 그러나 그들 중 *누구도*, 그가 이론을 수립한 경우를 제외한다면, 오류에 빠져 있지 않았다"(BFGB 29). "종교적 상징의 근저에는 어떤 *의견*도 놓여 있지 않다. 오류는 오직 의견에만 해당될 뿐이다"(BFGB 32). 아우구스티누스가 *고백록*에서 하느님께 기도하고 있다면, 사람들이 비트겐슈타인에게 이의를 제기할 수 있듯이, 그때 그는 하느님이 존재한다고 믿는다; 결과적으로 그의 의례적인 행동, 그의 기도에는 믿음, 곧 의견이 근저에 놓여 있다. 비트겐슈타인은 전제들에는 동의할 것이나 결론은 거부할 것이다. 아우구스티누스는 하느님의 존재를 믿지 않고서는 기도할 수 없다. 비트겐슈타인은 이에 동의할 것이다. 그러나 그는 차이를 제시할 것이다: 아우구스티누스의 기도는 하느님이 존재한다는 직관에 *기인하지* 않는다. 종교적인 관례가 어떤 직관과 결부된 곳에서는, "관례가 직관에서 발원하는 것이 아니라, 그저 둘 다 모두가 거기에 있다"(BFGB 29). 직관은 의례에 속하는 것이지, 의례의 근원이 아니다. 의례적인 행위의 특질은, 비트겐슈타인이 확인하는 것처럼, "그것이 옳건 그르건 간에, 결코 견해, 즉 의견이 아니다". 그러나 그는 즉시 이러한 주장을 제한하고 있다: "비록 하나의 의견 — 하나의 믿음 — 자체는 의례적일 수 있고, 의례에 포함될 수 있기는 하지만 말이다"(BFGB 35). 만일 의견이 — 내가 해석하는 바로는 — 의례의 구성부분이라면, 그것이 더 이상 참이거나 거짓일 수 없는 한에서, 그것은 의견으로서의 성격을 잃는다. 그것은 의례를 설명하는 의견이 아니다; 그것은 오히려 의례적인 행위와 똑같은 기능을 가진다; 그것은 의례처럼 표현사건, 즉 고백이다. 그것은 의례처럼 종교적인 상징이며, 의례와 마찬가지로 설명되거나 근거지어질 수 없다.

31_ 지금까지는 단지 의례에 대한 부정적인 기술만이 이루어졌다: "종교적 상징의 근저에는 어떤 *의견*도 놓여 있지 않다"(BFGB 32). 그러나 비트겐슈타인에 따르면 의례는 어떻게 긍정적으로 기술되는가? 플라톤의 *테아이테토스*(155bd)에서 철학의 근원에 대한 많이 인용되는 구절이 발견된다. 젊은 테아이테토스는 하나의 모순과 대질해 있고, 특별한 놀라움의 표현으로 반응한다. "신들에게 있어서는, 소크라테스여, 나는 그것이 도대체 본래적으로 있는 방식이 놀랍습니다. 그리고 내가 그것을 관조할 경우에, 나는 정말 자주 현기증이 납니다." 소크라테스는 이 반응 안에서 테아이테토스의 철학적 재능에 대한 표징을 본다: "왜냐하면 바로 그것이 철학자의 고유한 체험이지. 놀라움; 그래 철학의 시작이 이것과는 다른 것은 없지." 비트겐슈타인에게 있어서 놀라움의 체험은 철학자만이 아니라 인간 자체를 두드러지게 만드는 것이다. 프랑스의 종교학자인 어니스트 르낭(Ernest Renan: 1823-1892)과 대질하고 있는 1930년의 기록에 적혀있기를, 원시적 인간은 일상적 사물들에 대해 놀라도록 깨어있음을 통해서 개나 원숭이와 구분된다. 인간들은 그들이 이미 오래 전에 지각했던 사물들에, 예컨대 번개 같은 것에 갑자기 놀라기 시작한다. "그러나 이는 또다시 그들의 원시성과는 아무 관련도 없다. 사물들에 대해 놀라지 않는 것을 우리가 원시적이라고 부르지 않는다면 말이다. 그러나 만일 그렇게 부를 경우에는, 바로 오늘날의 인간들과 르낭 자신이 ― 그가

과학의 설명이 그 놀람을 없앨 수 있다고 믿는다면 — 원시적이다. 마치도 번개가 오늘날에는 2000년 전보다 더 평범하거나 또는 덜 놀랄만하다는 듯이. 놀라기 위해선 인간은 [...] 깨어나야 한다. 과학은 그를 다시 잠재우기 위한 수단이다"(VB 457). 프레이저에 대한 소견들에서는 놀라움에 대한 언급이 없지만, 사물들이 인간에게 신비스럽게 된다는 말은 있다. "어떤 현상도 그 자체로 특별히 신비스럽지는 않지만, 각각의 현상이 우리에게 신비스럽게 될 수는 있으며, 사람에게 어떤 현상이 의미심장하게 되는 것은 바로 깨어나는 인간정신에게 특징적인 것이다"(BFGB 35). 의례적인 행위는 신비스러운 것의 체험을 표현한다. "우리는 인간이 의례적인 동물이라고 거의 말할 수 있을 것이다." 인간을 인간으로서 두드러지게 하는 것은, 현상들이 그에게 인상을 준다는 것이며, 그에게 의미심장하고 신비스럽게 된다는 것이다. "즉, 인류학에 대한 책은 이렇게 시작될 수 있을 것이다: 우리가 지상에서의 인간들의 삶과 행동거지를 관찰한다면, 우리는 인간들이 음식물 섭취 등등과 같이 동물적이라고 불리는 행위들 말고도 의례적 행위들이라고 불릴 수 있는 그런 독특한 성격을 지닌 행위들도 수행하는 것을 본다"(BFGB 35).

32_ 세 번째 천년기의 우리 인간들은 원시인이 아니라 과학적인 그리고 고도로 기술화된 문명 안에서 살아가고 있노라고 주장한다. 비트겐슈타인에 의해서 숙고된 정의, 즉 인간은 "의례적인 동물"이라는 것이 적합하다면: 우리는 여전히 인간인가, 혹은 우리는 원시인과 조정하기 어려운 틈새를 통해 분리된 것인가? 연관들을 보기 위해서 우리는 연결고리들을 고안해내어야 한다. 그러한 가설적 연결고리들은

"주의력을 *사실*들의 유사성, 연관에로 돌리는"(BFGB 37) 과제를 가진다. 우리의 세계와 원시인들의 세계 사이에 연관이 드러나는가? 관건이 되는 것은 발전가설이 아니라 "형식적인 연관"이다. 이로써 의미된 것을 비트겐슈타인은 한 보기에서 분명히 밝히고 있다: 우리는 타원을 점차 원으로 이행시킴으로써 원의 형태와 타원과의 관계를 예증한다. 그것은 발전가설이 아니다; 우리는 타원이 사실로, 역사적으로, 원에서 생겨났다고 주장하지 않는다; 관건이 되는 것은, 두 형식들 사이의 연관을 보기 위한 시력을 벼리는 것이다. 몇 가지 보기들을 가지고 이 절차를 살펴보자.

프레이저는 네미(Nemi) 숲의 사제왕에 관한 전설을 이야기하고 있다; 그것의 정확한 내용은 비트겐슈타인의 소견들에서 취해지지는 않는다; 우리가 경험하는 것은 다만, 그가 거의 전성기에 죽임을 당한다는 것이다. 이 의례와 우리의 삶 간에 어떤 연관이 조성되는가? "[...] '왜 이것이 발생하는가?'하는 물음은 본래 다음을 통해서 대답되고 있다: 왜냐하면 그것은 무서운 것이기에". 그와 함께 우리는 이 원시적인 의례를 이해하게 만드는 연결고리를 발견했다. 그 설화는 우리에게 인상을 주며, 그것이 주는 인상이 이 의례에 생명을 불어넣은 것이다. "이 과정에서 우리에게 결코 진부하거나 의미 없는 것으로서가 아니라, 무섭고, 웅대하고, 끔찍하고, 비극적인 것 등등으로 출현하는 것, *그것*이 이 과정에 생명을 불어넣은 것이다"(BFGB 31). 우리가 이 과정이 어떻게 생기게 되었는지에 대한 가설을 형성할 경우, 우리는 그 과정으로부터 이 인상을 박탈하며 그것을 진부하게 만든다. 슈베르트가 죽은 다음 그의 동생은 슈베르트의 악보들을 작은 토막들로 나누고, 그가 총애하던 학생들에게 그러한 토막들로 된 몇

몇 소절들을 나누어 주었다. 우리는 이 역사를 네미 숲의 사제왕에 관한 전설과 묶어주는 연결고리들을 고안해낼 수 있다. 슈베르트의 동생의 행위는 경애심의 표시며, 이것은 죽음의 장엄함과 연관되어 있다. 동일한 인상, 신비스러운 것에 대한 동일한 경험이 상이한 행위들 안에서 표현될 수 있다. 슈베르트의 동생이 그 악보들을 건드리지 않은 채, 누구에게도 접근될 수 없게 보관했다면, 혹은 그것을 불태웠다면, 그것 역시 경애심의 표시로 이해될 수 있을 것이다.

프레이저가 원시인들의 관습들을 묘사할 때, 그는 유령(ghost)이나 망령(shade)과 같은 낱말들을 사용한다. 이것은 비트겐슈타인에게 있어서는 원시인들과 우리의 친척관계의 표시다. 비트겐슈타인이 주의를 환기시키는 것은, 우리가 "영혼"이나 "정신"과 같은 낱말들이 "우리 자신의 교양 있는 어휘에 속해 있다"는 사실을, 마치도 당연한 것을 간과하듯이, 간과하고 있다는 점이다. "그와는 반대로 우리의 영혼이 먹고 마신다는 것을 우리가 믿지 않는 것은 하찮은 일일 것이다"(BFGB 38). 우리는 비트겐슈타인에 의한 우리의 언어와 한 오래된 도시와의 잘 알려진 비교를 상기하게 된다: "골목길들과 광장들, 오래된 집들과 새 집들"(PU § 18). "우리의 언어 안에는", *프레이저에 관한 소견들*에 적혀 있듯이, "전적인 신화가 침전되어 있다"(BFGB 38). 오래된 골목길들과 집들은 파괴되어서 현대적인 건축물을 가진 곧은 거리들로 대체되지 않았다; 우리는 정신과 영혼에 대한 언사를 두뇌과정에 대한 언사 또는 비슷한 자연과학적인 언어로 대체하지 않았다. 신화는 우리의 언어 안에서 살아 있다; 영혼에 대한 언사는 우리의 기술화된 문명과 원시적인 문화들을 잇는 다리를 형성한다; 과학이 우리가 이 낱말로 의미하는 것을 만회할 수 있는지의 여부는 우리에게 향해진 물음이다. 우리가 '영혼'과 '정신'으로 의미된 것을 밝힐 수 있는 것은, 우리가 그것을 일목요연한 묘사 안에서 원시적인 의례들과 나란히 세우면서이다.

Ⅲ. 신앙과 경험

33_ 보편성에 대한 추구는 비트겐슈타인에 따르면 지성의 질병들 중의 하나이다. 해석의 사안적인 수확에 대해 묻는 회고에서는 그렇기 때문에 종교의 개념 또는 이론에 대해서 묻는 것이 관건이 될 수 없다; 우리는 비트겐슈타인의 시사점들을 질서지우고 그것들이 어떤 방향을 지시하는지에 대해 묻는 것으로 만족해야 한다. 비트겐슈타인이 고찰하고 있는 소재는 *신약성서*의 본문들과 원시적인 의례들이다; 네미 숲의 사제왕의 의례적인 살해로부터 신약성서의 부활보도들까지로 충분하다. 두 보기들에서 공통적인 것은, 사적인 증언들이 아니라 종교적 공동체의 권위 있는 의례들 내지는 문서들이 문제가 되고 있다는 것이다; 그것들은 동시에, 얼마나 상이한 방식으로 종교라는 말이 사용되고 있는지를 보여준다. *신약성서*를 다만 역사적인 문서로 읽는 사람은 그 의미를 파악하지 못한다; 본문들은 오히려 경험들에 대해서 말하고 있다. 그것들은 경험을 토대로 이해될 수 있으며, 경험을 하도록 이끈다; 우리는 그것들을 오로지 삶의 결과로서만 이해할 수 있다. 신앙은 삶의 윤리적 진지함을 전제로 한다. 전승된 종교에 대한 이해는 단계들 안에서 전개된다; 종교성의 보다 높은 단계에서 비로소 개시되는 본문들이 있으며, 수심을 잴 수 없는 깊이를 갖는 것

들이 있다. 그렇게 삶의 경험들을 통해서 성장한 신앙은 하나의 준거 체계이다. 그것은 *인간조건(condicio humana)*을 해석하는 틀을 형성하며, 삶과 행위의 의미에 대한 물음에 대답한다; 이런 의미에서 그것은 해석학적인 기능을 갖는다. 신앙은 증명에 열려있지 않다. 왜냐하면 증명은 경험을 중재할 수 없기 때문이며, 어떤 증명도 삶의 준거체계를 지탱하기에 충분히 강하지 않기 때문이다.

종교적인 언어와 의례는 상징들이다. 상징은 반응의 표현이다. 종교적 신앙은 열정이다; 그것은 동의 또는 결단의 적극적인 계기와 반응의 수동적인 계기를 포괄한다. 반응은 현실에 대한 대답이다; 그것은 현실을 개시(開示)한다. 단단한 암석과도 같이 종교적 신앙과 의례의 토대를 형성하는 반응은 원현상이다; 원현상으로서의 반응은, 우리에게 다른 사람을 사람으로 개시하는 반응과 비교될 수 있다; 반응은 선(先)합리적이다; 그 위에서 의례와 종교적 언어의 복잡한 형식들이 자라난다; 원암석은 상이한 형식들 안에서 다듬어질 수 있다. 반응의 표현으로서의 상징은 현실을 개시한다. 그러나 상징은, 반응이 그렇게 하지 않는 것처럼, 현실을 실명하거나 기술하지 않는다.

34_ 철학은 종교를 위해서 무엇을 수행할 수 있는가? 철학은 종교를 증명할 수는 없으나 종교가 그 위에서 구축되고 있는 바로서의 원암석을 발굴할 수는 있다. 철학은 원현상이 관건이 되고 있음을 보여줄 수 있다; 철학은 원현상을 다른 현상들 옆에 세우면서 그것을 고립으로부터 해방시킬 수 있다; 철학은 이 원현상이 그 안에서 나타나는 바로서의 다양한 각인들을 일목요연하게 나란히 세울 수 있다. 철학은 종교적 반응과 상징론의 포기할 수 없는 흔적들을 세속화된 문화 안에서 들추어낼 수 있다. 철학은 종교를 증명할 수는 없지만, 종교

가 그 위에서 구축되고 있는 바로서의 반응에로 이끌 수는 있는데, 그것은 철학이 언어와 합리성의 한계들이 얼마나 협소한지 그리고 그것들이 이러한 방식으로 정신적인 폐소공포증을 유발한다는 점을 보여주면서이다: 언어와 이성을 통해서 둘레가 쳐진 공간은 그 안에서 살기에는 너무나 비좁다. 철학은 사유와 언어에 한계들을 그으면서 이 한계들 너머에 놓여 있는 것을 *보여준다*. 논고는 과학의 언어에 대해 한계를 긋는다; 후기 비트겐슈타인은 언어의 토대를 형성하는 선언어적인 원현상들을 제시한다는 의미에서 한계를 긋는다. 고전적인 신 증명들 중의 하나는 세계의 우연성으로부터의 증명인데, 다시 말해서 그것은 세계가 그 자신의 존재론적인 유한성 때문에 자기 자신으로부터 존재할 수 없다는 사실에서의 증명이다. 논고 역시 한계 지어진 전체(TLP 6.45)로서의 세계에 대해서 말한다. 그러나 비트겐슈타인에게 이러한 존재론적인 유한성은 개념적인 논증 안에서가 아니라, 직관과 느낌 안에서 개시된다.

참고문헌

Kerr 1988
Barrett 1991
Putnam 1992, chap. 7
Malcolm 1993
Rhees 1997, Kap. 8
Clack(Frazer) 1999; (Introduction) 1999
Laube 1999, Kap. 6
Arnswald/Weiberg 2001
Koritensky 2002
Ricken 2002

B. 종교적 근본행위: 윌리엄 제임스

I. 종교적 근본행위의 개념에 대해서

35_ 종교적 신앙의 행위는 다수의 요소들을 포함한다. 신앙은 경험이다; 신약성서의 하느님은 "모든 위로의 하느님"(2코린 1,3)이다. 신앙은 결단의 행위이다; 그것은 믿으려는 의지가 없이는 불가능하다. 종교적 신앙은 합리성을 요구한다; 신앙인은 자신이 간직하고 있는 희망의 근거들을 묻는 사람들에게 답변할 준비가 되어 있어야 한다(1베드 3,15 참조). 신앙의 내용에 속하는 것은 실존적 진술이다: "하느님께로 나아가는 사람은 그분이 계시다는 것을 믿어야 합니다"(히브 11,6); 이러한 의미에서 신앙의 내용은 존재론 혹은 형이상학을 함축하는데, 이것은 전체로서의 신앙처럼 합리적인 것이어야 한다. 무엇보다도 종교적 신앙은 윤리적 행위 안에서 확증되어야 한다; 오직 의로운 일을 하는 사람만이 야훼의 천막 안에 거처하는 손님이 될 수 있으며, 그분의 거룩한 산에서 지낼 수 있다(시편 15,1 이하).

이와 같은 요소들은 서로 다른 종교들 안에서, 그리고 한 종교의 신학들 안에서 상이하게 그 비중이 매겨질 수 있다. 만일 이 요소들 중의 하나가 다른 것들을 배제한 채 절대적으로 설정되면, 그것은 환

원주의로 귀결된다: 종교가 존재론이나 도덕, 혹은 우주론적 가설로 환원되거나, 아니면 종교는 인간적 삶의 다른 영역들로부터 고립되게 된다. 종교철학의 과제는 이러한 요소들이 서로 어떤 관계에 있으며, 또 서로 어떻게 영향을 미치는지를 묻는데 있다. 이때 한 사상가가 서 있는 전통에 상응하게 저마다의 기획은 그 강조점들을 다르게 설정할 것이다; 그에 대한 보기들을 들자면, 칸트의 종교철학에서의 도덕의 의미나, 고대의 신 증명들과 토마스 아퀴나스의 다섯 길들에 결부된 자연신학에서의 존재론의 중요성, 키르케고르에 있어서의 결단의 강조, 혹은 작금의 종교철학적 인식론에서의 경험의 높은 위상 등이다.

36_ 위에서 열거한 종교적 근본행위의 요소들이 서로 어떤 관계에 있는지의 문제를 윌리엄 제임스를 본보기로 해서 토론하는 데에는 여러 이유들이 있다. 제임스는 다른 누구보다도 종교와 자연과학적 사유 간의 긴장을 경험했다. 모든 유보적이고 절제된 태도들에도 불구하고 제임스는 자신의 철학을 마지막에 있어서는 경험주의로 이해하고 있으며(예컨대, *The Sentiment of Rationality*[1879], in: WB 57-89 참조), 그런 이유로 합리주의적-형이상학적 종교철학을 거부하고 있다. 제임스가 1895년의 한 강연에서 말하기를, 목적론적인 신 증명들의 시대는 지나갔다는 것이다; 종교에 이르는 첫 걸음은 합리주의적 형이상학에 맞서는 봉기라는 것이다(*Is Life Worth Living?*, in: WB 42 이하). 제임스의 종교철학적 대작인 *종교적 경험의 다양성*(*The Varieties of Religious Experience*, 1902) 안에서 철학에 대한 강연(18 강연)은 합리주의적 형이상학에 단지 부차적인 기능만을 인정하고 있다.

빈번히 인용되고 있는 한 편지에서 제임스가 적고 있듯이, *다양성*에서 그는 이중의 과제를 제기했다는 것이다. 첫째로 그에게 관건이 된 것은, "철학"에 맞서서 "경험"을 종교적 삶의 참된 토대로서 변호하는 것이었다. *다양성*은 특히 자료들의 선택을 통해서 그 점에 부응하고 있다: 제임스는 일상의 언어로 보도되고 있는 증언들을 정선하고 있다. 말하자면 그 증언의 작성자들은 자신들의 체험을 철학적이거나 혹은 신학적인 전문어로 번역하지 않았다. 두 번째로 표현된 과제는 제임스가 종교의 가치를 깊이 확신하고 있었다는 점을 보여준다; 그에게 중요한 것은 "청자나 독자에게 내 자신이 흔들림 없이 확신하고 있던 바를 설득시키는 것이었는데, 그 내용은, 비록 종교의 모든 특별한 현상들이 부조리한 것이었다 하더라도(내가 의미하는 것은 종교의 신조들과 이론들이다), 전체로서의 종교적 삶은 인류의 가장 중요한 기능들 중의 하나라는 것이다"(LWJ II 127).

제임스가 무엇보다도 자신을 우리의 사안을 위한 출발점으로 제공하고 있는 이유는, 그의 종교철학이 환원주의라는 비난에 공격받을 소지를 주고 있기 때문이다. 가장 잘 알려진 보기는 논란이 분분한 그의 에세이 *믿으려는 의지*(*The Will to Believe*, 1896)일 것이다. 제임스는 이 제목이 결의론(決意論: Dezisionismus)의 의미로 이해되었다고 불만을 토로하고 있다; 비판자들은 대안적 표현들로서 "속이려는 의지(the 'will to deceive'), 믿게 만들려는 의지(the 'will to make-believe')"(Pragm. 124)를 제안했다는 것이다. 마찬가지로 사람들은 *다양성*이 종교를 생물학과 심리학에로, 혹은 삶의 의지와 도덕을 위한 기능에로 환원시켰다고 주장할 수도 있다. "만일 우리가, 종교의 '진리'에 대한 문제를 고려함이 없이, 신조들과 신앙상태가 합쳐져서 '종교들'을 형성하는 것으로 간주하고 이것을 순수하게 주관적인 현상으로 취급한다면, 행위와 인내력에 대한 그것의 비범한 영향 때문에 우리는 종교를 인류의 가장 중요한 생물학적 기능들로 분류해야 한다"(VRE 506/399). 제임스는 이러한 비판들을 논박할 수 있을까? 그의 종교철학은 종교적 근본행위의 상이한 요소들을 전체로 통합하는데 성공하고 있는가?

II. 신앙과 결단

37_ *믿으려는 의지*는 후에 제임스가 이 오해된 제목을 교정하고 있듯이 "믿고자 하는 우리의 *권리*에 대한 에세이"이다(Pragm. 124 강조는 필자에 의한 것임). 문제가 되는 것은 넓은 의미에서 이해된 의지가 합리성에 대해 갖는 관계이다. 자연과학의 진리정신은 종교적 신앙의 지성적 정직성을 의문시한다: "우리가 자연과학들의 웅대한 구조물에로 몸을 돌려서 그것이 어떻게 건축되었는지를 본다면: 그 얼마나 많은 사람들의 냉담한 도덕적 삶이 홀로 그 구조물의 기초 안에 파묻혀 있는지[...] — 소인배로 지내온 감상적인 사람이라면 누구나가 얼마나 흐리멍덩하고 비열하게 보이는가. 그는 담배를 피우며 멋대로 연기동그라미를 불어 만들면서 사물을 자신의 사적인 꿈으로부터 결정할 수 있다고 주장한다. 거칠고 남성적인 자연과학의 학교에서 양육된 사람들이 그러한 주관주의를 자신들의 입에서 뱉어낼 욕구를 느낀다면 과연 우리는 놀랄 수 있을까?"(WB 17). 클리포드(William Kingdon Clifford)는 이러한 정신을 다음의 준칙으로 정식화

했다: "무엇인가를 불충분한 근거들(evidence)에 입각해서 믿는 것은 항상, 어디서나 그리고 누구에게도 윤리적으로 잘못된 것이다"(WB 18). 사후에 출판된 원고인 *신앙과 믿으려는 권리*(*Faith and the Right to Believe*)에서 제임스는 이러한 입장을 "지성주의"로 부르고 있는데, 이것은 "우리의 결론들 안에서 개인적인 선호가 아무런 역할도 하지 말아야 한다"는 점을 고집하며, "'근거'는 그것의 수용을 위해서 어떤 선한 의지도 필요로 하지 않을 뿐만 아니라, 만일 사람들이 끈기 있게 기다릴 수만 있다면, 심지어 악한 의지를 상쇄시킬 수도 있다"(SPP 222)는 점을 가정한다. 클리포드에 대한 제임스의 비판은 먼저 학문적 가설을 위한 결단과 종교적 신앙을 위한 결단 사이의 차이를 부각시키는 데 있으며, 더 나아가서 지성주의의 자기모순성을 보여주는 데 있다: 클리포드의 원리 또한 하나의 결단 혹은 감정적인 태도에 의거한다는 것이다.

38 제임스는 살아있는 가설과 죽은 가설을 구분한다. 그 차이는 비유를 통해서 명료화되고 있다: 살아있는 가설은 마치 전압이 흐르는 전선과도 같다. 그것은 말을 건다; 그것은 무엇인가를 불러일으킨다; 불꽃이 튀어 오른다; 그것은 살아가고 행위하며 세계를 이해하는 실제적인 가능성을 보여준다. 살아있음은 가설이 지니는 어떤 내재적인 속성도 아니다; 오히려 가설은 항상 특정한 사상가에 대해서 살아있는 것이거나 죽은 것이다. 살아있음의 등급을 위한 척도는 기꺼이 가설에 상응해서 행동하려는 채비이다. ─ 두 가설들 사이에서의 결정은 선택이라고 한다. 제임스는 상이한 종류의 선택들을 구분한다: "그것들은 1. 살아 있는 것이거나 혹은 죽은 것일 수 있다; 2. 강요된

것이거나 혹은 피할 수 있는 것이다; 3. 의미심장하거나 혹은 하찮은 것이다; 우리는 선택이 피할 수 없는 것이며, 살아있고, 의미심장한 경우에만, 우리의 목적을 위해서 그것을 순수한 선택이라고 부를 수 있다"(WB 14). — 1. 살아있는 선택은 그 선택에 있어서 두 가설들이 모두 살아있는 경우이다. 예를 들면, '불가지론과 그리스도교 사이에서 선택하라'는 것은 제임스의 청자들에게는 살아있는 선택이다. 그들은 자신들이 받은 교육과 문화적 환경을 토대로 해서 불가지론자가 되거나 그리스도교 신자가 된다는 것이 무엇을 의미하는지를 안다. 두 가능성들 모두가 그들에게 말을 건다; 그리스도교 신자는 자신 안에서 불가지론에로의 유혹을 감지하며, 불가지론자는 그리스도교의 가치들과 인물들을 경탄한다. 2. 두 가능성들 사이에서의 결정이 불가피한 것이라면, 이때 문제가 되는 것은 강요된 선택이다: "선택하지 않을 수 있는 어떤 가능성도 없는, 완벽한 논리적 양자택일에 근거해 있는 모든 딜레마가 이와 같은 종류의 선택이다"(WB 15). 3. 선택은 커다란 중요성을 갖는 유일회적인 기회가 문제될 경우에 의미심장한 것이다. "그와는 반대로 그 기회가 일회적인 것이 아닐 경우에, 문제되고 있는 것이 사소한 것이거나 혹은 결정이 차후에 현명치 못한 것으로 판명되어 취소될 수 있는 경우에, 선택은 하찮은 것이 된다"(WB 15).

두 자연과학적 가설들 사이에서의 결정은 피할 수 있는 것이며 사소한 것이다. 우리는 두 개의 이론들 사이에서 선택하도록 강요받지 않으며, 혹은 하나의 이론을 참으로 간주하거나 아니면 거짓으로 간주하도록 강요받지 않는다; 우리는 여기서 판단을 유보할 수 있으며, 더 나은 근거들을 기다릴 수 있다(WB 14 이하; 25 이하 참조). 우리가 결정을 내릴 경우, 그때 문제가 되는 것은 사소한 선택이다; "화학자는 하나의 가설을 입증하기 위해서 일 년을 사용할 수 있을 만큼 그 가설이 충분히 살아있다고 생각한다. 그런 한에서 그는 그 가설을 믿고 있다. 그러나 그의 실험이 긍정적인 결과도 부정적인 결과도 낳지 못한다면, 그는 단지 시간을 잃었을 뿐이지, 아무런 심각한 손해도 생겨나지는 않았다"(WB 15). 클리포드의 준칙은 따라서 근본적으로 논박되고 있지 않다. 그러나 그 타당성의 영역은 제약되고 있다. 한 자연과학적 가설을 찬성하거나 반대하는 결정에 있어서 탐구자는 그 원리를 고수해야만 한다; 여기서 탐구자를 규정해야 하는 것은 기만을 당할지도 모른다는 회의적인 염려이다. 그는 가설에 동의하기에 충분한 근거를 갖고 있는지 자문해야만 한다. 그러나 가설을 *세우*는 것이 문제가 되는 곳에서 이미 지성주의는 자신의 한계에 봉착한다; 여기서 탐구자의 관심은 벌써 함께 작용하고 있다(WB 26 이하 참조). 따라서 클리포드의 준칙은 자연과학을 위해서조차 무제약적인 타당성을 주장할 수 없다; 그렇게 그 준칙이 인간 삶의 다른 영역들에서 도덕적으로 구속력을 갖는 것인지 의구심이 생겨난다. 따라서 종교적 신앙은 자연과학의 정신에 반드시 모순 될 필요는 없다.

　자연과학적 가설을 위한 선택과는 달리 종교적 세계관을 위한 선택은 강요된 것이며, 의미심장하고, 살아있는 것이다. 제임스가 *믿으려는 의지*(29 이하)에서 상술하고 있듯이, 종교는 두 가지를 주장한다는 것이다: "첫째로 종교는, 우주 안에서 최상의 것들은 영원한 것들이며[...], 이것들이 우주 안에서 마지막 돌을 던지며, 마지막 말을 한다고 말한다." 제임스는 이 첫째 주장을 "완전성은 영원하다"는 정식으로 표현하고 있으며, 이것이 학문적으로 증명될 수 없다는 점에 대해 어떤 의심도 하지 않는다. 두 번째 주장은, 만일 우리가 첫째 주장이 참이라는 것을 믿는다면, 우리는 현재에도 더 나은 상태에 있다는 것이다. *신앙과 믿으려는 권리*라는 논문은 신앙(faith)을 "우리의 전체적인 본성에 잘 조화된 것으로 표상되고 있는 종류의 세계에 우리의 본성이 건네는 인사"(SPP 221)로 규정하고 있다.

따라서 종교는 형이상학적인 테제와 실용주의적인 테제를 지지한다. 그 맥락은 제임스의 우주에 대한 사상, 즉 그의 형이상학이 갖는 특성에서 생겨난다. 영원한 완전성은 인간에게 부여된 과제이며, 그에게 앞서 주어진 이상이다; 그것은 우리 뒤에 놓여 있는 것이 아니라 우리 앞에 놓여 있다. 인간의 행위들은 우주의 본질적인 구성요소이다; 그것들이 우주의 성격을 규정한다. "비록 우리가 어떤 의미에서는 우주의 수동적인 부분들이더라도, 우리는 다른 의미로는 보기 드문 자율성을 보여주는데, 마치도 우리가 고유한 책임을 가진 작으면서도 능동적인 중심들인 것처럼 말이다"(WB 31). 우주는 "개선적(改善的)"이다. 다시 말해서 우주는 완결되거나 결정되어 있지 않고, 인간을 통한 개선에 개방되어 있다; 그것은 "협동적"(SPP 225)이다. 가장 약한 해석 안에서 이것이 의미하는 바는, 우주는 인간을 통한 개선에 저항하지 않는다는 것이다. 개선적인 우주는 행위하며 희망하는 존재로서의 인간의 본성에 부합한다; '완전성은 영원하다'는 전제하에서만 선을 행하는 것이 의미를 가질 수 있다. "믿으려는 의지"는 우리의 "선한 의지", 곧 선을 행하려는 의지와 다름이 아니다(SPP 224 참조). 왜냐하면 이 의지는, 활동적이 되기 위해서, 세계에 대한 특정한 해석, 종교적인 총체해석을 전제하기 때문이다.

세계를 종교적으로 해석하려는 결정은 강요된 선택이다. 세계에 대한 *하나의* 해석은 피할 수 없다. 제임스는 유비들을 사용하고 있다: 학문적인 물음들 안에서 우리는 객관적인 확증이 발견되기까지 우리의 동의를 보류할 수 있다. 그에 반해서 예컨대 판결의 선고와 같은 실천적인 결정들은 항상 지연시킬 수는 없다; 여기서 우리는 객관적인 확증을 기다릴 수는 없으며, 그 순간 우리가 소유하고 있는 최상의 근거에 따라서 결정해야만 한다(WB 25 이하 참조). — 우리는 피론적 회의론자이거나, 또는 명시적이든 비명시적이든 진리를 인식할 수 있는 가능성을 믿는다. 우리는 근거를 통해서 피론적 회의론자에게 그의 입장이 잘못이라는 것을, 그리고 진리가 있으며 진리인식이 가능하다는 것을 증명할 수 있는가? 제임스의 대답은 단호하게 아니오이다. 우리가 제시하는 근거를 듣기 위해서 피론주의자는 이미 진리를 인식하기를 *원해야만* 한다. "바로 하나의 의욕이 다른 의욕과 맞서 있는 것이다: 우리는 신뢰와 전제에 토대를 둔 삶에 찬성하고 싶어 하는데, 피론주의자는 자기편에서 그 신뢰와 전제를 세우는데 무관심하다"(WB 19). 마찬가지로 도덕에 대한 자연주의적 환원주의와 도덕적 판단들의 객관적 타당성에 대한 신념 사이의 결정은 순수한 선택이다. 이 선택 역시 한갓 지성의 사안일 수가 없다: "당신의 마음이 도덕적 현실의 세계를 *원하지* 않을 때, 당신의 머리는 확실히 당신으로 하여금 결코 그것을 믿게 만들지 않을 것이다. 메피스토텔레스적인 회의주의는 당신 머리의 유희충동을 모든 엄격한 이상주의보다도 훨씬 잘 만족시킬 것이다"(WB 28). — 사회적 관계들의 구축이 문제가 될 경우, 우리는 다른 사람들의 신뢰성에 대한 확실한 증거들을 손에 쥐게 되기까지 기다릴 수는 없다. 만일 "어떤 남자가 특정한 여인과 혼인계약을 맺기를 무한히 망설이는데, 그 이유가 그녀를 집에 데려온 후에 천사로 입증되리라는 것을 그가 완전히 확신할 수 없는데 있다면, 그는 결연히, 마치 그가 가버리고 다른 여인과 결혼이라도 한 것처럼, 이러한 천사-가능성(Engel-Chance)으로부터 자신을 차단하게 될 것이다"(WB 30). 만일 내가 "너는 나를 좋아하니 싫어하니?"라고 묻는다면, 대답은 수많은 경우에 "내가 너를 중도에 만나서, 네가 나를 좋아할 수밖에 없음을 가정할 의향이 있고, 또 너에게 신뢰와 기대를 주고 싶은 의향이 있는지"(WB 28)에 달려있다. "사회적 유기체는 어떤 종류의 것이든, 크든 작든, 자신의 본성적인 모습대로 존재한다. 왜냐하면 각 구성원은, 다른 구성원들도 동시에 그들의 의무를 행한다는 것을 신뢰하면서, 자신의 의무를 행하기 때문이다"(WB 29).

하지만 바로 이 마지막 보기들은 클리포드가 옳다는 것을 보여주는 것이 아닌가? 그 역시 어떤 절대적 확실성이 아니라 다만 *충분한 근거*(sufficient evidence)를 요구한다. 어느 정도의 근거가 충분한 것인가는, 클리포드를 그렇게 해석할 수 있듯이, 그때마다 결정해야 할 사안의 무게에 달려 있다. 제임스는 이렇게 대답할 것이다: 한 사람이 신뢰할만한지 그렇지 않은지를 확인하기 위해서, 나는 우선 그를 믿어야 한다. 이런 의미에서의 신뢰가 최초의 발걸음이며, 이 발걸음을 위해서 아무런 근거도 있을 수 없다; 그 발걸음은 내가 도대체 근거를 인식할 수 있기 위한 전제이다. 이 '약한' 신뢰는 그럼에도 충분하지는 않다: 사회적 관계들을 구축하기 위해서 나는 다른 사람이 신뢰할만하다는 것을 전제해야 하고, 이 전제위에서 행동해야만 한다; 다른 이들에게 호의적이지 않고 매사에 보증을 요구하는 사람은 다른 이들에게서 자신을 고립시키며, 인간 공동체의 모든 혜택을 박탈당한다. 제임스는 종교적 가설을 위해서도 그에 상응하는 것을 요구한다: 인간은, 그 가설의 첫 번째 진술에 믿음을 선사하고 그에 상응하게 행동한다는 의미에서, 그 가설을 중도에서 호의적으로 대해야 한다; 오직 그렇게 해서만 두 번째 진술의 확증이 가능하다(WB 31 참조).

종교적 가설의 내용으로부터, 그리고 제임스의 유비들로부터 분명해지는 것은, 종교에 대한 찬반을 결정함에 있어 관건이 되는 것은 강요된 선택일 뿐만 아니라 의미심장한 선택이기도 하다는 것이다. 만일 우리가 완전성은 영원하다는 것을 믿는다면, *믿으려는 의지*에 적혀 있듯이, "그로써 우리는 우리가 할 수 있는 가장 심원한 봉사를 우주에 베푸는 것이다"(WB 31). *신앙과 믿으려는 권리*에서 그것은 더 부연되고 있다: "세계의 결과들의 성격은 부분적으로 우리의 행위들에 좌우될 수 있다. 우리의 행위들은 우리의 종교에 좌우될 수 있다 — 비록 '근거들'이 불완전하더라도, 우리가 우리의 신앙-경향들(faith-tendencies)에 저항하지 않거나 혹은 그것을 보존함에 달려 있다. 이 신앙경향들은 재차 특정한 형식들의 결과와 마주해 우리의 선한 의지의 표현일 뿐이다"(SPP 223 이하).

39_ 제임스가 우리의 "의욕적인 본성(willing nature)"이라 부른 것을 통해서 가설들은 죽거나 혹은 살아있는 것이 되며, 바로 이 "의욕적인" 혹은 "열정적인 본성"이 순수한 선택 안에서 결정을 내리는 것이다. "의욕적인 본성"의 개념은 지금 우리에게 변경할 수 없는 습관이 되어버린, 숙고된 의욕을 포함할 뿐만 아니라, "염려나 희망, 선입견, 열정, 모방, 당파성과 같은 모든 신념의 요인들"(WB 18)을 포함한다. *믿으려는 의지*의 테제는, 우리의 "열정적인 본성이 진술들 사이에서 적법하게 결정해도 될 뿐만 아니라, 결정해야 한다는 것인데, 그 선택이 지성적인 근거들을 갖고서가 아니라 본성을 통해서 결정될 수 있는 그런 순수한 선택일 경우에 말이다; 왜냐하면 그런 상황에서 '결정하지 말고 문제를 열린 채 남겨두라'고 말하는 것은 그 자체가 열정적인 결정이기 때문이다"(WB 20). 여기서 주장되고 있는 것은,

종교적 신앙은 종교적 불신앙과 똑같은 권리를 가지고 있다는 것이다; 양자는 여기서 기술된 의미로 합리적이지-않다(nicht-rational). 종교적 세계관은 자신을 위해 자연주의적 세계관과 똑같은 권리를 주장할 수 있는데, 그 이유는 후자 역시 합리적인 근거가 아니라 선입견과 감정에 의거하기 때문이다. 종교적 신앙이 자신을 위해 주장할 수 있는 권리는 결의론을 대가로 해서 얻어진 것처럼 보인다; 종교적 신앙은 다른 세계관들 속에서 *하나의* 합리적이지-않은 세계관이다.

40_ 그럼에도 불구하고 제임스가 사용하고 있는 비유가 보여주는 바는, 세계에 대한 자연주의적 해석과 종교적 해석은 제임스에게 있어서는 똑같은 영역에 놓여있지 않으며, 그의 관심은 *너-역사*-논증(*Tu-quoque*-Argument)2) 안에서 고갈되지 않는다는 것이다. 오류에 대한 염려에서 강요된, 그런 한에서 합리적이지-않은 클리포드의 준칙이 요구하는 것은, "우리는 우리의 마음과 충동, 그리고 기분을 매개로 닫아야만 한다"(WB 32)는 것이다. "마음"이라는 말은 파스칼의 "마음은 이성이 알지 못하는 자신의 근거들을 가지고 있다"(Br. 277, La. XXX)는 경구를 의식적으로 암시하는 것인데, 제임스는 이 경구를 몇 페이지 앞에서 인용하고 있다(WB 27). 매개의 형상은 과학주의적으로 협소화된 이성개념이 마음을 봉쇄하고 있음을 보여준다. 종교적 가설을 위한 감정들과 과학주의적 가설을 선택하는 감정들은 따라서 인간의 상이한 심층들에 뿌리내리고 있다. *신앙과 믿으려는 권*

---

2) 역자 주: '*너-역사-논증*'(*Tu-quoque*-Argument)은 자신의 논증이 가지는 결함을 반대논증 역시 가지고 있다고 주장함으로써 자신의 입장을 지지하려는 논증방식이다. 예를 들면 다음과 같은 주장이다: "창조론은 종종 비과학적이며, 단지 신앙의 문제일 뿐이라고 비판받고 있다. 그러나 진화론 역시 그저 믿음에 근거해 있다."

리에서 제임스는 "신앙-경향들"에 대해 말하고 있다. 이것들은 우리의 *선한* 의지의 표현이며, 종교는 우리가 비록 충분한 근거들을 갖고 있지 않더라도, 그 경향들에 어떤 저항도 행사하지 않거나 혹은 그것들을 보존하는 데에 존립한다(SPP 223 이하). *믿으려는 의지*보다 일년 앞서 출판된 *삶은 살 가치가 있는가?*(Is Life Worth Living?, 1895)라는 강연에서 제임스는 신앙-경향들을 봉쇄하는 것은 자살에 이르게 할 수 있다고 말한다: "염세주의는 본질적으로 종교적인 병이다[...] 그것은 종교적 갈망과 다르지 않은 것에 존립하는데, 어떤 정상적인 종교적 대답도 그 갈망에 이르지 못한다"(WB 40).

III. 반응으로서의 종교

41_ *다양성*의 해석을 위한 중심점에는 2, 3, 16, 17, 그리고 20강연이 서 있다. 이 강연들이 개념적인 틀의 윤곽을 그리며, 그 안에서 종교적 경험의 인식론과 그 안에 함축된 존재론, 종교적 근본행위 안에서의 이성과 의지의 관계 등에 대한 제임스의 테제들이 발견된다. 이때 요약하는 20강연은 도입부의 2, 3강연과는 외견상 다른 존재론을 가지고 작업하고 있다; 그런 까닭에 해석이 물어야 할 것은, 양자의 존재론들이 서로 어떻게 관계하고 있는가이다.

42_ 2강연은 종교의 개념을 발전시키고 있는데, 이것은 뒤따르는 강연들 근저에 놓여 있다. '종교'라는 낱말은, 제임스가 정당하게 확인

하고 있듯이, 특정한 본질을 위한 것이 아니라 집합개념이라는 것이다; 발견되는 것은 수많은 성격적 특성들이며, 이것들은 서로 교체되면서 한 종교를 위해 똑같은 정도로 중요할 수 있다는 것이다. 수많은 의미들 중에서 제임스는 자기의 특별한 관심에 해당되는 것을 부각시키고 있다. 그는 우선 제도적 종교와 개인적 종교를 구분하고 있다. 제도적 종교의 본질적인 표지들은 상이한 의례형식들, 교회조직, 그리고 신학이다. 개인적 종교는 무엇보다도 인간에게 관심을 갖는다: 그의 양심, 그의 공적들, 그의 무력감, 그리고 그의 불완전성. "교회조직은 성직자와 성사들, 그리고 다른 중재법정과 더불어 완전히 부차적이 된다. 인간과 창조주 사이의 관계는 마음에서 마음으로, 영혼에서 영혼으로 직접 이루어진다"(VRE 29/32). 제임스에게는 개인적 종교가 신학이나 교회보다도 더 근본적인 것인데, 교회의 모든 창립자들은 그들의 힘을 신적인 것과의 직접적이고 개인적인 유대에 힘입고 있기 때문이다. 그래서 제임스는 다음의 종교정의로부터 출발한다: "개별 인간들이 신적인 것을 무엇이라 생각하든지 간에, 자신들이 그것과의 관계 안에 있다고 파악하는 한, 종교는 단독의 상태에 있는 그들의 감정, 행위 그리고 경험을 의미할 것이다"(VRE 31/34). 여기서 문제의 소지가 있는 것은 신적인 것의 개념인데, 왜냐하면 명백하게는 — 제임스는 불교와 에머슨의 선험적 이상주의를 보기로 들고 있다 — "무신론적인 혹은 유사-무신론적인"(VRE 34/36) 종교들이 있기 때문이다. 그렇기 때문에 "신적인"이라는 말은 "신과 같은"이라는 말로 이해될 수 있으며, 우리가 신과 같은 것으로 부를 수 있는 것은 "가장 근본적이고 포용적이며 심원한 의미에서 참인 것이고[...] 한 인간의 종교는 그것이 무엇이든 그가 근본적 진리라고 느끼는 것을 향한 그의 태도와 동일시될 수 있다"(VRE 34/36)는 것이다. 종교는 따라서 "삶에 대한 인간의 총체적인 반응"(VRE 34/36)이라는 것이다. 제임스가 부연하듯이, "총체적 반응은 우연한 반응과는 다르며, 총체적 태도는 일반적이거나 직업상의 반응과도 다른 것이다. 그러한 반응을 얻으려면 존재의 전경 이면으로 가서, 모든 사람들이 어느 정도 지니고 있는 친근하거나 낯선, 무시무시하거나 또는 재미있는, 사랑스럽거나 또는 가증스러운, 영속하는 현재로서 남아있는 우주 전체의 기묘한 의미로까지 파고 들어가야 한다"(VRE 35/36 이하). 도덕처럼 종교는 피상적이고 풍자적인 것이 아니라, 진지하고 긍정하는 태도이다. 그러나 도덕이 전체적인 것의 법칙을 멍에로 감지하는데 반해서, 종교에서는 복종의 자리에 환영의 기분이 들어서 있으며, 이것은 "명랑한 평온함과 열정적 기쁨 사이의 지침판 위에서 각자의 자리를 차지할 수 있다"(VRE 41/41). "종교적인 사람들에게는 알려져 있지만, 다른 사람들에게는 알려져 있지 않은 마음의 상태가 있다. 그 상태에서는 기꺼이 우리의 입을 다물려는 태도와 신의 거대한 물결에 비하면 우리 자신은 아무 것도 아니라는 태도가 우리 자신의 권리를 내세워 고수하려는 의지를 대체해 버렸다[...] 우리 영혼의 긴장된 시간이 지나가고 행복한 이완, 잔잔하고 깊은 숨, 그리고 걱정을 해야 하는 불협화음의 미래가 없는 영원한 현재의 시간이 도래하였다"(VRE 47/46).

43_ 반응의 개념은 이런 물음을 허용한다: 무엇에 반응하는가? 무엇이 이러한 반응을 야기하는가? '그것은 우주이다'라는 제임스의 첫 번째 대답은 3강연에서 보다 엄밀한 존재론적 개념들로 표현되고 있

다. 제임스는 논변하기를, 우리의 모든 태도들은 우리 의식의 대상들을 통해서 발원된 것이다. 이 대상들은 우리의 감관들 혹은 단지 우리의 사유에 현존할 수 있다. 어떤 경우이든 그것들은 우리 안에서 하나의 반응을 불러일으키며, 사유의 대상들에 대한 반응은 심지어 현재의 지각될 수 있는 대상들에 대한 반응보다도 더 강할 수 있다. 제임스는 추상적인 대상들 역시 하나의 반응을 야기할 수 있다는 것을 가정하고 있다: "거룩함, 정의, 자비, 절대성, 무한성, 전능성[...] 등과 같은 신의 속성들은 그리스도교 신자들을 고무시켜주는 묵상의 풍요한 원천으로 입증되어왔다"(VRE 54/52). 그와 같은 매력을 발휘하는 것은 이러한 신학적 술어들만이 아니다. 제임스는 향연(Symposion)을 명시적으로 원용하면서 플라톤적인 존재론을 발전시키고 있다. 그에게는 가치를 갖지 않는 사실들이란 존재하지 않는다. 구체적인 대상들로 이루어진 전체의 우주는 예컨대 선과 미, 정의와 같은 추상적인 이데아들로 이루어진 보다 넓고 높은 우주로부터 자신의 의미를 획득한다. 이 이데아들이 모든 사실들을 위한 배경을 형성한다; 각기의 개별사물은 그것들에 관여하고 있다; 우리가 인식하는 모든 것은 이 추상체들의 본질에 관여함을 통해서 그것의 본성적 모습으로 존재하는 것이다. "우리의 마음이 추상체들을 통해서 전적으로 결정될 수 있음은 우리 인간의 기질의 근본적인 사실들 가운데 하나이다"(VRE 56 이하/54). 제임스는 "실재에 대한 감각, 객관적 존재에 대한 느낌, 우리가 '저기에 무엇인가가 있다'고 부를 수 있는 것의 지각"(VRE 58/55)에 대해서 말한다. 이 감각은 총체적인 반응의 능력이며, 그와 더불어 종교의 능력이기도하다. 그것은 감관들보다도 더 깊이, 그리고 더 멀리 도달한다; 단지 감관지각들 뿐만 아니라 각각의 이데아도 그 감각을 일깨울 수 있다: "종교적 표상들이 이 실재에 대한 느낌을 건드릴 수 있는 한, 비판에도 불구하고 사람들은 이 표상들을 믿게 될 것이다. 비록 그 표상들이 그토록 모호하고 동떨어진 것이어서 사람들이 그것들에 대한 어떤 형상도 거의 만들 수 없게 되더라도 말이다"(VRE 58/55). 제임스는 사랑하는 사람들 간의 습관적인 의식을 비유로 들고 있다. 사랑하는 남자는 자기 연인의 존재에 대한 감각을 갖고 있다; 그는 그녀를 잊을 수가 없다. 그는 그녀를 생각하지 않고 다른 일들에 골몰해 있을지라도, 그녀가 존재하고 있다는 지속적인 의식을 갖고 있다(VRE 72/66 참조).

44. 제임스는 두 가지 철학적 입장들을 도식화하면서 비교하고 있다. 이러한 대구는 종교적 신앙의 합리성에 대한 그의 테제를 내포한다. 실재에 대한 감각을 가정하는 철학, 즉 그 자신의 철학을 그는 "신비주의"라 지칭한다. 신비주의와 맞서있는 견해를 그는 "합리주의"라 부른다: 이는 우리의 모든 신념들이 마지막에 있어서는 언어적으로 표현할 수 있는 근거에 의거해야 한다는 요구이다. 제임스는 합리주의의 긍정적인 측면을 찬양하고 있다: 합리주의는 모든 철학들과 자연과학들을 생성시킨 위대한 지성적 경향이라는 것이다. 그러나 우리가 과학 밖에서 인간이 몰두해 있는 그 총체적인 정신적 삶을 바라본다면, 합리주의가 포착하는 부분이 상대적으로 피상적이라는 점을 인정할 수밖에 없다. 제임스에게는 실재에 대한 감각은 더 심원한 능력이다. 실재에 대한 감각의 표현되지 않은 직관들이 합리적 논증들에 대립할 경우, 합리적 논증들은 설득력을 줄 수가 없다. 합리주의가 예컨대 상이한 목적론적 신 증명의 형식들에 있어서처럼 종교를 위해

논증을 할 경우나, 아니면 종교에 반하여 논증을 할 경우나 매한가지로, 신념들을 정초함에 있어 합리주의적 영역의 열등성은 명백하다는 것이다. 철학적 신학 단독으로는 종교적 신앙에 이를 수 없다; 그 논증들이 설득력을 갖는 경우는 오직 "실재에 대한 우리의 표현되지 않은 느낌들이 이미 동일한 결론을 위해서 각인되어 있을 때"(VRE 74/67)이다. 합리주의적 영역의 열등성에 대한 테제는 이성이 종교적인 신앙을 위해서 아무런 긍정적 기능도 갖지 않음을 의미하지는 않는다. 이성은 실재에 대한 감각의 직관들을 표현하고 해석한다. 직관과 이성이 함께 작용할 때, "불교나 가톨릭 철학의 체계처럼 세계지배적인 위대한 체계들이 생겨날 수 있다"(VRE 74/67).

종교적 신앙을 위한 이성의 의미에 대해 제임스가 긍정적으로 진술하고 있는 내용은 아마도 *다양성*이 종결된(1902년 3월) 2년 후에 제임스 류바(James H. Leuba)에게 보낸 편지에서 발견된다. 이 편지에서 제임스는 자신의 종교철학적 입장을 의미심장하게 요약하여 기술하고 있다. 신의 영향에 대한 느낌들과 합리적 근거들(evidence)은 "부분적으로 조화되어야 합니다. 신비적 삶의 영역과 합리적 삶의 영역은 절대로 불연속적인 것이 아니기 때문입니다. 우리의 지성적 연장은 우리의 신비적 삶 안에서 암시적인 역할을 하고 있음이 분명합니다[...] 지성은 해석을 하며, 자신의 해석에 대하여 비판적입니다. 그러나 해석되어야 할 테제가 존재했어야만 합니다. 내게는 이 테제가 '보다 높은' 힘에 대한 합리적이지-않은 느낌으로 여겨집니다"(Perry 1935, II 349).

Ⅳ. 신앙상태

45_ 제임스는 두 가지 인식적 관심들을 서로 맞세우고 있다. 하나는 개인과 그의 사적인 운명으로 향해 있다. 이 관심은 자기중심적이다; 중심에 서 있는 것은 주관적인 경험들이다. 다른 관심은 객관적인 것, 일반적인 것을 향해 있다; 이것은 자연과학의 관점을 규정한다. 자연과학은 사적인 관점을 거부하며, "인간의 근심과 운명에 아무런 관련이 없는"(VRE 491/398) 이론들을 구축한다. 제임스는 양자 사이에서 단호한 입장을 취한다; 우리는 그것을 그의 '존재론적 투신 (ontological commitment)'이라 표시할 수 있다. 그는 자연과학의 비인격적 관점과 태도를 피상적이라고 간주한다. 그의 논거는 이렇다. "우리가 우주적이고 일반적인 것을 다루는 동안은, 우리는 실재의 상징들을 다룰 뿐이다. 그러나 *우리가 사적이고 인격적인 현상들을 그렇게 다루자마자, 우리는 실재들을 그 말의 가장 완전한 의미로 다룬다*"(VRE 498/393). 종교는 자연과학의 원초적인, 신인동형적인 세계상에 의거하는 형식도 아니요, 아리스토텔레스적인 의미에서의 형이상학, 즉 자연과학을 완결하는 학문도 아니다. 종교와 자연과학은 상이한 현실이해에 의거해 있다; 그들은 현실적인 것이 본래적인 의미로 무엇인가라는 물음에 상이한 답을 내린다. 종교적 신앙은, 우리가 자연과학적 세계관으로부터 자유롭게 되어서 자기중심적인 현실이해에 찬성함을 전제로 한다; 종교적 신앙이 전제하는 것은, 제임스가 기술하고 있듯이, 우리가 우리의 "사적인 운명"에 대한 물음, 즉 우리의 개인적이고 인격적인 실존의 의미에 대한 물음을 제기하고, 그리

하여 "우리가 알고 있는 유일하게 절대적인 실재들"(VRE 503/396)과 접촉하는 것이다.

46_ 종교들의 그 모든 상이성 안에서 제임스는 두 공통적 요소들을 보고 있다: "한편으로 느낌, 다른 한편으로 행위는 거의 언제나 동일한 것들이다"(VRE 504/397). 제임스는 느낌을 위해서 류바로부터 "신앙상태(faith-state)"라는 표현을 넘겨받고 있으며, 그것을 톨스토이 소설의 제목인 "*사람들이 살아가는*"(VRE 505/398) 힘으로 특징짓고 있다. 신앙상태는 특정한 태도에서 드러나는 것인데, 제임스에게는 이것이 종교적 신앙의 본질이자 중심이다. 그것은 어떻게 더 자세히 규정되고 있는가? 이 용어는 종교적 신앙에 대한 주의주의(主意主義)적-결의론적 개념이라는 의미로 이해되어야 하는가? 신앙상태는 2, 3 강연에서 기술된 반응 혹은 태도와 어떤 관계가 있는가?

신앙상태는 인식적 내용을 *갖는다*. 이러한 사태에 대한 제임스의 기술은 — 그는 "붙잡다(halten)"라는 동사를 사용하고 있다 — 이 소유가 단호하고도 의식적인 고수(固守)임을 암시한다. 이 인식적 내용은 극히 미미할 수 있다; 그러나 그것은 한 종교의 총체적인 신조를 포괄할 수 있다. 신앙상태가 자신의 견고성을 포함하는 것은 인식적 내용을 통해서가 아니다; 따라서 신앙상태는 합리적인 통찰에 대한 동의로 이해되어서는 안 된다. 제임스는 그 관계를 오히려 거꾸로 생각하고 있다; 인식내용이 자신의 설득력과 무게를 얻는 것은 신앙상태를 통해서이다; 인식내용은 신앙상태를 각인하고, 그것에 특별한 형식을 부여한다. 인식내용이 이러한 방식으로 신앙상태의 표현이라는 점은 "완전히 상이한 신조들의 가장 미세한 부분까지 미치는 종교적 인간의 열정적 충성심이 해명해주고 있다"(VRE 506/398 이하).

기술할 수 있는 인식내용을 가진 종교는 따라서 신앙상태와 신앙고백으로 구성된다; *하나의* 신앙상태는 그러니까 상이한 형식들을 받아들일 수 있음이 분명하다. 신앙상태가 자의적 결의가 되어서는 안 된다면, 그리고 종교들의 다원주의가 상대주의가 되어서는 안 된다면, 두 가지 조건들이 충족되어 있어야 한다: 첫째로, 신앙고백들의 모든 불일치 이면에 그들이 일치하여 증언하는 공통의 핵심이 놓여 있다는 조건이다. 둘째로, 이 증언이 참이라는 조건이다. 제임스는 두 조건들이 충족되어 있음을 보고 있다.

47_ 공통의 핵심은 두 부분들로 이루어져 있다. 첫째는 불안감이다: "우리가 자연적 상태에 있을 때에 *우리 주위에 잘못된 무엇이 있다*는 느낌". 둘째는 그것의 해결책이다: "우리가 고차적 힘과 올바로 연결됨으로써 *그 잘못된 것으로부터 구원받는다*는 느낌"(VRE 508/400). 이 공통적 핵심의 두 요소들은 상이한 정도로 의식되는 것을 허용한다. 병리적인 것의 경계에 접해 있는 두드러지게 극단적인 종교적 인물들에게서, *다양성*은 그들의 증언들을 연구하고 있는데, 잘못되었음의 느낌은 도덕적인 성격을 가지며, 구원의 느낌은 "신비적 색조"를 띤다.

이 두 요소들과 신앙상태와의 연관은 어떻게 더 정확히 규정될 수 있을까? 이 요소들은 2, 3강연에서 언급된 반응과 어떤 관계에 있는가? 두 경험들은 개인이 "자신의 잘못을 괴로워하고 그것을 비판하는 한, 그런 만큼 의식적으로 그 잘못을 넘어서서 무엇인가 고차적인 것과 접촉하는 한"(VRE 508/400), 단일성을 형성한다. 이때 그 고차적인 것은 개인 자신의 더 높은 부분이다. 여기서 드러나는 것은 종교적 경험과 도덕적 의식 사이의 상응이다; 비록 도덕적 의식에 "신비적 색조"가 결여되어 있더라도, 양자는 우리를 고차적인 것과 연계시킨다. 그러나 이 첫째 단계에서, 고차적인 부분은 단지 "무력한 맹아"일 뿐이다. 도덕적 의식처럼 종교적 의식도 결단을 요구하며, 기술된 첫째 단계에서 개인이 자기 자신의 어떤 부분과 스스로를 동일시해야 할지는 그 개인에게 결코 분명하지 않다. 첫째에서 둘째 단계로의 이행은 개인이 자신을 고차적인 부분과 동일시하는 데에 존립한다. 제임스는 이 이행을 이렇게 기술한다: "*그는 자신의 고차적 부분이 동일한 성질의 보다 고차적 부분(MEHR)과 인접하며 접속되고 있음을 의식하게 된다. 그 동일한 성질의 고차적 부분은 그의 밖에 있는 우주에서 작용하고 있으며, 그는 그것을 교감할 수 있고, 그것은 그의 모든 더 저급한 존재가 파편으로 부서졌을 때 어느 정도 거기에 편승하여 그 자신을 구원할 수 있다*"(VRE 508/400). 따라서 동일시는 실로 인식적 요소를 포함한다. 그 인격은 자신의 고차적 부분이 그의 개별적 존재를 초월하는 차원으로까지 진입하는 것을 인식한다. 나의 해석으로는, 이 인식적 과정은 2, 3강연에서 언급된 반응과 상응한다. 3강연에서의 추상적인 플라톤적 대상들의 자리에 이제 "그 이상의 것(Mehr)"이 들어섰다. 나는 이것을 신플라톤적으로 이해될 수 있는 의식 혹은 주체의 심층차원이라고 해석한다. 이 인식적 과정에서 파악되고 있는 것은 존재론적인 범주들로 해석될 수 *있어야만* 한다; 인식적 과정은 종교적 신앙의 현실연관을 보증한다. 그럼에도 불구하고 종교적 신앙은 결단이 없이는 가능하지 않다. 인식적 과정 혹은 반응은 인격에게 하나의 가능성을 보여주지만, 이 가능성은 결단 안에서 붙잡혀져야 한다; 인격은 자신의 실제적 존재를 자기 자신의 더 좋은 부분과, 곧 "그 이상의 것"에로 이행하는 부분과 동일시하도록 결단해야 한다; 인격은 "그 이상의 것"의 "뱃전으로" 가야만 한다. 신앙상태는 인격이 자신을 그의 고차적 부분과 동일시함을 통해서 도달되는 상태이다. 제임스의 비유를 사용하자면, 신앙상태는 그 이상의 것-의 -뱃전-에-있음이며, 그와 함께 주어진 절대적 안전에 대한 의식이다. 신앙상태는 결단에 의거한다. 그러나 그것은 자의적인 결의가 아니라, 인식적으로 앞서 주어진 가능성을 붙잡는 것이다. 이 가능성은 존재론적인 언어로 표현될 수 있다. 그럼에도 이 해석은 두 가지 세분화를 필요로 한다.

1. 제임스는 고차적인 자아와의 동일시를 회심에 대한 그의 강연(9, 10강연)에서 다루고 있다. 거기서 그는 의지적 회심의 유형과 자기포기를 통한 유형을 구분하고 있다. 의지적 유형에서 회심은 점진적으로 이루어진다; 회심은 새로운 형태의 도덕적이고 영적인 습관을 단계적으로 구축해가면서 이루어진다. 자기포기의 유형에서 회심은 비자발적이며 무의식적인 길에서 성취된다. 내가 이 구분을 거론하는 이유는, 이 구분을 통해서 신앙상태에서의 주의주의적인 요소가 재차 제약되기 때문이다. 자기포기는 마침내 자신의 의지를 단념하는 데에 있다. 제임스에게 두 유형들 사이의 차이는 마지막에 있어서는 근본적인 것이 아니다. 의지적 유형에서도 부분적으로는 자기포기의 국면들이 발견되기 때문이며, "추구했던 완전한 통합에 접근하기 위해서 의지가 최선을 다했을 때에도, 최후의 일보는[...] 자기활동의 도움이 없이 성취될 수밖에 없는 것처럼 보이기"(VRE 208/171) 때문이다. 2. 내가 지금까지 제시한 것처럼, 신앙고백과 신앙상태가 갖는 공통적 핵심의 특성묘사는 20강연에서의 요약에 따르고 있으며, 거기서 제임스는 종교적으로 "보다 발전된 정신들"(VRE 508/400)의 경험을 기술하고 있다. 그러나 그것은 "신비적 색조"가 없는, 덜 발전된 평범한 신앙인들과 어떤 관계에 있는가? 류바에게 보낸 편지에서의 제임스의

개인적인 증언이 답을 주고 있다: "나는 신과의 교통에 대한 어떤 생생한 의식도 갖고 있지 않습니다[...] 나의 활동적인 삶을 위해서 신적인 것은 비인격적이고 추상적인 개념들에 국한되어 있고, 그것들이 관념적인 것들로서 내 관심을 끌며 나를 규정합니다. 그러나 그것들은, 만일 내가 신에 대한 느낌을 가진다면, 그 느낌이 일으킬 수도 있을 것과 비교할 때 그렇게 약하게 작용합니다. 그것은 실로 강렬함의 문제입니다. 그러나 강렬함의 한 그림자라도 한 인간의 도덕적 에너지의 전체적 중심이 이동하도록 작용할 수 있습니다. 이제, 비록 내가 그처럼 더 직접적이고 강한 의미에서의 *신 의식*을 가지고 있지 않더라도, 다른 이들이 전해주는 저 영역으로부터의 표현들을 내가 듣게 될 때, *대답을 내리는 무엇인가가 내 안에* 있습니다[...] 당신이 원한다면, 그것을 신비적 *맹아*로 부르십시오. 그 맹아는 넓게 유포되어 있습니다. 그것이 신앙인들의 등급과 차례를 만들어 냅니다"(LWJ II 211). 여기서 우리는 다시금 3강연에서의 추상적 개념들에 대한 반응과 20강연에서의 "맹아"를 만나게 된다. 종교적 경험과 신앙상태는 등급들을 허용하며, 초보적인 형태는 비인격적이며 추상적인 개념들에 대한 신비적 맹아의 반응이다.

V. 진리에 대한 물음

48_ 신앙고백들의 공통적 핵심에 대한 증언은 참이다. 제임스는 두 장소에서 진리문제를 다루고 있다. 20강연은 의식판단에 호소하고 있고, 17강연인 *신비주의*에 따르면 신비주의자의 경험들은 비신비주의

자에게 하나의 가설 혹은 계시인데, 신비주의자는 이것을 자신의 삶을 통해 입증할 수 있다. 그 진술은, 그것의 진리가 20강연에서 문제가 되고 있는데, 이렇다, "*의식적인 인격은 구원의 경험들이 일어나는 보다 광대한 자아와 연결되어 있다*". 이 진술은 종교적 경험의 내용을 표현하고 있으며, 제임스가 쓰고 있듯이, 그것은 "*그런 경험이 있는 한 문자 그대로 그리고 객관적으로 참*"(VRE 515/405)이다. "그런 경험이 있는 한"이라는 말들은 실로 제약하는 조건을 표현하고 있다: 이 진술이 경험을 통해서 검증되는 것은 오직, 그것이 전적으로 그런 경험을 재현하고 모든 해석을 도외시하는 한에서이다. 이 조건이 채워질 수 있는가는 여기서 미결로 남을 수밖에 없다. 이 말들은 그 밖에도 종교적 경험의 상이한 강도 혹은 상이한 단계들을 지시한다. 우리는 여기서 해석을 위해 다시금 류바에게 보낸 제임스의 편지를 인용할 수 있다. 제임스에게는 신적인 것의 경험이 "비인격적이고 추상적인 개념들에로[...] 국한되어" 있다. 그러나 그는 "신과의 교통에 대한 생생한 의식"을 가진 사람들을 경탄한다.

49_ 17강연에서의 상론은, 그것이 의식판단의 주관적인 영역을 넘어서가며 그리고 신비주의자의 경험이 비신비주의자에게 어떤 의미를 가질 수 있는지를 보여준다는 점에서, 더 멀리 진행한다. 신비주의에 대한 두 강연들(16, 17강연)은 신학과 종교적인 경험 안에서 진리에 대한 물음에 답하려 한다. "종교인들은 종종, 한결같지는 않지만, 특별한 방식으로 진리를 본다고 고백해왔다. 그 방식은 신비주의라고 알려져 있다"(VRE 378/300). 제임스는 우리가 어떤 상태를 신비적이라고 정당하게 표시할 수 있는 두 가지 특성들을 거명한다: 1. *형언불가능성.* 신비적 경험은 말로 표현될 수 없다. 그로부터, 그것은 직

접 경험되어야 한다는 결론이 나온다; 그것은 다른 이들에게 중재될 수가 없다. "교향곡의 가치를 알기 위해서는 그것을 들을 수 있는 음악적 청각을 가져야 한다; 연인의 마음상태를 이해하기 위해서는 스스로가 사랑에 빠져 있어야 한다." 이 점을 고려한다면, 신비적 상태는 지적 상태보다는 감정적 상태에 더 가깝다. 2. *인식적 특질.* 그럼에도 불구하고 신비적 상태는 인식적인 상태로 경험된다. 그것은 추론적 지성이 진입하지 못하는, 진리의 깊이에 대한 통찰을 선사한다. "분명히 표현되지 않은 채로 있지만, 그것은 의미와 중요성으로 충만한 조명과 계시들이다"(VRE 380 이하/302).

제임스가 들고 있는 수많은 보기들 중에서 세 개만 살펴보자. 신비경험의 기초적인 형태는 우리가 종종 들어 왔던 한 문장의 의미가 갑자기 엄습해 깊이 느껴지는 경우이다. "루터는 다음과 같이 말했다: 어느 날 한 동료 수사가 사도신경 중 '죄의 용서를 믿으며'라는 구절을 반복했을 때, 그때 나는 완전히 새로운 빛 속에서 성서를 보았으며 곧바로 새로 태어난 느낌을 받았다"(VRE 382/304). 제임스는 로욜라의 이냐시오가 만레사(Manresa)에서 받은 조명들에 대해 전해주는 내용을 한 전기에서 인용하고 있다(VRE 410/325); 여기서는 그 대신에 이냐시오의 *자서전* (*Pilgerbericht*)에 나오는 해당되는 구절을 인용하기로 하겠다: "그가 이제 거기 앉아 있을 동안 그의 마음이 열리기 시작하더니, 비록 환시를 보지는 않았으나 영신사정과 신앙의 진리 및 학식에 관한 여러 가지를 깨닫고 배우게 되었다. 만사가 그에게는 새롭게 보일 만큼 강렬한 조명이 비쳐왔던 것이다. 그가 그때 깨달았던 것은, 비록 매우 많은 것들이었지만 세세하게 기술될 수가 없는 것들이다. 오직 그가 자신의 지성 안에 커다란 명료함을 선사받았다는 것 뿐[...] 이 사건은 너무도 강력해서 그의 마음은 거의 완전히 조명 받은 채 남아있었다. 그에게는 자신이 딴 사람이 되어버린 듯했고, 그가 전에 소유했던 지성과는 다른 지성을 소유한 것처럼 여겨졌다"(§ 30). 그 밖에 제임스는 아빌라의 데레사의 *생애*로부터 두 개의 텍스트를 제시하고 있다(VRE 411 이하/326): "어느 날 나는 기도 중에 갑자기 어떻게 하느님이 모든 것을 당신 안에서 파악하며, 어떻게 모든 것이 그분 안에서 보여 지는지를 매우 빨리 지나가버리는 표상 안에서 보게 되었다. 나는 그것을 특정한 형태로는 아니었지만, 매우 분명하게 보았다. 나는 그것을 어떻게 묘사할 수 있을지 모르겠다; 그러나 그것은 내 영혼에 깊이 각인된 채 남았다. 그것은 주님께서 내게 베풀어주신 가장 큰 은총들 중의 하나이다[...] 그 광경은 너무나 미묘하고 섬세하여 지성이 파악할 수 없는 것이었다"(40. Hauptstück § 9). "한 번은 내가 아타나시오 신경을 암송하고 있었을 때, 우리의 주님은 한분의 하느님이 세 위격들로 존재할 수 있다는 것을 내가 이해할 수 있게 해주셨다. 하느님은 그것을 나에게 너무도 확실하게 보여주셔서 나는 위로받은 만큼이나 극히 놀라운 상태에 있었다[...] 그리고 내가 거룩한 삼위일체를 생각하거나, 그에 대한 말을 들을 때마다, 나는 이 신비가 어떻게 가능한지를 이해한다고 생각한다; 그리고 이것은 내게 커다란 기쁨을 준다"(39. Hauptstück § 25).

루터와 이냐시오, 그리고 데레사의 증언들에서 공통적인 것은, 신학적 진리들이 삶을 변화시키리만치 깊이 통찰되고 있다는 점이다. 데레사는 신 안에 있는 사물들의 내재와 삼위일체의 신비를 보고 있다; 이냐시오는 만레사에서 신앙의 진리들에 대한 이해를 선사받았는데, *자서전*의 다른 곳에서 그는 그 진리들 중에서 세계의 창조, 삼위일체, 그리스도의 신성과 성찬례 안에서의 그리스도의 현존을 열거하고 있다. 신비적 인식은 그러니까 신학적 진리들을 그 내용으로 가질 수 있다; 신학적 진리들은 신비적 인식을 통해서, 그것들이 삶을 위해 갖는 온전한 무게와 의미 안에서, 파악되고 있다. 신학적 진리들은 추론적 인식이 도달할 수 없는 심층차원을 가지며, 이는 제임스의 첫째 기준에 따르자면 전달될 수 없는 것이다. 그것은 개념으로부터 그것을 벗어나는 깊이에로 길을 이끈다. 여기서도 제임스에 의해 반복해서 사용된 음악과의 비교가 도움이 된다: 음표는 선율을 연주하기 위한 안내이다. 그러나 선율의 체험은 음표 안에서는 포착되지 않는다. 인식적 특질에서 개념에로의 역방향의 길은 다시금 첫째 기준에 따르면 가능하지 않다. 제임스에 따르면, 다수의 신비상태들이 지시하는 것은 단지 "철학적" 방향뿐인데, 이는 낙천주의와 일원론으로 기술된다. "적은 데서부터 많은 곳으로, 작은 것에서부터 광대함으로, 그리고 동시에 불안정한 데서부터 안정된 데로 넘어가듯이, 우리는 일상적 의식으로부터 신비적 상태로 넘어간다. 우리는 그 상태를 화해시키는, 합일시키는 상태로 느낀다. 그 상태는 우리 내부의 부정기능보다는 긍정기능에 더욱 호소한다. 신비적 상태에서는 무한적인 것이 한계들을 흡수하며, 평화롭게 유한적인 것과의 관계를 중단한다"(VRE 416/330). 이렇게 기술된 신비적 느낌은 그것에 고유한 특별한 지성적 내용을 갖고 있지 않다. 그것은 상이하게 해석될 수 있으며, 상이한 개념체계들 안에 편입될 수 있다. 신비적 느낌은 "철학과 신학이 자신의 틀 속에 신비주의의 독특한 정서적 분위기를 위한 자리를 발견하는 한, 가장 다양한 철학과 신학이 공급하는 자료와 함께 연합할 수 있게 된다"(VRE 425 이하/337). 따라서 인식적인 것과 지성적인 것은 구분되어야 한다. 낙천주의와 일원론의 인식적 내용은 지성적으로 상이하게 전개될 수 있으며, 데레사와 이냐시오의 사례가 보여주는 것처럼, 여기서 신비주의자들이 서 있는 신학적 전통이 영향을 미치게 된다.

50_ 신비주의에 대한 두 강연의 말미에서 제임스는 종교적 경험의 진리에 대한 그의 고찰을 세 가지 테제들로 요약하고 있다.

1. "신비적 상태는, 그것이 잘 발전되었을 때, 일반적으로 그런 상태를 경험한 사람들에게는 절대적으로 권위를 갖는 것이다"(VRE 422/335). 제임스는 인식론적인 그리고 실용주의적인 정초를 기도한다. 신비경험의 인식적인 가치와 기능은 감각경험의 그것과 동등하게 취급되고 있다. 감각경험처럼 신비경험은 사실들에 대한 직접적 지각이다. '지각하다'는 하나의 귀결동사이다; 지각은 객관적 현실을 개시한다. 제임스는 경험주의적 인식이론으로부터 출발하는데, 그것에 따르면 지각은 "보다 '합리적인' 신념"(VRE 423/335 이하)에 대한 근거(evidence)를 제공한다. 신비주의자의 신념이 놓여 있는 토대는 우리의 합리적 신념의 토대와 똑같은 인식적 가치를 가진다. 신비경험과 감각경험의 인식적 동일시를 위해서 제임스는 자신에 의해 인용된 보도들에 의거하고 있다; 상세한 현상학적, 인식이론적 정초는 올스톤(William P. Alston: 1991)이 발전시키고 있다. 실용주의적으로 "신비적 진리"가 자신을 그러한 것으로서 입증하는 것은 신비주의자가 그로부터 살아갈 수 있는 힘을 통해서이다. "톨스토이가 말하길, 신앙이란 인간이 그로부터 살아가는 것이다. 신앙상태와 신비적 상태는 실천적으로 교환할 수 있는 용어이다"(VRE 424/336). 신비경험은, 성인다움에 대한 11에서 15까지의 두 강연들이 보여주는 것처럼, 삶에서 확증되어야 한다. "도덕적 신비는 모든 신비주의 문헌에서 지성적 신비와 서로 뒤얽히고 결합된다"(VRE 418/331).

2. 신비적 상태로부터는 "그것에 문외한인 사람들에게 그것의 계시들을 무비판적으로 받아들이도록 의무지우는 어떤 권위도 생기지 않

는다"(VRE 422). 이 두 번째 테제는 합의논증(Konsensusargument)과 발생적인 비의도적오류(Fehlschluß)3)에 대한 반론이다. 신비주의자들은 그들의 경험이 가정을 제시한 것이라고 약한 주장을 펼 수도 있다: 그들은 서로 일치하며, 그처럼 일치하는 경험의 유형은 완전히 잘못된 것으로 입증될 수는 없다는 것이다. 제임스가 제기하는 이의는, 진리의 문제는 수효에 호소해서 결정될 수는 없다는 것이다; 수효는 신비주의적 세계관을 위한 논증도 아니요, 합리주의적 세계관을 위한 논증도 아니라는 것이다. 그 밖에도 신비주의자들이 서로 일치한다는 가정도 약한 기반에 놓여 있다는 것이다. 신비주의는 다양한 현상이라면서 제임스는 이전의 단순화한 특성묘사를 정정하여 세분화시키고 있다. 그는 종교적 신비주의 내에서의 수많은 형식들을 지시하는데, 예를 들면 스페인의 위대한 신비주의자들과 휘트만(Walt Whitman)의 범신론적인 자연신비주의 사이의 구별이다. 신비적 느낌은 어떤 특수한 지성적 내용도 가지지 않는다는 것이다; 그렇기 때문에 우리는 어떤 특정한 형이상학적 세계관을 위해서도 신비적 느낌의 명성에 기대서는 안 된다. 제임스가 종교적 신비주의와 구분하는 것은 "*악마적인* 신비주의인데, 이는 일종의 종교적 신비주의로서, 그 안에서는 가장 낮은 것이 최상부로 전도되어 있다". 우리는 새로운 의미를 지닌 동일한 텍스트들과 말들을 발견하며, 동일한 음성과 환시, 외적 힘들을 통한 동일한 통제를 발견하는데, 단지 이번에는 그 정서가 비관적이다: "위안 대신에 우리는 고독감을 느낀다; 의미들은 끔찍할 따름이다; 힘들은 삶에 적대적이다." 신비주의의 두 형식들은 영혼의 동일한 심층에서 분출되는데, 그것은 "저 거대한 잠재의식의

---

3) 역자 주: '비의도적 오류(Fehlschluß)'란 전통논리학에서 부주의로 인해 '참'인 전제로부터 '거짓' 결론을 이끌어내는 추론을 가리킨다.

영역, 또는 경계선을 초월한 영역이며[...] 거기서 나오는 것은 그르칠 수 없는 신빙성의 증언이 아니다. 결과로서 나타나는 것은 면밀히 조사하고 시험해보아야 한다"(VRE 426/337 이하).

올스톤(1991, 279-284)은 이 테제에 이의를 제기했다. 여기서는 감각지각과 신비적 지각이 서로 다른 척도로 측정되고 있다는 것이다. 우리 앎의 커다란 부분은 다른 이들의 증언에 기인한다는 것이다; 우리의 일반적인 출발점은 이렇다. 지각, 상기, 사유를 통해서 무엇인가를 인식한 사람의 정당화는 그의 증언을 통해서 다른 사람에게 중계될 수 있으며, 이 타자는 당연히 그 증언자에게 의존해서 자신을 주장하게 된다. 어째서 종교적인 영역에서는 이것이 달라야만 하는 것인가? "종교적 공동체에서 정당화된 신앙의 전체가 존재해야만 한다면, 증언은 여기서 감각지각에 있어서와 똑같은 것을 수행할 수 있어야 한다"(Alston 1991, 282). 올스톤의 이의는 두 번째 테제를 더 정확히 읽는데 도움을 주며, 동시에 그는 제임스의 단초가 갖는 한계를 분명히 드러낸다. 초자연적인 지각에 대한 순전한(bloße) 이론은 제임스에게는 충분한 것이 아닐 것이다. 그에게는 악마적인 것의 경험이 신적인 것의 경험과 똑같은 *인식적* 특질을 가진다; 여기서도 관건이 되는 것은 "사실의 직접적 지각"(VRE 423 이하/336)이다. 초자연적인 것의 영역은 신적인 것의 영역보다도 더 광범위하다; 그렇기 때문에 우리는 영들의 식별을 필요로 한다. 종교철학은 항상 종교비판이기도 해야 하며, 순전한 인식론이 이 과제를 이행할 수는 없다. 두 번째 테제에서 도출되는 물음은, 순전한 증언이 종교적 신앙을 위해서 충분한 것인가 아니면 신앙은 어떤 종류의 것이든 증언내용에 대한 통찰을 요구하거나 혹은 그 내용을 확증하는 자신의 경험을 요구하는가이다. 제임스의 분명한 견해는, 증언사실의 외적인 척도는 그 내용을 믿을만한 것으로 입증하는 내적 척도에 의해서 보완되어야 한다는 것이다. 다른 이의 증언이 근거로서 제시되어도 좋은 것은, 오직 우리가 그 증인의 신뢰성에 대한 근거들을 가지고 있을 때이다. 지각에 의거하는 증언과 종교적 경험에 의거하는 증언이 문제가 될 경우에, 이 근거들은 똑같은 것들인가? 성인다움에 대한 제임스의 강연들은 산상설교의 말씀인 "너희는 그들이 맺은 열매를 보고 그들을 알아볼 수 있다"(마태 7,16)에 대한 유일하고도 위대한 지시이다. 이 척도는 필수적이다. 그러나 그것은 또한 충분한 것인가? 위대한 종교적 개인에게 국한되어서 공동체, 제도 그리고 전통과 같은 개념들을 위해서는 어떤 자리도 없는 기획은 여기서 그 한계를 드러낸다. 종교적 신빙성은 권위의 한 형식으로서, 이것은 공동체 안에서 승인된 것이어야 하고 전통 안에서 확증된 것이라야 한다. 이때 증인의 (외적인) 신뢰성과 증언내용의 (내적인) 신빙성은 서로 분리시키기 어려운 것이다.

3. 신비적 상태는 "이해력과 감각에만 기초하고 있는 신비적이지-않은 혹은 합리주의적인 의식의 권위를 붕괴시킨다. 신비적 상태는 그것이 다만 의식의 *한* 종류일 뿐임을 보여준다. 신비적 상태는 다른 질서를 가진 진리의 가능성을 개시한다. 우리 안에 있는 어떤 것이 신비적 진리에 활기찬 응답을 하는 한, 우리는 방해받지 않고 그것에 대한 신뢰를 가져도 좋다"(VRE 423/335). 이 세 번째 테제에 대한 주석은 신의 현존에 대한 자신의 경험을 적고 있는 트레버(J. Trevor)의 자서전의 한 구절이다: "모든 의문과 테스트를 거친 후에 나는 그것들이 오늘날 나의 삶에서 가장 실재적 경험이었음을, 또 지나간 모든 성장과 경험들을 설명하고 정당화하고 연합하는 경험이었음을 발견하고 있다. 실로 그것들의 실재와 광대한 의미는 더욱 더 명확해지

고 확실해지고 있다. 그것들을 경험했을 때, 나는 가장 충만한, 가장 강한, 가장 건강한, 가장 심오한 삶을 살았던 것이다"(VRE 397/315). 신비적 경험은 삶과 세계에 대한 새로운 조망을 열어준다. 이 조망은 일상적인 경험과 모순 될 필요는 없다; 그것은 오히려 "경험의 총체적 맥락"과 대질함을 통해서 검토되어야 한다(VRE 426/338). 그러나 신비경험은 경험의 자료들을 새로운 빛 속에서 나타나게 한다; 그것은 그것들을 해석하며, 그 이전에 볼 수 없었던 연관들을 드러내 준다. 이 해석은 비신비주의자들의 종교적인 느낌들과 동일한 방향을 지시한다. 그것은 이 느낌들을 해방시키며, 그것을 통해서 삶에 인식적으로뿐만 아니라 감정적으로도 새로운 의미를 부여한다. 신비상태는 "사랑이나 야망의 감정들과도 같은 흥분상태, 우리의 정신에 주어지는 선물이다. 이런 흥분상태를 통해 우리 앞에 객관적으로 놓여 있는 사실들은 새로운 표현력을 얻게 되고, 우리의 활동적 삶과 새로운 관계를 맺는다"(VRE 427/338). 신비적 상태는 우리에게 "가설들"을 제공한다(VRE 428/338). 신비주의자는 그것들을 비신비주의자에게 전달할 수 있으며, 비신비주의자는 그것들을 넘겨받을 수 있다. 가설들은 비신비주의자에게 자신의 해석학적 힘을 통해서, 그의 삶에 대한 새롭고 포괄적인 조망을 통해서, 자신을 입증해야 하며, 아울러 그것들이 말하는 이상이 그의 내부에 있는 신비적 맹아에 대답하고 그래서 새로운 힘들을 방출하게 함을 통해서 자신을 입증해야 한다. 합리주의자는 이 가설들을 무시할 수 있다. 그러나 그는 그것들을 논박할 수는 없다. 왜냐하면 그 가설들은 사실들과 모순되지 않으며, 사실들을 더 고차적인 맥락 안에 편입시키기 때문이다. 종교적 가설의 해석학적이고 감정적인 힘은, 오직 그 가설에 따라서 살려고 하며, 그를 통해 그 가설로부터 가설의 성격을 제거하는 사람만이 경험할 수 있다. 신비주의자가 제공하는 가설들은 신앙을 강요하지 않는다; 그것들은 다만 삶의 의미를 보게 하는 하나의 제안이다. 그러나 그것들은 자신의 인식적 성격을 통해서, 종교적 신앙이 윤리적으로 정당화된 것임을 보여준다.

참고문헌

Smith 1983, Kap. 2
Proudfoot 1985
Bird 1986, Kap. 8 und 9
Myers 1986, Kap. 14
Barnard 1997
O'Connell 1997
R.A. Putnam 1997, Kap. 4,5 und 11
Lamberth 1999
Brown 2000

C. 종교와 과학: 찰스 샌더스 퍼스

I. 프로그램 : 종교와 과학의 결혼

51_ 찰스 샌더스 퍼스가 1893년 *종교와 과학의 결혼*(*The Marriage of Religion and Science*)이란 강령적인 제목을 단 에세이에서 적고 있듯이, 과학에 본질적인 것은 "현존하는 의견들에 만족하지 않고, 결연히 사물의 참된 본성에로 진입하려는"(CP 6.428; RS 208) 정신이다. 그렇다면 종교는 무엇인가? 퍼스는 종교의 개인적인 현실과 사회적인 현실을 구분한다. 개인 안에서 종교는 "일종의 느낌이거나 혹은 불명료한 지각 혹은 우리를 둘러싸고 있는 우주 안의 어떤 것에 대한 깊은 인식"이다. 이 느낌의 내용은 "첫째이자 마지막 것, 알파이자 오메가" 그리고 이 절대적인 것에 대한 개인의 관계이다. 그 안에서 개인은 자기 자신을 종속된, 우연적인 존재자로 파악한다. 종교의 이러한 본질과 구분되어야 할 것은 그것의 "다소간에 극단적인, 다소간에 우연한" 표현형식들이다. 제임스와는 달리 퍼스는 개인의 종교에 자신을 국한시키지 않는다. "그러나 종교는 그 전체성 안에서 개별적인 개인 안에 거주할 수 없다. 모든 종류의 현실처럼 종교는 본질적으로 사회적인, 공적인 용건이다." 종교는 개별적인 신앙인의 종교적 경험

을 유기적이고 조직적인 전체에로 용접하는 교회에 매여 있다(CP 6.429).

52_ 과학과 종교는 상이한 발전과정 안에서 파악된다. 과학은 늘 더 완전해지고 있다. 그와는 반대로 역사가 경과하면서 더 완전하게 될 만큼 큰 생명력을 가진 종교는 거의 발견되지 않을 것이다. 과학의 생존곡선은 상승하고 있으며, 종교의 그것은 하강하고 있다. "꺾인 꽃처럼 종교의 운명은 색이 바래지고 시들어가는 것이다. 종교를 낳게 한 삶의 느낌은 점점 자신의 근원적인 순수성과 힘을 잃어버리고, 마침내 새로운 신앙에 의해서 소멸된다. 과학의 정신으로 고취된 자들은 전진하려 하며, 반면에 종교의 관심사들을 가슴에 품고 있는 자들은 뒤로 물러나려 하는 것은, 그처럼 너무도 자연스런 일이다"(CP 6.430: RS 209). 종교는 과학에 비해서 퇴각엄호전투 속에 처해 있다; 과학의 진보는 종교로 하여금 몇몇의 명제들을 포기하도록 강요했다. 이런 방식으로 과학과 종교는 적대적인 태도를 갖도록 내몰렸다. 철학에 대한 과학의 영향이 그에 덧붙여진다. 철학은 진보사상을 넘겨받고, 이러한 진보를 전과학적, 비계몽적 사유의 형식으로서의 형이상학의 해체 안에서 보고 있다(CP 6.431).

53_ 어떻게 퍼스는 그와 같은 상황에서 종교와 과학의 결혼을 요구할 수 있는가? 오직 하나의 진리만이 있을 수 있다; 그 하나의 진리는 두 가지 서로 투쟁하는 가르침들로 분열될 수 없다. 이러한 통찰은 자신의 종교적 경험으로 깊이 각인된 사람들로 하여금, 묘사된 종교와 과학의 관계를 승인하게 해준다. 하나의 진리라는 사실에서 귀결되는 것은, 과학이 신앙에게 요구하는 모든 교정은 단지 신앙의 표현과 관계될 뿐, 신앙이 표현하는 심오한 신비에는 해당될 수 없다는

것이다. 종교의 본질을 고수하면서 동시에 모든 종교적 소심을 벗어 던지는 것이 중요하다. 과학은 진리를 추구한다. 그리고 사람들을 진리로 이끄는 자가 역사의 주인이다; 과학적대심은 그렇기 때문에 퍼스에게는 비겁함과 종교적, 교회적 소심의 표현이다; 과학적대적인 종교는 자신의 본질에 불충하게 된다(CP 6.432).

54_ 그처럼, 종교적 신앙의 자신감과 과학의 진보에 대한 개방성을 통해 특징지어진 입장을 퍼스는 "과학의 종교"라 부른다. 이로써 의미된 것은, 과학으로부터 혹은 과학의 정신으로부터 생겨나게 된 종교가 아니다. "왜냐하면 종교는, 그 말의 본래적인 의미에 있어서, 다름 아니라 종교적인 감수성으로부터 생겨날 수 있기 때문이다." 종교는 자신의 근원을 갖고 있다; 종교는 원초적인 선(先)형식도 아니요, 과학의 산출물 혹은 보완도 아니다. 그것은 고유한 종류의 현상이다. 종교는 오히려 자기 자신에게 그토록 충실한 나머지 "과학의 모든 정복들이 종교 자신의 승리가 될 것이라는 믿음 속에 과학의 정신으로 고취되고, 과학의 모든 결과들을, 과학자들 자신이 그런 것처럼, 진리를 향한 발걸음으로 받아들인다. 그 결과들이 잠시 동안 다른 진리들과 상충하는 것처럼 보이는 경우에도, 종교는 그것들이 다만 시간이 안전하게 일으켜줄 적응을 기다릴 뿐이라고 가정한다". "과학의 종교"의 입장은 과학의 구술을 통해 종교에 강요되는 것이 아니다; 그것은 종교가 자신의 본질에 불충하게 되는 타협이 아니다; 그것은 오히려 유일하게도, 종교가 재차 보다 용감한 자신감에 이르게 됨을 통해서만 생겨난다(CP 6.433).

55_ 종교와 과학에서 관건이 되는 것은 하나의 진리이며, 그럼에도 불구하고 종교와 과학은 각각 고유한 종류의 현상이다. 어떻게 그것

이 서로 조화될 수 있는가? 퍼스는 그들의 공통의 뿌리로서의 본능을 지시하고 있다. "영혼들의 실체를 형성하는 것은 본능들, 느낌들이다. 인식은 다만 그것들의 표면이며, 그것들이 외적인 것과 접촉하는 장소이다[...]. 내가 인간적인 용무들 안에서 느낌의 주권을 인정할 때, 나는 이성 자신이 그것을 명하기 때문에 그렇게 한다; 마찬가지로 내가 이론적인 물음들 안에서 느낌에 그 어떤 무게를 승인하기를 거부하는 것은, 느낌이 그것을 명하기 때문이다"(RLT 110,112).

II. 본능의 개념과 기능들

56_ 대략 1905년에 집필된 미출간의 원고(CP 5.522)에서 퍼스가 상술하고 있듯이, 본능이 자신에게 고유한 영역에서 활동할 때, 그 어떤 능력도 본능처럼 무류적인 것은 없다. 반면에 이성은 적어도 그만큼 자주, 더 빈번히는 아니더라도, 오류와 만난다. 의심할 수 없는 것으로 여겨지는 본능의 모호한 확신들은 과학의 결과들과 동일한 토대를 가지고 있다. 다시 말해서 그것들은 경험에 의거하며, 더욱이 수많은 민족들 내의 여러 세대들의 총체적인 일상경험에 의거하고 있다. 특수하게 과학적인 목표를 위해서 이러한 경험은 가치가 없다. 왜냐하면 그것은 과학이 일차적으로 종사하는 면밀한 구분들을 하지 않기 때문이다. 본능은 과학의 숨겨진 대상들, 예를 들면 화학적 요소들 혹은 원자들을 발견해낼 수도 없다. 그러나 모든 과학은, 의식하지 못한 채, 일상경험에 의거하는, 이 조종되지 않은 사유의 결과

들의 진리를 실천적으로 전제하고 있으며, 만일 이를 수용하지 않기로 했을 경우, 과학은 영업을 중단할 수밖에 없다. 어떤 본능도 일찍이 아르곤(Argon)을 발견해낼 수는 없었을 것이다. 본능의 영역은 일반적 의미를 가진 대상들이며, 여기서 인간 경험의 본능적 결과는 모든 과학적 결과보다 훨씬 더 큰 중요성을 갖는다. 우리가 예를 들어 실험실에서의 실험을 통해 자연에 균일성이 존재하는지 아닌지를 결정하려고 했다면, 그것은 우리가 대양을 담수로 만들기 위해 한 숟가락의 사카린을 붓는 것과도 같았을 것이다.

무엇보다도 두 가지 사항이 언급한 텍스트 안에서 주목을 끌만하다. 첫째로, 본능은 우리가 그 안에서 움직이고 있는 세계상 혹은 지평과도 같은 그 무엇의 윤곽을 그리며, 이 세계상은 우리의 행위를 위해 과학의 결과들보다도 훨씬 더 큰 중요성을 갖는다. 본능은 세목들과 관계하는 것이 아니라, 하나의 틀을 제시하며, 그 안에서 세목들 일체가 비로소 자신의 자리를 발견한다. 그러한 지평의 보기는 자연의 균일성에 대한 생활세계적인 가정이다. 두 번째로, 본능은 모호한 개념들을 가지고 작동한다. 모든 인간은 각각 자연의 균일성이라는 전제 아래서 행동한다. 그는 그것을 신뢰한다. 누구도 내일 역시 해가 뜰 것을 의심하지 않는다. 그러나 대체 어디에 자연의 균일성이 더 엄밀하게 존립하는지의 물음에 본능은 대답할 수가 없다. 본능은 그것에 대한 신뢰를 근거 지을 수 없다.

57_ 1903년 초 퍼스가 하버드에서 행한 *실용주의에 관한 강연들*(*Lectures on Pragmatism*)에는 본능과 가설유도추리(假設誘導推理: Abduktion)에 대한 절이 발견된다(CP 5.171-174; PP 400-403). 이를 위해 우선 초기저서인 *네 무능력의 몇몇 결과들*(*Some Consequences* *of Four Incapacities*, 1868; CP 5.264-317; WCSP Bd. 2,211-242; PP 40-80)을 근거로 가설유도추리의 개념이 짧게 해명되어야 한다. 인식은 타당한 추론(inference)의 과정이며(CP 5.267), 추론의 종류는 세 가지로 나뉜다: 연역, 귀납, 그리고 가설 혹은 개연적 연역(Retroduktion)이라고도 불리는 가설유도추리. "모든 타당한 추론은 연역적, 귀납적 혹은 가설적이다"(CP 5.274). *연역*은 두 개의 단언적 전제들을 가진 단순한 정언적 삼단논법이다. 퍼스는 특히 다음의 보기를 들고 있다:

"그러한 자모로 작성된 구절은, 그때마다 그러그러한 글자들이 그러그러한 표시를 위해서 지정될 때, 의미를 준다.
이 부호화된 문서는 그러한 자모로 작성되었다.
이 부호화된 문서는, 그러그러한 지정들이 취해질 때, 의미를 낳는다." (CP 5.276; PP 49)

여기서는 우선 연역, 귀납 그리고 가설유도추리 간의 형식적인 관계들만이 문제되기 때문에(§ 69 참조), 나는 명료성을 위해 진부한 보기를 들겠다. 연역은 이렇게 진행된다:

모든 개들은 포유동물이다.
x, y, z는 개들이다.
x, y, z는 포유동물이다.

귀납과 가설유도추리는 이 삼단논법의 두 전제들을 획득하는 과제를 가진다. *귀납*은 "사람들이 되는 대로 취한 약간의 보기들에 대해 참인 것이 전적인 다수에 대해서도 참이라는 것을 가정하는 논증"(CP 5.275)이다. 그것은 연역적 삼단논법의 소전제와 결론으로부터 그 대전제에로의 추론으로 간주될 수 있다(CP 5.276):

x, y, z는 개들이다.
x, y, z는 포유동물이다.
모든 개들은 포유동물이다.

가설유도추리 혹은 *가설* 혹은 *개연적 연역*은 "필연적으로 일정 수의 다른 성질들을 함축한다고 사람들이 알고 있는 하나의 성질은, 개연성을 가지고 각각의 대상에 대해, 이 성질이 그 대상이 가지고 있는 모든 성질들을 함축한다고 사람들이 알고 있을 때, 진술될 수 있다는 가정으로부터 출발하는 논증이다." 이것은 연역적 삼단논법의 대전제와 결론으로부터 그 소전제에로의 추론으로 간주될 수 있다.

모든 개들은 포유동물이다.
x, y, z는 포유동물이다.
x, y, z는 개들이다.

"가설의 기능은, 그 자체로는 어떤 단일성도 형성하지 못하는 다수의 술어들을, (아마도) 규정되지 않은 수효의 다른 술어들과 함께, 그 것들을 함축하는 개별적인 술어를 통해서 (혹은 작은 수의 술어들을 통해서) 대체하는 데에 존립한다. 귀납과 같이, 가설유도추리 또한 다양성으로부터 단일성에로의 환원이다(CP 5.276; PP 48 이하).

가설유도추리는 우리를 새로운 이념에로 이끄는 유일하게 논리적인 절차이다. 그러나 그것은 다만, 어떤 것이 그러한 경우일 수 있다고 추측할 따름이다. "어떤 근거도, 그것이 항시 어떻게 보일지라도,

가설유도추리를 위해 인용될 수는 없다[...] 그리고 가설유도추리는 또한 어떤 근거도 필요하지 않은데, 그 추리는 한갓 추측만을 제공하기 때문이다"(CP 5.171; PP 400). 가설유도추리의 유일한 정당화는, 연역이 그것의 추측으로부터 귀납에 의해 검증될 수 있는 예측을 이끌어낼 수 있다는 점에 존립한다. 가설유도추리가 없이는 우리는 아무 것도 배울 수 없으며, 어떤 현상도 이해할 수 없다. 퍼스는 이제 하나의 관찰을 설명하기 위해 우리가 세울 수 있는 수많은 가설들을 지시한다. "한 물리학자가 실험실에서 어떤 새로운 현상과 마주친다. 행성들의 연합이 그 현상과 관계가 있지는 않은지, 혹은 중국황제의 미망인이 일 년 전 동일한 시간에 우연히 신비적 힘을 가진 어떤 말을 발설한 것이 그것과 관계가 있는지, 혹은 눈에 보이지 않는 어떤 마귀가 현존하고 있는 것은 아닌지, 그가 어떻게 알겠는가." 그럼에도 불구하고 그 물리학자는 기껏해야 한 다스의 추측들 후에 거의 정확하게 올바른 가설과 마주친다. "그가 우연히 대지가 고착된 이래 흘러간 모든 시간 안에서 그것과 마주쳤을 것 같지는 않다[...]. 당신은 진화가 그 사안을 설명한다고 말하고 싶을 것이다. 나는 그것이 옳다는 것을 의심치 않는다. 그러나 진화를 우연으로부터 설명할 수 있기 위해서, 흘러간 시간은 충분치 않다"(CP 5.172; PP 401 이하).

퍼스는 유일하게 가능한 설명을 "3성들"(§ 65), "보편적인 요소들" 혹은 자연법칙들에 대한 인간의 "통찰(insight)"안에서 본다. 이 통찰은 올바르기보다는 틀린 경우가 더 많다. 그러나 그럼에도 그것은 모든 경우들의 압도적인 다수에서 틀리지 않을 만큼 충분히 강하다. 퍼스는 통찰이라는 말을 사용하고 있는데, 이 활동이 지각판단들도 속해 있는 활동들의 부류에 포함될 수 있기 때문이다. "통찰의 이 능력은 동일한 시간에 본능의 보편적 본성을 가지며, 이 본능은, 우리 이성의 보편적 능력 너머로까지 미치고, 우리가 전적으로 우리 감관의 도달거리 밖에 놓여 있는 사실들을 소유하기라도 한 것처럼 우리를 이끄는 한에서, 동물의 본능과 닮은 것이다. 그 능력이 본능과 닮은 것은 계속해서, 그것이 미소한 정도로 오류에 예속되어 있다는 점에서이다; 왜냐하면 그것은, 옳은 길보다도 더 자주 그른 길을 택함에도 불구하고, 전체적으로 보아서 우리의 모든 체질 중에 가장 경탄할 만한 것이기 때문이다"(CP 5.173; PP 402). 우리가 한 탐구자에게 왜 이런저런 희한한 이론을 시험해보지 않느냐고 묻는다면, 그는 이렇게 대답할 것이다. 그 이론은 그에게 "합리적으로(reasonable)" 보이지 않는다고. "우리가 이 말을 우리 절차의 엄밀한 논리가 분명히 통찰될 수 있는 곳에서 좀처럼 사용하지 않는다는 것은, 특이한 일이다. 우리는 수학적 오류가 합리적이지 않다고 말하지 않는다. 우리는 본능이 유일한 지지대인 [...] 저 의견을 합리적이라 부른다"(CP 5.174; PP 402 이하).

Ⅲ. 과학의 신학적 전제들

58_ *종교와 과학의 결혼*에 적혀 있기를, 종교는 그 전체성에 있어서 개별적 개인에 국한될 수는 없다; 종교를 위해서는 포괄적 교회의 관념이 본질적이라는 것이다. 퍼스가 이 맥락에서 확인하는 것은, 이 관념이 "세대에서 세대로 성장을 가지며, 사적이든 공적이든, 우리의 모든 행동의 규정에 있어서 우위를 주장한다"(CP 6.429; RS 209)는 점이다. 과학과 그것의 진보는 퍼스에게는 교회의 관념과 그것의 신

학적 전제들에 매여 있다.

59_ 초기저서인 *논리학의 법칙들의 타당성의 근거들*(*Grounds of Validity of the Laws of Logic*, 1879; CP 5.354-357; WCSP Bd. 2,270-272; PP 101-103) 말미에서 퍼스는 논리학에 특징적인 윤리적 전제들에 관해서 말하고 있다. 개인의 어떤 추론도, 직접적으로 그 어떤 추론과도 관계되지 않는 그의 지성의 몇몇 규정들 없이는, 전적으로 논리적일 수 없다는 것이다. 논리학은 초인격적인 관점을 요구한다는 것이다. 논리학은 전적인 엄격함으로, 내 자아가 만날 수 있는 어떤 것도 다른 모든 것보다 더 중요하지 않다는 점을 요구한다는 것이다. "전 세계를 구하기 위해 자신의 영혼을 희생하지 않는 자는, 그의 모든 추론에서 전체적으로 비논리적이다. 그렇게 사회적 원리는 논리학의 본질 안에 뿌리내려 있다". 퍼스가 *네 무능력의 몇몇 결과들*에서 자세히 상론하고 있듯이, 마찬가지로 실재의 개념은 공동체의 개념을 함축하고 있다: "실재적인 것은 따라서, 그 안에서 마침내 이전 혹은 이후에 정보와 사유가 귀결되는 바의 것이며, 그렇기 때문에 나의 그리고 당신의 착상에 종속되지 않은 것이다. 그렇게 실재개념의 원천이 보여주는 것은 바로, 이 개념이 본질적으로 **공동체**(COMMUNITY)의 생각을 포함하고 있다는 것이다. 이 공동체는 확정적인 한계가 없고, 인식의 한정적 성장에로의 능력을 소유하고 있다. 그런 까닭에 인식의 이 두 계열─실재적인 것과 비실재적인 것─은 충분히 먼 미래에 놓여 있는 시간 안에서 연속적으로 공동체의 의해 늘 재차 확증되는 것들, 그리고 동일한 조건 아래서 늘 재차 부인되는 것들로 이루어져 있다"(CP 5.311; WCSP Bd. 2,239; PP 76). 논리학과 인식은 그렇기에 개인의 전적인 자기희생을 그리고 본인의 관

심사와 공동체의 관심사의 전적인 동일시를 요구한다. 인식의 이상적 완전성은, 그것을 통해서 실재가 구성되는데, 이러한 동일시가 온전하게 된 공동체 안에서만 가능하다. 하지만 이 공동체는 실재의 인식에 도달하기 위해서 확정적 시간적 한계 없이 실존해야만 한다. 그러나 퍼스가 반론을 제기하듯이, 어떤 시점에 모든 생명체가 동시에 소멸되리라는 것을, 그리고 그 다음에 우주에는 어떤 지성적 존재도, 그것이 어떤 종류의 것이든, 더 이상 존재하지 않으리라는 것을 우리가 배제할 수 있는 증명이란 없다는 것이다. 논리학과 실재의 인식은 그렇기 때문에 이런 경우가 없을 것이라는 희망을 전제하며, 그럼에도 우리는 그것에 대한 어떤 근거들도 타당하게 만들 수 없다. "우리 모두가 가지고 있는 이 무한한 희망은 (왜냐하면 무신론자조차도 최선의 것이 발생하게 되리라는 자신의 조용한 기대를 지속적으로 누설하게 될 것이기 때문에) 그처럼 의미심장하고 고귀한 것이기에, 모든 추론은 그것과 관련해서 볼 때 가소로운 월권이다. 우리는 *그에 찬성하는* 그리고 *그에 반대하는* 근거들이 얼마나 중요한지를 그저 알고 싶지 않다." 우리는 자신의 생명을 위해 투쟁하는 한 인간의 처지에 있다: "인간이 합리적으로 행동할 수 있는 유일한 가정은 성공에 대한 희망이다." 무한한 희망의 내용을 형성하는 가설은 정초될 수도, 사실들에 의해 반박될 수도 없다; "그 희망이 정당화되는 것은, 그것이 행동을 합리적으로 만들기 위해 불가결하다는 점을 통해서이다"(CP 5.357; WCSP Bd. 2,272; PP 103).

60_ 이 전제들의 신학적 성격은 9년 후에 출간된 논문 *우연의 교의* (*The Doctrine of Chances*, 1878)에서 강조되고 있다. "내가 세 느낌들, 말하자면 무제약적인 공동체에 대한 관심, 이 관심을 최상의 것

으로 만드는 가능성의 승인, 그리고 정신적 활동의 무제한적 지속에 대한 희망을 논리학의 필수적인 요구들로 전면에 내세우는 것이 진기하게 여겨질 것이다." 퍼스가 첫째 자리에 설정하는 것은 추론 안에 함축된 사회적 느낌이다; 다른 두 느낌들은 첫째 것에 대한 지지와 보완으로서 필수적이다. "내게 흥미로운 점은, 이 세 느낌들이 사랑, 믿음 그리고 희망이라는 저 유명한 삼중주와 거의 똑같이 보인다는 것을 확인하는 일이다. 이 삼중주는 성 바오로의 평가에 따르면, 가장 아름답고 위대한 정신적 은사들이다. 구약성서나 신약성서 모두 논리학과 과학의 교과서가 아니다. 그러나 신약성서는 확실히, 한 인간이 응당 지녀야 한다는 마음의 태도와 관련해 보자면, 실존하는 최상의 권위이다"(CP 2.655; WCSP Bd. 3,285; PP 220 이하).

Ⅳ. 신의 실재

61_ 1905년으로 연대가 확인된 원고에서 퍼스는 신에 대한 자신의 신앙에 대해서 한 동생이 던진 물음들에 대답하고 있다; 관건이 되는 것은 신의 존재와 속성들, 창조, 기적, 기도와 불멸성이다. 여기서는 첫째 물음에 대한 상론만 살펴본다. "너는 최상의 존재자의 존재를 믿느냐?"(RS 287-303; CP 6.494-504. 6.501 다음에는 하나의 누락이 있지만, 모든 것이 우리의 맥락을 위해서 중요한 단락들이다).

퍼스는 우선 물음의 표현을 교정하고 있다. 그는 '존재(existence)'를 '실재(reality)'로 대체하고 있다. '존재하다'가 그의 철학적 언어사용에서 의미하는 것은, 한 사물이 자기 주변의 사물들과 함께 반응맥락 안에 존립한다는 것인데, 신이 이런 의미로 존재한다고 말한다면, 주물숭배가 된다는 것이다. 그와는 반대로 '실재'라는 말은 표준적인 언어에서 그것의 올바른 철학적 의미로 사용되고 있다는 것이다. 실재적인 것은, 퍼스가 그것을 정의하듯이, 한 인간이 일찍이 그것에 대해 생각했고 혹은 생각하게 될 그 무엇이 가장 경미한 차이도 만들지 않는 방식으로, 자신의 속성들을 유지하는 것이다. 또 다른 교정은, '최상의 존재자(Supreme Being)'가 '신'에 대한 동의어가 아니라는 것인데, 더욱이 '신'이 일상어의 낱말이기 때문에 그렇다는 것이다. 일상어의 낱말들은 모호하며, 게다가 불변적으로 모호하다. 다시 말해서, 그것들은 모호함을 통해서만 그 기능을 충족시킬 수 있다. 그 모호함에도 불구하고 어떤 낱말들도 일상어의 낱말들처럼 그렇게 잘 이해되지 않는다. 논리학자가 이 모호성 낱말들의 자리에 정확한 등가물을 놓으려고 시도한다면, 그는 그 낱말들에게서 그들의 기능을 빼앗는 것이다. 정확히 정의된 개념들은 일상어의 낱말들이 기여하는 목적을 채울 수 없다. 모호한 개념들을 정의함을 통해서, 우리는 그들의 내용을 변화시킨다. 신개념의 정확한 규정은 그런 까닭에 퍼스에 따르면, 사람이 자신의 신앙을 잘못 생각하도록 이끈다. "그처럼 정확히 규정된 개념에서 쉽게 드러나는 것은, 그 개념이 비록 완전히 반박될 수는 없더라도, 정당화되지는 않는다는 것이다"(CP 6.496; RS 289).

퍼스는 신의 존재에 대한 물음을 논하기 전에 먼저 일반적으로 본능과 이성의 관계에 대해서 묻는다. 모호한 개념들을 포함하고 있는 우리의 본능적 확신들은 "가장 잘 확보된 과학의 결과들보다도 훨씬 더 신뢰할만한데, 이 결과들이 학문적으로 엄밀한 방식에서 이해되고 있을 때에도 말이다. 예를 들어 우리 모두는 우주에 질서의 요소가 있다고 생각한다. 그 어떤 실험이 이러한 주장에, 본능과 상식을 통해 이미 부여된 것보다 더 많은 확실성을 줄 수 있는가? 도대체 그런 물음을 제기하는 것부터가 우스운 일이다. 그럼에도 누군가 이 질서가 어디에 존립하는지를 *엄밀하게* 지정하려 기도한다면, 그는 이내 논리학이 그에게 보장하는 모든 것을 그가 벗어난다는 것을 알아채게 될 것이다. 너무 많이 정의하려는 자는 상식의 모호한 개념들과 교제함에 있어서 불가피하게 혼란에 빠진다"(CP 6.496; RS 289). 이성은 본능을 다만 보완할 뿐이다. 이성은 본능으로 파악되지 않는 영역들에 다리를 놓는다; 이성은 본능이 본래 향해 있지 않은 영역들에로 본능을 인도한다. 퍼스는 잘못된, "결코 말해서는 안 될 부조리한" 이성개념에 반대하고 있다. 우리는 하나의 결론을, 그것의 모든 전제들이 지각들이고, 그 논리적 원칙들이 비모순율처럼 그렇게 분명한 경우에, 완전히 합리적이라고 부를 수 있을 것이다. 그러나 여기서도 지각들에 있어서나 논리적 원칙들에 있어서나 기만이 배제된 것은 아닐 것이다. 그럼에도 우리는 이 합리성의 이상에 그 어떤 개별적인 경우에도, 수학적 진술과는 달리 사실이 관건이 되는 곳에서, 도달하지 못하였다. 어떤 비판가가 우리에게 정초에 대해서 묻는다면, 우리는 늘 재차 이렇게 대답할 수밖에 없다: "이러이러한 진술이나 그러그러한 추론방식을 *나는 의심할 수 없다*; 그것이 그러하다는 것이 나에게는 완전히 분명해 보인다. 그러나 나는 *왜 그런지* 말할 수 없다"(CP 6.497; RS 291). 이러한 상론은, 퍼스가 신의 실재에 대한 물음에 논증으로써 대답하길 원치 않는다는 것을 보여준다. 그에게 관건이 되는 것은, 모든 추론적 사유가 의거해야 하는 암반으로서의 본능의 변호이다. 퍼스의 전략은, 종교적 확신이, 본능 즉 파스칼적인 심정에 기인하는 한, 과학적 확신보다 더 경미한 인식적 가치를 갖지 않는다는 점을 보여주는 것이다.

퍼스는 신의 실재에 대한 본능적 확신이 생동하게 된다고 하는 명상에로 안내한다. 탁 트인 들판에서 야간산보 중에 그는 우주를 명상한다. 그는 태양계와는 다른 체계에 있는 행성들 또한 거주할 수 있는 곳이라고 가정한다. 태양계는 가장 단순한 체계들 중의 하나라는 것이다; 또 다른, 더 복잡한 체계의 존재자들은 인간보다 더 큰 지능을 가지고 있을 수밖에 없을 것이다. 그런 존재자들의 사회적 삶은 어떻게 보여야 할까! 그의 생각은 우리 세계의 열등한 생명체들 역시 갖고 있는 비범한 심적 능력에 이른다. 그처럼 이완되고, 순전히 목적에서 자유로운 명상 안에서 신의 실재에 대한 생각이 종종 떠오를 것이며, 인간이 이 관념을 더 많이 관조할수록, 그 만큼 더 많이 그는 그것에 대한 사랑에 사로잡히게 된다. "신이 모든 것 위에 존재한다는 표상은 종종 당연한 듯이 떠오른다; 그가 더 많이 그 표상을 숙고할수록, 그 만큼 더 많이 그는 이 표상에 대한 사랑으로 감싸진다. 그는 신이 정말로 존재하는지 자문할 것이다. 그가 자신의 본능에게 말하도록 하고, 자신의 심정에 묻는다면, 그는 마침내 그것을 믿는 것 말고는 달리 어쩔 수 없음을 알아차리게 될 것이다"(CP 6.501; RS 295).

우리는 '신'이 모호한 개념이라는 것을 보았다. 이 개념의 내용들에 대해서는 무슨 말을 할까? 퍼스는 한 비유의 도움으로 대답하고 있다. "바로 그렇게, 위대한 품성을 지닌 사람과의 오랜 면식(面識)이 전체적인 삶의 영위에 깊은 영향을 미칠 수 있고, 그래서 아마도 그의 그림을 한 번 쳐다만 보아도 이미 의미가 있는 것처럼[...]; 바로 그렇게, 아리스토텔레스의 저작들에 대한 오랜 학습이 그를 지인으로 만들 수 있는 것처럼: 위대한 인간의 저서들 혹은 환담이 미치는 영향과 유사하게, 그처럼 물리적-심적 우주에 대한 명상과 학습은 한 인간에게 자신의 삶을 영위하기 위한 원칙들을 채워줄 수 있다. [그처럼 위대한] 정신의 유비체가 — *그 어떤* 인간적 속성이 문자 그대로 적용될 수 있다고 말하는 것은 불가능하기 때문에 — 그가[실용주의자가] '신'으로 의미하는 것이다"(CP 6.502; RS 301). 모호한 신개념은 따라서 일단, 퍼스의 실재론을 통해 제약되어, *우주론적인* 성분을 갖고 있다: 자연법칙을 인식하면서 우리는 "그분의 사유의 단편"(같은 곳.)을 파악한다. 그것은 *감정적인* 성분을 갖고 있다: 인간은 자신의 심정으로 하여금 묻고 말하게 한다는 것이다; 신에 대한 유비체는 위대하고 경탄할만한 그리고 사랑받는 인격이다. 마지막으로 그것은 결과라는 *실용주의적 척도*에서 자신을 입증해야 한다: 위대한 사람과의 교제처럼, 신에 대한 신앙은 자신의 삶을 각인하고 규정한다.

 신의 개념은 이 정도로 하자; 그런데 그것은 그의 실재와는 어떻게 되는가? 퍼스는 세 가지를 지적한다. 첫째 것은 자연과학과 관계된다: 우리는 "모든 자연과학이 단순한 공상이라고" 가정해야 하는가? 우리는 이 물음을 목적론적 신 증명에 대한 일시적인 상기로 이해해도 좋다. 둘째 것은 권위논증이다. 우리는 부처, 공자 혹은 소크라테스 같은 인물들에 대해 어떤 입장을 취해야 하는가? 그들 모두는 하나의 언어를 말하고 있다; 그들의 삶은 우주에 대한 명상으로 규정되었다. 우리는 그들이 세계와 삶에 대한 자의적 표상에 골몰했다고 가정해야 하는가, 혹은 그들이 현상들 배후에 있는 진리를 파악했다고 가정해야 하는가? 우리는 그들의 삶의 형식에 우선권을 두어야 하는가, 혹은 피상적이고 진부한 인생관에 우선권을 두어야 하는가? 삶을 나병환자들 가운데서 보내는 선교사는 어리석은 광신도인가, 아니면 그의 강함은 진리의 힘에서 나오는가? 퍼스에게 결정적인 것은 셋째 지적인데, 이것은 아우구스티누스, 파스칼 혹은 비트겐슈타인에게서도 비슷한 것일 수 있다: "이 물음의 대답을 위한 유일한 표준은 열정적 사랑의 힘에 놓여 있는데, 이 사랑은 다소간에 모든 불가지론적인 과학자와, 진지하게 그리고 깊이 우주에 관해 숙고하는 모든 사람을 제압한다. 그러나 이 모든 것 안에서 논증에 관해 무엇이 있든지 간에: 그것은 우리 자신의 본능에 호소하는 우주의 힘과 비교해서는 무, 순전한 무이다. 논증에 대한 본능의 관계는 마치 그림자에 대한 실체의 관계와 같으며, 대성당의 축조된 토대가 기반암에 대해 갖는 관계와 같다"(CP 6.503; RS 302이하).

V. 명상, 학문이론, 신학

62_ 1908년 10월에 출간된 *히버트 저널*[*The Hibbert Journal. A Quarterly Review of Religion, Theology and Philosophy*(Bd. 7,90-112)]에는 *신의 실재에 대한 경시된 논증*(*A Neglected Argument for the Reality of God.* CP 6.452-485; RS 329-359; Anderson 1995,118-135; EP Bd. 2,434-450)이라는 제목의 퍼스의 논문이 실려 있다. 같은 해에 퍼스는 편집자의 청에 따라 미출간된 부록을 썼다(CP 6.486-493; RS 359-367). *경시된 논증*은 퍼스의 가장 의미심장한 종교철학적 문헌으로, 그리고 그것을 너머서 그의 후기철학, 즉 "프래그마티시즘(pragmaticism)"의 짧은 요약으로 간주

되어도 좋다.

1. "경시된 논증"의 전제와 구축

63_ *경시된* 논증이라는 제목은 합리적인 혹은 자연적인 신학에 대한 비판이다. 퍼스는 "논증(argument)"과 "입증(argumentation)"을 구분한다. 논증은 특정한 확신을 목표로 삼는 사유과정이다. 입증은 정확히 표현된 전제들에서 출발하는 논증이다. 퍼스는 입증이 아니라 논증을 발전시키고자 한다. 그는 그리스도교의 자기이해로부터 그러한 논증에게 생겨나는 요구사항들을 표현하고 있다. 그리스도교는 진리주장을 한다; 그리스도교는, 신이 선하며, 종교는, 그 진리가 보여 질 수 있을 때, 인간 삶의 다른 모든 재화들을 능가하는 재화라고 가르친다. 그로부터 귀결되는 것은, 진리를 발견하고자 진지하게 애쓰는 모든 사람들을 그들의 지성적 능력과 양성에 구애됨이 없이 깨우쳐주는, 신의 실재에 대한 논증이 있어야 한다는 것이다. 게다가 사람들이 응당 기대하는 것은, 이 논증이 자신의 결론을 형이상학적 신학의 진술로서가 아니라, 직접 삶에 적용되는 형식으로 제시하는 것이다; 그 결론은, 추상적 진리와는 달리, 삶을 위한 힘의 원천을 묘사해야 하며, 인간의 최상의 능력들의 성장을 촉진해야 한다. *경시된* 논증은 이러한 조건들을 채우고자 한다. 퍼스는 이 논증이 누구에게나 알려져 있다고 생각하며, 자신의 숙고를 통해 신에 대한 신앙에 이른 사람이면 누구나가 이 논증에서 자기가 걸었던 길을 재인식한다고 생각한다. "그럼에도 불구하고 신학의 첫째 근본명제를 증명하기 위해,

(제약되어 있는 내 독서지평 안에서) 칭찬할만한 부지런함으로 모든 좋은 근거들을 긁어모으고 혹은 고안해낸 그 모든 신학자들에게서, 이 논증은 언급되고 있지 않다; 만일 언급된다면, 극히 짧게만 그렇다. 아마도 그들은 입증 말고는 다른 어떤 논증도 허용하지 않는, 논리학에 대한 저 유통하는 표상을 공유하고 있다"(CP 6.456 이하; RS 331 이하). 신에 대한 신앙이 형이상학의 연구에 종속될 수 없다는 점은, 퍼스에게는 그리스도교의 자기이해에서 생겨나는 것이다. 형이상학은 *경시된* 논증의 힘에 무엇을 덧붙이기보다는 오히려 삭감한다; 그 논증은 "시골뜨기의 마음에 수용되는 형식에서, 더 낫지 않다면, 똑같이 좋은 것이다"(CP 6.483; RS 355).

64_ *경시된* 논증에는 세 논증들이 서로 연루되어 있다; 관건이 되는 것은 "세 논증들의 무리(Nest)"(CP 6.486; RS 359)이다. 우리는 동시에 종교적 상식, 과학이론 그리고 신학의 영역에서 움직이고 있다. 상식-논증은 신학적으로, 그리고 무엇보다도 중요한 것인데, 과학이론적으로 반성되고 있다. 이 세 논증들을 다루기 전에, 나는 우선 그들 간의 관계에 대해서 말하고 싶다. 첫째 논증, 곧 "겸손한 논증(humble argument)"은 1905년의 텍스트(§ 61)에 비해서 현저히 세분화된 명상에로의 안내이다. *겸손한 논증*만이, 신의 인식은 지성적인 능력에 종속되어서는 안 된다는 요구에 적합하게 된다. 그것은 모든 뒤따르는 숙고들의 토대이다. 퍼스는 *겸손한 논증*에 이런 자리를 할당하면서, 종교에 대한 모든 반성의 출발점으로서 현상적인, 명상적인, 살아진, 경험적인 토대의 불가결성을 강조하고 있다. 오직 *겸손한 논증*만이 종교의 충만한 현상적 내용을 확보할 수 있다: 신의 숭배할 만함, 그의 가까움에 대한 의식, 신앙인의 전 생애의 규정. 그것은

"모든 정직한 인간에게 열려져 있으며, 나는 그것이 다른 누구보다도 더 많은 신의 숭배자들을 만들었다고 추측한다"(CP 6.486; RS 360).

그러나 *겸손한 논증*은 반론들에 내맡겨져 있다: 전통으로부터 늘 재차 주장된 종교의 합리성은 어디에 머물러 있는가? 종교는 여기서 느낌, 감상의 사안이 되고 있지 않은가? 우리는 여전히 신의 인식에 대해서 말할 수 있는가? 우리는 *겸손한 논증*에서 과학의 인식개념과 아무런 연관이 없는, 미봉책으로(ad hoc) 고안된 인식개념을 목전에 갖고 있는 것이 아닌가? *겸손한 논증*은 그런 까닭에 방어를 필요로 한다; 그것의 지식개념은 자신의 고립으로부터 해방되어야 한다. 그것은 뒤따르는 두 논증들 안에서 일어난다. 이때 학문이론적인 그리고 신학적인 논증은 서로 긴밀한 연관 속에 있다; 퍼스는 여기서 갈릴레이와 아우구스티누스를 연결시키려 시도한다. 학문이론적인 논증은 퍼스에게는 반성의 최상단계이다; 그것은 "겸손한" 그리고 신학적인 논증의 구조에 대해서 반성한다.

2. 명상에 잠김

65_ *겸손한 논증*은 명상이다. 퍼스는 그것을 위해서 "명상에 잠김(musement)"(RS [독일어] "Versonnenheit"로 번역됨)[4]이란 말을 사용하고 있다. "특별히 쾌적한 정신의 용무가 있다", 명상에 잠김의 묘사는 이렇게 시작된다, "그것은 특유의 이름을 갖고 있지 않은데, 그로부터 나는 그것이 마땅히 받을만한 것처럼 그렇게 일반적으로 장려되

---

[4] 역자 주: 이하에서는 '명상에 잠김(musement)'과 '명상(meditation)'을 구분 없이 '명상'이라 번역한다.

고 있지 않다고 추론한다. 왜냐하면 사람들이 그것에 적당히 헌신한다면, — 말하자면 가령 깨어있는 상태의 5 내지 6퍼센트의 시간동안, 아마도 산보 중에 —, 그것은 이미 그것에 지불되는 비용보다도 더 많이 생기를 준다. 그것은 모든 진지한 목표를 버리는 목적 말고는 어떤 목적도 포함하지 않기에, 나는 자주 — 몇 가지 자질과 함께 — 그것을 몽상이라고 부르는데 거의 기울어졌다; 그러나 빈둥거림이나 환상과는 그토록 대척을 이루는 마음상태에 대해서 그런 표현을 쓰는 것은 경악스러울 만치 부적합한 것이다"(CP 6.458; RS 332). 명상은 순수한 유희. 오직 유희 안에서만 인간정신의 모든 힘이 개화될 수 있다. 자유의 법칙 말고 순수한 유희는 어떤 규칙도 갖지 않는다. 정신은 불고 싶은 대로 분다. 퍼스는 이런 충고를 주고 있다: "명상의 배에 올라라, 사유의 호수로 향해 가라, 그리고 돛이 바람을 받아 부푸는 것은 하늘의 숨에 맡겨라. 열린 눈으로 네 주위나 네 안에 있는 것에 깨어 있으라. 그리고 네 자신과의 대화를 시작해라. 왜냐하면 그 모든 것이 명상이기 때문이다"(CP 6.461; RS 335). 명상에 잠긴 자는 모든 선입견에서 자유롭게 되어야 한다: "종교의 진리에 설득되려는 의도로 자리에 앉는 자는 명백히 학문적 목적을 추구하는 심정으로 묻지 않으며, 늘 자신이 불공평하게 사유하고 있는지 의심해야만 한다"(CP 6.458; RS 333). 그는 수동적으로 인상들이 자신에게 작용하도록 하며, 그것들을 자기 안에 받아들인다. 인상에서 그는 관찰로 넘어가며, 관찰에서 묵상에로, 묵상에서 "자아와 자아 간의 친교의 활기찬 주고받음 안으로"(CP 6.459; RS 333) 넘어간다. 명상은 어떤 방법도 배제해서는 안 되며, 그러나 방법들은 여기서 작업도구로서가 아니라, 유희도구로서 사용된다. 그것은 다만 말뿐이 아니라,

실험들 그리고 도식묘사와 결부된 독백이다. 명상에 잠긴 자는 예를 들어, 다윈의 이론이 꽃과 나비의 아름다움을 설명할 수 있는지, 그리고 왜 "자연은 전체에 있어서 — 나무의 형상들, 일몰의 구성들 — 그런 아름다움으로 채워져 있는지"(CP 6.462; RS 336)를 묻는다. 마침내 그는 형이상학적인 문제들과 부딪치게 된다.

명상의 대상이 될 수 있는 내용들 중에서 퍼스는 하나를 부각시키고 있다: 순수한 유희는 "미적 관조의 형식을, 혹은 공중누각의 형식을[...], 혹은 우주들 중 하나에서의 기적에 대한 혹은 세 우주들 중 둘 사이의 연결에 대한 숙고의 형식을, 그 원인에 대한 사변과 함께, 받아들일 수 있다. 내가 특별히 추천하는 것은 — 나는 그것을 전체로 보아 '명상에 잠김'이라고 부르게 될 터인데 — 이 마지막 종류의 것이다. 왜냐하면 그것은 시간이 지나면서 *경시된* 논증에로 개화될 것이기 때문이다"(CP 6.458; RS 333). 세 우주들에 대한 언사는 퍼스의 범주론, 곧 제일성, 제이성 그리고 제삼성의 구분을 암시하고 있다. 제일성(Firstness), 제이성(Secondness) 그리고 제삼성(Thirdness)이라는 명칭들은 술어표현들의 결합가(價)에 의거한다. 제일성은 한 자리의 술어표현들을 통해서, 제이성은 두 자리 그리고 제삼성은 세 자리나 그 이상의 술어표현들을 통해서 묘사된다. 제일성, 곧 첫째 우주는 순수한 관념들의 세계이며, 그것은 모든 대상성, 모든 사실적 현존 그리고 모든 원인성을 도외시한다. 그것은 실로 우리 경험의 질들이며, 더욱이 감각경험의 내용들임은 물론, 우리의 심적 체험들의 내용이기도하다. 현상이 있는 곳에 질이 있다. 보기들은 **빨간**, **쓴**, **물린**, **지루한**, **고상한**, 색들, 음조들이다. 퍼스는 그것에 모든 단순한 표상내용들도 포함시키고 있다: 순수수학의 구성들 혹은 시인의 상상적 창조물들. 여기서도 모든 사실적 소여존재는 도외시되고 있다: 그것들의 존재는 사유된다는 점에 있는 것이 아니라, 사유될 수 있다는 점에 존립한다. 제이성, 곧 둘째 우주는 사실, 사건, 생각으로 파악되거나 구조화되지 않은 단순하고 개별화된 사실성이다. 두 자리의 관계는 작용과 반작용, 행함과 당함의 관계이다. 그것들의 존재는 맹목적 힘에 대한 반응 안에 존립한다. 사실들은 우리 의지에 저항한다. 행함과 당함은 그들의 기체로서 물질을 요구한다. 한갓된 질은 무엇인가에 작용을 가할 수 없다; 작용을 일으키는 것은 항상 물질이다. 제삼성, 곧 셋째 우주는 상이한 대상들 간의 결합, 무엇보다도 상이한 우주들의 대상들 간의 결합을 산출하는 능동적 능력이 소유하는 모든 것이다. 퍼스가 그것에 포함시키는 것은 법칙과 생각; 기호, 그 안에서 생각이 표현되고, 그것이 생각 혹은 정신과 대상 사이의 결합을 산출하는 힘을 갖는 한에서; 현실적인 의식과 생명, 식물의 생명 역시, 다시 말해서, 성장의 힘; 일간신문, 위대한 능력, 사회적 운동. 법칙과 생각은 보편적이다. 사실들의 수집은 결코 법칙을 만들어낼 수 없다. 법칙은 사실들 너머로까지 나가며, 어떤 사실들이 가능하다고 말한다(CP 1.418-420; 6.455; RS 330 이하 참조). 세 우주들의 연관에 대한 명상을 해보는 것은 독자에게 맡겨져 있다는 것이다: 내 의식에 있는 색인상은 내 뇌의 화학적 반응들과 어떤 관계에 있는가? 세 우주들의 연관은 음악에서, 가령 심포니 안에서 어떻게 드러나는가: 들음의 사건 내에서의 물리적이고 생리적인 과정들; 가청주파수의 수학적 비율들; 조화의 법칙들; 작곡가의 창조적 상상; 소리의 울림을 통해서 환기되는 느낌들의 세계; 음악적 스타일의 문화적인 배경.

66_ 명상이 그리로 인도해야 할 바로서의 확신을 퍼스는 그의 논문 도입부에서 이렇게 표현하고 있다: "'**신**'이라는 낱말은[...] *필연적 존재자*(*Ens necessarium*)를 뜻하는 정의할 수 있는 고유명사(*the definable proper name*)이다; 내 확신으로는 실제로(Really) 세 경험의

우주들(Universes of Experience)의 창조자"(CP 6.452; RS 329). *필연적 존재자*라는 전문용어는 다음과 같이 묻게 한다: 우리는 *경시된* 논증 안에서 그럼에도 불구하고 형이상학의 의미에서의 신 증명과 관계하고 있는가, 더 정확히는: 우연적 존재자에서 필연적 존재자에로의 추론과 관계하고 있는가? 시골뜨기도 형이상학적 양성 없이 그 논증을 이해할 수 있다는 퍼스의 주장은 이와는 대립된다. *필연적 존재자*의 실재는 존재론적인 입증을 통해서 증명되지 않는다; 그것은 오히려 명상의 과정에서 번쩍인다. '필연적 존재자'는 한정적 기술이다. 말하자면 그것은 오직 *한* 존재자에게만 해당되는 그리고 고유명사의 지시체를 확정하는데 기여하는 기술이다. 그러나 그것은 우리가 '신'이라는 낱말에 의미를 부여할 수 있는 유일하게 가능한 한정적 기술은 아니다; 우리가 본 것처럼(§ 61), '신'은 일상어의 낱말이다. 퍼스는 세 우주들의 "비종속적인 창조자(Creator)"(CP 6.483; RS 355)에 대해서도 말하고 있으며, 이 명칭은 시골뜨기도 이해한다. 형이상학적 언어는 더 정확할지는 모르나, 동시에 더 추상적이고 더 빈곤하다. 인간은 자신의 창조자에게 감사할 수 있다; 그가 이러한 태도를 *필연적 존재*에 대해 취할 수 있는지는 미결로 남는다. *겸손한 논증*은 인간의 전 생애를 규정하는 가설로 이끌고자 하며, 그것을 위해서 *필연적 존재자*의 개념은 너무나 공허하고 추상적이다.

퍼스는 *필연적 존재자*를 특징짓고 있는데, 이는 비트겐슈타인의 *논고*(*Tractatus*)에 나오는 다음의 명제들을 상기시켜 준다: "사실들은 모두 단지 과제에만 속할 뿐, 해결에는 속하지 않는다. 세계가 *어떻게*(*wie*) 있느냐가 신비스러운 것이 아니라, 세계가 있다는 *것*(*daβ*)이 신비스러운 것이다"(TLP 6.4321; 6.44). 그는 세 우주들의 완벽한 우주론에 대해서 사변하고 있다. 그것은 세 우주들과 관련해서 이성이 단지 바랄 수 있을 뿐인 모든 것을 증명해줄 것이다. 이성은, 그로부터 세 우주들에 대해 실제로 참인 모든 것이 귀결되는 바의 것, 바로 그것이 증명되기를 요구할 것이다; "이 모든 것이 뒤따르게 될 요청은 어떤 사실의 문제도 진술해서는 안 된다. 왜냐하면 이를 통해서 그러한 사실은 설명되지 않은 채 남게 될 것이기 때문이다. 저 완벽한 우주론은 그러므로 세 우주들의 전 역사가, 마치 그것이 존재해왔고 또 존재하게 되리라는 것처럼, 하나의 전제로부터 뒤따른다는 것을 보여주어야 하는데, 이 전제는 세 우주들이 도대체 존재한다고 가정하지 않는다"(CP 6.490; RS 364).

67_ '필연적 존재자'라는 표현은 신에 대한 한정적 기술이지만, 그의 본질규정은 아니다. 그것은 세계와 신의 관계에 대해서 무엇인가를 말하고 있지, 신이 그 자체로 무엇인지는 말하지 않는다. 신은 퍼스에게 신비이다. "신의 가설은, 그것이 무한하고 불가해한 대상을 전제하고 있는 한에서, 특별한 가설이다. 비록 모든 가설은, 그러한 것으로서, 자신의 대상이 가설 안에서 사실대로 파악되고 있음을 전제하는데도 불구하고"(CP 6.466; RS 339). 퍼스는 이 외견상의 모순을 신 인식의 무한한 길을 가정하는 방식으로 해소하고 있다. 신의 가설은 애매하다. 그러나 그것은 증대되면서 규정될 수 있다. 우리는 신에 대해 참된 진술을 할 수 있다; 모든 참된 진술은 신개념의 모호성을 제약한다. 이 과정은 그렇지만 결코 종결에 이를 수 없다; 신의 신비는 규명할 수 없다. 1893년의 논문에서 퍼스는, 신학자들이 정확히 반대의 길을 가고 있다고 비판한다. "그들은 종교를 논리적으로 그릇된 토론 안에서 익사시키고 있으며, 그 자연적 결과는 비좁은 교의의

경계들을 지속적으로 더 비좁게 만드는 경향이며, 이로써 종교의 살아 있는 본질은 점점 더 주목을 못 받게 된다; 마침내 — *아타나시우스신경*(symbolum quodcumque)이, 각자의 구원은 절대적으로 그리고 거의 배타적으로 그가 신성에 대한 올바른 형이상학을 마음에 품고 있는지의 여부에 달려있다고 천명한 이후에 — 영감의 생생한 불꽃이 완전히 소멸되기까지"(CP 6.438; RS 213 이하).

모호한 신 가설은 그렇게 무한한 과정 안에서 점점 더 많이 규정되는 경향을 갖는다. 그로써 그 가설은 — 여기서 퍼스는 인식의 질서로부터 존재의 질서에로 일보를 내딛고 있다 — 신을 성장의 과정에서 파악되는 존재자로서 묘사하는 것처럼 보인다. 그러나 그것은 *경시된 논증*이 그로부터 출발했던 *필연적 존재자*라는 신개념에 모순이 될 것이다; 필연적 존재자는 그 어떤 변화에도 예속될 수가 없다. 퍼스는 해결할 수 없는 양자택일을 만들어내고 있다: 신의 성장에 대한 생각은 본질적으로 가설에 속한다. 신에 대한 진보하는 인식은 세 우주들의 진보적인 발전을 통해 제약되어 있다. 우리는 신을 의도를 가진 존재자로 생각해야만 한다; 우주의 생성과 성장은 신에 의해 의도된 것이다. 의도는 퍼스에 따르면 그러나 본질적으로 성장을 함축한다: 한 존재자가 자신의 의도를 실현할 때, 그것을 통해 그는 자신을 발전시킨다. 우리는 신을 의도가 없는 존재자로 생각할 수 없다; 그러나 우리가 신을 만일 그처럼 생각한다면, 우리는 그를 성장의 과정에서 파악되는 존재자로 생각해야만 한다. 그러나 그것은 *필연적 존재자*로서의 신에 모순이 된다. 퍼스는 이 모순을 해소하지 않는다. 그러나 그는 신을 의도가 없는 존재자로 생각하기보다는 변화하는 존재자로 생각하는 것이 덜 잘못된 것이라고 강조한다(CP 6.466; RS 339 이하).

명상에 잠김 속에서 묵상될 수 있는 현상들 가운데서도 퍼스는 성장을 부각시키고 있다. 그것은 세 우주들 각각에서 발견되며, 세 우주들이 함께 작용하고 있음을 보여준다; "그것에 대한 보편적인 표지는 나중 단계들을 위한 이전 단계들 안에서의 대비"이다. 우리는 그 공(共)작용을 명료히 할 수 있는데, 말하자면 작용과 반작용(제이성)은 법칙(제삼성)을 통해서 조종된다; 물질(제이성)은 성장을 통해서 형태와 질(제일성)을 획득한다. 성장은 "반성의 특정한 방향들을 위한 견본이며, 반성은 불가피하게 신의 실재에 대한 가설을 암시하게 될 것이다"(CP 6.465; RS 338). 다시금, 신의 의도에 대한 언사에서처럼, 퍼스의 목적론적인 세계관이 분명해진다. 진화와 창조는 퍼스에 따르면 서로를 배제하지 않는다; 오히려 진화에 대한 생각은 인격적 창조자에 대한 생각과 불가분리적으로 결합되어 있다(CP 6.157). 하나의 설명이 다른 설명을 배제하지 않고 도리어 요구한다는 것은, 유비적인 심신(心身)문제를 통해 명료해지고 있다: "누군가가 나에게[...] 모든 생각은 특정한 물리적 법칙들에 엄격히 순응하는 신경세포들에 종속되어 있다고 말한다면, 나는 그것을 믿을 준비가 되어 있다. 그러나 그가 계속해서, 그로써 우리 인간이 이성의 의해 주재되고 또 사유하는 존재라는 이론이 논박되었다고 말한다면, 나는 그의 지능을 더 이상 높이 평가하지 않는다고 공공연히 말할 수밖에 없다"(CP 6.465; RS 339).

3. 본능적 이성

68_ 퍼스가 명상의 효력들을 기술하는 바에 따르면, "신의 실재의 빛 안에서 세 우주들을 숙고하며, 이 반성의 방향을 학문적 목적을 추구

하는 심정으로 뒤쫓는 모든 정상적인 인간은 자신의 본성의 깊이에 이르기까지 그 관념의 아름다움과 고귀한 실용성에 사로잡히게 될 것이며, 심지어 그가 자신의 엄밀히 가설적인 신을 성실히 사랑하고 숭배하는 지경에 이르기까지, 그리고 다른 무엇보다도 그의 전체적인 삶의 태도와 모든 행동의 원동력이 이 가설과 조화되기를 갈망하게 되기까지 말이다. 그러나 이제 신중히 그리고 철두철미 자신의 태도를 한 진술과 일치시킬 준비가 되어 있음은 더도 덜도 아닌, 이 진술을 믿음(Believing that proposition)이라고 불려지는, 정신의 상태이다"(CP 6.467; RS 340 이하).

우리는 이 인용문의 해석을 위해서 마지막에 암시된 퍼스의 확신(belief)이란 개념으로부터 출발해보자. 확신에 본질적인 것은, 그에 상응해서 행동하려는 준비이다. 강령적인 초기저서 *우리의 관념을 명석하게 하는 방법*(*How to make our Ideas Clear*, 1878)에 적혀있듯이, 확신이란 "우리 지성적 삶의 교향곡에서 악절을 맺는 중간마침법(demi-cadence)이다. 우리는 그것이 정확히 세 성질들을 갖고 있음을 보았다: 첫째, 그것은 우리가 의식하고 있는 그 무엇이며, 둘째, 그것은 의심의 유발을 잠잠케 한다. 셋째, 그것은 우리의 본성 안에 행위의 규칙이 확립됨을 포함하는데 ― 짧게 말하자면: *습관*이다"(CP 5,397; WCSP Bd. 3,263; PP 190). 신의 실재를 확신하고 있음은 오직, 자신의 전 생애를 신이 실재한다는 진술과 일치시키는 것이 자신에게 그토록 깊은 관심사인 사람에게만 해당된다. 그러나 어떻게 이런 확신에 도달하게 되며, 이것은 어떻게 정당화되는가? 첫째 일보는 신개념의 확장과 풍부화이다. 신이라는 낱말은 *필연적 존재자*만을 지칭하는 것이 아니다; 그것은 실천적 관념을 위한 것이기도 한데, 그 관념은 삶에 의미를 부여하며, 동시에 특정한 생활태도를 요구한다. 그것은 또한 경험의 세 우주들의 창조자를 지시하며, 그로써 이 세계의 아름다움의 원인을 지시한다. 그렇게 이해된 신의 실재에 대한 가설은 인간의 가장 내밀한 곳에 말을 건넨다. 확신은 증명이 늘 어떻게 이해되든지 간에 그것에 의거하지 않는다; 확신은 반향에 기인한다. 가설을 통해서 인간의 세 근본적인 경험영역들, 곧 도덕적 의식, 미적 체험 그리고 이론적 앎이 호출되고 있으며, 마지막 통일성에로 결합되고 있다. 가설적 신은 사랑, 경탄 그리고 숭배의 대상이 된다. 왜냐하면 인간은 이 가설과 대질하면서, 그것이 자신이 가장 내밀한 곳에서 갈망하는 바를 보여주고 있다는 것을 경험하기 때문이다. 신의 실재에 대한 확신이 생겨나는 것은, 인간이, 만일 명상이 그로 하여금 이 관념의 모든 재산을 경험하게 해줄 경우, 신이 실재한다는 진술에 동의할 수밖에 없음을 통해서이다.

69_ 그러나 다시 한 번 위에서(§ 64) 언급한 반론들이 제기된다: 전통에 의해 늘 재차 주장된 종교의 합리성은 어디에 남는가? 종교는 여기서 느낌, 감상의 사안이 되고 있지 않은가? 우리는 여전히 신의 인식에 대해서 말할 수 있는가? 이 물음들에 대답하기 위해 퍼스는, 우리가 비트겐슈타인과 함께 "일목요연한 묘사"(§ 28)라고 지칭할 수도 있을, 하나의 방법론을 이용하고 있다. 그는 과학적인 탐구의 행보들을 묘사하며, 그렇게 해서 과학적 인식과 종교적 인식 사이의 상응을 보여준다. 종교적 인식은 합리주의적 학문개념에 대한 비판을 통해서 정당화된다. 퍼스는 논증과 입증을 구분하고 있다(§ 63). 종교에서처럼 과학에서도 확신에 이르기 위해서는 형식화될 수 없는 논증이 결정적인 길이다; 형식적인 수단들을 가지고 작업하는 입증은

단지 부수적인 의미를 가질 뿐이다.

　모든 과학적 탐구는 탐구자의 기대를 충족시키지 않거나 혹은 그의 이론에 모순이 되는 현상을 통해서 유발된다. 탐구자는 수수께끼를 해결해 줄 관점을 발견하기 위해 그 현상을 가능한 모든 고려사항들 아래서 관찰한다. 마침내 그는 가능한 설명을 제공하는 추측 혹은 가설에 도달한다. 설명이라는 말로 퍼스는 삼단논법을 이해하고 있는데, "그것은 놀라운 사실을 필연적인 추론결과로서 그리고 그것이 등장하는 사태를 [...] 전제로서 제시하는", 말하자면 연역인 것이다(§ 57). 가설이 하나의 설명을 제공하기에, 탐구자는 호의를 가지고 그것을 바라본다. 가설에 대한 그의 동의는 상이한 정도를 취할 수 있다; 그의 동의는 한갓 물음에서부터 그 가설을 참이라고 여기는 제어될 수 없는 경향에까지 이른다. "놀라운 현상"의 지각에서부터 관여적인 사태에 대한 추구, 암중모색과 놀라운 추측의 갑작스런 돌출을 거쳐 그것의 개연성에 대한 종결적인 평가에 이르기까지, 정신적 실행의 전 연속은 "탐구의 첫째 단계", 가설유도추리, "말하자면, [연역적 삼단논법의] 결과로부터 그 전제에 이르는 사유"이다. 그것은 "입증이라기보다는 논증의 형식이다"(CP 6.469; RS 342 이하).

　가설유도추리를 통해 얻어진 가설은 검증을 필요로 한다. 그렇기 때문에 실험적으로 제어할 수 있는 결론들이 그로부터 끌어내진다. 탐구의 이 둘째 단계가 이용하고 있는 추론의 형식은 연역이다. 그 첫 번째 일보는 논리적인 분석을 통한 가설의 해명이다; 분석의 과제는 가설을 가능한대로 분명히 묘사하는 것이다. 이 과정도 논증이지 입증은 아니다. 해명에 뒤따르는 것은 연역적 입증이다. 그러나 이것 역시 다시금 형식화할 수 없는 실행, 곧 해석을 요구한다; 연역은 주로 "상징들", 즉 기호들을 가지고 작업하는데, 이것들이 자신의 대상들을 묘사하는 것은 그들이 그에 상응하여 해석되고 있기 때문이다 (CP 6.470 이하; RS 343이하). 탐구의 셋째 단계에서는 연역의 결과가 경험과 얼마나 많이 일치하는지가 확인된다. 그것에 사용되고 있는 추론의 형식은 귀납이다. 이것 역시 논증 없이는 가능하지 않다. 귀납의 첫 번째 일보는 분류인데, 이것은 "귀납적인 비-입증적인 논증방식으로서, 그것을 통해서 보편적 관념들이 경험의 대상들에 붙여진다; 혹은 더 정확히 말하자면: 그것을 통해서 후자가 전자에 부속된다"(CP 6.472; RS 345). 다른 말로 하자면: 보편개념들을 경험의 대상들에 적용함은 판단력의 실행이다.

퍼스의 판단에 따르면, 연역이든 귀납이든 "탐구의 최종적인 결론에 최소한의 긍정적인 기여도 수행하지 못한다. 그것들은 비규정적인 것을 규정된 것으로 만든다; 연역은 해명한다; 귀납은 평가한다: 그것이 전부이다". 저마다의 "진보의 널빤지는 먼저 가설유도추리 하나만을 통해서, 즉 본능적인 이성의 즉흥적인 추측을 통해서 두어진다; 연역과 귀납은 구조에 단 하나의 새로운 개념도 공헌하지 못한다"(CP 6.475; RS 347). 그런 까닭에, 만일 우리가 과학적 탐구의 절차를 비판적으로 평가한다면, 결정적인 물음은 가설유도추리의 타당성에 관한 것이다. 우리의 첫 번째, 즉흥적인 대답은 이렇다: 우리는 실제로 우리가 그 가설들을 수용할 때의 인식적 가치나 동의의 정도를 가지고 그것들을 받아들이는 것 말고는 달리 어쩔 수가 없다: 한갓 물음으로서, 다소간에 개연적인 것으로서 혹은 저항할 수 없는 확신으로서. 그러나 퍼스의 이의제기처럼, 우리가 달리 어쩔 수가 없다는 것은 이성적 존재자에게 요구되는 바와 같은 논리적 정당화가 아니다; 그것은 우리가 자신의 사유를 제어할 능력이 없다는 고백으로 귀결된다. 달리-어찌할 수-없음은 그렇지만 반성적 사유의 실패로서 부정적으로 이해될 필요는 없다. 우리는 이러한 어법에서 표현되고 있는 충동의 강도를, 바로 *본능적* 반응이 관건이 되고 있다는 징후로 받아들일 수 있다. "모든 종류의 동물은 그들에게 고유한 기능의 수행 안에서, 가령 보통의 새들에 있어 비행이나 둥지 짓기처럼, 그들의 지능의 일반적인 수준을 멀리 넘어선다; 만일 예술의 창작물들 안에서, 유용한 설비들 안에서 그리고 무엇보다도 이론적인 인식 안에서 보편적인 관념들을 구현하는 것이 아니라면, 인간에게 고유한 기능이 무엇이겠는가?[...] 그렇다, 우리는 고백할 수밖에 없다: 하나의 가설을 다른 것보다 선호하는 충동이 실제로 새들이나 말벌들의 본능과 유비적이라는 것을 *우리가 알고 있다면*, 이성의 한계 내에서 그것에 자유로운 진행을 허용하지 않는 것은 어리석은 일일 것이다; 특히 우리는 어떤 가설을 숙고해야 하며, 혹은 그렇지 않을 경우 우리가 이미 바로 그 수단을 통해서 획득한 것 이상의 계속되는 지식을 포기해야 하기 때문이다". 그러나 우리는 인간이 이러한 본능을 소유하고 있음을 알고 있는가? 추측이 한 번이나 두 번 올바른 것을 맞추는 정도에서가 아니라. 그러나 잘 준비된 인간 정신이 "놀랍게도 곧" 자연의 저마다의 신비를 알아맞혔다는 것은 퍼스에게 역사적인 진리이며, 우연을 통한 설명을 그는 수학적인 근거에서 거부하고 있다(CP 6.476; RS 348).

70_ 퍼스는 본능적 이성에 대한 자신의 테제가 *자연의 빛*(*lumen naturale*)에 대한 갈릴레이의 가르침에 의해서 확증되었다고 본다. 두 개의 가설들 중에서 더 단순한 것을 선호해야한다는 명제는 갈릴레이에게서 유래한다. 퍼스는 이것이 논리적인 단순성을 의미한다는 해석을 거부한다. 오히려 "본능이 암시하는, 선호되어야 하는 가설은 더 간편하고 자연적인 의미에서의" 더 단순한 가설이라는 것이다; "만일

인간이 자연의 경향과 일치하는 자연적 성향을 갖고 있지 않다면, 전혀 자연을 이해할 가망이 없다는 이유로부터". 갈릴레이의 준칙이 이러한 해석 안에서 옳다면, 그에 대한 보기들이 북적대고 있어서, "하나의 가설에 대한 특정한, 완전히 독특한 신뢰는, 성급하고 무비판적인 확실성과 혼동되어서는 안 되는 것인데, 그 가설의 진리의 표징으로서 매우 높게 평가되어야 할 가치를 갖는다". 이러한 과학이론적 분석이 종교철학에 대해서 갖는 결과를 퍼스는 다음의 문장으로 요약하고 있다: "경시된 논증은 이 독특한 신뢰를 가장 높은 정도로 부각시킨다"(CP 6.477; RS 350이하).

71_ 그렇지만 비판적이고 반성적인 과학자는 이러한 반응에 만족할 수 없을 것이다. 신의 실재에 대한 가설이 첫 눈에 저항할 수 없는 것처럼 보일지라도: 그럼에도 불구하고 그것은 다른 가설들처럼 검증을 필요로 한다. 퍼스가 기술한 방법론에 친숙하고, 아울러 학문은 비판의 불 속에서 정화된, 상식과 본능에 대한 신뢰가 없이는 가능하지 않다는 것을 알고 있는 탐구자는 *경시된 논증*이 과학적 탐구의 첫째 단계에서와 동일한 방법론으로 작업하고 있음을 본다; *경시된 논증*의 인식형식은 더 이상 고립되어 있지 않다; 과학적 인식과의 첫번째 상응은 가시적이 된다. 그러나 다른 두 단계들과의 상응은 어떠한가? 신의 실재에 대한 가설로부터 경험을 토대로 검증될 수 있는 결론들이 연역되고 있는가? *신의 실재에 대한 경시된 논증*의 미출간된 부록에서 퍼스가 진술하고 있듯이, 그것은 가능하지 않다. 비판적 시험은 그렇기에 다른 계기와 관련되어야 한다. 우리가 본 것처럼(§ 68), 모든 확신은 필연적으로 우리의 행동을 규정한다; 신가설의 신빙성에 대한 "최후의 시험"은 그런 까닭에 퍼스의 프래그마티시즘에

설득된 학자에게는 "그 가설이 인간의 생활태도의 자기제어적 성장을 위한 가치에 놓여있어야"(CP 6.480; RS 353) 한다. 마지막으로 신의 실재에 대한 가설은 우주론적 가설로서가 아니라, 실천이성의 관념으로서, 그것의 "고귀한 실용성"(CP 6.467)을 통해 확증되어야 한다. 그 가설에 대한 동의는 실존적인 결단의 성격을 가진다. *겸손한 논증*은 "세 우주들의 근원에 대한 과학적 탐구의 첫째 단계이며, 그러나 다만 늘 잠정적인 학문적 확신만이 아니라, 살아 있는, 실천적 확신을 산출하는 탐구의 첫 단계이며, 그 확신은 영원을 선적한 채 루비콘 강을 건너고 있음을 통해서 논리적으로 정당화된다"(CP 6.485; RS 357).

72_ 성공을 거둔, 능숙한, 탐구의 실천에 숙련된, 동시에 자신의 절차를 반성적으로 분석할 능력이 있는 학자가 명상의 과정을 자신의 활동의 상이한 단계들과 비교할 때, 그는 *겸손한 논증*이 학문적 탐구의 첫째 단계의 경우라는 것을 보게 되는 것만이 아니다; 그는 또한, 그것이 다른 경우들과 현저히 다르다는 것을 무엇보다도 다음의 세 점들을 고려하는 가운데 확인하게 될 것이다. 첫째로, 신의 실재에 대한 가설은 그토록 높은 정도의 신빙성에 도달하기에, 과학의 영역에서 그에 대한 상응이 거의 발견되지 않는다는 것이다. 이러한 관념이 일단 명상의 과정 안에서 살아있는 것이 되었을 때, 신의 실재를 의심하는 것은 너무도 어렵게 되어, 이 첫째 단계에서 탐구가 멈추게 될 위험이 생겨난다는 것이다. 왜냐하면 명상에 잠긴 자는 계속되는 논증에 무관심해지기 때문이라는 것이다. 자신의 본능-척도에 상응하게 퍼스는 이 비범한 신빙성 안에서 "가설의 진리를 위해 결코 작지 않은 무게를 지닌 논증"(CP 6.488; RS 361)을 보고 있다.

"둘째로, 정신 안에서 명확한 이미지를 산출하는 것이 설명적 가설의 주요기능임에도 불구하고, 이때 그 이미지를 수단으로 해서 실험적 결론들이 확인할 수 있는 조건들로부터 예측될 수 있는 것인데, 아직 이 경우에 가설은 너무도 막연하게 파악될 수 있을 뿐이어서, 예외적인 경우들에 있어서만 그 가설의 통상적이고 추상적인 해석으로부터 분명하고 직접적인 연역이 이루어질 수 있다"(CP 6.489; RS 361이하). '신'은 퍼스에 따르면, 우리가 본 것처럼(§ 61), 일상어의 모호한 낱말이며, 그 모호성은 그 낱말의 기능을 상실함이 없이는 어떤 정의를 통해서도 대체될 수 없는 것이다. "신의 가설은, 그것이 무한하고 불가해한 대상을 전제하고 있는 한에서, 특별한 가설이다. 비록 모든 가설은, 그러한 것으로서, 자신의 대상이 가설 안에서 사실대로 파악되고 있음을 전제하는데도 불구하고"(CP 6.466; RS 339). 어떤 개념도 신의 본질을 파악했다고 주장할 수 없다; 모든 개념은 늘 잠정적일 수 있을 뿐이며, 어떤 방식으로 그것이 계속되는 규정들을 통해 수정되고 해석될 수 있는지의 물음에 열려져 있다. 특정한 신개념 그리고 그것의 경험과의 대질로부터 연역된 결과에 대한 보기는 변신론의 문제일 것이다. 신이 완전히 선하고 전능하다면, 그로부터 귀결되는 것은, 세계에 어떤 악도 존재할 수 없다는 것이다; 그러나 경험은 그와 모순된다. 퍼스에게 이 문제는 합리주의적인 신개념에서 생겨나는 것이며, 그 개념은 신의 무한한 불가해성에는 적합하지 않게 된다. 퍼스는 *경시된* 논증이 커다란 인간적 넓이, 개방성 그리고 심정의 도야를 지닌, 그러나 공부하지 못한, 그리고 논리적인 숙고에 있어 집시 같은 시골뜨기에 불과한, 단순한 인간의 세계관에 어떻게 작용하게 될지를 묻고 있으며, 이러한 맥락에서 세계 내의 악과 불행에 대해서 말하기에 이른다. 이 단순한 인간이 명상의 훈련을 통해서 도달하게 될 관점은 *로마서*의 문장으로 요약된다: "하느님을 사랑하는 이들에게는 모든 것이 함께 작용하여 선을 이룬다는 것을 우리는 압니다"(로마 8,28). 그는 "자신의 혹독한 고통에 대해 스스로를 복되다 부를 것이며, 그에게 투쟁을 부과한 성장의 법칙에 대해 신을 찬양할 것이다". 만일 그가 마음으로 가장 친애하는 무죄한 이들이 고문과 절망에 내맡겨진 것을 보아야 한다면, "그럼에도 불구하고 그는 그것이 *그들에게* 최선의 것이기를 희망할지도 모르며, 신의 비밀스런 계획이 그들의 매개체를 통해서 완전해지고 있다고 스스로 말할 것이다; 그리고 그가 여전히 투쟁으로 흥분된 동안이라도, 그는 숭배로써 그분의 거룩한 의지에 자신을 복속시킬 것이다. 그는 염려하지 않을 것이다. 왜냐하면 세 우주들은 어리석고 심술궂은 여자의 도식에 어울리도록 구축되지 않았기 때문이다"(CP 6.479; RS352).

두 번째 차이에서 드러나는 신가설의 결함은 세 번째 차이를 통해서 조정된다. 그 차이는 "그 가설을 믿는 자들의 전 생활태도에 미치는 그 가설의 지배적인 영향력에 존립하며"(CP 6.490; RS 362), 그 가설의 "고귀한 실용성"에 존립한다(§ 71). 이 진술을 해석하기 위해서 우리는 다시 단순하고 개방적인 인간의 세계관에로 돌아갈 수 있다. 그는 악과 싸우는 것이 인간의 의무임을 알고 있다. "이 투쟁에서 그는 자신에게 부과된 의무를 정확히 이행하기 위해 진력할 것이며, 그 밖의 어떤 것도 아니다"(CP 6.479; RS 352). 그는 성공이나 불행에 대해서 묻지 않을 것이다; 그에게는 악과 싸워야 할 의무를 가진다는 앎으로 족하다. 그가 악과의 투쟁에서 패배를 당하는 경우에도, 신의 실재에 대한 확신은 그의 의무이행에 의미를 부여한다. 그는 모든 것이 그에게 선을 가져다준다는 것을 안다; 그는 고난이나 실패 또한 그에게는 최선의 것이며, 신의 불가해한 계획이 자신을 통해서 실현되고 있음을 희망할지도 모른다. 퍼스는 이 희망 안에서 인간의 자연적 소질의 완성을 본다. *경시된 논증*이 한 인간을 설득시키기 위한 전제는 그의 "정상적인" 지성적 성향이며, 퍼스에게는, 라이프니츠에게서 의미심장한 수준으로 표명되었음을 그가 보고 있듯이, 낙천주의가 그 성향에 속한다. "나는 비관주의자들 또한 근본적으로는 정신적으로 건강하며, 그 밖에도 정상적인 정도로 지성적 힘을 갖고 있다는 데에 동의하지 않는다." "비관적인 정신적 태도와 낙천적인 정신적 태도 사이의 차이는 각기의 지성적 기능과 관련해 볼 때 그토록 지배적인 영향력을 가진 것이어서, 양자가 정상적이라고 시인하는 것은 생각할 가치도 없다"(CP 6.484; RS 356). 신 관념이 인간에게서 그토록 강한 공명을 발견하는 이유는, 그것이 인간 정신의 본질에 속해있는 선에로의 정향에 말을 걸기 때문이다. 신은 선에 대한 이 자연적 믿음을 확증해주는 질서의 보증자이다. 신의 실재에 대한 가설의 "고귀한 실용성"은, 그것이 자연적인 믿음에 모순이 되는 경험들 역시 낙천적인 현실관 안으로 통합한다는 데에 존립한다.

73_ "신의 실재에 대한 세 논증들의 둥지는", 그렇게 첨언은 *경시된 논증*에 대한 논문을 요약하고 있는데, "이제 약술되었다"(CP 6.486; RS 359). 첫째와 셋째, 곧 *겸손한 논증*과 학문이론적인 논증에 우리는 몰두했었다. 둘째 논증의 둥지는 그 이름을 신학적 논증에서 갖는데, 그것은 자연신학의 저술가들에 의해서 "경시되었다"는 것이다(CP 6.487; RS 360). 퍼스는 신학자들에게 그들이 충분히 주의를 기울이지 않은 논증을 지시하려고 한다. 여기서도 우리는 *겸손한 논증*의 명상적 수행을 전제하는 반성영역에 처해 있다. 이러한 의미에서 신학은 초분과(Metadisziplin)이다. 그것은 아무 것도 증명할 수 없으며,

단지 *겸손한 논증*에서 통찰되는 것을 기술하고 변호할 수 있을 뿐이다. 과학이론이 탐구의 실천에 대해 반성하듯이, 신학은 명상과 기도 안에서의 경험에 대해 반성한다. 신학자들은 "한 정상적인 인간을 확신시키는 것은 건전한 사유로 추정되어야 한다는 원칙을 사용하는데 익숙해져 있다; 그렇기 때문에 그들은, 경시된 논증이 만일 충분히 발전한다면 모든 정상적인 인간을 설득시킬 것이라는 점을 보여주기 위해서, 진실로 주창될 수 있는 모든 것을 말해야 한다"(CP 6.484; RS 355). 학문이론적인 논증은 명상과 가설유도추리 사이에 존재하는 상응들을 밝히고 있다. 신학자들은 학문이론적인 숙고를 할 능력이 없다; 그들은 일반적인 인간적 통찰과 확신의 영역에서 움직이고 있다. 그들의 과제는, 학문이론적인 반성이 그렇게 하듯이, 그들에게 특유한 수단들을 가지고 명상의 경험을 반성하고 변호하는 것일 테다. 학문이론적인 반성이 가설유도추리를 위해 불가결한 본능을 지시하듯이, 신학자들은 인간이 *종교적 동물*(animal religiosum)임을 보여주어야 한다: "신에 대한 믿음에로 기울어지는 숨겨진 성향이 영혼의 근본적 성분이라는 것, 그리고 그것은 다만, 타락한 혹은 미신적인 성분과는 거리가 먼, 세 우주들의 근원에 대한 명상의 자연적인 침전물이라는 것"(CP 6.487; RS 360). 신학적인 논증은 본능의 유비적인 개념을 통해서 학문이론적인 논증과 결부되어 있다. 퍼스는 여기서 갈릴레이로부터 아우구스티누스에게로 걸음을 내딛는다; 그가 신학자들에게 요구하는 것은 전통 안에서 *자연적 갈망*(desiderium naturale)에 대한 가르침으로 발견된다(§§ 273 이하; 283).

참고문헌

Smith 1978, Kap. 6; 1981
Orange 1984
Raposa 1989; 1991
Hookway 1991
Deuser 1993; 1999
Anderson 1995, 135-185

D. 종교, 철학, 이성: 존 헨리 뉴먼

74_ 뉴먼이 노년의 종교철학적 저작인 *동의의 문법을 조력으로 한 수필*(An Essay in Aid of a Grammar of Assent, 1870)에서 적고 있듯이, 종교의 근거들이 관건이 될 경우에는, "자기중심주의(egotism)가 진정한 겸손이다". 종교적인 추구에 있어서 우리들 각자는 단지 자기 자신을 위해서만 말할 수 있으며, 자기 자신을 위해서만 말할 권리를 가진다. 각자의 고유한 경험들은 그 자신을 위해서 충분한 것이다. 각자는 다른 이들을 위해서 말할 수는 없다: 그는 법칙을 설정할 수 없다; 그는 자신의 고유한 경험들을 심리적인 사실들의 공통의 재고(Bestand)에 덧붙일 수 있을 뿐이다. 그는 자기 자신을 만족시킨 것과 만족시키는 것이 무엇인지를 알고 있다; 그것이 그를 만족시킨다면, 아마도 그것은 다른 이들 또한 만족시킬 것이다; 그가 믿고 확신하는 것처럼, 그것이 참일 경우, 그것은 다른 이들에게서도 타당성을 얻을 것이다. 왜냐하면 오직 하나의 진리만이 있기 때문이다"(Z 270). 뉴먼의 종교철학적인 통찰들은 그의 삶의 여정의 경험들로부터, 그의 고전적-어문학적인, 교의사적이고 교회사적인 연구들로부터, 설교자이자 사목자 그리고 학문적인 교사로서의 그의 활동들로부터 성장한 것이다. 뉴먼(1801-1890)은 옥스퍼드의 트리니티(Trinity) 대학의 학생이었으며, 오리엘(Oriel) 대학의 학술회원이자 성 마리아 대학

교회의 주임이었다. 1845년에 그는 가톨릭교회로의 입교를 청원했다. 1849년에 그는 버밍햄에서 성 필립보 네리(Philipp Neri)의 오라토리오회(Oratorium)를 창립했으며, 1851년에는 더블린에 있는 아일랜드 가톨릭대학교의 창립총장으로 임명되었다.

I. 종교란 무엇인가?

75_ 종교란, 뉴먼이 신앙교의의 발전에 대한 그의 에세이(1845, ³1878)의 첫 장에서 대답하고 있듯이, 하나의 *관념*이다. 뉴먼은 판단의 개념에서 시작한다. 우리의 판단들 중 몇몇은 단순한 의견들이다. 그것들은 왔다가 가버린다; 우연은 우리에게 그것들을 잊게 할 수 있다; 그것들이 우리에게 영향력을 행사할 때, 그 영향력은 의견들 자체처럼 지나가 버린다. 그에 반해서 관념들은, 근거를 갖거나 혹은 갖지 않은 채로, 우리 정신 안에 확고히 뿌리내리고 있는 판단들이다; "이제 그것들이 사실들과 관련을 맺고 있든 혹은 품행의 원칙들과 관련을 맺고 있든, 그것들이 인생관 내지는 세계관이든 혹은 선입견, 상상 혹은 확신이기도 하든지 간에"(E 35), 그것들은 우리를 떠나지 않는다. 객관적 관념의 보기들 중의 하나로서 뉴먼은 유대교를 들고 있다; 그것과 관련해서 상이한 국면들이 구분되고 있다: 일신론, 도덕 그리고 역사적인 사명.

관념은 추론적이고 개념적인 인식에 선행한다; 관념은 부분들보다 앞서 있는 전체이다. 뉴먼은 관념을 "구상력에 각인된 인상"(E 52)이라 부른다. 셰익스피어는 햄릿의 관념을 가졌었고, 아리스토텔레스는 그의 윤리학의 이상을 체현하고 있는 고결한 인간의 관념을 가졌었다. 그들은 개별적인 성격특징들을 묘사하면서 이러한 관념을 분석했다. 플라톤주의라는 정신사적인 현상은 프로테스탄트주의와 마찬가지로 하나의 관념이다; 여기서 우리는 유대교에서처럼 가르침과 품행의 통일성을 발견한다. 이러한 통일성을 하나의 정식 안으로 포착하려는 모든 시도는 좌초할 수밖에 없다. 가령 누군가가 루터주의를 의화(義化)에 관한 그것의 가르침과 동일시한다면, 그는 하나의 국면을 전체와 혼동하게 될 것이다; "한 실재하는 관념의 내용을 다 퍼내기에 충분한 그 어떤 국면도, 그 관념을 정의할 수 있는 그 어떤 표현이나 명제도 존재하지 않는다." "관념은[...] 그것의 가능한 국면들의 전체적인 총계와 같은 뜻인데, 이 국면들이 개인들의 개별적 의식 안에서 그토록 변화할지라도 말이다. 국면들이 보다 다양할수록, 그러한 국면들 하에서 관념은 상이한 정신들에게 제시되는데, 그만큼 관념의 힘과 깊이 또한 커지며, 그리고 그만큼 그 관념의 실재성에 대한 증명도 강력해진다. 일반적으로 한 관념의 객관성이 지성에 접근되는 것은 바로 이러한 다양성을 통해서이다. 그것은 물체적인 실체들에게서도 마찬가지이다: [...]우리가 그것들의 실재성을 입증하려 한다면, 우리는 그것들 주위를 돌면서, 상이한 관점들 하에서 그리고 상이한 조명들 안에서 그것들을 상반된 측면들로부터 바라볼 수 있다"(E 36). 국면들은 상이하다. 동일한 사안은 각각의 관점들에서 달리 나타난다. 그러나 바로 이러한 비유사성이 관념의 원본성, 통일성과 전체성, 풍부함과 힘에 대한 증거이다.

76_ 그런 까닭에 뉴먼은 그리스도교의 "주도관념(Leitidee)"을 표현하려는 모든 시도들에 반대한다. 그와 같은 시도는 기껏해야 방법론적

인 의미만을 가질 수 있다는 것이다: 우리는 하나의 중심관념 혹은 중심국면에 대해서 물을 수 있으며, 그것을 중심으로 다른 국면들을 그 주위에 배치시킬 수 있다. 그러나 이때 계시의 한 국면은 또 다른 국면을 배제하거나 어둡게 만들어서는 안 된다. 하나의 국면으로 환원시킬 수 없는 *전율과 환희의 신비*(mysterium tremendum et fascinosum)의 긴장가득한 통일성은 보존되어야 한다: "그리스도교는 교의적, 교화적 그리고 실천적이며, 이 모든 것이 동시적이다; 그것은 비교적(秘敎的)이자 공공적이다; 그것은 관대하며 엄격하다; 그것은 밝고 어둡다; 그것은 사랑이며, 그리고 그것은 공포이다"(E 37). 종교적 가르침의 발전이론에 대한 옥스퍼드 대학설교(1843)에서 뉴먼은 바오로의 아레오파고스설교를 인용하고 있다: "여러분이 알지도 못하고 숭배하는 그 대상을 내가 여러분에게 선포하려고 합니다"(사도 17,23). 신은 인간에게 숭배와 존경의 대상으로 주어져 있으며, 정신은 두 번째 보폭에서야 비로소 "경건한 지적 호기심으로 숭배의 대상을 숙고하도록 본성적으로 내몰려진다. 그는 자신의 생각이 어디로 혹은 얼마나 멀리 자신을 운반해갈지 미처 예감하기도 전에, 신에 대한 테제들을 작성하기 시작한다"(G 243). 처음에 구상력에 각인된 그 어떤 인상은 이성 안에서 하나의 체계 혹은 신앙고백이 되며, 그러나 이것은 최초의 근원적 관념을 결코 다 길어낼 수 없다. 인간이 신으로부터 갖는 구상력의 인상은 개인적이며 자체적으로 완결된 것인데, 왜냐하면 그것은 한 대상의 인상이기 때문이다. "하느님은 오직 한분이기 때문에, 우리가 그분께로부터 받은 인상 역시 오직 하나이다; 그것은 부분들 안에 있는 전체가 아니다; 그것은 체계가 아니다; 그것은 보완을 필요로 하는 그 어떤 불완전한 것도 아니다. 인상은 한 대상의 모습이다. 우리가 기도할 때, 우리는 개념들의 결합이나 신조에게 기도하는 것이 아니라 유일하고 개별적인 존재에게 기도한다. 그리고 우리가 이 존재에 대해서 말할 때, 우리는 한 인격에 대해서 말하는 것이지 법칙 혹은 발현에 대해서 말하는 것이 아니다"(G 243). 복음이 우리에게 신앙의 대상들에 대해 전달해주는 인상들은 그것들의 원형처럼 전적이고 분할할 수 없는 것이다. "그것들은 실재적이라 불려 질 수 있다. 왜냐하면 그것들은 현실적으로 존재하는 그 어떤 것의 그림이기 때문이다. 감각들을 통해서 우리에게 주어지는 대상들은 말하자면 그것들의 차원들, 국면들 그리고 영향력과 함께 우리의 정신에 현존한다. 이것들 모두는 상이하며, 그럼에도 서로 상응한다. 수많은 차원들과 국면들은, 우리가 대상들 자체를 바라보는 동안, 우리의 기억 혹은 심지어 우리의 앎 밖에 놓여 있다. 동반현상들(Begleiterscheinungen)의 이 직접적인 공속성과 동시성은 우리에게 부득이 그들의 현실성에 대한 확신, 즉 그들이 우리 정신의 창조물이 아니라 우리에게 종속되어 있지 않은 외적 사물들의 그림이라는 확신을 갖게 만든다. 이것은 우리 신앙의 대상인 신적 관념들에게서도 자연적인 방식으로 발생하게 될 것이다. 종교적 인간들은 각각 상이한 척도로[...] 통일성 안에 있는 거룩한 삼위일체에 관한 직관을 갖는데 [...], 더욱이 질, 특성 그리고 행위의 총계라는 형식에서가 아니라, 그리고 주장들의 총계의 주체라는 형식에서가 아니라, 하나이자 개별적인 것으로서, 그리고 감각들을 통해서 중재된 한 인상에서처럼, 낱말들에 매여 있지 않은 것으로서"(G 244). 신앙고백의 그 어떤 명제도, 신학의 그 어떤 교의나 진술도 원초적인 관념의 충만함 속에 포함되어 있는 것보다 더 많은 것을 말할 수는 없다. 그것들이 불가피하게 되는 이유는, 우리 인간들이 단지 개별적 국면들이나 관계들을 끄집어내는 방식으로만 그 관념에 대해서 반성할 수 있기 때문이다. 그러나 신앙고백, 교의 그리고 신학의 생명은 그들이 표현해야만 하는 그 하나의 관념 안에 존립한다. "그렇게 마지막에 가서는 가톨릭의 교의들은 단지 신적인 사실의 상징들일 뿐이며, 이 사실은 결코 이러한 명제들에 의해서 포괄될 수 없으며, 후일에 수천의 또 다른 명제들에 의해서 다 퍼내지거나 깊이가 측량될 수 있는 것이 아니다"(G 245).

77 제임스가 살아있는 가설에 대해서 말하고 있는 것처럼(§ 38), 뉴먼은 살아있는 관념에 대해서 말하고 있다. "만일 하나의 관념이 정신을 사로잡아서 차지하는 특성을 갖고 있다면, 우리는 그 관념이 생명을 가진다고 말할 수 있다. 즉 그 관념은 그것을 받아들이는 정신 안에 살아 있는 것이다." 수학적 관념들을 살아있다고 부르기란 어려운 일이다. "인간의 본성에 대한, 현재의 복지에 대한, 정부에 대한, 혹은 의무나 종교에 대한 하나의[...] 의미심장한 진술이 널리 알려지게 되어서 주목을 받게 될 때, 사정은 다르다. 그때 그 진술은 단순히 수동적으로 이런 저런 형식 안에서 수많은 정신들에 의해 수용되는 것이 아니라, 그들 안에서 능동적인 원리가 된다. 관념은 말하자면 그 진술을 늘 재차 새롭게 관찰하게 만들며, 그것이 상이한 영역들에 적용되도록 하며, 사방으로 그것을 퍼뜨린다"(E 38). 뉴먼이 그와 같이 살아있는 관념의 보기들로 거명하는 것은 인권, 공리주의 그리고 에피쿠로스의 철학이다. 그러한 관념은, 상이한 측면들로부터 관찰될 수 있고 상이한 정신들 안에서 서로 다른 반응들을 미치는 한에서, *일차적인 실재성*(*prima facie*-Realtität)을 가진다. 그것은 다른

관념들이나 체계들로부터 영향을 받게 되며, 자기편에서 그것들에 영향을 끼치게 된다. 사람들은 관념을 상이하게 해석할 것이다; 그들이 하는 경험들은, 그들이 그 관념에 따라 살아갈 때, 상이하게 될 것이다; 그들은 그들의 해석과 경험을 교환할 것이다. 관념이 사회적 삶 안으로 파고들게 되는 것은, "그것이 공공의 의견을 변화시키고, 존립하는 질서의 토대를 강화하거나 혹은 파괴함을 통해서이다. 그렇게 관념은 시간과 함께 자라나서 윤리적인 규범으로 혹은 정부체계로 혹은 신학이나 의례로 성장하게 된다 ― 그것의 능력들에 상응하게"(E 39). 그러나 이러한 과정에서 생성되는 모든 형성적 힘들이나 사고체계들은 단지 근원적 관념이 그 이론적이고 실천적인, 곧 삶 안에서 작동하는 국면들의 다양성 안으로 개화된 것일 뿐이다.

78_ 살아있는 관념은 그 개화를 위해서 인간 공동체에 의존해 있다; 그것은 발전을 위해서 지반을 필요로 하는 맹아와 같다. 자기를 전개시키는 관념은 이미 현존하는 사유와 행위의 형식들을 전제한다; 관념은 그것들을 파괴하고, 수정하며 혹은 자신 안에 수용하게 된다. 관념은 자신이 그 안에서 태어나게 되는 공동체의 정신을 자신의 도구로서 필요로 한다. 관념은 자기 자신과 그리고 자신이 먼저 발견한 직관들, 신념들, 삶의 형식들, 규범들과 제도들 사이에서 관계들을 산출해 내면서 발전해간다; "관념은 그것들에 새로운 의미와 방향을 주려고 하며, 게다가 소위 그것들에 대한 관할권을 만들어내고 자신이 합병할 수 없는 모든 것을 그것들로부터 분리해 내면서 그렇게 한다. 관념은 합병과 함께 자라나며, 그것의 정체성은 고립 안에서가 아니라 연속성과 지배권 안에 존립한다." 이를 통해서 종교들의 역사는 투쟁적인 근본특징을 획득한다: "그것은 상이한 국면들 가운데서 지

배권을 추구하는 관념들의 전쟁이다"(E 40). 종교는 인간 공동체의 형성적 원리가 되며, "인간적 합일의 강력하고 생산적인 원리"(E 50)가 된다. 종교가 선포하는 진리는 모든 인간들에게 향한다; 마찬가지로 종교의 계명과 약속들은 전파되어야만 한다; 모든 인간들은 종교의 혜택에 참여해야 한다. 그렇게 종교의 본질적 요소들은 종교의 본성에 입각해서 종교적 공동체의 형성을 귀결시킨다. 그러나 일단 하나의 종교적 공동체가 형성되면, 지도의 형식은 필수적이 된다. 뉴먼은 프랑스의 역사학자이자 정치가인 프랑소아 기조(François Guizot, 1787-1874)를 인용하고 있다: "종교가 인간정신 안에서 생성되자마자 이미 종교적 공동체 또한 출현한다; 그리고 종교적 공동체의 형성과 동시에 그것은 자신의 지배기구 역시 산출해낸다"(G 51).

79_ 그러나 역사적 종교들의 상이한 형식들 근저에 놓여 있고, 그 위에서 종교들이 구축되고 또 그것을 종교들이 전개시켜나가는 바로서의, 구상력에 각인된 근원적, 시초적인 인상은 무엇인가? 뉴먼의 대답은 윤리적 발전에 대한 그의 상론들에서 발견된다(E 47-51). 그것을 해석하기 위한 최상의 출발점은 바오로의 아레오파고스설교의 명제인데, 뉴먼은 종교적 가르침의 발전이론에 대한 그의 설교에서 이를 인용하고 있다(G 243): "여러분이 알지도 못하고 숭배하는 그 대상을 내가 여러분에게 선포하려고 합니다"(사도 17,23). 바오로가 여기서 말하고 있는 발전과정은 다음과 같이 기술된다: 하나의 현상, 혼란스런 관점 혹은 혼란스런 체험은 해석을 얻게 되며, 이를 통해서 그것은 자기 자신에 대한 이해에 이른다. "여러분이 알지도 못하고 숭배하는 그 대상"이란 표현은 구상력에 각인된 인상과 그것을 불러일으키는 관념을 지칭한다.

뉴먼은 그와 같은 "윤리적 발전"의 여러 보기들을 제시한다. 아리스토텔레스는 *니코마코스 윤리학*에서 행복에 대한 혼란스런 표상으로부터 출발하는데, 그는 이를 단계적으로 분석하면서 해명하고 있다; 그는 인간이 행복에 대한 열망 안에서 추구하는 것이 무엇인지를 분명히 이해시키려 한다. 혹은 인간에게는 "사회적인 원칙"이 생득적이라는 것이다; 그것은 사회와 국가 안에서의 발전을 필요로 한다는 것이다. 죽은 자들을 위해서 기도하는 관습은 심오한 관점의 표현이다. "의례와 예식은 자연적인 수단들로서, 이들을 통해 정신은 경건하고 회오적인 감정들에서 해방된다." "위대하고 지고하며 비가시적인 분"에 대한 경외심과 사랑은 하나의 종교공동체가 평가되는 척도들이다. 뉴먼은 이러한 태도들이 충분히 양육되지 않았기 때문에 자신의 종파를 떠난 사람들에 대해서 말하고 있다. 다른 무엇보다도 뉴먼에게 중요한 것은 양심의 현상이다(§§ 115-117). 우리는 양심의 존재를 부정할 수가 없다. 그러나 신학적 해석 안에서야 비로소 양심은 자기 자신을 이해할 수 있다. "윤리적 질서의 주님에 대한 가르침" 하나만이 양심에 의미를 부여하며, 그것에 미래관점을 열어준다; "다른 말로 하자면, 판관과 미래의 심판에 대한 가르침은 *양심현상의 발전*이다"(E 48 *사체*는 저자에 의한 것).

뉴먼은 기조(Guizot)에 동의하면서 종교의 본질에 대한 그의 상론들을 인용하고 있다. 기조는 종교가 단순한 종교적 감정에 환원되며 전적으로 개인적인 용무라는 견해에 반대하고 있다. "인간본성 안에는, 인간적 운명들 안에는, 이승의 삶 안에서 해결될 수 없는 문제들이 놓여 있는데, 그것들은 이 가시적인 세계가 잘 모르는 사물의 질서에 종속되어 있으며, 그러나 부단히 인간정신을 그것을 이해하려는 갈망으로 움직이게 하는 것들이다. 이 문제들의 해결이 모든 종교의 근원이며, 그것의 우선적인 목적은 이러한 해결을 포함하는 고백들과 가르침들을 발견하는 것이다." 종교를 수용하도록 인류를 재촉하는 계속되는 원인으로서 기조는 다음의 물음을 들고 있다. "윤리적인 것은 어디서 유래하는가? 그것은 어디로 이끄는가? 이 전적으로 자기 자신으로부터 실존하는 선하게 행동할 의무는, 창립자도 없고 목적도 없는, 전적으로 자신을 위해 격려된 사실인가? 그것은 오히려 인간에게 하나의 근원을, 곧 세계 저편에 있는 운명을 감추고 있는 것은 아닐까 — 혹은 계시하고 있는 것은 아닐까? 윤리학은 이 자연 발생적이고 불가피한 물음들을 통해서 인간을 종교의 문턱에로 이끌며 그에게 한 영역을 드러내주는데, 그로부터 인간이 이 물음들을 도출해 낸 것은 아니다"(E 49 이하).

Ⅱ. 철학이란 무엇인가?

80_ 열네 번째 옥스퍼드 대학설교(1841)에서 이르기를, 철학이란 "지식에 대해 타당하게 행사된 이성[*Reason exercised upon Knowledge*]이다; 혹은 일반적으로 사물들에 관한 것뿐만 아니라, 그들 상호 간의 관계들 안에서의 사물들에 관한 지식이다"(G 215). 철학은 연관들을 보는 능력이다. 혹은 비트겐슈타인의 표현으로 하자면(§ 28), 철학이란 일목요연한 묘사의 능력인데, 뉴먼은 이 능력이 토마스 아퀴나스나 뉴턴, 괴테 그리고 무엇보다도 아리스토텔레스와 같은 위대한 인물들 안에서 범례적으로 구현되어 있음을 본다(U 143). "수많은 영

역들에서 올바르게 사고한다는 것은 아리스토텔레스처럼 사고한다는 말이다; 우리는, 우리가 원하든 그렇지 않든, 아마도 우리가 그것을 전혀 알지 못하고 있더라도, 그의 학생들이다"(U 123). 뉴먼이 여기서 이성과 지식 사이에서 행하는 구분은 아리스토텔레스에 의한 도야(*paideia*)와 지식(*epistêmê*) 간의 구분에 상응한다. 도야는 지식보다 상위에 있다; 그것은 어떤 방법과 어떤 정확성의 정도가 저마다의 대상영역에 적합한지를 판단하는 능력이다. 그래서 교양인은 도덕철학의 방법이 수학의 방법과 다르다는 것을 안다; 그는 어떤 종류의 증명을 연설가에게 그리고 어떤 종류의 증명을 수학자에게 요구할 수 있는지를 안다(Aristoteles, De part.an. Ⅰ 1, 639a1-12; Nik. Eth. Ⅰ 1, 1094b22-1095a2 참조). 뉴먼의 개념규정이 말하려는 것은, 철학이 개별과학들 위에 위치한다는 것이다; 철학은 상이한 학문영역들의 차이들과 관계들을 보게 해주는 조망을 추구한다. 특정한 영역 위에서의 얇은 정신적 지평을 확장하기 위한 필수적 조건이다; 그럼에도 불구하고 그것 자체는 정신을 넓히는 것이 아니다. 오히려 이러한 확장은 지식의 상이한 대상들을 서로 비교하는데 존립한다. 우리가 다만 무엇을 배우기만 하는 것이 아니라, 배운 것을 이미 알고 있었던 것과 관계시킬 때에야, 비로소 우리는 우리의 지식을 지배한다. 정신적 지평의 확장은 단지 지식의 증대만이 아니라, 입장의 교체, 우리가 사물을 바라보는 관점의 변화를 의미한다. 뉴먼은 우리 지식의 전량(全量)을 끌어당기는 중력중심에 대해서 말하고 있다. 철학은 이 정신적 중심점이 현실에 대한 새롭고 보다 심원한 전망을 향해서 앞으로 움직이도록 작용해야 한다는 것이다. 그것은 포괄적인 개관의 능력으로서, 아리스토텔레스의 프로네시스(Phronesis), 실천적 판단력과 비교할 수 있는 것이다. 그것은 "사물들에 관한 지식일 뿐만 아니라, 그것들의 상관관계들에 대한 지식이다. 그것은 조직된, 그런 까닭에 살아있는 지식이다"(G 213). "그것은 각 사물을 다른 사물에로 이르게 한다; 그것은 전체가 구상력 안에서 유일한 정신이 될 때까지, 각각의 개별적 지체에게 전체의 상을 중재한다. 이때 정신은 도처에서 서로 보완하는 부분들을 채우고 침투하며 그리하여 그들에게 최종적인 의미를 부여한다[...] 그것은 각각의 부분 안에서 전체를 본다"(G 216).

81_ 뉴먼은 개별학문들과 단순한 박식에 의해서 정신이 편협하게 되는 위험을 지적하고 있다. "우리가 지성을 완전하게 하기를 원한다면, 우선 한번쯤은 비상해야만 한다; 실제의 지식은 한 영역 위에서 얻어지지 않는다, 우리는 일반화시켜야 한다, 우리는 방법에로 환원해야 한다, 우리는 원리들을 파악해야 하며 그것들의 도움을 받아서 우리가 습득한 것을 분류하고 형성해야 한다. 이때 우리의 활동영역이 넓은지 혹은 제한되어 있는지는 중요하지 않다; 어떤 경우에도 우리는 지식을 지배하기 위해서 그것 너머로 올라가야 한다"(U 148). 단지 자기의 개별과학만을 보는 자는 그것을 현실의 모든 영역들에 대한 척도로 삼으려는 위험을 무릅쓰게 된다. "유일한 사안에 사로잡힌 사람들은 그것의 중요성에 대해서 과장된 견해를 품게 된다. 그들은 열광적으로 그 사안을 추적하며, 그것을 완전히 동떨어져 있는 사물들에 대한 척도로 만들며, 언젠가 그 일이 성공하지 못할 때, 그들은 경악하고 절망한다"(U 146). 노련한 여행자들은 새로운 지방에 오게 되면, 그 주변의 경관을 보기 위해 높은 구릉이나 교회의 탑 위로 올라간다. "마찬가지 방식으로 당신은 당신의 지식보다 높은 곳에 서

있어야지, 그 아래 있으면 안 된다; 그렇지 않다면 그 지식은 당신을 질식시킬 것이다; 당신의 소유물이 더 커질수록, 그만큼 부담도 커지게 된다[...] 보기들은 충분한 것 이상으로 많다; 많은 저술가들은 그들의 문학적 원천들 안에서 소진되지 않은 것처럼 재치가 없기도 하다. 그들은 지식을, 마치 가공되지 않은 덩어리로 놓여있는 것처럼, 균형 없이, 계획 없이, 그 폭에 따라서 측정한다. 고전적인 대가들에 대해 얼마나 많은 주석자들이 존재하는지, 성서에 대해 얼마나 많은 주석자들이 존재하는지, 우리는 그들을 읽고 자리에서 일어선다, 우리를 지나친 그 박식에 놀라며, 그리고 왜 그것이 지나가버렸는지 놀라워하며"(U 148).

82_ 철학은 그 완전한 형식에 있어서 지식이 아니라 태도이자 활동이다: 뉴먼이 인간의 정신적 삶에 주도적인 역할을 귀속시키는 것은 판단력의 완성이자 실행이다. 사람들이 판단력을 얻는 것은 — 뉴먼은 오리엘 대학의 교육행정관이었던 에드워드 코플스톤(Edward Copleston, 1776-1849)을 인용하고 있다 — "수많은 상이한 사물들의 본질과 발췌물의 결합을 통해서이며, 이것들은 먼저 폭넓고 광범위한 독서와 다양한 지식영역들로부터 그리고 다음에는 관찰로부터 얻어진 것들이다. 왜냐하면 이러한 관점에서 무엇인가가 수중에 놓이게 될 때, 자신의 모든 생각을 유일한 전공영역에만 향하도록 길들여져 있는 사람은 단지 그것을 위해서도 결코 훌륭한 판단자가 되지 않을 것이라는 점이 사실이기 때문이다. 다른 한편으로 그의 시계(視界)의 확장은 급속히 상승하는 정도로 지식과 힘을 그에게 부여한다." 코플스톤이 이해하는 판단력은, "모든 실천적이고 학문적인 삶의, 바로 모든 천부적 재능 일반의, 저 탁월한 원리인데, 그것은 정신이 대질하고자

하는 각각의 대상영역에서 정신에 힘을 부여하고, 그 영역에서 결정적인 지점을 파악하도록 정신의 능력을 신장시키는 원리이다"(U 176 이하). 판단력은 비교함과 구분함에 의해서 살아간다. 그것의 도야는 상응하는 영역들에서의 훈련을 요구한다; 코플스톤은 종교, 윤리, 역사, 수사학, 시작(詩作), 철학적 원리론, 예술, 문학을 거명한다. 이것들은 모든 차이에도 불구하고 하나의 통일성을 형성한다: 그것들의 위대한 대상은 도덕적, 사회적 그리고 느끼는 존재로서의 인간이며, "그것들 모두는 (다소간 엄격하게) 도덕적 이성의 동일한 힘의 통제 아래에 서 있다"(U 177). 코플스톤은 이 상이한 연구들이 서로 어떻게 지지하고 보완하며, 그러나 무엇보다도 어떻게 서로를 교정하는지를 보여준다. 그들은 "그들의 특수한 장점과 나란히 그들만의 결함도 갖고 있다. 한 연구에 대한 가장 심원한 면식도 오직 한 지성만을 산출하며, 그것은 그저 눈먼 혹은 너무 빈약한 혹은 지나치게 편협한 독서로 인해서 또 다른 결점에 붙들려 있는 것이다. 예를 들어 역사는 사물의 진상, 말하자면 격정, 어리석음 그리고 공명심의 모든 불완전성들을 통해서 타락하고 훼손된 인간의 윤리적 태도와 추구를 보여준다. 철학은 그림을 너무 많이 지워버린다; 시작(詩作)은 그림을 지나치게 많이 장식한다. 이 삼자를 하나로 포착한 광채가 비로소 각각의 그릇되고 독특한 색조를 교정하며 우리에게 진리를 보여준다"(U 178).

거의 송가적인 묘사 안에서 뉴먼은 판단력의 도야이자 완성으로서 이해된 철학이 한갓 인식적 태도 이상임을 강조하고 있다. 철학은, "모든 사물에 대한 명료하고 고요한 관조이자 파악인데, 각자의 자리를 점하고 고유한 특성을 갖춘 사물을 유한한 정신이 파악할 수 있는 한에서 말이다. 철학을 가진 자는 역사에 대한 앎에 기인하여 거의 예언적이다; 그는 인간본성에 대한 앎에 기인하여 거의 마음을 천착할 능력이 있다; 그는 편협함과 선입견으로부터의 해방에 기인하여 거의 초자연적 사랑의 능력을 갖는다; 그는 거의 신앙의 평온함을 소유하는데, 아무 것도 그를 소스라치게 놀랠 수 없기 때문이다"(U 147).

83_ 각각의 학문은 자신을 유일한 척도로, 그리고 현실에 대한 유일한 주석으로 만드는데 기울어진다. 그것은 자신의 담당이 아닌 영역에 개입하려는 위험에 처해 있다. 그렇기 때문에 "배타적으로 실행되는 각각의 세속학문은 종교에 위태로운 것이 될 수 있다"(U 72). 각각의 학문은 자신의 고유한 방법을 가지며, 자기의 고유한 영역 너머로까지 그 방법을 적용하고, 그것을 자신의 목적을 위한 최고의 방법으로서 뿐만 아니라 전적으로 최상의 방법으로 간주하며, 그것을 다른 학문들에 강요하는 경향을 갖는다(U 256 이하). 어떤 종류의 연구들은 정신으로 하여금 다른 지식영역들을 꺼리게 만든다. 자연과학적 사유의 우세는 종교적 신앙을 어렵게 만든다; 뉴먼은 계시진리에 유해한 자연과학적 사유가 구상력에 끼치는 영향을 시시하고 있으며, 아울러 그 자신의 위대한 성공 때문에 자연과학적 사유에 분배되고 있는 지배적인 관심을 지시하고 있다(U 328). 자연과학은 진보의 법칙 하에 서 있고, 반면에 종교는 그 어떤 진보도 알지 못한다. 예를 들어 사후의 인간의 운명이 관건이 될 때, 고등교육을 받은 유럽인은 검은 발의 인디언보다 더 많이 알지 못한다. "검은 발의 인디언을 능가하는 우리의 그 모든 수많은 학문들 중에서 단 하나도 육체의 삶이 소멸된 후의 영혼의 상태에 대해서는 단지 최소한의 정도로도 그 어

떤 빛을 던져주지 못한다." 학문과 기술의 그 어떤 진보도 "신앙 하나만으로 인간이 의롭게 되는지, 혹은 성인들에게 간청하는 것이 올바른 신앙의 풍습인지의 물음과 최소한의 관계도 갖지 않는다"(U 253). 철학은 개별적 학문들에 한계를 설정하는 과제를 갖는다. 철학은 모든 가르침들과 진리들을 자신의 감독 아래에 두는 "군주적인 지성"이다; 이 지성은 "그 모든 것들이 통용되게 하며 어떤 것도 경시하지 않는다; 그리고 그것은 아무 것도 경시하지 않기 때문에, 어떤 것에게도 자신의 한계를 넘어서고 그리하여 다른 것들의 희생 위에서 자신을 확장하는 것을 허용하지 않는다[...] 그것은 본질을 본질로부터 분리하는, 넘어설 수 없는 한계선을 승인한다. 그것은 어떻게 상이한 진리들이 서로 관계하는지, 어디서 그들이 합병되는지, 어디서 그들이 갈라지는지, 그리고 어디서 그들이, 너무 멀리 실행된 나머지, 도대체 진리이기를 멈추게 되는지를 엄밀히 유의하고 있다. 그의 직무는 정신적 삶의 각 영역에서 얼마만큼이 인식될 수 있는지를, 우리가 언제 무지에 만족해야만 하는지를, 어떤 방향에서 탐구가 전망이 없는지를 그리고 어디서 그것이 전도유망한지를, 어디서 탐구가 이성이 해소할 수 없는 어려움에 연루되는지를 규정하는 것이다"(U 273).

III. 종교적 신앙과 이성

1. 이성의 관여들

84_ 상이한 학문들의 상호관계에 대해서 타당한 것이 마찬가지로 종교적 신앙과 이성 간의 관계에 대해서도 타당하다. 여기서도 관건이 되는 것은 현실에 이르는 상이한 통로들과 현실에 대한 상이한 관점들이며, 여기서도 관여들이 존재한다. 철학은 여기서도 종교적 신앙과 이성의 고유성과 차이를 파악하고 그들의 상호관계를 규정하는 과제를 갖는다; 철학의 과제는 "알려지지 않은 진리들을 추정하는 것이 아니라, 확고한 사실과 가르침을 서로 비교하고, 서로 순응시키며, 결합하고 설명하는 것이다"(G 218). 이성과 학문의 영역에 대한 종교의 관여가 존재하며, 마찬가지로 종교의 영역에 대한 이성의 관여가 존재한다. 이성은 종교를 파괴할 가능성을 갖는다, 그러나 혼자서는 종교를 그 온전한 의미에서 파악할 능력이 없다. "혹평하는 이성이 아무런 반론도 발견할 수 없는 하느님의 행위나 종교의 진리란 존재하지 않는다. 그리고 진실로 계시의 증명근거들과 내용은 한갓 변덕스런 인간의 이성에게 향해져 있지 않으며, 이성을 통한 확실하고 적합한 수용도 기대할 수 없는 일이다"(G 49). 그리스도교의 전파 안에서 뉴먼은, 바오로의 코린토 서간에서처럼(1코린 1,18-33), 세상의 지혜보다 우월한 신의 어리석음의 승리를 보고 있다. "인간적 철학은 자신의 불손한 자리에서 추방되었다. 그러나 그것은 어떤 반대철학에 의한 것이 아니었다. 무지한 신앙은, 그것에 거주하는 힘을 통해서

효력을 발하게 되었으며, 이성을 지배하였다[...]. 신앙은 그 시간 이후로 교회 안에서 이성을 사용했다, 먼저 포로로서, 그 다음에는 하녀로서; 똑같은 권리를 가진 것으로서가 아니라 그리고 어떤 방식으로도 (멀게는) 후원자로서가 아니라"(G 51).

85_ 이것은 이성적대적인 신앙주의처럼 들린다. 이 말을 올바로 이해하기 위해서는 우선 여기서 전제되고 있는 이성개념에로 시선을 돌려야만 한다. 넓은 의미에서, 뉴먼이 상론하는 바에 따르면, 이성으로 이해되고 있는 것은 인간을 동물과 구분하는 모든 것이며, 윤리적 인식의 능력도 여기에 속한다. 여기서는 이성이라는 말이 이러한 의미로 사용되고 있지 않다. 뉴먼이 신앙과 이성의 대구에 대해서 말할 때, 그는 보다 좁은 의미의 개념을 사용하고 있다; 이성은 "지성적 힘들과 동의어이며, 그러한 것으로서 윤리적 특질과 신앙에 대비된 것으로" 사용되고 있다(G 52). 뉴먼은 신앙과 그처럼 이해된 이성 간의 관계를 감각지각과 이성 간의 관계와 비교하고 있다; 양자 사이에는 "강한 유비"가 존립한다는 것이다. 이성이 감각의 과제를 넘겨받을 수 없는 것처럼, 이성은 신앙을 대체할 수 없다. 그와 함께 감각을 위한 그리고 그에 상응하게도 신앙을 위한 이성의 다양한 실행들이 반박되고 있는 것은 아니다. "우리의 이성은 감각들을 다양한 방식으로 지지하고 있다: 이성은 감각의 적용을 규제하며 그것이 우리에게 전달하는 증명근거들을 정돈한다; 이성은 감각에 접근될 수 있는 사실들을 사용하며, 그로부터 무제한의 폭으로 결론들을 도출하고, 확인 가능한 사건들을 예상하며, 의심스러운 것들을 확증한다"(G 53). 그럼에도 불구하고 자연과학은 관찰과 실험을 포기할 수는 없다. "진지하게 빛과 색들에 대한 강의를 할 것이라고 통보한 맹인은 청자를

발견하기를 희망할 수는 없을 것이다"(G 54).

 자연과학의 영역에서 명백히 부조리한 것은 종교와 신학 안에서도 존재한다. 여기서는, 현상에로의 통로를 갖지 않고, 사변을 따라가는 이론가들이 발견된다. 이들은 무엇이 학문으로서의 신학의 과제인지 그리고 어디에 이성과 사변의 한계가 놓여있는지를 알지 못한다. "그들은 그들의 대상에 대한 직접적 관찰을 목표로 삼는 대신에, 그들의 가르침을 한갓 논증 위에 구축했다"(G 55); 그들은 우선 사람들로 하여금 색들을 관찰하도록 안내하는 대신에, 색들에 대한 예리한 이론을 발전시키는 사람들에 비교될 수 있다. 뉴먼은 그러한 이성종교에 대해서 엄하고 단호한 판결을 내리고 있다: "증명의 실행을 통해서 한 인간을 신앙에로 인도하길 바라는 것은 고문을 통해서 인도하길 바라는 것처럼 무의미한 것이다"(G 55). 이러한 이론가들은 종교에 유해하다. 왜냐하면 그들은 혼란만을 일으키기 때문이다. 색들에 대한 강의를 통보한 눈 먼 강사와는 달리, 그들은 벌 받음이 없이 광범위한 그리고 똑같이 눈 먼 청중을 발견하여 그들의 모순적인 가르침을 강연할 수 있다. 그런데 종교적인 사람들 역시 종종 그들의 말에 귀를 기울인다. 왜냐하면 이들은 그 사변가들의 이런 저런 예리한 추측이 확증된 것이라 보기 때문이다. 종교의 영역에서 이성이 갖는 중요하면서도 포괄적인 과제는, 이성이 이런 방식으로 자기 자신에게서 발원된 결함을 바로잡는 데에 존립한다; 이성은 자기 자신이 책임이 있는 병들을 치유해야만 한다. "얼룩얼룩 서로 뒤얽힌 직물의 실들을 다시 푸는 데에는 그 어떤 초인간적 재능이 요구되는가! 자신의 지식 혹은 철학을 통해서 이 과제를 적어도 부분적으로나마 실행하는 천부적 재능을 가진 인간에게 우리는 어떤 감사를 빚지고 있는가!" 그러나 감사는 탐구의 원리로서의 이성에게 돌려져야 할 것은 아니다. 왜냐하면 이성은 자기 자신이 저지른 불행을 다시 회복시킬 뿐이며, "그리고 그가 불법적으로 침입했던 영역으로부터 초라하게 그리고 서서히 퇴각할 뿐이기 때문이다"(G 55).

  종교적 신앙과 이성의 관계에 대한 널리 유포된 견해를 구체적으로 살펴보도록 하자. 뉴먼은 감각지각의 유비를 가지고 이 견해에 반대하고 있다. 이 견해에 따르면 신앙은 이성에 종속되어 있다; 신앙의 행위는 이성의 행위에 기초를 두고 있다. 신앙은 증언에 의거하지 이성적 추론에 의거하는 것이 아니기는 하다. "그러나 저 증언은 자신의 주장의 증명을 위해서 이성에 종속되어 있으며, 따라서 이성은 불가결의 전제인 것이다"(G 140). 뉴먼은 17세기의 한 설교자를 인용하고 있다: "신앙은 ... 어떤 사안이 하느님에 의해 계시된 것이라는 데에 동의하는 것이다. 그러나 이제 각각의 동의는 *증명들 위에서 근거지어진* 것이어야 한다. 즉 아무도 어떤 *근거*들을 가짐이 없이 혹은 갖고 있다고 믿지 않으면서 그 무엇을 믿을 수는 없다. 왜냐하면 근거 없이 하나의 사안을 확실하다고 간주하는 것은 신앙이 아니라 주제넘게 고수된 정신의 의견이자 고집이기 때문이다"(G 194). 신앙은 이성에게서 측정된다; 이성은 신앙에 대한 가치척도를 제공한다. 이성은, 그렇게 유포된 견해에 따르면, 자신이 동의하기 전에 강력한 증명근거들을 요구한다는 것이다; 이에 반해서 신앙은 더 약한 증명근거들에 만족해 있다는 것이다(G 141). 이성은 엄밀한 증명들을 요구하며, 반면에 "신앙은 이미 애매한 혹은 결함 있는 증명들에 만족해 있다"(G 145). 이로써 신앙은 경신(輕信)에 가까워진다. 이성이 더 많은 것을 요구하는 곳에서, 신앙은 적은 것에 만족한다. "따라서 이성이 정신의 건강한 활동이라면, 신앙은 정신의 약함일 수밖에 없다"(G 143).

2. 종교적 신앙의 현상학에 대하여

86_ 단순한 사람들의 신앙이라는 사실과 신약성서에서의 신앙의 현상학은 이 합리주의적인 이해에 반하는 말을 하고 있다. "신앙의 행위"는, 뉴먼이 자기 자신의 입장을 일찍이 요약하고 있듯이, "오직 하나이자 기초적이다; 그것은 자기 자신 안에서 완전하며 그것에 선행하는 정신의 어떤 과정에도 종속되어 있지 않다"(G 154). 신앙은 *근거 짓는* 이성과 독립해서 존립하며 행동한다. "어린아이 혹은 무식한 사람은, 왜 그가 그렇게 행동하는지의 이유를 제시할 수 없는, 신앙 안에서 자신의 구원을 일으킬 수 없다고 누군가가 주장한다면? 그 사람은 그리스도교의 증명근거들에 대한 어떤 충분한 통찰을 갖고 있는가? 그리스도교의 신성함에 대한 어떤 논리적 증명을?"(G 141).

어린아이나 가난한 이들 그리고 무식한 이들과 이론적 물음에 종사할 시간이 없는 사람들이, 비록 신앙의 근거들을 평가할 능력이 없어도, 순수한 신앙을 가질 수 있다는 것은 논박할 수 없는 사실이다. 진지하게 믿는 대다수의 사람이 신앙의 근거를 검토했기 때문에 믿는 것이 아니라 "어떤 특정한 방식으로 믿으려는 성향을 가지고 있기 때문에"(G 174) 믿는 것이라고 뉴먼이 적고 있다면, 이는 신비적 맹아에 대한 제임스의 이론을 상기시켜 준다(§ 47). 단순하고 무식한 농부라도 실천적인 물음과 인간적 용무들 안에서 철학자와 똑같이 현명한 판단을 내릴 수 있다. 그는 사변적인 철학자처럼 인생과 세계에 대한 포괄적인 해석을 내릴 수 있고 그로부터 살아갈 수 있다 — 뉴먼은 "순수한 정신의 본능"에 대해서 말하고 있다. 그러나 만일 우리가 그처럼 단순한 사람들이 지성적으로 재능이 있는지의 여부를 묻는다면, 대답을 발견하기가 어려워진다. 그들은 모순에 빠지지는 않으며, 전반적으로 중요한 것을 부수적인 것과 구별할 수 있다. "다른 한편으로 그들의 판단들에서 무엇인가 비범한 것이 있음이 그들에게는 전혀 의식되고 있지 않다. 그들은 결코 두 개의 판단들을 서로 결합하지 못하며 그 판단들을 관통하는 일반적 원리들을 인식하지 못한다 [...] 그들은 자신을 방어할 수 없으며, 우리는 그들을 쉽게 침묵하게 만들 수 있다. 그들이 추론하기 시작할 때, 그들은 결함 있는 것처럼 보이는 논증들을 사용한다. 왜냐하면 그 논증들은 단지 그들이 현실 안에서 느끼는 것의 유형들과 그림자들일 뿐이며, 생각들의 거대한 체계를, 그것은 곧 그들의 삶인데, 분석하려는 시도들일뿐이기 때문이다"(G 225). 하나의 유비는 위대한 장군의 비범한 통찰이다. 그는 자신의 적과 우방이 어떤 계획을 가지고 있는지, 그리고 그들의 연관된 움직임의 결과가 어떠할지를 정확히 알고 있다. 만일 그가 자신의 사안을 위해서 말과 문서로 논증해야만 한다면 어떻게 될까? 그의 천재적인 추측들을 반박하고, 그가 제시하는 모든 근거들이 논리를 결하고 있음을 보여주는 것은 쉬운 일이 아닐까?(G 165).

87_ 그리스인들과 계몽주의에 의해서 규정된 인간상에 뉴먼은 성서적 인간학을 맞세우고 있다. 일반적인 확신에 따라 "지성이 우리 본성의 특징적인 부분으로서" 간주되고 있음에 우리가 유념한다면, "지성에 대한 성서의 침묵은 (성서의 적극적인 과소평가에 대해서 말하기 위함이 아니라) 대단히 눈에 띄는 것이다". 구약성서는 전체로서의 이성에 대해서나 그것의 상이한 능력들에 대해서 한마디도 안하고 있다는 것이다. 신약성서에 나타난 예수의 모습은 한갓된 이성이 완전한 인간의 관념 안에서 얼마나 하위의 자리를 점하고 있는지를 보

여준다는 것이다. "우리가 인간들에게 적용시키는 바로서의 자비, 진실성 그리고 거룩함의 속성들을 그리스도에게 귀속시킬 때" 그러한 행위가 세속화가 아닌 반면에, "그분의 정신이 지닌 힘들을 지적인 재능들의 척도로 재는 것은 불경심의 표현일 것이다. 만일 우리가 그 재능들을 그분에게 귀속시킨다면, 그것의 이름들은 이미 천박하고 몰염치하게 들릴 것이다". 예수는 명백한 경멸로 지성의 모든 과시를 배척하고 있다는 것이다; 그는 "심원한 진리를 말하고, 어린아이들에게 지혜를 이해시키는데, 그러나 논쟁의 기교나 보통 달변으로 여겨지는 것과는 거리가 먼 언어로 진술하는데"(G 50) 자신을 국한하고 있다. 신앙이 증명근거들(evidence)에 입각한 '진리로 간주함(Fürwahrhalten)'이거나 혹은 추론적 과정에 입각한 일종의 추론결과라면, 자신의 문학적 형식에 토대를 둔 성서의 텍스트는 신앙을 중재하기에는 부적당한 것이 될 것이다. 성서의 문학적 성격은 따라서 합리주의적인 신앙이해에 반하는 것이다. 성서의 의미에서의 신앙은 "인식과 행위의 도구인데, 세상이 이전에는 그것을 알지 못했듯이, 독특한(sui generis) 원리인 것이다. 그것은 자연이 우리에게 부여하는 것들과는 상이하며, 특히 [...] 이성 아래에서 대개 이해되고 있는 것에 종속되어 있지 않다"(G 138).

히브리 서간 11장 1절의 주석에서 뉴먼은 신앙을 '희망적 사유(Wunschdenken)'에 근접시키고 있다. "'믿음'은", 그렇게 그는 첫 번째 반절을 번역하고 있는데, "'실체이며' 혹은 '바라는 것들의' 인식 [realizing]이다". 그것은, 뉴먼의 주석에 따르면, "존재하기를 바라거나 희망하는 것이 그렇게 될 것이라는 기대이다. 그것은 증명근거들[evidence]을 통해서 입증된 것들의 인식[realizing]이 아니다". 신앙의

D. 종교, 철학, 이성: 존 헨리 뉴먼

중요한 증명근거는 바라는 것들에 대한 갈망이다. 신앙은 그 자신의 증명근거이다. 뉴먼은 그렇기 때문에 두 번째 반절을 이렇게 번역하고 있다: "[신앙은], '사람들이 보지 못하는 것들의 *증명근거*이다." 신앙은 자신의 증명근거를 자기 자신 안에 지니고 있기 때문에, 밖에 서 있는 자나 세상에게는, 마치 바오로가 첫 번째 코린토 서간 서두에서(1코린 1-2) 상론하고 있듯이, 비합리적인 것처럼 나타난다. 이러한 비난은, 신앙이 이성을 통해서 정초되고 있지 않으며 어떤 증명근거도 제시할 수 없다는 점에 의거하지 않는다. 증명근거는 신앙 안에서 표현되고 있는 정신의 경향성이다. 신앙이 이 경향성에 기댈 수 없다면, 그것은 다수의 근거들을 제시해야 할 것이다. 그렇지만 이 경향성 하나만이 충분한 증명근거이고 신앙은 또 다른 근거들을 필요로 하지 않기 때문에, 그것은 세상에게는 정초되지 않은 그리고 비합리적인 것으로 나타난다(G 145 이하). 신앙은 특정한 도덕적 체질(Verfassung)을 전제한다. 뉴먼은 첫 번째 코린토 서간 2장 14절 이하를 인용하고 있다: "'현세적 인간은 하느님의 영에게서 오는 것을 받아들이지 않습니다. 그러한 사람에게는 그것이 어리석음이기 때문입니다. 그것은 영적으로만 판단할 수 있기에 그러한 사람은 그것을 깨닫지 못합니다. 영적인 사람은 모든 것을 판단할 수 있지만, 그 자신은 아무에게도 판단받지 않습니다[...]'. 여기서는 특정한 도덕적 체질이, 그리고 증명근거가 아니라, 진리를 얻기 위한 수단으로서, 그리고 정신적 완성의 시작으로서 거명되고 있다"(G 178). 신앙은 자신의 생명을 특정한 도덕적 경향 안에 갖는다; 그것은 신앙이 동의하는 원리들의 통찰을 위해서 *없어서는 안 되는 조건*(condicio sine qua non)이다. "그러나 증명의 실행은 도덕적인 본성을 갖지 않는다. 따라서 신앙은 이성의 것과 동일한 증명방법을 제시하지 않는다"(G 138).

뉴먼의 *대작*(*opus magnum*)인 *문법*(*Grammar*)은 요한복음에 나오는 목자의 비유(요한 10, 14.27 이하)에서 취한 인용문을 포함하고 있다. 양들이 그 목소리를 알아듣고 따라가는 착한 목자의 비유는 그에게는 이미 30년대 말엽과 40년대 초 옥스퍼드 대학설교 안에서 신앙 인식의 상징이 되고 있다. 신앙은, 그 비유가 가르치듯이, 본능이다. "우리는 *사랑하기* 때문에 *믿는다*. 이 진리는 얼마나 명백한가!" "세심하고 자의적인 철학은" 이 영감어린 가르침의 "단순성, 진실성, 광대한 자유"를 훼손시킬 수 있을 뿐이며, 그래서 신앙의 장애가 될 뿐이다. "어린아이가 부모를 신뢰하는 것은, 그들이 그에게 좋은 것을 행할 능력이 있거나 그럴 의향이 있으며, 그들이 바로 그런 자들이라는 것을 아이 자신이 입증했기 때문인가, 혹은 애착의 본능으로부터인가?" 착한 목자를 그 목소리에서 알아본다는 것은, 그리스도 안에서 자신의 애착에 상응하고 그것을 채워주는 대상을 알아본다는 뜻이다. 정화된 정신은 사랑과 숭배의 대상을 구하며, 그가 믿는 이유는, 그리스도 안에서 이러한 추구와 갈망에 상응하는 대상을 인식하기 때문이다. "그는 그분을 사랑하기 때문에 그분을 신뢰하고 믿는다"(G 177 이하). "인간들은 이성이 없이 빛과 어둠을 선택하지는 않는다. 그러나 그것은 논증이나 증명에 선행하는 본능적 이성이다." 양들은 그들이 *어떻게* 착한 목자를 알아보는지 말할 수 없었을 것이다; 그들은 자신들의 인상을 분석하지 않았고 혹은, 의심할 바 없이 그 앎의 근거들이 있었음에도 불구하고, 그것들을 명백히 하지 않았다; 그들은 "즉흥적으로 사랑하는 신앙에서 행동했다"(G 208 이하).

88_ 그러므로 신앙은 성서의 가르침에 따르면 단순한, 반성되지 않은 행위이며, "의식적인 추론이나 형식적인 증명의 실행이 없는, 보이지 않는 하느님에 대한 정신의 단순한 고양이다". 이 그림은 그렇지만

세분화를 필요로 한다. 뉴먼은 첫 번째 베드로 서간의 경고를 지시한다. 우리는 "우리가 지닌 희망에 관하여 *누가* 물어도 대답할 수 있도록 *언제나* 준비하고 있어야 합니다"(1베드 3,15). 신약성서에서는 신앙의 상이한 형식들이 발견된다는 것이다. 바오로의 리스트라 설교에 나오는 앉은뱅이나(사도 14,8-10) 성전의 '아름다운 문' 곁에 있던 불구자가(사도 3,1-8) 예수의 이름을 믿는다면, 그들의 신앙은 대상과 근거가 없는 것이 아니다. 그러나 이것들은 의식되지도 그리고 인식되지도 않았다; 그 둘은 믿고 있다, 그러나 자신들이 무엇을 그리고 왜 믿는지는 말할 수가 없다. 첫 번째 계명에 대한 물음에 예수가 대답하자 이를 신명기 6장 4절 이하를 인용하면서 확증하고 있는 율법학자는(마르 12,32 이하), "교의적인" 믿음을 가지고 있다: 그는 그가 무엇을 믿는지 알고 있으며, 그가 그 안에서 자랐고 또 살고 있는 전승의 권위에 입각해서 그것을 믿는다. 마침내 니코데모가 예수께 이렇게 말할 때: "하느님께서 함께 계시지 않으면, 당신께서 일으키시는 그러한 표징들을 아무도 일으킬 수 없습니다"(요한 3,2), 이것은 반성된, 근거 지어진 신앙이다: 니코데모는 그가 무엇을 그리고 왜 믿는지를 말할 수 있다. 신앙은 순수한 신앙이기 위해서 신앙고백, 혹은 교의와 근거 짓기를 필요로 하지 않는다. 신앙의 모든 형식은 대상과 근거들을 갖지만, 모든 형식이 명시적인, 표현할 수 있는 지식으로서 그것들을 갖는 것은 아니다. 대상에 대한 반성과 신앙의 근거 짓기는 가능하다. 그러나 그것은 필수적이지 않다. 뉴먼은 신앙과 신학을 구별한다. 어린아이나 농부는 믿는다, 그러나 그들은 신학자는 아니다. 명제로 표현된 신조와 신앙의 근거 짓기는 신앙을 발전시킨다. 그러나 그것들은 신앙을 파괴하지는 않는다. 그럼에도 불구하고 그것들은 신앙의 필수적 조건들이 아니다; 신앙은 교의와 신학에 의존되어 있지 않다. 그러한 지식은 잘못된 것일 수 없다. 그럼에도 그것은, "반성이 동시에 우리 영혼의 자연적 능력이면서 그럼에도 시초적인 능력이 아닌 한", 필수적일 수는 없다. 반성은 신앙의 처음에 서 있지 않다; 그것은 신앙의 나중 상태에 부속시켜야 하는 것이다. 그것은 영혼의 근원적 능력에 의해서 포착되는 것을 전개시킬 수는 있지만, 그것의 기초를 세울 수는 없다; 반성은 근원적으로 주어진 것을 전제하며, 그것을 향한다(G 189 이하).

3. 함축적 이성과 명시적 이성

89_ 종교적 신앙에 대한 이러한 이해는 그럼에도 하나의 반론에 봉착해 있다: 그와 같은 견해에 있어서 종교비판은 어떻게 가능한가? 어떻게 진정한 종교적 신앙이 그릇된 것과 구분될 수 있는가? 종교적 신앙은 언제 책임 있게 대답될 수 있는가? 외견상 비합리적으로 보이는 이 신앙의 개념은 불신앙에 대한 평계를 표현하는 것이 아닐까? 신앙은 미신이나 광신에로 변질되는 것을 막아주는 보호책과 교정을 필요로 한다. 널리 유포된 대답은 이성을 거명한다; 이성은 신앙의 토대이자 교정책이다. "'신앙은 이성 위에 구축되어 있으며, 이성은 신앙의 보호자이다. 우리는 이성을 양육한다고 한다. 그리고 똑같은 척도로 우리는 사람들이 복음을 인정하고 또한 분별 있게 사용하도록 안내할 것이다. 그들의 종교는, 그들이 왜 그리고 무엇을 믿는지를 알고 있는 한, 합리적이 될 것이다'"(G 175). 신앙은, 뉴먼의 대답에

따르면, 스스로가 이성의 행위이다. 신앙을 이성의 토대 위에 구축하고 이성 안에서 신앙의 교정책을 보는 사람은 신앙과 이성을 구분하며, 신앙을 미신과 갈라놓는 벽을 허물어 버린다. 뉴먼은 "올바른 신앙을 위해서는 어떤 지성적 행위가 신앙 자신의 외부에서 필수적이다"(G 176)라는 점을 부인한다. 반대자는 다음의 방식으로 고집스레 주장할 수도 있다. 곧 그가 바라는 것은, 신앙행위는 반성되어야 하며, 신앙의 합리성은 명시적이 되어야 한다는 것이다. 뉴먼의 반박에 따르면, 신앙은 반성 없이도 온전하다; 그와는 반대로 반성은 신앙을 방해할 수 있으며, 그런 까닭에 조심스럽게 사용되어야 한다(G 206). 이로써 철학 그리고 해당되는 신학적 원리들을 통한 신앙정초에 대해서 뉴먼이 내리는 평가가 약술되었다. 이제 이 점을 더 자세히 살펴보자.

90_ 뉴먼은 창조적인 능력과 비판적인 능력을 구분하고 있다. 그렇게 양심은 "우리 본성 안에 있는 단순한 요소"이며, 하지만 양심의 판단들은 이성에 의해서 감시되고 검사되어서 논증적인 형식 안으로 운반될 수 있다. 또 다른 보기는 예술가의 창조적 능력과 예술비평가의 분석적 능력 사이의 구분이다(G 140 이하). 이에 상응하게 추론적인 사유에 있어서는 근원적인 추론과정과 그것에 대한 분석이 구분되어야 하는데, 가령 아리스토텔레스적인 삼단논법의 도움을 받아서. 모든 인간들은 사유한다. 왜냐하면 사유란 선행하는 진리로부터 감각의 도움을 받음이 없이 하나의 진리를 획득함을 의미하기 때문이다. 동물은 감각에 국한되어 있다. 그러나 "모든 사람들이 자신의 사유에 대해서 반성하지는 않는다. 올바르고 정확히 사유함으로써 자신들의

견해에 정당성을 갖게 되는 사람들은 더욱 적다[...]. 다른 말로 하자면: 모든 사람들은 근거를 갖고 있다, 그러나 모든 사람들이 근거 짓기를 할 수 있는 것은 아니다. 우리는 정신의 이 두 활동들을 사유와 논증, 혹은 의식적 사유와 무의식적 사유, 혹은 함축적 이성과 명시적 이성이라 지칭할 수 있다. 나중 것에 속하는 것은 학문, 방법, 발전, 분석, 비판, 증명, 체계, 원리들, 규칙, 법칙 그리고 그와 동일한 것들의 개념들이다." 이 두 행위들은 혼동되어서는 안 된다. 분석은 분석되어져야 할 과정의 무결성(無缺性)을 위해서 필수적인 것이 아니다. 사유의 과정은 자체적으로 온전하며 분석에 종속되어 있지 않다; 분석은 다만 그 과정을 *묘사한다*; 분석은 결론과 추론결과를 올바른 것으로 만들지 않는다(G 193).

4. 종교적 신앙과 선행하는 근거들

91_ 뉴먼의 정의에 따르면, 신앙은 "추정적인 사유의 행위, 혹은 선행하는 근거들[antecedent grounds]에서 출발하는 이성의 행위이다"(G 174). 신앙의 행위는 전제들로부터 시작된다; 그것은 선(先)이해, 관점, 편견, 의견, 소망과 선입견으로부터 좋은 의미로 영향 받은 것이다. "신심 있는 정신은 그 자신의 희망, 염려 그리고 의견의 영향 아래에 있다[...]. 신앙은 행위의 원리이며, 행위는 면밀하고 완결된 탐구들을 위해서 어떤 시간도 허용하지 않는다. 우리는 (우리가 원할 경우) 그러한 탐구들이 높은 가치를 갖는다고 생각할 수 있다, 비록 그것들이 학문적 정확성을 개선시키는 동안에 실제로는 정신의 실천

적 에너지를 마비시키는 경향을 가짐에도 불구하고, 그러나 그것들의 성격이나 결과가 어떤 것이든지, 그것들은 일상적 삶의 필요들에 상응하지는 못한다"(G 143 이하). 신앙은 행위의 원리이기 때문에, 자신의 전제들에 대한 반성과 근거들에 대한 물음에 한계를 설정한다; 우리는 정보, 관점, 소망에 입각해서 행동해야만 한다. 그것들은 우리가 결정을 내리는 순간에 마음대로 활용할 수 있고, 그 순간에 우리를 규정하는 것들이다.

이러한 관점에서 보면, 종교적 신앙과 믿음의 다른 형식들 사이에는 어떤 차이도 존재하지 않는다. 뉴먼은 시리아나 남동유럽에서 발생한 지진에 대한 소문과 이웃나라에서 발생한 지진에 대한 보도를 비교하고 있다. 첫 번째 보도에 우리는 쉽게 믿음을 선사하게 될 것이다: 이 먼 나라들에서 발생한 지진은 우리와 관계되지 않는다; 우리는 이미 종종 이러한 지역들에서 발생한 지진에 대해 들었다; 아무것도 소문에 반대하는 말은 없다; 우리는 그것을 확인할 어떤 가능성도 갖고 있지 않다. 그에 반해서 이웃나라의 지진에 대한 보도를 우리는 쉽게 믿지 않을 것이다: 서유럽에서의 지진은 이례적으로 드문 것이다; 그 보도가 사실이라는 "선행하는 개연성"은 결과적으로 미미하다. 이웃나라에서 지진이 발생한다면, 그것은 우리에게 일어날 수도 있는 경우이다; 그 보도는 따라서 우리와 관계된다. 이웃나라의 사건들에 대해서 우리는 많은 다른 정보들 가지고 있다; 우리는 지진에 대한 그 보도가 이 그물망 안으로 들어오는지를 물을 것이다. ― 사람들은 소망하는 바를 믿는다는 것은 거의 속담이 된 진실이다. 단지 마지못해서 우리는 나쁜 소식을 믿는다. 사람들은 "종종 강렬한 소망이 실현되었을 때도 우리가 믿지 않는 경우가 있다"고 반론을 펼 수도 있다. 그렇지만 그런 경우는 단지, 그 실현이 바람직한 것과 똑같이 비개연적인 것일 때이다. 우리는 호감이 가지 않는 사람들에 대해 불리한 것, 혹은 우리 자신의 이론들의 확증을 쉽게 믿는다(G 144 이하).

92_ 신앙의 이러한 성격은 그렇지만 이성적 혹은 정당화된 신앙과 비이성적 혹은 정당화되지 않는 신앙 사이의 구분 그리고 종교적 신앙과 미신 사이의 구분을 배제하지 않는다. 척도들은 우리의 전제들이 참인지, 예를 들면, 받아들여진 선행하는 개연성이 적합한지 그리고 우리의 경향, 관점 그리고 소망이 정돈된 혹은 무질서한 것인지의 여부이다. 과장된 애착에 뿌리를 둔 신앙은 증오로 규정된 신앙처럼 비이성적이다. 신앙의 합리성은 인식적 전제들뿐만 아니라 감정적 전제들에도 결부되어 있다(G 145). 이런 의미에서 신앙은 "도덕적 원리이다. 그것은 사실들을 통해서보다는 개연성들을 통해서 정신 안에 생겨난다; 그리고 개연성들은 특정의 확인된 가치를 갖지 않으며 그리고 학문적 척도에로 환원될 수 없기 때문에, 각 개인에게 그것들이 무엇인가 하는 것은 그 개인의 도덕적 기질에 달려있는 것이다. 선한 인간과 악한 인간은 매우 상이한 것들을 개연성 있는 것으로 간주할 것이다"(G 146). 결과적으로 인간은 자신의 성격에 대해서처럼 자신의 신앙에 대해서도 책임이 있다.

93_ 뉴먼은 종교적 신앙에 대한 자신의 개념을 아레오파고스설교(사도 17,22-30)의 보기를 들어 해명하고 있다. 바오로는 자신의 청중이 가지고 있는 선(先)이해로부터 출발한다. 그는 그들이 알지도 못하고 숭배하는 것이 무엇인지를, 그리고 그들의 시인들이 무엇에 대해 말하는지를 선포하고 있다. 그리고 그는 그들에게 하느님의 정신성과

단일성에 대한 그들의 확신을 상기시켜주고 있다. 이로써 바오로가 화제의 실마리로 삼는 "선행하는 개연성"이 거명되었다; 그것은 개별적 청자들에 의해서 그들의 종교적 갈망에 상응하게 달리 평가되고 있다. 바오로의 새로운 복음은, 이 하느님이 한 인간을 지정하였고, 그가 하느님이 정한 날에 세상을 심판할 것이라는 내용이다; 그것은 바오로가 모든 "선행하는 가정들"을 관련시키고 있는 중심점이다. 바오로는 자신의 새로운 복음이 이 선행하는 전제들로부터 귀결된다는 것을 위해서 어떤 "증명근거"를 제시하고 있는가? 아주 약한 것을: 기적이 아닌, 단지 하느님이 예수를 죽은 자들로부터 일으켜 세웠다는 그 자신의 증언뿐. 그러나 주장의 새로움을 통해서, 혹은 그것을 우리는 독창성이라 부르자, 그 진기함을 통해서 그리고 그것이 한갓된 허구일지도 모른다는 생각의 비개연성을 통해서, 그리고 그가 청자들 안에서 일깨워준, 거기에 있었던, 선행하는 개연성들의 충만한 힘의 지지를 받아서, 증명근거는 충족되었다. "그것은 충분한 것이었다. 왜냐하면 몇몇은 믿었기 때문이다 — 그것은 물론 그 자체로 충분한 것은 아니었다, 그러나 아마도 사랑을 지녔던 그래서 신앙에로 기울어졌던 자들에게는 충분한 것이었다. 또 다른 세계에 대해 아무것도 무서워하고, 바라고, 갈망하고, 기대하지 않았던 사람들에게, 바오로 사도는 그저 '수다쟁이'일뿐이었다"(G 155).

5. 반성의 위험들

94_ 뉴먼이 경고하고 있듯이, 반성과 분석은 신앙에 대해 장애가 될

수 있으며 그렇기에 조심스럽게 사용되어야만 한다. "어떤 분석도 믿고 있을 때의 우리의 정신상태 혹은 우리의 생각에 제시되는 대로의 신앙대상을 적합하게 재현할 수 있을 만큼 그렇게 섬세하고 세분되어 있지 않다." 그 같은 분석의 목적은 정신이 보고 느끼는 것의 묘사 혹은 회화일 것이다. "물질적 사물의 형태와 색조를 그려내는 것이 벌써 얼마나 어려운지를 우리가 유념한다면, 윤곽과 성격, 색상과 음영들을 재현하는 것, 지성적 관점은 그것들 안에서 실제로 정신 안에 존재하는데[...], 혹은 똑같은 일반적 정신상태 혹은 이런 저런 개인에게서 발견되는 생각의 강세에 결부되어 있는 미세한 차이들을 충분히 부각시키는 것의 어려움, 아니 불가능성을 우리는 확실히 이해하게 될 것이다[...]. 가장 정확하고 신중한 탐구마저도 살아있는 정신, 그 느낌, 생각과 결론에 대한 전혀 가공되지 않은 묘사보다 더 많이 도달할 수 있다고 기대하는 것은 가망 없는 일이 아닐까?"(G 199).

분석은 개별자를 마침내 설득시키는 근거들이 아니라, 논증으로서 가장 훌륭하게 제시되는 근거들을 표현하는 것이다. 학문의 진술들은 이런 의미에서 공동선이며, 근본적으로 모든 이들에게 접근될 수 있어야 한다. 그런 까닭에 신앙정초의 학문적 작업 안에서는 오직 "사람들이 보편적으로 참되다고 인정하는 것, 말하자면 모든 정신들, 선한 자나 악한 자, 무식한 자나 배운 자 모두에 대해서 동일한 수준에서 있는"(G 202) 근거들만이 수용될 수 있는 것이다. 신앙정초의 학문은 신앙을 수용하거나 혹은 거부하도록 개별인간을 규정하는 숨겨진 근거들을 분석하고 묘사할 수 없다. 그것의 위험은 이차적 질서의 요점들을 가장 본질적인 것으로 간주하도록 오도하는 데에 있다(G 203).

그러나 우리가 일단 개인적 선입견과 관점, 따라서 논증에 선행하는 그리고 이런 의미에서 선천적인 근거들을 도외시하고, 오직 그것들과 구별된 그리고 이런 의미에서 후천적인 증명근거들만을 숙고한다고 하더라도, 확신이 생겨나는 것은 대체로 결정적일 수도 있을 형식적 증명으로부터가 아니라, "꽤 경미한 정황들의 총계로부터이다. 정신이 그 정황들을 열거하고 방법적으로 논증의 형식 안에서 정돈할 수 있기란 불가능하다." 뉴먼의 보기처럼, 우리는 한 인간이 불만에 차 있거나 슬프고, 행복하거나 불행하다는 것을 어떻게 확신하게 되는가? 얼마나 많은 것이 여기서 "태도, 음성, 강세, 표명된 말, 말 대신의 침묵 그리고 수많은 눈에 띄지 않는 표시들에 달려 있는가. 그것들은 정신이 느끼는 것들이지, 반성될 수 있는 것들은 아니다"(G 204). 종교적 신앙을 위해서 형식적으로 제시되는 근거들은 실제의 근거들 자체라기보다는 오히려 그것들의 견본이자 상징이다. 그렇기 때문에 우리는 마치 수학적 증명에서처럼 그것들을 수동적으로 따를 수 없다. 본래적인 사유과정에 대한 암시와 지시만이 관건이 되고 있기 때문에, 그 근거들은 해석과 능동적인 정신을 필요로 한다. 그 정신은 이해하기를 원하며, 문자에 구애받지 않고, 본문 안으로 들어가서 그 의도를 따라갈 준비가 되어 있다(G 205).

6. 물리적 신학

95_ 널리 퍼져있는 견해에 따르면 종교적 신앙의 정초를 위한 특별한 의미가 자연신학에 귀속되는데, 그것의 과제는 계시의 전제 없이 자연 혹은 창조물로부터 신의 존재를 증명하는 것이다. 뉴먼은 자연

적 신학(*Natural Theology*)과 물리적 신학(*Physical Theology*)을 구분한다(U 61). 그에게 자연적 신학을 대변하는 것은 전통적인 *자연신학*(*Theologia Naturalis*)인데, 그 고전적인 표현은 토마스 아퀴나스의 다섯 길들에서(§ 263) 발견되었다(U 263 Anm. 187). 그러나 무엇보다도 뉴먼에 의해 높이 평가된 저작은 버틀러(Joseph Butler)주교의 *종교의 유비, 자연적 그리고 계시적 종교*(*The Analogy of Religion, Natural and Revealed*, 1736)이다. 버틀러의 의미로 자연적 신학은 자연적 종교의 신학이다. 버틀러에게 자연적 종교는 도덕적 종교이다; 자연은 자연의 도덕적 체계이며, 그것을 위해서는 섭리(Vorsehung)의 개념이 중심적이다; 자연적 종교의 내용은 이런 것들이다: 인간은 미래적 삶을 위해서 규정되어 있다; 인간은 거기서 이 세상에서의 행위에 대한 상벌을 받을 것이다; 이 세상에서의 우리의 삶은 시험과 검증의 시간이다. 물리적 신학의 중심점에는 목적론적 신증명이 있다(§ 263); 뉴먼은 이것을 성공회의 호교론자인 윌리엄 페일리(William P. Paley)의 저작의 의미로 이해한다, *자연적 신학 혹은 자연의 현상들로부터 수집된 신성의 존재와 속성들에 대한 증거들*(*Natural Theology or Evidences of the Existence and Attributes of the Deity collected from the Appearances of Nature*, 1802)(U 263 Anm. 187).

96_ 물리적 신학에 대한 뉴먼의 판결은 비판적 유보로부터 가장 큰 불신을 거쳐 공공연한 경멸에로 이른다. 물리적 신학에 대한 저술들은 신을 믿는 이들에게는 아름답고 흥미로운 것이다, "그러나 인간이 하느님의 음성을 자신 안에서 아직도 알아듣지 못했다면, 그것들은 아무런 효력도 없이 남게 되며, 여전히 그 논증의 지성적 토대가 반

박될 가능성이 있기 때문에 더 그러하다"(G 59). 만일 사람들이 물리적 세계를 자체적으로, 즉 도덕적 의식에 종속되지 않은 것으로 바라볼 때, 철학적으로 보아서 무신론이 물리적 세계의 현상들과 결합될 수 있지 않은가의 여부는, 창조하고 보존하는 힘에 대한 가르침이 그런 것처럼, 뉴먼에게는 "커다란 물음"이다(G 148). 물리적 신학은 "학문으로 간주할 때, 극도로 정신을 결여한 연구이며 실제로는 도무지 학문이 아니다. 그것은 말하자면 종교적인 의미에서 물리적 세계에 대한 몇몇의 경건한 혹은 논쟁적인 상론들보다 대개 더 멀리 나간 것이 결코 아니다"(U 61 이하). 물리적 신학의 위험은, 그것과 그것의 신상(神像)이 자연과학에 의해 각인된 사고를 가진 인간들을 통해서 복음의 자리를 대신하고 있다는 점에 있다. 그리고 이런 정황들 아래서 그것은, 그 자체로 참된 것일지는 모르나, 그릇된 복음이다. "절반의 진리는 비(非)진리이다"(U 266). 물리적 신학은 신의 세 속성들만을 배타적으로 가르친다: 힘, 지혜 그리고 선성. 뉴먼이 이것들에 맞세우는 속성들은 대체적으로 종교적인 느낌에 상응하는 것들이다: 거룩함, 전지(全知), 정의, 자비, 신의(信義). 종교의 개념의 이 비범하게 중요한 그리고 본질적인 구성요소들에 대해서 물리적 신학과 목적론적 논증은 우리에게 아무 것도 가르쳐 줄 수 없다. 종교는 우리와 관련 맺고 있는 그 무엇이다; 그것은 단순히 대상에 대해 말하는 것이 아니다; 오히려 본질적인 것은 이 대상에 대한 우리의 관계이다. "물리적 신학은 의무와 양심 혹은 특별한 섭리에 대해 무엇을 말할지 알고 있는가? 물리적 신학은, 마침내 본래의 그리스도교적인 것에 이르기 위해서, 네 가지 마지막 것들, 그럼에도 단지 그리스도교의 시작 근거들일뿐인, 죽음, 심판, 천국 그리고 지옥에 관하여 무엇을 가르치는가? 그것은 그리스도교에 대해서 우리에게 도대체 아무 것도 말할 수 없다"(U 267).

　물리적 신학은 하나의 추상이다. 왜냐하면 그것은 인간과 신의 관계에 대해서 그리고 신의 도덕적 속성들에 대해서 아무 것도 모르기 때문이다. 그것의 토대는, 이미 인간의 창조 이전에 그리고 인류의 타락 이전에, 오늘날 존재하는 대로, 그렇게 존재했던 자연이다; 죄, 심판 그리고 구원은 그 안에서 어떤 자리도 갖고 있지 않다. 그것은 그리스도교에게 장애가 될 수 있다. 뉴먼에게는 계시의 개념에 기적이 속한다; 그와는 반대로 물리적 신학의 신은 확고한 질서의 신이며, 이 질서는 너무도 정교하고 유익하며 아름답기에 깨뜨려질 수 없는 것이다. 결국 물리적 신학을 신봉하는 자들의 신개념은 점점 더 수축되어서, 신은 세계와 동일시되기에 이른다. 왜냐하면 "힘, 지혜 그리고 선성 이외의 다른 어떤 것도 갖지 않은 존재는 범신론자들의 신과 그리 다르지 않기 때문이다"(U 267). 본래의 신학 안에서 그림에도 불구하고 물리적 신학은 하나의 과제를 넘겨받을 수 있다. 거기서 그것은 "경외심을 일으키고, 불가해한, 숭배할만한 신적 권능의 풍요로움을 구상화"할 수 있으며, 자연법칙의 불변성과 질서를 우리의 목전에 제시하면서 계시가 기적이라는 것을 확증해 준다. 이와는 반대로 우리가 물리적 신학을 계시의 가르침과 분리한다면, "나는 그 개별적 사상가를, 세상 안에서의 그의 영향력과 종교의 관심사를 고려할 때, 차라리 곧바로 무신론자로 보아야 하지 않을까 참으로 의심하게 된다, 자연주의적인 그리고 범신론적인 수다쟁이로 보기보다는 (물론 그 개별적인 사상가 자신에게는 이것이 더 나은 것이지만). 물리적 신학은 자신이 신학이라고 고백하면서 다른 이들을 속이며, 아마도 자기 자신 또한 속인다"(U 268).

7. 종교적 신앙, 미신, 광신

97_ 우리가 이미 물었듯이(§ 89), 뉴먼의 종교적 신앙의 개념에 있어서는 진정한 신앙과 그릇된 신앙이 어떻게 구별될 수 있는가? 어디서 우리는 신앙이 미신과 광신에로 전락되는 것을 막기 위한 보호막과 교정책을 발견하는가? 이미 살펴본 것처럼, 반성과 분석은 이러한 과제를 이행할 수가 없다. 이 물음과 대질하고 있는 옥스퍼드 설교는 "미신과 맞선 신앙의 보호막으로서의 사랑"(1839년 5월 21일)이란 제목을 지니고 있으며, 그 성서적 좌우명(요한 10,4-5)은 본능에 대해서 말하고 있다, 그것을 통해서 양들은 목자의 음성을 알아듣는다. 설교의 테제에 따르면, 신앙의 보호막은 이성이 아니라, "마음의 올바른 상태"이다. 그것이 신앙을 산출하며 규율한다; 그것은 신앙과 신앙의 눈을 비추는 원리이다. 뉴먼은 스콜라적 정식인 *사랑으로 형성된 믿음*(fides caritate formata)을 인용한다(§ 276): 마음의 올바른 상태, 곧 사랑은 신앙을 광신이나 미신과 경계 짓고 보호하는 울타리일 뿐만 아니라, 동시에 신앙에 형태와 생명을 부여하는 신앙의 형상이자 영혼이기도 하다(G 176). 마음의 올바른 상태는 신앙의 보호막이며, 신앙은 윤리적인 결단과 유사하게 마음의 상태를 알게 해준다; 그것은 "마음의 시험"이다; 종교적 신앙 안에서 인간의 도덕적 성격이 표현된다(G 171; 173).

우선 뉴먼의 보기들 중 하나를 살펴보자. 미신은 그 가장 조야한 형식에서 사악한 영들의 숭배이다. 거기서 사람들이 바치는 제물은 "하느님이 아니라 마귀들에게"(1코린 10,20) 바치는 것이다; "그들은 자기네 아들과 딸들을 마귀들에게 제물로 바친다"(시편 106,37). 추상적 원리로서의 (종교적) 신앙이 그런 행위에로의 능력을 갖는다; 그것은 이성을 초자연적이라는 주장을 내세우는 모든 것에 종속시키는 경향을 띤다. 그에 반해서 "올바른 종교적 신앙은[...] 하느님과 사람에 대한 사랑을 지닌 본능이다". 사람에 대한 사랑은 신앙을 모든 무자비 앞에서 놀라 물러서게 만들며, 신에 대한 사랑은 신앙을 모든 형식의 우상숭배 앞에서 물러나게 만든다. 이 사랑은 탐구나 논증에 입각해서 행동하지 않는다; 그것은 즉흥적이며 그리고 본능으로서 반응한다. 우상숭배에 대한 반작용에서 경험되는 것은, 창조물이 섭리의 마지막 근원이며 우리 숭배의 마지막 대상이 될 수 없다는 것이다. 이 즉흥적 반응이 잘못된 경우들이 생길 수 있는데, 왜냐하면 그것들이 불완전한 관점이나 오해에 기인하기 때문이다. 그러나 전체적으로 그것들은 사태에 대한 올바른 징조이며 우리의 행동을 위한 확실한 지침이다(G 180 이하).

98_ 광신과 미신에 대한 보호막은 이성이 아니라 사랑이라는 뉴먼의 테제는, 그가 신앙을 위한 선행하는 근거들에(§ 91) 귀속시키고 있는 무게로부터 생겨난다. 이미 일상적, 비종교적 믿음에 대해서 타당한 것은: "누군가가 개연성 있다고 간주하는 것은 당사자의 일반적인 정신상태, 그의 확신의 상태, 느낌, 선호, 소망에 종속되어 있다"(G 171). 증명근거들과 논증들은, 그것들의 설득력이 선행하는 전제들과 관점들을 통해서 규정되어 있다는 의미에서, 이차적인 것이다. 선행하는 근거들의 총합은 한 인간의 도덕적인 성격(혹은 마음)을 형성하며, 그것을 통해서 본능과 반응이 각인되는 것이다. 도덕적 성격은 일단 보호하는, 물리치는 그리고 이런 의미에서 부정적인 기능을 갖는다; 그것은 미신과 광신을 막아준다. 본능과 반응은 그러나 무엇인가를 물리치는데 기여하는 것만이 아니다; 도덕적 감정들은 긍정적으

로 동기를 부여하기도 한다. 도덕과 도덕적 성격은 그런 까닭에 종교적 신앙의 올바름을 위한 부정적 척도일 뿐만 아니라, 그것의 출발점 혹은 근원이기도 하다; 올바른 마음의 상태는 신앙을 규율할 뿐만 아니라, 그것을 낳기도 한다.

다시금 뉴먼은 아레오파고스설교를 언급한다; 그는 도덕과 종교적 신앙 사이의 이 연관들을 사도행전 17장 23절의 주석 안에서 발전시키고 있다: "여러분이 알지도 못하고 숭배하는 그 대상을 내가 여러분에게 선포하려고 합니다." 바오로는 자신의 청자들이 이미 알고 있었던 진리들을 존중했으며, 복음이 이교도들 안에서 발견되고 있는 산재한 진리들의 정화(淨化)요, 해명이자 완성이라는 점을 보여주었다. 그는 그들 안에 있는 확신과 관점에 말을 건넸다. 그것들은 자신의 진리와 아름다움을 통해서 고유한 매력을 지녔던 것이고, 자신의 한갓된 현존을 통해서 그들[이교도들]과 결합될 수 없는 모든 것을 배제했다. 하나의 감행을 통해서처럼, 그것들은 이미 그것들 자신이었던 것을, 그것들 자신이 아니었던 것에로 이끌어야 했다. 그것들은 그것들이 알고 있었던 것을, 추정을 토대로 해서, 그것들이 아직 모르고 있었던 것에로 이끌어야 했다. 바오로는 의견, 정서, 그리고 소망으로 이루어진 전체에 호소했다. 그 전체는 한 인간의 도덕적 자아를 형성하며, 그의 성격적 정신적 발전의 방향을 규정하는 것이다. 도덕적 자아가 올바로 형성된 상태에 있었을 때, 이러한 호소는, 마치 한 현이 또 다른 현을 흔들어 움직이게 하듯이, 반향을 불러일으켰다. 그는 이교도들에게 전능한 신의 존재와 편재를 가르쳤을 뿐만 아니라, 그분의 도덕적 속성들, 즉 그분은 정의롭고, 진실하며, 거룩하고 자비로운 분이라는 것을, 그리고 이 신은 그들의 양심을 통해서 입법자이자 판관으로서 그들 안에 거주하고 있다는 것을 가르쳤다.

바오로는 그들 안에 있는 본성을 통해 시작된 것의 실현을 자신이 전해주고 있다고 주장했다. 그들이 자연적 종교를 통해서 이미 알고 있었던 신에 대한 사랑은 복음의 하느님에 대한 신앙 안에서 그 실현을 발견해야 했다(G 185 이하).

99_ 신앙은 "여명 안에서의 전진"(G 186)이다. 신앙은 목표를 보지는 못하나, 방향은 알고 있다; 방향은 신앙에 내재하는 의무의 법칙을 통해서 드러난다. 신앙은 행위의 원리이다; 그것은 행위 안에서만 전개될 수 있으며, 행위는 다소간에 명시적인 신앙에 의존해 있다. 신앙은 이성의 행위이며, 그러나 이론적 사변, 이론적 원리들에 대한 통찰, 추론, 증명의 행위가 아니라, 온전한 의미에서의 실천적 이성의 행위이다: 윤리법칙의 인식의 행위 그리고, 상이한 의식성 안에서, 그 안에 포함된 모든 함축들의 인식의 행위. 그렇기 때문에 행위의 합리성을 규정하고 신앙을 광신과 미신으로부터 막아주는 것은 하나이자 동일한 원리이다: 의무의 법칙 혹은 신앙을 형성하고 살아있게 만드는 *사랑*(caritas).

E. 자연적 종교와 계시된 종교: 존 헨리 뉴먼

100_ 종교적 신앙의 행위는, 우리가 본 것처럼(§ 35), 수많은 요소

들을 포함한다: 신앙은 경험이다; 신앙은 결정 혹은 의지의 행위이다; 그것은 합리적임을 주장하며 따라서 이성의 행위이다; 더욱이 신앙은 행위에서 확증되어야 한다. 종교적 근본행위에 대한 심리학자 윌리엄 제임스의 상론은 종교적으로 비범하고 감수성 강한 사람들의 경험적 증언들로부터 출발하고 있다. 뉴먼은 영적지도자, 교의사학자, 그리고 체계적인 신학자이다; 그는 성서와 전통 안에서 발견되는 그리스도교적 계시에 대한 신앙에로 사람들을 이끌고자 한다. 신앙은, 아우구스티누스에게 소급되고 토마스 아퀴나스에 의해 재차 수용된 개념규정에 따르면, "동의와 함께 사유하는 것"(*cum assensione cogitare*; S.th. II 2,1)이다. 유보적이면서도 겸손한 제목을 가진 뉴먼의 위대한 노년의 작품 *동의의 문법을 조력으로 한 수필*(*An Essay in Aid of a Grammar of Assent*)의 중심에는 동의의 개념이 위치해 있다. 뉴먼은 종교적 신앙을 일상적인 믿음들과 나란히 설정하고 우리가 여기서 상이한 척도들로 측정하는 것이 아님을 보여주면서, 그것을 인식론적 고립으로부터 해방시키고자 한다; 우리가 종교적 신앙의 합리성과 그에 대한 동의를 판단하는 척도들은 일상적 삶의 다른 영역들에서 사용하는 척도들과 근본적으로 다른 것이 아니다. *문법* (*Grammar*)은 두 번째 관심사를 따르고 있다. 합리성을 충분히 강조하면서도 뉴먼은 종교적 신앙의 합리주의적 수축에 반대하고 있다. 학문으로서의 신학과는 달리 종교는 한갓된 개념들과 관계하는 것이 아니다; 오히려 종교적 신앙의 본질적인 요소는 경험이다. 그래서 성서의 본문은 우리들 안에 있는 경험에 말을 건넬 때에야 비로소 온전한 의미에서 파악된 것이다. 이로써 신앙에 대한 동의는 개인적인 전제들과 결부되고 있다; 뉴먼은 그리스도교의 계시 그 자체와 그것이

개별자에 대해 갖는 의미 사이의 폭넓은 거리를 강조하고 있다.

I. 동의의 문법

101_ *문법*은 명제와 언어행위 사이의 구분에서 시작한다. 명제는 주어와 술어로 구성되어 있는데, 이들은 계사를 통해서 서로 결합되어 있다. 우리는 명제를 물음의 형태로서(예컨대, '자유무역은 더 가난한 계층에게 이익을 주는가?'), 결론의 형태로서('결과적으로 자유무역은 더 가난한 계층에게 이익을 준다') 혹은 주장의 형태로서('자유무역은 더 가난한 계층에게 이익을 준다') 나타낸다. 이 세 형식들 간에는 자연적인 질서가 존립한다: 물음은 결론으로 그리고 나서 주장으로 변할 수 있다. 세 언어행위들에 부속되는 것은 세 정신적인 행위들이다: 의심, 추론적 결론 그리고 동의; 물음은 의심의 표현이며, 결론은 추론행위의 표현이며, 주장은 동의의 행위를 표현한다. 뉴먼은 세 개의 서로 다른 정신적 행위들이 문제되고 있음을 강조하고 있다: 추론하는 경우에 우리는 의심하지 않는다; 동의하는 경우에 우리는 추론하지 않는다; 의심하는 경우에 우리는 동의할 수 없다(Z 3 이하). 무엇보다도 그에게 중요한 것은 추론과 동의 사이의 차이인데, 그는 이것을 특별히 로크(Locke)와의 대질 속에서(*Grammar*, chap. VI § 1) 부각시키고 있다: 추론은 조건 지어진 것이다, 그에 반하여 동의의 행위는 "그 자체에 있어서 한 명제의 무조건적인 수용"(Z 10)이며, 이는 동의의 행위가 추론의 과정을 전제한다는 것을 배제하지는 않는다.

1. 개념적 파악과 실제적 파악

102_ 이 모든 정신적 행위들은 우리가 명제의 항들을 해석하고 명제의 의미를 파악했음을 요구한다; 우리는 우리가 의심하는 것, 추론하는 것, 주장하는 것이 무엇인지를 알아야만 한다. 파악(Erfassen)은 이해(Verstehen)와는 구분되어야 한다; 그래서 예컨대 우리는 한 인간의 태도를 이해함이 없이도 그것을 파악할 수는 있다. "명제들에 대한 우리의 파악이라는 말로 내가 이해하는 것은, 우리가 명제들을 구성하는 항들에 하나의 의미를 부여한다는 것이다." 이 항들은 많은 경우에 단순한 개념들을 대변하며, 많은 경우에 개별사물을 대변한다. 두 개의 일반적인 용어들로 구성된 명제들이 있는데, 이들은 개념들이나 종(種)들을 대변하는 것들이다. 예컨대, '인간은 생물이다'; 이들을 뉴먼은 "개념적 명제들"이라 부르며 "그것의 파악은, 그것으로써 우리는 그 명제들을 추론하거나 그것들에 동의하는데, 개념적 [notional] 파악"이라 부른다. 그리고 단수형의 용어들로 합성된 명제들이 있으며, 이들은 개별사물을 대변한다. 예컨대, '필립은 알렉산더의 아버지였다'; 뉴먼은 이 명제들을 "실제적 명제들"이라 부르며, "그것들에 대한 파악은 실제적[real] 파악"(Z 7)이라 부른다.

103_ 파악 혹은 해석은 그럼에도 불구하고, 지금까지 보여 진 것처럼, 명제의 항들의 구문을 통해서 고정된 것이 아니다; 뉴먼은 오히려 하나의 동일한 명제가 어떤 사람에게는 개념적으로, 또 다른 사람에게는 실제적으로 파악될 수 있다고 주장한다. "그래서 한 학생은 '*대사제가 침묵하고 있는 처녀를 데리고 카피톨 언덕을 오르는 동안*(Cum Capitolium scandet cum tacita Virgine Pontifex: Horaz,

Oden III 30, 8 이하)과 같은 시인의 말들을 완전히 파악할 수 있고 열정적으로 구성할 수 있다; 그는 가파른 언덕과 계단 그리고 행렬들을 보았다; 그는 강요된 침묵이 무엇인지를 안다; 그는 대사제와 베스타의 처녀들에 대한 모든 것을 알고 있다; 그는 묘사된 단어들마다에 추상적으로 머물러 있다. 비록 그 단어들이 그에게, 그렇게 묘사된 사건을 보았을지도 모르는 시인의 동시대인이나, 혹은 그에 상응하게도 종교적 현상에 대한 정보를 수집하여 명상을 통해서 아우구스투스시대의 로마의례를 마음속에 그려냈을 수도 있는 근대적인 역사가의 정신 속에서 그 단어들이 조명했을 그 생생한 그림을 조금이라도 가져다주지 않음에도 불구하고"(Z 7 이하). 뉴먼은 수많은 일반용어들이 (그의 보기는 집단용어이다) 단수형의 용어들이었음을 상기시키고 있다. 그 결과 그 용어들이 이와 같은 성격을 버리지 않았음은 놀라운 일이 아니라는 것이다. 한 아이가 처음으로 설탕을 맛보고 유모가 '설탕은 달다'고 말할 때, 유모가 개념적인 의미에서 이해하는 바를 그 아이는 똑같은 문장으로 대답하지만, 이때 '설탕'이라는 말은 실제적인 의미로 이해할 수 있는 것이다. 아울러서 동일한 사람이 한 명제를 동시에 개념적으로 그리고 실제적으로 파악하는 것도 가능하다. 베르길리우스는 "*무엇인가 끊임없이 변화하거나 변화할 수 있는 것은 여자이다*"(*Varium et mutabile semper foemina:* Aeneis IV 569 이하)라는 자신의 말로써 일반적인 진리를 전달하고자 하며, 또 디도라는 개인에 대해 진술하려는 것이다. "그는 개념과 사실 모두를 하나로 표현하고 있다"(Z 8).

104_ 실제적 파악은 우선은 구체적인 것에 대한 경험이거나 혹은 그

것에 대한 정보이다. 한 문장의 표현은, 만일 상응하는 정보들이 우리에게 직접적으로 주어져 있을 때, 즉 우리의 신체적인 감관들 통해서 혹은, 가령 미적인 인상처럼, 우리의 지각을 통해서, 아니면 만일 그 정보들이 간접적으로 그림이나 이야기를 통해서 중재될 때, 그 문장이 말하고 있는 사물들에 대한 실제적 파악을 포함한다; 이 경우에 우리는 대상이나 그림을 가리킬 수 있거나 혹은 이러한 인상을 불러일으키는 이야기를 지시할 수 있다. 그러나 우리가 만일 사물들을 이러한 의미에서 더 이상 목전에 두고 있지 않다면, 어떻게 실제적인 파악이 가능한가? 그것은 "기억의 능력을 통해서 우리의 정신에 남아 있다. 기억은 지나가버린 사물들에 대한 현재적인 표상 안에 존립한다; 기억은 과거의 것에 대한 인상들과 모사들을 마치 그것들이 우리 앞에 서 있는 것처럼 붙들고 있다; 그리고 만일 우리가 그것들과 관련된 문장을 사용할 경우에, 기억은 우리에게 대상들을 부여하며, 그 대상들을 통해서 우리는 그 문장을 해석한다. 그 대상들은 여전히 사물들이다. 왜냐하면 그것들은 정신적 거울 안에 있는 사물들의 투영상이기 때문이다. 그런 이유로 시인은 기억을 '정신의 눈'이라 부른다"(Z 17). 그러한 그림은 추상일 필요가 없다. 비록 내가 과거에 백 개의 복숭아를 먹었다 하더라도, "내 기억 속에 남아 있는 그들 각각의 맛에 대한 인상은[...], 일반적 개념이 아니며, 각각이 서로 다른 것이다"(Z 18).

우리의 정신 안에 있는 실제적 파악의 그 같은 대상들은 무엇보다도 희망, 탐구, 진력, 승리, 실망, 증오 등과 같은 종류의 과거의 정신적 행위들이다. 기억을 통한 이 과거의 행위들에 대한 파악은 사물들에 대한 파악이며, 그렇기 때문에 실제적 파악이다. 그러한 회상들은 개체성과 완전성을 가질 수 있으며, 이것이 그 회상들을 감관대상을 통해서 야기되는 인상들보다 더 오래 지속되게 한다. "지나간 시간의 시각인상들과 장소들에 대한 기억은 정신으로부터 사라질지도 모른다. 그러나 특정한 공포나 해방의 생생한 그림은 결코 사라지지 않는다"(Z 18).

이 지나간 인상이나 행동에 대한 실제적 파악은 그에 상응하는 표현을 사용하는 문장을 해석하는데 기여한다; 그와 같은 문장의 파악은 그렇다면 개념적이 아니라 실제적이다. 기억의 실행과 추상의 실행 사이의 경계는 항상 쉽게 그어질 수 있는 것은 아니다; 동일한 문장이 한 사람에게는 그림일 수 있고, 다른 사람에게는 그저 개념들의 결합일 수 있다. 그럼에도 불구하고 비록 서술어로서 일반용어들에 속하지만 개별적인 인격들에 의해서 사용된 개별사물들의 그림들을 중재해 주는 수많은 서술어들이 있다; 보기를 들자면: "'사랑스러운', '저속한', '공상적인 사람', '공업도시', '재난'". 고안능력과 합성능력은 우리로 하여금 결코 우리가 본 적이 없는 사물들에 대한 묘사들을 따라갈 수 있게 해주며, 지나간 인상들로부터 새로운 그림들을 창조할 수 있게 해준다. 이것들은 "정신적인 창조물임에도 불구하고 어떤 의미로도 추상이 아니며, 관념적임에도 불구하고 개념적이지는 않다. 그것들은 그것들을 묘사하는 편이나 그것들에 관해서 정보를 제공받는 편 모두의 정신 안에 있는 구체적인 통일체들이다"(Z 19). 한 시인이나 역사가의 위대함은 그의 형상물들의 개별성에서 나타난다. 우리는 티베리우스의 형상을, 타키투스가 그것을 묘사하는 것처럼, 목전에서 그 모습대로 볼 수 있다. "역사가들이 우리에게 전해주는 케사르(Caesar)의 죽음을 묘사한 회화는 그 생생함과 효력을, 그것이 실천적으로 우리 기억의 상이한 그림들에 호소하고 있다는 사실에 빚지고 있다"(Z 20).

이 조합능력은, 그것이 자신의 그림들을 만들어내는 질료와 관련해서 보자면, 시각에 국한되어 있다. 어떤 묘사도 내가 결코 들어본 적이 없는 선율이나 내가 결코 맡아본 적이 없는 향기에 대한 인상을 나에게 중재할 수 없다. 마찬가지로, 하나의 묘사가 내 안에서 내 자신이 결코 직접 경험한 적이 없는 정신적 사실들에 대한 그림들을 불러일으키기는 어려운 일이다. 내가 만일 키케로나 베르길리우스를 결코 읽어본 적이 없다면, 누가 나에게 그들의 문체의 특징에 대한 인상을 중재해줄 수 있겠는가? 그래서 우리 본성의 느낌이나 열정 또한 "*고유한 종류로서*(sui generis) [...] 교환할 수 없는 것이고, 실제적으로 파악되기 위해서는 개별적으로 경험되어야만 한다"(Z 21). 어떤 설교도 나에게, 만일 내가 어릴 적부터 거짓말을 하거나 훔치거나 그리고 모든 애착에 굴복하도록 양육되었다면, 선한 양심의 경험을 중재할 수 없다; 이기심의 동굴 속에서 살아가는 사람은 고결한 희생의 행위를 광신적이고 측은한 것이라고 조롱할 것이다.

우리 정신의 활동은 상이한 사물들의 형상을 받아들이고 보유하는 데 그치지 않는다; 오히려 정신을 돋보이게 하는 것은, 정신이 부단히 이 형상들을 서로 맞세우고 비교한다는 데에 있다. 본능적으로 그리고 무의식적으로 우리는 부단히 우리와 마주치는 외부세계의 다양한 현상들을 비교하고 있다; 우리는 그것들을 규범들과 관계시키고, 모아들이고, 질서지우며, 분석한다. 이러한 활동들 안에서 개별적인 것으로부터 보편적인 것에로, 형상들로부터 개념들에로의 이행이 이루어진다. 우리는 사물들을 더 이상 자체적인 것으로, 그리고 그것들 자신 때문에 바라보지 않는다; 우리의 흥미를 끄는 것은 오히려 사물들이 서로 간에 맺고 있는 관계들이다. "'인간'은 더 이상 실제의 그 자신, 곧 개체로서 우리의 감관들에 의해서 우리에게 제시된 대로가 아니라, 우리가 그와 같은 비교와 대조시킴의 빛 속에서 읽는 대로의 인간이다. 우리가 인간으로부터 그런 비교와 대조를 불러일으킨 것이다. 인간은 하나의 국면 안으로 희석되었고, 혹은 분류 속에서 그의 자리로 격하되었다."비교의 과정을 통해서 '인간'에 대한 의미론이 변화되고 있다: 이 낱말은 더 이상 실제적으로 존재하는 자를 대변하는 것이 아니라 정의(定義)를 대변한다. 언어는 사물의 재현으로부터 개념의 체계에로 변화된다; 언어 안에서 제시되고 있는 역사의 특성들과 사건들은 그 개별성을 상실한다. 경험으로부터 언어에 붙어나는 의미의 풍부함은 대부분의 사람들에게 개념들의 더미로 황폐해지며, "근시안의 사람에게 전망의 아름다움이 더 잘 이해될 수는 없으며, 혹은 청각을 갖지 않은 사람에게 대가의 음악이 더 잘 이해될 수는 없는 것이다"(Z 22).

105_ 파악의 이 두 가지 형식들은 각자가 그 나름의 장점들을 갖고 있으며, 그 특징 안에서 유용한 것이며, 그리고 각자가 그 나름의 약점도 갖고 있다. 개념적 파악은 정신의 폭을 의미한다; 그 대가는 진부함과 피상성이다; 실제적 파악은 편협함을 대가로 한 깊이를 의미한다. 실제적 파악은 지식의 보수적인 원리이고 개념적 파악은 진보적인 원리이다. "그럼에도 불구하고 실제적 파악이 우선권을 갖는데, 그 이유는 그것이 개념적인 것의 영역, 목적 그리고 시금석이기 때문이다; 사물들에 정신이 머무름이 혹은 그렇게 숙고된 정신이 더욱 온전할수록, 정신은 사물들에 대한 자신의 관점들 안에서 더욱 생산적이며, 자신의 정의(定義) 안에서 더욱 실천적이다"(Z 25). 구체적인 것은 추상적인 것보다 우리에게 더 강한 인상을 끼친다; 형상은 개념

이나 추론보다 더 강하다. 실제적 파악은 결과적으로 개념적 파악보다 더 강하다. 왜냐하면 실제적 파악의 대상인 사물들은 개념들보다도 더 인상적이고 감흥적인 것이기 때문이다. "경험들과 형상들은 정신과 만나서 어떤 방식으로든 정신을 압류하지만, 추상들과 그것들의 배합은 그렇게 하지 못한다"(Z 27).

2. 개념적 동의와 실제적 동의

106_ 동의의 행위는, 우리가 본 것처럼(§ 101), "어떤 조건도 없이 한 명제를 절대적으로 수용하는 것"이다. 동의가 의미하는 것은 한 명제를 참이라고 승인하는 것이다(Z 10). 진리는 개연성과는 달리 어떤 등급도 허용하지 않는다. 나는 하나의 진리주장을 승인하거나 혹은 승인하지 않을 수 있다. 이로부터 귀결되는 것은, 동의의 행위는 분리할 수 없는 크기라는 것이다; 그것은 어떤 경우에도 완전하며, 더 강하거나 혹은 더 약할 수도 있는 추론과는 달리, 어떤 등급도 허용하지 않는다. 이 점은 우리가 개념적으로 혹은 실제적으로 파악한 명제에 동의하는가의 여부와 무관하게 타당하다. 그럼에도 불구하고 우리는 약한 그리고 강한 동의에 대해서도 말한다. 파악의 형식은 동의의 본질을 건드리지는 않는다. 그러나 그것은 뉴먼이 부르는 것처럼, 동의의 "외적인 성격"을 규정한다; 파악의 형식은 동의의 성격에 상이한 생기, 강도, 밀도 그리고 깊이를 부여한다. "정신이 동의할 때, 경험에 의해 더 완전하게 압류될수록, 그만큼 정신의 동의는 더욱 열광적인 것이 된다. 그리고 다른 한편으로 정신이 추상에 더 많이 종

사하고 있을수록, 그만큼 정신의 동의는 더 흥미 없고 덜 효과적인 것이 된다". 그런 까닭에 파악의 두 형식들에 상응하게 뉴먼은 개념적 동의와 실제적 동의를 구분하고 있다: 개념적으로 파악된 명제에 대한 동의와 실제적으로 파악된 명제에 대한 동의, 혹은 짧게 말하자면: "개념들에 대한 동의와 사물들에 대한 동의"(Z 25).

실제적인 동의에 대한 뉴먼의 보기들을 보도록 하자. 1. 위대한 도덕적 진리들은 한 사회 안에서 승인되었음에도 불구하고 효력 없이 남아 있을 수 있다. 노예매매는 하늘에 그 원성이 달할 만큼 부정한 일이라는 것은 처음부터 모든 사람들에 의해서 인정되었어야만 했고, 그것은 많은 사람들에 의해서 인정되었다. 그럼에도 불구하고 이러한 개념적 동의는 조직적인 선전활동을 통해서 사람들의 승인이 효력을 발하게 되기까지 아무런 결과 없이 남아 있었다. 2. 윌버포스가 웰링턴의 공작에게 결투의 관습을 금지시켜 달라고 재촉했을 때, 그는 이런 대답을 들었다: "그것은 야만의 유물이지요. 윌버포스씨': 즉, 그는 사실을 실현함이 없이 개념만을 받아들인 것이다". 한 특정한 결투의 비극적인 정황이 유발시킨 충격이 마침내 실제적인 동의를 이끌어내었다. 3. 젊은이와 나이 든 사람은 호머나 호라티우스 같은 고전적인 작가들의 글을 읽고 마음이 상이하게 움직인다. 젊은이가 암기할 만큼 배웠고 아름답게 여긴 대목들이 다년간의 인생의 경험을 거친 후에 그에게 떠올라서 "마치 그가 그것들을 전에는 결코 알지 못했던 것처럼, 그 우수어린 진지함과 생생한 정확성으로 그의 마음에 사무친다"(Z 54). 4. "그리고 고전적인 작가들의 예증을 위해서 세계 경험이 수행하는 직무를 종교적인 감각은, 만일 그것이 신중하게 장려될 경우, 성서에 대해서 수행한다." 영적인 인간에게 성서는 개념들에 대해서뿐만 아니라 사물들에 대해서 말한다. 성서는 패배자와 낙담한 자, 유혹당한 자, 탈선한 자, 고통당하는 자들에게 바로 그들의 경험들을 통해서 말을 건네며, 그들로 하여금 새로운 빛 속에서 자신의 삶을 보도록 해준다. 그렇게 성서의 가르침들은 그들에게 하나의 현실이 되며, "그들은 그 현실을 성서적 가르침의 신적인 근원에 대한 논증으로서, 그리고 논증들 중에서도 최상의 것으로서 인식한다". 우리가 복음을 그저 읽기만 할 때, 복음의 힘에 대한 감각이 상실되고 복음이 우리에게 단순히 죽은 역사가 되어버릴 위험이 존재한다. 오직 명상만이 우리를 실제적인 파악에로 이끌 수 있다. "따라서 명상의 목적은 복음을 실현하는 것이다; 복음이 보도하는 사실이 우리의 정신 앞에 대상들로 나타나서, 그 결과 복음이 신앙을 통해서 자기 것이 될 수 있게 하는 것인데, 이 신앙은 복음을 파악하는 구상력처럼 그렇게 살아있는 것이다"(Z 55).

107_ 뉴먼은 실제적인 동의의 개인적 성격과 그것이 개인적 역사에 종속되어 있음을 강조한다. 개념적인 파악은 우리 모두에게 공통적인 본성의 일상적 행위이다. 우리 모두는 추상의 능력을 소유하고 있다; 우리는 동일한 추상적 개념들을 배우며 그것들을 통해서 서로를 이해시킨다. 우리가 이 개념들을 수단으로 해서 형성하는 판단들은 상당 부분이 우리들에게 친숙한 논리적 절차들에 의거해 있고, 아울러 우리 모두가 주어진 것으로 간주하는 사실들에 의거해 있다. 그와는 반대로 실제적인 동의에로 이끄는 형상들과 대상들은 그때마다의 상이한 개인적 경험에 종속되어 있다. 실제적 동의는 결과적으로 개별적 성격을 가지며, 그런 한에서 그것은 사람들 사이의 교류를 촉진하기보다는 도리어 장애가 된다; 상호적 이해가 여기서 전제해야 할 것은, 대화의 상대자들이 동일한 경험을 소유하는 것이다. 이와 함께

추론적 정초에 한계가 그어졌다. 실제적 동의는 "말하자면 자신의 주거지 안에 에워싸여져 있거나, 혹은 적어도 그것은 그 자신의 증인이거나 그 자신의 규범이다;[...] 실제적 동의가 이런 혹은 저런 사람의 우연사(Akzidens)인 한에서, 우리는 그것에 의지할 수 없고, 그것을 선취하거나 해명할 수 없다"(Z 58). 뉴먼은 실제적 동의의 우연적인 성격이 어떤 것인지를 "동시에 오백 명이 넘는 형제들"(1코린 15,6) 앞에서 발현한 부활한 예수의 보기를 들어 설명하고 있다. 오백 명의 형제들의 공통적 경험은 법칙이 아니라 우연적 사건, 곧 법칙으로부터 연역할 수 없는 사건에 의거하고 있다. 많은 사람들에게 분여된 신앙은, 가령 그리스도의 신성에 대한 신앙처럼, 그것이 일반적이기 때문에 개념적인 것일 필요는 없다. 그 신앙은 실제적이고 개인적인 신앙일 수 있으며, 공통의 내용에도 불구하고 각각의 개인 안에서 가장 상이한 방식으로 연결되고 있는 상이한 경험들과 성향들을 통해서 산출될 수 있는 것이다. 뉴먼은 이 원인들 중의 몇몇을 수록하고 있다: 뜨겁고 강한 구상력, 커다란 감수성, 회오와 죄에 대한 혐오, 빈번한 의례참여, 복음묵상, 교회성가와 영적 시가에 대한 친숙함, 증명근거들에 대한 숙고, 부모의 본보기와 가르침, 종교적인 교우들, 섭리의 경험, 인상적인 설교들. 그러나 동의가 이러한 방식으로 우연히 함께 작용하는 원인들의 사건이 아니라 하나의 유일한 근원을 갖는다고 우리가 일단 가정하더라도, 예컨대 성서연구, 세심한 종교적 교육 혹은 종교적 소질처럼, 그럼에도 이 경우에 개인적인 역사는 개념적인 동의에 있어서는 갖지 못하는 의미를 가질 것이다. "왜냐하면 추상은 자의적으로 이루어질 수 있으며, 한 순간의 작품일수도 있기 때문이다. 그러나 도덕적 경험들은 그림들 안에서 지속되는 것들이며,

발견되기 위해서 추구되어야 하고, 자기 것이 되기 위해서 격려되고 연마되어야 하는 것이다"(Z 61).

108_ 실제적 동의는, 비록 간접적일지라도, 행위에 영향을 미친다. 행위를 유발하는 것은 정서들이다: 희망과 공포, 애호와 혐오, 걱정, 호의, 이기심과 자기애. 구상력의 실행은 이 힘들을 일깨우기 위한 수단들을 발견하는 데에 있다; 구상력은 우리에게 이 힘들을 자극하기에 충분히 강한 대상들을 마련해준다. 뉴먼이 거명하는 것은 명예와 명성, 의무, 자기영광, 이득, 그러나 또한 신의 선성, 미래의 보상, 영원한 삶에 대한 생각들이다. 이에 상응하는 성향이 주어져 있을 때, 이러한 표상들에 머무름과 그것을 통해 일으켜진 실제적 동의는 행위에로 이끈다(Z 57이하). 실제적 동의들은 때때로 확신들이라고 지칭된다. 도덕적 그리고 종교적 확신들은, 뉴먼이 강조하듯이, 일상적 현상이 아니다. 그러나 우리가 그런 확신들을 가지고 있지 않는 한, 우리는 모든 개념적인 앎에도 불구하고 "지성적 정박(碇泊)"을 결여하고 있다. 그러 확신들은 한 인간의 도덕적 성격뿐만 아니라 지성적 성격을 각인한다; 그것은 개념적 동의보다도 더 깊이 도달한다. "그 확신들은 정신을 도야하며, 정신으로부터 자라나서 정신에게 진지함과 남성성을 부여하는데, 이것들이 다른 사람들 안에서 정신의 직관에 대한 신뢰를 일깨우며, 설득력의 비밀들 중의 하나와 세계의 공적인 무대에 끼치는 영향력을 소유한다[...]. 그 확신들은 세계에 *하나의* 관념을 가진 남성들, 엄청난 힘, 강철 같은 의지를 지닌 자들을 선사했다"(Z 62).

3. 종교와 신학

109_ 동의의 두 형식들에 상응하게 뉴먼은 종교와 신학을 구분하고 있다. 그는 구속력 있는 신앙내용 혹은 교의, 가령 신앙고백의 명제들이나 혹은 보편공의회의 진술들을 알고 있는 공동체로부터 출발한다. 그와 같은 교의에 실제적으로 동의하는 것은 종교의 행위이며, 그것에 개념적으로 동의하는 것은 신학의 행위이다. 이 구분과 함께 종교를 위한 이성의 의미에 대한 물음이 혹은 종교 내에서 이성과 경험의 관계에 대한 물음이 설정되었다. 종교적 구상력은 교의를 하나의 현실로 지각하며, 종교적 구상력을 통해서 우리는 교의를 내면적으로 우리 자신의 것으로 만든다. 그리고 종교적 구상력은 우리가 그 교의 안에서 평온을 발견하도록 작용한다. 그와는 반대로 그 교의가 참이기 때문에 그것을 고수하는 것은 "신학적 지성"의 과제이다(Z 69).

동의의 두 형식들은, 비록 현실 안에서는 어떤 분명한 경계도 긋기 어렵지만, 구분되어야 하는 것이다. 지성과 구상력은 모든 사람들에게 공통적인 것이며, 그런 한에서 모든 종교인은 어떤 의미에서는 항상 동시에 신학자이기도 하다. 종교와 신학 사이에는 상호적인 종속의 관계가 존립한다. 뉴먼은 일반적 인식론과 신학적 인식론 사이의 상응을 보고 있다. 감관들, 감각지각, 본능, 직관은 자료들을 제공하며, 지성은 이것들을 사용한다; 신학 안에서 이러한 원천들에 상응하는 것은 자연과 계시이다; 그것들로부터 신학은 추상과 추론을 통해서 자신의 진술들을 획득한다. 뉴먼의 계시개념은 나중에(§ 118 이하) 살펴볼 것이다; 양심에 대한 단락(§§ 112-117)은 신인식의 장소로서 자연을 다루고 있다. 종교는 신학이 자라나는 뿌리이자 지반

이다: "어떤 신학도 종교의 주도권과 지속적인 현존 없이 시작되고 번성할 수 없다"(Z 69). 그러나 신학이 종교에 의존해 있듯이, 종교 역시 신학에 의존해 있다. 이것은 동의가 필연적으로 명제에 대한 동의라는 데서 생겨난다. "명제나 테제가 없이는 도대체 그 어떤 동의도, 그 어떤 믿음[belief]도 있을 수 없다"(Z 84). 그리고 해석은 해석되어야 할 명제를 전제한다. 그래서 예를 들면, '인격적인 신이 존재한다'는 명제는 "신학적인 진리로서 혹은 종교적인 사실이나 현실로서"(Z 84) 해석될 수 있다. 상이한 해석들이나 파악의 형식들에 상응하는 것은 명제의 상이한 용법이다. "명제가 증명이나 분석, 비교 그리고 유사한 지성적 활동들의 목적을 위해서 파악될 때, 그 명제는 개념의 표현으로서 사용된다; 그것이 숭배의 목적을 위해서 파악될 때, 그것은 현실의 그림이다"(Z 84). 실제적 동의 역시 명제의 진리가 앞서서 파악되어 있다는 것을 전제하며, 그리고 그것은 "신학적 지성"(Z 69)의 실행이다.

110_ 뉴먼의 관심사는 종교에 대한 합리주의적인 오해에 반대해서 실제적 동의를 강조하는 것이다. 그럼에도 불구하고 이러한 강조는 그와 함께 진리문제가 무의미한 것으로 천명되고 있는 듯이 그리고 종교에 대한 비인지적 견해를 변호하는 것처럼 이해되어서는 안 된다. 뉴먼은 교의적인 신조와 살아있는 종교 사이에 대구와 대립이 존재한다는 널리 유포된 오해에 반대하고 있다. 관건이 되는 것은 *명제를 믿음*(Glaube daβ)이 아니라 *대상을 믿음*(Glaube an)이라는 것이다(§ 283 참조); 하나의 하느님이 존재하며, 구속자가 있다는 믿음이 아니라, 하느님과 구속자에 대한 믿음이 관건이라는 것이다; "그들이 제기하는 반론은 이렇다: 그러한 종류의 명제들은, 마음 안에 자리를

잡는 대신에, 복음에 대한 모든 참된 수용을 파괴하고, 종교를 말이나 논리학의 사안으로 만드는, 형식적이고 인간적인 매체일 뿐이라는 것이다". 이러한 반론에 있어서 올바른 점은, 사람들이 많은 경우에 개념적인 해석과 동의에 머물러 있다는 것이다; 반대로 잘못된 점은, 그것이 항상 그리고 필연적으로 그러하다는 주장이다. 개념적인 혹은 신학적인 동의는 따라서 실제적인 혹은 종교적인 동의에 대한 장애가 아니며, 그리고 뉴먼은 명제들이 개념들의 표현으로서가 아니라 사실들의 표현으로서 사용되어져야 한다는 것을 의심하지 않고 있다. 그럼에도 불구하고 개념들은 두 가지 관점에서 필수적이다. 실제적 해석은 개인적인 경험들에 종속되어 있기 때문에, 우리는 다른 사람들과의 대화를 위해서 개념들에 의존해 있다. 두 번째로 명제들은 그 개념적이고 신학적인 해석 안에서 진리가치의 운반체들이다. 종교적 구상력을 통한 해석은, 우리가 그 명제를 참이라고 간주함을 전제로 한다; 그렇지 않을 때, 그 해석은 한갓 환상의 유희일 것이다. "앎은 항상 정서들의 활동에 선행해야 한다. 우리가 감사와 사랑, 분개와 혐오를 느끼는 것은, 우리가 이 상이한 감정들을 일깨울 수 있는 정보들을 실제로 목전에 가지고 있을 때이다. 우리가 부모를 부모로서 사랑하는 것은, 그들이 우리의 부모라는 것을 알 때이다"(Z 84). 뉴먼이 요구하듯이, 종교 안에서 구상력과 정서들은 항상 이성의 통제 하에 있어야 한다. 신학은 종교 없이도 생각될 수 있다; 그때 그것은 생명을 결여하지만, 그러나 독자적인 학문이기를 멈추지는 않는다. 그와는 반대로 종교는 신학을 포기할 수 없다. 우리가 본 대로, 종교적 느낌들은 모든 감정들처럼 명제들을 '진리로 간주함(Fürwahrhalten)'을 전제로 한다. 더군다나 그 느낌들은 모든 훈련에도 불구하고 완전히 우리의 지배아래 있지는 않다; 영성교사들이 부르는 것처럼, 위로가 없는 시간들이 있으며, 그 안에서 신앙은 또 다른 발판에 의존해 있다. 종교는 "자기의 영역을 신학 없이는 어떤 방식으로도 주장할 수 없다. 느낌은, 상상적이든 혹은 감정적이든, 감관들이 활동하도록 소환될 수 없을 때, 자신의 발판으로서 지성에 의지하며, 이러한 방식으로 숭배는 교의에 의지한다"(Z 85).

111_ 그럼에도 불구하고, 우리가 본 것처럼(§ 109), 종교적 인식 안에서도 지성은 사실들에 의존해 있다. 지성은 사실들로부터 추상과 추론을 통하여 신학적 학문의 체계를 형성한다. 우리는 이제 이와 같은 인식이론적인 연관을 신의 존재와 본질에 대한 물음에 입각해서 범례적으로 추적해보기로 하자. 이에 상응하는 단락(Kap. V § 1)은 "*하나의 하느님에 대한 믿음*"이라는 표제를 갖고 있다. 뉴먼은 '*믿음* (belief)'과 '*신앙*(faith)'을 구분하고 있다(Z 70). 신앙은 신학적인 의미에서 이중의 믿음을 포괄한다. 그것은 한번은 명제가 참으로 간주되고 있다는 점에 존립하는 *믿음*이다; 이 명제는, 신학의 전문용어로는 (§ 283 참조), 신앙의 질료대상이다. *신앙*의 대상은 둘째로 어째서 그 명제가 참으로 간주되는지의 근거, 곧 신앙의 형식대상이며, 그것은 그 명제가 신에 의해서 계시되었다는 사실이다. 따라서 *신앙*의 행위 안에서 하나의 명제는 그것이 신에 의해서 계시되었기 때문에 참으로 간주되고 있는 것이다. 계시의 개념은 나중에(§ 118) 고찰할 것이다; 우선 우리는 *믿음*의 의미로서의 신앙과만 관계할 것이다.

뉴먼은 유신론자와 그리스도신자의 신개념에서 출발한다: 그것은 "수적으로 한분이자 인격적인 하느님의 개념이다; 창조주이고, 모든 사물의 보존자이자 완성자이며, 법칙과 질서의 생명, 윤리적 주권자

[...]; 완전한 분이며 모든 완전성의 충일이자 원형[...]; 전능하고 전지하며, 모든 곳에 현전하며, 파악할 수 없는 분". 이 속성들에 의해서 특징지어진 신이 존재한다는 명제에 대한 개념적 동의는 유신론자들에게 어떤 어려움도 가져다주지 않는다. 뉴먼은 이 개념적 동의를 넘어서서 신의 존재에 대한 실제적 동의, 개인적 인식, 상상적 파악이 가능한지를 묻고 있다. "나는 마치 내가 본 것처럼 믿을 수 있는가?"(Z 71). 뉴먼은 이때 그에게 중요한 것은 추론이 아니라 동의라는 점을 강조한다. "나는 이 같은 가르침의 믿음에로 이르는 논증들을 실행하려는 것이 아니라, 그 가르침을 믿는다는 것이 무엇인지를 탐구하려는 것이다"(Z 69). 그는 "하나의 하느님이 존재하는지가 아니라 오히려 하느님이 어떤 분인지"하는 물음을 숙고하고 있다는 것이다. 하지만 이 두 물음들은 뉴먼의 인식이론 안에서 서로 분리되는 것들인가? "동의를 위한 대상을 산출하는 똑같은 기초적 사실들이 또한 추론을 위한 소재를 제공한다는 것은 참이다: 그리고 우리가 무엇을 믿는지를 내가 보여주면서, 나는 불가피하게 어느 만큼은 우리가 왜 믿는지를 보여주게 될 것이다"(Z 70). 몇 페이지 나중에 뉴먼은 신의 속성들에 대한 증명, 개념적 파악, 실제적 파악 사이에서 구분을 행하고 있으며, 재차 이 맥락에서 그에게 관건이 되는 것은 유일하게도 실제적 파악이라는 점을 강조하고 있다. 하지만 그럼에도 불구하고 두 개의 다른 연구들을 배제하는 것은 불가능한데, 왜냐하면 세 가지 모두가 공통의 토대를 갖기 때문이라는 것이다(Z 73). 뉴먼은 어떤 증명도 실행하지 않는다; 그는 오히려 한 현상을 묘사하고 분석하고 있다: 양심. 이 증명할 수 없는 현상이 모든 세 실행들을 위한 "최초의 원리"를 형성하고 있다: 그것은 "기초적 사실"이며, 그것으로부터 신의 개념이 추상되며, 그것이 증명 안에서 근거로서 기

능하고 있으며 그리고 그것의 관찰을 통해서 개념적 파악과 개념적 동의는 실제적 파악과 실제적 동의가 되는 것이다.

II. 양심

112_ 뉴먼의 실행의 구조를 분명히 목전에 두는 것이 중요하다. 그의 전제 혹은 증명되지 않은 그리고 그의 견해에 따르면 증명될 수도 없는 전제는, 양심이 고유한 종류의 현상이며 그렇기 때문에 모든 환원주의의 형식이 처음부터 잘못되었다는 것이다. 여기서는 아무 것도 증명될 수 없으며, 단지 무엇인가가 제시되고 묘사될 수 있을 뿐이다. 뉴먼은 이와 같은 자신의 묘사가 모든 계속되는 숙고들의 토대라는 것을 강조하고 있다; 어째서 독자가 이 묘사를 받아들여야만 하는지의 이유는 설명되고 있지 않다. 뉴먼에게 관건이 되는 것은 실제적 동의이며, 그것은 우리가 본 것처럼(§ 107), 개인적인, 개별자들의 우연적인 역사를 통해서 조건 지어진 행위이다; 그것은 단지 개별자 자신이 그 현상을 볼 때에만 가능하다; 여기서는 어떤 것도 증명되고 있지 않다.

1. 양심경험의 두 국면들

113_ 뉴먼은 양심이 고유한, 다른 모든 것들과 구분된 정신적 능력 내지는 고유한 정신적 행위라는 데서 출발한다. 마치 기억, 사유, 구

상력, 미에 대한 감각이 그러하듯이, 우리의 행동들은 자신 안에서 인가나 혹은 비난을 불러일으킨다; 그에 상응하게 우리는 그 행동들을 윤리적으로 올바른 혹은 잘못된 것이라고 부른다; 이와 함께 결부된 특수한 쾌감과 고통의 감정을 우리는 선량한 혹은 나쁜 양심이라고 지칭한다. 뉴먼의 양심의 현상학 안에서 이제 결정적이고 특징적인 행보는, 그가 양심경험의 두 국면들을 구분하고 있다는 것이다: 그것은 윤리적으로 올바른 것의 경험(moral sense)이며, 그리고 윤리적으로 올바른 것이 의무 지운다는 경험(sense of duty)이다. 하나이자 분리할 수 없는 양심의 행위의 이 두 국면들은 각자의 고유한 관찰을 허락한다. 나는 윤리적으로 올바른 것이 의무 지운다는 것에 대한 감각을 잃어버릴 수 있지만, 그럼에도 불구하고 계속해서 윤리적으로 올바른 것과 윤리적으로 나쁜 것을 구분할 능력은 있다. 뉴먼은 그 역도 가능하다고 간주한다: 나는 한 행위의 윤리적인 추함에 대한 감각을 잃어버릴 수 있지만, 그렇다고 해서 그것이 나에게 금지되어 있다는 것에 대한 감각을 잃어버리지 않을 수는 있다. 양심은 비판적인 기능과 판관적인 기능을 갖는다: 그것은 행위가 윤리적으로 옳은지 그른지를 결정하며, 그리고 제재의 위협 속에서 윤리적으로 올바른 것을 행하고 윤리적으로 나쁜 것을 중단하도록 명한다.

114_ 뉴먼이 계속해서 추적하는 것은 두 번째 국면, 곧 올바른 행동의 비준으로서의 양심이다. 여기서 우리는 뉴먼에 따라서 그 낱말의 일반적 의미를 우리 앞에 갖고 있다; '*도덕적 감각*(moral sense)'이 무엇을 의미하는지는 오직 전문가들만이 알고 있겠지만, 좋은 양심과 나쁜 양심이 무엇인지는 누구나 알고 있다는 것이다. 뉴먼은 양심을 취향(taste)과 비교하고 있다. 취향은 미와 추함에 대한 감각 안에서

그리고 그것에 접한 쾌감 안에서 고갈된다; 취향에 있어서 유일하게 관건이 되는 것은 자기 자신 때문에 존재하는 미적인 것과 추한 것이다. 취향은, 그 안에서 오직 자신의 활동과 그 활동의 대상에 대한 의식만이 주어져 있는 방식으로, 자기 자신 안에 머물러 있다; 취향은 자신의 판단을 반성하면서, 스스로 자신의 활동들에 대한 재가를 선고하는 그 자신의 판관이다. 양심의 의식은 자신의 고유한 활동에 대한 반성 안에서 고갈되지 않는다. 그것은 그 자신이 아니라 다른 법정이 재가를 선고하는 방식으로 막연하게 자기 자신을 넘어서는 곳에까지 이른다. 의무와 책임에 대한 의식은 뉴먼에게는 단지 상호인격적인 현상 이상의 것이다. 우리는 양심의 음성에 대해서 말하지만, 취향이나 혹은 미적인 것의 음성에 대해서 말하지는 않는다. 미적인 판단은 어떤 의무도 포함하지 않는다; 그에 반하여 양심은 음성이거나 혹은 음성의 반향인데, 그 음성은 "우리 경험의 전체에서 어떤 명령과도 같지 않게 명령하고 강요한다"(Z 75).

이 두 번째 국면의 제시는 양심경험에 있어서 특징적인 그리고 그것을 취향이나 도덕적 감각과 구분시키는 감정들의 묘사와 분석 안에 존립한다. 뉴먼은 무엇보다도 공포의 특정한 형식들을 지시하고 있다. 자신의 행위가 아름답지 않았다는 것을 보는 사람은 어떤 공포심도 느끼지 않는다; 그의 행동은 그에게 불편할 수 있으며, 무엇보다도 그 행동을 통해서 손해를 보게 될 때, 그는 자기 자신에 대해서 화를 낼 수 있다. 그러나 그와 함께 나쁜 양심의 현상이 남김없이 묘사된 것은 아니다; 특징적인 것은 오히려 책임, 과오, 후회, 부끄러움, 자기 비난과 같은 경험들이다. 이러한 감정들과 대립하는 것은 자기긍정, 내적인 평화, 마음의 가벼움과 같은 선한 양심에서 나오는 감정들인데, 이것들은 비록 덜 절실한 것이기는 하나 마찬가지로 실제적인 감정들이다. 거명된 감정들 안에서 뉴먼은 "양심과 우리의 또 다른 지성적 감각들 — 건전한 상식(*common sense*), 합리성(*good sense*), 실천적인 것에 대한 감각, 취향, 명예심 그리고 그와 유사한 것 — 사이의 특별한 차이를"(Z 76) 보고 있다.

2. 양심의 본능

115_ 현상에 대한 묘사가 보여주는 것처럼, 양심은 "항상 감정적이며", 감정은 반드시 인격과의 관련을 함축한다. 다시금 뉴먼은 도덕적 감각에 대한 이론이 양심의 현상에는 충분히 부응하지 않는다는 것을 보여준다. 도덕적 감각은 행위를 경탄하거나 혹은 혐오하며, 승인하거나 혹은 비난한다. 도덕적 감각의 행위는 따라서 다만 *하나의* 용어, 곧 그것이 판결하는 행위에 관련되어 있다. 뉴먼에 따르면 양심의 행위는 더 넓은 용어를 포함한다: 인격, 우리의 행위와 관계 맺고 있는 것으로서. 이 점은, 양심현상에 있어서는 감정들이 관건이 되고 있다는 데서 귀결된다. 우리는 생명이 없는 사물들에 대해 경탄할 수 있다; 그것들은 우리의 마음에 들거나 그렇지 않을 수 있다; 우리는 그것들을 보며 기뻐할 수 있으며, 혹은 그것들은 우리를 무관심하게 만들거나 거리낌을 일으킬 수 있다. 그럼에도 불구하고 그것들에 대해서 우리는 감정이나 정서를 느낄 수는 없다. "생명 없는 사물들은 우리의 정서들을 자극할 수 없다; 정서들은 인격과 상관적인 것들이다". 정서의 서술어들은 따라서 세 자리이다: x는 y라는 인격 앞에서 z라는 행위 때문에 부끄러워한다; x는 y앞에서 z때문에 책임감을 느

낀다. "우리가, 일상의 경우에서처럼, 책임감을 느끼거나, 양심의 소리를 어겨서 부끄러움을 느끼고 경악한다면, 그것은 우리가 책임을 져야하는 한 분이 여기에 있다는 것을 함축한다. 우리는 그분 앞에서 부끄러움을 느끼며, 우리에게 향해지는 그분의 요구들을 두려워한다." 선한 양심의 감정들 역시 인격과 관련을 맺는다: "우리가 올바른 행동을 한 후에 곧바로 정신의 환한 쾌활함을 향유한다면, 아버지에게서 선사받은 칭찬에 곧바로 뒤따르는 평온한 기쁨과 해방감을 즐긴다면 ─ 그렇게 우리는 우리 안에서 한 인격의 상(像)을 확신하게 되며, 우리의 사랑과 숭배는 그 인격을 향해 있다; 그 인격의 미소 안에서 우리는 행복을 발견한다; 우리는 그 인격을 갈망한다; 우리의 탄식은 그 인격에 겨냥되어 있다"(Z 77).

116_ 이와 함께 현상이 기술되었다. 이제 뉴먼이 어떻게 그 현상을 다른 현상들에 부속시키며, 그리고 이런 방식을 통해 인식론적으로 확고히 하는지의 물음에로 향하도록 하자. 뉴먼은 유비의 방법으로 작업하고 있다; 그는 그 구조에 있어서 양심의 현상에 상응하는 현상들을 암시하고 있다. 그리고 그는 우리의 설명들이 그러한 현상들에 있어서도 한계에 부딪친다는 것을 보여 준다; 양심의 현상은 여기서 자신의 해명불가함 속에 고립되어 있는 것이 아니다. 동물들과 인간들은 감각인상들만을 지각하는 것이 아니다; 그들은 이것들을 전체성에로 결합한다; 동물들 역시 교체되는 인상들과 상황들에도 불구하고 한 개체의 동일성을 인식할 수 있다. 한 마리의 양은 출생한 후에 직접적으로 자신의 동종들을 그러한 것으로서 인식할 수 있으며, 자신의 고유한 개체성을 다른 양들로부터 구분할 수 있다; 한 어린아이는 자기 엄마와 보모의 동일성을 확인한다. 뉴먼이 묻는 것은, 우리가

다양과 변화의 세계 안에서 동물들이나 아이들의 이러한 동일성확인의 실행을 설명할 수 있는가이다; 만일 그럴 수 없다면, "마찬가지로 진기하고도 어려운 가르침, 즉 아이가 점점 더, 선행하는 경험이나 유비적인 사고 없이, 살아있는, 인격적인 그리고 장엄한 주님의 음성 혹은 그 음성의 반향을 알아들을 능력이 있다는 그 가르침에, 우리가 수긍할 수 없는 어떤 근거를 갖고 있는가?"(Z 78).

이러한 유비를 더 자세히 실행하는 곳에서 뉴먼은, 의식초월적인 세계에서 실재적인 개체들의 동일성확인은 감각지각의 실행인가 혹은 이성의 실행인가를 묻고 있다. 이성은 제외된다: 동물들은 이성을 갖지 않으며, 그럼에도 불구하고 개체들의 동일성을 확인할 수 있다. 감관들은 우리에게 수많은 인상들을 제공하지만 상이한 인상들을 실재적인 통일체들에 부속시킬 능력이 없다. 그렇기 때문에 우리는 부득이 제 3의 능력을 가정해야만 한다: 본능. 실재하는 개체들이 외부세계에 존재한다는 증명근거(evidence)는 "우리의 감관들에로 향하는 현상들에 놓여 있으며, 이것들을 증명근거로 받아들여도 좋다는 것에 대한 우리의 보증은, 그것들이 중명근거라는 우리의 본능적 확신이다"(Z 72). 현상들은 그림들과도 같다. 그러나 그것들은 자신들이 모사하는 사물을 사물로서 혹은 실체로서 혹은 개체로서 보여줄 수는 없다. 인격들에 대한 인식에 있어서도 사정은 그에 상응한다; "그들이 존재한다는 것을 우리는 본능을 통해서 안다; 그들이 그러그러하다는 것을 우리는 그들이 우리 정신 안에 남겨놓은 인상들로부터 파악한다". 우리는 키케로, 예로니모, 크리소스토모 혹은 존슨 박사의 저술들을 읽는다. 그것들은 우리에게 그들 각자의 지성적이고 도덕적인 성격에 대한 혼동될 수 없는 인상을 중재한다; 우리는 그들의 지성적이고 도덕적인 개성을 파악한다. 저술들은 그것들이 역사적인 인물들에 의해서 작성되었음을 증언한다; 우리는 우리의 본능을 통해서 한 실재적 인간이 그 저술들 뒤에서 저자로 존재하고 있음을 안다. 이중의 의미에서 "우리는 그 인간을 그의 언어에서 본다"(Z 72): 본능이 우리에게 말하는 것은, 우리가 여기서 한 실재적 존재를 우리 앞에 갖고 있다는 것이다; 인상의 질로부터 우리는 그 인상의 속성들을 인식한다.

현상들은, 그것들로부터 그에 상응하는 본능이 신의 존재를 파악하는데, 윤리적 의무의 의식이며 그리고 그와 함께 주어진 특징적 감정들이다. "우리가 본능적인 지각들의 충일로부터, 그 지각들은 감관들 저편에 있는 무엇인가에 대한 개별적 보기들로서 기여하는 것들인데, 외부세계의 개념을 일반화하고, 그 다음에 이 세계를 우리가 출발했던 저 상응하는 개별적 현상들을 가지고 묘사하는 것처럼, 우리는 지각하는 힘으로부터 출발하여, 이 힘은 양심의 암시를 외부로부터의 경고의 반향과 동일시한다, 계속해서 최고의 주권자이자 판관의 개념에로 향한다. 그리고 나서 우리는 다시금 그 존재와 그의 속성들에 대한 형상을 만들게 되는데, 이것은 우리가 그의 존재에 대한 승인을 원천적으로 얻게 된 저 반복되는 암시들, 곧 정신적인 현상들안에서 이다"(Z 73). 그렇게 "명령으로서의 양심의 현상들은 최고의 주권자의 형상, 거룩하고, 정의롭고, 권세가 있으며, 모든 것을 통찰하고, 보복하는 판관의 형상을 구상력에 각인시키는데 기여할 수 있다. 도덕적 감각이 윤리의 원리이듯이 양심은 종교의 창조적인 원리이다"(Z 77). 양심의 현상은 설명되고 있지 않다. 그러나 그것은 유비적인 현상들과 함께 세워지고 있다; 이를 통해서 그것은 우리 경험의 더 큰 맥락 안에 편입되고 있으며, 완전히 유일무이하고 비범한 것의 성격이 그 현상에서 파악되고 있다. 키케로나 예로니모의 본문들로부터 우리는 그들의 개인적인, 혼동될 수 없는 성격을 인식한다; 우리 양심의 요구들로부터 우리는 신의 유일성을 인식한다: 하나는 다른 것과 마찬가지로 기적이며 커다란 신비이다.

117_ 양심은 모든 개념적 반성에 앞서 활동하고 있고 그것에 종속되지 않은 본능이기 때문에, 뉴먼은 양심경험에 의해서 각인된 신상(神像)을 어린아이의 보기에서 묘사하고 있다. 어린아이의 파악은 단지 적게만 개념을 통해 규정되어 있기 때문에, 그의 양심은 특별히 즉흥적이고 깊게 반응한다. 모든 어린아이들이 기술된 신상을 가지는지의 여부는 열려져 있다; 어떤 경우에도 그것은 "어린아이들에게는 가능하다. 왜냐하면 적어도 몇몇은 그것을 가지고 있기 때문이다, 다른 아이들이 이제 그것을 갖고 있든지 그렇지 않든지 간에"(Z 80). 어린아이는 신에 대한 모든 개념들보다 더 높은 곳에 있는 신상에 의해서 지배될 수 있다. 마음 안에 잠복해 있는 형상이 외적인 도움 없이 의식 안으로 들어설 수 있는지는 불확실하다; 그와는 반대로 확실한 것은, 그것이 시간이 경과하면서 외적인 영향들을 통해 강화되고 개선될 수 있다는 것이다. 재차 뉴먼은 개인적 태도와 삶의 정황들을 지시하고 있다. 시초적인 형상이, 그것이 어떻게 생성되었든지, 더 밝고 더 강하게 되는지는, 혹은 그것이 약하고 희미해지며, 왜곡되거나 혹은 소멸되는지는, 개인적인 태도와 삶의 정황들에 달려 있다. "사람들은 자신들의 의무감을 위반하며, 점점 더 그들은 위반에 대한 자연적 교정책인 저 부끄러움과 공포의 느낌들을 상실한다. 그 느낌들은 볼 수 없는 판관의 증인들이다"(Z 81). 자신들의 유년시절에 이 신상이 살아 있었던 사람들이 그것을 완전히 잃게 되는 것이 불가능할지라도, 그것은 한갓 개념에로 위축될 수가 있다. 역으로 신상은, 그것이

적합하게 육성될 경우, 발전하고 심화될 수 있다. 삶은 신상을 더 풍부하고 더 생생한 것이 되게 할 수 있다; 뉴먼이 거명하는 것은 양육, 다른 사람들과의 만남, 경험, 문학이다. 자연과 인간의 세계는 이제 새로운 빛 속에서 나타난다. 불행과 악이 보여 지기는 하지만, 시선은 더 깊고 살아 있는 진리, 곧 "선이 규칙이고 악은 예외"라는 진리와 "자연법칙들은, 불변적이긴 하지만, 그럼에도 특별한 섭리와 결합할 수 있다"(Z 82)는 진리에로 침투해 들어간다. 양심경험 안에서 신에 대한 실제적 파악은 계시된 종교에 종속되어 있지 않다; 그것은 성서에 대한 어떤 지식도 전제하지 않는다. 그러나 그것은 더 자세히 상술되어야만 하는 조야한 스케치일 뿐이다; 여기에 성서의 과제가 놓여 있으며, 양심경험 안에서 단지 여명처럼 나타나는 것을 성서가 분명히 보게 해준다는 점은 뉴먼에게는 성서의 신적인 근원을 증언하는 것이다. 그는 특별히 한 권의 책을 부각시키고 있다: 시편들. 그 안에 양심의 신상과 성서의 신상 사이의 직접적인 연관이 주어져 있다; 시편들은 기도와 명상 안에서 이 형상을 심화시키는 안내자이다; 여기서는 자연적 종교와 계시된 종교 간에 그 어떤 분명한 경계도 그어지지 않는다. "정서의 훈련은 그 정서의 대상에 대한 우리의 파악을 강화하기 때문에, 시편처럼 그렇게 고귀한, 통찰력 있는, 그렇게 심오한 교훈을 가진 기도서가 종교적 구상력에 미치는 영향력을 과장하기란 불가능하다"(Z 83).

Ⅲ. 자연적 종교와 계시된 종교

1. 계시의 개념

118_ 우리가 보았듯이(§ 111), 뉴먼은 *믿음*(*belief*)과 *신앙*(*faith*)을 구별하고 있다. 양자에게 공통적인 것은, 하나의 명제가 참으로 간주되고 있다는 것이다; 차이는, 믿음의 개념은 어떤 근거로부터 그 명제가 참으로 간주되고 있는지를 열어두고 있는 반면에, 신앙의 개념은 이 근거를 포함한다는 데에 있다: 그 명제가 참으로 간주되는 것은 그것이 신에 의해서 계시되었기 때문이다. 신앙은 믿음과 마찬가지로 한 특정한 명제, 곧 질료대상을 참으로 간주할 뿐만 아니라, 그 밖에도 첫 번째 질서의 명제인 질료대상에 대해서 진술하는 두 번째 질서의 명제(형식대상)도 참으로 간주한다: 첫 번째 질서의 명제, 곧 질료대상은 신에 의해서 계시되었다는 명제. 그럼에도 불구하고 이와 함께 정초의 문제가 대답된 것은 아니며, 다만 연기되었을 뿐이다: 이제 두 번째 질서의 명제에 대한 근거들, 곧 형식대상에 대하여 물어야 한다.

119_ 계시에 대한 상론의 서두에서 뉴먼은 야곱의 우물에서 예수가 만난 여인에게 사마리아인들이 하는 말을 인용하고 있다: "우리가 믿는 것은 이제 당신이 한 말 때문이 아니오. 우리가 직접 듣고 이분께서 참으로 세상의 구원자이심을 알게 되었소"(요한 4,42). 그는 이 구절에서 복음의 세 특징들을 발견하고 있다: 그것은 첫째로 신적인 계시이다, 다시 말해서 그것은 인간이 자신의 힘으로 발견할 수 없는

진리를 가르치고 있다; 그것은 둘째로 신적인 계시라는 주장을 명백히 하고 있다, 즉 그것이 가르치는 진리의 근원에 대한 정보가 있다; 그것은 셋째로 자신 안에 신적인 근원의 증명근거들을 포함하고 있다. 그리스도교는 "'계시된 계시(*Revelatio revelata*)"이다: 신의 계시임을 주장하는, 그리고 신의 계시로서 받아들여질 것을 주장하는 신의 계시. 두 번째와 세 번째 특징의 관계는 신앙행위의 긴장과 문제를 분명하게 해 준다. 신적인 계시로서 복음은 무조건적인 동의를 요구한다. 그것이 참으로 간주되고 있다면, 그 이유는 그것이 기만할 수도 기만당할 수도 없는 분인 신으로부터 오기 때문이다. 사람들은 복음을 개연적으로 참된 것으로 혹은 부분적으로 참된 것으로 간주할 수는 없다; 사람들이 그것을 신적인 근원을 가진 것이기에 참이라고 여길 경우, 사람들은 그것을 절대적으로 확실한 지식으로 간주해야만 한다, "그렇지 않다면 그 어떤 것도 확실할 수 없다는 의미에서 확실한 것으로"(Z 272). 그럼에도 불구하고 이 무조건적인 동의가 전제하는 것은, 복음이 신적인 근원에서 온 것임을 우리가 알고 있다는 것이다. 그러나 우리는 어떻게 이러한 지식에 이르는가? 여기서 우리는 신적인 계시에 호소할 수는 없다; 복음이 신적인 근원을 갖는다는 지식은 인간적인 지식이며, 그것은 증명근거들에 의거한다. 여기서 우리는 얼마만한 확실성의 정도에 도달할 수 있는가? 복음이 신에 의해서 계시되었다는 사실이 인간적 지식의 대상이라면, 어떻게 신의 계시에 대한 무제약적인 동의가 가능한가? 계시의 사실에 대한 증명근거들은 얼마나 강력한 것인가?

사마리아인들의 말이 대답을 위한 일보를 포함하고 있다. 그들은 외적인 증언, 곧 다른 사람들의 증언에 입각해서 믿는 것이 아니라,

예수를 직접 들었기 때문에 믿는다. 그들에게 예수의 복음은 그 자체 안에 증명근거들을 지니고 있다. 계시는 "자기 자신을 위해서 증언한다". 그러나 계시가 그렇게 할 수 있는 것은 오직 그것이 전체로서 받아들여질 때뿐이다. 뉴먼은 계시의 통일성을 강조하고 있다. 계시는 진리, 의견, 철학적인 테제 혹은 종교적 경험의 단순한 수집이 아니라, "자기 자신을 하나로 결합시키는" 전체이다. 그것은 오직 전체로서 이해될 수 있을 뿐이다; 개별적 부분들은 상호적으로 서로를 해석해야 한다; 전체로서 그리고 오직 전체로서만 계시는, 마치 둥근 천장처럼, 자기 자신을 지탱한다. 우리는 "계시의 내용들로부터 우리의 판단에 따라서 무엇인가를 끄집어 골라내어서는 안 되며, 우리가 그것 일체를 받아들일 때, 우리가 발견하는 그대로, 그 모든 것을 수용해야만 한다"(Z 272). 이 전체가 보편적인 주장을 한다; 그것은 모든 인간들에게 향하며 그들에게 이성적인 동의를 요구한다. 이것이 전제하는 바는, 그것이 모든 인간들의 물음과 필요에 대답한다는 것이다. 전체로서의 계시는 자연적 종교에서 그 표현을 발견하고 있는 *인간조건*(condicio humana)에 대한 자체적으로 설득력 있는 해석이어야 한다; 계시는 자연적 종교에 접해서 입증되고 확증되어야 한다. 그리스도교는 자연의 종교에 대한 보완이다; 그것은 자연적 종교의 자리를 대신하지 않으며, 그것에 모순되지 않는다. 그것은 인간들이 이미 가지고 있는 어떤 것에로 향함을 통해서 자신의 주장들을 완수한다. 그렇기 때문에 그것은 자연적 종교를 인정해야 하며, 그리고 그런 이유로 그것은 필연적으로 자연적 종교에 종속된다. 그것은 자연적 종교의 보완이자 완성이며, 자신을 그러한 것으로서 입증해야만 한다.

2. 자연적 종교

120_ 뉴먼이 출발하고 있는 간결한 개념규정에 따르면, 종교란 "하느님과 그분의 의지 그리고 그분께 대한 의무들에 대한 앎"(Z 273)이다. 그는 한편으로는 자연적 종교와 다른 한편으로는 문명의 종교, 철학의 종교 그리고 예술적 종교를 구별하고 있다. "자연의 종교는 이성의 연역이었던 적이 없다"(Z 284). 자연적 종교들은 "그 원천을 미개한 시대에 가졌던 종교들"(Z 277)이다. 뉴먼은 고대에서 아마도 가장 결연한 그리고 가장 격분한 종교의 반대자이자 비판가였던 루크레티우스에게서 자연의 종교들을 가장 근원적인 형식 안에서 발견한다. 그에게 종교는 마음을 침울하게 하는, 견디기 힘든, 굴욕적인 멍에이자 지속적인 공포의 원천이다. 루크레티우스가 아울리스(Aulis)에서의 이피게니아(Iphigenie) 희생제를 인상 깊게 묘사함을 통해서 보여주는 것은, 종교의 이름으로 비인간적이고 잔혹한 범죄가 자행되고 있다는 것이다(T. Lucretius Carus, De rerum natura I 62-65; 80-101). 문명의 종교는 음산한 진지함과 침울하게 하는 엄격성을 잃어버렸다. "그렇게 그리스 신화는 대부분 쾌활하고 우아하며, 그것의 새로운 신들은 옛 신들보다도 확실히 더욱 친절하고 관대하다. 비슷한 방식으로 철학의 종교는 예전의 왕들이나 전사들에게는 충분했던 저 미개한 표상들보다도 더 고귀하며 인간적이다". 그러나 뉴먼은 이러한 발전 안에서 어떤 진보도 보지 않으며, 종교가 그 안에 뿌리내리고 있는 경험의 상실을 본다. 미개한 종교들의 의례들은 인간의 본성을 전개시키고 완성한다. 문명은 이 전체적 본성이 아닌, 다만 지성의 발전일 뿐이다; 문명의 종교는 그런 이유로 미개인의 종교와 모

순된다; 그것은 공포와 희망의 감정들 그리고 "이교도들의 의례와 전통 안에서 표현되고 있는 섬뜩한 예감"(Z 278)에 대한 어떤 공감도 갖고 있지 않다. 종교의 "넓고 깊은 토대"는 "죄와 과오에 대한 의식이며, 이 의식이 없이는 현존하는 대로의 인간에게 그 어떤 진정한 종교도 존재하지 않는다. 그렇지 않으면 종교는 단지 위조이자 속이 빈 것이다; 그리고 이것이 소위 문명과 철학의 종교가 어째서 그렇게 커다란 조롱거리인지에 대한 이유이다"(Z 281).

121_ 모든 해석은 선(先)이해로부터 출발한다. 뉴먼은 종교사적인 소재를 숙고하는 자신의 해석학적 전제들을 분명히 제시하고 있다. 뉴먼은 사실들을 자신의 고유한 경험의 빛 안에서 보고 있다. 비록 그가 동시에 자신의 경험들이 다른 이들의 경험들을 통해 확증된다는 데서 출발하고 있기는 하지만. 그리고 그는 그 경험들을 그리스도교의 증명을 위한 출발점으로 간주하고 있다. 그러나 이를 통해서 자연적 종교와 계시된 종교가 있다는 것을 증명하려는 의도가 포기되고 있는 것은 아닌가? 계시된 종교를 증명하려는 시도는 이러한 출발점을 통해서 순환적이 되는 것은 아닌가? 뉴먼은 분명히 '그렇다'라고 대답한다. 그는 증명이 가능하다는 것을 논박하려는 것이 아니다. 자체적으로 그리고 객관적으로 그리고 추상적으로 보았을 때 증명하는 근거들이 있다는 것이다. 그러나 이 객관적이고 추상적인 숙고로부터, 그에 상응하는 논증들이 불가항력적이며 모든 반론을 배제한다는 결론이 뒤따르지는 않는다는 것이다. 불가항력적인 그리고 논박할 수 없는 논증은 항상 인격과 관련을 맺는다는 것이다; 그것이 객관적으로 불가항력적이라는 것으로부터 그것이 한 특정한 인격에게도 불가항력적이라는 점이 귀결되는 것은 아직 아니다; 즉자적으로 있는 것

과 우리에 대해 있는 것은 구분되어야 한다는 것이다. 뉴먼은 진리를 빛에 비교하고 있다; 맹인은 빛을 볼 수가 없다. "그리고 진리의 결핍 때문이 아니라 그들 자신의 결핍 때문에 진리를 인식하지 못하는 사람들이 있다"(Z 288).

122_ 세 개의 운하들이 있는데, 그것들을 통해서 자연은 신과 그분의 의지 그리고 그분께 대한 우리의 의무들에 대한 지식을 우리에게 흐르게 한다: "우리 자신의 정신, 인류의 음성 그리고 세계의 경과, 즉 인간적 삶과 용무들의 경과"(Z 273). 나의 해석은 앞의 두 가지에 국한된다: 양심의 증언 그리고 "자연적 확신과 느낌의 체계"(Z 287)인데, 이것은 원시적 종교들 안에서 표현되는 바와 같다. 종교의 위대한 내적 스승은 양심이다. 그것은 인식의 가장 확실하고 가장 개인적인 원천이다. 그리고 그것은 내가 최후로 의지해야 할 법정이다. 양심은 지식의 다른 모든 형식들에 종속되어 있지 않으며, 그와 함께 지위, 나이, 교양의 모든 차이들에 종속된 것이 아니다; 그것은 "서적들, 교육받은 사유, 자연과학적 지식 혹은 철학에 종속되어 있지 않다"(Z 274). 한 인간이 자신의 지시를 더 많이 따를수록, 그만큼 그는 자신의 훈령들 안에서 더 명확해지며 그리고 그만큼 자신이 판단할 수 있는 영역이 더 넓어진다. 이러한 특징 짓기로써 뉴먼은 모든 정신적 활동이 외적인 자극과 교환에 의존해 있음을 배제하려는 것은 아니다. 왜냐하면 인간은 항상 공동체의 지체로서 살아가기 때문이다. 양심이 의식하고 있는 주도적인 규범은 정의이다; 양심이 우리에게 중재해주는 신상(神像) 안에서 신의 다른 모든 속성들은 보복적인 정의 밑에 종속되어 있다. 양심이 동시에 우리에게 말해주는 것은, 우리가 그분의 요구를 이행하기보다는 그것에 한참 뒤쳐져있다는 것이다. 신은 그렇기 때문에 자연적 종교 안에서 우선은 우리에게 분노

하며 처벌하겠다고 위협하는 분으로 경험된다. 종교는, 루크레티우스가 올바로 본 것처럼, 우선 짓누르는 멍에로서 체험되며, 이로써 인간이 자연과 예술의 아름다움을 관조할 때 경험하는 기쁨과 대조를 형성한다.

뉴먼은 개별자의 양심경험에서 발견되는 종교의 *일차적*(prima- facie) 국면에 역사적인 종교들의 형상을 대조시키고 있는데, 이 형상은 그들의 의례와 가르침에서 나타나는 대로이다. "종교가 늘 대중적인 형태로 존립하는 곳에서, 종교는 거의 지속적으로 자신의 어두운 측면을 밖으로 향하게 했다는 것은 강조할 필요가 없다. 종교는 이런저런 방식으로 죄의식에 의거해 있다; 그리고 이 생생한 의식이 없이는 종교는 그 어떤 훈령들이나 관습들을 갖기 어려울 것이다. 종교의 다양한 형식들 모두가 선포하거나 함축하는 것은, 인간은 굴종적인, 노예적인 상태에 있으며 속죄, 화해 그리고 본성의 커다란 변화를 필요로 하고 있다는 것이다"(Z 275). 그러나 이 음산한, 위협적인 측면과 함께 자연적 종교는 또한 더 밝은 측면도 보여준다: 인간들은, 만일 그들이 더 나은 상태를 희망하지 않는다면, 굴복과 정화의 의례들을 거행하지는 않을 것이다. 모든 순수한 종교는 멍에일 뿐만 아니라 축복이기도 하다. 뉴먼에 따르면, 단지 그렇게 해서만 종교가 도처에서 모든 시대에 발견되고 있다는 사실이 설명된다; 인간들은 한갓 폭정에 자신을 복속시키지는 않을 것이다; 종교가 단지 절망감만을 안겨다준다면, 인간들은 종교에 마음을 쓰지 않게 될 것이다. 종교는 미래의 선에 대한 희망을 선사하며, 그와 함께 고통 안에 빛을 가져다준다. 이승의 삶의 재화들은 미래의 커다란 재화에 대한 선불로 경험되고 있다; 그것들은 인간이 자신의 과오에도 불구하고 완전히 배척된 것은 아니라는 예감을 갖게 해준다. 뉴먼은 두 가지, 곧 과오의 의식과 이 세상의 재화들에 대한 기쁨이 리스트라에서의 바오로의 설교 안에서 서로 결합되어 있음을 보고 있다: 창조주께서 "지난날에는 다른 모든 민족들이 제 길을 가도록 내버려 두셨습니다. 그러면서도 좋은 일을 해 주셨으니, 당신 자신을 드러내 보이지 않으신 것은 아닙니다. 곧 하늘에서 비와 열매 맺는 절기를 내려 주시고 여러분을 양식으로, 여러분의 마음을 기쁨으로 채워 주셨습니다"(사도 14,16 이하).
　자연적 종교 안에서도 세계는 선한 신의 섭리에 의해 주재된 것으로 해석될 수 있다는 것이다. 이 해석은, 세계와 역사가 특정한 관점으로부터 그리고 내적인 경험을 토대로 보여 지고 있음을 전제한다는 것이다; 따라서 관건이 되는 것은 개인적, 주관적 관점이다. 그러나 이 "개인적인 최초의 원리들과 판단들은[...] 정당하게도 인간적 사유의 공통의 조건들로 지칭될 수 있는데, 말하자면 그것들이 고의로 혹은 우연히 상실될 때까지 말이다; 실제로 그것들은, 인간의 대다수로 하여금 자비 혹은 판단 안에서 물리적인 그리고 도덕적인 체계를 주재하는 비가시적 힘의 손길을 인식하도록 이끄는 데로 귀결된다"(Z 282). 유사한 인도가 모든 개별적 인간에게 미치고 있다는 보편적 느낌이 양심의 정의감 안에 뿌리내리고 있다. 사건이 우리에게 그렇게 불투명하더라도, 우리는 신이 우리 모두를 규칙에 따라서 대한다는 것을 본능적으로 느낀다: 선한 이에게는 선을, 악한 이에게는 악을. 이 자연적 믿음을 입증하기 위해서 뉴먼은 정의로운 행위-결과-맥락을 다루고 있는 제 민족들의 위대한 격언들을 지시하고 있다.
123_ 섭리신앙처럼, 기도 역시 개인적이고 공동체적인 실천으로서 인류의 종교들의 본질요소이다. "기도가 있는 곳에, 크든 일상적이든 모든 곤경 안에서도 자연스런 편안함과 위로가 있다". 자연적 종교가 무엇인지를 규정하기 위해서 우리가 의존하는 것은, 뉴먼이 자신의 방법을 기술하고 있듯이, "우리가 넓은 영역에서 바라보는 대로의 우리 종족의 즉흥적인 행위들과 처신방식들이다"(Z 283). 다양한 기도

의 형식들과 그와 결부된 의견들 사이의 대구들은, 기도에 있어서 관건이 되는 것은 도처에서 그리고 모든 시대에 발견되는 자연적 종교의 표현이라는 점에 대한 반론은 아니다. 우리는 바알신의 사제들과 춤추는 이슬람의 승려들을 보기로 들 수 있는데, "그렇기 때문에 한 쪽의 광포한 탐닉이나 다른 쪽의 숙련된 회전을 우리의 기도개념에 포함시킴이 없이, 혹은 그들의 상응하는 신앙대상들, 곧 바알이나 모하메드를 재가함이 없이도 말이다"(Z 284).

124_ 인류의 종교들의 어둠과 수난을 밝혀주는 예감들에 뉴먼이 포함시키는 것은, 그 종교들이 이런저런 방식으로 명시적 계시의 관념에 의거하고 있다는 점이다. "그 계시는 보이지 않는 힘들로부터 오며, 종교들은 그들의 분노를 진정시킨다". 인간은 기도 안에서 신에게 말하며, 신은 계시 안에서 인간에게 말한다. 계시의 개념이 "인간정신에 말을 건네는 것은, 계시의 기대가 자연적 종교의 본질적인 부분으로 간주되어도 좋다는 방식 안에서이다"(Z 284). 의례와 관습은 신들 자신에 의해서 고지되고 도입된 것으로 간주되고 있다; 뉴먼은 신들이나 영웅들에게 귀속되고 있는 도시건립을 지시하고 있으며, 전조, 신탁, 예언을 지시하고 있다. 그렇게 자연적 종교는 자기 자신을 하나의 계시로 이해한다. 그것은 이성의 연역이 아니며, 혹은 인간들이 집회에서 상호적으로 의무지운, 자의적으로 확정된 선언도 아니다. 그것은 "하나의 전통이며 혹은 위로부터 한 민족에게 허락된 개입이다"(Z 284).

125_ 우리가 본 것처럼(§ 119), 그리스도교는 자신을 "*계시된 계시*"로 이해한다: 계시라는 것 그리고 계시로서 받아들여져야 함을 주장하는 신의 계시. 신적인 계시로서의 그리스도교는 무조건적인 동

의를 요구한다. 그러나 복음이 계시라는 것을 우리는 어디서부터 아는가? 그것에 대한 근거들은 무조건적인 동의를 정당화할 정도로 그렇게 강한 것인가? 대답을 위해서 우선 뉴먼의 두 가지 인식이론적인 테제들을 살펴보기로 하자.

3. 동의의 무조건성

126_ 첫 번째 테제는 로크를 반대해 취해진 것이다; 문제가 되는 것은 추론과 동의 사이의 관계이다; 이 논쟁은 제임스와 클리포드 간의 논쟁에 상응한다(§ 37). 로크에 따르면 동의에는 등급들이 있으며, 그것들은 해당되는 명제를 위한 근거들에 상응한다; 근거들이 강하거나 약함에 따라서 동의도 강하거나 약할 수밖에 없다(John Locke, *An Essay Concerning Human Understanding*, Book IV, chap.15;16;19 참조). 로크에 의하면, 동의가 명제를 위한 증명근거들보다 더 강하다면 그것은 다만 "비논리적이 아니라, 비도덕적"(Z 112)이라는 것이다. 뉴먼은 이러한 이론이 결국 추론과 동의의 행위들을 구분하지 못한다고 비판한다; 여기서는 동의가 일종의 "추론행위의 재생 그리고 사본으로 간주되고"(Z 113 이하) 있다는 것이다; 추론은 개연성의 등급을 규정하며, 동의는 그것을 표현한다. 이와는 반대로 뉴먼에 따르면, 동의는 추론에 종속되지 않으며 어떤 경우에도 무조건적이다. 명제는 그것을 지지하는 근거들의 강도에 상응하게 질이 규정된다: 참된 것으로, 매우 개연적인 것으로, 덜 개연적인 것으로, 의심스러운 것으로 등등; 따라서 우리는 이차적인 질서의 명제를 형성하는데, 그것은 명제 p가 참이다 혹은 매우 개연성이

있다는 등등의 진술을 한다. 그와는 반대로 우리가 이 이차적인 질서의 명제에 부여하는 동의는 무조건적이다. 만일 내가 'p는 의심스럽다 혹은 개연성 있다'라는 명제에 동의한다면, 그때 나의 동의는 'p는 참이다'라는 명제에 내가 동의할 때와 마찬가지로 완전한 것이다; 그것은 "동의의 어떤 등급이 아니다. 그리고 마찬가지 방식으로 나는 불확실성을 확신할 수 있다; 그것은 '확신하는'이라는 낱말 안에서 중재되고 있는 특수한 개념을 파괴하지 않는다"(Z 121).

로크에 반대하여 뉴먼이 의존하는 것은 "구체적인 삶의 실행들 안에서 발견되는 대로의 인간본성의 사실들이다". 여기서 우리는 대체로 우리가 동의하지 않는 경우들과, 그리고 무조건적으로 동의하는 경우들만을 발견하는데, 더욱이 "추정적인 사유"(*probable reasoning*)만을 허용하는 소재들에 있어서도 말이다. "만일 인간의 본성이 그 자신의 증인이어야만 한다면, 동의와 비-동의 사이에는 그 어떤 중간 것도 존재하지 않는다"(Z 121 이하). 뉴먼은 상이한 영역들에서 취한 보기들의 목록을 제시한다. 사람들은 거기서 증명근거(*evidence*)를 토대로 해서 동의하는데, 그것은 직접적인 통찰도 아니요 형식적인 증명(*demonstration*)도 아니다, 그럼에도 불구하고 그들의 동의는, 마치 그들이 최상의 명증성을 갖고 있는 것처럼, 그렇게 무조건적이다: 우리는 그 어떤 의심도 없이, 우리가 개체성과 동일성을 갖고 있다고 믿으며, 또한 우리가 좋은 것과 나쁜 것, 올바른 것과 부당한 것, 참된 것과 거짓된 것, 아름다운 것과 추한 것에 대한 감각을 갖고 있다고 믿는데, 우리가 늘 이러한 표상들을 분석하고 있듯이 말이다. "우리는 어제나 혹은 작년에 발생했던 것에 대한 절대적인 비전을 우리 앞에 갖고 있으며, 그 결과 우리는 오류의 위험 없이 법정에서 그것을 위해 증언할 수 있다, 그 결과가 그토록 중대한 것이 될지라도 말이다"(Z 122). 우리는 우리가 유일하게 실존하는 존재가 아니라는 것을 확신한다; 법칙들에 의해서 규정된 우주, 곧 외부세계가 존재한다는 것. 우리는 지구가 둥글다는 명제에 제약 없이 동의한다; 지구의 모든 부분들이 교대로 태양을 보고 있다는 명제, 지구가 육지와 바다의 커다란 표면으로 덮여 있다는 명제에 조건 없이 동의한다. 우리는 우리의 탄생을 기억할 수 없을지라도, 우리가 부모를 가져본 적이 없다는 생각을 비웃는다; 우리는 미래에 대한 그 어떤 경험도 가질 수 없지만, 그래도 우리가 결코 죽지 않을 것이라는 생각을 비웃는다. 우리는 결코 시도해 본 적이 없음에도 불구하고, 우리가 양식 없이 살아갈 수 있다는 생각을 비웃는다. 우리는 우리가 다른 이들에게 무자비했다는 깊고도 잃어버릴 수 없는 의식을 가질 수 있다. 우리는 어떤 음식물과 삶의 방식이 건강에 유익하며 어떤 것이 해로운지를 알고 있다. 이 모든 진리들을 우리는 직접적으로 그리고 망설임 없이 파악한다; 우리는, 만일 우리가 그 자체로 통찰되는 진리들로부터 추론함이 없이 그것들에 동의할 때, 진리의 정신을 침해하게 될 것이라는 생각을 하지는 않는다. "증명할 수 없는 생각에 대한 동의는, 인간의 본성이 비합리적인 것이 아닌 한, 너무도 널리 승인되어 있기에 비합리적인 것일 수 없으며, 분별 있고 분명한 정신의 소유자들에게는 너무도 친숙한 것이라 허약함 혹은 과도일 수가 없다. 우리 중의 어느 누구도 진리들을 받아들이지 않고서 사유하거나 행동할 수는 없는데, 이때 그 진리들은 자체적으로 통찰되는 것도 아니요, 증명된 것도 아닌, 그럼에도 불구하고 뛰어난 것들이다"(Z 124).

4. 추론감각

127_ 일상의 언어용법은 동의와 확신(*certitude*)을 구별하지 않는다.

뉴먼은 세분화와 함께 그 용법에 동조한다. 그는 동의를 "질료적 확신"(Z 146)이라 부르며 그것을 반성적 확신과 구분한다. 동의 혹은 정신적 상태라는 의미에서의 확신(certitude)은 명제의 성질로서의 확실성(certainty)과 구분되어야 한다. 하나의 명제는, 내가 그것을 확신할 때, 확실하다. 질료적 확신 안에서 나는 단지 그 명제를 확신하며, 반성적 확신 안에서 나는 내가 그 명제를 확신하는 근거들과 사실을 의식하고 있다. 확신(certitude)은 소위 논증을 통해서 외부로부터 정신에 강요되는 수동적인 인상이 아니라, 우리가 일단 추상적인, 곧 엄밀히 형식적인 증명들을 도외시할 경우, "명제들을 참이라고 능동적으로 승인하는 것"(Z 242)이다. 우리가 명제를 참이라고 인식할 때, 이성은 그 진리를 승인하도록 명령한다. 그러나 어떻게 우리는 위에서 인용한 보기들 안에서 진리를 인식하는가? 지금까지 이러한 인식방식은, 직접적 통찰과 형식적 증명이 배제된 한에서, 단지 부정적으로 특징지어졌다.

두 개의 보기들을 더 들어보자: "가까운 친구가 우리를 속였다는 소식에 우리는 분노하거나 혹은 조롱감이 될 수 있다; 그리고 우리는 많은 경우에 지체 없이 우리에게 적대적이고 불의한 특정의 패거리들을 꾸짖을 수 있다"(Z 123). 양자의 경우에 문제가 되는 것은 개인적인 인식인데, 그것은 제 3자가 해당되는 사태, 곧 나와 내 친구 사이의 관계 내지는 나와 내게 적대적인 패거리 간의 관계를 확인할 수 없다는 의미에서 그러하다. 여기서 영향을 미치고 있는 것은 인식적 감정들이다. 나의 정의감은, 아마도 단지 사소함을 통해서, 상처를 받았다. 나는 다년간 내 친구를 알고 있다; 그에 대한 신뢰는 이 시간 동안 성장한 것이다; 이러한 경험을 갖고 있지 않은 사람은 그 친구의 성격을 결코 나처럼 잘 판단할 수 없다. "생각하는 사람은 누구나가", 뉴먼이 이러한 형식의 인식을 특징짓고 있는 것처럼, "자기 자신의 중심이다". 여기서 관건이 되고 있는 진리는 보편적으로 중재되지 않는다; 그것은 단지 당사자 개인에게만 통찰되는 것이다. 그러나 그와 함께 진리와 확실성이라는 개념들이 포기된 것은 아닌가? 여기서 우리는 배타적으로 주관적인 영역에서 움직이고 있는 것은 아닌가? 우리는 여기서 여전히 참과 거짓을 구분할 수 있는 척도들을 수중에 가지고 있는가? "추론의 정확성에 대한 척도, 곧 추론된 명제를 위해서 완전한 권리를 지닌 확실성이 불러일으켜지는 것을 우리에게 보증해 줄 수 있는 척도가 존재하는가? 왜냐하면, 내가 말한 것처럼, 우리의 보증은 학문적인 것일 수가 없기 때문이다." 추론은 단지 당사자 개인에게만 통찰되는 전제들에 의거하기 때문에, 올바름의 척도는 상호주관적인 검증가능성일수는 없다. 오직 그 개인 자신만이 전제들의 진리와 추론의 올바름을 판단할 수 있다. 이를 위해서 개인은 이 개인적인 영역에서 참 내지는 올바름과 거짓을 구분할 수 있는 능력을 필요로 한다. 이 능력은 추론능력의 완전성 혹은 덕이다. 뉴먼은 그것을 "*추론감각*(Illative Sense)"이라 부르는데, 이때 그는 "'감각'"이란 말을 "'상식(common sense)'", "'미의 감각(sense of beauty)'" 등등과 평행하게 긍정적으로, 곧 완전성의 의미에서 이해된 것으로 알고자 한다(Z 242).

128_ 우선 뉴먼의 방법론을 일별해 보자. 그는 그 어떤 인식이론이나 인식의 형이상학을 발전시키려 하지 않는다; 우리는 그의 방식에 관하여 비트겐슈타인의 명제를 사용할 수 있다: "모든 설명은 사라져야 하고, 오직 기술(記述)만이 그 자리에 들어서야 한다"(PU § 109). 그의 '증명'은 "인류의 공통의 음성에 대한" 호소이다. "그것은 우리 본

성의 정상적인 활동으로 간주되어야 하며, 이를 위해서 사람들은 일반적으로 사실적인 보기들을 제공하고 있다. 그것은 우리 정신의 법칙이며, 그것이 선천적인 법칙이든 그렇지 않든지, 넓은 눈금판 위에 놓인 행위 안에서 예증되고 있다"(Z 241). 추론감각이 있다는 것과 그것이 어떻게 작용하는지는 증명되는 것이 아니라, 보기를 수단으로 해서 보여 지는 것이다. 다시금 비트겐슈타인과의 비교가 사태를 해명해준다. *철학적 탐구*에서 가정된 대화상대자가 묻기를, "도대체 무엇이 언어놀이의 본질인가, 따라서 무엇이 언어의 본질인가. 무엇이 이 모든 과정들에 공통적인 것이며, 그것들을 언어로, 또는 언어의 부분들로 만드는가". 비트겐슈타인은 대답한다: 그것은 그들에게 "전혀 공통적인 일자가 아니며[...] 그것들은 매우 다양한 방식으로 서로 *근친적*이다"(PU § 65). 비트겐슈타인은 이러한 종류의 근친성을 "우리가 '놀이들'이라고 부르는 과정들"(PU § 66)의 보기에서 해명하고 있다. 뉴먼의 보기는 "'숙련(*skill*)'"이라는 낱말이다. 우리는 이 말을 기술자의 능력에 대해서나, 선박제조, 조각에서 사용한다; 마찬가지로 노래하기나 악기의 연주, 연극, 체조에서 사용한다. 이러한 현상들에 공통적인 것은 무엇인가? 뉴먼은 아리스토텔레스적인 존재론으로부터 취한 비교를 사용하고 있다. 질료와 형식 사이에는 상호적인 종속의 관계가 존립한다. 숙련과 그것이 활동하고 있는 특수한 영역은 "인간 영혼이 자신의 특수한 육체와 하나인 것과 마찬가지로, 단적으로 하나이다[...]". 한 예술가의 천재성은 "특수한 대상영역과 불가분적으로 결합되어 있다; 시인은 그런 이유로 화가나 건축가 혹은 작곡가가 아닌 것이다". 숙련의 본질은 그것이 활동하고 있는 대상영역을 통해서 규정된다; 그 자체로서의 숙련이 존재하는 것이 아니라, 상이한 대상영역들에 상응하는 숙련의 상이한 형식들이 있는 것이다. 숙련처럼 추론감각은 상이한 영역들에서 활동한다: 실험적인 자연과학, 역사적인 탐구, 신학, 문예, 윤리적 행위, 다른 사람들과의 교제, 그리고 추론감각은 여기서 저마다의 고유한, 대상영역을 통해서 규정된 형식을 받아들인다. 뉴먼은 그와 함께 과학주의적인 이성개념에 반대한다. 그가 숙련 내지는 추론감각을 영혼과 비교하는 것은 또한 두 번째 요점을 목표로 하고 있다: 영혼이 내적인 원리로서, 즉 엔텔레케이아(Entelechie)로서 육체의 과정들을 조종하는 것처럼, 추론감각은 "일종의 본능 혹은 영감이며, 비판 혹은 학문의 외적인 규칙들에 대한 복종이 아니다"(Z 251).

129_ 추론감각의 형식들 중의 하나이자 동시에 뉴먼의 이성개념을 위한 위대한 범형은 프로네시스, 곧 *니코마코스 윤리학* 6권에 나오는 실천적 통찰 혹은 실천적 판단력의 덕이다. 그것은 "추론적 덕"이며, 다시 말해서 이성능력의 덕이다; 그것의 영역은 우연적인 것 혹은 구체적인 것이다; 그것은 영혼이 오직 참된 명제들에만 동의하는 것을 보장한다(Nik. Eth. VI 3, 1139b15; Z 248 Anm.228 참조). 뉴먼은 이 개념을 넘겨받고 있지만, 이 덕의 대상영역을 확장하고 있다: 그의 추론감각은, 우리가 본 것처럼, 윤리적인 결정을 위해서만 권한이 있는 것이 아니라, 구체적인 추론의 모든 영역들에 대해서 권한을 갖는다. 여기서 비트겐슈타인의 놀이의 개념과의 비교는 한계에 다다르는 것처럼 보인다. 왜냐하면 추론감각의 상이한 형식들에게는 "하나가 공통적이기" 때문이다: 그 모든 것들은 각자의 영역에서 진리의 보증자이다. 비트겐슈타인의 문제는 그럼에도 불구하고, 우리가 이때 하나이자 동일한 진리개념과 관계하는 것인지, 만일 그렇지 않다면,

진리개념의 통일성은 어떤 종류의 것인지를 물을 때, 다시 회귀한다.
  뉴먼이 아리스토텔레스의 프로네시스에 대한 가르침에 동의하면서 보고하기를, 개별적인 경우에 있어서 윤리적으로 옳거나 그른 것이 무엇인지는 도덕에 대한 그 어떤 법전이나 논문을 통해서도 결정될 수 없는 것이다; "삶의 학문"(Z 248)은, 그때마다의 결정상황에 처해 있는 개인에게 적용될 수 있는 것으로서, 문서적으로 기록될 수 있는 것이 아니다. 철학적 윤리학은 결정을 위한 원리들과 관점들을 작성할 수 있고, 한계들을 설정하며 차이들을 작성하고, 보기들을 제시하며 결의론(決疑論)에 종사할 수 있다. 그러나 어떤 법정이 그 모든 것을 "한 특수한 경우에 적용할 수 있는가? 우리는 살아있는 지성, 곧 우리 자신이나 다른 이의 지성에로 향하지 않고 어디로 갈 수 있단 말인가?" 개인이 지금 그리고 여기서 무엇을 해야 할지를 결정하는 권위는 자신의 자리를 개인의 이성 안에 갖고 있으며, 개인은 이 영역에서 자기 자신의 교사이자 판관이다. "그 권위는, 비록 자신의 최초의 근원을 본성 자체 안에 갖고 있지만, 습득된 태도에서 생기며, 그것은 실천과 경험을 통해서 조형되고 숙성된다"(Z 248 이하). 그것은 그 어떤 가설적인 결정도 내리지 않으며, 우리가 지금 여기서 무엇을 해야 할지를 말해준다.
  그러나 뉴먼에게 관건이 되는 것은 도덕이 아니라 종교적 신앙, 다시 말해서 실천적 결정이 아니라 하나의 가르침에 대한 동의이다. 프로네시스는 여기서 그리고 지금 올바르게 행해야 할 것을 인식하고 결정하는 한에서 특수한 것과 관련이 있다. 실천적으로 참이거나 올바른 것은 그때마다의 상황과 함께 달라진다; 그와는 반대로 종교적 신앙의 대상은 변하지 않는 가르침들이다. 그렇다면 종교적 신앙의 영역에 있는 추론감각과 프로네시스 사이의 공통점은 어디에 존립하

E. 자연적 종교와 계시된 종교 257

는가? 변하는 것은 진리가 아니라, 개별자를 진리에로 이끄는 길들 혹은 추론들이다. 비록 "진리는 항상 하나이자 동일한 것이고 확신의 동의는 불변적인 것이지만, 그럼에도 우리를 진리와 확신에로 인도하는 논증들은 다수이고 상이하며 질문자와 함께 변한다; 내가 *프로네시스*와 비교하는 것은 동의가 아니라 추론에 있어서의 조종하는 원리이다"(Z 249). 구체적인 추론의 전 영역에서 추론감각은 올바름에 대한 유일한 보증자이다. "추론하고 자기 자신의 추론들을 조종하는 것은 정신이지, 낱말이나 명제의 그 어떤 기술적(技術的)인 장치가 아니다. 판단함과 추론함의 이 힘을 나는, 만일 그것이 자신의 완전성 안에 있을 때, 추론감각이라 부른다"(Z 247 이하). 뉴먼은 자신의 상론이 지니는 실천적 관심사를 강조하고 있다; 그는 추론감각을 강화하고 완성시켜야 할 의무와 필요성을 지시하고 있다(Z 252).

5. 계시된 종교

130_ 우리가 종교적 신앙의 진리에 대해 묻는다면, 대답은 학문적인 논증의 길 위에서 발견될 수 없다. 뉴먼은 그리스도교의 진리를, 내가 이 세계 안으로 태어났고 그로부터 벗어나 죽게 되리라는 사실이 보여주듯이, 동일한 비형식적 방식으로 증명하려 한다(§ 126 참조). 그의 증명은 개연성의 축적의 형식을 가지는데, 그것은 확신(*certitude*; § 127 참조)을 위해서 충분하다는 것이다. 다시금 그는 본성에 의존한다(§ 129 참조): 수학에 있어서는 엄격히 논리적인 논증에서 생겨나지 않는 그 어떤 추론에도 동의하지 말 것을 본성이 우리에게 명하는 것처럼, 구체적 추론과 특별히 종교적 추구에 있어서

는 우리가 그와 같은 논리적 증명을 가질 때까지는 동의를 유보하는 것을 본성은 우리에게 금하고 있다; 여기서 우리는 오히려 학문의 엄격한 요구들에 상응하지 않는 증명의 형식들을 통해서 진리와 확신을 추구하도록 양심 안에서 의무 지어져 있다. 뉴먼은 자신의 방법론이 이미 신학적 전제들에 의해서 규정되어 있음을 명시적으로 알리고 있다. 본성은 그에게 섭리의 음성이며, 하느님은 "논증의 그와 같은 수단을 축복하신다. 만일 우리가 하느님께서 그러한 수단을 선사하신 목적을 위해서 마땅하게 그 수단을 사용한다면, 인간과 세계의 본성 안에 그러한 수단을 부여하는 것은 그분의 마음에 드는 일이었다". 방법론과 마찬가지로 내용적인 논증은 — 명시적인 혹은 침묵하는 — 전제들로부터 출발해야 하며, 그것들은 구체적인 물음들 안에서 개인적인 성격을 갖는다; "정신들의 공통의 척도가 없는 곳에서는 논증들의 공통의 척도도 존재하지 않는다. 그리고[...] 증명의 타당성은 그 어떤 학문적 시험을 통해서가 아니라 추론감각을 통해서 결정된다". 이 전제들이 개인적이라는 것은 그것들이 자의적이라는 것을 의미하지는 않는다. 왜냐하면 추론감각은 덕이기 때문이다(§ 129). "누군가가 우리의 것과는 다른 원리들에서 출발한다면, 나는 그의 원리들을 바꿀 힘을 갖지 못하는데, 마치 내가 구부러진 인간을 곧게 펼 수 없듯이 말이다"(Z 289).

개인적인 전제들이 관건이라는 것을 강조하기 위해서, 뉴먼은 참인 것과 한 인간이 참이라고 간주하는 것 사이의 구분을 지시하고 있다; 계시된 종교의 진리들이 자연적 종교의 진리들에 종속되어 있다고 말하는 대신에, 계시된 진리에 대한 믿음(*belief*)이 자연적 진리에 대한 믿음에 종속되어 있다고 말하는 것이 더 적합하다는 것이다. 계시에 대한 믿음은 자연적 확신들을 전제로 하며, 그 위에서 구축될 수 있는 것이다. *니코마코스 윤리학*의 두 단락들이 입증하는 것은, 형식적인 학문들을 도외시했을 때 각각의 탐구는 정신적인 준비를 전제한다는 것이다. 그것은 이미 방법론에 대해서 타당하다; 교육받은 사람만이 사안의 본성에 부합하는 정확성의 척도를 요구할 것이다. 오직 사안을 아는 사람만이 그것을 판단할 수 있으며, 그것은 교육을 전제로 한다. 즉 지성적이고 성격적인 도야를 전제로 한다(Nik. Eth. Ⅰ 1, 1094b23-1095a2). 뉴먼에 의해서 인용된 두 번째 본문은 경험의 의미를 강조하고 있다. 젊은이는 수학자가 될 수는 있지만, 실천적 판단을 가질 수는 없다. 이러한 판단은 개별적인 것과 관련되며, 그것을 알게 되는 것은 비로소 경험을 통해서인데, 젊은이는 아직 그런 경험을 갖고 있지 않다. 수학은 추상적 개념들과 관계한다; 여기서 젊은이는 무엇이 문제가 되는지를 안다. 그와는 반대로, 철학에서처럼, 그 원리들이 경험으로부터 얻어지는 지식이 문제되는 곳에서는, 젊은이들은 비록 주장들을 펼 수는 있지만 그것들에 동의하고 그래서 확신을 형성할 능력은 없다(Nik. Eth. Ⅵ 9, 1142a12-20). 뉴먼은 이 본문에서 모든 인식에 대해 타당하며 성서에 의해 늘 재차 확증되고 있는 원리들이 표명되어 있음을 본다; 그가 인용하는 구절들은 시편 119,99; 마태 11,15; 요한 7,17; 요한 8,47; 루카 2,14; 사도 16,14; 사도 13,48; 1요한 4,6이다(Z 290 이하).

131_ 계시에 대한 믿음의 토대는 자연적 종교의 확신들과 느낌들이다. 뉴먼은 우선 "문명화된 시대를 특징짓고 있는 의견들"의 목록을 제시하고 있으며, 그 대변자들은 뉴먼에게는 가능한 대화상대자들이 아닌데, 여기서는 공통의 토대가 결여되어 있기 때문이라는 것이다: 물리적인 그리고 도덕적인 악 사이에 아무런 본질적인 차이도 없으

며, 그리하여 물리적인 악과 함께 도덕적인 악 역시 필연적으로 제거된다는 것; 도덕적인 악의 폐지를 목적으로 삼는 인류의 진보가 존재한다는 것; 신은 개선시킬 목적이 아니고서는 벌하지 않는다는 것; 자연법칙들이 우리의 신인식의 유일한 원천들이라는 것; 신에게 하는 기도는 미신이라는 것; 유일하게 이해할만한 신숭배는 세상 안에서 우리의 역할을 잘 수행하는 것이며, 유일하게 의미 있는 참회는 미래에 우리의 역할을 더 잘 수행하는데 있다는 것. 뉴먼은 이러한 체계를 잘못된 것으로 간주한다. 왜냐하면 그것은 인간에 대한 자연의 기초적인 가르침들에 모순이 되기 때문인데, 그 가르침들은 양심경험 안에서 그리고 인류의 종교들 안에서 발견된다. "나는 우리의 양심 안에 있는 하느님의 현존을, 그리고 — 육체의 고통에 대한 우리의 경험처럼 그렇게 예리하게 — 우리가 죄나 혹은 과오의 의식이라 부르는 것의 보편적인 경험을 전제한다"(Z 292). 이러한 의식은 죄를 자체적인 악으로서 뿐만 아니라, 선한 신에 대한 모욕으로서 경험한다. 종교의 토대로서의 양심경험과 함께 종교비판의 원칙이 동시에 주어졌다: 윤리적 의식은 무엇이 자연적 종교이며 무엇이 그것이 아닌지에 대한 척도이다; "올바름과 그릇됨에 대한 우리의 감각에 모순이 되는 종교는 하느님에게서 온 것이 아니다"(Z 294).

자연적 종교는 무엇보다도 계시에 대한 갈망과 기대를 일깨움을 통해서 계시된 종교를 준비한다. "영혼의 상처들에 대해서 아무 것도 모르는 사람은 이 문제에 열중하거나 그 정황들을 숙고할 상태에 이르지 못한다; 그러나 우리의 주의력이 일깨워지면, 우리가 더 지속적으로 그것에 머물러 있을수록 계시가 우리에게 주어졌거나 주어지게 될 개연성은 그만큼 더 많이 나타난다". 뉴먼은 전조 혹은 예감(*presentiment*)에 대해서 말하고 있다. 그것은 한편으로는 신의 무한한 선에 대한, 다른 한편으로는 우리의 극단적인 비참과 곤궁에 대한 의식에 의거한다; 두 경험들은 양심 안에 주어져 있고, 자연적 종교의 가르침들 안에서 그 표현을 발견한다. 뉴먼은 우리가 이 "선행하는 개연성"에 어느 정도의 무게를 인정해도 좋은지를 묻고 있다. 뉴먼에게 이러한 예감은 본능이며, 우리가 선행하는 개연성에 어떤 무게를 부여하는가는 근거의 문제가 아니다; 그것은 오히려 얼마나 강렬하게 이러한 예감이 느껴지는가에 달려 있다. 이 예감은 양심경험 안에 뿌리를 내리고 있으며, 스스로 더 이상 근거지어질 수 없다; 우리는 그것을 자연과학이 출발하고 있는 전제와 비교할 수 있다: 자연은 법칙들에 순응하며 이 법칙들은 예외 없이 타당하다는 것. 관건이 되고 있는 것은 다소간에 살아있는 본능이기 때문에, 이 선행하는 개연성의 적법한 힘에 한계를 설정하기란 어려운 일이다. 그것은 한 종교의 신성함에 대한 "거의 하나의 증명으로서"(Z 296) 간주될 수도 있으며, 이때 그 종교는 두 전제들을 충족하고 있다: 첫째로 그것의 역사와 가르침으로부터 그것에 반하는 실증적 반론들이 제기되지 않으며, 둘째로 똑같은 정도로 적합한 근거들을 가지고 계시된 것임을 주장할 수 있는 다른 종교들이 발견되지 않는다. 다시금 뉴먼은 아레오파고스설교를 보기로 든다: 디오니시오와 다마리스로 하여금 바오로의 설교를 믿게 한 것은 유일하게도 이 본능이었다. 왜냐하면 바오로는 어떤 기적도 일으키지 않았기 때문이다; 동일한 본능은 아테네에 널리 퍼져있던 수많은 신화들 중의 하나에 그들을 묶어두는 그 어떤 경향도 보여주지 않았다(사도 17,34).

132 이 예감과 이 갈망이 계시가 존재하는가의 물음 안에서 우리가 논증하는 태도를 규정한다. 우리는 관여되지 않은 제 3자의 입장을 취하지 않는다; 우리는 판관으로서가 아니라 청원자로서 온다; 우리

는 물음을 갖고 있으며, 그 물음은 우리에게 개인적으로 관계되며 우리는 그에 대한 대답을 구하고 있다. 그리고 우리에게 관건이 되는 것은 하나의 논쟁을 결말짓는 것이 아니다. 내가 원하는 것은, 뉴먼이 고백하고 있듯이, "고상한 삼단논법을 통해서 회심하는 것이 아니다; 사람들이 나에게 삼단논법을 통해서 다른 이들을 회심시키도록 요구할 때, 나는 곧바로 이렇게 대답한다: 나에게 중요한 것은, 그들의 마음을 건드림이 없이, 그들의 이성을 제압하는 것이 결코 아니다. 나는 싸우는 사람들이 아니라 추구하는 사람들과 관계 맺고 싶다". 자기의 추구와 진력은 계시에 대한 믿음의 필수적 조건이다. 종교적인 진지함을 갖지 않은 사람은 계시에 찬성하거나 그에 반대하여 표명되는 변덕스런 논증들에 종속되어 있다; 자신이 그리스도교를 갈망하거나 그것을 필요로 하고 있음을 느껴본 적이 없는 사람은 계시에 대한 믿음을 받아들일 생각이 없다. "다른 한편으로, 계시가 자신을 비추고 자신의 마음을 정화하기를 그가 갈망했다면, 어째서 그는 계시에 대한 추구 안에서 그것의 개연성에 대한 저 정당화된 그리고 이성적인 선취를 사용해서는 안 된다는 말인가? 그와 같은 갈망이 그에게 그 개연성의 숙고를 위한 길을 열어준 것이 아닌가?"(Z 298). 우리가 비당파적인 판관의 태도를 취하는 경우에, 오직 그때에만 계시에 대한 믿음은 도덕적으로 책임질 수 있는 것이라는 반론이 제기될 수도 있다. 오류에 대한 공포가 있는 곳에서, 뉴먼이 그 반론을 해석하고 있듯이, 진리에 대한 종교적인 사랑은 없다는 것인데, 이제 뉴먼은 그 반대라고 대답한다. 오류에 대한 공포가 없는 종교적 사랑이란 존재하지 않는다; 진리에 대한 순수한 사랑은 반드시 오류에 대한 공포를 포함한다. 문제가 되고 있는 사안의 의미는, 탐구가 깊은 책임의식과 함께 실행되는 것을 요구한다. 진리에 대한 사랑은 커다란 양심적 성실성을 요구하며, "그리고 양심이 있는 곳에 공포가 있을 수밖에 없다"(Z 299). 추구하는 자로서 내가 진리를 발견하고 영혼의 상처를 치유할 가능성을 포착하고 그것에 거리를 두고 서 있지 않다는 것이, 내가 그 가능성을 책임의식을 가지고 시험하는 것을 배제하지는 않는다.

"계시"는, 뉴먼이 그리스도교에 대한 자신의 숙고를 요약하고 있듯이, "자연적 종교가 실패하는 곳에서 시작된다. 자연적 종교는 단순한 시작이며 보완을 필요로 한다 — 그것은 단지 보완을 가질 수 있을 뿐이며, 바로 이 보완이 그리스도교이다"(Z 340 이하). 자연적 종교는 죄의식에 의거한다; 그것은 병을 인식하며, 치료제를 구한다. 그러나 그것은 어떤 치료제도 발견할 수 없다. "이 치료제는, 과오에 대해서나 도덕적인 무력에 대해서나, 계시의 중심적인 가르침, 곧 그리스도의 중재역에서 발견된다". 그리스도교는 인간본성의 깊은 상처를 치유할 은사를 갖고 있으며, 그것은 자신의 성공에 대해서 "학문적 인식으로 꽉 찬 백과사전 그리고 논쟁들을 소장한 전체의 도서관보다도 더 많은 것을 의미하며, 그런 이유로 그것은 인간본성이 존속하는 한 지속되어야 하는 것이다. 그것은 결코 낡은 것이 될 수 없는 살아 있는 진리이다"(Z 341). "그리스도교가 우리의 필요들을 예감한다는 바로 그 점이, 그리스도교가 사실상 그 필요들의 충족이라는 증명 자체이다"(Z 342). 그리스도교는 자신의 내용들과 증명들을 가지고, 양심경험에 입각해서 하느님과 미래의 심판을 믿는 사람들에게로 향한다. 그리스도교는 그들의 지성과 구상력에 말을 건넨다. "그것은 논증들을 통해서 자신의 진리에 대한 확신을 창출하는데, 그 논증들은 너무도 상이해서 직접적으로 열거하기 어려우며, 너무도 개인적이고 심오해서 말로 표현하기 힘들며, 너무도 강력하고 조화를 이루기에 반박하기 힘든 것들이다". 이성이 첫 번째이고 신앙은 비로소 두 번째 자리에 올 수밖에 없다는 말이 아니다; 우리는 증명을 증명되어야 할 내용과, 그리고 추론의 행위를 동의의 행위와 분리할 수 없으며, "하나이자 동일한 가르침은 상이한 국면들 아래서 동시에 대상이자 증명이며, 그 가르침은 추론은 물론이고 동의의 *단일한* 복합적 행위를 불러일으킨다. 그것은 개별자로서의 우리에게 말하며, 개별자로서의 우리에 의해 받아들여지고, 말하자면 우리 자신의 짝으로서, 그리고 우리가 실제로 존재하는 것처럼 실제적이다"(Z 344).

참고문헌

Fries 1948
Culler 1955
Artz 1956;1959;1975;1976
Dick 1962
Mitchell 1990
Ker 1995
Biemer 2002

F. 종교의 장애와 본질에 대하여 : 프리드리히 슐라이어마허

133_ 슐라이어마허(Friedrich Daniel Ernst Schleiermacher, 1768-1834)는 프로이센의 목사가정에서 출생하였다; 그의 부친은 슐레지엔의 개혁파 교회 군목이었다. 브레스라우(Breslau)에서 태어난 그는 14세에 헤른후트계 형제교회의 교육기관인 니스키의 기숙학교에 입학했다. 이 공동체의 영성은 하느님의 구원하는 은총에 대한 신앙으로 각인되었고, 그 은총의 최상의 표현은 그리스도의 십자가상 죽음이었다. 1787년에 슐라이어마허는 지역교구공동체의 대학, 곧 마그데부르크 남동쪽 엘베에 위치한 바르비 신학교로 적을 옮겼는데, 이는 그의 아버지의 청에 따라 헤른후트계의 교사 내지는 설교자가 되기 위함이었다. 그리스도의 신성과 대속적인 수난에 대한 의심이 그로 하여금 형제교회를 탈퇴해서 할레(Halle) 대학교에서 수학을 계속하도록 했다. "지역교구와의 단절은 슐라이어마허의 마지막 말이 아니었다. 그는 후에도 그 안에서 잃어버릴 수 없는 것을 부여받았음을 의식하고 있었다. 지역교구공동체에 입회한 손위 누이인 샤를롯(Charlotte)을 방문하고 난 후에, 그는 1802년에 이렇게 적었다: '나는 그 모든 일들 후에 다시금 헤른후터가 되었다고 말할 수 있다, 단지 더 높은 등급을 지닌.'"(Birkner 1996, 194). 1796년 슐라이어마허는 베를린의 샤리테 병원의 개혁파 소속 설교자가 되었다. 그는 초기낭만주의 철학적-문학적 운동에 접속되었다; 1797년 베를린으로

온 프리드리히 슐레겔(Friedrich Schlegel)은 슐라이어마허의 친구가 되었다. 슐라이어마허의 29세 생일잔치에서 하객들은 슐라이어마허에게서 1년 이내에 책을 한 권 쓰도록 장엄한 약속을 받아내는데 성공했다. 1799년에 저자표시가 없이 *종교에 관하여. 종교를 멸시하는 교양인을 위한 강연*이 출간되었다.

I. 어째서 종교는 교양인들에게 멸시받고 있는가?

134_ 무엇인가를 멸시하는 사람은 그가 멸시하는 것에 대한 표상과, 어째서 그가 그것을 멸시하는지의 이유를 가져야만 한다. 그는 자신이 멸시하는 것을 진실로 알고자 노력했는지의 여부에 대한 물음을 감수해야만 한다. 종교는 결코 순수하게 출현하지 않으며, 종교가 자신의 본질에 근거해서 멸시받는지 혹은 역사 안에서 종교와 결부된 외래적 요소들 때문에 그런 것인지는 검토되어야만 한다. 슐라이어마허는, 자연에서 늘 단지 결합 속에서만 발견되는 물질을 순수하게 서술하려는 화학자의 행태를 자신의 것과 비교하고 있다. "물질세계가 순수한 자연산물 이외의 어떤 원소도 여러분에게 공급하지 않는다면, ─ 이 지적인 영역에서 그러한 산물이 생겨난 것과 같이, 여러분은 아주 거친 사물들을 단순한 것으로 간주해야 할 것이다, ─ 그와 같은 순수한 원소를 서술할 수 있는 것은 분석적 기술(analytische Kunst)의 무한한 목적에 지나지 않는다"(R 48).

135_ 종교를 멸시하는 자들은 그들의 판단에 있어서 무엇으로부터 출발했는가? 그들은 종교의 상이한 형식들을 연구하는데 몰두했는가? 혹은 그들은 종교의 보편적 개념과 관계하고 있는가? 종교를 멸시하는 몇몇의 사람들은 보다 쉬운 길을 택했다; 그들은 한 개념으로부터 출발하고 있으며, "[...] 사안의 정확한 지식을 얻으려 애쓰지 않았다. 영원한 존재자에 대한 공포와 다른 세계에 대한 믿음, 바로 이것이 여러분은 모든 종교의 추축(樞軸)이라고 생각한다. 그러나 이 공포와 믿음은 총체적으로 여러분에게 반하는 것이다"(R 22). 그러나 그들은 어떻게 이러한 개념에 다다르는가? 슐라이어마허는 두 가지 가능성들을 구분하고 있다: 인간 정신의 모든 작품은 자신의 중심으로부터 혹은 본질로부터 고찰될 수 있다 — 그때 그것은 인간 본성의 산물이다; 혹은 그 작품이 취한 외적인 형태로부터 고찰해 본다면 — 그때 그것은 시대와 역사의 산물이다. 위에서 언급한 정의는 의심할 바 없이 이 두 고찰방식들의 첫 번째에 의거하지 않는다. 그러나 설령 "인류가 기울이는 필연적인 노력의 잘못된 관계나 오해로부터 생겨난" 종교의 역사적인 형태가 문제된다고 하더라도, "그것으로부터 참되고 영원한 것"(R 23)을 찾아내는 과제는 남는다. 슐라이어마허의 대화상대자들은, 종교는 그러한 중심이나 그와 같은 참되고 영원한 존재를 갖지 않는다고 대답한다. 종교의 역사적인 현상들은 공허하다는 것이다; 우리가 그 중심점으로 진입할 때, 우리는 종교와는 상이한 어떤 것을 발견한다는 것이다. 종교의 역사적인 형태, 곧 "영원한 존재에 대한 공포와 다른 세계에 대한 믿음"은 "침울하고 답답한 기후와 같이 진리의 한 부분 주변에 퍼져있는 도대체 공허하고 잘못된 가상 이상의" 다른 것이 아니라는 것이다. 슐라이어마허는 자신의 대화상대

자들에게 그들이 종교의 상이한 역사적 형식들을 올바로 고찰했는지 그리고 그들의 정의가 그 형식들의 공통의 내용을 올바로 재현하고 있는지를 묻고 있다. "종교에 대한 여러분의 개념이 이와 같이 생성되었다면, 여러분은 이것을 개별적으로 정당화해야 할 것이다." 이로써 그는 종교를 멸시하는 두 번째 그룹의 사람들에게로 향한다. "그들은 애당초 더 올바르게 그러나 또한 더욱 힘겹게 개별적인 것으로부터 출발한 사람들이다"(R 24 이하).

136_ 이 두 번째 그룹은 종교의 발전사를 지지하고 있다. "여러분은 의심할 바 없이 인간의 바보스러움의 역사에 대해 잘 알고 있으며 다양한 종교의 건축물들을 거쳐 왔다. 야만국들의 무의미한 우화로부터 너무도 세련된 이신론(Deismus)에 이르기까지, 우리 민족의 조야한 미신으로부터 이성적 그리스도교라 일컬어지는 잘못 봉합된 형이상학과 도덕의 조각들에 이르기까지, 여러분은 이 모든 것을 불합리하고 반이성적인 것으로 발견해 왔다." 모든 발전단계들은 마지막 단계인 이성적 그리스도교에로의 이행이며 접근이라는 것인데, 슐라이어마허는 그런 까닭에 그리스도교에 자신을 국한시키고 있다, 이것은 그에게는 종교와 아무런 관련도 없는 지적인 유리구슬놀이인 것이다. 모든 종교체계는 "시대의 손을 거치면서 세련된 것으로 변모하며, 마침내 예술이 저 완성된 기계장치에로 상승되기까지 말이다, 이로써 우리의 세기는 그렇게 오랫동안 시간을 단축시켜 온 것이다. 그러나 이러한 완성은 종교에 근접하는 길에서만이 아니라 모든 것에서 나타난다"(R 25 이하). "이러한 신학의 체계와 세계의 시원과 종말에 관한 이론들, 도대체 파악할 수 없는 존재자의 본성에 대한 분석 안에서 모든 것은 냉철한 논증으로 결말나고, 모든 것이 다름 아닌 천박한

강단논쟁의 어조에서 다루어질 수 있을 뿐인데"(R 26), 그곳에서 종교는 발견될 수 없다.

137_ 영원한 존재자에 대한 공포와 다른 세계에 대한 믿음이라는 종교의 정의로 되돌아가도록 하자. 그렇게 이해된 종교는 핵심의 주변에 놓여있는 가상인데, 그것은 종교와 아무런 관련도 없다: 그것은 형이상학과 도덕으로부터 대충 잘못 만들어진 전체이다. 그러나 우리는 이 핵심의 주변에 진을 친 "침울하고 답답한 기후"를 아마도 도덕과 법률의 지주로서 필요로 하는 것은 아닐까? 우리는 멸시자들에게 종교는 비록 그 자신의 본질을 갖고 있지는 않으나 그럼에도 대체할 수 없는 기능을 가진다고 대답할 수 있는가? 종교는 "세계 내에서 법과 질서를 확보하기 위해서, 그리고 만물을 직시하는 눈과 무한한 능력을 회상함으로써 인간적 감독의 근시성과 인간적 권능의 제한성을 돕기 위해서"(R 31) 필요한 것이 아닌가? 그렇게 말하는 사람은 종교뿐만 아니라, 법률과 윤리 그리고 그가 이런 방식으로 종교의 필요성에 대해 설명해주려는 사람들도 경멸하는 것이다. 종교는 하나의 수단으로 격하되고 있다; 법률과 윤리는 지지를 필요로 하는 것으로서 표상된다; 사람들에게 가정되고 있는 것은, 그들이 윤리적으로 올바른 것을 그것 자체 때문에 행하는 것이 아니라는 것이다. "종교를 이렇게 천거하려는 사람은 이미 유린당하고 있는 종교를 더 멸시받게 해 줄 뿐이다"(R 33).

138_ 우리가 종교의 역사적 형식들의 핵심 혹은 본질에 대해서 물을 경우, 반대자들의 해결되지 않은 반론처럼, 우리는 종교와는 상이한 어떤 것에 부딪치게 된다: 형이상학과 도덕의 융합물에. 슐라이어마허는 형이상학과 도덕이 종교와 동일한 대상을 가진다는 그들의 주장

에 동의하며, 그 대상을, 우리가 나중에 그것에 몰두하게 될 터인데, "우주와 그것에 대한 인간의 관계"라고 지칭한다. "이러한 대상의 동일성은 이미 오래 전부터 수많은 혼란의 근거이기도 했다; 이런 이유로 형이상학과 도덕이 종교로 많이 침투해 들어갔으며, 종교에 속하는 많은 것들이 부적당한 형식으로 형이상학이나 도덕 안으로 숨어들었다"(R 41). 그럼에도 불구하고 이미 직관적인 근거들이 종교를 형이상학이나 도덕과 동일시하는 것에 반(反)하는 사실을 말하고 있다: 하나의 종교는 결코 형이상학과 같은 엄격히 체계적인 성격을 내보이지 않으며, 종교의 역사 안에는 "구역질나도록 비도덕적인 결점들이 수많이" 존재한다. 종교는 형이상학이나 도덕과 동일한 대상을 갖는다; 종교가 그것들과 "구분되어야 한다면, 그것은 형이상학이나 도덕과 함께 동일한 소재를 그 대상으로 함에도 불구하고 어떤 방식에서는 이들과 맞서 있어야 한다; 종교는 이 소재를 전혀 다른 방식으로 다루어야 하며, 그것에 대한 인간의 관계를 다르게 표현하거나 취급해야 하고, 다른 처리방식이나 다른 목적을 가져야만 한다"(R 42). 그렇기 때문에 우리는 형이상학과 도덕의 과제에 대해 물어보고, 그리하여 종교가 행하지 말아야 할 것을 확인하는 방식으로 종교의 본질을 부정적으로 규정할 수 있다. "저속한 개념"이 원하듯이 종교가 "단지 이 상이한 영역들의 편린들로부터"(R 43) 존립하는 것이 아닌 이치는, 이 편린들이 전체에로 결합되지 못함을 통해서 드러난다.

형이상학 혹은, 우리가 칸트에 따라서 그것을 명명할 수 있듯이, 선험철학의 과제는 무엇인가? 그것은 존재자의 종류와 마지막 원인들 혹은 근거들에 대해서 묻는다. "따라서 종교는 이 영역으로 올라가서는 안 된다. 종교는 본질을 정립하고 본성들을 규정하며 근거들과 연역들의 무한대 안으로 빠져들어서 마지막 원인을 추적하고 영원한 진리를 진술하려는 경향을 가져서는 안 된다."도덕은 의무의 체계를 발전시킨다; 그것은 정언적인 명령과 금지를 정한다. "따라서 종교는 그것 역시 감행해서는 안 된다. 종교는 의무를 연역하기 위해서 우주를 사용해서는 안 되며, 그 어떤 법전도 지니지 말아야 한다"(R 42 이하).

형이상학과 도덕의 융합이 곧 종교이어야 한다는 것 그리고 슐라이어마허가 이런 견해에 반대하고 있음은 플라톤과 칸트에 입각해서 해명되고 있다. 선(善)의 이데아는, 그 이름이 말하듯이, 도덕철학의 개념이다; 그것은 도덕으로부터 취해져서 "무제약적이고 자족적인 존재의 자연법칙으로서" 형이상학 안으로 전이된다. 본원적 존재자(Urwesen)의 이념은 형이상학에 속한다; 그것은 윤리적인 입법자로서 도덕철학 안으로 전이된다. "이것은 여러분이 의도하는 바와 같이 혼합되고 뒤섞여도 결코 함께 제휴되지 못한다. 여러분은 서로 자기 것이 될 수 없는 재료들을 가지고 공허한 놀이를 도모할 뿐이며, 늘 형이상학과 도덕만을 움켜질 따름이다[...]. 비록 이 작품이 오로지 이러한 개인을 반박하기 위해 나왔다고 하더라도, 여러분은 어떻게 해서 이 작품에 대해 언급하기에 이르렀는가?"(R 44).[5] 슐라이어마허는 전체의 결합하는 원리에 대해 묻고 있으며, 가능한 대답들을 검토하고 있다. 결합하는 원리는: (a) 종교. 그때 종교는 최상의 것이며, 형이상

---

[5] 이해를 돕기 위해서 여기서 생략된 문장을 첨가하자면 다음과 같다: "그러나 도대체 어떻게 해서 여러분은 단순히 초보자를 위해 편찬한 책인 명구초록(Chresthomathie)을 독창적인 작품으로 간주하게 되었으며, 이것을 나름의 고유한 근원과 능력을 지닌 개인을 위한 작품으로 보게 되었는가?" 본문에서의 인용문 다음에 이어지는 문장은 다음과 같다: "여러분은 왜 오래 전에 이것을 그 부분으로 분해하지 않았으며 그 창피스러운 표절을 드러내 보이지 않았는가?"(『종교론』, 최신한 옮김, 한들 1997, 50-51쪽).

학과 도덕은 단지 그것에 종속된 부분들에 지나지 않는다. "왜냐하면 두 개의 상이하지만 서로 대립되는 두 개념들이 그 가운데서 통일되는 것은 보다 고차적인 것에 다름 아니며, 이 고차적인 것에 두 개념들이 속한다"(R 45); 종교는 따라서 형이상학과 도덕으로부터 대충 맞추어진 것이 아니라 그것들보다 상위에 있는 통일성이다. (b) 형이상학. 그와 함께 실천철학의 독자성은 포기된다; 그것은, 그리고 그와 함께 종교는 이론철학에 종속된 분과가 된다. (c) 실천철학. 이 경우에 철학적 분과로서의 형이상학은 사라진다; 형이상학과 종교는 도덕에 삼켜진다. (d) "이론적인 것과 실천적인 것 사이의 평행"(R 46); 종교는 이러한 평행이 지각되는 곳에 존립한다. 슐라이어마허는 어떤 법정이 이 평행을 지각해야 하는지를 묻고 있다. 실천철학은 윤리법칙에 대한 의식에서 출발한다; 실천철학은 그러한 의식이 형이상학의 이론적인 세계상과 결합될 수 있는지, 그리고 어떻게 그러한지를 묻지 않는다. 이론철학은 실천적인 것에 어떤 고려도 두지 않는다; 이론철학의 과제는 인과적으로 추론된 세계상을 보여주는 것이며, 그 안에는 윤리성과 자유를 위한 그 어떤 자리도 없다. (e) 이론철학과 실천철학의 통일성인 최상의 철학; 이 철학은 그러나 지금까지 다만 하나의 요구 혹은 프로그램이었다. 이로써 종교는, 요청된 최상의 철학처럼, 전혀 알려지지 않은 크기로 되거나, 아니면 우리는 현재의 알려진 철학에로 회귀해서 종교를 형이상학이나 도덕에로 환원할 수밖에 없게 된다.

　반대자들은 철학적 분과들의 자명성으로부터 추론된 이 논증에 아무런 반대도 할 수 없다. 그러나 그들은 그럼에도 불구하고 굴복하지 않는다. 그들은 "희랍인의 아름다운 시가(詩歌)에서부터 그리스도교인의 성서에 이르기까지[...] 종교에 관한 모든 기록들"(R 47 이하), 따라서 철학적이고 신학적인 반성과 체계화에 앞서 있는 증언들을 증거로 끌어댄다. 거기서는 도처에서 신들의 본성과 의지에 대해 이야기되고 있다는 것인데, 다시 말해서 여기서도 우리는 형이상학과 도덕에 의한 형성물로서의 종교를 만나게 된다는 것이다. 슐라이어마허의 대답은, 종교가 결코 순수하게 나타나지 않는다는 것이다; 종교는 항상 문화 안에 삽입되어 있다. 종교에 대한 기록들 안에서 "형이상학과 도덕의 혼합은 피할 수 없는 운명이 아니다. 그것은 오히려 인위적인 구성물이자 고도의 의도에 의한 것이다"(R 48). 종교는 불신자를 개종한 사람으로 만들려고 하며, 그렇기 때문에 종교는 "감각이 이미 자신의 대상으로 삼고 있는" 존재에서 출발하며, "감각의 현존은 그것을 비로소 자극해야만 하는 그 존재가 기회 있을 때마다 눈에 띄지 않게 숨어들어오기 위함이다". 슐라이어마허가 여기서 "감각"에 대해 말하는 것은 특기할 만한 일이다. 그 감각은 일깨워져야 한다. 형이상학과 도덕이 종교에로 인도한다면, 그것은 그것들이 종교를 위해서 논변하는 방식 속에서가 아니다. 왜냐하면 "종교의 모든 전달들은 수사적인 것과 다름이 아니기"(R 49) 때문이다. 수사학은 느낌들을 일깨우는 과제를 갖는다; 형이상학과 도덕은 우주에 대한 느낌이나 감각을 일깨움을 통해서 종교에 이르는 길이 된다. 그러나 그 본래적인 존재가 외피에 싸여 감추어져 있는 경우에, 그것들은 자신의 목적을 달성하지 못한다. "그러므로 이제 사안을 다른 극에서 움켜잡고, 종교를 형이상학과 도덕에 첨예하게 대립시켜야 할 시간이다"(R 50).

Ⅱ. 종교의 장애들

1. 이해와 감각

139_ 사람은 다른 성향들과 마찬가지로 종교적인 성향 또한 갖고 태어나며, 만일 문명이 그 사람에게 극복하기 힘든 장애들을 맞세우지 않는다면, 종교적 성향은 모든 사람 안에서 틀림없이 개별적인 방식으로 발전할 것이다. "이해의 광기가 감각을 전혀 자라나지 못하게 할 뿐만 아니라 모든 것이 똘똘 뭉쳐 인간을 유한자와 매우 작은 점에 묶어놓고, 이 때문에 무한자는 인간에게서 가능한 한 멀리 시야로부터 밀려나는 것을 나는 매일 고통스럽게 바라보고 있다." 젊은이들의 종교적 성향이 개화되는 것을 방해하는 것은 의심하는 자와 야유하는 자가 아니라, "지성적이고 실천적인 인간들"(R 144)의 합목적적인, 유용성에 정향된 정신성이다. 슐라이어마허는 젊은이들 안에서 발견되는 종교의 첫 번째 자극을 기술하고 있다: "유한적이고 규정된 것과 더불어 그들은 그것에 맞세울 수 있는 다른 어떤 것을 추구한다 [...]. 이해되지 않은 비밀스런 예감은 그들을 이 세계의 풍요 너머로 몰아간다; 그러므로 다른 존재의 모든 흔적은 그들에게 반가운 것이다; 그런 까닭에 그들은 저 세상의 존재를 노래하는 시를 흥겨워한다"(R 145). 무한자를 유한자의 바깥에서 찾는 것은 하나의 기만이기는 하나, 이 "본성 자체에 의해서 야기된 오류"는 종교적 발전의 경과 속에서 쉽게 바로잡을 수 있다는 것이다. 결정적인 것은, 젊은이들 안에서 도대체 무한자에 대한 의식이 발전된다는 것이다. 이전에

사람들은 이러한 오류가 허용되게 했다; "사람들은 기이한 존재에 대한 취향이 예술에서와 마찬가지로 종교에서도 신선한 환상에 걸 맞는다고 생각했으며, 이 무한자에 대해서 아주 만족해했다. 더욱이 사람들은 별 생각 없이 스스로 종교라고 간주했던 진지하고 성스러운 신화학을 직접 어린 시절의 이런 우스운 놀이에 연결시켰다: 신, 구세주 그리고 천사는 다른 종류의 선녀나 공기정령에 지나지 않았던 것이다"(R 146). 그와는 반대로 이제 종교에로 향하는 이 성향은 처음부터 강압적으로 억압되고 있다는 것이다; "모든 초자연적 존재와 기묘한 존재는 배척되었다". 환상은 공허한 형상들로 채워져서는 안 된다; 어린아이들은 오히려 가장 이른 나이부터 후에 그들의 삶에서 유용하게 될 것을 배워야만 한다. 슐라이어마허는 인간에게 심어진 명상에로의 충동에 대해서 말하고 있다: "이따금씩 다른 모든 활동들을 중지시키고 모든 기관을 인상(印象)들로 채워질 수 있도록 개방하는 것"(R 147). 그러나 어린아이들에게는 그런 충동에 굴복하는 것이 허용되지 않는다는 것이다. 왜냐하면 시민적인 척도에 따라 볼 때 그것은 태만과 게으름이기 때문이다. 모든 행위는 하나의 목적을 가져야 한다는 것이다; 정신이 피곤한 상태라면, 어린아이들은 육체를 훈련시켜야 한다는 것이다; "이것은 일과 놀이일지언정, 오직 조용히 몰두하는 명상은 아니다"(R 148).

슐라이어마허는 이해(Verstehen)에 대해 감각(Sinn)을 맞세운다. 감각은 대상 그리고 전체와의 만남, 즉 하나가 됨의 능력이다. 그것은 객체들을 향해가며 "그것들이 감싸고 있는 것들을 드러내 보인다"; "감각은 발견하려고 하며 또한 발견되려고 한다"(R 148). "감각은 분할되지 않은 그 어떤 전체에 대한 인상을 파악하려고 애쓴다"; 그것은 "모든 것을 그 독특한 특성에서 인식하려고 한다". 감각이 그 아래서 현실적인 것을 관찰하는 바로서의 범주들은 '무엇과 어떤(das Was und Wie)'이다. 그와는 반대로 이해는 배타적으로 '어디서부터 (Woher)'와 '무엇 때문에(Wozu)'에 대하여 묻는다. 이해에게는 그 자체로 완결된 전체로서의 대상을 파악하는 것이 관건이 되지는 않는다; 이해는 대상을 현상들의 계열 속에 있는 하나의 지체로서 본다; 이해가 관심을 갖는 것은 전적으로 대상의 출발과 멈춤이다. 객체들은 사람들이 추구하고, 만나며, 서로 연결되는 상대자가 아니라, 사람들이 처분하고, 정의하며, 분류하고, 셈하는 사안이자 소유물이다. 이해는 분석적인 사유이다; 그것은 전체에 대해서 묻지 않으며, 항상 부분들에 대해서만 묻는다; 이해는 "잘게 나누고 해부하려고"한다. "그렇게 그들은 심지어 최상의 잠재력 속에 있는 감각을 만족시키는 그 무엇과 관계하며, 말하자면 그들에게는 그들의 노력과 역행하게도 그 자체로 전체적인 어떤 것과 관계한다. 여기서 나는 자연 안에서 그리고 인간의 작품 안에서 예술인 모든 존재를 염두에 두고 있다; 그들은 이런 존재를 파멸시킨다. 이런 존재가 영향을 끼칠 수도 있기 전에 이 존재는 개별자로 이해되어야 하고, 이런저런 찢기어진 조각으로 습득되어야 한다"(R 149). 이해는 자신의 좁은 지평 안에 감금된, 자기 자신의 둘레를 돌고 있는 시민적 삶의 정신성이다. 유용성에 대한 생각의 울타리를 넘어서 가는 모든 느낌들은 "말하자면 무익한 지출에 불과하다. 그것을 통해서 사람들은 완전히 소진하게 되므로, 심정은 가능한 한 합목적적인 활동을 통해서 이러한 지출로부터 저지되어야 한다. 그러므로 시와 예술을 향한 순수한 사랑은 사람들이 단지 참아내고 있을 뿐인 탈선인데, 그 이유는 그것이 다른 것들처럼 그렇게 전적으로 사악한 것은 아니기 때문이다"(R 150 이하).

오직 '어디서부터'와 '무엇 때문에'만을 묻는 이해는 저마다의 현상을 훼손하고, 그와 함께 종교를 위한 출발점이 될 수도 있는 모든 것을 훼손한다; 이해가 인정하는 것은 "학문도 도덕도 예술도 정신도 없는 [...], 비좁고 무익한 영역이다. 간단히 말해서 이해가 인정하는 영역은, 이 모든 것에 대해서 너무 교만한 요구가 있긴 하지만, 그것으로부터 세계가 드러나게 된 바로서의 전체가 결여된 영역이다"(R 152). 스콜라적인 개념분열의 자리에 피상적인 유용성의 사유가 들어섰고, 이것이 종교를 향한 소질을 그 싹 안에서 질식시킨다. 시대정신과 교육을 규정하는 사람들은 종교에 맞서 투쟁하는 것이 아니라, 무관심을 통해서 종교를 허공으로 달려가게 한다; "그들은 종교를 근절시킬지언정 종교를 멸시하지는 않으며, 비록 그들이 시대를 형성하고 인간들을 계몽하며, 이것을 성가신 투명성에 이르기까지 기꺼이 수행하려고 함에도 불구하고, 그들은 교양인으로 불리어질 수도 없다"(R 155).

인간적 삶 안에는 또 다른 현실에로 시선을 열어주는 "탁 트인 조망(眺望)"이 있다: 탄생과 죽음. 모든 인간은 이러한 조망을 거치게 되며, 그것을 통한 시선은 "비록 직접적으로 종교는 아니지만, 내가 종교의 도식(Schematismus)이라 말하는" 감정들을 일깨운다. 이해, 잘못 이해된 학문, 분석함과 유용성의 사유, 이와 같은 것들의 정신은 이 조망을 막아버린다; 이 조망은 "그렇게 어떤 다른 것을 개방하는데, 그것으로써 사람들은 달리 하찮은 자리와 형편없는 형상, 철학적 풍자화를 덮어버린다"(R 153). 그럼에도 불구하고 이 바리케이드를 통해서 일단 외부로부터 무한자에 대한 연약한 느낌을 일깨우는 빛줄기가 비쳐 들어오면, 그렇게 개방되는 차원은 조망이 그리로 향해서 움직이는 목적이 되지는 않는다. 탄생과 죽음의 현상은 인간이 서 있는 장소가 아니며 인간에게 물음을 던지지도 않는다. 그것은 인간이 그 앞에서 눈을 감고 더욱 결연하게 자신의 시민적 삶의 협소함을 추구하게 만드는 사건이 된다. 그 안에서 나타나는 무한자는 영혼이 "그 가운데서 안식하기를 원하며 날아간 목표가 아니라, 오히려 경주로의 끝에 있는 표시와 같이, 원래의 출발지점으로 보다 빨리 되돌아갈 수 있기 위해서 접촉하지도 않고 빠른 속도로 돌아버리는 점에 지나지 않는다". 죽음은 전적으로 의학적인 현상이 된다; 인간이 요구하는 유일한 질문은 어떻게 학문이 인간적 삶을 연장시킬 수 있는가이다(R 154).

140_ 종교의 장애들에 속하는 것은 기계적이고 인간의 품위에 어울리지 않는 노동의 짐이다. "우리가 우리 자신의 노예일 수밖에 없다는 것보다 더 큰 종교의 장애는 없다. 왜냐하면 노예란 죽은 힘을 통해서 실현될 수밖에 없는 그 무엇인가를 행해야하기 때문이다." 근육의 노동은 정신의 기관들에게서 모든 힘을 빼앗는다. 슐라이어마허가 희망하는 것은, 학문과 예술이 완성됨으로써 "이 죽은 힘이 우리에게 쓸 만한 것이 되고", 그 결과 인간이 창조물의 주인으로서 "주문을 외우고 깃털 하나만 누르면 됨으로써", 그가 원하는 것이 발생하게 되는 것이다. 그는 이사야와 예레미야의 약속을 상기시키는 어떤 사회의 비전을 던지고 있다: "정녕 당신께서는 그들이 짊어진 멍에와 어깨에 멘 장대와 부역감독관의 몽둥이를 부수십니다"(이사야 9,3). "아무도 더 이상 자기 이웃에게, 아무도 자기 형제에게 '주님을 알아라!' 하고 가르치지 않을 것이다. 그들이 낮은 사람부터 높은 사람까지 모두 나를 알게 될 것이기 때문이다"(예레 31,34). 모든 사람이 자유인이 될 것이며, 모든 삶은 편리한 동시에 평온하게 될 것이다. "작

업감독자의 지팡이는 이러한 삶을 넘어가지 못하며, 모든 이는 세계를 관조하는 고요와 평안을 자신 안에 갖게 된다"(R 231). "누구나 자신의 감각을 자유롭게 행사하고 사용할 수 있는 행복한 시대에는, 종교의 능력을 지니고 있는 사람은 누구든지 아버지다운 지혜의 보살핌 가운데 성스러운 청년 안에 있는 고귀한 힘이 최초로 깨어나면서 종교에 참여하게 된다". 그리고 아버지는 아들을 "보다 즐거운 세계와 가벼운 삶에로 안내할 뿐만 아니라, 직접적으로[…] 영원한 것을 숭배하는 사람들의 성스러운 모임에로 인도한다"(R 232).

2. 교회

141_ 종교를 멸시하는 많은 교양인들은 종교 안에서 '심정의 병(Gemütskrankheit)'을 보고 있다. 단지 개개의 인간이 그 병에 걸려있는 한, 종교는 견디어낼 수 있는 것이고 아마도 치유될 수 있는 것이기도 하다는 것이다; 그와는 반대로 종교는 일반적인 위험이 될 수 있다는 것인데, 그것은 "이 같은 종류의 수많은 불행들 가운데서 공동체가 세워지게 될 때이다[…]; 그때 전체의 분위기는 몇몇 증상에 의해 오염되고, 아주 건강한 사람의 몸도 감염된다"는 것이다. 그리고 그것은 "온 세대와 민족에게 회복될 수 없을 정도로 퍼지게 된다"는 것이다. 멸시자들의 반감은 그렇기 때문에 종교에 대해서보다도 교회에 대해서 더 커지며, 성직자들은 그들에게 "인간들 중에서 가장 혐오할만한 부류"이다. 그러나 종교를 심정의 교란으로 보지 않으며 그것을 위험한 현상으로보다는 별로 중요하지 않은 현상으로 간주하는

사람들 역시 종교의 제도들에 대해서 적지 않게 가혹한 판단을 내린다(R 175).

142_ 슐라이어마허는 종교의 장애가 되는 교회의 특징들을 부각시키고 있다. 그때 그는 카리스마적인 공동체와는 구별되는, 사회 안에서 교회의 모습을 규정하는 대형교회들을 염두에 두고 있다. 그는 투쟁하는 교회와 개선(凱旋)적인 교회를 구분하고 있다; 그가 대형교회들에 맞세우는 것은 개선적인 교회의 이상형이다. 그것은, 투쟁하는 교회처럼, 더 이상 "시대와 인류의 상태가 교회의 길목을 방해하기 위해 설치한, 종교적 교화의 모든 장애들에 반대하여" 투쟁하지 않으며, "[...] 자신에게 대적하는 모든 것을 이미 극복하고 스스로 잘 조직된"(R 191) 교회이다. 그는 투쟁하는, 불완전한 교회의 제도를 파괴하려는 더욱 커져가는 소망에 자신이 동의하고 있다는 오해로부터 자신을 방어하고 있다(R 199 이하). 그럼에도 불구하고 그에게 타당한 것은 이렇다: 사람들이 "이러한 결속 가운데 있는 것은 그들이 종교를 소유하고 있지 않기 때문이며, 종교를 갖지 않는 한 그들은 그러한 결속을 고집한다"; "교회는 종교에 속한 사람들이 많아질수록 그 사람들에게 더욱 무관심하게 된다"(R 197). 그러나 비록 참된 교회가 항상 "이미 종교를 소유하고 있는 사람들에게만 열려져 있더라도, 그들과 아직도 종교를 구하고 있는 사람들 사이에 어떤 연결수단이 있어야만 하며, 이것이 현실의 공동체가 되어야 한다[...]. 종교는 이제, 그 안에서 학생과 초심자의 이익을 위한 모임들이라고는 존재하지 않을, 유일한 인간적 관심사여야 하는가?"(R 200). 교사와 학생으로 이루어진 그와 같은 종교의 제도가 있어야 한다는 것이 슐라이어마허로 하여금 종교를 멸시하는 사람들의 현존하는 교회에 대한 수많은 비판

에 동의하게 하는 것을 막지는 않는다. "이 기관[현존하는 교회공동체]의 전체모습은 다른 것이 되어야 하며, 진정한 교회에 대한 그것의 관계도 전혀 다른 외양을 얻어야 한다". 진정한 교회와 불완전한 교회 간의 차이가 제시되었기 때문에, 우리는 "교회공동체 안에 존재하는 모든 악습들에 대해서, 그리고 그것들 서로간의 원인들에 대해서 아주 평온하고 조화롭게 숙고할 수 있다"(R 200). 종교는 그러한 교회를 산출하지 않았으며, 그렇기 때문에 종교는 이러한 교회를 야기한 모든 불행과 그것이 처해있는 비난받을만한 상태에 대해 면책되어야 한다. 더욱이 "종교에 대해서는 단 한 번도, 그렇게 그것이 어떤 것으로 변질될 수 있다는 비판이 가해질 수 없다: 왜냐하면 종교가 아직 전혀 존재하지 않았던 곳에서는 종교가 그렇게 변질되는 일이 있을 수 없기 때문이다"(R 201).

종교에 이르는 통로를 차단하는 교회의 악습과 폐단은 어떤 것들인가? "고유함과 자유로움이 노예적으로 희생되는 것, 정신을 상실한 기계론과 공허한 예식들"(R 176): 종교는 정신과 느낌을 결한 의례로 경직된다; 제도는 신앙의 자유를 억압하고, 종교적인 개성의 계발을 저해한다. 종교의 교사란 이름을 얻을만한 자는 "가장 분명하면서도 개성적인 직관과 느낌"을 전달해야만 한다. 그 대신에 모든 방면으로부터 그러한 개성의 표현에 차단기가 설정된다; 사람들은 교사에게서 죽은 개념과 의견, 교의, 종교에 대한 반성의 결과물을 요구한다. "간단히 말해서 종교의 본래적인 요소들 대신에 추상을". 모든 종교공동체에게는 상징적인 행위들이 본질적인 것이다. 그것들은 개개인 안에서 발생하는 것의 표현이며, 각 개인이 자유로운 감동 속에서 조율하는 마지막 합창이다; 그러나 그 상징적 행위들은 이러한 사적인 수행에서 분리되어 "무엇인가 자신을 위해 존립하는 것"(R 198)이 되며 기계적인 의례로 경직된다. "내가 인정하는 것은, 이러한 공동체에서는 우주가 직관과 느낌에 의해서 담지 되기보다는 이해나 믿음, 행위, 관습의 실행에 의해 담지 된다. 그렇기 때문에 이런 공동체는, 그것의 가르침이 아무리 계몽된 것이라고 하더라도, 늘 미신의 한계점에 들어오며 그 어떤 신화에 매달린다"(R 202). 종교적인 의견들이 종교에 이르기 위한 방법으로 사용되는 곳에서, 그것들은 체계적인 전체에로까지 진척될 수밖에 없다. 여기서 가르침과 가르치는 제도의 권위는 신앙을 수용하기 위한 필수적인 동기이다. 그것은 교조주의와 불관용에 이르게 되는데, 달리 생각하는 사람은 누구나가 "평온하고 확실한 진보의 방해꾼으로 간주되기 때문이다. 그의 단순한 현존과 그와 결부된 요구들이 이 권위를 약화시키기 때문이다"(R 201). 교조주의적인 그리스도교와 비교했을 때 고대의 다신교는 현저하게 더 인간적이었고 관용적이었다. 왜냐하면 거기서 종교는 완결된 체계로 나타나지 않았고, 누구에게나 수많은 신들로부터 선택되는 자유가 허용되었기 때문이다. 비로소 "그렇지 않았더라면 더 좋았을 체계적인 종교의 시대에" 불관용과 종파주의가 그 온전한 힘을 발휘하였다. "왜냐하면 누구나가 전체의 체계와 그 중심점까지 소유하고 있다고 믿는 곳에서는, 각자에게 부여되는 가치가 비교할 수 없을 정도로 더 커야 하기 때문이다"(R 202). 그래서 체계적인 종교는 종교전쟁을 야기할 수 있는 것이다; 얼마나 많이 "여러분이 인간성의 전도된 노력과 슬픈 운명에 대한 책임을 종교합병에 전가하고 있는지, 나는 다시 반복할 필요가 없다"(R 176).

대형교회들이 종교의 초심자들을 위한 기관이라면, 그들의 성직자들은, 종교에로 이끌 수 있기 위해서, "종교의 거장들" 혹은 적어도 진정한 교회의 구성원들이어야만 할 것이다. 그러나 이러한 종교의 거장들은 어떻게 그들이 지배하는 곳에서 종교의 정신에 어긋나는 그렇게 많은 것을 참을 수 있으며 혹은 참는 것 이상일 수 있는가? 어째서 "그들은 종교가 다스렸다면 축복으로 남아 있었을 바의 것을 저급한 열정이 인류의 재앙으로 만들어 버리고 만 일을 참아냈는가?"(R 204). 슐라이어마허는 그의 신념(ceterum censeo)에 따라 대답하고 있다: "교회와 국가 간에 이루어지는 이 모든 관계를 멀리하라! — 이것이야말로 최후의 순간에 이를 때까지, 혹은 이 결합이 실제로 깨어지는 것을 내가 체험할 때까지 나의 카토적인(Catonischer) 언명으로 남을 것이다"(R 224).6) 그러나 어째서 국가와의 결합은 교회로부터 인류의 재앙을 만드는가? 모든 새로운 가르침은 강력하게 퍼지는 열광(Enthusiasmus)의 불꽃을 일깨우며, "수많은 사람들을 덥히고 수많은 사람들에게 잘못된 피상적 가상을 전달한다. 그리고 이 수많은 사람들이 바로 파멸된 이들이다"(R 206). 진정한 교회의 모든 파편 안에서 그리고 그것과 함께 "잘못되고 변질된 교회가 생겨난다. 그렇게 그것은 모든 시대와 모든 민족과 모든 특별한 종교 안에서 발생했다"(R 207). 사람들이 모든 것을 자기 자신에게 내맡기면, 이러한 상

---

6) 슐라이어마허의 종교론을 우리말로 번역한 최신한의 역자 주에 따르면, "로마의 장군이었으며 정치가였던 Marcus Porcius Cato Censorius(234-149 B.C.)는 부패와 헬레니즘적인 삶의 방식에 맞서 투쟁했으며 특히 그의 생애 마지막에는 카르타고의 섬멸을 아주 강하게 변호했다"고 한다(『종교론』, 최신한 옮김, 한들 1997, 188쪽 참조). 'Ceterum censeo'는 'Ceterum censeo Carthaginem esse delendam(더우기 나는 주장한다. 카르타고는 멸망해야 한다)'는 카토의 언명에서 따온 말로서, 흔히 '신념'이란 말로 전이되어 사용된다.

태는 오래 지속될 수 없을 것이다. "상이한 무게와 농도를 지니며 서로 간에 내적인 인력이 거의 없는 물질을 용기에 부으면, 이들은 심하게 뒤흔들려서 모든 것이 하나인 것처럼 보인다. 여러분이 만일 이 모든 것을 조용한 상태에 있게 하면, 이것은 다시금 서서히 구별되고 오직 동일한 물질이 그와 동일한 물질과 어울리게 됨을 여러분은 보게 될 것이다. 여기서도 이런 일이 일어날 수 있다. 이것이 사물의 자연적 경과이기 때문이다"(R 208). 무엇이 그것을 방해했는가? 영주가 교회를 고유한 특전을 지닌 공동체로 선언했을 때마다, "이 교회의 파멸은 철회할 수 없게끔 결정되었고 또 도입되었다[...]. 크고 순수하지 못한 공동체는 이제 더 고결하고 더 작은 공동체로부터 분리되어야 함에도 불구하고 그렇게 될 수가 없게 된다"(R 211). 진정한 교회의 구성원들은 이제부터는 지배로부터 배제되었다. 왜냐하면 이제는 그들이 다스릴 수 있거나 다스리고 싶어 하는 것보다도 더 많이 다스릴 것이 존재하기 때문이다; 그들은 세속적인 일들을 질서지우고 재산을 관리해야 하며, 그리고 그들은 무엇이 그들의 성직과 관련되는지 그리고 그것이 어떻게 그 목적에 기여해야 하는지를 알 수가 없다. 동시에 국가에 의해서 수여된 특전들을 통해서 그렇지 않은 경우라면 밖에 머물러 있을 사람들이 모두 미혹된다; 이제 "그렇지 않은 경우라면 참기 어려운 권태를 느꼈을 교회공동체 안으로 몰려드는 것이[...] 모든 자만한 사람들, 공명심에 부푼 사람들, 소유욕에 사로잡힌 사람들, 그리고 교활한 사람들의 관심사"이다. 국가는 따라서, 품위 없는 사람들이 "거룩함의 거장들"의 자리를 차지하고 "이들의 감독 하에 종교의 정신에 극도로 반하는 모든 것이 몰래 잠입해서 확립되게 된다면"(R 213), 그것에 책임을 져야 하는 것이다. 국가는 교회가 자신이 받은 은전들에 대해서 국가에게 감사를 빚지고 있다고 생각하며, 교회로 하여금 국가의 이익을 위해서 일하게 한다. 국가는 교회에게 교육을 위한 감독권을 위임한다; 교회는 백성에게 법률을 통해서 확정된 것이 아닌 의무들을 가르쳐야 한다; 세례, 혼인체결 그리고 장례는 동시에 국가적인 행위들이다. "이 모든 것이 얼마나 종교적 공동체의 파멸만을 야기하는지는 너무나도 명백하다. 그 모든 제도들 안에서 종교에만 관계하고 혹은 종교만이 중요사안이 되는 것은 아무 것도 없다". 모든 것은 "도덕적, 정치적 관계로 가득 차 있고, 모든 것은 근원적인 목적과 개념을 벗어나 있다". 교회는 자신의 자유를 잃게 된다; 국가는 교회를 자신이 설립한 하나의 제도로 취급한다; 국가는 누가 성직자로 적합한지의 결정권을 배타적으로 행사한다. "자신에게 전혀 도움이 되지 않는 자선을 겸손으로 받아들이고, 자신을 파멸로 몰아넣는 부담을 비굴하게 응낙하며, 외부적인 권력에 의해서 자신이 남용되는 것을 허용하는 공동체는[...] 특별한 의욕을 가지고 자신이 의도하는 바를 정확하게 인식하는 사람들의 공동체일 수 없다. 이것이 내 생각으로는[...] 그 공동체가 종교적인 사람들의 본래적인 공동체가 아니라는 것에 대한 최상의 증명이다"(R 216 이하).

Ⅲ. 종교란 무엇인가?

1. 우주를 직관함(Anschauen des Universums)

143_ 슐라이어마허는 종교의 본질을 다루는 두 번째 강연에서의 자

신의 절차방식을 [영을 불러내는] 마법사의 그것과 비교하고 있다: 관찰자는, 낯선 대상들을 바라봄으로써 산만해짐이 없이 현상이 나타나게 될 곳을 온전한 주의력을 가지고 보기 위해서, 자신을 내적으로 준비해야 한다. 우리는, 종교가 무엇인지를 아직까지 알지 못한 채, 어째서 교양인들이 종교를 멸시하는지 그 이유들과 종교의 장애들을 알아보는데 몰두했으며, 그렇게 현상이 나타나도록 준비했다. 우리가 그 현상을 인식하는 것은 어려운 일이 될 것이다; 그것의 특징과 태도들은 우리에게 알려져 있지 않다. "왜냐하면 그것은 마치 마법사에게 나타나는 것처럼, 그렇게 위장되지 않은 채 사람들 가운에 나타나지는 않으며, 그래서 그 고유한 형태로는 실로 오랫동안 보여 질 수 없었기 때문이다"(R 39 이하). "우주에 대한 직관[...]이 종교의 최상의 형식이며, 여러분은 그 형식으로부터 종교 안에 들어있는 모든 지점을 발견할 수 있고, 그 형식으로부터 종교의 본질과 경계가 가장 정확하게 규정된다"(R 55); 종교는, 몇 쪽 앞에 적혀 있기를, "무한자에 대한 감각(Sinn)과 취향(Geschmack)이다"(R 53); 종교의 본질은 "직관(Anschauung)과 느낌(Gefühl)"(R 50)이다. 감각의 개념과 우리는 이미 만났었다(§ 139); 이제 우리의 과제는 직관의 개념과 그것이 감각에 대해 갖는 관계를 추적하고, 슐라이어마허가 우주와 무한자 아래서 무엇을 이해하고 있는지 그 지침들을 구하는 일이다.

a) 직관과 느낌

144_ 직관의 두 특징들이 특별히 강조되고 있다: 직관은 수용적이며,

모든 직관은 관찰자의 관점에 매여 있는 개별적인 것이다.
 직관 안에서 활동하는 것과 작용하는 것은 직관되는 존재이고, 그것은 "직관하는 존재의 본성에 따라서 수용되고 통합되며 파악된다"(R 55). 생기하는 빛의 유출이 우리의 눈에, 음파가 우리의 귀에, 그리고 물체가 우리의 촉감에 작용하지 않는다면, 우리는 아무 것도 직관하거나 지각하지 못할 것이다. 우리는 "사물의 본성"을 지각하는 것이 아니라, 그것이 우리에게 작용하는 대로 지각하는 것이다; 지각의 질은 사물 자체에 귀속되는 것이 아니라, 사물이 우리의 감관에 작용함을 통해서 생겨나는 것이다. "종교도 이와 같다; 우주는 끊임없는 활동 가운데 있으며, 매순간 우리에게 계시된다". 생성되는 모든 존재자는 우리를 향한 우주의 행위이다; 종교는, 우리가 모든 존재자를 전체의 부분으로서 바라보는 데에, 그리고 모든 제약된 전체 안에서 무한한 전체가 표현되고 있음을 의식하는 데에 존립한다. 수용적인 직관은 반성과 형이상학적인 사변에 대비되고 있다: "그러나 여기에서 한 걸음 더 나아가 전체의 본성과 실체에로 더 깊이 파고들어가려는 것은 더 이상 종교가 아니다"(R 56). 그렇게 "모든 도움이 되는 사건"을 신에게 돌렸던 고대의 다신론은 종교였다; 그와는 반대로 헤시오도스가 신들을 연대기적인 체계 안으로 질서 지었다면, 그것은 "공허한 신화였다. 세계에서 일어나는 모든 사건들을 신의 행위로 표상하는 것, 그것이 종교이며[...], 그러나 이 신의 존재를 세계에 앞선 것으로 그리고 세계 밖에 있는 것으로 숙고하는 것은 형이상학에서는 좋고 또 필요한 일인지 모르지만, 종교에서는 이 역시 공허한 신화일 따름이다"(R 57 이하).
 직관은 그 행위와 내용으로부터 보건대 개별적인 것이다: 개별적인 지각행위는 이 개별적인 대상을 직관한다. 우리가 상이한 지각내용들을 전체로 결합하려고 시도하자마자, 우리는 직접적인 지각의 영역을 이미 떠난 것이다; 그것은 감각의 일이 아니라, "추상적인 사유의 일이다. 종교도 그러하다; 종교는 우주의 현존과 행위에 대한 직접적인 경험 가운데 있으며, 개별적인 직관과 느낌 가운데 머물러 있다; 이 모든 직관과 느낌은 다른 것들과 연관되거나 그것들에 종속됨이 없이 그 자체로 존재하는 작품이다". 개별적인 직관들은 하나의 체계 안에서 서로 결합되지 않는다; 모든 연역 혹은 정초는 종교의 본질에 거역하는 것이며, "종교에게는 모든 것이 직접적으로 그리고 그 자체로 참이다"(R 58). 전체는 개별적인 직관 안에서 포착된다; 개별적 인간과 개별적 대상 안에서 전체, 우주, 무한자가 발견된다. 존재할 수 있는 모든 것은 종교에게는 "참되고 필요불가결한 무한자의 형상이다; 이 무한자에 대한 자신의 관계가 드러나게 되는 지점만을 발견하는 자"(R 65). "여러분이 자유롭고 기술적인 행위의 대상들 가운데서 어떤 것을 선택했다고 하는 것은 모든 것에서부터 우주를 발견하기 위한 일에는 별 의미를 지니지 못한다"(R 114). "따라서 모든 사람과 모든 존재자는 우주의 작품이며, 종교는 오직 그렇게만 인간을 고찰할 수 있다"(R 143). 관찰자가 위치를 바꿀 경우, 그가 지금까지 보아왔던 대상들은 다른 질서 안에서 그리고 다른 관점 하에서 나타날 것이다. 그리고 새로운 대상들이 그의 시야에 들어설 것이다; 어떤 지평도 모든 것을 포괄하지는 못한다. "더 상위의 의미에서 볼 때 이것은 종교에 대해서도 타당하다. 여러분은 대립적인 지점으로부터 새로운 직관을 새로운 영역에서 획득하게 될 뿐만 아니라, 과거의 잘 알려진 공간에서 최초의 요소들이 다른 형태로 통합될 것이며, 모든 것이 달라질 것이다. 직관이 무한한 것은, 행위와 손상(Leiden)[7]이 똑

---

7) 최신한의 주석에 따르면, "Leiden'이란 표현은 슐라이어마허의 특유한 언어사용

같은 제약된 소재와 심정 사이에서 끝없이 변화하기 때문만은 아니다 [...]. 직관은 모든 측면에 따라서 무한하며, 존재[...], 봄, 그리고 그것에 대한 앎의 무한자이다"(R 62).

145_ 슐라이어마허의 직관개념은 기적과 계시의 신학적 개념들에 대한 그 자신의 해석을 통해서 분명해지고 있다. 그에게 있어서 기적은 공간-시간적인 세계 내에서의 사건이 아니며, 계시는 특정한 내용의 전달이 아니다. 우리는 오히려 이 개념들을 종교적 행위를 반성하기 위해서 사용한다; 이 개념들은 우리가 직관 안에서, 그것이 곧 종교인데, 세계를 보는 방식을 묘사한다; 그것들은 "종교적 감각의 근원적인 작용에 대한 자유로운 반성이며, 종교적 견해와 통속적 견해를 비교한 결과물이다"(R 116). 기적과 계시는 "현상이 무한자와 우주에 대해 맺는 직접적인 관계 이외의 어떤 것도 의미하지 않는다". 가장 자연적이고 일상적인 사건도 그것이 이런 관점 하에서 보여 지는 순간, 기적인 것이다. 슐라이어마허가 고백하기를, "나에게는 모든 것이 기적이다[...]. 여러분이 더욱 종교적일수록 여러분은 도처에서 기적을 더 많이 보게 될 것이다". 모든 "우주에 대한 근원적이고 새로운 직관"은 계시이다(R 118).

우리의 감성(Sinnlichkeit)이 보여주는 바는, 모든 직관이 그 본성상 다소간의 강렬한 느낌과 결부되어 있다는 것이다. 맛, 냄새, 촉감은 편안하거나 불쾌하다; 선율을 듣는 것, 경치나 그림을 보는 것은 느낌을 동반한다. "종교도 이와 같다; 동일한 우주의 행위는, 그것을 통

용례 중의 하나이다. 'Handeln'(행위)이 인간의 능동적이고 자발적인 활동성이라면, 'Leiden'은 대상이 인간에게 각인되어 나타나는 모습을 지칭하는 수용적 활동성이다"(『종교론』, 최신한 옮김, 한들 1997, 65쪽).

해서 우주는 여러분에게 유한적인 것 안에서 자신을 계시하는데, 여러분의 심정 및 상태와도 새로운 관계에 이르게 한다; 여러분이 우주를 직관하면서 여러분은 필경 갖가지 느낌들에 사로잡히게 될 것이다". 이 느낌들의 강도가 종교성의 정도를 규정한다. 슐라이어마허는 하나의 비교를 사용하고 있다: 영원한 세계는 마치 태양이 우리의 눈에 작용하듯이 우리 정신의 기관들에 작용한다. 태양이 우리의 눈을 멀게 하는 순간, 남아 있는 모든 것은 사라지며, 그 후에도 우리가 관찰해 온 모든 대상들이 "태양의 형상으로 묘사되고 그 빛으로 입혀진다"(R 67). 우리가 본 것처럼(§ 144), 직관은 모든 논증적이고 체계적인 사유의 형식에 앞서 있다. 직관과 느낌의 결합은 우리를 정신적인 능력의 보다 심원한 뿌리와 통일성에로 인도하며, 현실에로의 보다 근원적인 통로에 이르게 한다. 슐라이어마허는 자신이 직관과 느낌에 대해 그저 분리해서 언급할 수 있을 뿐임을 유감스럽게 생각한다; "종교의 가장 섬세한 정신은 이를 통해서 이 강연에서 소실되며, 나는 종교의 가장 내적인 비밀을 단지 유동적이고 불확실하게 드러낼 수 있을 뿐이다. 그렇지만 불가피한 반성이 이 둘을 분리한다. [반성이라는] 이 매개를 관통해 감이 없이 누가 의식에 속하는 것에 대해 언급할 수 있겠는가"(R 72). 그는 감각적 지각에 있어서의 최초의 비밀스런 순간을 지시하고 있는데, 거기서 반성은 아직도 주체와 대상을 구분하지 않고 있으며, "감각과 그 대상은 말하자면 서로에게로 흘러들어가서 하나가 된다". "심정의 첫 번째 행위" 안에서 종교적 직관과 느낌은 분리되어 있지 않다. 느낌이 없는 직관이나 직관이 없는 느낌은 아무 것도 아닌 것이다; "양자는 근원적으로 하나이며 분리되지 않을 때 그 무엇이며, 바로 그런 이유로 해서 그 무엇인 것이다"(R 73). 우리가 영원하고 비가시적인 것을 직관할 때, 우리는 경외심의 감정으로 관통된다. 시선이 우주로부터 우리 자신에게로 돌아오게 되면, 정직한 겸손의 감정이 우리를 사로잡는다. 우리가 다른 저마다의 사람 안에서, 성향이나 재능의 차이에 주목하지 않고, 인간성을 보고 그것을 통해서 우주를 본다면, 우리는 그를 사랑과 호의로 만나게 될 것이다. 우리가 우리를 돕기 위해서 자기 자신과 자신의 고유한 이해를 도외시하는 사람들을 만나게 될 때, 우리는 감사의 느낌을 억제할 수 없다. "그 느낌은, 전체와 이미 통합되었고 이 전체 가운데서 자신의 삶을 의식하는 사람들을 존경하도록 우리를 움직이는 감정이다". 그와는 반대로 인간의 일상적인 행동들을 관찰해본다면, 즉 그들이 어떻게 자신의 자아를 성벽을 쌓아 지키고 세상의 영원한 흐름을 막는 벽으로 안전하게 하는지를, "그리고 어떻게 운명이 필연적으로 이 모든 것을 떠내려 보내고 그들 자신을 수많은 방식으로 상처 입히고 고통을 주는지를 관찰해본다면: 이 평탄치 않은 투쟁으로부터 생겨나는 모든 고통과 번민을 마음깊이 나누는 연민보다 더 자연스러운 것이 무엇이겠는가?" 인간성을 지탱하고 장려해온 법칙을 우리가 인식했다면, 그리고 이 법칙으로부터 우리 자신의 행위를 바라본다면, "우리의 내면 안에서 인간성의 천재에 대적하는 모든 것에 대한 깊은 회오(悔悟)보다 더 자연스러운 것이 무엇이겠는가?"(R 110). "이 모든 느낌들이 종교이며, 다른 모든 느낌들도 마찬가지인데, 그때 심정이 움직이는 점들 사이에서 우주가 한 점을, 그리고 어떤 방식으로든 **여러분의** 고유한 자아가 다른 점을 차지하고 있다"(R 111).

b) 우주

146_ 지금까지 계속해서 '우주'와 '무한자'라는 용어들이 사용되었지만 그것들이 어떻게 이해될 수 있는지는 해명되지 않았다. 슐라이어마허는 우리에게 스피노자를 지시하고 있다: "나와 함께 경건히, 성스럽게 추방당한 스피노자의 혼령에 양털의 공물을 바치자! 저 높은 세계정신이 그를 감화시켰으며, 무한자가 곧 그의 시작과 끝이었고, 우주는 그의 하나뿐인 영원한 사랑이었다. 그는 성스러운 결백과 깊은 겸손으로 자신을 영원한 세계 속에서 비추어보았으며, 그 역시 세계의 가장 사랑스러운 거울이었음을 응시했다; 그는 충만한 종교였으며, 성스러운 영으로 충만하였다"(R 54 이하). 스피노자에 따르면 존재하는 모든 것은 자신 안에 있거나 혹은 다른 것 안에 있다. 다시 말해서 오성 바깥에는 단지 실체들과 그것들의 속성들만이 있다(Ethica I, Prop. IV). 모든 실체는 필연적으로 무한하다(같은 책, Prop. VIII). 신 이외에는 어떤 실체도 존재할 수 없고 파악될 수 없다(같은 책, Prop. XIV). 결과적으로 존재하는 모든 것은 신 안에 있으며, 신 없이는 어떤 것도 존재할 수 없고 파악될 수 없다(같은 책, Prop. XV). 신은 모든 사물의 내재적인 원인이다(같은 책, Prop. XVIII). 모든 사물은 따라서 무한한 실체 안에 있다. 왜냐하면 그것들은 그 실체의 속성들로서, 실체가 없이는 존재할 수 없기 때문이다. 그리고 무한한 실체는 모든 사물들의 내재적인 원인인 한에서 그것들 안에 있다. 슐라이어마허와 스피노자라는 주제는 여기서 더 이상 논구될 수는 없다(그것을 위해서는 Cramer 2000 참조); 오히려 우리는 우주와 무한자라는 두 용어들에 대한 이해를 위해서 두 번째 강연이

주는 지침들을 따라갈 것이다.

무한자에 대한 감각은 자신의 우연성과 유한성에 대한 의식으로부터 생겨난다: 인간은 "자신의 제약성과 자신의 전 형식의 우연성, 측량할 수 없는 것 가운데 있는 자신의 전 실존의 소리 없는 소멸을 의식한다"(R 52). 무한자는 자연의 풍부함과 창조적인 충만 속에서 드러난다; 무한자는 자기 자신을 제약하면서 무한히 다양한 종과 개체를 산출해낸다. "무한하고 살아있는 자연"의 상징은 "다양성과 개성"이다. "모든 유한자는 오직 자신의 한계들이 규정됨을 통해서 존립하는데, 그 한계들은 말하자면 무한자로부터 도려내어져야 한다. 오직 이렇게만 유한자는 이 한계 자체 내에서 무한할 수 있으며 고유하게 형성될 수 있다"(R 53).

147_ 슐라이어마허는 점차적으로 신비에로 이끌어가는 밀교사제의 역할을 넘겨받고 있다. 외적인 자연은 단지 종교의 성전에로 이끄는 가장 바깥에 있는 뜰일 뿐이다. 자연의 위력에 대한 공포와 자연의 아름다움에 대한 기쁨은 종교를 준비하지만, 그러나 그것들 자신은 종교가 아니다. 자연의 최초의 원인에 대한 탐구는 종교적인 것이 아니라 철학적인 것이다. 우리가 우리의 기술을 통해서 지배하려는 자연 안에서, 우리는 우주를 직관할 수 없다. 자연의 아름다움들은, 그것들은 우리가 물리적인 법칙들에 대해서 생각할 경우 그 법칙들을 통해서 불러일으켜지는 것들인데, 우연한 가상으로 입증된다. 종교에서 관건이 되고 있는 무한성을 우주의 무한한 공간 안에서 추구하는 것은, "하나의 유치한 사고방식에 지나지 않는다[...]. 이러한 관점에서 볼 때 가장 제약되어 있는 물체가 저 모든 세계들만큼이나 무한하지 않은가?"(R 82). 정신은 양자를 공식 안에서 파악할 수 있고, 그들을

셈할 수 있다. 외부세계에서 종교적 의미에 호소하는 것은 양(Maße)이 아니라 법칙(Gesetze)이다; 태양계와 바람에 나부끼는 가장 작은 지푸라기는 동일한 법칙에 따라 움직이고 있다. 그러나 우주에 대한 이 직관은 완성된 것이 아니다. 우주의 크기와 숭고함을 예감하게 하는 것은 균일성이 아니라 이탈이다. "천체운행의 혼란들은 더 높은 통일성을 의미하며, 우리가 이미 그 운행의 규칙성으로부터 인지한 것보다도 더 대담한 결합을 의미한다"(R 84); 그것들은 우리로 하여금 더 높은 관점을 구하도록 강요한다. 최고의 존재인 그 존재로부터 우리는 얼마나 멀리 떨어져 있는가. "다양한 삶의 형식들과 엄청난 양의 물질에도 불구하고, 그 물질은 모든 존재가 실존의 궤도를 돌기 위해서 교호적으로 소비하면서도 충분히 가지고 있는 바의 것인데 [...], 그 어떤 무한한 충만함이 거기서 계시되는가". 슐라이어마허는 산상설교를 상기시키고 있다: "들에 핀 나리꽃들을 보아라. 그들은 씨 뿌리지도 않고 추수 또한 하지 않지만 여러분의 천상아버지께서 이들을 먹이신다. 그러므로 염려하지 마라"(R 85 이하; 마태 6,25-34 참조). 그러나 이 "기쁜 바라봄, 이 청명하고 쾌쾌한 감각"(R 86) 역시 단지 종교의 앞뜰에 놓여 있을 뿐이다.

우리가 자연을 해석하는 도구로서의 개념들은 우리의 의식에서 취해진 것들이다; 오직 내적인 삶을 통해서만 외적인 것이 이해가 된다. 그러나 내적인 삶 역시, 곧 "심정(Gemüt)은, 그것이 종교를 산출하고 성장시켜야 한다면, 세계 안에서 직관되어야 한다"(R 88). 아담이 배필이 없이 존재했던 동안에, 세계에 대한 감각은 그에게 열리지 않았다. "여기서 신성은 그의 세계가 사람이 홀로 있는 동안에 아무 것도 아님을 알았고, 사람에게 배필을 창조했으며, [...]그제야 비로소 그의 눈에 세계가 나타났다"(R 88). 세계를 직관하고 종교를 소유하기 위해서는, 슐라이어마허는 창세 2,18-23의 내용을 그렇게 해석하고 있는데, "사람은 먼저 인간성을 발견해야 했으며, 그는 그것을 사랑 안에서 그리고 사랑을 통해서만 발견한다"(R 89). 종교를 멸시하는 자들에게는 인간성 자체가 우주이다; 다른 모든 것은 그것이 인간성과 관계를 맺고 있는 한에서만 우주에 속한다는 것이다. 슐라이어마허는 잠정적으로 그들을 승인한다. 그러나 그는 인간성이 상이한 관점 하에서 고찰될 수 있다는 점을 분명히 하고 있다. 종교를 멸시하는 자들은 도덕의 관점을 받아들이고 있다: 그들에게 관건이 되는 것은 인간성을 개선시키고 도야하는 것이다. 그들은 인간의 이상을 가지고 있으며, 개별적인 인간들이 그에 상응하지 못함을 보고 있다. 그로써 그들은 작용의 대상을 직관의 대상과 혼동하고 있다. 도덕은 개별적인 인간들에게 작용해서 그들을 개선시키고자 한다; 종교는 모든 개별적 인간 안에서 무한하고 분리되지 않은 인간성의 계시를 본다. "나는 적어도 도덕적 성향을 자랑하며, 또한 인간적 탁월함을 평가할 줄 안다. 그리고 그 자체로 고찰했을 때 속된 것은 나를 경멸의 불쾌한 감정으로 거의 과도하게 채울 수 있다. 그러나 종교는 나에게 모든 것으로부터 매우 크고 광대한 광경을 보여준다. 가장 완전하고 보편적인 예술가라는 인간성의 천재를 생각해 보라. 그는 독특한 실존을 갖지 않는 그 어떤 것도 만들 수 없다"(R 91). "영원한 인간성은 자기 자신을 창조하는 일에, 그리고 유한한 삶의 지나가버리는 현상 안에서 자신을 가장 다양하게 묘사하는 일에 지침이 없이 몰두해 있다"(R 92). 어떤 인간도 다른 인간과 동일하지 않다; 모든 사람의 삶에는 "말하자면 자신으로부터 빠져나와서 그가 될 수 있는 존재의 최고의 정점에 세워지는" 순간이 있다. 모든 개인은 "그 내적인 본질에 따라서 인간성의 완전한 직관을 위한 필수적인 보완물이다"(R 94). 이러한 고찰로부터 종교는 예리한 시선을 가지고 고유한 자아로 돌아오며, 거기서도 자신이 인간성 안에서 직관한 무한자를 발견한다. "여러분 자신이 인간성의 편람(Kompendium)이며, 여러분의 인격은 어떤 의미에서는 전체적인 인간의 본성을 포괄한다. 그리고 이것이 그 모든 서술에 있어서 다름 아닌 여러분 자신의 배가된 자아, 더 분명하게 출중해진 그리고 그 모든 변화들 가운데서 영원해진 자아이다"(R 99).

고찰은 인간성의 존재로부터 그 생성에로 이어진다. 종교의 최상의 직관은 역사에 영역에 놓여 있다. "가장 본래적인 의미에서의 역사야말로 종교의 최상의 대상이다[...] — 그리고 모든 진정한 역사는 도처에서 먼저 종교적인 목적을 가졌으며 종교적 이념으로부터 출발했다"(R 100). 앞서 보았던 개별인간처럼, 이제 민족들과 세대들이 전체의 계기들로 고찰되고 있는 바, 몇몇은 충만한 영과 세력으로 작용하며, 다른 것들은 통속적이고 무의미하게 나타난다. 마치 식물계 안에서 류(類)가 소멸하고 그 폐허에서 새로운 류가 생겨나듯이, "여러분은 여기서도 정신적 자연이 장엄하고 아름다운 인간세계의 잔해로부터 새로운 세계를 산출하는 것을 본다. 이 새로운 인간세계는, 해체되고 멋지게 형태가 변해버린 옛 세계의 요소들로부터 첫 생명력을 빨아들인다"(R 102).

슐라이어마허는 인간성과 우주가 동일시될 수 있다는 멸시자들의 전제로부터 출발했고, 이 전제로부터 종교에로 이끌었다. 이러한 동일시에서 출발하는 사람들에게는 역사의 관찰과 함께 종교의 종말이 도래되었다. 그러나 경멸하는 사람들을 계속 이끌어가는 것이 가능하지 않다 하더라도, 종교의 한계는 도달된 것이 아니다. 오히려 인간성은 무한자에 대한 시선이 조준되는 출발점이다. 인간성은 역사의 과정에 종속되어 있고, 그런 이유로 우주와 같을 수 없는 것이다. 오히려 인간성은, 개별인간이 인간성에 관계하는 것처럼, 우주에 관계한다; 인간성은 다만 자신과 맞세워진 형식들 가운데 있는 하나의 형식에 불과한 것이고, 그 형식들 안에서 우주는 자신을 묘사한다. 인간성은 다만 "무한자에 이르는 휴식처이다". 그러나 인간성은 관찰의 대상이 될 수 있는 마지막 것이다. 모든 종교는 "인간성 바깥에 있고 인간성을 넘어서 있는 그 무엇에 대한 예감에 이르기 위해 애쓴다 […]; 그러나 이것이 또한 종교의 윤곽이 통속적인 시야에서 사라지는 지점이요, 종교가 자신의 길을 고수할 수 있었던 개별대상들로부터 스스로 점점 더 멀어져가는 지점이며, 최상의 존재를 향한 종교 내부의 노력이 대체로 어리석게 간주되는 지점이기도 하다"(R 105).

2. 자신을 전적으로 종속된 존재로 느낌

  (sich als schlechthinnig abhängig fühlen)

148_ 신앙론(1830/31)의 2판에 나오는 전적인 종속의 의식이라는 슐라이어마허의 유명해진 문구는 '종교'의 정의에서가 아니라 '경건'의 정의에서 발견된다. 종교의 개념은 경건의 개념에 힘입어 규정되고 있다; "종교는 전적으로[…] 인간의 심정이 경건한 자극을 향해 있음을 의미하며, 그럼에도 항상 이미 그것의 외화, 즉 공동체의 추구와 함께 생각된 것이다"(CG § 6.4 Zusatz). 슐라이어마허가 종교론에서의 종교개념을 신앙론에서 어떻게 심화시키고 있는지를 보기 위해서

는 경건의 개념을 먼저 살펴보아야 한다; 신앙론의 § 3은, 이것과 함께 경건에 대한 상론이 시작되는데, 종교론 두 번째 강연의 55-77번들을 명시적으로 지시하고 있다. 오해를 처음부터 피하자면: 우리가 오늘날의 언어용법으로부터 출발한다면, 경건은 한 인간이 가질 수 있거나, 마찬가지로 가질 수 없는 여러 느낌들 중의 하나로서, 그리고 상이하게 평가될 수 있는 느낌들 중의 하나로 나타난다. 그와는 반대로 슐라이어마허가 강조하는 것은, 경건은 인간의 본질에 속하는 능력이다. "만일 경건한 공동체가 탈선으로 간주되어서는 안 된다면: 그러한 동맹의 존립은 인간정신의 발전을 위한 필수적인 요소로 입증될 수 있어야 한다. [...] 경건 자체를 마찬가지로 간주하는 것이 본래의 무신론이다"(Kurze Darstellung² § 22; KGA I.6, 334). 전적인 종속감은 "인간본성의 본질적 요소이다"(CG § 6.1). 그것은 "인간실존의 그 어떤 특정한 변경에 의거하는 것이 아니라, 전적으로 공통적인 인간본질에 의거하며, 그것은 모든 차이의 가능성을 자체 내에 포함하며, 그 차이를 통하여 개별적 인격성의 특수한 내용이 규정되는 것이다"(CG § 33.1).

149_ 신앙론 3절부터 5절까지 경건에 대한 슐라이어마허의 상론은 선험적 연역의 성격을 가진다. 그의 정의에 따르면, "경건의 본질은 우리가 우리 자신을 전적으로 종속된 존재로서, 혹은 마찬가지의 내용을 의미하겠지만, 하느님과 관계 맺고 있는 존재로서 의식하는 것이다"(CG § 4). 여기서 해명되어야 할 것은 두 개념들이다: 의식과 전적인 종속.

150_ 슐라이어마허는 앎, 행위 그리고 느낌을 구분하고 있다. 경건은 "앎도 아니요 행위도 아니다. 그것은 느낌 혹은 직접적인 자기의식의

규정성이다"(CG § 3). 직접적인 자기의식은 대상적인 자기의식과 구분되어야 한다. 대상적인 자기의식은 "자기 자신에 대한 표상과 자기 자신에 대한 관찰을 통해서 중재되어 있는" 것이다. 직접적인 자기의식은 표상이 아니라 느낌이며, 슐라이어마허는 우리가 그 느낌으로 하게 되는 "이중의 경험"을 묘사한다; 두 형식들에게서 공통적인 것은, 자기의식은 어떤 의미에서는 사유와 의욕의 행위에 종속되어 있지 않다는 것이다. 첫째로, 모든 사유와 의욕이 "그 어떤 특정한 자기의식 뒤로" 물러서게 되는 순간들이 있다. 그래서 우리가 묻기를, 그렇다면 무엇을 통해서 자기의식은 규정되고 있는가? 둘째로, 자기의식은 "사유와 의욕의 상이한 행위들이 연속되는 동안에 변하지 않은 채" 지속된다; 자기의식은 이것들과 관계되지 않으며, 본래적인 의미에서 그것들을 수반하지 않는다. 이런 의미의 본래적인 감정상태의 보기들로는 "기쁨과 고뇌(苦惱)인데, 이것들은 종교적인 영역의 도처에서 의미심장한 계기들이다"; 그와는 반대로 "자기승인과 자기비난"은 분석하는 관찰의 결과로서 대상적인 의식에 더 많이 속하는 것이다(CG § 3.2). 앎과 행위는 주체가 일으키는 작용이다; 그것들 안에서 주체는 자신으로부터 벗어난다: 행위 안에서 주체는 세계에 작용하며, 앎 안에서 그것은 인식대상과 관계를 맺는다. 그와는 반대로, 느낌은 "주체에 의해서 일으켜지는 것이 아니라, 단지 주체 안에서 실현된다". 그것은 전적으로 "자신 안에 머물러 있음(Insichbleiben)이다: 그런 한에서 그것은 홀로 앎과 행위와 마주서있다"(CG § 3.3). 경건이 앎이라면, 그리스도교 신앙에 대해서 가장 많은 지식을 가진 학자가 가장 경건한 자이기도 할 것이다; 경건이 내용적으로 규정된 행위라는 가정에 반하는 사실은, "가장 훌륭한 것과 나란히 가장 추한 것 역시, 가장 내용이 풍부한 것과 나란히 가장 공허하고 무의미한 것 역시 경건한 것으로서 혹은 경건으로부터 자행되고 있다는 것이다". "후회, 통회, 신뢰, 하느님을 향한 기쁨과 같은" 감정적 상태들이 있는데, 이런 감정들을 우리는 그로부터 생겨나는 앎이나 행위를 고려함이 없이 경건하다고 지칭한다. 그러나 경건이 앎도 아니요 행위도 아니라는 것이 곧 그것이 앎이나 행위와 무관하다는 것을 의미하지는 않는다; 비록 앎과 행위 중의 어느 것도 경건의 본질을 이루는 것은 아니지만, 경건에 속하는 앎과 행위가 존재한다. 그렇게 후회와 신뢰는 행위 안에서 표현될 경우에만 순수한 것이며, 관찰의 대상이 될 수 있고, 앎에로 이어질 수 있는 것이다. 하나의 행위는, "자기의식의 규정성이, 곧 정서로 화해서 충동으로 이행한 느낌이, 경건한 것인 한에서"(CG § 3.4) 경건하게 될 것이다. 따라서 슐라이어마허가 느낌 아래서 이해하는 바는 "무엇인가 모호한 것[...]도 아니요, 무엇인가 효력이 없는 것도 아니다". 오히려 그것은 "관찰에 의해서 파악되어지고, 그 본성(was es ist)이 사유될 수"(CG § 3.5) 있는 것이다. 그리고 그것은 간접적이든 직접적이든 모든 의사표명의 근저에 놓여 있다.

151_ 경건의 상이한 표명들을 다른 모든 느낌들과 구분시키는 공통적 내용은, "즉 자기 자신에게 한결같은 경건의 본질은 우리가 우리 자신을 전적으로 종속된 존재로 느낀다는 점에 있으며, 혹은 같은 의미이지만, 하느님과 관계 맺고 있는 존재로서의 우리 자신을 의식한다는 점에 있다"(CG § 4). 슐라이어마허는 직접적인, 즉 대상적인 것과는 구분되는(§ 150) 자기의식에 대한 "자기관찰"로부터 출발하고 있다. 각각의 자기의식 안에는 두 요소들이 있다: "'자기 자신의

설정'과 '자기 자신을 그렇게 설정하지 않음', 혹은 '존재'와 '어떠하게 생성된 존재'"; 우리는 우리 자신을 의식하며 동시에 우리의 가변적인 상재(Sosein)를 의식하고 있다. 그러나 가변적인 상재는 자아 말고도 다른 존재자를 전제하고 있는데, 그것에 의해서 자아는 상이한 상태들로 규정되며, 그러나 이 타자는 직접적인 자기의식 안에서 대상적으로 표상되고 있지는 않다; 그것의 대상화는 또 다른 행위인 것이다. 우리는 따라서 자기의식 안에서 두 요소들을 경험한다: 대자적인 (für sich) 주체 존재와 타자와 함께 있는 그것의 공존재. 주체 안에서 이 두 요소들에 상응하는 것은 감수성과 자기활동성이다. 타자와의 공존재가 없이는, 즉 타자에 의해 감수성이 촉발됨이 없이는, 그 어떤 자기의식도 가능하지 않다. 모든 활동성은, 그 아래에는 인식도 포함되는데, 감수성이 받아들인 인상을 통해서 자신의 방향을 획득한다(CG § 4.1). 직접적인 자기의식 안에는 이제 규정됨, 곧 감수성의 의식이나, 아니면 타자를 규정하는 자기활동성의 의식이 지배적일 수 있다; 첫 번째 것을 슐라이어마허는 종속감이라 지칭하며, 두 번째 것은 자유의 느낌(Freiheitsgefühl)으로 지칭한다. 슐라이어마허는 이제 자기의식의 개념으로부터 세계의 개념을 발전시키고 있으며, 이는 그렇게 해서 전적인 종속감의 개념에로 이끌기 위함이다. 우리는 종속감과 자유의 느낌을 하나로 생각하는데, 이는 주체뿐만 아니라 주체가 그것으로부터 규정되고 또 그것을 향해 규정하면서 작용하는 바로서의 타자 역시 동일자(dasselbe)라는 의미에서이다. 종속감과 자유의 느낌으로부터 합성된 "전체의식"은 "주체와 공(共)설정된 타자와의 상호작용"이며, 우리는 그 타자를 마찬가지로 전체성으로서, 전체적인 것으로서 사유한다; 상호작용은, 우리가 타자로부터 규정되고(감수성)

우리 편에서 타자를 규정한다(자기활동성)는 점에 존립한다. 세계는 "일자로서 전체적인 표명이다". 그것은 또한 우리가 관계하고 있는, "일자로서 우리 자신과 함께 있는" 다른 주체들을 포함한다. "그에 따르면 세계 내에서의 우리의 존재, 혹은 세계와 함께 있는 우리의 공존재에 대한 의식으로서의 우리의 자기의식은 일련의 나뉘어져 있는 자유의 느낌과 종속감이다". '전적인 종속감'은 '나뉘어져 있는 종속감'에 대한 반대개념이다. 다시 말해서 그것은 자유의 느낌이 없는 종속감이다; 우리는 우리 밖의 타자와 상호작용의 관계에 서 있지 않고, 규정되는 것 자체로서의 자신을 배타적으로 경험한다, 스스로 우리 밖의 타자를 규정할 수 없으면서(CG § 4.2).

전적인 자유의 느낌은 존재할 수 없다. 왜냐하면 모든 자기활동성은 어떤 식으로든 우리에게 주어져 있는 대상을 가져야 하고, 이것은 대상이 우리의 감수성에 작용함이 없이는 가능하지 않기 때문이다. 아울러 "우리의 전 실존은 우리 자신을 자기활동성에서 생겨난 것으로 의식하지 않기 때문이다". 전적인 종속감은 "어떤 방식으로든 우리에게 모종의 방식으로 주어질 수 있는 대상의 작용으로부터 비롯될 수는 없다. 왜냐하면 그러한 대상을 향해서 항상 반작용이 발생할 것이기 때문이다". 그리고 우리가 그러한 반작용을 포기한다 하더라도, 그것은 자유의 느낌을 포함할 것이기 때문이다. 그것은 또한 개별적인 행위 안에 주어져 있을 수도 없다. 왜냐하면 그러한 행위는 내용을 가질 수밖에 없고, 그 내용은 하나의 소여로서 우리가 그와 마주해서 자유의 느낌을 가지게 되기 때문이다. 세계 안에서의 우리의 존재에 대한 의식, 곧 주체와 "공(共)설정된 타자"와의 상호작용에 대한 의식은 따라서 결코 전적인 종속의식을 포함할 수 없다. 슐라이어마허는 개별적인 내용과 관련된 나뉘어져 있는 종속감 혹은 지향적인 종속감 외에 또 다른 더 높은 형식의 자기의식을 가정하고 있다: "우리의 전체적인 자기활동성, 즉 이것이 결코 영(Null)이 아니기 때문에, 우리의 전 실존을 동반하는, 전적인 자유를 부정하는 자기의식". 그것은 우리의 전적인 자기활동성이 "다른 곳에서부터 온 것"이라는 의식이다. 이 전적인 종속의 의식은 자유의식과 불가분적으로 결합되어 있다; 그것은 전적인 자유를 부정하는 자기의식이다. "모든 자유의 느낌 없이는 전적인 종속감은 가능하지 않다"(CG § 4.3). 슐라이어마허를 이해하기 위해서는, 우리의 지향적 행위의 대상관련성으로부터 추론된 그 어떤 결론도 여기서는 존재하지 않는다는 것을 보는 것이 중요하다; 모든 지향성의 형식은 세계 내에 머물며, 하나의 상호작용인 것이다. 우리는 그 어떤 다른 개별자에게 우리를 맞세우지 않는다; 전적인 종속감은 "지금 그렇게 그리고 달리 존재하지 않는 개별자들로서의 우리에 대한 의식이 아니라, 단지 개별적인 유한적 존재 자체로서의 우리에 대한 의식"(CG § 5.1)이다. 전적인 종속감은 자기의식의 고유한 형식이다; 여기서는 그 어떤 것도 추론되거나 증명될 수 없으며, 자기경험에 호소될 수 있을 뿐이다. 이 자기의식은 정도를 허용하며 발전되고 심화될 수 있다; 우리는 그것을 반성할 수 있고 주제화시킬 수 있다. 우리의 자기의식 안에는 "우리의 수용적이고 자기활동적인 현존재의 출처(Woher)"가 함께 설정되어 있으며, 그것은 '신'이라는 표현으로 지칭되어져야 한다. 신의식과 자기의식은 서로 분리될 수 없다. 종속감은 그러나 신에 대한 선행하는 앎을 통해서 제약된 것이 아니라, 오히려 신은 우리에게 느낌 안에서 근원적이고 비지향적인 방식으로 주어져 있다. 인간은 자신의 우연성, 즉 자기 존재의 원인에 종속되어 있음을 의식하고 있다; 인간에게는

"자기보다 적지 않게 모든 유한적인 존재에게 붙어 있는 전적인 종속과 함께 신의식으로 화하는 동일한 것[전적인 종속]의 직접적인 자기의식 또한 주어져 있다"(CG § 4.4). "이 전적인 종속감이, 그 안에서 우리의 자기의식은 존재의 유한성을 보편적으로 대변하게 되는데, 무엇인가 우연적인 것이 아니요 무엇인가 사적으로 상이한 것도 아니라 보편적인 삶의 요소임을 인정하는 것은, 온전히 소위 신의 실존에 대한 모든 증명들을 대체한다[...]"(CG § 33).

152 묘사된 자기의식의 두 형식들, 곧 전적인 종속감과, 유한적인 존재자에게로 향해 있는 나뉘어져 있는 종속감과 나뉘어져 있는 자유의 느낌, 이 양자로 갈라져 있는 자기의식은 서로 어떻게 관계하는가? 슐라이어마허는 자기의식의 세 단계들을 구분하고 있다. 가장 낮은 세 번째 단계, 즉 동물적인 자기의식에서는 느낌과 직관은 분리되어 있지 않고, "여전히 발전되지 않은 채 서로 얽혀있다". 두 번째 단계는 상호작용의 의식인데, 그 안에서 우리는 자신을 종속적이며 그리고 개별적인 타자에 대해서 자유로운 존재로 경험한다(§ 151). 전적인 종속감 안에서 이런 반대는 폐지되어 있다; 여기서 우리는 그 어떤 개별적 타자와 대비되어 있음도 경험하지 않으며, 단지 개별적인 유한적 존재자 그 자체로서 우리는 그 어떤 다른 유한적 존재자와도 구분되지 않는다. 이것이 첫 번째이자 최고의 자기의식의 단계인데, "그 안에서 이 대립은 다시 사라지며, 주체가 중간 단계에서 자신과 대비시켰던 모든 것은 자신과 동일한 것으로 통합된다"(CG § 5.1). 첫 번째 단계는 두 번째와 결부되어 있다; 그것은 두 번째 단계와 함께 비로소 나타난다. 그 점을 보여주기 위해서, 슐라이어마허는 전적인 종속감이 상태들의 변화에 종속되어 있지 않고 항상 동일하다

는 것, 또한 한 순간에 주어져 있고 다른 순간에는 그 반대로 없는 것이 아니라는 현상에서 출발한다. 종속의식의 이러한 지구성은 고유한 정체성에 대한 의식을 전제로 하며, 이것은 두 번째 단계와 결부되어 있다. 계속되는 숙고에 따르면, 유한적인 존재자로서의 자기 자신에 대한 의식은 다른 유한적인 존재자와의 만남을 전제로 한다. 그리고 이것은 두 번째 단계의 나뉘어져 있는 자유의 느낌과 나뉘어져 있는 종속감 안에 주어져 있다. 인간은 다른 유한자에 대하여 부분적으로는 자유롭고 부분적으로는 종속적이라는 것을 느끼면서, "동시에 그가 그런 느낌을 갖게 되는 모든 존재자와 동일한 정도로 전적으로 종속적이라는 것 역시" 느끼는 것이다. 이 동시존재(Zugleichsein)는 두 단계들의 "용해"로 생각될 수 없으며, 하나의 동시존재로서 "양자가 서로에게 관련되어 있음을 자체 내에 포함한다. 어느 누구도 몇몇 순간들에 배타적으로 대립 안에 있는 자신의 관계들을 의식하고, 다른 순간에는 다시금 자신의 전적인 종속을 즉자적으로 그리고 보편적으로 의식하는 것이 아니라, 대립의 영역 안에서 이 순간 이미 이러한 방식으로 규정되어 있는 존재자로서 그는 자신의 전적인 종속을 의식하는 것이다"(CG § 5.3).

IV. 종교적 다원주의

153_ 다섯 번째 강연은 "여러 종교들에 대하여"라는 표제를 갖고 있다. 다수의 실증적이고 역사적인 종교들이 있다는 것은 불쾌한 일이

다. 그들 각자는 절대적인 진리주장을 내세운다; 참된 종교의 본성에 대하여 그들은 증명에 호소하고 서로 반박한다; 그들은 서로 다투고 있는데, "이제 예술이나 오성을 무기로 삼든, 아니면 여전히 낯설고 무가치한 것을 무기로 삼든지 간에". 실증종교들에게는 광신과 교조주의 그리고 부자유의 오명이 붙어 있다; 그들은 신봉자들을 동일한 신조에 속박하고 있으며, "그들에게서 고유한 본성을 따를 자유"를 빼앗고 있으며 "부자연스런 장벽"에로 몰아붙이고 있다는 것이다(R 245 이하). 자연종교는 이 모든 결함으로부터 자유롭다. 그렇게 해서 떠오르게 되는 생각은, 우리가 다수의 실증종교들을 하나의 이성종교로 지양함으로써 종교다원주의의 불쾌함을 극복하는 것이다. 슐라이어마허는 단호하게 이러한 제안에 반대하고 있다. "무한한 종교가 유한자 가운데 나타나는 것은" 실증종교들 안에서이며, 반면에 자연종교는 "단지 그 자체로 고유하게 실존할 수 없는 무규정적이고 궁핍하며 궁색한 이념이다"(R 248). 그러나 실증종교들을 고수하면서 그럼에도 불구하고 종교적 다원주의의 문제를 해결하려고 하는 사람은 두 위험들에 처해 있음을 보게 된다: 경직된 교조주의와 피상적인 무관심주의. 양자는 "모든 종교의 정신"을 훼손한다. 종교의 첫 시대들로부터 "종교의 정신을 개별적인 명제에 한정시키고, 아직도 이 정신에 합당하게 종교로 형성되지 않은 것을 종교로부터 배제하려는 원리가 도처에 존재해 왔으며, 논쟁에 대한 증오에서이든 혹은 종교를 비종교적인 사람들에 더 호감이 가는 것으로 만들기 위해서든, 혹은 사안에 대한 몰이해와 무지 및 감각의 결핍에서이든, 무규정적인 것을 향해 돌진하기 위해서, 모든 고유한 것을 죽은 문자라고 소리쳐대는 원리도 있어 왔다"(R 285). "소위 자연종교"는 피상적인 무관심주의를 승인하는 것이다; 그것은 종교의 본래적인 특성을 거의 볼 수 없게 만든다. 그것은 "닳아빠졌고" "그렇듯 점잖은 삶을 영위하고 스스로를 제약할 줄 알며, 자신이 도처에서 수난당하고 있다고 처신할 줄 안다"(R 243 이하).

154_ 슐라이어마허의 테제에 따르면, "대다수의 종교들은 종교의 본질 가운데 정초되어 있다"(R 240). 누구도 종교를 전적으로 소유할 수 없는데, 왜냐하면 인간은 유한하고 종교는 무한하기 때문이다. 그것은, 하나의 종교가 부분들로 잘게 분할되고 모든 실증종교가 단편이라는 것을 의미하지는 않는다; 오히려 그것은 우주의 직관으로서 전체적인 것이며, 그러나 이 전체성들은 서로 상이하다. "모든 무한한 힘은, 그 자체가 서술될 때 비로소 나누어지고 분화되는 것인데, 또한 독특하고 다양한 형태로 자신을 계시한다"; 그런 이유로 우리는 무한한 종교가 자신을 드러내는 "무한한 양의 유한하고 규정된 형식들을 요청하고 찾아야 한다"(R 241). 우리는 보편적인 종교의 개념으로 만족해서는 안 된다; 종교가 무엇인가 하는 것은, 우리가 상이한 실증종교들에서 공통적인 것이 무엇인지를 묻는 방식으로 발견되거나 이해되는 것이 아니다(R 281). 오히려 우리는 수많은 종교들이 존재한다는 사실에 대한 "반감"을 극복하고, 오직 하나의 종교만이 존재하기를 바라는 "공허하고 허망한 소망"을 포기해야 하며, 역사적 종교들의 다양성을 "종교와 함께 무한자를 향해 진행하는 세계정신의 작품으로서"(R 242) 직관해야 한다. 무한자에 대한 모든 직관은 완전히 자신을 위해 존립한다; 그것은 그 어떤 다른 것에 종속되어 있지 않으며, 그 어떤 다른 것을 필수적인 결과로 갖지 않는다. 무한자는 각각의 관점에서 볼 때 다르게 나타난다. 전체적인 종교는 그렇기 때

문에 단지 우주에 대한 무한히 많고 가능한, 그리고 서로 상이한 관점들 안에서 주어질 수 있을 뿐이며, 따라서 다름 아니라 "무한히 많은 다양한 형식들에서 주어지며, 이들 각각의 형식은 직관 안에서 이루어지는 관계의 다양한 원리를 통해 규정되고 이 형식 안에서 동일한 대상은 전혀 다른 모습으로 변한다. 다시 말해서 이들 형식은 모두 진정한 개인들인 것이다"(R 249). 그러나 이 개인들은 무엇을 통해서 규정되며 서로 구분되는가? 실증종교의 통일성은 어디에 존립하는가? 한 종교의 상이한 구성부분들을 통일성에로 결합하는 형식 혹은 영혼이란 어떤 것인가? 슐라이어마허의 대답은 종교의 정신을 경직된 교조주의와 구분하고 종교적 인간을 "굳어버린 체계론자"(R 285)와 구분하는 것이 무엇인지를 보여준다. 그것은 우리가 피상적인 무관심주의에 빠짐이 없이 어떻게 종교의 다양성을 인정하고 존중할 수 있는지를 분명히 해준다.

155_ 한 종교의 통일성은 양적으로 규정될 수는 없다; 그것은 하나의 종교가 종교적 직관과 느낌의 특정한 총계를 요구하고 다른 것을 배제한다는 점에 존립하지 않는다; 요소들에 대한 양적인 고찰은 "우리를 종교적 개인의 성격에로 안내할 수 없다"(R 251). 우리는 다수의 견해들을 개관하는 것 이외의 어떤 일도 할 수 없을 것이며, 그것을 통해서 그 어떤 견해도 규정되지 않을 것이다. 이미 삶의 과정을 통해서 형성되는 개별인간의 종교 안에는 "종교적 소재의 특정한 총계보다 더 우연적인 것은 없다. 개별적인 견해가 그 자신에게 흐릿하게 될 수 있는가 하면 다른 견해가 그에게 등장하고 또렷하게 형성될 수 있다. 그의 종교는 이런 측면에서 항상 유동적이고 흐르는 것이다. 이 흐르는 것은 따라서 다수의 공동체적인 종교 안에서 확고한 것이

될 수는 없다"(R 252). 특수한 종교의 성격을 다수의 특정한 직관 내지는 느낌과 동일시하는 사람은 이들을 연결시키고 다른 모든 것들은 배제하는 내적인 연관을 구해야만 하며, 그것은 슐라이어마허에게 있어서는 비종교성의 나락이요, "체계존재(Systemwesen)와 종파분리"(R 253)의 망상이다. 우리가 실증종교들의 생성을 고찰할 경우, 우리는 그들이 다른 원리에 의해서 형성되었으며 다른 성격을 가지고 있음을 본다: 그것은 다수로부터 통일성에로, 외부로부터 중심에로, "자신에게 집중하고 자신으로부터 다른 것을 잘라내는" 길이 아니라, 일자로부터 다수에로, 중심으로부터 주변부에로, "외부를 향해서 성장하며, 늘 새로운 가지들을 맺으며, 항상 더 많은 종교적 소재를 자기 것으로 만들며, 자신의 특별한 본성에 적합하게 형성되는"(R 254 이하) 길이다. 이 중심은 선택(그리스어로: *hairesis*)의 행위에 의거한다; 모든 실증종교는 "전체와 연관해서 볼 때 해레시스"(R 260), 곧 이단인 것이다.[8] 종교의 개인은 "우주에 대한 임의의 개별적 직관이 자유로운 자의로부터 ─ 그것이 달리 발생할 수는 없는 것은, 모든 직관이 우주에 대해 동등한 요구를 갖겠기 때문이다 ─ 전 종교의 중심이 되고, 그 안에 있는 모든 것이 이 직관과 관련됨을 통해서 이루어질 수 있다"(R 259 이하). 오직 이러한 구성 후에 가능하게 되는 모든 형식들의 총체성 안에서만 전체의 종교가 실제로 주어질 수 있다[...]. 모든 그와 같은 종교의 형태화가 고유한 실증종교인데, 그 곳에서는, 항상 그리고 어떻게 그것이 형성되든지 그리고 항상 어떤 것이 선호

---

8) "임의적인 '선택'과 '붙잡음'을 뜻하는 해레시스(Häresis)는 공식적인 교회의 입장을 벗어나는 가르침 내지 이단을 지칭하는 Häresie의 어원이기도 하다"(『종교론』, 최신한 옮김, 한들 1997, 215쪽).

되는 직관이든지, 모든 것이 중심적인 직관과의 연관 안에서 관찰되고 느껴진다. 종교의 창립자는 이러한 직관을 중심에 설정한다; 제자는 이러한 관점에 동조하는 자이다.

156_ 오직 그러한 중심에 찬성하는 결단을 내리는 자만이 종교를 소유한다. 종교들을 넘어서 있는 종교적 관점이란 존재하지 않는다; 종교적 관점은 오직 한 종교의 내부에서만 가능하다. 비록 그것이 다른 많은 가능한 관점들 중의 하나임을 온전히 알고 있고, 다른 중심과 다른 관점을 선택한 사람들을 온전히 존중하는 가운데서라도. 오직 실증종교 안에 거주하는 사람만이 "종교적 세계 안에서 능동적인 시민권을 소유한다[...]; 그만이 확고하고 규정적인 특징들과 성격을 가진 고유한 종교적 인격인 것이다"(R 261). 종교는 "오직 자기 자신을 통해서만 이해될" 수 있다; 내부의 관점만이 현상을 열어 보인다; "내부관점의 특수한 구성과 특징적인 구별"은 "스스로 어떤 종교에 속해 있는"(R 286) 사람에게만 분명해진다. 모든 실증종교는 슐라이어마허에 따르면 한 개인이다. 그는 한 인간이 이미 현존하는 역사적 종교에 가담하거나 아니면 새로운 종교를 창안하든지 그 가능성을 열어둔다. 현존하는 형식들은 그 누구라도 자신의 본성에 상응하는 고유한 종교를 형성하는 것을 방해하지 않는다. 스스로 종교를 창립할 수도 있었을 사람만이 이미 현존하는 역사적 종교에 속한다. 한 인간이 전승된 종교에 거주하든가 아니면 자기의 고유한 종교를 세울 것인가 하는 것은 "어떤 우주의 직관이 처음으로 그를 생동감 있게 사로잡는지"(R 262)에 달려 있다. 현존하는 종교들 역시 개인적인 형성을 위한 많은 공간을 허용한다: 모든 종교는 무한한 수의 직관들을 내포하고 있으며, 그것들은 다양한 방식으로 중심의 둘레에 배열될

수 있다. 한 인간을 규정하는 최초의 우주와의 만남은 "근본-직관이며, 이것과의 관련 속에서 그는 **모든 것**을 보게 될 것이다"(R 265).

슐라이어마허에게 있어서는 교의, 전승 그리고 공통의 신앙고백은 종교의 개별성과 마주해서 뒷전으로 물러난다; 그에게 결정적인 것은 '각성의 체험(Erweckungserlebnis)'인데, 이것이 현실에 대한 사(私)적이고 개별적인 종교적 관점을 열어준다. 우주의 직관으로서의 종교의 개별성은 객관적 측면이며 이에 상응하는 주관적 측면은 종교적 인격성의 개별성이다; 양자는 각성의 체험에 의해서 규정되고 있다. "동일한 행위를 통해서 동시에 하나의 세계 안으로, 사물의 특정한 질서 안으로 그리고 개별적인 대상들 아래로 옮겨짐이 없이는 어떤 인간도 개인으로서 실존할 수 없는 것처럼, 종교적 인간도 동일한 행위를 통해서 종교의 특정한 형식 안에 거주하지 않는 한 그의 개별성에 이를 수 없다. 종교의 특정한 형식과 종교적 인간의 개별성, 이 양자는 하나이자 동일한 계기의 작용이며, 따라서 하나는 다른 것으로부터 분리될 수 없다"(R 271). 신성은 종교의 왕국에서 "공허한 모조품"(R 268)을 만들지 않는다; 신성은 "그 부요함의 형식이 갖는 무진장한 다양성을 통해서"(R 269) 영광스럽게 된다. 저마다의 종교적 인격성은 완결된 전체이며, 그것은 우리가 그것의 첫 번째의, 모든 계속되는 발전을 규정하는 계시에 대해 물을 때에야 이해될 수 있는 것이다. 한 인간의 종교적 성격은 그의 여타의 소질들과는 상이한 것이다; 그것은 자연적인 재능에 결부되어 있지 않다. 우리는 "어떻게 가장 고유하고 냉철한 심정이 여기서는 열정과 흡사한 가장 강한 정서의 능력을 가지며, 어떻게 평범하고 현세적인 사물에 대해서는 가장 무딘 감각이 여기서는 비애에 이르도록 내적으로 느끼고 무아경과 예언에 이르기까지 명료히 보게 되는지, 어떻게 모든 세상사에는 너무도 부끄럼을 타는 마음이 모든 성스러운 일들에 대해서는 종종 그것들을 위해 순교에 이르기까지 큰 소리로 세상과 시대를 넘어 말하는지를"(R 270) 보게 된다. 슐라이어마허는 그와 같은 종교적 인격성들이 드물다는 것을 의심하지 않고 있다. 그리고 그는 동시에 자신의 방법론에 대한 통찰을 우리에게 주고 있다. "내가 적어도 늘 새롭게 놀라는 사실은 아주 적은 종교인구가 살고 있는 영역에 주목할 만한 수많은 교화들이 있다는 것이다"(R 269 이하). 그리고 그는 멸시자들을 비난한다: "여러분은 아마도 여러분이 볼 수도 있을 소수의 종교적 인간들에 밀착해야 한다는 사명감을 전혀 느껴 본 적이 없다"(R 269). 그는 이 모든 인물들을 실증종교 안에서 보고 있다. "특정한 신앙의 영웅들과 순교자들, 특정한 감정에 도취된 사람들, 특정한 빛과 개인적 계시의 숭배자들 중에서[...] 모든 시대와 모든 민족들 가운데 [...], 오직 거기서만 그들은 만나질 수 있다"(R 271).

157_ 개인적인 종교적 인격으로부터 역사적이고 체계적인 종교의 상이한 인물들에로 시선을 돌려 보자. 이는 그리스도교가 이들 가운데서 어떤 위치를 점하고 있는가를 물어보기 위함이다. 우리가 본 것처럼(§ 156), 종교들을 넘어서 있는 종교적 관점이란 존재하지 않는다. 슐라이어마허는 이로써 종교적 상대주의를 비호하고 있는가? 그에 따르면 그리스도교는 우주를 관조하는 수많은 가능한 방식들 중에서 하나일 따름이다. 이 물음에 대답하기 위해서 우리는 그리스도교의 근원적 직관에 대해서 물어야 한다. "이 직관은 전체의 통일성에 맞서는 모든 유한자의 일반적인 저항에 대한 직관과 다름 아니며, 신성이 이러한 저항을 다루는 방식에 대한 직관이다"(R 291). 바오로는 로마서에서 다음과 같은 말로 이 직관을 표현하고 있는데, 이것으로 우리

는 슐라이어마허를 해석할 수 있다: "모든 사람이 죄를 지어 하느님의 영광을 잃었습니다. 그러나 그리스도 예수님 안에서 이루어진 속량을 통하여 그분의 은총으로 거저 의롭게 됩니다"(로마 3,23). 죄의 인식과 구원에 대한 믿음이 그리스도교의 근원적인 직관이다. "파멸과 구원, 적대와 화해, 이것이 서로 뗄 수 없이 결속되어 있는 직관의 두 측면이며, 그리스도교 안에 있는 모든 종교적 소재의 형태와 그것의 전 형식은 이 직관을 통해 규정된다". 자연의 악은 죄의 결과이며, 곧 "스스로 자립적인 무엇이 되기 위해서 전체와의 연관을 도처에서 벗어나려는 개인적 본성의 이기적인 추구의 결과이다; 죽음 역시 죄 때문에 도래된 것이다"(R 291 이하).

그리스도교의 이 근원적인 직관으로부터 세계종교들 하에서의 그것의 위치를 위해 무엇이 귀결되는가? 그리스도교는 "철두철미 논쟁적"이며, 다시 말해서 비판적인데, 다른 종교들과의 관계 안에서 그리고 자기 자신과의 관계 안에서도 말이다. 그것은 악과 파멸로부터 출발하며, 모든 파멸을 폭로하는 것이, 그것이 어떤 인간적 삶의 영역에서 발견되든지, 그것의 본질에 속한다. 그것은 더욱이 종교적 세계 안에서도 그러하다. "유한자는 우주를 직관하려고 하면서도 우주에 맞서고, 늘 새로운 것을 추구하지만 발견하지 못하여, 이미 발견한 것조차 상실한다. 그는 늘 일면적이고 유동적이며 늘 개별적인 것과 우연적인 것에 머물러 있고, 늘 자신이 직관하는 것보다 더 많이 의욕하면서 자신이 바라보는 목적을 상실한다". 종교에 대한 자신의 비판적인 관점을 통해서, "왜냐하면 그리스도교는 무종교적인 원리가 도처에 널리 펴져있다고 전제하기 때문인데", 그리스도교는 말하자면 메타종교, 곧 두 번째 등급의 종교가 된다. 그것은 우주를 "종교와 종교사 안에서 가장 많이 그리고 가장 사랑스럽게[...]" 직관하며, "종교 자체를 종교를 위한 소재로" 가공한다; 그리하여 그것은 "말하자면 종교의 보다 높은 능력이 되며[...], 그것이 그리스도교의 성격 중 가장 구별되는 것이며 그리스도교의 전 형식을 규정하는 것이다"(R 293 이하). 그리스도교의 형식은 보편적인 타락에 대한 의식으로부터 생겨나는 비판적인 관점이며, 이러한 관점은 내용적이고 역사적인 모든 종교와 대비되는 것이다.

이 논쟁으로부터 그리스도교는 자신을 예외로 하지 않는다. "그리스도교보다도 더 이념화된 종교는 어느 곳에도 없다[...]; 바로 그와 함께 종교 가운데 있는 모든 현실적인 것에 대한 영속적인 논쟁이 하나의 과제로 설정되었으며, 이는 결코 완전히 충족될 수 없는 것이다"(R 295 이하). 그리스도교는 "자신의 논쟁적인 힘을 자기 자신에게로 향하게 하며, 외부의 무종교와 투쟁함으로써 무엇인가 외래적인 것을 흡수하지는 않았는지 혹은 타락의 원리를 여전히 자신 안에 갖지는 않는지를 늘 염려한다"(R 297). 이 계속적인 비판에 종속되어 있는 것은 그리스도교의 개별적 요소들만이 아니다; 그 비판은 개별적인 그리스도인들의 주관적인 종교적 관점과도 연관된다. 슐라이어마허가 그러한 비판으로부터 연역해내는 요구는 끊임없이 신의 현존 안에서 살아가며 모든 사물들 안에서 신을 발견하는 일이다. "종교의 모든 중단은 무종교이다; 심정은 동시에 우주로부터의 적대와 소외를 의식함이 없이는 한 순간도 우주에 대한 직관과 느낌에 의해서 벌거벗겨져 있음을 느낄 수 없다"(R 298). 그리스도교는 그렇기 때문에 종교가 인간적 삶의 여러 영역들 중에서 하나일 뿐이고 단지 특정한 시간과 기회에 경험된다는 것에 만족할 수 없었다. 오히려 종교는 결코 쉬고 있어서는 안 되며, "어떤 것도 종교와 함께 존립할 수 없을 정도로 그것에 대립해서는 안 된다; 우리는 모든 유한자로부터 무한자를 바라보아야 하는 것이다"(R 298).

적대와 중재는 그리스도교의 직관의 서로 뗄 수 없이 결합된 양 측면이며, 중재는 오직 "개별적인 점들", 곧 "인간적이고 동시에 신적인 것"(R 293)을 통해서만 가능하다. 그와 함께 그리스도의 형상과 그의 인격 안에서의 신적인 본성과 인간적 본성의 통일성에 대해서 말해졌다. "자신의 유일한 종교성과 근원적인 확신 그리고 자신을 전달하는 그것들의 힘에 대한 그리스도의 의식은[...] 동시에 그의 중보자 직분과 신성에 대한 의식이었다"(R 302 이하). 그리스도는 중보자이다. 그러나 그는 결코 "유일한 중보자임"(R 304)을 주장하지 않았다. 슐라이어마허는 그리스도의 종교 혹은 교파와, 그리스도 안에서나 혹은 다른 이들 안에서 이 종교가 발전된 원리로서의 정신 혹은 직관을 구분하고 있다. 그리스도는 "그와 다른 사람들에게서 그의 종교를 발전시킨 정신과 원리가 모독당하지 않은 경우에만 자신의 중보자적 품위가 결정되지 않은 채 있는 것을"(R 304) 묵인했다는 것이다. 그리스도인이 누구인가 하는 물음에 대해서 결정적인 것은 한 교파에로의 종속이나 소속이 아니라 이 동일한 근본직관인 것이다. 슐라이어마허는 그리스도교가 그 신적인 근원에도 불구하고 모든 세속적인 것처럼 타락에 종속되어 있고 늘 재차 새로운 신의 사자들을 통한 정화를 필요로 한다는 점과, "인류의 그 모든 시대는 그리스도교를 재생시키며 그것의 정신을 새롭고 더 아름다운 모습으로 일깨운다"(R 309)는 점을 받아들이고 있다. 따라서 슐라이어마허가 가정하듯이, 언제든 다시 그리스도인들이 존재하게 될 것이다. 그러나 그로부터 또한 그리스도교가 전 세계에 퍼지게 되고 언젠가 "유일한 종교의 형태로서 홀로 군림하게" 될 것이라는 점이 귀결되는가? 슐라이어마허는 무한히 다양한 종교의 형식이라는 생각을 다시 붙잡는다. 그리스도교는 자체에서 세분화된다; 그것의 모든 요소들은 전체의 중심이 될 수 있다. 그러나 그것은 이 다양성을 무한자에 이르기까지 자체에서 산출할 뿐만 아니라 외부로부터도 직관하기를 원한다. 그리스도교는 자신의 고유한 타락성과 슬픈 역사 안에서 자신의 영원성에 대한 최상의 증명을 가진다. 이 영원성이 항상 새롭게 그것의 근본직관을 목전에 이르게 한다. 그리스도교는 구원을 고대하기 때문에, 자신의 고유한 타락의 역사 밖에서 어떻게 다른 그리고 더 젊은 종교의 형태들이 생겨나는지를 기꺼이 본다. 그것들이 비록 불완전할지라도 말이다; 그리스도교는 그것들 안에서 타락과 구원을 본다. "종교들의 종교는 가장 내적인 직관의 가장 고유한 측면에 해당하는 소재를 충분히 모을 수 없다. 그리고 인류 일반 안에서 균일성을 요구하는 것보다 더 비종교적인 것은 없는 것처럼, 종교 안에서 균일성을 구하는 것보다 더 비그리스도교적인 것은 없다"(R 310).

참고문헌

Niebuhr 1964, chap. 4, § 1
Dilthey 1966-70
Ebeling 1975
Proudfoot 1985
Birkner 1996, Kap. 12
Fischer 1999
Cramer 2000
Wenz 2000
Fischer 2001
Nowak 2001

G. 이성과 계시 : 임마누엘 칸트

158_ 종교철학 안에서 칸트의 이름은 무엇보다도 그의 신 증명 비판과 결부되어 있다. 유포된 의견에 따르면 칸트는 철학적 신학, 곧 그리스인들의 유산을 파괴했고, 그와 함께 종교로부터 합리적인 토대를 빼앗았다는 것이다; 그는 종교를 도덕에로 환원시켰다는 것이다. 칸트에 맞서서 종교의 사안을 변호해야 한다고 믿는 사람은 그렇기 때문에 *순수이성비판*의 선험적 변증론에 제시된 존재론적, 우주론적, 그리고 자연신학적 신 증명의 불가능성에 대한 칸트의 이론과 대질한다.

1779년에 칸트가 적고 있듯이, "인간이 종교 없이 자신의 삶에서 기쁘게 되는 것은 불가능하다"(Reflexion 8106, AA 19,649). 세 개의 비판서들에 뒤따르는 것은 1793년에 출간된 *한갓 이성의 한계 내에서의 종교*이다. 신 증명들에 대한 칸트의 비판은, 이것이 다음의 사항들을 보여주어야 하는 데, 신과 종교에 대한 신앙의 거부와 동일시되어서는 안 된다. 첫 번째 비판서의 종교철학적인 관심사가 말하고 있듯이, "나는 신앙에 자리를 마련하기 위해서 지식을 포기해야 했다"(KrV, B XXXI). 종교적 신앙은 철학적 형이상학에 종속될 수 없는 것이다; 칸트는 자연적인 종교적 의식을 학파들의 지배로부터 해방시키고, 이론적 지식과 철학적 유파들 간의 싸움으로부터 독립적인 것으로 만들려 한다. 그리하여 칸트는 자신의 이성비판의 반대자에게 이렇게 묻는다. "도대체 여러분은 모든 인간들에게 관계되는 인식이 평범한 오성을 넘어서서 오직 철학자들에 의해서만 발견되어야 한다고 요구하는 것인가?" 그리고 그는 주장한다. "자연은 만인에게 평등하게 부여한 것에 있어서, 이 부여를 편파적으로 분배했다는 책망을 들은 일은 없다는 것이요, 또 인간본성의 본질적 목적에 관해서는 최고의 철학도 자연이 가장 평범한 오성에게도 주었던 지도(指導) 이상의 것을 성취할 수 없다는 것이다"(KrV, A 831/B 859). "사변적 이성이 지금까지의 그 공상적 소유에서 입은 손실에도 불구하고, 보편적인 인간의 관심사와 그리고 세상이 이제까지 순수이성의 이론으로부터 이끌어낸 효용과 함께 [...] 모든 것이 예전과 마찬가지로 유리한 상태에 있다. 손실을 입은 것은 단지 학파의 독점권뿐이요, 결코 인간의 관심사는 아닌 것이다"(KrV, B XXXI 이하). 영혼의 불멸성, 의지의 자유, 그리고 신의 존재에 대한 학파들의 독단적 증명들은 "평범한 인간오성이 그처럼 세밀한 사변에 부적당하기 때문에"(KrV, B XXXII) 대중이 확신하도록 최소한의 영향도 끼칠 수 없었다는 것이다. 사변이성에 대한 비판은 신과 자유, 그리고 영혼의 불멸성에 대한 평범한 인간오성의 확신을 훼손하지 못할 뿐만 아니라, 오히려 "보편적인 인간의 관심사와 관계되는 일점에 있어서 (우리에게 가장 존경받을 만한) 대중이 쉽게 도달할 수 있는 통찰보다도 더 높고 넓은 통찰을 자부하지 않도록"(KrV, B XXXIII) 학파들을 가르치면서, 평범한 인간오성의 확신에 권위를 부여한다. 철학은 평범한 인간오성에게 접근되지 않는 그 어떤 새로운 현실의 영역도 개시하지 않는다; 철학이 수행할 수 있고 또 그 자신을 국한해야 하는 것은 우리의 일상적인 통찰들을 '장려하는' 것, 곧 명시적인 의식에로 고양시키고, 해명하고, 전개시키고 또 질서지우는 것이다.

우리는 칸트에게서 종교철학을 통해서 '장려해야' 할 일상적인 의식의 직관에 대한 상이한 표현들을 발견한다. 60년대 후반에 기록되었을 개연성이 있는 Reflexion[반성] 6674에 적혀 있듯이, "신이 없다면, 모든 우리의 의무는 사라지게 될 것이다. 왜냐하면 전체적으로 안녕과 선행이 조화되지 않는 하나의 부조리가 있게 터인데, 그것은 또 다른 부조리를 용서하게 될 것이다. 나는 다른 이들에게 정의로워야 한다. 그러나 누가 나에게 나의 권리를 보장하는가?"(AA 19,130). *판단력 비판*(1790)이 상술하고 있듯이, "인간들이 자연의 합목적성을 여전히 무관심하게 외면했던 시기에 옳음과 부당함에 대해서 성찰하기 시작하자마자, 불가피하게도 다음과 같은 판단에 이를 수밖에 없었다: 인간이 올바르게 혹은 그릇되게, 정의롭게 혹은 폭력적으로 행동했는지의 여부는, 그가 삶의 마지막까지 적어도 눈에 띄게 자신의 덕에 대한 그 어떤 행복이나 혹은 자신의 범죄에 대한 그 어떤 벌을 받게 되지 않더라도, 결말에 있어서는 결코 매한가지의 일이 될 수는 없다는 것이다. 말하자면: 인간들이 마치도 자신 안에서 하나의 목소리를 지각한 것처럼, 그것은 달리 생겨나야 한다는 것이다"(AA 5,458). *한갓 이성의 한계 내에서의 종교*(1793)의 첫판 서문에 따르면 "이러한 우리의 바른 행위로부터 어떤 결과가 생기는가라는 물음에 어떤 대답이 내려지는지에 대해서 이성은 도저히 무관심할 수가 없는"(AA 6,5) 것이다.

159_ 신의 개념은 두 번째 *비판서*에 따르면 형이상학이 아니라 "도덕에 속하는 개념"(KpV, AA 5,138)이다. 이것은 도덕철학적인 그리고 종교비판적인 테제이다. 오직 이 테제만이 인간의 윤리적 자율성과 종교의 순수성 내지 몰아성을 보장한다. 1772년에 칸트는 이렇게 기록하고 있다. "윤리성을 종교에 앞서 보내는 것, 즉 우리가 덕스러

운 영혼을 신에게 바치는 것은 필요한 일이다. 만일 종교가 윤리보다 선행할 경우, 종교는 *감정*(sentiment)을 결한 차가운 아첨이며, 윤리는 의향(Gesinnung)을 결한 빈곤으로부터의 준수이다"(Reflexion 6753, AA 19,148). 각기의 역사적 종교는 실천이성을 통한 비판에 세워져야 한다. "만일 사람이 신을 도덕성에 앞서서 인식하길 원한다면, 그는 신에게 도덕적인 완전성을 부여하지 않게 된다. 그런 이유로 종교는 나쁜 윤리를 산출하거나 혹은 윤리를 법적으로 결정되지 않은 채 내버려 둘 수 있다"(Reflexion 6499 [ca. 1764-1766], AA 19,35). "종교는 도덕의 근거가 아니라 그 역이다." 그렇지 않을 경우 우리는 "신적인 의지의 도덕적인 품질을 인식할 수가"(Reflexion 6759 [1772?], AA 19,150) 없게 될 것이다. 이로써 칸트의 종교철학의 두 가지 근본적인 물음들이 언급되었다: 도덕이 "불가피하게 종교에로" 이르는 것은(RGV, AA 6,6) 어떻게 드러나는가, 그리고 역사적인 종교들은, 칸트는 여기서 무엇보다도 그리스도교를 염두에 두고 있는데, 이러한 이성종교와 어떤 관계에 있는가? 종교서의 2판 서문은 두 개의 동심원의 그림을 사용하고 있다: 보다 넓은 신앙의 영역으로서의 역사적 계시는 보다 좁은 것으로서의 순수한 이성종교를 자체 내에 포함한다(AA 6,12 참조). 외부의 원과 내부의 원 사이의 관계는 어떻게 생각될 수 있는 것인가?

I. 순수한 이성종교

1. 최상선의 이상에 대하여

a) 최상의 연역된 선

160_ 인간은 종교와 연루된 물음들을 비켜갈 수가 없다; 그것들은 인간의 이성과 함께 주어져 있는 것들이며, 그 안에서 인간 이성의 최고의 관심사가 표명된다; 과제로서의 그 물음들에 답하는 것이 인간 이성의 최후의 목적이다. 첫 번째 *비판서*의 *선험적 방법론*에서 말하듯이, "내 이성의 모든 관심은 (사변적 관심도 실천적 관심도) 다음의 세 물음에로 집약된다. 1. 나는 무엇을 알 수 있는가? 2. 나는 무엇을 해야 하는가? 3. 나는 무엇을 희망해도 좋은가?" 종교는 두 번째 물음과 아울러 무엇보다도 세 번째 물음에 관하여 대답을 주고자 한다: 도덕은 종교에 속하며, 종교는 죽음 이후의 인간의 운명에 대해 진술한다. 칸트가 단언하고 있듯이, *순수이성비판*은 첫 번째 물음에 대한 답을 제시했다; 그러나 그것은 "두 개의 커다란 목적들"은 다루지 않았다고 칸트는 말한다; 그것은 다만 앎이 우리에게는 "저 두 개의 과제들과 관련해서는 결코 배분될 수 없다"는 점만을 해명했다는 것이다. 두 번째 물음은 단순히 실천적이며, 반면에 세 번째 물음은 실천적이면서 동시에 이론적이라는 것이다. 이론적 물음은 무엇인가가 *있다*는 진술을 대답으로서 기대한다. *앎*은 무엇인가가 발생한다는 것으로부터(작용으로부터) 무엇인가가 있다는 것에로(원인에

로) 추론하는데 비해서, *희망함*은 "무엇인가가 생겨야 하기 때문에, 무엇인가(마지막 가능한 목적을 규정하는 것)가 있다"(KrV, A 805 이하/B 833 이하)는 추론에로 귀착한다; 희망함은 윤리적인 의무에 대한 의식으로부터 하나의 법정(Instanz)에로 추론하는데, 그 법정은 윤리법칙을 실현하는 것이 의미 있다는 것을 보증해준다.

161_ 인간에 대한 두 개의 진술들이 칸트적인 이성종교의 전제를 형성한다: (a) 인간은 행복을 갈망하며 행복을 필요로 하는 존재이다. 행복은 "우리의 모든 성향을 만족시키는 것이다(애착을 그 다양성에서 보면 외연적으로, 정도에서 보면 내포적으로, 또 지속에서 보면 지속적으로)"(KrV, A 806/B 834). 여기서 부각시켜야 하는 것은 "외연적인" 것이다: 칸트의 행복개념(Glückseligkeitsbegriff)은 피상적인 쾌락주의의 의미로 이해될 수는 없다; 그것은 인간이 어떤 성향들을 가지고 있는지에 열려져 있으며, 시인들이나 신비주의자들이 말하는 성향들을 배제하지 않는다. (b) 윤리적 의식 안에서 인간이 경험하는 바는, 무조건적으로, 즉 한 인간이 추구할 지도 모르는 그 어떤 목적에도 종속되지 않게, 의무지우는 실천적 법칙들이 있다는 것이다. "완전히 선천적으로 (경험적인 동인 즉 행복을 고려함이 없이), 이성적 존재 일반의 일체의 행위, 즉 자유의 사용을 규정하는 순수한 도덕적 법칙이 있다는 것과, 이 법칙들이 단적으로 (단순히 또 다른 경험적 목적의 전제 아래서가 아니라) 명령하며, 따라서 어느 모로 보나 필연적이라고 나는 상정한다"(KrV, A 807/B 835). 이러한 상정을 위해서 칸트는 도덕철학자들의 증명에만 의거하지 않고, 모든 사람의 윤리적 판단에도 의거하고 있다.

실천이성은 이러한 실천적 법칙에 따라서 행동하도록 명한다. 그것이 명하는 것은 가능해야만 한다. 그러므로 도덕적인 이성원리들은 감성계 안에서 행위들을 산출할 수 있으며, 이러한 의미에서 실천이성에게는 인과율이, 실천이성의 원리들에게는 객관적인 실재성이 부여된다. 그렇기 때문에 우리는 모든 행위들이 윤리법칙에 부합하는 하나의 세계를 표상할 수 있다; 칸트는 그것을 "도덕적 세계"라 부르고 있다. 그 안에서는 도덕성의 모든 장애들, 즉 인간 본성의 나약함이나 불순함이 도외시되고 있다. "따라서 그런 한에서 도덕적 세계란 한갓 이념이요, 그러면서도 실천적 이념이며, 이 이념은 자신의 영향을 감성계에 미칠 수 있으며 또 미쳐야 하는데, 그것은 감성계를 되도록이면 이 이념에 합치시키기 위해서다. 그렇기 때문에 그와 같은 세계의 이념은 객관적인 실재성을 갖는다"(KrV, A 808/B 836). 그와 같은 세계는 모든 목적들, 곧 개별적인 인간들이 따르는 목적은 물론이요 모든 인간들이 상호 간에 추구하는 목적들의 완전한 조화를 통해서 돋보이게 될 것이다. 이로써 '나는 무엇을 해야만 하는가?'라는 물음에 대한 대답이 주어졌다: 나는, 그것이 나의 책임인 한, 감성계 안에서 도덕적인 세계를 실현해야만 한다. "네가 행복해지기에 합당할 만한 것을 행하라." 그러나 그것은 세 번째 물음과 어떠한 관계에 있는가? 내가 행복해지기에 합당하게 처신했다면, 나는 행복에 참여할 수 있음을 희망해도 좋은 것인가? 여기서 칸트의 중요한 방법적 암시가 간과되어서는 안 된다: 이 물음에 대한 대답에 있어서 "관건이 되는 것은, 선천적으로 법칙을 지시하는 순수 이성의 원리들이 이러한 희망을 필연적인 방식으로 도덕법과 결합시키느냐의 여부이다". 하나의 이성종교 안에서 '나는 무엇을 희망해도 좋은가?'라는 물음에 대한 답은 필연적으로 순수한 실천이성의 원리들로부터 생겨나야만 한다. 그리하여 칸트의 테제에 따르면, 이성이 그 이론적 사용에 있어서 상정해야만 하는 것은, "저마다의 인간은 자신의 행위에 있어서 행복해지기에 합당하게 처신한 정도에 비례해서 행복을 희망할 이유를 가진다는 것이다"(KrV, A 809/B 837).

b) 최상의 근원적 선

162_ 윤리성의 그 어떤 장애도 알지 못하는 도덕적 세계에서는 윤리적 행위는 필연적으로 그에 상응하는 행복과 결부되어 있을 것이다. 모든 이가 윤리법칙에 상응하게 행동한다면, 목적들의 조화와 함께 보편적인 행복이 결과로 나타나게 될 것이다. "그러나 자기 자신에게 보답하는 도덕성의 이 같은 체계는 단지 하나의 이념일 뿐이요, 그것의 실행은 *각자가 그가 해야 할 바를 행한다는* 조건에 의거해 있다." 설령 다른 이들이 도덕법칙에 합치하여 행동하지 않는다 할지라도, 도덕법칙의 요구는 내게 있어서는 효력을 가지며, 따라서 윤리적인 행위가 행복을 결과로 가지는가의 여부는 열려진 채 남는다. 그와 같은 필연적인 결합이 생겨나는 것은, 오직 우리가 도덕법칙에 따라서 명령하는, 동시에 도덕적인 처신에 상응하는 행복의 원인인, 최상의 이성을 가정할 경우뿐이다. 칸트는 해명되지 않은 자연의 개념을 도움으로 해서 이러한 연관을 표현하고 있다(§§ 168;171): 행복과 행복을 누릴만함 사이의 필연적인 결합은 "한갓 자연을 그 근저에 둘 경우에는 이성을 통해서 인식될 수가 없으며, 오직 도덕법칙에 따라서 명령하는 *최고의 이성이* 동시에 자연의 원인으로서 근저에 두어지는 때에만 기대될 수 있는 것이다"(KrV, A 810/B 838). 논증의 결정

적인 행보들을 돌아보기로 하자: 이성은 행복을 누릴만함과 행복이 필연적으로 서로 연결되어 있다고 판단한다. 이 필연적인 결합은 오직 우리가 도덕적인 입법자와 자연의 원인이 하나로 있는 최고의 원인을 상정할 때에만 생겨난다. 행복을 누릴만함과 행복의 필연적인 결합은 여기서 다만 주장되고 있을 뿐이다; 두 번째 *비판서*는 이 연관을 제시하고자 한다.

163_ 칸트는 그 안에서 행복을 누릴만함과 행복이 필연적으로 서로 연결되어 있는 바로서의 도덕적 세계를 최상의 연역된 선으로 표현하고 있으며, 이것을 필연적인 결합의 근거인 최상의 근원적 선과 구별하고 있다. 우리가 행복을 누릴만함과 행복을 필연적으로 서로 결합된 것으로서 생각해야 한다는 것이 의미하는 바는, 우리는 이성을 통해서 우리가 도덕적 세계에 속해 있다고 표상해야만 한다는 것이다. 감성계 안에서 그와 같은 결합은 주어져 있지 않다; 여기서는 그러한 결합이 인간 본성의 나약함이나 불순함을 통해서 방해받고 있다. 도덕적 세계는, 실천이성은 그것의 현실성을 상정해야만 하는데, 그렇기 때문에 오직 미래적인 세계일 수 있을 뿐이다. "그러므로 신과 내세의 삶은, 동일한 이성의 원리에 따라서, 순수한 이성이 우리에게 부과하는 구속력과 분리될 수 없는 두 개의 전제들이다." 행복과의 결합을 통해서 윤리적 법칙들은 하나의 비준을 획득한다. 곧 그것들은 계명이 된다. "이 때문에 누구나가 도덕법을 *계명*으로 간주한다. 만일 도덕법이 선천적으로 적합한 결과를 자기의 규칙과 결합시키지 않는다면, 그리고 약속과 *위협*을 수반하지 않는다면, 도덕법은 명령일 수가 없을 것이다. 그러나 도덕법이 이러한 합목적적인 통일을 홀로 가능하게 만들 수 있는 최상의 선으로서의 필연적 존재 안에 놓여

있지 않다면, 도덕법은 이런 약속과 위협을 할 수도 없을 것이다"(KrV, A 811 이하/B 839 이하). 행복과의 필연적인 연결에 의해서 윤리적인 것의 자기가치는 폐기되지 않는다; 그것은 행복을 위한 하나의 수단이 되지는 않는다. 도덕적 의향은 행복을 위한 조건이며 그 역은 아니다. 행복이 도덕적 의향을 위한 조건이라면 그와 같은 의향은 도덕적이지 않게 될 것이며, 따라서 행복을 누릴만하지도 못하게 될 것이다. 그러나 이것은, 윤리성이, 마치 행복이 그렇지 않은 것처럼, "완전한 선"이 아니라는 것을 배제하지 않는다; 오히려 행복을 누릴만한 사람은 "행복에 참여하게 되기를 희망할 수" 있어야 한다. 일체의 고유한 관심사에서 자유로운 이성 역시, "모든 행복을 다른 이들에게 배여해야 하는 존재자의 입장에 선다면, 달리 판단할 수가 없다. 실천적 이념 안에서는 두 요소가 본질적으로 결합되어 있기 때문이다"(KrV, A 813/B 841).

164_ 행복을 누릴만함과 행복의 필연적인 결합은 유일의 "가장 완전하고도 이성적인 근원존재자(Urwesens)"의 개념에 도달하게 한다. 칸트는 이제 이러한 "도덕신학"과 자연의 관조 사이에서 하나의 연관을 이루어 낸다. 보편적이고 필연적인 법칙에 따르는 도덕적 세계에서의 목적들의 조화 혹은 통일성은 불가피하게도 보편적인 자연법칙에 따르는 감각계의 통일성에로 이르게 되며, "실천이성을 사변이성과 합일시킨다. 세계는 하나의 이념으로부터 발원된 것으로 표상되어야만 하는데", 만일 세계가 "최상의 선이란 이념에 의거하는" 도덕적인 이성사용과 합치해야만 할 경우에 말이다(KrV, A 815 이하/B 843 이하). 도덕적 의식은 그렇게 해서 목적론적인 자연관조에로 이끈다. 가장 완전하고 이성적인 존재의 개념은, 윤리법칙이 우리를 그러한 개

념에로 이끄는데, 만일 모든 것이 유일한 근원존재의 절대적 필연성 안에서 자신의 근원을 가져야만 한다면, 자연에 대한 우리의 관조를 규정해야만 한다. 이성적인 존재는 오직 합목적적인 자연만을 산출할 수 있다. 그렇게 해서 "도덕신학"은 자연의 합목적성에 대한 선천적인 이유들을 제공한다; 그것은 자연이 단지 합목적적인 것으로만 가능하다는 것을 보여준다.

2. 순수한 실천이성의 요청들

*선험적 방법론*이 주장하고 있듯이, 이성은 행복을 누릴만함과 행복이 필연적으로 서로 결합되어 있다고 판단한다; 이 필연적 결합은 최상의 원인을 전제하는데, 이것은 도덕적인 입법자와 자연의 원인이 하나로 있는 바의 것이다. 실천이성이 행복을 누릴만함과 행복 사이의 상응을 상정해야만 한다는 것은 첫 번째 *비판서*에서는 다만 주장되었을 뿐이다; 두 번째 *비판서*는 요청들에 대한 이론을 가지고 이를 입증하려 한다.

a) 요청들과 순수한 실천적 이성신앙

165_ 요청들에 이르게 하는 사유과정의 개요들을 우선 살펴보도록 하자. 출발점 혹은 *인식근거*(ratio cognoscendi)(KpV, AA 5,4)는 순수한 실천이성의 근본법칙에 대한 의식인데, "그것을 통해서 이성은 직접적으로 의지를 규정한다"(KpV, AA 5,132). 이 의지규정은 어떠한 이론적 전제들에도 매여 있지 않다; 스스로가 자명한 어떤 도덕법칙

은 "우리를 가장 완전한 것을 향하여 무조건 합법적인 행위에로 의무 지우기 위해서, 사물의 내적인 속성이나 세계질서의 비밀스런 목적 혹은 그에 앞서 있는 통치자에 대한 이론적인 의견을 통한 그 어떤 외부로부터의 지지도 필요로 하지 않는다"(KpV, AA 5,142 이하). 그러나 도덕법을 통해 규정된 의지는 이성적인 의지로서, 윤리법칙의 준수가 가능하다는 데서부터 출발해야 한다. 이 의지는 윤리법칙의 무조건적인 요구 아래 서 있으며, 그것은 자기편에서 "자신의 규정을 준수하는데 필수적인 조건을 요구한다". "요청들이란 […] 필연적으로 실천적인 고려 안에서의 전제들이다"(KpV, AA 5,132)라고 말해질 때, 그것은 이중의 필연성에 대해서 언급하고 있다: 도덕법칙을 통한 의무 지움과 그것의 준수를 위한 필수적인 조건들에 대해서. 첫 번째 *비판서*는 이 사유과정을 다음과 같이 요약하고 있다: "단적으로 필연적인 실천법칙(도덕법)은 존재하기 때문에, 만일 이 법칙이 그것의 구속력을 가능하게 하는 조건으로서 어떤 실재를 필연적으로 전제한다면, 이 실재는 요청되어야만 하는 것이다"(KrV, A 633 이하/B 661 이하). '요청하다'가 뜻하는 것은 '요구하다'이다. 두 번째 *비판서*에 따르면, 요구되어야 하는 것은 최상의 연역된 선의 가능성이다: "그러므로 실천적 규칙에 따른 최상의 선이 불가능하다면, 최상의 선을 촉진하도록 명하는 도덕법 역시 그 자체로 그릇된 것이어야만 한다"(KpV, AA 5,114). (*실천이성비판*이 첨언 없이 최상선에 대해 말할 경우, 그것은 곧 최상의 연역된 선을 의미한다; 이하에서는 이러한 언어용법을 넘겨받을 것이다.)

166_ 도덕법을 통한 의지의 규정과 구분되어야 하는 것은 이 법칙을

통해 규정된 의지의 필연적인 대상이다. 자유는 "도덕법의 조건이다"; "신과 영혼불멸성의 이념들은 그러나 도덕법의 조건들이 아니라, 오직 도덕법을 통해서 규정된 의지의 필연적인 대상의 조건들이다"(KpV, AA 5,4). 그 대상이란 곧 최상선이다. 그에 따라서 영혼불멸성과 신의 실존에 대한 요청들은 최상의 선에 대한 칸트의 이론과 함께 존립하고 또 영락한다. 요청들이 설득력을 지니게 되는 것은, "최상의 선의 촉진이 [...] 우리 의지의 선천적으로 필연적인 대상이며 도덕법과 불가분리적으로 연관된다"(KpV, AA 5,114)는 것을 칸트가 성공적으로 보여줄 때뿐이다. 이 물음은 우선 열려진 채 남아 있어야 한다; 나는 신의 실존에 대한 요청을 해석함에 있어서 그 물음을 다룰 것이다. 그때까지 나는 도덕법이 최상선의 촉진을 요구한다는 점을 전제하며, 칸트가 그로부터 이끌어내는 귀결들에 대해 묻는다.

이성이 최상선을 가능하다고 간주하는 전제 아래서만 의지는 최상선을 실현하라는 무제약적인 요구에 응할 수 있다. 그러나 최상선이 가능하다는 것은 이론적인 명제이며, 그와 함께 이론이성의 대상이다. 그것은 또 다른 세 명제들을 전제한다; 자유, 영혼불멸성, 영혼과 신이라는 이론적 개념들은 상응하는 직관을 갖지 않는 순수한 이성개념들이며, 그렇기 때문에 "이러한 객체들의 인식"에 기여할 수 없고, 그럼에도 불구하고 "객체들을 가진다". 그러므로 실천이성은 이론이성으로 하여금 자유, 영혼불멸성 그리고 신의 "객관적 실재성"(KpV, AA 5,135)을 상정하도록 강요하는데, "그 이유는 실천이성이 자신의, 그것도 실천적으로, 필연적인 대상, 곧 최상선의 가능성을 위해서 이러한 것들의 실존을 불가피하게 필요로 하며, 이를 통해 이론이성이 그것들을 전제함에 있어서 정당화되기 때문이다"(KpV, AA 5,134).

『순수이성비판』은 이념을 "이성의 저마다의 실천적 사용을 위한 불가결의 조건"(KrV, A 328/B 384)으로서 표시한다. "요청들은", 두 번째 『비판서』가 보완하고 해석하는 것처럼, "사변이성의 이념들에 [...] 객관적인 실재성을 부여하고, 개념의 권리를 주었는데, 그렇지 않다면 사변이성은 감히 그것의 가능성만이라도 주장할 수 없었을 것이다"(KpV, AA 5,132). 여기서 '객관적 실재성'이란 무엇을 의미하는가? 우리는 단지 우리가 최상선을 가능하다고 간주하는 전제 하에서만 최상선을 촉진하라는 순수한 실천이성의 요구에 부응할 수 있다. 최상선이 가능하다는 전제, 그리고 그와 함께 자유, 영혼불멸성 그리고 신의 실존에 대한 전제는 결과적으로 최상선을 실현하려는 우리의 노력을 위한 그리고 그와 함께 현상의 세계 안으로 작용하는 인과적 요인을 위한 필수적인 전제들이다. 사변이성의 이념들은 "순수한 실천이성의 필연적인 대상(최상선)을 현실적으로 만들기 위한 가능성의 근거들이기에 내재적이고 구성적이게"(KpV, AA 5,135) 된다.

167_ 칸트는 "순수한 실천이성의 요청을 그것이 선천적으로 무조건 타당한 실천적 법칙에 불가분리적으로 결부되어 있는 한에서, [...] 이론적이지만 그 자체로는 입증할 수 없는 명제로서"(KpV, AA 5,122) 이해하고 있다. 지금까지 우리는 이 명제의 진술적인 구성요소에 몰두했다; 우리는 실존에 대한 진술들이 관건이 되고 있음을 보았다: 요청들이 전제하는 것은, "그러한 대상들[자유, 영혼불멸성, 신]이 존재한다"(KpV, AA 5,135)는 것이다. 우리는 이제 '참으로 간주함(Fürwahrhalten)'의 행위에로 향하기로 한다. 칸트가 구분하고 있는 것은 "세 단계들이다: 억견, 신앙 그리고 앎. 억견이란 주관적으로나

객관적으로 불충분함을 의식하고 있는 '참으로 간주함'이다. 이것이 오직 주관적으로만 충분하고 동시에 객관적으로는 불충분하게 간주될 때 그것은 신앙이라고 한다. 마지막으로 주관적으로뿐만 아니라 객관적으로 충분한 '참으로 간주함'은 앎이다"(KrV, A 822/B 850). 요청들의 '참으로 간주함'은 "신앙이며, 더욱이 순수한 이성신앙인데[...], 왜냐하면 한갓 순수한 이성은 (그 이론적 사용은 물론 실천적 사용에 따라서도) 그로부터 그 신앙이 발원하는 원천이기 때문이다"(KpV, AA 5,126).

요청의 '참으로 간주함'은 앎이 아니다. 왜냐하면 요청은 이론적으로는 증명될 수 없기 때문이다; 따라서 문제가 되고 있는 것은 객관적으로 불충분한 '참으로 간주함'이다. 무엇을 통해서 그것은 주관적으로 충분한 '참으로 간주함', 곧 하나의 신앙이 되는가? 왜냐하면, 정의가 대답을 요약하는 바, 요청은 "선천적으로 타당한 실천적 법칙과 불가분리적으로 결부되어 있기"(KpV, AA 5,122) 때문이다. '참으로 간주함'의 주관적 근거는 최상선을 "모든 힘을 다하여 촉진하기 위해서, 내 의지의 대상으로 만드는"(KpV, AA 5,142) 의무로부터 생겨난다. 나는 오직 최상의 선의 가능성을 전제할 때만 이 의무에 부응할 수 있다. 내가 최상선을 목적으로 삼는다는 것은 따라서 내가 요청들을 참으로 간주한다는 것을 전제로 한다. 참으로 간주함의 주관적 근거는 결국은 최상선을 촉진하도록 명하는 도덕법에 대한 순종이다. 요청들을 참으로 간주하려는 필요는 도덕법에 순종하려는 의지로부터 생겨난다. 순수한 이성신앙은 주관적으로 충분한 것인데, 그 이유는 "이 법의 주관적인 효과, 말하자면 그 법에 적합한 그리고 그 법을 통해서 필연적이 된 의향이, 곧 실천적으로 가능한 최상선을 촉진하려는 의향이"그 신앙을 전제하기 때문이다(KpV, AA 5,143).

요청들의 '참으로 간주함'은 최상선을 목적으로 삼은 사람에게만 주관적으로 충분한 것이다. 두 번째 *비판서*에서 이러한 귀결은 단지 암시만 되고 있다: "나는 신이 존재하기를 원한다"고 말하는 자는 "올바른 자"이다(KpV, AA 5,143); 순수한 실천적 이성신앙은 "스스로가 도덕적 의향으로부터 발원한 것이다"(KpV, AA 5,146). 그에 반해서 첫 번째 *비판서*는 명시적으로 다음과 같이 강조하고 있다. "이 이성신앙은 도덕적 의향의 전제 위에서 성립된다. 만일 우리가 도덕법과 관련해서 전혀 무관심한 사람을 상정한다면, 이성이 제기하는 문제는 한갓 사변적 과제가 되고, 그럴 때에는 유비에 근거한 강한 근거들의 지지를 받을 수는 있으나, 아무리 완고한 회의벽도 굴복할 수밖에 없는 그런 근거의 지지를 받을 수는 없다." 그러나 어떤 인간도 이러한 물음들에 접해 전혀 무관심하지는 않다는 것이다. 도덕적 의향이 결여된 사람에게도 "신의 실존과 내세를 겁내게 하는 일이 충분히 남아 있기에" 말이다. 왜냐하면 이를 위해서는 최후로 단지 양자의 불가능성이 확실히 증명되지는 않는다는 것만이 요구되기 때문이라는 것이다(KrV, A 829 이하/B 857 이하).

b) 신의 실존

168_ 요청의 "연역"(KpV, AA 5,124 이하)은 행복의 개념에서 출발한다. 행복은 "이성적인 존재자의 상태로서 그 안에서는 모든 것이 그가 소망하고 의욕하는 대로 된다". 행복은 따라서 자연과 인간의 소망 그리고 의욕 사이의 일치에 의거하며, 그렇기 때문에 또한 자연과 도덕법을 통해서 규정된 의지 사이의 일치를 요구한다. 그러나 도덕

법에 따른 행위는 이러한 일치를 일으킬 수가 없다. 하나의 이유는, 자연이 도덕법을 규정하지 못한다는 것인데, 왜냐하면 도덕법이 명하는 것은 "규정근거들을 통해서이며, 이 규정근거들은 자연과 그것이 우리의 욕구능력에 대해 갖는 일치로부터 [...] 전적으로 독립적이어야 하기" 때문이다. 다른 이유는, 도덕법은 자연을 규정하지 못한다는 것인데, 왜냐하면 윤리적으로 행동하는 존재자는 "그럼에도 동시에 세계와 자연 자체의 원인이 아니기" 때문이다. 그럼에도 불구하고 순수한 이성의 실천적인 과제 안에서 "그와 같은 연관은 필연적인 것으로서 요청된다: 우리는 최상선(이것은 따라서 가능해야만 한다)의 촉진을 추구해야만 한다. 그러므로 자연과는 구분되면서도 전체 자연의 원인의 실존이 요구되는 바, 이 원인은 행복과 윤리성 간의 정확한 일치의 근거를 내포한다". 이 원인은 "오성과 의지를 통해서 자연의 원인(결과적으로 창립자)인 존재자, 곧 신이다. 그 결과 최상의 연역된 선(최상의 세계)의 가능성에 대한 요청은 동시에 최상의 근원적인 선의 현실성, 말하자면 신의 실존에 대한 요청이다". — 이러한 논증을 이해함에 있어서 어려움을 야기하는 것은 무엇보다도 "세계"와 "자연"이라는 용어들이다. 이들은 하나의 혹은 상이한 의미로 사용되고 있는가? 첫 일보로서 나는 최상의 선과 동일시되고 있는 최상의 세계의 개념을 해명해보도록 하겠다.

169_ "최상의 세계"에 상응하는 것은 *도덕 형이상학을 위한 기초 놓기*에서는 "목적들의 왕국"인데, 이것은 여기서 명시적으로 "이성적 존재자들의 세계(mundus intelligibilis)"(GMS, AA 4,438)로 표현되고 있다. 그것은 "이성적 존재자 각자가 스스로에게 설정할 수도 있는

고유한 목적들은 물론이요 목적 자체로서의 이성적 존재자들의"(GMS, AA 4,433) 체계적인 결합이다. 칸트는 그것이 생겨나는 두 가지 조건들을 명명하고 있다: 정언명령은 보편적으로 준수되어야 하며, "자연의 왕국과 그것의 합목적적인 질서"는 윤리법칙에 의해서 규정된 의지와 "조화롭게" 되어야 한다는 것이다(GMS, AA 4,438). 정언명령의 보편적인 준수는 여기서, 첫 번째 *비판서*와는 달리(§ 162), 모든 지체들이 그들의 모든 고유한 목적들을 포함하는 행복이라는 목적에 도달하기 위한 단지 필연적인 조건일 뿐이지, 충분한 조건은 아닌 것이다. 자연은 한 인간의 '행복을 누릴만함'을 고려하지 않으며, 그 결과로 자연을 통해서, 세 번째 *비판서*에서 스피노자의 역사가 보여주듯이, 올바른 자들 역시 "지상의 여타의 동물들과 마찬가지로 결핍과 질병 그리고 때 이른 죽음의 모든 불행들에 종속되어 있으며, 계속되는 무덤이 그들을 모두 [...] 집어삼킬 때까지 항상 그렇게 남는다"(KU, AA 5,452).

도덕법은 인간들로 하여금 "모든 인간들이 가지고 있는 자연목적, 곧 그들 자신의 행복"을 상호 간에 목적으로 삼도록 의무 지운다. "왜냐하면 주체는 목적 그 자체로서, 이 주체의 목적은 가능한 한 나의 목적이기도 해야만 하기 때문이다"(GMS, AA 4,430). 비록 앞서 규정된 목적의 달성을 위해서 필요한 두 개의 조건들, 곧 보편적인 준수와 자연과의 조화가 언젠가 채워질 수 있게 되리라고 이성적 존재자가 기대할 수 없을지라도, 이 도덕법은 효력을 가진 것이다(GMS, AA 4,438 이하). 그러나 행복을 누릴만함에 상응하는 행복을 촉진시키는 것이 의무라면, 그로부터 순수한 이성을 위해서 생겨나게 되는 바는 "권한(Befugnis)만이 아니라, 이 최상선의 가능성을 전제하는 필연성, 곧 필요로서의 의무와 결부된 필연성이기도 하다"(KpV, AA 5,125). 어떠한 방식으로 이 필연성이 의무와 결부되어 있는가? 첫 번째 *비판서*는 라이프니츠의 은총의 왕국과 자연의 왕국 사이의 구분을 소개하고 있다. 은총의 왕국은 곧 최상의 근원적 선의 통치 아래에 있는 목적들의 왕국이다. 자연의 왕국에서는 이성적 존재자가 "우리의 감성계의 자연적 경과에 따르는"성공 이외의 그 어떤 성공도 기대하지 않는다. 그리고 그 책은 이렇게 추론한다: "그러므로 자신이 은총의 나라에 있다고 보는 것은 실천적으로 필연적인 이성의 이념이다"(KrV, A 812/B 840). 예지적인 최상의 세계의 가정은 따라서 윤리법칙을 통한 의지의 규정을 위해서는 필수적인 *전제*(원동력이 아니라; A 807/B 835 참조)이다. 종교서 첫 판의 서문에서 이 연관은 더 상세히 개진되어 있다.

170_ 도덕은 "그 어떤 물질적인 규정근거도, 즉 목적을"(RGV, AA 6,3) 필요로 하지 않는다; 도덕의 법칙들은 한갓 보편적인 합법칙성의 형식을 통해서 구속한다. 그럼에도 불구하고 이를 통해서 그것들이 하나의 목적과 "필연적인 관련"을 갖는다는 것, 정언명령에 부합하는 준칙들의 "말하자면 근거가 아니라 필연적인 결과들과" 관련을 갖는다는 것이 배제되어 있지는 않다. "왜냐하면 일체의 목적연관이 없이는 그 어떤 의지의 규정도 인간 안에서 발생할 수 없기 때문이다"(RGV, AA 6,4). 도덕법을 통한 선택의지(Willkür)의 규정은, 그에 상응하는 행위를 수단으로 해서, 하나의 작용을 갖는다. 이것은 그것 때문에 선택의지가 규정되는 바로서의 목적이 아니라, 이 의지의 규정으로부터 생겨나는 결과이다. 이제 의지의 규정이 *어떻게* 작용해야 한 하는가에 대한 지침은 선택의지에 충분한 것이 아니다; 오히려 의

지의 규정은, 만일 이 지침에 따라 행위 할 경우, *어디로* 이끄는지에 대한 물음을 필연적으로 제기한다. "다음의 물음에 대한 대답이 어떻게 내려질지 하는 것은 이성에 결코 무관심한 사안이 될 수 없다: 그 물음은, 도대체 이러한 우리의 올바른 행위에서 무엇이 결과로 나타날지, 그리고, 만일 우리가 이것을 온전히 우리의 힘 안에 가지고 있지 못하더라도, 하나의 목적으로서 우리의 일체의 행위가 적어도 그것과 조화되도록 하기 위해서 향할 수 있는 바의 것이 무엇인가 하는 것이다". "모든 우리의 행위에 대해 전체적으로 보아서 이성에 의해 정당화될 수 있는 그 어떤 최종목적을 생각하는 것"(RGV, AA 6,5)은 우리의 자연적인 필요이다. 이 최종목적, 곧 최상선은 우리가 자신에게 설정하는 모든 여타의 목적들의 필연적이면서도 충분한 조건이다(RGV, AA 6,6). 최종목적을 생각하는 이 필요가 충족되지 않는다면, 그것은 "도덕적인 결정의 장애"(RGV, AA 6,5)가 될 것이다.

171_ 이러한 해석을 요약해보고 그것이 두 번째 *비판서* 안에서의 연역의 본문에 부합하는지 물어보자. 도덕법은 "세계 안에서의 최상선의 실현"(KpV, AA 5,122) 혹은 "세계 안에서의 최상선의 산출과 촉진을 위한 개작(改作)"(KpV, AA 5,126)을 요구한다. 그러므로 도덕법이 요구하는 것은, *도덕 형이상학*의 언어로 말하자면, 그 자신의 완전성과 외래의 행복을 목적으로 삼는 것이다(MS, AA 6,385 이하). 감성계 안에서는 이러한 요구의 목적이 도달될 수 없다. 왜냐하면 여기서는 윤리성과 행복의 연관이 기껏해야 우연적일 수 있기 때문이다(KpV, AA 5,115); "계속되는 무덤"이 "그들 모두를"(정직한 자이든 부정직한 자이든, 여기서는 동등하게 적용된다) 집어삼킨다(KU, AA 5,452). 그렇기 때문에 의무는 "우리의 최고의 역량에 따라서 최상선

을 실현하는 것"(KpV, AA 5,144)에 국한된다. 윤리성과 행복의 필연적인 연관을 위해서 요구되는 "자연의 왕국과 도덕의 왕국 간의"(KpV, AA 5,145) 일치는 단지 예지적인 세계 안에서만 가능하다. 그렇지만 의지는 단지, 만일 그것이 가능하다고 간주한다면, 감성계 안에서 최상선을 촉진하도록 자신을 규정할 수 있다; 오직 예지적인 것으로서만 생각될 수 있는 최상의 세계는 그렇기 때문에 필연적인 실천적 이념이다.

이러한 해석에 따라서 논증은 목적의 왕국 안에서의 수장인 신에게로 이른다(GMS, AA 4,439); 그러나 두 번째 *비판서*에서의 연역의 증명목적은 "자연의 원인(결과적으로 창립자)"(KpV, AA 5,125)으로서의 신이다. 그러한 존재로서의 신은 "세계에 속해 있는, 그렇기 때문에 세계에 종속적인 존재자의 윤리성과 그것에 비례한 행복 사이의 필연적인 연관"(KpV, AA 5,124)을 일으킬 수 있어야 한다. 세계 내의 이성적 존재자는 그렇게 할 능력이 없다. 여기서 "자연"과 "세계"는 무엇을 의미하는가? 어떤 세계에서 윤리성과 행복의 연관이 이루어지는가? 자연의 창립자로서의 신에 대한 인사가 시사하는 바는, 증명목적이 이론적인 철학의 신 증명들의 증명목적과 동일하다는 것이며, 결과적으로 가시적인 세계와 자연이 의미되고 있다는 것이다. 자연의 창립자로서의 신은 이 가시적인 세계에서 윤리의 왕국과 자연의 왕국 사이의 조화를 일으킨다. 그러므로 그는 윤리성과 행복의 연관을 일으키기 위해서 감성계의 자연질서 안으로 개입할 수밖에 없다. 그럼에도 불구하고 이러한 가정은 부조리한 것으로 나타난다. 왜냐하면 올바른 자 역시 "자연을 통해서" 질병과 죽음의 불행에 종속되어 있음은 "항상 유지될" 것이기 때문이다(KU, AA 5,452). 반론에 따르면, 논증이 입증하고 있는 것은 목적 혹은 은총의 왕국의 수장으로서의 신의 실존이다; 그에 반하여 칸트가 주장하는 바는, 논증이 전통적인 신 증명들처럼 가시적인 세계의 수장으로서의 신의 실존을 입증하고 있다는 것이다. 이러한 반론에 맞서서 연역이 스스로를 변호하는 것은, 칸트가 연역에서 "세계"와 "자연"이라는 용어들을, 명시적이지 않게, 이중의 의미로 사용하고 있다는 것을 통해서뿐이다. 그렇게 되면 논증의 증명목적은 "자연왕국"과 "목적의 왕국이 한 수장 아래서 통합된 것으로 사유되어야" 한다는 점이 될 것이다(GMS, AA 4,439). 그로부터 생겨나게 되는 바는, 자연의 왕국은 목적의 왕국 때문에 창조되었다는 것이다; 창조 안에서의 신의 마지막 목적은 최상의 선이다(KpV, AA 5,130). 감성적인 세계의 목적은 예지적인 세계이며, 그 안에서 윤리성과 자연은 조화를 이룬다. 감성계 안에서 우리가 전력을 다해 실현시킬 의무가 있는 바로서의 최상의 선은 단지 예지적인 세계 안에서만 가능하다.

172 최상의 선의 개념은 도덕법에 대한 새로운 전망을 열어준다: 그것은, 윤리적인 자율성이 폐기됨이 없이, 신적인 계명으로 간주되어야만 한다. 도덕법에 의해 지정된 대상을 통해서 도덕법이 도달하게 되는 것은 "종교인데, 말하자면 모든 의무들을 신적인 계명으로 인식하는 것이다"(KpV, AA 5,129). 도덕법은 나에게 하나의 목적을 지정하는데, 나는 내 자신의 힘으로부터 그것에 도달할 수가 없다. 그래서 나는 한 존재자를 상정해야만 하며, 그를 통해서 내게 무조건적으로 규정된 것이 달성될 수 있다. 이 존재자가 도덕법을 통해서 지정된 목적을 실현시킨다는 점이 전제하는 사실은, 도덕법은 이 최상의 존재자가 원하는 바를 지정한다는 것이다. 만일 도덕법이 그의 고유한 목적이 아니라면, 그리고 이 목적을 실현시키는 계명이 그의

의지의 표현이 아니라면, 도덕법은 목적을 실현시키지 못하게 될 것이다. 그러므로 윤리법칙은 세계의 창조 안에서의 신의 마지막 목적을 인식하게 해준다. 그것은 윤리법칙이 우리에게 지정하는 목적이며, 그 목적은 단지 최상의 존재자를 통해서만 실현될 수 있다. 만일 "사람들이 창조 안에서의 신의 마지막 목적에 대해 묻는다면", 사람들은 "최상의 선이라고 말해야"만 한다(KpV, AA 5,130).

c) 순수한 실천적 이성신앙과 종교비판

173_ 이성신앙은 이론적인 철학에 의존해 있는데, 그것은 이론철학이 다음과 같은 점을 보여주어야 하는 한에서 그렇다. 곧 대상들은 이성신앙이 그것들의 실존을 요청된 것으로 *사유하게* 되는 바의 것들이다. 하나의 대상을 사유할 수 있기 위해서 나는 하나의 개념을 필요로 하며, 이 개념의 객관적 타당성을 주장하는 것은 모순 없이 가능해야만 한다. 이념들을 사유할 수 있기 위해서 나는 경험으로부터 획득된 것이 아니며 그리고 그 적용에 있어서 경험에 국한되어 있지 않은, 그래서 가능한 경험을 넘어선 대상들에게도 적용될 수 있는 개념들을 사용한다. 이 개념들은 범주들이다. 실천적 이성신앙은 그렇기 때문에 *순수이성비판*에서의 범주들의 연역을 전제로 하는데, 이것이 보여주는 바는, "범주들이 경험적인 근원으로부터 유래하는 것이 아니라 선천적으로 순수한 오성 안에 자신의 자리와 근원을 가진다는 것이며" 그리고 "그들이 대상들 일체와, 직관에 종속됨이 없이 관련된다는 것이다"(KpV, AA 5,141). 첫 번째 *비판서*의 변증론이 보여준

것은, 자유, 신 그리고 영혼불멸성의 개념들은 어떤 모순도 내포하지 않으며 결과적으로 이 대상들이 논리적으로 가능하다는 것이다(KrV, B XXVI-XXIX); 그것은 "(초월적인) 생각들인데, 그것들 안에는 아무런 불가능한 것도 없다"(KpV, AA 5,135).

174_ 순수한 실천적 이성의 법칙을 통해서 이 개념들은 객관적 실재성을 획득하지만, 이를 통해서 이 대상들이 *인식되는* 것은 아닐 것이다. 왜냐하면 이를 위해서는 개념들에 직관이 상응해야만 하겠기 때문이다. 따라서 요청들은 이론적 이성의 종합적인 판단들이 아니다. 왜냐하면 이것들은 직관을 전제하기 때문이다(KpV, AA 5,134). "순수한 이성의 이론적 인식"은 요청들을 통해서 하나의 "증대"를 얻게 되는데, 그러나 이것은 다만 저 "한갓 사유될 수 있는" 개념들이 "이제 단언적으로 그러한 것으로서 천명되고, 그것들에 실제로 대상들이 귀속되는" 점에 존립한다(KpV, AA 5,134). 이것은 순수한 실천적 이성이 순수한 이론적 이성에게 강요하는 주장이다. 그러므로 이론이성의 확장은 사변의 확장이 아니다. 그러나 아마도 이론이성은 이러한 증대를 부정적으로, 곧 종교비판적으로 이용할 수 있는데, 이는 추정적 경험에 의거하는 신인동형론과 초감성적 직관에 의거하는 광신에 대적하기 위해서이다(KpV, AA 5,135 이하). *판단력 비판*에 적혀 있기를, "초감성적인 것에 대한 우리의 모든 이념들을 고려할 때, 이성을 그 실천적인 사용의 조건들에 국한시키는 것은, 신의 이념과 관계해서, 오인될 수 없는 이점을 가지고 있다: 그것은 신학이 신지학(神智學)에로(이성을 혼란케 하는 과도한 개념들에로) 잘못 이행하거나, 혹은 악령학(최상의 존재자에 대한 신인동형론적인 표상방식)에로 침

몰하는 것을 피하게 한다; 그것은 종교가 마술(또 다른 초감성적 존재자들에 대한 느낌과 그것에 대해 영향력을 가질 수 있다는 열광적인 망상)이나 혹은 우상숭배(도덕적인 의향 이외의 또 다른 수단에 의해서 최상의 존재자의 마음에 들 수 있다는 미신적인 망상)에 빠지게 되는 것을 피하게 한다"(KU, AA 5,459).

그러므로 순수한 실천적 이성신앙의 신 개념은 종교비판의 한 도구이다. 신의 실존에 대한 요청의 연역이 보여주듯이, 최고의 원인은 자연과 이성적 존재자의 의지의 최고의 규정근거 간의 조화의 근거이어야 한다. 말하자면 그것은 "도덕적인 의향에 부합하는 인과율"을 가져야만 한다. 이로부터 귀결되는 것은, 그것이 "오성과 의지를 통해서 자연의[...] 원인인"(KpV, AA 5,125) 존재자라는 점이다. 우리가 그것을 통해서 신을 사유하게 되는 바로서의 술어들은 "오성과 의지이며, 더욱이 서로에 대한 관계 안에서 보았을 때, 그들이 도덕법 안에서 사유되어야 하고, 그러므로 단지 그들로부터 순수한 실천적 이용만이 이루어지는 한에서 그러하다". 비록 이 개념들이 우리 자신의 본성으로부터 취해진 것이지만, 관건이 되는 것은 신인동형론이나 혹은 초감성적 대상들에 대한 과도한 인식은 아니다. 왜냐하면 그것들은 인간적 오성이나 의지의 다른 모든 성질들을 도외시하고, 오직 "도덕법을 사유하기 위한 가능성에 요구되는 것만을, 이는 신의 인식을 포함하기는 하나 단지 실천적인 관련 안에서만 그러한데, 남겨두기 때문이다"(KpV, AA 5,137). 신 개념은 따라서 자연철학이나 형이상학이 아니라 도덕에 속하는 개념이다. 두 번째 *비판서*는 존재론적 신 증명(KrV A 592-603/B 620-631)과 자연신학적 신 증명(KrV A 620-630/B 648-658)에 대한 첫 번째 *비판서*의 결정적인 행보들을 반복하고 있다. 각각의 실존판단은 종합적이기 때문에 신의 실존은 완전한 존재자의 단순한 개념으로부터 증명될 수는 없다. 세계의 질서와 합목적성으로부터의 추론은 단지 현명하고, 선한, 강력한 등의 창립자에게만 도달한다; 신의 개념은 이러한 길 위에서 "그것을 신성의 개념에 적합하다고 간주하기에는 첫 번째 존재자의 완전성에 대한 늘 정확히 규정되지 않는 개념으로" 남는다. 전지하고, 전선하고, 전능한 존재자 등에로 이르기 위해서 그 개념은 보완을 필요로 한다. 사변이성에게 유일하게 가능한 것은 이미 논박된 존재론적인 증명이다(KpV, AA 5,138 이하).

d) 목적론적인 그리고 도덕적인 신 증명

175_ 그러므로 칸트에게 있어서는 자연으로부터 신에게 이르는 통로가 없는 것인가? 그는 고대에서 특히 스토아주의자들에 의해서 발전된 생각을 배척하고 있는 것인가? 그것은 성서에서도 발견되는 생각으로서(예를 들면, 지혜 13,5; 사도 14,17; 로마 1,20), 신이 자연의 합목적성, 질서 그리고 아름다움으로부터 인식될 수 있다고 보는 생각이다. *순수이성비판*은 커다란 존경심을 가지고 "자연신학적인" 혹은 목적론적인 신 증명에 대해 말하고 있다. "이 증명은 항상 존경으로써 지목될 만한 값어치가 있는 것이다. 그것은 가장 옛적부터 있어 온 것이요 가장 명쾌한 것이며 또 상식에 가장 적합한 것이다. 그것은 자연연구를 고무하고, 그 자신이 자연연구에 의해서 자신의 존재를 가지며, 이를 통해서 언제나 새로운 힘을 얻는 것이다. [...] 그러므로 이 증명의 권위를 조금이라도 깎아내리려고 하는 것은 불쾌할 뿐만 아니라 전혀 무익할 것이다. 그처럼 강력하고 자신의 수중에서

늘 증대하는, 비록 경험적일뿐이긴 한 증명근거들을 통해서 부단히 고양되고 있는 이성은 치밀하게 정제된 사변의 그 어떤 의심을 통해서도 그렇게 압도될 수 없으며, 그 결과 이성은 자연의 기적과 세계 건축의 장엄을 발견하기만 해도, 마치 꿈에서 깬 듯이 모든 천착적인 주저를 벗어나게 되며, 이래서 거대에서 거대에로 나아가서 드디어 최고의 거대에 도달하고, 제약된 것에서 제약에로 나아가서 드디어 최상의 무제약적인 창립자에게로 올라가게 된다"(KrV, A 623 이하/B 651 이하). 칸트는 자신에게 모순적인 것처럼 보인다: 그가 주장하기를, 자연을 바라보면 모든 사변적인 의심이 극복되고, 이성은 어쩔 수 없이 무제약적인 자연의 창립자의 실존을 확신하게 된다. 그럼에도 불구하고 칸트는 이어지는 본문에서 위에서 언급한 목적론적인 증명에 반대하는 사변적 근거들을 제시한다. 해결은, 우리가 이미 본 것처럼, 첫 번째 *비판서*의 *선험적 방법론* 안에서 암시되었다; *판단력비판*은 이를 더 상세히 개진하고 있다.

176_ 칸트가 묻고 있듯이, 목적론적인 증명은 상식에 대해서뿐만 아니라 가장 섬세한 사상가의 차가운 이성에 대해서도 그것이 지니는 엄청난 설득력을 무엇을 통해서 얻게 되는가? 자연은 우리에게 최종 목적에 대해서 그 어떤 것도 말하고 있지 않으며, 언젠가 우리에게 그것에 대해 무엇인가를 말할 수도 없다; 자연의 목적들은 질문하는 이성의 필요를 충족시킬 수가 없다. 왜냐하면 그것들은 최상의 존재자에 대한 그 어떤 *규정된* 개념도 손에 건네줄 수 없기 때문이다. 전체의 자연과, 우리가 "우리에게 마지막으로 생각될 수 있는 자연의 목적으로서 그것에 머물러 있어야만 하는"바로서의 인간 자신은 무

엇 때문에 있는 것인가? 이성은 "인간 이 스스로에게만 부여할 수 있는 인격적 가치를 조건으로서 전제하는데, 그 조건 아래서만 인간과 그의 실존이 최종목적이 될 수 있다"(KU, AA 5,477). "또한 건전한 인간이성의 가장 평범한 판단도 완전히 그와 일치한다; 말하자면 인간은 단지 도덕적인 존재로서만 창조의 최종목적이 될 수 있다는 것이다"(KU, AA 5,443). 칸트의 견해에 따르면, 이론적이고 사변적인 논증으로서의 목적론적인 신 증명은 설득력을 갖지 않는다; 첫 번째 *비판서*가 이 증명에 대해 제기한 반론들은 칸트가 이 증명에 대해서 보여주고 있는 모든 존경에도 불구하고 효력을 가진 채 남는다. 목적론적인 논증이 자신의 설득력을 갖게 되는 것은, "모든 인간에게 내재하는 그리고 모든 인간을 그처럼 밀접히 움직이는 도덕적 증명근거가 눈에 띄지 않게 끼어들어 있고, 따라서 그 논증에 매달려 있는 결함을 고려할 때, 그 논증을 자의적으로 보완하고 있음"(KU, AA 5,477)을 통해서이다. 설득이 이루어지는 것은 도덕적인 증명근거를 통해서이다; 목적론적인 신 증명은 다만 입문의 기능을 가진다; 그것은 "심정을 목적들의 길에로 인도하며, 그러나 이를 통해서 이성적인 세계창립자에게로 인도한다"(KU, AA 5,478). 자연의 합목적성과 질서에 대한 관조는 주의력을 목적설정적인 원인에로 향하게 하며, 사람으로 하여금 도덕적인 논증에 그처럼 수용적이 되게 만든다; 자연의 목적들이 윤리적인 목적들의 유사체로 간주되면서, 도덕적인 증명근거는 하나의 확증을 경험한다. 그러나 이 양자의 논증들을 서로 구분하는 것은 평범한 인간오성에게는 어려운 일이다.

177_ 신 개념은 종교의 토대이자 중심이다. 칸트는 어떻게 철학적 신

학이 그와 같은 신 개념에 도달할 수 있는지를 묻는다. 형이상학 혹은 이론적 이성은 모든 존재자의 마지막 근거 내지는 원인으로서의 신에 대해서 묻는다; 그것은 앎에 대한 갈망으로부터 추진되며, 최종적인 해명을 구한다. 종교는 그것에 만족할 수가 없다. 오히려 종교는 인간이 최상의 존재자에 대해서 갖는 구속력에 대해서 물으며, 그 존재자에 대한 특별한 의향을 요구한다. 이론이성의 신 개념으로부터 인간을 위한 그 어떤 의무도 생겨나지 않는다; 그것은 배타적으로 앎의 대상일 뿐이다. 사람들이 이러한 신 개념으로부터 인간의 행동을 위한 귀결들을 연역하려 했다면, 그것은 기껏해야 전능과 전지의 속성들을 거쳐서 가능하게 될 것이다. 그러나 그와 함께 인간의 윤리적 자율성은 폐기될 것이다; 공포가 인간으로 하여금 전능하고 전지한 존재자에 복속하도록 강요하게 될 것이다; 그러나 종교의 태도는 공포가 아니라 경외심의 태도이다. 이에 반하여 도덕적인 논증이 다다르게 되는 신 개념은 그것으로부터 구속력의 개념이 분리될 수 없는 바의 것이다. 그것이 어떠한 구속력이든지 간에: 근본적이고 가장 중요한 구속력은 윤리적인 행위의 구속력이다. 종교는 칸트에 따르면 "신적인 계명으로서의 우리의 의무들에 대한 인식"이다. 사람들은 종교의 이 개념이 지나치게 협소한 것은 아닌지 논쟁을 벌일 수 있다. 그러나 어떠한 경우에도 종교의 개념은 윤리적인 구속력의 개념과 분리될 수는 없다. 도덕적인 논증이 다다르게 되는 신 개념은, "이미 그 근원에 있어서 이 존재자에 대해 갖는 구속력과 불가분리적인 것"(KU, AA 5,481)이다. 윤리법칙에 대한 존경이 우리에게 우리의 규정의 최종목적을 제시하며, 우리는 윤리적인 입법자이자 최상선의 원인으로서의 신에게 경외심을 가지고 복종한다.

Ⅱ. "변신론에 있어서 모든 철학적 시도들의 실패에 대하여"

178_ 이 제목을 지니는 1791년의 칸트의 저술은 선하고 전능한 신에 대한 신앙에 반대하는 가장 중대한 이의제기와 대질하고 있다: 신의 실존은 인간의 고통 그리고 세계 안에서의 다른 모든 불행과 어떻게 조화될 수 있는가? 칸트는 신학적 합리주의를 비판하고 있으며, 인간적 이성의 한계들을 지시하고 있다; 성공하지 못하는 것은 *철학적* 시도들이다. 그는 인간적 본성에 깊이 뿌리박혀 있는 불순과 부정직 그리고 위선을 폭로하며, "신앙의 사안에 있어서 중요한 요구사항인 정직성"(MVT, AA 8,267)을 강조한다. 우리는 순수한 실천적 이성신앙이 성서와 어떤 관계에 있는가라는 물음과 대면한다: 칸트는 다시금 자신의 대답을 변신론의 문제에 대한 가장 오래된 증언들 중의 하나인, 기원 전 5세기 초엽에 쓰여 진 성서의 *욥*기 안에서 발견한다.

179_ "변신론 아래서 사람들이 이해하는 바는, 이성이 세계 안에서 목적과 상충하는 것으로부터 추론하여 세계창립자의 최상의 지혜에 반대하여 들어 높인 고발에 맞서서, 그 지혜를 변호한다는 내용이다." 칸트는 자신이 일종의 딜레마에 처해 있음을 본다: '변신론'은 "신의 사안을 변호하다"란 뜻이다. 그러나 이 이름은 본래 관건이 되고 있는 것을 가리고 있다; 실제에 있어서 문제가 되는 것은 신의 사안이 아니라, "우리의 월권적인, 이와 함께 자신의 울타리를 오인하는 이성의 사안"인 것이다. 이러한 자만에도 불구하고 그 관심사는 부정할 수 없을 정도로 명백하다: 종교적 신앙은, 그것이 자신에 거슬러 제

기된 이론들에 대해서 아무런 대답도 갖지 못한다면, 정직한 것이 될 수 없다. 이성적 존재로서의 인간에게 정당화된 것은, "그가 자신에게 존중심을 부과하는 모든 가르침들을 그것에 복속하기 이전에 검토하는 일인데, 이는 이러한 존중심이 정직하고 위선적인 것이 되지 않도록 하기 위함이다"(MVT, AA 8,255). 칸트는 변신론의 문제에 대해서 어떤 해결책도 내놓고 있지 않다; 오히려 그는 모든 철학적인 해결책들이 실패한다는 것을 보여 준다. 그의 대답은 욥기의 대답이다: "그렇습니다, 저에게는 너무나 신비로워 알지 못하는 일들을 저는 이해하지도 못한 채 지껄였습니다"(욥 42,3). 그러나 이러한 "부정적 지혜"는 "이 과정을 영원히 종결짓기 위해서는"(MVT, AA 8,263) 입증되어야만 하며, 철학이 그것을 할 수 있다.

1. 불행의 세 종류들과 그것들의 정당화를 위한 시도들

180_ 칸트는 세 가지 종류의 "목적과 상충하는 것" 혹은 세계 내의 불행(das Übel)을 구분하고 있다. 이것은 창조주의 최상의 지혜에 대한 반론으로서 제기될 수 있다: (a) 전적으로 목적과 상충하는 것, 이것은 목적으로도 수단으로도 동의할 수 없는 것인데, 말하자면 윤리적으로 나쁜 것(das Böse[악])이다; 이것은 신의 성성(聖性)과 모순된다; (b) 제약적으로 목적과 상충하는 것, 이것은 결코 목적으로서는 아니지만 수단으로서는 동의할 수 있는 것이다: 물리적 불행(der Schmerz); 이것은 신의 선성(善性)과 모순된다; (c) 범죄와 세계 안에서의 벌 사이에 존재하는 불균형; 이것은 신의 정의(正義)와 모

순된다.
 (a) 칸트는 신의 성성을 변호하기 위한 세 가지 전략들을 열거한다. (aa) 악이 있다는 것이 논박되고 있다. 윤리적으로 나쁜 것은 다만 인간적인 지혜에 위반된다는 것이다. 신의 지혜는 또 다른, 우리에게는 불가해한 규칙들에 따라서 판단한다는 것이다; 우리의 실천적 이성이 단죄하는 것이 신적인 지혜에게는 세상최고의 것을 위한 적합한 수단이 될 수 있다는 것이다. ― 칸트는 이러한 호교론을 그것이 대답해야만 하는 이의제기보다도 더 나쁜 것으로 간주한다. 이러한 변호는 우리의 윤리적인 감성과 모순된다. 윤리적으로 나쁜 것은 그 자체에 있어서 혐오할만한 것이며, 그렇기 때문에 결코 좋은 목적을 위한 수단이 될 수 없다. (ab) 악의 현실은 시인되며, 창조주는 그가 그것을 저지할 수 없었다는 사실에 대해서 책임이 면제된다. 왜냐하면 악은 인간의 유한성에서 생겨나기 때문이다. ― 이러한 변호는 서두에 시인한 윤리적 불행을 폐지한다. 인간의 유한성으로부터 생겨나는 것은 인간에게 책임이 귀속될 수 없고, 결과적으로 윤리적으로 평가될 수 없는 것이다. (ac) 악에 대한 채무는 인간에게는 해당되지만 신에게는 그렇지 않은데, 왜냐하면 신은 악을 단지 허용했을 뿐, 그것을 시인하거나 원하지는 않았기 때문이라는 것이다. ― 이것은 칸트에 따르면 위에서 진행된 변호와 동일한 결과에 이르게 된다: 신에게는, 더 높은 목적을 포기함이 없이, 악을 저지하는 것이 불가능했다. 악은 따라서 유한성에로 환원되고 그와 함께 폐지된다.
 (b) 세계 내의 고통이 신의 선성과 모순이 안 된다는 세 논증들이 표명되고 있다. (ba) 인간의 삶 안에서 불행이 쾌적함에 비해서 우세하다는 것은 거짓이다. 왜냐하면 아무리 한 사람에게 좋지 않은 일이 발생한다 하더라도, 그는 죽기보다는 오히려 살고 싶어 할 것이기 때

문이다; 설사 누군가가 자살하더라도, 그는 어떤 고통도 느껴질 수 없는 무감각의 상태로 넘어가게 된다는 것이다[혹은 자살자가 그렇게 믿을 수 있다는 것이다: 역자부연]. ― 칸트에 따르면, 이에 대한 대답은 "충분할 정도로 오래 살고 삶의 가치에 대해서 숙고한, 건전한 오성을 지닌 저마다의 인간에게"(MVT, AA 8,259) 맡겨질 수 있다. (bb) 쾌적함에 대한 고통의 우세는 인간의 본성과 함께 주어진 것이다. ― 만일 이 삶이 우리에게 소망스러운 것이 아니라면, 어째서 우리 삶의 창립자는 우리를 현존재에로 불러내었는가? (bc) 신은 우리에게 미래의 지복 때문에 생명을 부여하셨다; 불쾌한 것들과의 투쟁을 통해서 우리는 또 다른 삶 안에서 누리게 될 영광에 합당한 자가 될 것이다. ― 어째서 미래의 지복에 앞서서 시험의 시간이 선행되어야만 하는가? 왜 신은 자기 삶의 모든 시기에 만족한 피조물을 창조하지 않았는가?

(c) 이 세계 안에서의 불의로부터 생겨나는 반론에 대해서는 이렇게 대답되고 있다: (ca) 각각의 범죄는 이미 여기서 자신의 벌을 동반하는데, "그것은 양심의 내적인 비난들이 품행이 나쁜 이들을 몹시 분노하여 괴롭히면서이다"(MVT, AA 8,261). ― 오류는, 덕스러운 자가 자신의 양심성을 양심이 없는 악인에게 전이시키는 데에 있다. (cb) 세상에서의 불의로 당하는 수난은 덕을 증진시키고 무르익게 한다. ― 그렇다면 적어도 삶의 마지막에 사람들은 덕에 대한 보상을, 그리고 악덕에 대한 벌을 기대해도 좋아야만 하는데, 실은 그렇지 않다. 오히려 눈에 보이는 사실은, 수난은 인간이 덕스럽게 되기 위해서 인간에게 닥치는 것이 아니라, 인간이 덕이 있기 때문에 그런 것이며, 이것은 바로 우리가 생각하는 바의 정의와는 정반대의 것이다. 가능한 미래의 삶에 대한 암시는 이 세계에서의 불의에 대한 정당화

에 기여할 수 없다; 그러한 암시를 통해서 "회의하는 자는 인내하도록 지시되겠지만, 만족하게 되지는 않는다". (cc) 이 세계에서 안녕과 불행이 생겨나는 것은, 어떻게 인간이 자신의 숙달된 능력으로 자연법칙을 사용하는 가에 따라서 그리고 우연에 따라서이다; 안녕과 불행이 인간의 윤리적인 행위에 상응하는 것은 미래의 세계에 유보된 채 남아 있다. ─ 이러한 대답과 함께 우리는 이론적 이성의 영역을 떠난 것이다. 이론적 인식의 규칙들에 따라서 이성이 가정해야만 하는 것은, "자연의 질서에 따른 세계의 운행은, 여기에서처럼, 멀리서도, 우리의 운명들을 규정하게 될 것이라는 점이다. 왜냐하면, 이성은 그 자신의 이론적 추정을 위해서 자연법칙 이외의 다른 무엇을 실마리로 가지고 있단 말인가?"(MVT, AA 8, 262).

181_ 지금까지의 시도들, 즉 우리의 세계에 대한 경험으로부터 최상의 지혜에 대해 제기되는 반론들에 맞서서 그 지혜를 변호하려는 시도들은 좌초되었다; 호교론적인 논증들은 비판적인 시험을 견디어내지 못하고 있다. 하지만 반론들이 지금까지 논박되지 않았다는 사실로부터 그것들이 논박될 수 없다는 점이 귀결되지는 않는다; 반론들의 타당성은 입증되지 않았다; 반론들에 대한 더 나은 논증들이 발견된다는 것은 배제되어 있지 않다. 칸트는 두 가지 점을 보여주려 한다: 첫째로, 신의 성성과 선성, 정의를 경험의 세계로부터 제기된 반론들에 맞서서 변호하려는 저마다의 호교론은 필연적으로 실패하도록 유죄판결을 받았고, 따라서 그러한 호교론은 가능하지 않다는 것이다. 둘째로, 경험의 세계로부터 신의 성성과 선성, 그리고 정의에 대해 제기된 반론들은 마찬가지로 필연적으로 실패하도록 선고되었고, 따라서 이러한 반론들에 맞서서 신을 변호하는 것은 불필요하다는 것이

다. 두 가지가 입증되었는데, 그것은 만일 다음과 같은 점이 확실하게 밝혀지는 것이 성공할 경우이다. 즉 "우리가 경험을 통해서 항상 알고 있는 바와 같은 이 세계가 최상의 지혜에 대해 갖는 관계를 통찰하는 것이 우리의 이성에게는 전적으로 불가능하다는 것이다"(MVT, AA 8,263). 변호와 마찬가지로 고발이 전제하는 것은, 우리는 이러한 관계를 인식할 수 있다는 것이다; 이것이 가능하지 않다면, 두 가지 모두 근거 없는 것이다.

칸트는 신의 예술적 지혜와 도덕적 지혜를 구분하고 있다. 예술적 지혜는 이론적인 철학의 대상이다; 그것은 자연의 목적론에서부터 인식되며, 제 일 *비판서*가 제시한 한계들 안에서, 자연신학에 이끈다. 도덕적 지혜로부터 우리는 실천적 이성의 윤리적 이념을 통해서 하나의 개념을 갖는다. "그러나 우리는 감각적인 세계 안에서 저 예술적 지혜가 도덕적 지혜와 이루는 조화 안에서의 통일성에 대해서는 어떤 개념도 갖고 있지 않으며, 그러한 개념에 도달하는 것을 결코 희망할 수도 없다"(MVT, AA 8,263). 우리는 자연적 존재자이며, 동시에 윤리적인 귀책의 능력이 있는, 자유롭게 행위하며 그렇기 때문에 자연에 종속되지 않는 존재자이기도 하다. 최상선이라는 실천적 이념 안에서 우리는 양자가 서로 조화될 수 있다는 것을 가정해야 하지만, 그러나 우리는 이러한 조화를 통찰할 수가 없다. 변신론의 문제에 대한 해결이 전제하는 바는, 우리가 예지적인 세계가 감각세계의 근저에 놓여 있는 방식을 통찰한다는 것이다; 그럼에도 그것은 "어떤 사멸하는 존재자도 도달할 수 없는"(MVT, AA 8,264) 통찰이다.

2. 교의적인 변신론과 진정한 변신론

182_ 변신론의 문제를 해결하기 위한 모든 철학적 시도들은 따라서 인간적 인식의 한계를 통해서 필연적으로 좌초되도록 선고되었다. 무한한 지혜에 대한 의심은 증명되지도, 반박되지도 않는다. 그러나 이것은 칸트에 의해서 그의 저술 초두에 제시된 딜레마의 두 번째 뿔에 이르게 된다: 해결되지 않는 의심에 의해서 곤궁에 처한 신앙은 정직한 것이 될 수 있는가? 칸트는 이 물음에 대답하기 위해서 '변신론'의 새로운 개념을 제시한다: "모든 변신론은 본래 자연의 주석이어야 하는데, 신이 이 자연을 통해서 자기 의지의 의도를 알리는 한에서 그렇다." 경험의 세계는 하나의 텍스트이다. 이것은 해석을 필요로 하는데, 무엇보다도 이해를 어렵게 하는 것은 불행이라는 사실이다. 이제 제기되는 물음은, 신이 세상에서의 불행과 함께 어떤 의도를 추구하는가이다. 텍스트는 하나의 의미를 산출해야 하며, 해석이 묻는 것은 이렇다: 무엇이 불행의 의미인가? 칸트는 일종의 법조문을 염두에 두고 있으며, 교의적인 해석과 진정한 해석을 구분하고 있다. 교의적인 해석은 텍스트의 원문으로부터 입법자의 의지를 규명하는데, 그것은 "여타의 잘 알려진 입법자의 의도들과의 연결 안에서"이다; 진정한 해석은 "입법자 자신이 하는 것이다"; 신의 최종의도를 경험의 세계로부터 인식하려는 철학적 시도들은 "교의적인 것이고 이것이 본래적인 변신론을 형성한다. 그래서 사람들은 이것을 교의적인 변신론이라고 부르는 것이다". 이 교의적인 변신론에 칸트는 진정한 변신론을 맞세운다. 이것은 교의적인 변신론처럼 "*궤변을 늘어놓는*(사변적인) 이성이 아니라, *힘을 가진* 실천적 이성의" 주석인데, 이것은 "신의 음

성으로 간주될 수 있고, 이를 통해서 신은 자신의 창조의 문자들에 의미를 부여한다". 칸트는 그와 같은 해석이 성서의 *욥*기에서 "비유적으로 표현되어 있음"(MVT, AA 8,264)을 발견한다.

  욥의 친구들은 교의적인 변신론을 대변하고 있다. 그들은 세상의 모든 불행들이 신적인 정의로부터 말미암는다고 천명한다; 그것들은 자행된 범죄들에 대한 벌들이다. 비록 그들은 욥에게 책임이 있다고 추정될만한 어떤 범죄들도 거명할 수가 없다. 그럼에도 그들은 자신들의 이론으로부터 그리고 욥의 고통으로부터 선천적으로 추론하기를, 욥이 그러한 범죄를 저질렀음에 틀림없다는 것이다. 그들의 성격은 자신들의 논증보다도 더 많은 주의를 얻을만하다는 것이다. 칸트는 그들의 비정직성과 위선, 그리고 기회주의를 비난하고 있다. 비록 욥이 어떤 잘못도 저지른 적이 없음을 알고 있음에도 불구하고, 그들은 신적인 정의를 대변하고 있는데, 이는 그를 통해서 신의 총애를 얻으려는 목적에서이다; 그들은 사건들을 주장하고 있는데, 그것들에 대해서 그들이 시인할 수밖에 없는 것은, 그들이 그 사건들을 통찰하고 있지 않다는 것이다. 그리고 그들은 그들이 갖고 있지 않은 확신을 가진 척 위선적으로 행동한다. 그들의 태도는 칸트에게는 인간본성 안에 깊이 뿌리내리고 있는 악덕으로서의 비정직성과 종교 안에서 입으로만 하는 고백을 탄핵할 동기가 되고 있다. "그가 실제로 이 '참으로 간주함' 혹은 그것의 정도를 의식하고 있는지를 아마도 자기 자신 안에서 그저 일별해 봄도 없이, 그는 믿는다"고 누군가가 말한다면, "이 사람은 가장 불합리한 거짓을 말할 뿐만 아니라 (마음을 관찰하는 신 앞에서), 가장 파렴치한 거짓을 말하는 것이다. 왜냐하면 그것은 모든 덕스러운 결심의 토대인 정직성을 파괴하기 때문이다"(MVT, AA 8,268 이하).

욥기는 진정한 변신론을 어떻게 제시하고 있는가? 친구들의 교의적인 변신론은 욥에게는 그의 명백한 양심의 증언 앞에서 실패한다. 친구들의 거짓에 맞서서 칸트는 욥의 정직성을 부각시킨다. 그는 "그가 생각하는 대로, 그리고 그의 기분에 따라서, 아마도 각자가 자신의 처지에서 기분에 따르듯이, 말한다"(MVT, AA 8,265). 하느님은 친구들의 위선을 단죄하고 욥의 정직성을 치하(致賀)한다. "통찰의 상위가 아닌, 마음의 정직성, 자신의 의심을 숨김없이 고백하는 진실성, 그리고 믿음을 느끼지 못하는 곳에서, 특별히 하느님 앞에서가 아닌 곳에서, 믿음 있는 체하는 위선을 (이러한 간계는 물론 불합리한 것인데) 혐오하는 것: 이러한 특성들이 종교적인 아첨보다도 정직한 사람, 곧 욥의 인격의 상위를 신적인 판결 안에서 결정한 것이다"(MVT, AA 8,266 이하). 이와 같은 정직성에 대한 보수로서 하느님은 욥에게 "자신의 창조의 지혜를, 무엇보다도 그 탐구불가능성의 측면에서, 눈앞에"(MVT, AA 8,266) 제시한다. 하느님은 그에게 창조의 아름다운 측면들을 보여주는데, 이것들은 인간으로 하여금 창조주의 지혜를 인식하게 해주는 것들이다. 그러나 또한 그분은 유해하고 끔찍한 사태들도 보여주는데, 이것들은 선성과 지혜를 통해서 질서 지어진 계획과는 조화되지 않는 것처럼 여겨지는 것들이다. 하느님의 길들이 욥에게 이미 사물들의 물리적 질서에 있어서 감추어진 것이라면, 얼마나 더 그것은 도덕적 질서와의 연결 안에서 감추어진 것이겠는가. 이로써 욥기에서 비유적으로 표현되어 있는 진정한 변신론의 두 요소들이 지칭되었다: 양심의 증언과 자신의 무지에 대한 인식. 칸트는 욥기 27장 5절 이하를 지시하고 있다: "죽기까지 나의 흠 없음을 포기하지 않겠네. 나의 정당함을 움켜쥐고 놓지 않으며 내 양심은 내 생애 어떤 날도 부끄러워하지 않으리라." 양심의 증언으로부터 최상의 선에 대한 순수한 도덕적 신앙이 발원한다. 욥에게 그의 정직성이 배분되는 것은, "그의 의심이 그렇게 의아하게 해소됨을 통해서인데, 말하자면 그저 그의 무지가 입증됨을 통해서이다"(MVT, AA 8,267).

Ⅲ. 순수한 이성종교와 계시

183_ 칸트는 자신의 종교철학적 주저인 *한갓 이성의 한계 내에서의 종교*(1793)의 2판(1794) 서문에서 이 책의 제목을 설명하고 있다. 그는 두 개의 동심원들의 그림을 사용하고 있다: 계시의 보다 넓은 원은 순수한 이성종교의 보다 좁은 원을 자신 안에 포함할 수 있지만, 역으로 이성종교는 계시의 역사적인 것을 포함할 수 없다. 한갓 이성의 한계 내에서의 종교는 내부적인 원의 경계 안에 있는 종교이다. 철학자는 그러한 종교를, 마치 칸트가 두 번째 *비판서*의 *변증론*에서 하듯이, 순수한 실천이성의 단순한 원리들로부터 발전시킬 수 있다. 칸트는 자신의 종교서를 위해서 또 다른 길을 예고하는데, 그 길은 순수한 이성종교라는 동일한 목적에로 귀결되어야만 하는 것이다: 그는 "*역사적인 체계*로서의 계시를 도덕적인 개념들에 비추어 단지 단편적으로 고찰하고, 이러한 체계가 종교의 그와 동일한 순수한 *이성체계*에로 귀착되는지의 여부를 검토하려고"(RGV, AA 6,12) 한다. 종교서는 따라서 두 번째 *비판서*에서 발전된 체계를 전제하지 않는다; 오히려 계시의 역사적인 체계에서 고찰되어야 하는 것들은 일반적인

인간오성의 윤리적인 통찰들이다;"이 책의 본질적 내용을 이해하기 위해서는 단지 일반적인 도덕이 필요할 뿐, 실천이성비판에 관계할 필요가 없고 ,순수이성비판은 더더구나 상관이 없다"(RGV, AA 6,14). 하지만 어째서 칸트는, 두 번째 *비판서*에서 이미 종교의 순수한 *이성체계*를 발전시킨 후에, 똑같은 목적에로 이끌게 될 이 두 번째 길을 택하고 있는가? 계시의 역사적인 체계가 종교의 순수한 이성체계에로 귀착되는지의 여부에 대한 연구는 긍정적인 혹은 부정적인 결과를 가질 수 있다. 만일 이 연구가 긍정적인 결과로 끝난다면, 그것은 이성과 성서 사이의 일치를 보여주게 된다; 순수한 이성종교를 따르는 사람은 그와 함께 성서의 계명들을 준수하는 것이며, 이것이 의미하는 바는, 그가 더 이상 성서를 필요로 하지 않는다는 것이다; 순수한 실천적 이성신앙은 계시신앙의 자리에 들어서게 된다. 그 연구가 부정적으로 귀결된다면, 그것은 계시의 역사적인 체계가 아무런 종교도 아님을 보여주게 된다. 왜냐하면 "본래적인 종교"는 "선천적인(a priori) 이성개념"이기 때문이다; 그것은 "도덕적-실천적인 의도에 있어서 자립적이며 [...] 충분한 것"(RGV, AA 6,12)이다.

이 서문의 강령적인 테제를 확인해 보자: (a) 종교의 개념은 순수한 이성종교에로 국한되고 있다. 두 동심원들 중 보다 넓은 것은 종교로서가 아니라 "신앙의 보다 넓은 영역"(RGV, AA 6,12)으로서 표현되고 있다. (b) 종교임을 주장하는 신앙은 일반적인 인간오성의 도덕적 개념들을 통한 시험에 합격해야 한다. 우리의 도덕적 직관들은 하나의 신앙에 있어서 우리가 종교와 관계하고 있는지의 여부에 대한 필수적인 척도이다. (c) 종교의 순수한 이성체계는 "도덕적-실천적인 의도에 있어서" 자립적이며 충분한 것이다. 이러한 테제와 그 안에서 표현된 제한은 어떻게 이해되어야 하는가? 계시신앙은 순수한 이성신앙을 위한 기능을 가지는가, 혹은 그것은 순수한 이성신앙 안에서 지양되고 있는가? 계시신앙은 역사적인 과정 안에서 순수한 이성신앙에로 이어지는가? 성서는, 만일 이성과 성서가 일치한다는 것이 판명된다면, 불필요하게 되는가? 종교서의 정선된 단락들에 대한 해석 안에서 이 물음들을 따라가 보도록 하자.

1. 원죄에 대한 성서의 보도

184_ 칸트가 그로부터 출발하고 있는 바로서의 도덕적 직관은 윤리적으로 나쁜 행위의 귀책이다; 그것은 칸트로 하여금 인간본성 안에 있는 악의 근원에 대해서 물어보게 하며, 그는 자신의 대답을 *창세기*의 보도와 비교하고 있다(RGV, 1권 IV, AA 6,39-44). 칸트는 윤리적 행위의 이성적 근원과 시간적 근원을 구분하고 있다. 시간적 근원은 시간 안에서 발생한 상태이며, 그로부터 사건으로서의 행위가 시간 안에서 인과법칙을 근거로 해서 귀결된다. 그럼에도 불구하고 그것은 자유로운, 윤리적으로 책임지울 수 있는 행위로서 시간 안에서 발생한 상태로부터 연역될 수는 없다; 우리는 오히려 그 근원을 이성표상 안에서 구해야만 한다. 그 자체가 자유로운 행위들로부터 시간적 근원을 구하는 것은 모순이다. 왜냐하면 시간적 근원을 구하면서 우리는 그 행위를 자유로운 행위로서가 아니라 자연적 결과로서 간주하기 때문이다. 우리가 악한 행위의 이성적 근원을 구할 경우에, 그 행위는 "마치도 인간이 무죄의 상태로부터 직접 악한 행위에로 떨어진 것처럼" 그렇게 간주되어야만 한다. 인간의 선행하는 상태가 어떤 것이

었든지 간에, 그리고 어떤 자연적 사실들이 인간의 외부나 내부에서 행위 안으로 유입되었든지 간에: 윤리적으로 나쁜 행위는 "항상 그의 선택의지의 근원적인 사용으로서 판정되어야만 한다. 그는 어떠한 시간적 상황이나 어떠한 관계에 있었다 하더라도 그 행위들을 중단했어야만 했던 것이다; 왜냐하면 이 세상에 있는 어떤 원인을 통해서도 그는 자유롭게 행동하는 존재자임을 중지할 수가 없기 때문이다"(RGV, AA 6,41). 윤리적으로 악한 행위에서처럼 우리는 인간의 윤리적인 상태에 있어서도 (그의 준칙에 있어서도) 이성적인 근원을 물어야만 하는데, 이것이 "자유 사용의 근거를 의미하기"(RGV, AA 6,40) 때문이다.

악의 근원에 대한 성서의 보도는, 칸트가 보여주듯이, 이것과 일치한다. 창세기에 따르면 악의 근원은 성향(Hang)이 아니다. 왜냐하면 그렇게 되면 악은 자유로부터 유래하는 것이 아니겠기 때문이다. 악의 근원은 죄이며, "그 아래서 이해되는 것은 신적인 계명으로서의 도덕법칙의 침해이다[...]; 그러나 악에로 기우는 모든 성향에 앞선 인간의 상태는 무죄의 상태라고 성서는 말한다". 도덕법칙은 본능적인 경향성에 의해서 유혹받는 자인 인간에게 있어서 금지의 형식을 갖는다(창세 2,16 이하). 충분한 동기로서의 이 법칙을 따르는 대신에 인간은 또 다른 동기들을 찾아 헤매며(창세 3,6), 의무감으로부터 의무의 법칙을 따르는 것이 아니라, 의무가 자신의 경향성과 일치하는 경우에만 그것을 따르는 것을 준칙으로 삼게 된다. 이로써 경향성은 그의 행위의 최고의 동기로 설정된다; 법칙에 대한 순종은 그렇게 해서 경향성의 충족이 되며, "이로부터 결국은 법칙으로부터 나오는 동기를 능가하는 감성적 충동의 우월성이 행위의 준칙 안에 채용됨으로써 죄를 범하게 된 것이다[...] 우리가 매일 똑같이 그렇게 하고 있다는 것, 즉 '아담 안에서 모든 인간이 죄를 지었고'[로마 5,12 참조] 또 아직 죄를 짓고 있다는 것은 위에서 말한 바로부터 분명해진다". 칸트가 보고 있는 차이는, 우리에게 있어서는 법칙위반의 생득적인 경향이 전제되지만, 최초의 인간에게는 그와는 반대로 "시간상으로 무죄"(RGV, AA 6,42)가 전제된다는 것이다; 그러나 이 차이는 악의 이성적 근원에 관계되는 것이 아니라 단지 시간적 근원에 관계된다; 우리가 만일 윤리적으로 악한 행위를 시간 안에서의 결과로서 *설명하길* 원한다면, 우리는 악에로 기우는 성향을 끌어다 댄다. 그러나 악에로의 성향은 우리에게 책임이 물어지는 도덕적인 성향이며, 그렇기 때문에 우리는 이성적 근원에 대해서 물어야지 시간적 근원에 대해서 물어서는 안 되는 것이다. 그럼에도 불구하고 이 이성적 근원은 우리에게는 불가해한 것으로 남는다. "악은 오직 도덕적-악으로부터만 (우리본성의 단순한 제한성으로부터가 아니라) 발생할 수 있다; 그러나 인간의 근원적 소질(Anlage)은[...] 선에로의 소질인 것이다; 따라서 도덕적인 악이 어디로부터 우리 안에서 처음으로 생기게 되었는지에 대한 어떤 납득할 수 있는 근거도 우리에게는 존재하지 않는다"(RGV, AA 6,43). 칸트는 이러한 파악불가능성이 성서의 설화 안에서 다음과 같이 표현되어 있음을 보는데, 곧 악의 시초는 인간에게 귀속되는 것이 아니라, "본래 인간보다도 더 숭고한 운명을 지닌 영"에게 놓여 져 있었다는 설명이다: "그러면 그 영에 있어서는 악이 어디로부터 왔는가?"(RGV, AA 6,44). 성서의 보도에 따르면 인간은 단지 악에로의 유혹에 떨어진 것이며, 따라서 근원적으로 타락한 것은 아니고 유혹하는 영과는 달리 개선의 능력이 있는 존재자라는 것이다.

185_ 이 단락에서 칸트는 이성과 성서의 관계를 어떻게 보고 있는가? 철학은 악의 근원에 대해서 물으며, 주어진 사실(Datum)은, 곧 철학이 출발하는 바로서의 일상적 도덕적 직관은 윤리적인 귀책에 대한 의식이다. 철학은 자신의 물음에 대해서 오직 부정적인 대답만을 줄 수 있다: 시간적 근원에 대한 지시와 이러한 방식으로 사실을 *설명하려는* 시도는 모순으로 귀결된다. 이성적 근원의 개념은 설명에 기여하는 것이 아니라 우리에게는 불가해한 그 어떤 것에 대한 지시에 기여한다. 성서의 진술들은 철학이 이 물음에 대해서 말할 수 있는 것과 일치한다. "우리 본성의 생득적인 악함"(RGV, AA 6,42)에 대한 신학적인 가르침은 이성적 근원이 아니라 시간적 근원을 거명한다. 성서는 철학보다 더 멀리 가지 못한다; 성서에 있어서도 악의 이성적 근원은 불가해한 것이다. 따라서 우리는 두 개의 동심원의 내부, 곧 계시신앙과 이성신앙이 일치하는 원 안에 처해 있다. 계시신앙에 이성신앙을 위한 그 어떤 긍정적인 기능도 인정되고 있지 않다; 계시신앙은 이성이 자기 자신을 이해하도록 어떤 도움도 제공하지 않는다; 철학은 자립적으로 그리고 계시에 종속됨이 없이 자신의 통찰들을 발전시킨다. 비교는 계시를 통해서 철학을 확증하는데 기여하는 것이 아니며, 그것이 보여주어야 하는 것은, 계시의 진술들이 이성과 일치한다는 것이다. 그러나 이러한 이성은 합리주의적 이성이 아니라 자신의 고유한 한계들을 의식하고 있는 이성이다; 이것은 신비에로 이끌려지며, 성서의 보도 역시 그 신비에 대해서 말한다. 칸트의 성서주석은 도덕적인 의미에 대해서 묻는다. 그것이 성서저자에 의해서도 의도된 의미인지의 여부를 칸트는 열려진 채 남겨둔다. 그러나 그가 주장하는 바는, 이러한 도덕적 의미가 "그 자체로서 그리고 하등

의 역사적 증명 없이 참되며, 그러나 동시에 그것은 유일하게도[...], 그것에 따라서 우리가 성서구절로부터 우리의 개선에 도움이 될 수 있는 것을 이끌어 낼 수 있는 것이다. 그렇지 않다면 성서구절은 우리의 역사적 인식의 실속 없는 증대에 불과한 것이 될 것이다"(RGV, AA 6,43).

2. 그리스도론에 대하여

186_ 종교서의 2권은 *인간을 지배하기 위해 싸우는 선의 원리와 악의 원리 사이의 투쟁에 관하여*라는 제목을 갖는데, 이는 스토아 윤리학에 대한 칭찬과 비판으로 시작한다. 모든 고대의 도덕철학들 가운데서 무엇보다도 스토아주의자들이 강조한 바는, 윤리적으로 선한 인간이 되기 위해서는 우리들 자신 안에 있는 선의 맹아를 방해받지 않고 발전시키는 것으로는 충분치 않으며, 우리들 안에 존재하는 악의 원인에 맞서서도 투쟁해야만 한다는 것이다. 하지만 스토아주의자들은 그릇된 방식으로 이 원수를 자연적인 애착 안에서 보았다는 것이다. 그들은 전도된 준칙들의 선택에 존립하는 인간 마음의 사악성을 "애착에 의해서 부지중에 현혹되는"(RGV, AA 6,57) 어리석음과 혼동했다는 것이다. 스토아주의자들에 반대해서 칸트는 그리스도교의 편에 선다: 스토자주의자들은, 비록 도덕원칙을 올바로 인식하기는 했지만, 인간이 "더 이상 *무죄한 상태*(res integra)가 아니라, 우리는 이미 마음속에 자리 잡고 있는 악을 [...] 그의 거처에서 몰아내는 일로부터 시작해야 한다는 것"을 보지 못했다는 것이다. 그러나 이러한

그리스도교적 입장에로 이끄는 것은 이성이다; 스토아적인 입장은 논증적으로 반박된다. "자연적인 애착은 그 자체로서 보았을 때에는 선한 것, 즉 배척할 이유가 없는 것이다. 그리고 그것을 근절시키고자 함은 무익한 일일 뿐만 아니라 유해하고 비난받을 일인 것이다; 사람이 하여야 할 일은 오히려 그것을 길들이는 것이다"(RGV, AA 6,58). 그 자체로서 책임을 물을 수 없는 자연적인 소질은 윤리적으로 나쁜 것의 원인이 될 수 없다. 스토아주의자는, 애착이 의무를 이행할 때의 장애물로서 극복되어야 하는 한, 인간의 도덕적인 투쟁을 그 자신의 애착과의 싸움으로 생각했다. 그에 따라서 그는 윤리적으로 나쁜 것을 태만으로 이해했다: 애착은 덕의 장애물로서 윤리적으로 그에 맞서 투쟁하는 것이 필수적인데, 그렇게 하지 않는 것은 윤리적으로 나쁜 것이다. 그러나 이러한 태만의 원인은, 순환에 빠짐이 없이, 다시금 애착 안에서 구해질 수는 없으며, 오직 선택의지의 불가해한 행위 안에서 구해질 수 있다. 이 선택의지가 애착에 맞서 투쟁하지 않겠다는 것을 자신의 준칙으로 삼는 것이다. 칸트는 이 불가시적인, 붙잡을 수 없는 적이 에페소서에서 올바로 묘사되고 있음을 발견한다: "'우리는 살과 피(자연적인 애착)에 대항해서가 아니라 권세와 권력 — 악한 영들에 대항하여 싸워야만 합니다'[에페 6,12 참조]. 이 표현은 우리의 인식을 감성계를 넘어서 확장하기 위한 것이 아니라, 다만 우리에게 불가해한 개념을 *실천적 사용을 위해서* 구상화하기 위해 마련된 것으로 보인다"(RGV, AA 6,59).

a) 완전한 인간의 보기

187_ 악의 원리 다음으로 칸트는 선의 원리에로 향한다. 그는 그리스도의 선재, 육화 그리고 수난에 대한 신앙조항들을 창조의 궁극목적에 대한 그 자신의 이론으로써 해석하고 있는데, 이 이론은 그가 두 번째와 세 번째 *비판서*에서 발전시킨 것이다. 창조의 목적은 "그 도덕적이고 전체적인 완전성에서의 인간성(이성적인 세계존재자 일반)이다". 이 이념은 신의 이념으로부터 출발한다; 그러한 인간의 이념은 따라서 창조된 것이 아니라 신의 독생자이며, "'그를 통하여 다른 모든 사물이 창조되었고 그가 없이는 만들어진 그 어떤 것도 존재할 수 없는'[요한 1,3 참조]" 말씀이다. 저 원형이 하늘에서 내려와서 인간성을 채용하였다는 것이 의미하는 바는 이렇다: 도덕적 완전성의 이상을 추구하는 것이 보편적인 인간의 의무이다. 이성에 의해서 우리에게 제시된 이념이 이를 위해서 힘을 줄 수 있는 것이다. 그러나 우리는 그 이념의 창시자는 아니며, 그 이념이 인간 안에 자리를 잡았다. 우리는 도덕적 완전성의 이상을, 그러한 완전성이 필요와 경향성에 종속된 존재자에게 가능한 것처럼, "가장 치욕스런 죽음에 이르기까지 모든 고난을 이 세상의 최선을 위해서 그리고 그의 원수를 위해서 기꺼이 짊어지려고 하는 그러한 인간의 이념 밑에서"밖에는 생각할 수 없다. 왜냐하면 인간은, "그가 장애와 싸우면서 그리고 유혹에 처해서도 그것을 극복하면서 도덕적 의향의 강도를 표상한다면 그것 이외에"(RGV, AA 6,40 이하) 도덕적 의향의 강도에 대한 그 어떤 개념도 만들 수 없기 때문이다. 이 신앙조항들은 따라서 순수 실천이성의 진리들이다. 그것들을 위해서 우리는 그 어떤 역사적인 계시나

그리고 그와 함께 역사적인 예수에 의존되어 있지 않다. "이 이념은 실천적 관계에 있어서 그의 실재성을 완전히 그 자신 안에 가지고 있다. 왜냐하면 이 이념은 도덕적으로 입법하는 우리의 이성 안에 놓여져 있기 때문이다. 우리는 그 이념에 따라야*만 한다*. 그리고 그 때문에 그것을 따를 수 *있지* 않으면 안 된다[...]. 그러므로 도덕적으로 우리는 신의 뜻에 합치하는 인간의 이념을 우리의 모범으로 삼기 위하여 경험적인 실례를 필요로 하지 않는다; 그 이념은 모범으로서 우리의 이성 안에 놓여져 있다"(RGV, AA 6,62).

188. 그렇다면 칸트의 종교철학 안에서는 역사적인 예수에게 어떤 자리가 부여되고 있는가? 칸트는 다음과 같이 구분하고 있다: 우리는 본보기로서 어떤 경험적 실례도 *필요로 하지* 않는다. 그러나 그와 같은 실례는 *가능하다*. 왜냐하면 각각의 인간은 이성 안에 있는 모범을 따르고, 그래서 이러한 이념의 실례를 제시해야 할 의무를 갖기 때문이다. 이때 관찰 가능한 행태와 내적인 의향 사이의 차이에 주목해야만 한다: 내적인 의향을 우리는 다만, 그리고 엄격한 확실성을 갖고서가 아니라, 추론할 수 있을 뿐이다. 이러한 전제들로부터 출발해서 칸트는 이제 예수의 인격에 대한 순전히 가언적인 진술을 한다: "참으로 신적인 인간이 어떤 시간에 하늘로부터 지상에 내려와서 가르침과 행실과 고통을 통해서, 인간이 외적 경험에서 바랄 수 있는 정도로까지, 스스로 신의 마음에 드는 인간의 *표본*을 제시하였다면 (그러한 *원형*은 우리들의 이성 밖에서 구할 수 없는 것이기는 하지만), 그가 이 모든 것을 통하여 인류 속에 혁명을 일으켜서 이 세계 안에 측량할 수 없을 만큼 위대한 도덕적 선을 초래하였다고 하더라도, 우리는 그에 대해서 자연적으로 탄생한 인간 이상의 어떤 것을 인정해야

할 이유를 갖지 않게 될 것이다"(RGV, AA 6,63). 예수는 따라서 완전한 도덕적 의향을 가진 인간이다: 그는 "신과 같은 마음을 가진, 그러나 완전히 참으로 인간적인 스승"(RGV, AA 6,65)이며, "한 실제적인 인간 안에서 다른 모든 사람들의 모범으로 등장한"(RGV, AA 6,82) 한에서의 선한 원리이다.

예수가 완전한 인간의 실례라면, 예수의 초자연적인 근원과 그의 인격 안에서의 신성과 인간성의 통일성('실체적 합일')에 대한 교의들은 거부되어야만 한다. 왜냐하면 오직 인간만이 모방의 보기로서 기여할 수 있기 때문이다. 이 교의들은 불필요한 것이며 유용하기 보다는 오히려 방해가 되는 것들이다. 원형은, 그 자체로서 이미 충분히 불가해한 것인데, 항상 이미 우리 안에 있으므로, 그 결과 그것을 "아직도 특별한 인간 안에서 실체화하여 채용하는 것"은 필요치 않은 것이다; 그것은 추종에 오히려 장애가 될 것이다. 신인(神人)은 과연 우리와 마찬가지로 필요와 애착을 가졌으며, 마찬가지의 고통에 예속되어 있기는 했다는 것이다. 하지만 그는 거룩한 의지를 지니고 있었기에 도덕법칙을 경향성에 복속시키는 것이 불가능했다는 것이다. 자연적인 인간과의 이 무한한 거리로 인해서 그는 우리를 위한 범례가 될 수는 없을 것이다. 왜냐하면 우리는 다음과 같이 말하게 될 것이기 때문이다: "나에게 전적으로 거룩한 의지를 부여해 보라. 그러면 악에로의 모든 유혹은 나에게서 저절로 타파될 것이다"(RGV, AA 6,64).

b) 유비의 도식

189_ 복음서들은 예수의 삶, 수난 그리고 죽음에 대해서 보도하고 있

으며, 예수는 도덕적 완전성의 이상을 위한 하나의 가능한 범례이지 필연적인 범례는 아니다. 따라서 지금까지의 결과에 비추어 보면, 역사적 계시는 이성종교를 위해서는 없어도 되는 것이다; 그것은 도움이 될 수도 있겠지만, 결코 필수적인 것은 아니다. 그럼에도 불구하고 이러한 결론은 칸트에 의해 상세한 주석 안에서(RGV, AA 6,64 이하) 세분화되고 있다. 그는 거기서 유비의 도식(Schematismus der Analogie)과 대상규정의 도식(Schematismus der Objektbestimmung)을 구분하고 있다. 이러한 구분은 두 가지를 수행하고 있다: 그것은 그리스도론의 교의들에 대한 비판이며, 이성종교를 위해서 복음서들이 지니는 긍정적인 기능을 명백히 해준다.

칸트가 이러한 구분으로 무엇을 의미하는지를 우선 자연철학의 보기에서 해명해 보자. 내가 한 식물의 그리고 각각의 유기물의 원인을 "*이해할*" 수 있게 되는 것은 내가 그 원인에 오성을 귀속시킴을 통해서뿐이다; 예컨대 나는 원인을 하나의 기계를 제작하는 기술자의 유비에 따라서 생각한다. 이러한 표상은, 여기 유기물의 원인의 개념에서처럼, 하나의 개념 일체를 이해하기 위해서 우리가 인간 이성의 제약성을 근거로 해서 사용하는 것인데, 칸트는 이를 "*유비의 도식*"이라 부른다. 이것과 구분되어야 하는 것은, 한 유기물의 원인이 실제로 오성을 *가지는지*의 여부에 대한 물음이다. 만일 내가 이 물음에 긍정적으로 대답한다면, 나는 그 대상에, 곧 한 유기물의 원인에 오성을 귀속시키는 것이며, 그렇게 해서 가능한 경험의 영역을 넘어서까지 나의 인식을 확장시킨다. 칸트는 이러한 유비의 사용을 "*대상규정의 도식*"이라 부른다. 따라서 칸트는 '한 유기물의 원인'이라는 개념을 내가 이해하기 위해서 채워져야 하는 조건(유비의 도식)과 한 유기물의 원인이 되기 위한 가능성의 조건(대상규정의 도식)을 구별하고 있다. 혹은 그는 한 도식과 그것의 개념에 대한 관계와 "이 개념의 도식과 사안 자체에 대한" 관계를 구분하고 있다. 유비의 도식으로부터 대상규정의 도식에로의 일보는 따라서 우리의 이해의 조건으로부터 사안 자체의 조건에로의 일보이며, 이러한 일보가 정당화된 것인지의 물음에 대해서 칸트는 단호히 아니다 라고 대답한다.

종교 또는 신학의 언어는 유비의 도식에 의존해 있다. 왜냐하면 그것은 인간이성의 제약성 때문인데, "우리는 한 인격의 행위에 대하여 중요한 도덕적 가치를 인정하기 위해서 그 인격과 그 인격의 표출을 인간적인 방식으로 표상하지 않으면 안 된다. 그러나 그렇다고 해서 그러한 가치 자체가 [...] 그 같은 한계를 가진다고 주장하려는 것은 아니다. 우리가 초감성적인 것을 이해하기 위해서는 항상 자연적 존재자와의 어떤 특정한 유비를 필요로 하기 때문이다". 그런 이유로 성서는 우리에게 인간에 대한 신의 사랑을 이해시키기 위해서 인간의 행위방식들에 의존해야만 하는 것이다. 칸트는 보기로서 요한 3,16을 들고 있다: "하느님께서는 세상을 너무도 사랑하신 나머지 외아들을 내주셨다." 여기서 성서는 하느님에게 "오직 사랑하는 존재자만이 할 수 있는 최고의 희생을 부여하고 있다[...]; 어떻게 자족적인 존재자가 자기의 지복에 속하는 것을 희생할 수 있으며, 그의 소유를 버릴 수 있는지는 이성을 통해서는 전혀 이해할 수 없는 것이다". 우리가 하느님에게 이러한 상태를 사실적으로 귀속시킨다면, 우리는 우리의 인식을 확장시키기 위해서 유비의 도식을 대상규정의 도식에로 변환시키는 것이며, 이것은 "신인동형론"으로서 도덕적 의도에 있어서는 (종교 안에서) 해로운 결과를 가져오는 것이다.

190_ 유비의 도식에 대한 칸트의 이론과 비판적으로 대질하려면 그

리스도론과 신론을 구분해야만 한다. 우리가 하느님에 대해서 말할 경우에, 우리는 유비의 수단을 포기할 수는 없다. 그리고 우리가 신인동형론이라는 비난을 받고 싶지 않다면, 우리는 이 진술들을 하느님에 대한 문자 그대로의 진술로 이해해서는 안 된다. 그러나 유비는 전적으로 하나의 개념을 이해하기 위해서 우리가 필요로 하는 수단인가, 혹은 사안을 파악하기 위한 수단이기도 한가? 플라톤적이고 아리스토텔레스적인 전통은 개념과 사안 사이에 하나의 상응이 존립한다는 견해를 갖고 있다. 만일 우리가 한 유기물의 원인에 오성을 귀속시킬 경우에, 이것은 하나의 기계를 제작하는 제작공에게 오성을 귀속시키는 것과 동일한 의미에서는 아니다. 하지만 우리가 전제하는 것은, 제작공과 유기물의 원인 사이에 하나의 상응이 존립한다는 것이다; 우리가 하나의 개념을 이해하기 위해서 특정한 유비를 이용해야만 한다는 것은 따라서 우리가 그것에 대해서 개념을 진술하는 바로서의 사안에 대해서 무엇인가를 말한다는 것이다. 그리스도론적인 진술들은 종교적 언어 안에서의 유비의 필연성에 대한 이 일반적인 숙고와는 구분되어야 한다. 그리스도의 인격 안에서의 신성과 인간성의 통일성에 대한 칼케돈 공의회(451)의 가르침이 의미하는 것은, 그리스도에게 인간적인 특성과 행동방식들을 귀속시키는 진술들은 유비적이 아니라 문자 그대로 이해되어야 하는 것들이다. 그에 반하여 칸트의 그리스도론적인 진술들은 우리에게 다음과 같은 양자택일을 제시한다: 성서의 이 진술들이 문자 그대로 취해져야 한다면, 그리스도는 우리 모두와 마찬가지로 한 인간이다. 그는 우리 모두가 그처럼 되어야만 하는 도덕적인 범례이다. 만일 우리가 그리스도는 신이라는 주장을 고수하기를 원한다면, 이 진술들은 유비의 도식으로 이해되어야만 한다; 그리스도는 우리의 이성을 통해서 주어진 완전한 인간의 이상이며, 이러한 이상을 생각할 수 있기 위해서 우리는 우리 이성의 제약성 때문에 인간적인 영역으로부터의 유비들에 의존해 있는 것이다.

3. 하느님의 나라와 교회

191_ 종교의 역사는 종교전쟁의 역사이기도 하다. 그것은 광신, 증오, 불관용, 근본주의, 다른 신앙인들에 대한 박해, 그리고 종교의 그림을 흐리게 하고 그 신빙성을 흔들리게 만드는 다른 많은 것들에 대해서 보도해야 한다. 이성종교는 그것에 만족할 수가 없다. 하지만 종교를 이러한 악덕들로부터 해방시키기 위해서 이성종교는 어떤 길을 택해야 하는가? 역사적인 종교들, 교회들 그리고 종파들을 폐기하고 개별적 인간을 종교공동체의 속박으로부터 해방시켜서, 그 결과 각자가 자율적인 *개인*으로서 그 자신의 이성종교를 살아가도록 하는 것을 이성종교는 자신의 과제로 삼아야 하는 것이 아닌가? 칸트는 이러한 길을 택하고 있지 않다. 오히려 그의 종교철학은 종교들과 교회들에게 그들 역사의 암흑들에도 불구하고 오직 그들만이 채울 수 있는 과제를 할당하고 있다. 하나의 교회에 자신을 포함시키는 것은 각자의 자의에 맡겨진 것이 아니라 저마다의 의무인 것이다. 칸트는 이것을 윤리적 공동체에 대한 자신의 이론을 통해서 근거지우고 있다.

a) 윤리적 공동체

192_ 비록 인간이 악한 원리의 지배로부터 자유롭게 되었다 하더라도 그는 계속해서 악한 원리의 공격과 유혹에 노출된 채로 있다. 그것에 대한 원인은 인간의 고유한 본성 안에서가 아니라 다른 사람들과의 공동생활에서 구해져야 한다. 인간의 본성은 그 자체로 검소한 것이지만 그가 다른 사람들과 함께 있을 경우에, 그는 시기, 지배욕, 소유욕 그리고 그와 결부된 적의에 찬 애착들의 유혹을 받게 된다. 이때 사람들이 악한 상태에 있다든가 또 서로에게 나쁜 실례를 준다고 가정할 필요는 없는 것이다; "그들이 거기에 존재하고 있고, 그들이 그를 둘러싸고 있으며, 그들이 인간이라고 하는 사실만으로도 그들 서로가 상호적으로 그들의 도덕적 소질을 타락시키고, 서로를 악하게 만들고 있다는 것으로 충분하다"(RGV, AA 6,94; AA 6,27 참조). 사람들이 이러한 위험에 대처할 수 있는 것은 오직 선의 촉진을 목적으로 하는 하나의 공동체에로 결속되는 것을 통해서뿐이다. 악한 원리의 지배에 대항하는 의무로부터 이러한 공동체와 결합하는 의무가 생겨난다.

칸트는 이러한 결합을 "윤리적 공동체" 혹은 윤리적 국가, "즉, 덕의 왕국"(RGV, AA 6,94 이하)이라 부르며, 그것을 법률적 공동체, 곧 정치적 국가와 구분한다. 후자에서는 공공적인 법률의 규정이 지배함에 반해서, 윤리적 공동체는 덕의 규정 하에 존립한다; 공공의 법률적 규정 아래에 서 있지 않는 사람들이 법률상의 자연 상태에서 살아가는 것처럼, 덕의 규정을 통해서 서로 결합되지 않은 사람들은 윤리적인 자연 상태에서 살아간다. 덕의 의무가 모든 인간에게 타당하기 때문에, "윤리적 공동체의 개념은 모든 인류의 전체라는 이념에 관련되어 있고, 바로 이 점에서 윤리적 공동체는 정치적 공동체와 구별되는 것이다". 따라서 특정한 수의 인간들이 선의 촉진이라는 목적을 가지고 덕의 규정 아래서 결속되더라도, 이것은 아직 윤리적 공동체를 이루는 것은 아니며, 단지 모든 인간들과의 일치를 향하여 노력하는 하나의 특수한 단체를 이룰 뿐이다. 그와 같은 부분적인 단체는 다만 윤리적 공동체의 한 "표상 혹은 도식"에 지나지 않는다. 이 상이한 부분적인 단체들의 상호관계는 공적인 국제법을 통해서 규제되고 있지 않은, 그리고 그런 한에서 법률상의 자연 상태에 처해있는 정치적 국가들 간의 상호관계에 비교될 수 있다; 이에 상응하게도 덕의 규정 하에 있는 부분적인 단체들은 그들의 상호관계에 있어서 윤리적인 자연 상태 안에 처해 있다(RGV, AA 6,96).

윤리적인 자연 상태로부터 벗어나서 윤리적 공동체에로 결속되는 의무는 인간에 대한 인간의 의무가 아니라, 인류 그 자체에 대한 인류의 의무이다. 최고의 윤리적 선은 개체 인격의 노력만을 통해서는 실현될 수 없다. 그것은 오히려 인간들이 이 목적에로 결합되는 것을 요구한다. 이 의무는 그럼에도 불구하고 다른 모든 의무들과 구분된다. 다른 모든 도덕적 법칙들은 우리의 지배 밑에 있는 것으로 알고 있는 것에 관계한다. 그에 반해서 우리는 여기서 우리로 하여금 전체를 향해 작용하도록 명하는 의무와 관계하는데, 우리는 "그것이 우리의 지배 밑에 있는 것인지를" 알 수가 없다. 그렇기 때문에 "이 의무가 또 하나의 다른 이념, 즉 보다 더 높은 도덕적 존재자의 이념을 필요로 하며, 이 존재자의 보편적 지배에 의하여 그 자체로서는 불충분한 개인들의 힘이 협동적 작용으로 결합되는 것임"(RGV, AA 6,98) 미리 예측할 수 있게 된다.

공동체는 공적인 입법을 요구하며, 결과적으로 입법자를 요구한다. 행위의 적법성에 만족하는 법률적 공동체와는 달리 윤리적 공동체는 도덕성을, 즉 윤리적으로 올바른 것이 그 자체 때문에 행해지는 것을 요구한다. 각기의 공동체 안에서 입법자는 법칙들이 준수되도록 유의해야 하며, 따라서 그는 법칙들의 침해를 벌해야만 한다. 적법성에 의해서 요구되는 외적인 행위와는 달리 하나의 법칙이 그 안에서 준수되는 바로서의 의향은 인간적 입법자에 의해서 확인될 수가 없다. 윤리적 공동체의 입법자는 심성을 규제하고 그것을 재가할 능력이 있어야만 한다. 법적인 의무들뿐만이 아니라 덕의 의무들 역시 재가와 결부된 그 입법자의 명령들로서 표상될 수 있어야 하며, 그는 모든 인간의 심성들을 꿰뚫어 볼 수 있는 "마음의 통찰자"이어야만 한다. "이것이 도덕적 세계통치자로서의 신의 개념인 것이다. 그러므로 윤리적 공동체는 신의 명령 밑에 있는 백성, 곧 신의 백성이면서 더욱이 덕의 법칙에 따르는 백성으로서만 생각될 수 있는 것이다"(RGV, AA 6,99).

b) 가시적 교회

193_ 윤리적 공동체는 이 세계 안에서 온전히 실현될 수 없는 하나의 이념이다. 왜냐하면 그 이념은 인간의 감성적 본성으로 인한 제약들에 종속되어 있기 때문이다. "그와 같이 구부러진 나무로부터 어떻게 완전히 꼿꼿한 것을 만들어낼 것을 기대할 수 있을까?"(RGV, AA 6,100). 그렇기 때문에 칸트는 덕의 법칙에 따르는 신의 백성을 법규적 규칙에 따르는 신의 백성과 구분하고 있으며, 보이지 않는 교회를

보이는 교회와, 그리고 순수한 종교신앙을 역사적인 계시신앙 혹은 교회신앙과 구분하고 있다.

법규적 법칙에 따른 신의 백성은 법률적인 공동체인데, 그것에게는 도덕성이 아니라 행위의 적법성이 문제가 된다. 여기서도 신이 입법자이지만 그의 법칙들은 순수한 실천이성의 법칙들이 아니라 역사적인 계시 안에서 공포되는 것들이다. 통치는 사제들의 수중에 놓여 있으며, 계시는 그들에게 맡겨져 있다. 칸트는 윤리적 공동체의 순수한 실천적 이성신앙을 법규적 법칙에 따른 신의 백성의 한갓 사실에 기초한 역사적 신앙과 맞세우고 있다. 덕의 법칙에 따른 신의 백성은 하나의 이념이며, 그 자체가 가능한 경험의 대상이 아닌 것이다; 칸트는 그렇기 때문에 그것을 비가시적인 교회라 부른다. 참된 가시적 교회는 "인간을 통해서 이룩될 수 있는 한에서 신의 나라를 지상에 나타내는 것이다". 참된 가시적 교회의 특징들 중의 하나로서 칸트는 보편성을 들고 있는데, 그것으로부터 수적인 단일성, 즉 유일성이 귀결된다. 가시적인 교회는 결코 이러한 단일성을 실현시킬 수 없을 테지만, 이를 위한 소질은 지니고 있어야만 한다. 모든 의견들의 상이성에도 불구하고 가시적인 교회는 "그의 본질적인 의도에 있어서는 근본원리들 위에 세워져야" 하는 것인데, "그것들이 의견의 상이성들을 유일한 교회에서의 보편적인 결합에로 필히 이끌어야 한다"(RGV, AA 6,101).

이로써 역사적 계시신앙과 순수한 종교신앙 사이의 긴장, 혹은 법규적인 법칙에 따른 신의 백성과 덕의 법칙에 따른 신의 백성 사이의 긴장이 분명해졌다. 구부러진 나무, 즉 인간의 감성적인 본성 때문에 이 세계에서는 항상 법규적 법칙에 따른 신의 백성만이 가능하다; 하나의 교회는 결코 순수한 이성신앙 위에서 건립될 수가 없으며, 그것은 필연적으로 역사적 계시신앙을 필요로 한다. 그럼에도 불구하고 윤리적 공동체를 힘닿는 대로 실현하려는 자기 자신에 대한 인류의 의무는 단지 인간들이 법규적 법칙에 따른 신의 백성에로 결속됨을 통해서만 실현될 수 있다; 종교공동체들은 신의 나라에 이르는 길로의, 즉 덕의 법칙들 밑에 있는 인류의 단일성에로의 일보이다. 신의 나라로서의 윤리적 공동체는 "오직 인간의 종교를 통해서 감행될" 수 있으며, "이것이 공적인 것이기 위해서(그것은 공동체에게 요구되는 것이다)", 그것은 단지 "교회의 감성적인 형식 안에서 표상될 수 있을 뿐이며[...], 이런 형식들을 규정하는 것은 따라서 인간들에게 맡겨져 있고 그들에 의해서 요구될 수 있는 일로서 인간들의 의무인 것이다"(RGV, AA 6,151 이하). 하지만 참된 교회는 그 자신의 법규적인 법칙을 절대적으로 설정하는 교회가 아니라, 오직 그 자신이 윤리적 공동체, 즉 신의 나라에 이르는 도상 위에 있으며, 인류의 단일성을 실현시키는 과제를 갖고 있음을 아는 교회이다. "따라서 (인간적 이성의 피할 수 없는 제약들에 상응하게) 비록 역사적 신앙이 촉진제로서 순수한 종교를 자극하며, 그럼에도 그것이 한갓 그러한 신앙이며 이것이 교회신앙으로서 마침내 저 촉진제가 불필요하게 될 수 있도록 순수한 종교신앙에 연속적으로 다가서는 원리를 그 자체에서 수행하고 있음을 의식한다 하더라도, 그러한 교회는 항상 참된 교회라 불려 질 수 있는 것이며, 이제 역사적인 신앙교리들에 대한 다툼이 결코 피할 수 없는 것이기에, 그 교회는 오직 다투는 교회라 불려 질 수 있다"(RGV, AA 6,115).

c) 계시신앙과 이성신앙

194_ 우리는 계시신앙과 이성신앙의 관계에 대해서 묻고 있으며, 칸

트의 계시신앙의 개념을 해명하는데서 착수하고자 한다. 칸트는 이 개념 아래서 한갓 사실에 근거지어진 역사적 신앙을 이해하고 있다. 그것은 그 자체로서 단지 시간적으로 그리고 공간적으로 제약된 분포만을 가질 수 있다; 그것은 "그에 관한 전승이 그의 신빙성을 가늠하는 능력과 관계해서 시간과 장소의 형편에 따라 도달될 수 있는 한도 이상으로는 그 영향력을 확장할 수가 없다"(RGV, AA 6,103). 그것은 이러한 의미에서 우연적이기 때문에, 그것은 "인간 일반에게 구속력을 지니는 것으로 생각될 수는 없다"(RGV, AA 6,104). 이 신앙을 정당화하는 것은 단지 역사적인 과학들만을 통해서 가능한데, 그것이 의미하는 바는, 인간은 이 신앙 안에서 학자들과 학문적인 토론의 권위에 종속되어 있다는 것이다. 변함없는 사실은 "역사적 신앙이 결국은 성서학자 및 그의 통찰에 대한 신앙이 된다는 것이다; 이것은 실로 인간본성에 대하여 특별히 명예스러운 것이 아니나, 그럼에도 이것은 공적인 사유의 자유에 의하여 다시금 시정되는 것이다". 학자들은 그들의 결과들을 "만인의 시험에 내맡기며, 그와 동시에 스스로 보다 더 나은 통찰에 대하여 항상 문호를 개방하고 그것을 받아들일 준비가 되어 있음"(RGV, AA 6,114)을 통해서 보편성의 신뢰를 획득한다. 법규적인, 우리에게 단지 계시를 통해서만 고지되는 입법은 칸트에게 있어서는 인간의 일이다. 그것은 신적인 입법자의 일로 생각될 필요가 없다; 오히려 우리는, 우리가 윤리적 공동체 자체의 이성적 이념에 역사적인 형식을 부여하고 이 형식을 계속적으로 개선하는 것이 신의 뜻이라는 것을 받아들여야만 하는 근거를 가지고 있다. "따라서 인간은 어떤 교회의 설립과 형성을 위해서 사용되는 법칙들이 바로 신적인, 법규적인 것이라고 간주해야 할 이유를 갖지 않는다.

오히려 노력을 면하기 위해서, 더 나아가서는 교회의 형식을 개선하려는 노력을 면하기 위하여, 그것을 신에 의해 제정된 법칙이라고 주장하는 것은 오만한 행위이며, 혹은 신의 권위를 구실로 삼아 교회의 규칙을 가지고 회중을 구속하는 것은 신의 높으신 권위를 찬탈하는 행위이기조차 한 것이다"(RGV, AA 6,105).

오직 보편적인 종교신앙만이 보편적인 교회를 정초할 수 있는데, 그 이유는 모든 인간이 그것에 의해서만 설득될 수 있기 때문이다. "그러한 순수한 신앙에 충분히 의존할 수 없는 것은, 즉 교회를 단지 그러한 기초 위에다만 정초하지 못하는 것은 인간본성의 특수한 약함에 기인하는 것이다"(RGV, AA 6,103). 이러한 약함은 "최고의 이성 개념들과 근거들에 대하여 항상 감각적으로 의지할 수 있는 것, 즉 경험적으로 보증될 수 있는 어떤 것을 요구하는"(RGV, AA 6,109) 모든 인간들의 자연적인 욕구에 기인한다. 그런 까닭에 그들은 윤리법칙의 준수가, 그리고 그것은 배타적으로 인간들에 대한 (다른 인간들과 자기 자신에 대한) 의무의 이행인데, 인간들이 신의 왕국에서 그의 마음에 드는 신하가 되기 위해서 신이 인간들에게 요구하는 전부라는 것을 쉽게 납득하지 못한다. 이 세상의 모든 위대한 지배자들은 "그의 신하들에게 존경받고, 또 복종의 표현을 통해서 찬양받고자" 하는 욕구를 가지고 있다. 그리고 가장 이성적인 인간 역시 존경의 표시에 있어서 직접적인 쾌감을 맛보고 있다. 그리하여 의무가 동시에 신의 명령인 한에서, 의무에 대한 해석의 변경에 이르게 된다. 인간들은 의무를 신에게 수행해야 할 봉사이외의 다른 것으로서 생각할 수 없게 되며, 이때 문제가 되는 것은 행위의 내적이고 도덕적인 가치가 아니라, 오히려 봉사가 신에게 수행되고 있다는 것이다. 행위는 그 자체에 있어서 도덕적으로 무관심한 것이 되어도 상관없다; 인간의 판단에 따라서 관건이 되는 것은, 행위가, 그렇게 신의 마음에 들기 위해서, 수동적인 순종을 표현하는 것이다. 그렇게 해서 "의무가 동시에 신의 명령일 경우, 인간은 그 의무를 인간의 일에 종사하는 것으로서가 아니라 신의 일에 종사하는 것으로 취급하며, 그렇게 해서 순수한 도덕적 종교의 개념 대신에 신에게 봉사하는 종교의 개념이 발생하는 것이다"(RGV, AA 6,103).

신이 어떻게 존경받기를 원하는지 우리가 묻는다면, 그 대답은 우리가 자신을 인간으로서 혹은 교회의 지체로서 간주하는지에 따라서 각기 상이하다. 인간으로서의 인간을 위한 신의 보편타당한 입법은 오직 도덕적인 것일 수 있을 뿐이다. 왜냐하면 법규적인 입법은 계시에 의거하며, 이것은 모든 인간들에게 발생한 것이 아니기 때문이다; 법규적인 입법은 이러한 의미에서 우연적이며 결과적으로 인간으로서의 인간에게 구속력을 가질 수 없다. 그에 반해서 신이 교회 안에서 어떻게 존경받기를 원하는지 하는 물음은 한갓 이성을 통해서는 대답될 수 없다. 하나의 교회는 "많은 인간들의 단결체로서 [...] 도덕적인 공동체가 되기 위해서 공적인 의무, 즉 경험의 조건들에 의거하는 특정한 교회적 형식을 필요로 하며, 이 형식은 그 자체로서는 우연하고 다양하며, 따라서 신의 법규적인 법칙이 없이는 의무로서 인식될 수가 없는 것이다". 이에 대한 근거를 칸트는 인간의 경향 속에서 보는데, 그것은 "신에게 봉사하는 종교(*의례*[*cultus*])를 향하는 것이고, 이것이 자의적인 규정에 의거하기 때문에, 법규적인 신의 법칙들에 대한 신앙에로 향하는 것이다"(RGV, AA 6,105 이하). 사람들은, 도덕적인 입법에로 향하기 위해서는 여전히 이성을 통해서는 인식될 수 없는, 계시가 필요한 신적인 입법이 덧붙여져야 한다는 데서 출발한다. 이성에 의해서 규정된 윤리법칙의 준수 안에서 사람들은 단지 신에 대한 간접적인 숭배만을 본다. 그 반면에 계시의 입법은 신에 대한 직접적인 숭배를 목표로 한다. 그러나 칸트가 비판하듯이, 사람들이 오직 신을 위하여 행해진다고 추정하는 모든 종교적인 의식, 신앙고백, 의례 등은 도덕적인 것과 무관한 행위들이다. 사람들에게 계몽되어야 하는 사실은, 신에 대한 진정한 숭배는 사람들에 대한 의무들을 준수하는데 존립한다는 것이다. 그것이 곧 유일한 의무들이다. 교회는 비록 필수적이기는 하나 한갓 수단일 뿐이다. 교회신앙은 순수한 종교신앙의 매체이자 수단이다. 사람들은, 자기 자신에 대한 인류의 의무에 상응하기 위해서, 순수한 이성종교의 촉진을 위해 서로 결속되는 것이 결코 필수적이라고 간주하지는 않을 것이며, 그러나 그들의 경향은 윤리적 공동체에 이르는 첫 걸음으로서 신에게 봉사하는 종교로 결속되도록 그들을 재촉한다. "그러므로 교회신앙은 자연적으로는 인간을 윤리적 공동체로 편성하는 과정에 있어서 순수한 종교신앙보다 우선하게 된다"; 도덕적으로는, 제 2판의 주석이 첨가하듯이, 이것은 정반대여야 하는 것이다(RGV, AA 6,106).

d) 자연적 종교와 계시된 종교

195_ 여기서 칸트에게 세 개의 물음들이 제기될 수 있을 것이다. (a) 신을 직접적으로 숭배하는 인간의 경향을 어떻게 판단할 수 있을까? 가령 비트겐슈타인에게서 나타나는 것처럼, 여기서 문제가 되는 것은 하나의 '원초적 현상'인가, 혹은 칸트가 가정하는 것처럼 이러한 경향은 인간이 구부러진 나무이고 그로부터 결코 꼿꼿한 것이 만들어질 수 없다는 사실에 의거하는가? 윤리적 의식은 모든 인간학적인 현상

들이 그에 따라 판단되어야 할 유일하고 배타적인 척도인가? 칸트가 '주의 기도'의 두 번째와 세 번째 청원, 곧 "신의 나라가 오시며, 그의 뜻이 지상에서 이루어지소서"(RGV, AA 6,101)를 인용하고는 있으나, 첫 번째 청원, 즉 "당신의 이름이 거룩히 빛나시며"(마태 6,9)는 인용하고 있지 않다는 점은 특기할만하다. (b) 그것은 계시신앙의 합리성과 어떤 관계에 있는가? 칸트는 외견상 단지 하나의 역사적 정당성만을 알고 있다. 계시는 역사적 사실이며, 그것은 모든 역사적 사실과 마찬가지로 문서들과 또 다른 역사적 사실들을 통하여 입증되어야만 한다. 하나의 역사적 사실로서의 계시의 신빙성은 배타적으로 역사적 입증에 의거한다. 여기서 물어보아야 할 것은, 가령 뉴먼(§§ 130-132))이나 파스칼(§§ 246-251)이 시도하고 있는 것처럼, 계시의 내재적인 정초가 가능한가의 여부이다. 계시는 그것의 역사성에도 불구하고 그것이 *인간의 조건*(condicio humana)에 대한 설득력 있는 해석이라는 의미에서 합리적일 수 있는 것인가? (c) 이성개념들에 대하여 감각적으로 의지할 수 있는 그 무엇을 요구하는 인간의 자연적인 필요는 어떻게 판단될 수 있는가? 그것은 구부러진 나무인 인간의 약함이자 불완전성인가? 혹은 그것은, 인간의 이성과 감성이 단일성을 이루며 그리고 종교적 신앙의 행위가 결과적으로 감성적 존재이기도 한 전체적인 인간에 의해서 수행되고 있다는 식으로 해석될 수 있는가?

두 번째 이의제기는 세분화를 요한다. 도덕적인 이성신앙과 계시신앙은 무관하게 병렬적으로 서 있는 것은 아니다. 역사적인 계시신앙 혹은 민간신앙은 이성신앙의 매체로서 기여할 수 있다. 왜냐하면 민간신앙에 앞서서 오래 전에 "도덕적 종교에로의 소질이 인간이성 안에 숨겨져 있었고, 그로부터 과연 신에게 봉사하는 의식을 목표로 한 최초의 미숙한 발현이 나타났고 이를 위하여 소위 저 계시라는 것조차도 생겨나게 되었지만, 그러나 이를 통해서 초감성적인 근원에 속하는 성격을 가진 어떤 것을 바로 이들 시가들 속에 은밀하게나마 포함시키게 된 것이기"(RGV, AA 6,111) 때문이다. 저마다의 종교는, 계시된 종교 역시, 이성종교의 어떤 원리들을 포함하고 있어야 한다. 왜냐하면 "계시는 단지 이성을 통해서만 *종교*의 개념에 부수시켜 생각될 수 있는 것인데, 그것은 종교의 개념 그 자체가 *도덕적* 입법자의 의지 하에 있는 구속력으로부터 도출되는 순수한 이성개념이기"(RGV, AA 6,156) 때문이다. 계시된 종교 역시 하나의 종교이며, 매체의 개념은 그것이 전달하고자 하는 것의 개념을 함축한다. 자기 자신에 대한 인류의 의무는 윤리적 공동체를 위한 것으로서 오직 교회의 건립을 통해서만 실현될 수 있으며, 이것은 다시금 법규적인 법칙들, 곧 역사적인 계시가 없이는 가능하지 않다; 그러므로 역사적 계시는 자기 자신에 대한 인류의 의무를 실현하기 위한 수단이며, 그렇기 때문에 순수한 이성종교의 요구가 없이는 생각될 수 없는 것이다.

196_ 이성종교와 계시신앙의 일치는 신약성서 안에서 최고도로 주어져 있다. "인간의 손에 들어온 그와 같은 책이 신앙의 규칙으로서의 그의 법규들과 나란히 동시에 가장 순수한 도덕적 종교의 가르침의 가장 완전한 형태를 그 안에 지니고 있다면 참으로 다행한 일인 것이다": 신약성서는 두 가지 이유에서 "계시와 동등한 권위를 주장할" 수 있다: 그것이 기여하는 목적 때문에, 그리고 자연법칙을 통하여 그와 같은 인류의 각성을 설명하는 일의 어려움 때문에(RGV, AA 6,107). 그러나 신약성서의 보도는 이성종교 안에서 고갈되며, 칸트가

타당하다고 간주하는 유일한 성서의 의미는 도덕적인 것이다; 그에 따라서만 신약성서는 주석될 수 있다. 그것은 성서가 "이성종교의 보편적 실천적 준칙들과 일치하는 의미에 이르도록 철저한 해석"을 요구한다. "왜냐하면 교회신앙의 이론적인 측면이 신의 명령으로서의 모든 인간적 의무의 이행에 이르도록 [...] 작용하지 않는다면, 우리의 관심을 끌 수 없기 때문이다"(RGV, AA 6,110). 그리스도교는 "사람들이 단순한 이성의 사용을 통해서 자연히 그것에 *도달할 수 있고 또 그래야 한다*는" 의미에서 "자연적인" 종교이다; 그러나 그리스도교가 계시를 통해서 일단 현존하고 또 공적으로 알려졌다면, 각자가 "자기 자신과 자기의 이성을 통하여" 이 종교의 진리에 관하여 "확신하게" 될 수 있는 것이다(RGV, AA 6,155 이하). 그러므로 칸트는, 우리의 두 번째 물음에로 돌아오자면, 계시의 내재적인 정초를 알고 있다. 그러나 그는 계시를 배타적으로 신약성서의 윤리적인 보도에 국한시키고 있다. 신약성서의 계시는 다만 하나의 심리학적인 혹은 교육적인 도움일 뿐이다. 그것은 인간들이 저절로 도달할 수 있고 또 그래야 하는 그 무엇을 가르친다. 그리고 그것이 실천적 이성의 통찰들에로 인도함을 통해서, 그것은 자기 자신을 폐지한다.

197_ 역사적 신앙과 순수한 종교신앙 사이의 긴장은 칸트에 따르면 '축복을 주는 신앙(seligmachenden Glauben)'에 대한 그리스도교의 가르침 안에서 그리고 "모든 종교의 형식들" 안에서 발견된다; 이 두 원리들 사이의 관계를 올바로 규정하는 것은 종교비판의 과제이다. 축복을 주는 신앙 안에서 그리고 모든 종교 안에서는, 인간이 "말하자면 자신에게서 발생한 행위를 법률적으로 (신적인 재판관 앞에서)

발생하지 않은 것으로 만들기 위해서" 스스로 할 수 없는 그 무엇이 관건이 된다; 모든 종교들 안에서 발견되는 것은 "속죄(Expiationen)" 이다. 축복을 주는 신앙의 내용은 두 번째로, 인간 스스로 할 수 있는 그 무엇이다: 그는 선한 삶으로 전환함을 통해서 신의 마음에 들게 된다; 모든 종교 안에서 인간의 도덕적 소질은 그 자신의 요구를 듣게 된다(RGV, AA 6,116;120). 우리 스스로 성취할 수 없는 대속에 대한 신앙은 역사적 신앙이다; 우리가 선한 생활을 통해서 신의 마음에 들게 된다는 신앙은 실천적 이성신앙이다. 칸트가 묻고 있는 것은, 신앙의 두 형식들이 서로 어떻게 관계해야만 하는가이다: 대속에 대한 신앙은 선한 행위들의 추구보다 앞서 일어나야 하는가? 혹은 우리는 선한 삶을 위해 노력했을 경우에만 용서와 대속을 믿을 수 있는 것인가? 따라서 역사적 신앙이 실천적 이성신앙에 앞서는가? 혹은 실천적 이성신앙이 역사적 신앙에 앞서 일어나야만 하는가? 칸트는 첫 번째 가능성을 이렇게 해석한다. 즉 선한 삶으로의 전환은 대속에 대한 신앙에서 필연적으로 발생하는 결과이다. "어떤 사려 깊은 사람도 이 같은 신앙을 자기 안에 실현시킬 수 없다"(RGV, AA 6,117). 그러한 신앙은 도덕을 파괴할 것이다; 그러한 종교의 필연적인 결과는 윤리의 타락이 될 것이다. 그러므로 순수한 도덕적 신앙이 교회의 신앙에 대해서 그것의 조건으로서 선행되어야 한다. 순수한 종교신앙이 없는 단순한 교회신앙은 "부역과 보수의 신앙"이다; 그것은 축복을 주는 것으로 간주될 수 없는데, 그 이유는 그것이 도덕적이지 않기 때문이다(RGV, AA 6,115). "강압적으로 명령하는 [한갓] 교회신앙의 근본원리" 안에서 칸트는 그리스도교 역사 안에서의 어두운 측면의 뿌리를 보고 있다(RGV, AA 6,131).

참고문헌

Silber 1959
Walsh 1963
Silber 1969
Wood 970
Ricken/Marty 1992
Pirillo 1996
Guyer 1997
Winter 2000

H. 회의주의와 종교비판: 데이비드 흄

198_ 종교철학에 대한 저서 안에서 종교비판을 다루는 장(章)이 빠져서는 안 될 것이다. 종교비판은 종교에게 물음들을 제기하며, 종교라는 현상의 환원될 수 없는 고유성과 그것이 인간적 삶의 또 다른 수행들과 맺는 관계를 해명하려는 종교철학은 이 물음들에 대답할 수 있어야 한다. 종교비판의 한 특정한 형식이 정당한 것인지의 여부를 묻는 사람은 우선 거기서 비판되고 있는 것이 무엇인지를 해명해야 한다. 즉 종교비판이 어떻게 이해된 종교에 반대하는지 혹은 종교의 어떤 형식들에 반대하는지를 그는 해명해야 하며, 현상들에 대한 자신의 견해를 비판가의 견해와 비교해야만 한다. 이 장은 흄이 종교에 대하여 가한 비판들을 재현할 것이다; 이 장은 종교에 대한 그의 이해와 현상들에 대한 그의 관점을 기술할 것이다. 비판적인 비교는 독자들에게 맡겨질 수밖에 없다; 그러한 비교는 무엇보다도 비트겐슈타인, 제임스 그리고 뉴먼에 대한 장들에서 말해진 많은 것들이 반복되는 방식으로만 가능할 것이다.

199_ 데이비드 흄(1711-1776)은 오늘날 앵글로색슨계의 철학 안에서 아마도 가장 영향력 있는 종교비판의 거장이다. 이 장이 주로 몰두하게 될 저서인 *자연종교에 관한 대화*(*Dialogues Concerning Natural Religion*)는 종교철학의 고전들에 포함되며 철학적 문헌의 가장 논란

많은 작품들에 속한다; 흄-전문가들의 판단이나 흄 자신의 평가에 따르면 이 저서는 아마도 흄이 쓴 최고의 책이다. 그 밖에도 우리는 흄으로부터 종교철학에 대한 다음의 저술들을 갖고 있다: 1. *기적에 대하여*(*Enquiry Concerning Human Understanding*, Section X). 흄의 논제에 따르면, 그리스도교는 기적을 받아들임이 없이는 그 어떤 이성적인 인간에 의해서도 신앙될 수 없다는 것이다; 한갓 이성은 우리에게 그것의 진리를 확신시키기에는 불충분하다는 것이다; 기적에 대한 신앙은 그러나 경험에 모순이 된다는 것이다. 2. *특별한 섭리와 미래의 실존에 대하여*(*Enquiry Concerning Human Understanding*, Section XI). 흄은 사회의 정치적 관심들과 종교 내지는 형이상학의 물음들 사이에는 어떤 연관도 존립하지 않음을 보여주려 한다. 섭리와 미래적 실존을 부인하는 사람은 그로써 사회의 토대를 전복하지는 않는다는 것이다. 신이 존재한다는 "종교적 가설"을 위한 유일한 정초는 자연의 질서로부터의 정초라는 것이다. 그것은 작용으로부터 원인에로의 추론이며, 그러한 추론은 작용을 설명하기 위해서 원인에 필요한 것보다 더 많은 속성들을 부여하는 것을 허락하지는 않는다는 것이다. 미래의 상벌이 있을 것이라는 가정은 그렇기 때문에 종교적인 가설로부터 연역되지는 않는다는 것이다. 3. *종교의 자연사*(*The Natural History of Religion*)가 주장하는 것은, 종교의 근원적인 형식이 다신교라는 것이다. 이로써 흄은 계몽주의의 주장, 곧 계몽주의는 자신의 철학적 신학과 함께 종교의 근원적인 형식에로 되돌아온다는 주장에 반대한다.

언급한 저술들은 모두가 다소 간에 대략 4년이라는 시간간격 안에서 생겨난 것들이다. *탐구*(*Enquiry*)는 *인간본성에 관한 논고*(*Treatise* of *Human Nature* 1739년과 1740년)의 제 1부에 대한 신판으로서 1748년에 출간되었는데, 흄은 논고에 대해서 그의 전기에 이렇게 적고 있다: "그것은 인쇄되어 나오면서부터 죽어버렸다"(LDH 1,2). *대화*는 12부를 제외하고 1751년 초엽에 완결되었다; 그것은 대략 1761년과 1776년에 재차 수정되었다. *자연사*는 1749년과 1752년 초 사이에 집필되었다. 문제가 될 것을 염려한 친구들의 충고로 흄은 *대화*를 그가 생존해 있을 때 출간하지 않았다. 그는 유언으로 그 책을 자신의 사후에 출판하도록 했다; *대화*는 1779년에 출간되었다.

I. 자연종교에 관한 대화들

1. 배경(Vorlage)

200_ 흄은 키케로의 철학에 대한 위대한 식자이자 숭배자였다. "양심성에 대한 나의 애호, 나의 진지함과 근면은 나의 가족들로 하여금 법률가가 나에게 가장 적합한 직업이라는 견해를 갖게 만들었다. 그러나 나는 철학과 보편적인 학식의 추구 말고는 모든 것에 대해서 극복할 수 없는 꺼림을 느꼈다; 그리고 가족들이 내가 보엣(Voet)과 비니우스(Vinnius)를 공부한다고 믿고 있었던 동안, 내가 몰래 탐독했던 작가들은 키케로와 베르길리우스였다"(LDH 1,1). *대화*의 전형은 키케로의 작품인 "*신들의 본성에 관하여*(De natura deorum)"이다. 보존된 흄의 메모에 입각해서 추측된 것은, 그가 *신들의 본성에 관하여*에

대한 주석을 쓸 계획을 가졌었다는 것이다(Hendel 1963, 29-32). 사정이 어찌되었든: 키케로의 작품에 대한 일별은 흄의 *대화*를 해석하기 위한 불가결의 전제이다.

키케로는 헬레니즘 철학의 주도적인 방향을 대변하는 세 사람 간의 대화를 기술하고 있는데, 에피쿠로스주의자, 스토아주의자 그리고 아카데미아학자가 그들이다; 키케로 자신은 무언의 청자로서 대화에 참여하고 있다. 에피쿠로스주의자와 스토아주의자는 저마다 하나의 철학적 체계를 대변하고 있다; 그들은, 그들의 회의적인 반대자가 명명하고 있듯이, "교조주의자들"이다; 반면에 그 이후의 아카데미아학파는 고대 회의주의의 한 형식이다. 스토아주의자와 에피쿠로스주의자는 서로 다투고 있으며, 아카데미아학자는 스스로는 어떤 가르침도 대변함이 없이 양 체계들을 비판하고 있다. 세 대화상대자들의 입장과 키케로의 입장이 한 번 더 구분될 수 있다. 서론에서 그는 자신의 입장에 대한 물음을 물리치고 있다: "그러나 이제 내가 개인적으로 각기의 개별적인 문제에 대해 어떤 생각을 하는지를 경험하고 싶은 사람들은 이때 필요한 것 이상의 호기심을 보여주고 있다; 왜냐하면 탐구에 있어서 물어보아야 할 것은 개인의 권위에 대해서라기보다는 근거들의 무게에 대해서이다"(ND 1,10). 그럼에도 불구하고 우리는 대화의 마지막에 하나의 암시를 발견하게 된다: 신들의 실존을 변호하는 스토아의 가르침은 "나에게는 진리와의 유사성에 더 근접해 있는 것처럼 여겨졌다"(ND 3,16). 이것은 이례적으로 신중한 표현이다. 키케로는 모든 가르침에 반대하는 회의주의자가 아니다. 그러나 스토아주의자들 편에 선 그의 입장표명은 극도의 자제와 함께 표현되었다.

아무리 에피쿠로스주의자와 스토아주의자가 그들의 가르침에 있어서 서로 다투고 있을지라도, 키케로의 대화 안에 나오는 두 학파의 대변자들은 한 가지 중요한 점에서 일치하고 있다: 신들에 대한 신앙은 모든 민족들에게서 발견된다; 그것은 타고난 것이거나 혹은 자연으로부터 주어진 것이다. 논쟁은 신들의 실존에 대한 것이 아니라 신들의 본성에 관한 것이다. 그래서 스토아주의자가 말하길, "전 세계의 모든 사람들에게서 확정되어 있는 중요사안이 있다; 모든 이들에게 생득적인 그리고 마치 영혼 안에 새겨진 사실이 있다: 신들이 존재한다. 그들의 본질에 관해서는 의견들이 상위하다; 그들의 실존은 그 누구에 의해서도 부인되지 않는다"(ND 2,12 이하). 에피쿠로스주의자가 말하듯이, 가르침을 받음이 없이는 신들에 관한 특정한 사전개념(Vorbegriff)을 소유하지 않는 그런 민족이나 인종은 존재하지 않는다는 것이다; 자연 자체가 모든 인간의 영혼 안에 신들의 개념을 각인시켰다는 것이다(ND 1,43 이하). 아카데미아의 회의론자는 로마황제의 직무를 가지고 있다. 즉 그는 로마종교의 최상의 대변자이다. 그 또한 신들의 실존에 대한 자연적인 신념을 공유하고 있다. 그의 관점에 따르면 철학이 이 자연적인 신념을 파괴할 수 있는데, 그것은 철학이 다음과 같은 견해, 곧 신들의 실존에 대한 신앙은 증명들에 의거한다는 견해에로 오도하면서이다.

201_ 흄의 *대화*의 대상은 "자연적인 종교"이다. 이 용어는 18세기에 선호되었던 용어인 *자연신학*(theologia naturalis)에 대한 동의어이다. 자연신학은 가령 성서나 코란에 포함되어 있는 것과 같은 계시에 종속되지 않고 오로지 이성만을 수단으로 해서 신의 실존과 속성을 증명하려는 철학적 분과의 명칭이다. 흄에게서도 우리는 세 명의 대화 상대자들을 만나게 된다: 클리안테스, 필로 그리고 데미아. 역사적인 클리안테스(대략 기원전 232년경에 사망)는 학파의 창립자인 제논

(Zenon)보다는 나중이고 크리시프(Chrysipp)보다는 앞서는 초기 스토아의 제 2인자이다; 역사적인 라릿사의 필론(Philon von Larissa)은 아카데미아 지도자들 중의 하나이다; 그는 기원전 88년에 아테네로부터 로마로 피신하는데, 젊은 키케로는 거기서 그의 가르침을 듣게 되며 결정적으로 그로부터 영향을 받게 된다. 데미아는 역사적인 인물이 아니다. *신들의 본성에 관하여*에서 작자인 키케로는 마지막에, 비록 극도로 자제하고는 있으나, 대화에 대한 입장표명을 하고 있다. 개진된 입장들에 대한 흄의 거리두기는 키케로의 그것보다도 현저히 더 크다; 흄 자신도 키케로처럼 무언의 청자로서 대화 안에 나타나지 않는다. 무언의 참여자는 오히려 팜필루스라는 이름을 가진 고안된 인물인데, 그는 헤르미푸스에게 대화에 대한 소식을 적어 보내고 있다. 노련하고 시련을 겪은 키케로와는 달리 팜필루스는 비록 지적인 욕구는 강하나 젊고 경험이 적은 청자이다. 키케로처럼 팜필루스는 대화의 마지막에 그 자신의 입장을 암시하고 있다: "이제까지 그 날의 토론들 이상으로 내게 더 큰 인상을 심어 준 것은 아무 것도 없었다. 이제 나는 진실로 공언하건대, 뒤돌아보면 필로의 논제가 데미아의 것보다 더 개연적이지만, 그럼에도 불구하고 클리안테스의 논제가 진리에 더 가깝다고 생각하지 않을 수 없다"(DnR 142). 흄은 팜필루스라는 인물을 전면에 내세우면서 그 자신의 입장표명은 완전히 열어두고 있다. *대화*의 도입부인 헤르미푸스에게 보낸 편지의 말미에 팜필루스는 짧게 대화상대자들의 인격을 특징짓고 있다: 정확하고 신중한 클리안테스의 철학적 논증에 부주의한 필로의 회의주의와 엄격하고 완고한 데미아의 정통주의가 대비되고 있다.

2. 해석의 문제들

202_ 아카데미아의 회의주의자인 필로는 교조주의자인 클리안테스와 데미아의 입장들을 공격하고 있으나 12부에서는 소위 회심을 수행하고 있다: 그는 클리안테스의 견해에 동조하여 자연의 질서와 아름다움 안에서 자신을 계시하는 창조신에 대한 신앙을 고백한다. 유포된 해석에 따르면 흄은 필로라는 인물에게서 발견되어져야 한다. 그렇다면 이러한 '회심'은 어떻게 해석되어야 하는가? 흄이 교회로부터 배척받지 않기 위해서 자신의 견해를 숨기려 했다는 설은 받아들여질 수 없는데, 그 이유는 *대화*가 친구들의 충고에 따라서 그의 사후에 출판되었기 때문이다; 그러한 예방책에는 따라서 어떤 동기도 존재하지 않았다.

1751년 3월 10일 길버트 엘리옷(Gilbert Elliot)에게 보낸 편지에서 흄은 자신이 클리안테스를 *대화*의 영웅으로 만들고 있다고 적고 있다. 그는 엘리옷에게 클리안테스의 입장을 지지할 수 있는 것이라면 무엇이든 알려달라고 부탁하고 있다. 만일 흄이 반대자의 입장에로 기울어지고 있다는 인상이 생겨나야 한다면, 그것은 흄의 의지에 반하는 셈이 될 것이다. 그러나 동시에 회의주의자인 필로에 대한 흄의 공감은 분명해지고 있다: 만일 그가 엘리옷의 근처에 살게 되는 행운을 가졌더라면, 그는 필로의 역할을 넘겨받았을 것이고 엘리옷은 클리안테스의 역할을 하는데 분명코 반대하지 않았을 것이다. "내가 일찍이 알게 되었던 가장 나쁜 사변적인 회의주의자도 가장 훌륭한 미신적인 독신자(篤信者)나 맹신자보다도 훨씬 나은 인간이다." 편지는 자연의 질서와 아름다움에 근거해서 창조주를 믿으려는 성향에 대해서 말하면서, 이러한 성향이 비판적인 검증을 견디어내는지를 묻고 있다. 바로 그 전에 흄이 보도하기를, 20세가 되기 전에 그는 자신이 썼던 한 원고를 불태워버렸는데, 그 안에서 그는 점차적으로 자신의 생각들을 이 물음에로 발전시켰다는 것이다. "그것은 보편적인 의견을 위한 논증을 걱정스레 추구하면서 시작되었다: 의심이 몰래 기어 들어왔다가 흩어져 버리고는 다시 돌아왔다; 그것은 경향에 반하는, 아마도 이성에 반하는, 불안한 구상력의 지속적인 투쟁이었다." 몇 줄 나중에 흄이 적고 있듯이, 그는 클리안테스의 목적론적 논증이 분석되어지고 그것의 논리적 형식으로 운반될 수 있기를 원했다. 우리의 정신은 목적론적 논증에로 향하는 성향을 가지고 있다는 것이다. 그가 묻기를, 그러나 이러한 성향은 어떤 종류의 것이며 얼마나 강한 것인가? 신의 실존에 대한 신앙은 마치 우리의 감관의 확실성과 외부 세계의 실존에 대한 신앙처럼 동일한 강도와 보편성을 지닌 자연적인 신앙인가? 만일 그렇지 않다면, 목적론적 논증에 신앙을 선사하려는 성향은 의심스러운 토대라는 것이다. 흄은 엘리옷에게 도움을 청하고 있다: "우리는 이러한 성향(Hang)이 우리 자신의 외관을 구름 속에서, 우리의 얼굴을 달 속에서, 우리의 정서와 느낌들을 심지어 생명 없는 물질에서 발견하려는 경향(Neigung)과는 다른 어떤 것이라는 점을 증명하고자 애써야 합니다"(LDH 1,153-155).

203_ 어째서 흄은 자연신학을 비판하기 위해서 대화의 형식을 선택하고 있는가? 헤르미푸스에게 보내는 도입부의 편지에서 팜필루스가 진술하고 있듯이, *체계*의 묘사를 위해서 대화형식은 두 가지 이유에서 적합하지 않다. (a) 저자가 선생인 척 하면서, 독자를 학생으로 보고 내용을 느슨한 형식으로 전달하려는 위험이 있다. (b) 대화형식의 매력은 질서, 간결함, 정확성의 희생을 담보로 한다. 그와는 반대로

대화형식이 방법론적인 묘사보다 선호되어야 할 재료들이 있다: (a) 만일 어떤 가르침이 너무도 *분명해서* 논의를 허용하지 않으며, 그리고 너무도 *중요해서* 아무리 자주 반복해도 충분치 않다면. (b) 어떤 철학적인 물음이 너무 *모호하고 불확실해서* 인간의 이성이 그 어떤 확정된 결정도 내릴 수 없을 경우에. 이 두 가지가 자연신학에 적중한다는 것이다: 그 어떤 진리도 신의 *실존*처럼 그렇게 분명하면서도 중요한 것은 아니다. 그와는 반대로 신적인 존재자의 *본성*과 관련된 물음들은 모호하고 논란의 여지가 있다는 것이다; 그러나 그것들은 너무도 흥미로워서 우리는 그것들을 항상 새롭게 탐구할 수밖에 없다는 것이다.

204_ 흄은 따라서 신들의 실존과 본질에 대한 키케로의 구분을 끄집어내고 있다. 키케로가 보여주려는 것은, 추론에 앞선, 각기의 철학적 증명에 종속되지 않은 앎이 있다는 것인데, 그것은 완전한 존재자가 실존한다는 것이다. 이 구분과 함께 흄은 동일한 목적을 따라가고 있는가? 그러나 두 물음들은 도대체 분리가 되는 것들인가? 사람들은 그것이 무엇인지에 대한 개념을 갖지 않고서 그것이 실존한다는 것을 알 수 있는가? 혹은 신의 본질에 대한 물음과 함께 신의 실존에 대한 물음도 좌초하는가? 어떤 의미에서 흄에게 신의 실존이 분명하다는 것인가? "어떤 진리가 신의 실존만큼 그렇게 분명하며 확실한가? 그것은 가장 무지한 시대에서도 인정되었고, 또한 가장 교육받은 정신들이 야심적으로 그것에 대한 새로운 증명과 논증을 만들려고 애썼다"(DnR 4). 흄은 여기서 키케로처럼 신의 실존에 대한 추론이전의 의식에 대해서 말하고 있는가? 혹은 다음과 같은 해석도 가능한가? 곧, 가장 무지한 시대들은 신 내지는 신들의 실존을 확신하고 있었

다; 그러나 사람들이 근거들을 구하기 시작하자마자 항상 새로운 논증들이 고안될 수밖에 없었는데, 왜냐하면 그것들 중의 어느 것도 지탱될 수 있는 것으로 입증되지 않았기 때문이다; 따라서 신의 본질에 대한 물음에서처럼, 이제까지의 결과는 "의심, 불확실성 그리고 논리적 모순들뿐이었다"(DnR 5).

3. 종교의 토대로서의 철학적 회의주의?

205_ *대화*는 사람들이 종교적 신앙을 철학적 회의주의의 토대위에서 구축할 수 있는지의 물음으로 시작된다(1부). 철학과 과학은 자부심과 자기만족감을 촉진하며 그것을 통해서 순진한 종교적 신앙을 파괴한다. 철학과 과학에서의 교육은 이 모든 가르침들이 얼마나 불확실하고 논란의 여지가 있는 것들인지를 보여주어야 한다; 철학과 과학은 우리에게 인간이성의 나약함, 몽매 그리고 제약성을 의식시켜야 한다. 필로는 확실한 지식의 전형으로 간주되는 물리학의 토대 안에 불확실성들이 있음을 지시하고 있다: "모든 체계들 내의 일차적인 근본명제들에 수반되는 극복할 수 없는 어려움들; 이미 물질, 원인과 작용, 연장, 공간, 시간, 운동, 간략히 말해서 저마다의 양(量) ― 몇 가지 근거를 가지고 확실성과 명증성을 주장하는 과학만의 대상들 ― 에 관한 개념들에 달라붙어 있는 모순들"(DnR 8). 우리는 학문들의 불확실성으로부터 종교적 신앙의 확실성에로 달아난다.

보편적인 회의주의는 생존할 수 없다는 고대이래로 제기된 반론을 ― 우리는 문을 통해서 방을 떠나지 창문을 통해서가 아니라는 것 그리고 우리는 중력을 의심하지 않으며 따라서 창문 아래로 떨어지면 해를 입게 된다는 것을 의심하지는 않는다는 식의 — 필로는 타당하게 여기지 않는다. 이론적인 회의주의가 우리의 행위를 방해할 필요는 없는 것이다. 내가 창문이 아니라 문을 통해서 방을 나가야 한다는 것을 알기 위해서 나는 이론물리학의 공부를 필요로 하지는 않는다. 살아가고, 행동하고 그리고 다른 인간들과 이야기를 나눌 수 있기 위해서 저마다는 "그와 같은 행동에로 강요하는 필연성이외의 다른 근거를 제시할 필요는 없는"(DnR 12) 것이다. 철학은 본질적으로 일상적인 사물들에 대한 반성이외의 다른 것이 아니다; 철학을 통하여 우리는 일상적인 행동 안에서 더 커다란 지속성과 안정성을 얻는다.

206_ 그러나 우리가 일상을 떠나서 세계의 현 상태의 전과 후의 두 영원성들을 반성하고, 세계의 창조에 대해서 그리고 "시작도 끝도 없이 전능하고 전지하며 불변하고 무한하며 파악할 수 없는 유일의 보편적 정신의 능력과 작용"을 반성하게 된다면 어떻게 될까? 무역이나 도덕, 정치 혹은 예술의 영역들과는 달리 우리는 여기서 우리의 숙고를 위해서 경험과 건전한 인간오성에 호소할 수 없다. "우리는 이국 땅에서 사는 사람들과도 같다. [...] 우리는 우리의 관습적인 사유방식을 그와 같은 영역에서 어느 정도까지 신뢰해야 하는지 알지 못한다; 왜냐하면 그러한 방식을 일상의 삶에 그리고 특별히 그러한 방식에 적합한 영역에 적용하는 것조차도 더 이상 정초되지 않으며, 그것은 전적으로 일종의 본능이나 필연성에로 환원된다"(DnR 13 이하). 종교적 확실성은 따라서 일상적 확실성과 구분되고 있다. 일상적 확실성은 이론적인 정초를 포기할 수 있으며 본능과 필연성에 의거할 수

있다; 종교적 신앙은 필로에 따르면 이러한 정당화의 가능성을 갖지 못한다. 우리가 일상적인 삶에서 멀어지자마자 회의주의는 자신의 온전한 힘을 획득한다; 논증과 반론은 그때 동일한 무게를 가질 것이며, 단지 판단을 보류하는 가능성만이 남게 될 것이다.

207_ 필로는 두 영역들을 구분하였다: 일상의 확실성과 종교의 물음들, 그리고 그는 이 구분을 통해서 일반적이고 포괄적인 이론적 회의주의에 대해 이런 말을 하려는 것이다: 논증이 관건이 되는 곳에서 회의주의는 권리를 가진다; 우리의 일상적 확실성은 논증이 아니라 본능과 필연성에 의거한다. 이제 클리안테스의 반론에 따르면, 이러한 이분법은 온전한 것이 아니다; 모든 이론적 정초가 균형 잡힌 논증에로 이끄는 것은 아니라는 것이다; 일반적인 신념에 따라 동의를 얻을 만한 이론적 정초들이 있다는 것인데, 그는 첫 번째로 뉴턴의 이름을 들고 있다. "그리고 지구의 운동에 대한 코페르니쿠스와 갈릴레오의 논증에 대해 개별적으로 어떤 반대도 할 수 없지만, 그럼에도 이러한 대상들이 너무 엄청나고 동떨어져 있어서 제약되고 속기 쉬운 인간이성이 그것들을 해명할 수 없다는 일반적인 명제에 근거해서 동의를 거부하는 사람에게 당신은 어떻게 반응할 것인가?"(DnR 14 이하). 클리안테스는 두 가지 형식의 회의주의를 구분하고 있다. 무지한 회의주의는 이해하기 힘들고 복잡한 증명과정을 요구하는 모든 것에 대해 편견을 품게 한다. 그것은 학문에 적대적이며, 그것을 지지하는 사람은 종교에 달갑지 않은 도움을 베푼다. 왜냐하면 그것은 자연신학의 명제들에 대해서뿐만 아니라 혼란스런 미신에도 동의하기 때문이다. 교육받은 철학적 회의주의자는 반대로 그와 같은 개

괄적인 편견을 멀리하고 모든 개별적인 분과의 논증들을 가려내어서 검증한다. 어째서 그는 신학적인 물음 안에서도 이러한 방식으로 진행해서는 안 되는가? 클리안테스는 자연신학이 다른 학문들과의 비교를 꺼릴 필요가 없다는 점을 주장하고 있다. "종교적 가설"은 학문이론적인 가치관 하에서 다른 학문들의 가설, 예컨대 역학이나 코페르니쿠스적인 체계의 가설들보다도 우월하다는 것이다. 왜냐하면 그것은 "가장 단순하고 분명한 논증에"(DnR 17) 기댈 수 있기 때문이라는 것이다.

208_ 이로써 *대화*의 종교철학과 종교비판을 위한 근본적인 방법론적 결정이 내려졌다: 종교의 합리성을 위한 척도는 과학의 합리성이다; 종교는 자신이 학문이론적인 표준에 부합함을 보여주어야 하며, 따라서 학문이론적인 논증들을 가지고 종교가 비판되는 것은 아니다. 클리안테스는 존 로크에 의기하고 있다: "로크는 신앙은 *이성적인 사유*의 특별한 형식이며, 종교는 다만 철학의 한 가지라는 것, 그리고 사람들은 신학의 모든 근본명제들을 — 자연적이든 계시된 것이든 — 발견함에 있어서 항상 도덕이나 정치 혹은 물리학에서의 진리발견의 과정과 유사한 논증방식을 이용했다고 공공연하게 감히 주장한 최초의 그리스도인이었던 것으로 보인다"(DnR 18). 명백하게도 여기서는 방법론일원론(Methodenmonismus)이 요구되고 있다. 종교가 철학의 한 부분이라면, 철학적 논증은 종교적 신앙의 인식적 전제이며, 이 논증과 함께 그것의 성패가 가늠된다. 그리고 이때 논증에 사용되는 방법론은 물리학의 방법론과 유사하다.

4. 클리안테스의 목적론적 논증

209_ 클리안테스가 자신의 '물리학적인' 논증을 제시하기 전에, 먼저 키케로의 구분과 함께 세 명의 대화상대자들이 어떤 점에서 일치하며 논쟁점은 무엇인지가 표명되고 있다. "여기서 토론되어야 하는 것은 신의 *실존*이 아니라 *본질*이다"(DnR 21). 데미아에게는 신의 본질은 신비이다; 그는 "어떠한 눈도 본 적이 없고 어떠한 귀도 들은 적이 없으며 사람의 마음에도 떠오른 적이 없는 것들"이라는 1코린 2,9의 말씀에 기대고 있고, 니콜라스 말브랑슈의 말도 인용하고 있다: "우리는 신이 어떤 존재인지를 긍정적으로 표현하기 위해서가 아니라 신이 물질이 아니라는 것을 나타내기 위해서 신을 영(Geist)이라 부른다"(DnR 22). 필로에게는 신의 실존은 의심의 여지가 없는 것이며, 이는 아무 것도 원인 없이 존재하지는 않기 때문이다. 그리고 "(그것이 어떤 상태로 되어 있든지) 이 우주의 근원적 원인을 우리는 신이라 부르며, 경외심을 가지고 모든 종류의 완전성을 그의 것으로 돌린다"(DnR 23). 그러나 필로는 모든 유비나 신의 완전성과 인간의 정신적 능력과의 유사성을 부인한다. 자연신학은 그런 까닭에 가능하지 않다; 신은 교회적 숭배의 대상이지 학문적 토론의 대상은 아니다. 왜냐하면 그것에 필요한 개념들이 우리에게 결여되어 있기 때문이다. "우리의 표상[ideas]은 우리의 경험보다 더 나아가지 못한다. 우리는 신적인 속성과 행위에 관한 어떤 경험도 갖고 있지 않다"(DnR 24). 반대로 클리안테스는 신의 실존뿐만 아니라 신이 인간의 정신 그리고 오성과 유사하다는 것을 증명하려는 후험적 논증을 제시한다. 그것은 경험으로부터의 논증이며, 그것은 다만 '신이 존재한다'는 진술이 *개*

연역으로 참이라는 것을 보여준다. 자연 안에서 수단과 목적이 서로 조율되어 있는 방식은 마찬가지로 인간적 활동의 산물에서도 발견된다. "따라서 작용들이 서로 비슷하기 때문에 우리는 유비의 규칙에 의해서 원인 또한 서로 비슷하다는 것과, 자연의 창립자가 인간정신과 어느 정도 유사하다는 결론에 이르게 된다"(DnR 24).

210_ 우선 클리안테스의 목적론적 논증에 대한 중요한 반론들을 살펴보기로 하자.

(1.) 정통신학자인 데미아와 회의주의자인 필로 역시 그가 신인동형론에 입각해 있고 그로써 신을 경시한다고 비난한다(DnR 25, 29). 반대로 클리안테스는 신과 창조물 사이의 닮음 혹은 유사성을 고수한다. 우리의 표상이 신의 실제적인 본질에 상응하지 않는다면, 우리는 아무런 의미내용도 없는 이름을 가지게 된다는 것이다(DnR 45).

(2.) 그와 연관되는 두 번째의 반론의 무리는 클리안테스의 신 개념의 일관성을 논박하고 있다. 그것과 양립할 수 없는 것은 (a) 신의 완전한 불변성과 단순성이다. 인간영혼은 다수의 능력들로 이루어져 있다; 그 감정이나 표상은 지속적인 변화의 지배를 받는다. 우리가 신 안에 있는 관념들의 우주를 세계의 원인으로서의 상정한다면, 이 우주는 자기편에서 다시금 하나의 원인을 요구한다(DnR 46, 48). (b) 신의 무한성이다. 원인은 작용에 적합한 것이어야 한다; 작용은 그러나 무한하지 않다. 따라서 우리는 무한한 원인에로 추론할 수 없다 (DnR 56). (c) 신의 완전성. 우리는 현존하는 체계가, 또 다른 가능한 혹은 현실적인 체계들과 비교했을 때, 중대한 결함을 내포하고 있는 지 혹은 특별한 칭송을 들을만한 것인지 말할 수 없다. 설사 세계가 완전하다고 하더라도, 이 완전성이 건립자에게 귀속될 수 있는지의

여부는 열려져 있다. 수공업자는 다른 것을 모방하며, 예술가는 오랜 시간에 걸쳐 많은 실수를 한 끝에야 비로소 어느 정도의 수준에 오른다. 이전에 서투르게 건립된 수많은 세계들이 존재했을 수도 있다 (DnR 56 이하). (d) 신의 유일성. "많은 사람들이 집이나 배를 건축 혹은 건조하는데, 도시를 세우는데, 국가를 건설하는데 참여한다. 어째서 여러 신성들이 세계를 고안하거나 구성하는데 함께 할 수 없는 것인가? 이것이 인간적인 영역과 훨씬 더 흡사할 것이다"(DnR 58).

(3.) 인식이론적이고 학문이론적인 반론들은 타당한 인과적 설명의 조건들에 대해서 묻는다. (a) 동일한 원인에로의 추론은 단지 동일한 작용으로부터만 가능하다; 유사한 원인에로의 추론은 작용의 유사성을 전제로 한다. 유사성이 적을수록 추론은 그만큼 약해진다. 목적론적인 논증에 있어서 우리는 매우 약한 작용의 유사성과 관계하고 있다. 우리는 많은 경우에 집들이 건축가에 의해서 건립되는 것을 경험했다. 우리가 집을 볼 경우에, 누가 그것을 건축했는지를 알지 못하고도 우리는 그것이 어떤 건축가에 의해서 지어진 것이라고 추론할 수 있다; 우리는 비슷한 작용으로부터 비슷한 원인에로 추론한다. 그러나 우리는, 필로의 반론에 따르면, 우주가 집과 유사하기에 집으로부터 건축가를 추론한 것처럼 우주로부터 건축가와 유사한 원인을 추론할 수 있다고 주장할 수는 없다. "비유사성이 너무도 현저하기에 당신이 여기서 주장할 수 있는 최선의 것은 추측 혹은 억측의 길을 통해 유사한 원인에로 추론하는 것이다"(DnR 26). (b) 한 현상의 원인은 결코 *선천적으로*(a priori) 규명될 수 없다. 모든 현상은 무한히 많은 설명들을 허용한다. 오직 경험만이 우리에게 한 현상의 참된 원인을 인식하게 해줄 수 있다. 수단을 목적에 순응시키는 것 그 자체

는 아직도 의식적인 계획에 대한 증명이 아니다. 그것은 오히려 경험이 우리에게 의식적인 계획으로부터 그러한 순응이 산출되고 있음을 보여줄 때에만 증명이 된다. "*선천적*으로 바라보았을 때, 정신과 마찬가지로 물질도 이미 항상 자신 안에 질서의 생성원리를 내포할 수 있다[...]. 두 가지의 가설들은 동일한 정도로 가능하다"(DnR 28 이하). (c) 경험으로부터의 증명은 단지 두 *종류(Arten)*의 사물들이 항상 함께 관찰될 때만 가능하다. 왜냐하면, 그럴 때에만 나는 "습관에 의해서 다른 사물의 실존을 *지각하는* 곳에서 한 사물의 실존을 *추론할* 수 있기 때문이다". 그러나 목적론적인 논증에서처럼 사물들이 그 종류에 있어서 단일한 곳에서는 이 증명이 가능하지 않다. 논증이 타당하려면 "우리의 경험이 세계의 생성을 포함해야만 할 것이다; 우리가 배와 집들이 인간의 고안과 제작에서 비롯되었음을 보았다는 것만으로는 확실히 충분하지 않다"(DnR 34). (d) 자연과학자들은 특별한 작용을 보다 일반적인 원인이나 법칙으로부터 설명한다. "그럼에도 그들은 특별한 작용을 특별한 원인으로부터 설명하는 것을 결코 충분하다고 간주한 적이 없는데, 그 원인은 작용 자체와 마찬가지로 파악하기 어려운 것이었다"(DnR 53). (e) 클리안테스의 유비원리를 가지고는 더 이상 합리적으로 결정될 수 없는 다수의 가설들이 정초된다. 클리안테스는 자연의 한 작은 부분, 말하자면 인간이 또 다른 작은 부분, 곧 그의 작용범위 안에 있는 생명 없는 물질에 대해 가하는 작용을 척도로 삼고, 그것에 따라서 전체의 근원을 판단한다. 그러나 세계의 구조와 더 커다란 유사성을 보여주며 그렇기 때문에 전체의 근원에 대해서 신뢰할만한 추측을 허용하는 우주의 또 다른 부분들이 (인간에 의해서 제작된 집이나 기계들 외에도) 존재한다: 식물과 동물들. 그러나 그렇게 되면 우주의 근원은 이성이 아니라 번식에로 돌려져야 한다(DnR 69 이하). "'번식' 혹은 '이성'이란 말은 다만 자연 속의 어떤 힘과 에너지를 말할 뿐인데, 우리는 그것들의 작용을 알 수는 있지만 그 본질을 파악할 수는 없다. 이 두 원리들 중의 어느 것이 다른 것에 우선시되어서 전 자연의 척도가 되지는 않는다." 우리에게 알려져 있는 세계의 부분 안에는 네 개의 원리들이 있는데, 그것들은 서로 비슷하며 비슷한 작용을 산출한다: 이성, 본능, 번식 그리고 생장; 이 원리들의 각각은 세계의 생성에 대한 이론을 제공할 수 있다. 이성이 우리에게 그 구조에 있어서 본능이나 생장보다 더 잘 알려져 있다면 [세계의 생성원리를] 이성에로 국한시키는 것이 용납될 수 있을 것이다. 그러나 실은 그렇지가 않다(DnR 71 이하). 클리안테스에 맞서서 필로는 이 반론을 이렇게 요약하고 있다. "지금과 같은 문제에서는 백 가지의 상반된 견해들이 불완전한 종류의 유비를 유지할 수 있다; 여기서는 고안해내는 힘에 어떤 한계도 설정되어 있지 않다." 그는 커다란 진력 없이도 계속적으로 세계생성에 대한 이론들을 제안할 수 있다는 것인데, "그것들은 어떤 식으로든지 진리일 가능성이 희미하게나마 있는 것들이다 — 비록 당신의 이론이나 나의 이론들 중의 하나가 참일 개연성이 천분의 일이나 백만분의 일일지라도"(DnR 77). 그렇기 때문에 "전적인 판단유보가 여기서 우리의 유일한 합리적 방책이다"(DnR 84).

211_ 필로는 12부에서 클리안테스의 목적론적 논증에 대한 그의 비판의 결과를 이렇게 요약하고 있다: 신성의 존재는 이성에 의해 명백하게 확인된다. 우리가 이러한 신성을 정신이나 혹은 지성으로 부를 수 있는지를 묻는다면, 그것은 마지막에 있어서는 언어적인 논쟁이다. 유신론자가 인정해야만 하는 사실은, 인간정신과 신적인 정신 사이에는 불가해하기에 측량할 수 없는 차이가 존재한다는 것이다. 무신론

자가 논박할 수 없는 사실은, 우주의 질서를 창조하고 오늘날까지 지탱하고 있는 저 원리는 "자연의 여타의 작용방식들, 특히 인간정신 그리고 사유의 조직과 어떤 멀고도 표상할 수 없는 유비를 보여주고 있다"(DnR 128)는 것이다. 전체의 자연신학은 "비록 어느 정도 불명료하거나 혹은 개괄적이라도, 단순한 명제인 *우주의 질서의 원인 또는 원인들은 아마도 인간지성과 어떤 먼 유비를 갖는다*"(DnR 141)로 환원된다.

5. 신의 자연적인 그리고 윤리적인 속성들

212_ 그러나 그러한 신은 여전히 숭배와 기도의 대상일 수 있을까? 인간은 그에게 여전히 신뢰와 희망을 둘 수 있는가? 그러한 신은 여전히 우리의 윤리적 행위를 위해 의미를 갖는가? 우리가 필로의 자연신학의 신 개념을 숙고할 경우에, 무엇 때문에 클리안테스가 신인동형론을 변호하는지가 분명해진다. 자연신학에 대한 그의 반론의 요지처럼, "도덕이 의심스럽고 불확실하다면, 무엇 때문에 우리는 신성의 자연적인 속성들을 천착해야"(DnR 100) 하는가? 클리안테스의 정당한 관심사처럼, 실증종교는 신인동형론을 포기할 수 없다. 실증종교와 자연종교 사이에 갈등이 생기는 곳에서 클리안테스는 실증종교의 편에 선다. 클리안테스는 신성에 정의, 선, 자비 그리고 성실 등의 도덕적 성질들을 귀속시키려 한다(DnR 98 이하). 그는 신학자들에게서 보듯이 '무한한'이란 말의 빈번한 사용에 반대한다; 우리가 종교의 목적에 더 잘 기여하는 것은 우리가 "더 정확하고 더 온건한 표현에 만

족하는 경우이다. *감탄할만한, 탁월한, 최고로 위대한, 현명한* 그리고 *신성한* 등의 개념들은 충분히 사람들의 표상능력에 양식을 제공한다. 그것들을 넘어서는 것은 모순에로 이끌 뿐만 아니라 감정이나 정서에 아무런 영향도 끼치지 못한다. 지금의 맥락에서 그것이 의미하는 바는 이렇다: 우리가 모든 인간적 유비를 버린다면[...], 종교 모두를 버리게 되어 숭배의 위대한 대상에 관한 그 어떤 표상도 유지하지 못하게 될 것이란 염려가 든다"(DnR 106).

213_ 클리안테스의 목적론적 논증이 귀결되는 신인동형적 신상(神像)은 이 같은 종교의 신인동형적 신상에 한참 뒤쳐져 있다; 그것은 다만 신의 자연적인 속성들에 대해 무엇인가를 말할 뿐, 도덕적인 속성들에 대해서는 아무 것도 말하지 않는다. 필로가 강조하듯이, 자연의 합목적성은, 비록 그 원인이 미결인 채로 있기는 하나, 논란의 여지가 없는 현상이라는 것이다. 그러나 그는 묻기를, 무엇이 "모든 생명체들 안에서 인식되는 이 놀라운 기예와 조직의 목적인가? 개체의 보존 그리고 종의 전파이다. 우주에서의 그러한 연속이 개별적인 지체들의 행복을 어떤 방식으로든 돌보거나 그것에 주의를 보내지 않고서도 보장되어 있다면, 그것은 자연의 목적에 충분해 보인다. 이 목적을 위해서 그러한 연속은 어떤 수단도 준비하지 않는다". 그렇게 해서 필로에게는 변신론의 문제가 생겨난다: 신의 힘과 지혜는 무한하다; 그러나 인간이나 그 어떤 다른 생명체도 행복하지 않다; 따라서 신은 그들의 행복을 원치 않는다. 인간지식의 전 영역에서 "그보다 더 확실하고 명백한"(DnR 99) 추론은 없다는 것이다. 변신론의 문제는 필로에게는 철학적 신학에 대한 반론이지, 종교적 신앙에 대한 반

론은 아니다. 만일 제약된 지성이 우주가 "비록 유한하기는 하지만 매우 선하고 지혜로우며 강력한 존재자의 창조물이라는 것"을 미리 알았더라면, 그는 세계 내의 악을 보게 될 경우에도 그 자신의 제약된 인식에 근거해서 악에 대한 설명들이 있다고 상정할 수밖에 없다(DnR 107). 몇 가지 가정과 가설들을 전제로 해서 세계는 그러한 신성에 대한 표상과 양립할 수 있다는 것이다; 그 전제는 그러나 우리로 하여금 결코 신성의 존재를 추론하는 것을 가능하게 해주지는 않는다는 것이다(DnR 109). 삶은 선과 악의 특별한 혼합을 제공하기 때문에, 필로에 따르면 우주의 최초의 원인에 대한 네 가지의 가설들이 있을 수 있다: "그것이 완벽한 선을 부여받았다는 것; 그것이 완벽한 악을 갖는다는 것; 그것이 대립된 본성을 가진다는 것, 그래서 선과 악 모두를 소유한다는 것; 그것이 선도 악도 아니라는 것이다. 첫 번째의 두 가지 통일적인 원리들은 혼합된 현상을 결코 증명할 수 없다. 그리고 일반적인 법칙성의 균일성과 견고함은 세 번째 것에 반대가 된다. 따라서 네 번째 것이 단연 가장 그럴듯해 보인다"(DnR 119).

따라서 필로에 따르면 자연신학은 세계 내의 선과 악에는 무관심한 최초의 원리에로 이끈다. 그에 따르면 변신론의 문제는 단지 두 가지 전제들 하에서만 해결된다: 우리는 우리의 경험에 앞서서 우주가 선하고 지혜로운 창조주의 작품이라는 것을 알아야 하며, 이 창조주에게 그 어떤 무한한 속성들도 귀속시켜서는 안 된다. 클리안테스 역시 인정해야만 하는 것은, 목적론적인 논증의 도움을 받아서는 신의 도덕적인 속성들이 증명되지 않는다는 것과 그런 한에서 자연신학은 종교의 신에게로 귀결되지는 않는다는 것이다. 우리가 신에게 도덕적인 속성을 귀속시키고자 한다면, 우리는 현상의 토대를 넓히고 인간의 상황을 함께 참작해야만 한다. 필로는 신이 인간의 안녕이나 고통에 대해서 무관심하다고 주장한다. 자연의 모든 합목적성에 있어서 우리가 어느 정도 자연스럽게 신의 무한한 선성을 추론할 수 있는 그런 "인간적 삶이나 인류의 상태에 대한 어떤 관점도" 존재하지 않는다는 것이다(DnR 104). 클리안테스는 동의한다: 이러한 현상묘사가 옳다면, 그와 함께 종교의 토대가 상실된 것이다. "만일 당신이 지금의 요점을 믿을만하게 만들고 인류가 불행하고 타락했다는 것을 입증한다면, 단번에 모든 종교는 종말을 맞는다. 왜냐하면, 도덕이 매우 의심스럽고 불확실하다면, 무엇 때문에 사람들은 신성의 자연적 속성들을 천착해야 하는가?"(DnR 100). 클리안테스는 신의 자연적인 속성들에 있어서처럼 경험을 거쳐서 신의 도덕적인 속성들에 이르고자 한다. 그리고 이것은 그가 인간적 삶에 대한 미심쩍은 낙천적 관점을 종교의 토대로 삼는 방식 속에서만 가능하다. "신의 선성을 지지하는 유일한 길은 (이것이 내가 기꺼이 수용하고자 하는 것이다) 인간의 고통과 사악함을 전적으로 부인하는 것이다. [...] 건강이 질병보다 더 빈번하며, 기쁨이 고통보다, 행복이 불행보다 더 빈번하다. 우리가 마주치는 하나의 고통에 비해서 우리는 어림잡아 백배의 기쁨을 경험한다"(DnR 101 이하). 필로와 마찬가지로 클리안테스는 신에게 무한한 속성들을 귀속시키는 철학적 신학이 변신론의 문제를 해결할 수 없다고 생각한다. 세계와 인간 삶 안에서 우리가 선과 악을 만난다는 것은 신의 무한한 속성들과 양립될 수 없다; 이러한 현상의 상태로부터 우리는 더더욱 신의 무한한 속성들을 증명할 수 없다. "그러나 우리가 자연의 창조자가 지니는 완전성이 비록 인간의 완전성보다 훨씬 더 우월하다 할지라도 그것을 유한한 것으로 바라본다면, 자연적이고 도덕적인 악에 대한 만족할만한 설명은 가능하다"(DnR 106).

6. 이신론, 신인동형론, 유신론

214_ 흄의 *대화*는 철학자들의 신과 성서의 신 사이에서 외견상 조정하기 어려운 틈새를 열어놓는다. 1783년에, 즉 대화가 쓰여 진 지 4년 후에, 칸트의 *학문으로서 등장할 수 있게 될 미래의 모든 형이상학에로의 입문(Prolegomena)*이 출간된다; 이 저서는 § 57과 § 58에서 *대화*와 대질하고 있다. 칸트는 이신론적 신 개념과 유신론적 신 개념을 구분하고 있다. 이신론적인 개념은 신을 순수한 오성개념들을 통해서 사유하고 있는데, 예컨대 모든 실재를, 이 실재가 어디에 존립하는지 제시함이 없이, 자신 안에 포함하는 존재자로서, 또는 신의 인과성이 어떤 특성을 지니는지 말함이 없이, 신을 원인으로서 사유한다. 유신론은 신에게 특정한 속성들을 부여하는데, 예컨대 오성과 의지이다; 유신론은 신의 인과성이 기계나 집을 제작할 때의 인간의 인과성과 유사하다고 주장하면서 신의 인과성을 규정한다. 칸트는 이신론에 대한 흄의 반론들이 약하다고 판단한다; 그것들은 단지 증명들에만 적중하지, 그럼에도 불구하고 유신론에 반하여 매우 강하고 "몇몇 (실제로는 모든 통상적인) 경우들에서 논박할 수 없는" 이신론의 테제 자체에는 적중하지 못한다는 것이다. 흄이 보여주려는 것은 유신론이 신인동형론과 분리될 수 없고 이를 통해서 자체적으로 모순적이라는 것이다. 사람들이 신인동형론을 포기하려 한다면, 이신론 밖에는 아무 것도 남지 않는다는 것인데, "그로부터 사람들은 아무

것도 만들지 못하며, 그것은 우리에게 아무런 도움도 못 되며, 종교나 윤리의 토대에 아무런 기여도 할 수 없는 것이다"(AA 4,356). 칸트에 따르면, 흄은 따라서 철학적 신학을 다음과 같은 딜레마에 처하게 한다: 그 자체 모순적인 신인동형론이거나 아니면 종교적으로 무의미한 이신론. 칸트는 이 딜레마를 이렇게 표현하고 있다: 우리가 원초적 존재자를 "순수한 오성개념들만을 통해서" 사유한다면, 가령 원인의 개념을 통해서 사유한다면, "우리는 그를 통해서 실제로는 그 어떤 것도 규정된 것으로 사유하는 것이 아니며, 따라서 우리의 개념은 의미가 없는 것이다". 신이 우주의 원인이라고 말하는 것은 충분치 않다; 우리는 그의 인과성이 어떤 특성을 지니는지도 제시해야만 한다. 그러나 우리가 원초적 존재자를 "감각세계로부터 차용한 속성들을 통해서" 사유한다면, "그것은 더 이상 지성적 존재자가 아니라, 현상들 중의 하나로 생각되고 있으며 감각세계에 속하는 것이다"(AA 4,355). 신인동형론이 불가피한 것이라면, "그들이 원하는 증명들은 최상의 존재자의 현존에 관한 것이고자 하며, 모든 증명들에 시인되어야 하는 것은, 이 존재자에 대한 개념은 그럼에도 불구하고 우리를 모순에 연루시킴이 없이는 결코 우리에 의해서 규정될 수 없다는 것이다"(AA 4,356).

칸트가 여기서 말하고 있는 이신론에서 유신론에로의 행보를 재차 분명히 하기 위해서 *대화*의 본문으로 시선을 돌려보도록 하자. 칸트가 논평하고 있듯이, 필로는 "한 필수적인 가설로서의 원초적 존재자에 대한 이신론적 개념을" 용인하고 있으며, "그 안에서 사람들은 원초적 존재자를 실체나 원인 등과 같은 순수한 존재론적인 술어들을 통해서 사유한다"(AA 4,358). 필로가 *대화*의 2부에서 진술하고 있듯이, "어떤 것도 원인 없이는 존재하지 않는다. 그리고 이 우주의 (그것이 어떤 것이든지 간에) 근원적인 원인을 우리는 신이라 부르며, 경외심으로 모든 종류의 완전성을 그 원인에 돌린다." 따라서 필로는 세계가 원인을 가진다는 것에 이의를 제기하지 않는다; 인과성의 범주나 오성개념은 가능한 경험의 영역에 국한되어 있지 않으며, 어떤 것도 원인 없이는 존재하지 않는다는 것은 무제약적으로 타당한 것이다. 그럼에도 불구하고 그것은 단지 이신론적 신 개념, 곧 모든 완전성을 소유하고 있는 신에게로 귀결된다. 그러나 이러한 완전성들에 대해서 우리는 어떤 개념도 갖고 있지 않다. 왜냐하면 "저마다의 경험 가능한 완전성은 전적으로 상대적이기 때문이다"(DnR 23). 신인동형론적인 유신론에로의 행보는 클리안테스에 의해서 수행되고 있다. 그는 세계가 원인을 갖는다는 것을 확인하는데 만족하지 않고, 이 원인이 어떠한 것인지를 묻고 있다. 필로의 이신론적 논증은 *선천적인(a priori)* 것이다. 그에 반하여 클리안테스는 "*후천적인 논증을 통해서* ― 오직 이 논증만을 통해서 ― [...] 동시에 신성의 존재와 그것의 인간정신 내지는 오성과의 유사성을" 입증하려고 한다(DnR 25). 이를 위해 그는 유비추론을 이용하고 있는데, 이는 필로에 의해서 비판되고 있다. *대화*가 두 개의 상이한 인과성의 개념들을 알고 있다는 것을 확인하는 것이 중요하다: 하나는 칸트가 명명하고 있듯이 순수한 오성개념인데, 이것은 원인이 어떠한 것인지에 대해서 열려 있다(필로의 인과개념). 그리고 다른 하나는 경험적으로 정초될 수 있는 인과법칙들인데, 이것들은 작용의 종류로부터 원인의 종류에로 추론하는 것을 허용한다(클리안테스의 인과개념).

215_ 흄의 딜레마, 곧 '종교적으로 무의미한 이신론이거나 아니면 신인동형론적이기 때문에 그 자체로 모순적인 유신론'이라는 진퇴양난

은 어떻게 해결되고 있는가? 칸트가 *프로레고메나*에서 제안하고 있는 길은, 논박할 수 없는 모든 차이점들에 접해서도, 토마스 아퀴나스의 길과 공통점을 보여준다. 토마스와 칸트는 우리가 신의 본질을 파악할 수 없다는 점에서 필로와 일치한다. "우리는 신이 무엇인지를 알지 못한다"고 토마스는 쓰고 있다(S.th. I 2,1). 그리고 *프로레고메나*에 적혀 있기를, "최상의 존재자는 그 자체로 존재하는 바에 따라서는 우리에게 전혀 불가해하며 특정한 방식으로는 심지어 사유 불가능한 것이다"(AA 4,359). 우리가 신에 관해 진술할 경우, 우리는 세계와 신의 관계에 대해 말하는 것이지, 신이 그 자체로 무엇인지에 대해 말하는 것은 아니다. 칸트가 쓰고 있듯이, 우리가 신을 규정하는 것은 "그때마다 세계를 향해서, 그리고 그와 함께 우리를 향해서이며, 그 이상은 필요치 않다"(AA 4,358); 유신론은 신이 그 자체로 어떤 존재인지에 대해 진술하고 있으며, 이때 그것을 위해서 세계와 인간으로부터 소재들을 취하고 있다는 흄의 공격은 따라서 옳지 않은 것이다. 칸트는 클리안테스의 유비의 개념을 교정하고 있다: 유비란 두 사물의 불완전한 유사성을 의미하는 것이 아니라, "전적으로 닮지 않은 사물들 간의 두 관계들의 완전한 유사성을 의미한다"(AA 4,357)는 것이다. 그는 다음의 보기를 들고 있다: "최고의 원인의 인과성은 세계를 고려할 때의 것인 바, 이는 인간이성이 자신의 예술품들을 고려할 때의 그 무엇이다". 여기서 두 개의 작용들이 알려져 있다: 이성적인 세계질서와 나에게 알려져 있는 인간이성의 작용들. 세계질서와 최고의 원인의 관계는 따라서 인간이성과 그것의 생산물 간의 관계와 완전히 유사하다; 두 경우들에서 관건이 되는 것은 합목적적인 작품을 만들어내는 인과성이다. 최고의 원인은 인간이성과 마찬가지로 합목적적인 생산물을 만들어내기 때문에, 따라서 그 작용으로부터, 그것은 이성이라 불려 지는데, "그렇다고 해서 내가 이 표현으로 인간에게서 이해하는 바의 것과 동일한 것을, 혹은 그 밖에 나에게 알려져 있는 어떤 것을 그 원인에 그것의 속성으로서 첨가함이 없이 말이다"(AA 4,360 Anm.); '이성'이라는 표현은 단지 "우리에게는 알려져 있지 않은 최고의 원인이 세계 안에서 모든 것을 최상의 정도로 이성적으로 규정하기 위해서 세계와 맺고 있는"(AA 4,359) 관계만을 가리킨다.

216_ 그에 반하여 흄은 이렇게 이의를 제기할 수 있을 것이다: 비록 우리는 두 사물들의 유사성을 가정하는 것은 아니지만, 그래도 두 관계들의 유사성을 가정하고 있다. 원초적 존재자와 세계와의 관계가 인간이성과 그것의 생산물과의 관계와 유사하다는 우리의 가정을 어떻게 정당화하는가? 어째서 우리는 비교를 위해서 이러한 관계를 끌어오고, 가령 낳는 자와 낳아진 것 사이의 관계 혹은 본능과 그것의 생산물과의 관계를 끌어오지는 않는가? 유비가 즉자적인 원초적 존재자에 대해 아무런 진술도 하지 않는다 하더라도, 그것은 그 존재자의 인과성의 종류에 대해서는 진술하고 있으며, 그렇다면 어째서 우리는 이러한 종류의 인과성은 받아들이고 다른 종류의 인과성은 받아들이지 않는가? 칸트는 선험철학적인 대답을 내리고 있다: 우리는 "최상의 이성을 세계 내의 모든 연결들의 원인으로서" 가정해야만 한다. 왜냐하면 그것이 모든 가능한 경험의 통일성을 묻는 이성의 사용을 "최상의 정도로 촉진시키기 위한"(AA 4,358 이하) 유일한 길이기 때문이다. *프로레고메나*는 신인동형론이라는 이의제기에 내맡겨져 있지

않은 유신론적 신 개념을 발전시키고 있다. 그러나 이러한 신 개념이, 칸트가 유신론적 개념으로부터 그것을 요구하는 것처럼, 종교와 윤리성의 토대로서 기여할 수 있는가? 이 물음은 두 번째 *비판서*에서 대답되고 있는데, 거기서 칸트는 신의 개념이 도덕에 속하는 개념이라는 것을 보여주고 있다(§ 174).

217_ 토마스에 따르면 신은 피조물로부터 그것의 원인으로서 인식되고 있다. 우리가 신에 대해 진술하는 술어들은 그의 즉자적인 본질을 표현하는 것이 아니라, 피조물에 대한 그의 관계를 말하는 것이다. 동일한 용어가 신과 피조물에 대해서 진술될 경우, 그것은 일의적으로 사용되고 있는 것이 아니다. 창조된 사물들 안에서 서로 상이하게 그리고 개별적인 사물들에 할당되고 있는 완전성들은 신 안에서는 나누어지지 않은 통일성으로서 존재한다. 우리가 한 인간에 대해서 그가 현명하다고 말할 경우, 우리는 그것으로써 그의 본질이나 또 다른 완전성들과는 상이한 속성을 지칭하는 것이다; 우리가 그것을 하느님에 대해 진술할 경우, 우리는 그것으로써 그의 본질이나 존재와는 상이한 어떤 것을 지칭하는 것이 아니다. 인간에 대해 진술되었을 때, '현명한'이라는 용어는 의미된 사안을 우회적으로 표현하고 파악하는 것이다; 그것이 신에 대해 진술될 경우는 사정이 다르다; 오히려 지칭된 사안은 파악되지 않은 채 그리고 용어의 의미를 넘어서는 무엇인가로 남는다(S.th. I 13,1 그리고 5).

필로에 따르면 신의 완전성들은 인간적 피조물의 완전성들과 아무런 "유비 혹은 유사성"을 갖지 않는다. 우리는 "[...] 신의 속성들이 인간에게서 그에 상응하는 속성들과 그 어떤 유사성을 갖는다고 생각해서는 안 된다"(DnR 23). 토마스 아퀴나스는 어떤 피조물이 신과 유사할 수 있는지를 묻고 있으며, 유사성이 대칭적인 관계라는 것에 반론을 펴고 있다: 만일 한 피조물이 신과 유사하다면, 신은 이 피조물과 유사하다. 이러한 반론을 달리 표현하자면, 우리는 이신론적인 신 개념과 신인동형론적인 신 개념 사이에서 결정을 내려야만 한다. 그에 반하여 토마스는 "우리와 비슷하게 우리 모습으로 사람을 만들자"(창세 1,26)라는 성서의 진술을 내세운다. 토마스의 해결책은, 유사성이 대칭적인 것이 아니라 비대칭적인 관계라는 것이다: 인간을 묘사한 그림은 인간과 유사하지만 인간이 그의 초상과 비슷한 것은 아니다. 피조물이 신과 비슷하다는 것으로부터 신이 피조물과 비슷하다는 것이 귀결되지는 않는다; 우리는 한 피조물에 대해서 그것이 신과 비슷하다고 진술할 수는 있지만, 신에 대해서 그가 피조물과 유사하다고 진술할 수는 없다(S.th. I 4,3 ad 4). 신의 무한한 완전성은 따라서 유신론적 신 개념을 배제하지 않는다; 우리는 신인동형론에 떨어짐이 없이도 피조물과 신 사이의 유사성을 주장할 수 있다. 피조물들의 완전성들은 신의 단일하고 무한한 완전성의 작용들이자 불완전한 모사들이다. "마치 태양이 그 자신의 단일한 힘에 상응해서 여러 형태의 다양한 형식들을 저 더 낮은 영역들 안에서 산출해내는 것처럼"(S.th. I 13,5). 그러한 신 개념은 종교와 윤리성의 토대로 기여할 수 있다. 신의 존재는 모든 완전성들, 따라서 윤리적인 완전성들 또한, 자신 안에 포함한다; 토마스는 신의 정의와 자비를 따로 다루고 있다(S.th. I 21). 인간의 마지막이자 완전한 행복은 신의 본질을 관조함에 있다(S.th. I 3,8). 그리고 신은 모든 선의 근원으로서 사랑의 대상이다(S.th. II 26,3).

토마스는 목적론적인 논증에 대한 필로의 비판에 어떻게 답할 수 있을까? 클리안테스나 칸트와는 달리 토마스의 다섯 째 길은(S.th. I

2,3) 유비추론의 형식을 갖지 않는다; 그것은 따라서 신인동형론이라는 반론에 내맡겨져 있지 않다. 토마스는 하나의 현상으로부터 출발한다: 우리는 어떤 인식도 갖지 않은 존재자들이 어떤 목적 때문에 활동하고 있음을 본다; 그들은 항상 혹은 자주 최상의 것에 도달하려는 방식으로 활동하고 있다; "그렇기 때문에 그들은 우연을 통해서가 아니라 어떤 의도에 근거해서 목적에 도달한다는 것을 [우리는] 분명히 알아챌 수 있다". 두 번째 전제는 이렇게 묘사된 현상의 필요하고도 충분한 조건을 명명하고 있다: "그러나 아무런 인식도 갖지 않은 것은 오직 그것이 한 인식하는 존재자이자 지성적인 존재자에 의해 조종될 경우에만 목적을 추구할 수 있다." 필로는 현상묘사의 첫 부분에 대해서는 동의할 것이다: "우주와 특히 그 부분들을 바라봄에 있어서, [...] 목적인들의 아름다움과 적합성은 우리에게 저항할 수 없는 힘으로 다가오기에, 모든 반론은 단지 궤변적인 흠잡기로 보인다"(DnR 104). 그럼에도 그는 이러한 목적정향이 단지 의도를 통해서만 가능함이 명백하다는 점에 대해서는 동의하기를 주저할 것이다; *대화*의 8부는 원자론적-역학적인 세계상의 가능성을 숙고하고 있다. 필로는 토마스에게 어떻게 해서 그가 두 번째 전제에 이르게 되는지를 물을 것이며, 그것이 표명되지 않은 유비추론의 결과라고 주장할 것이다. 그는 토마스가 정신적 인식의 능력을 갖지 않는 존재자의 목적지향적인 행동에 대해서 비록 충분한 조건을 거명하고 있지만, 충분하면서도 필연적인 조건은 명명하고 있지 않다고 주장할 것이며, 동일한 정도의 개연성을 갖는 또 다른 충분한 조건들을 거명할 것이다. 토마스는 필로에 의해 거명된 또 다른 조건들이 마지막에 있어서는 충분하다는 것에 이의를 제기할 것이다.

7. 종교와 도덕

218_ 『대화』의 12부는 종교의 두 형식들을 구분하고 있다: "참된" 혹은 철학적인 혹은 합리적인 종교와 "세상에서 일반적으로 발견되는"(DnR 136) 종교. 참된 종교는 매우 적은 사람들에게 한정되어 있다; 종교에 대한 비판은 그렇기 때문에 우리가 일반적으로 마주치는 널리 유포된 종교의 형식을 향해야 하며, 흄에게 있어서 그것은 마지막으로는 세속적인 미신이다. 필로가 클리안테스의 신인동형론적인 신상에 대한 비판 안에서 부각시킨 대로의 순수한 이성종교는 인간의 삶 내지는 감정들과 어떤 관계도 없다; 그것은 순수한 이성의 구성물이며, 이론적인 철학 내에서의 규율이자 입장이다. 그것은 기껏해야 신의 자연적인 속성에로 접근하는 통로가 되지만, 신의 윤리적인 속성에로는 아니다. 그리고 그것이 이르게 되는 결론은 "신성의 도덕적 속성이 인간의 덕과 유사한 것보다는 신성의 자연적 속성이 인간의 자연적 속성과 더 큰 유사성을 갖는다"(DnR 129)는 것이다. 필로는 세네카의 문장으로 그 결론을 요약하고 있다: "'신을 인식하는 것이 그를 숭배하는 것이다'"(deum colit, qui novit: 신을 숭배하는 자는 그를 아는 자이다; Seneca, Epistulae morales 95,47); 숭배의 다른 모든 형식은 "불합리하고 미신적이며 심지어 불경스럽다"(DnR 140)는 것이다. 전체의 자연신학이 환원되고 있는 한 문장을 상기해 보자: "*우주 내의 질서의 원인 혹은 원인들은 아마도 인간의 지성과 그 어떤 먼 유사성을 갖고 있다.*" 필로가 강조하고 있듯이, 이 문장은 "인간적 삶을 건드리거나 혹은 그 어떤 행위나 혹은 부작위의 동기가 될 수 있는" 결론을 허용하지 않는다. 그것이 야기하는 그리고 이성종교

가 허용하는 유일한 감정들은 대상의 위대함에 대한 약간의 놀라움, 그 대상의 어두움에 대한 어떤 우울함 그리고 인간이성에 대한 어떤 경멸로서, 이성은 그처럼 장엄한 문제에 대해서 아무런 더 만족할만 한 해결을 발견할 수 없다는 감정이다(DnR 141).

널리 유포된, 대중적인 종교는 한갓 가상을 통해서 그 신봉자들을 기만하며, 그것이 인간들에게 불어넣는 공포는 일반적으로 그것이 선사하는 위로를 능가한다. 필로는 하나의 모순을 지시하고 있다: 종교는 삶에 위로를 그리고 불행에 대해서는 지지대를 선사하려 하며, 동시에 그것은 "저주받은 자들이 선택된 이들보다 수적으로 무한히 우월하다"(DnR 138)고 가르친다. 종교를 추진시키는 힘이자 그것을 지탱하는 감정은 공포와 희망이며, 각자가 자신에 상응하는 대로의 신성의 상을 형성한다. 명랑하고 원만한 상태에 있는 사람은 종교에 관해 생각하지 않는다; 그는 일과 다른 사람들과의 교제 그리고 오락을 구한다. 그러나 종교가 비록 이따금 확신과 고양된 행복감을 선사할 수 있다 하더라도, 여전히 "공포가 종교의 근본원리로서 항상 그 안에서 지배적이며, 단지 짧은 시간동안만 즐거운 기분을 생기게 한다"(DnR 139)는 점이 타당하다. 종교는 인간의 감정적 삶을 분열시킨다; 그것은 인간을 영원한 행복과 영원한 저주 사이의 불확실함 속에 지속적으로 부유하게 만들면서 인간의 내적인 평온과 침착성을 파괴한다. 신은 아첨과 선물에 감염되기 쉬운, 지조 없는 인간의 수준에로 설정되고 있다; 종교는 신을 심지어 "이성도 인간성도 없이 자신의 힘을 행사하는 변덕스러운 악마로"(DnR 140) 설정한다.

클리안테스는 말하기를, "종교의 모든 형식은, 그것이 얼마나 타락했든지 간에, 항상 전혀 종교가 아닌 것보다는 훨씬 낫다." 미래의 실존에 대한 가르침은 매우 강하고 필수적인 도덕의 보증이기 때문에 우리는 그것을 결코 포기해서는 안 된다는 것이다(DnR 130 이하). 그와는 반대로 필로가 제시하는 테제는 "자연적인 정직과 자비의 가장 미소한 흔적도 신학적 이론과 체계의 가장 위대한 조망들보다도 사람들의 행위에 더 커다란 결과를 갖는다"(DnR 132)는 것이다. 종교는 정의와 인간애에 대한 자연적 동기를 극도로 약화시킨다. 영원한 구령(救靈)에 대한 고려는 "자비로운 감정의 발흥을 억제하고, 편협하고 옹졸한 이기주의를 만들어내는데 적합하다. 그러한 기질이 조장될 때, 그것은 사랑과 자선의 일반적 계명들을 쉽게 피해간다." 수많은 종교적 수행들은 외부를 향해서 경건과 열성을 가장하면서 위선을 양육한다; 이것이 "종교의 최고의 열광과 가장 깊은 위선이 — 모순을 만드는 것과는 거리가 멀게도 — 종종 또는 일반적으로 동일한 인격체 안에서 통합되어 있다는 저 일반적인 관찰의 근거"이다. 종교는 불화와 공명심을 위한 구실로서 기여한다; 공적인 삶에 대한 그것의 결과들은 시민전쟁, 박해, 억압이다. 종교의 이익이 관건이 되는 곳에서 도덕은 무력하다; "사안의 신성함은 그것을 촉진하는데 사용되는 모든 수단을 정당화한다"(DnR 134).

219_ 『대화』 12부에서의 흄의 종교비판은 이분법으로 작업하고 있다: 종교는 순수한 이성종교이거나 아니면 미신이다. 양자택일의 첫 항은 환원이다; 종교의 현상은 시야에 들어오고 있지 않다; 종교는 합리적인 구성물로 환원되고 있으며, 그것은 삶을 위해서는 무의미한 것이다. 비판은 이분법의 두 번째 항에 향해져 있으며, 그것은 그것이 출발하는 바로서의 종교이해를 통해서 동어반복이 되고 있다; 비판되고 있는 것은 종교의 오류형식이며, 하나의 오류형식이 비판을 받을만하다는 것은 진부함 이상이다. 종교의 오류형식이 존재하며 종교는 수

많은 남용에 내맡겨져 있다는 것, 그 점에 대해서는 성서의 거의 모든 쪽이 말하고 있다. 공포가 일상적인 종교의 근본원리라고 흄이 강조할 때, 우리는 비트겐슈타인의 관찰을 떠올리게 된다: "종교적 신앙과 미신은 완전히 상이한 것들이다. 하나는 공포에서 발원하며 그릇된 학문의 종류이다. 다른 하나는 신뢰이다"(VB 551).

순수한 이성종교와 미신 사이에서 — 그 안에서 나는 *대화* 12부에서의 종교비판에 대한 결정적인 물음을 본다 — 제 삼의 것이 있는가? 필로는 결론짓기를, "철학적 회의론자가 되는 것이 교육받은 사람에게는 진정한 그리고 신앙심 있는 그리스도인이 되는 첫 번째이자 가장 중요한 행보이다"(DnR 142). 그리스도교의 형식이 구해지고 있는 세 번째 것인가? 진정한 그리스도교는 인간이성의 한계에까지 내밀려져서 회의론자가 되어버린 교양인들에 의해서만 살아질 수 있는 것인가? 이러한 의미에서 흄에게도 "나는 신앙에 자리를 내어주기 위해서 지식을 포기해야만 했다"(KrV B XXX)는 칸트의 문장이 적용되는가? 물론 이것은 흄에게 있어서는 순수한 이성신앙(§§ 165-167)이 아니라 기껏해야 신앙주의적 신앙이겠지만. 단순한 사람들에게도 진정한, 신앙심 있는 그리스도인이 되는 길이 존재하는가, 혹은 일상적인 그리스도교는 필연적으로 미신의 형식인가? 흄의 *대화*는 우리에게 이런 물음들만을 남겨놓고 있다. 그의 동시대인의 대답이 1777년 옥스퍼드에서 익명으로 출간된 한 편지에서 발견된다: "우리 모두는, 귀하, 흄 선생의 어휘에서 **미신**이란 말이 무엇을 의미하며, 그의 창이 이 이름 아래서 어떤 종교를 겨누고 있는지를 알고 있습니다"(Gaskin 1978, 148).

II. 종교의 자연사

1. 두 개의 물음들

220 *자연사*의 *서론*은, 종교에 대한 연구는 무엇보다도 두 물음들에 몰두해야 한다는 말로 시작된다: (a) 종교는 이성 안에서 어떤 토대를 갖는가? 이것은 *대화*가 논의하고 있는 물음이지만, *대화*의 불명료하고 극미한 대답(§ 211)과는 달리 흄은 자연사에서 그 물음이 "매우 명백하고 적어도 매우 명료한 해결"을 허용하고 있다는 점에서 출발한다: "세계의 전체적인 구조는 지성적인 창립자를 드러낸다"(NR S. 1). 그러나 이러한 확신은, 흄이 강조하고 있듯이, 전체의 우주를 규정하는 통일적인 법칙들을 인식하고 있는 자연과학적 탐구의 결과이며, 그로부터 유일하고 나누어지지 않은 지성을 창립자로서 추론하는 철학적 숙고의 결과이다(NR § 15). 교양 있는 사람에게 일단 이러한 표상이 주어지고 나면, 그는 그것을 물리칠 수 없다. 그러나 그러한 표상이 그에게 주어질 수 있기 위해서는 수많은 전제들이 필요하며, 더욱이 자연과학의 발전이 필요하다. (b) 인간본성 안에서 종교의 근원은 무엇인가? 첫 번째 물음이 더 중요하다고 하더라도, 두 번째 물음은 훨씬 더 대답하기가 어려운데, 그 이유는 민족들과 사람들의 종교적 표상들이 그토록 상이하기 때문이라는 것이다. "사람들은 [...] 그 어떤 종교적 감성도 갖지 않은 몇몇 민족들을 발견했고, 두 민족이나 심지어 두 사람도 동일한 감성 안에서 정확히 일치하지 않았다." 비가시적이고 지성적인 힘에 대한 "선개념"(preception)은

— 이로써 흄은 키케로의 *신들의 본성에 관하여*(*De natura deorum*)의 테제(§ 200)에 반대하고 있다 — 그렇기 때문에 "근원적인 본능이나 혹은 가령 자기애, 성적인 애착, 후손에 대한 사랑 그리고 감사와 질투의 느낌을 산출하는 인상처럼 자연의 첫 번째 인상에서 유래하는 것이 아니라는 것이다; 왜냐하면 이와 같은 종류의 본능은 예외 없이 모든 민족에게서 모든 시대에 조우되며, 그것이 줄곧 겨냥되어 있는 늘 정확히 규정된 대상을 갖기 때문이다." 비가시적이고 지성적인 힘을 믿으려는 경향은 그와는 반대로 이러한 기준들을 충족시키지 못한다는 것이다; 그것은 상이한 우연들을 통해서 쉽게 왜곡되고 혹은 심지어 완전히 폐기된다는 것이다. 흄이 결론짓듯이, 따라서 관건이 될 수 있는 것은 근원적인 본능이 아니며, 오히려 "종교의 근본적인 원리들은 연역된 본성일 수밖에 없다"(NR S. 1). 그럼에도 불구하고 이 테제는 종결하는 § 15에서 수정되고 있다: "비가시적이고 지성적인 힘을 믿으려는 보편적인 경향은, 비록 근원적인 본능은 아닐지라도, 적어도 인간본성의 보편적인 부수현상이다"(NR S. 70). 이와 함께 뒤따르는 해석의 과제들이 거론되었다: 종교의 원리들은 무엇으로부터 연역되었는가? 종교가 그리로 환원될 수 있는 바로서의 근원적인 본능들은 어떤 것들인가? 어떤 의미에서 종교는 그럼에도 불구하고 인간본성의 보편적인 부수현상인가?

2. 인간본성 안에서의 종교의 근원

221_ 흄은 부정적인 테제로 시작한다: 이성적 추론에 근거한 유신론

은 후에 다신론으로 퇴화한 인류의 원초적인 종교형식이었을 리가 없다는 것이다(NR § 1). 종교의 근원은 원시적 인간이 자연의 동형성에 감탄하고 우주의 원인을 물은 데서 찾을 수는 없다는 것이다. 흄은 인간사유의 자연적인 진보를 전제하고 있다; 그에 따르면 사람들은 세계를 질서지운 완전한 존재자의 개념을 형성할 수 있기 이전에 상위의 존재자에 대한 저급하고 덜 복잡한 개념들을 형성할 수밖에 없었다는 것이다. 원시적 인간에게 자연이 더 규칙적으로 그리고 더 동형적으로 나타날수록, 그는 자연에 더 친숙해지고 그것을 연구하고 탐구하려는 동기가 더 적어졌다는 것이다. "하나의 기형이 그의 호기심을 일깨우고 그에 의해서 기적으로 간주된다. 이 현상의 새로움이 그로 하여금 전율하게 하며 희생제를 바치고 기도하게 한다"(NR S. 4). 만일 사람들이 목적론적인 숙고를 통해서 유신론에 이르게 되었다면, 그것을 다시 포기하고 다신론을 신봉하는 것은 불가능했었을 것이다. 왜냐하면 하나의 "가르침을 발전시키고 증명하는 것은 그것을 지지하고 보존하는 것보다 훨씬 더 어렵기"(NR S. 5) 때문이다. 흄은 이러한 숙고가 종교학의 결과들을 통해서 확증되었음을 본다: "대략 1700년 전에 전 인류가 다신론을 추종했다는 것은 논란의 여지가 없는 사실이다[...]. 우리가 고대로 더 거슬러 올라갈수록, 우리는 다신론에 잠겨 져 있었던 인류를 더 깊이 발견하게 된다"(NR S. 2). 우리가 인간본성 안에서의 종교의 근원에 대해서 묻는다면, 그런 까닭에 유신론의 근원에 대해서가 아니라, 오히려 "여전히 무지한 인류의 첫 번째 종교인"(NR S. 6) 다신론의 근원에 대해서 물어야만 한다.

우리가 자연에 대한 관조를 떠나서 변화하고 예측할 수 없는 인간 삶의 운명들에로 시선을 돌리게 되면, 우리는 필연적으로 그 힘에 있어서 제약된 그리고 불완전한 다수의 신성들을 가정하게끔 된다(NR § 2). "폭풍과 악천후는 태양 아래서 번성하는 것을 근절시킨다. 태양은 이슬과 비의 습기가 생장하게 만드는 것을 파괴한다. 전쟁은 불리한 계절로 인해 기근의 시련을 당한 나라에게는 유리할 수 있다"(NR S. 7). 사물의 경과는 그토록 크게 변화하며 불확실하기에, 우리는 상반된 목적을 따르는 지성적인 힘들의 지속적인 투쟁을 가정해야만 한다. 이때 동일한 신성의 행동방식 또한 항상 불변적이고 예측할 수 있는 것은 아니다. 흄이 결론 내리듯이, 다신론의 최초의 종교적 표상들은 "자연의 관조로부터 기인한 것이 아니라, 인간정신을 움직이는 매일의 삶에 대한 염려와 끊임없는 희망과 공포로부터 생겨난 것이다"(NR S. 8). 종교의 근원은 지식욕과 진리애가 아니라; 이러한 충동들은 그렇게 조야한 견해들을 위해서는 너무나 섬세하기에 "(NR S. 9), 인간 삶의 일상적인 정서들이다: 행복에 대한 근심스런 염려와 미래의 비참에 대한 공포. 희망과 공포는 흄에 따르면 종교의 인간학적인 근원이다.

다신론은 무지에 의거한다. "지속적인 불확실성 가운데 우리는 삶과 죽음, 건강과 질병, 과잉과 결핍 사이에서 부유한다; 비밀스럽고 알려져 있지 않은 원인들을 통해서 인간종족 아래 널리 유포되어 있는 상태들"(NR S. 9). 이 알려져 있지 않은 원인들은 이제 우리의 희망과 공포의 지속적인 대상이 되며, 구상력은 그것들을 인간적 열정과 약함을 지닌 의인적 형상들로 인격화한다. "그렇기 때문에 원인들에 대해서 그토록 깊이 무지한 상태에 있고 동시에 미래의 행복을 그렇게 걱정하는 인간들이 즉시 비가시적인, 느낌과 지성을 갖춘 힘들에 종속되어 있음을 고백하는 것은 놀랄 일이 아니다"(NR S. 11). 철학은 이 원초적인 종교의 형식을 파괴할 것이다. 왜냐하면 사람들은 그들에게 알려져 있지 않은 원인들이 "그들 자신의 육체와 외부 대상들의 가장 작은 부분들의 특별한 조합이자 구조이외의 다른 것이 아니라는 것을, 그리고 그들을 그토록 불안하게 만드는 모든 사건들은 규칙적이고 지속적인 메커니즘을 통해서 산출된다는 것"(NR S. 10)을 확인하게 될 테니까. 천문학 그리고 식물과 동물의 해부학에서의 앎들은 인간들로 하여금 "목적인들의 위대한 질서"에 경탄케 하고 "홀로 전능한 의지를 통해서 세계의 구조물에 질서를 부여한 무한히 완전한 정신"(NR S. 12)의 인식에 이르게 할 것이다. 그러나 그 모든 것은 무지한 다수의 이해력을 넘어선다(NR § 3).

3. "인간본성의 보편적인 부수현상"

222_ 종교의 원초적 형식인 다신론은 무엇보다도 불행에 대한 알려지지 않은 원인들을 신인동형론적인, 우리를 능가하는 지성적 존재자로 실체화하는 표상력과 결부된 희망과 공포라는 정서들의 산물이다. 이러한 설명은 동시에 하나의 평가이다: 종교의 원초적 형식은 무지로부터 생겨난 미신이다. 이 부정적인 비판을 목전에 둘 때, *보편적인 최종관찰*(NR § 15)의 내용을 읽게 되는 것은 놀라운 일이다: "비가시적인, 지성적인 힘을 믿으려는 보편적 경향은 [...] 적어도 인간본성의 보편적인 부수현상으로서, 이것은 신적인 제작자가 자신의 작품에 각인시킨 일종의 표지 혹은 흔적으로 간주될 수 있다"(NR S. 70). 미신에로 기우는 경향이 인간 안에 있는 신의 그림이라고? 여기서 말하는 이는 냉소적인 조롱자인가? 해석에 도움이 되는 것은 § 4

의 서두에 나오는 흄의 확인으로서, 우리가 "사람들 간에 거의 보편적인 일치를 만나게 되는" 신학에서의 유일한 지점은 "세계 안에 비가시적인, 지성적인 힘이 존재한다"(NR S. 14)라는 것이다. 다신론의 신인동형론적인 신들뿐만 아니라 목적론적인 신 증명의 무한히 완전한 정신 역시 비가시적인 지성적 힘의 개념 아래에 포섭된다. 흄이 이러한 공통점을 부각시킬 때, 그는 어떤 관심사를 쫓고 있는가? 그가 말하려는 바는, 다신론적인 미신에 어떤 이성적 성격을 귀속시키기 위해서, 그것이 비록 불완전하다고는 하나 철학적인 신(神)신앙(Gottesglauben)의 모상이라는 것인가? 정서, 구상력, 무지라는 요인들의 열거 속에서 표현되고 있는 평가는 그와는 반대의 내용을 말하고 있다. 그렇기 때문에 또 다른 해석이 더 근접하는 것이다: 인간 안에 있는 최상의 것, 곧 신적인 모상의 왜곡보다 더 나쁜 것도 없다. 공통점의 제시를 통해서 철학의 신상과 대중적인 종교들 사이의 틈새는 더 심화된다는 것이다. "우리에게 작은 시험이 허락되어 있는 하나의 선이 탁월하면 할수록, 그만큼 그와 결부된 악은 통렬한 것이다[...]. 우리가 주로 유신론의 진정한 원리들 안에서 선한 것, 위대한 것, 숭고한 것, 매혹적인 것을 만나듯이, 자연의 유비에 따라서 우리가 기대해도 좋은 것은, 열등한 것, 부조리한 것, 비천한 것, 경악케 하는 것이 같은 정도로 종교적 허구와 환영들에서 발견될 것이라는 점이다"(NR S. 70). 사람들이 실제로 세계에서 지배적이 된 종교들을 바라본다면, 그 안에서 단지 "병든 인간들의 꿈"(NR S. 71)만을 볼 수 있다는 것이다.

정령이나 요정 심지어 유령 또한 비가시적인, 지성적인 힘의 개념 아래에 포섭된다. 그 같은 존재자들을 믿는 사람과 유신론자 사이의 차이는, 흄이 판단하듯이, 앞서의 사람과 저 비가시적인, 지성적인 힘을 일체 배제하는 어떤 사람 간의 차이보다도 훨씬 더 크다는 것이다. 개념의 공통성은 결정적인 차이들을 간과해서는 안 되는 것이다. '비가시적인, 지성적인 힘'은 다만 공통의 이름이며, "사람들이 그 의미에 있어서 어떤 일치도 없이 단지 이름의 우연한 유사성에 입각해서 그렇게 상반된 견해들을 동일한 표현으로 지시할 경우, 사람들은 잘못된 추론을 범하는 것이다"(NR S. 15). 우주의 근원과 건축을 불완전한 신들에게 귀속시키는 것은 결코 다신론자에게 납득이 안 된다는 것이다. 이교도적인 고대에 세계의 근원에 대한 물음이 일단 신학적 체계 안으로 통하는 입구를 발견했다면, 그것은 한갓 우연이었다는 것이다; 그것은 철학자들의 용무였다는 것이다. 그리스-로마적인 고대의 신들은 자연력에 의해서 생겨났으며, 운명에 종속되어 있었다는 것이다. 흄이 § 4의 마지막에서 다신론과 철학적 이성종교 사이의 차이를 강조하고 있듯이, "우리가 그와 같이 불완전한 신학적 체계를 종교라는 이름으로 표시하고, 그것을 훨씬 올바르고 숭고한 원리들 위에 창립된 나중의 체계들과 함께 하나의 단계 위에 설정한다면, 그것은 실제로는 커다란 환대인 것이다"(NR S. 21).

4. 대중적인 종교들의 유신론

223_ 다신론에 대한 흄의 비판은 대중적인 종교의 모든 형식들에 대한 공격이다; 다신론이 그들의 근원이며, 나쁜 나무는 좋은 열매를 맺을 수 없는 것이다. 흄의 주장에 따르면, 대중적인 종교의 유신론은 다신론으로부터 발전된 것이며, 사람들이 양자를 비교할 경우, 질

병이 개선된 것이 아니라 악화되었음을 보게 된다.

  자연의 창립자인 최상의 신에 대한 가르침은 오래되고 널리 유포된 것이다. 그럼에도 불구하고 그것이 목적론적인 신 증명의 설득력에 의거한다고 가정하는 사람은 그로써 대중의 무지와 어리석음 그리고 미신적인 편견들이 그에게 얼마나 적게 알려져 있는지를 보여준다는 것이다. "오늘날 유럽에서 대중 가운데 누군가가 스스로에게 어째서 그가 세계의 전능한 창조주를 믿는지를 묻는다고 하자. 그는 자신에게 전혀 알려져 있지 않은 목적인들의 아름다움을 결코 언급하지 않을 것이다[...]. 그러나 그는 당신들에게 어떤 사람의 갑작스럽고 예기치 않은 죽음에 대해서 그리고 또 다른 사람의 추락과 부상에 대해서 이야기할 것이다"(NR S. 26 이하). 흄이 이 보기로 보여주려는 바는, 대중적인 유신론은 이성종교의 유신론과 모순된다는 것이다. 단순한 사람에게는 불행한 경우들과 부조리한 자연의 사건들이 최상의 신에 대한 신앙의 동기인 것이다; 그는 그것들을 자연의 운행에 개입하는 특별한 섭리의 탓으로 돌린다; 모든 것을 자연적인 원인들에 돌리고 신성의 특별한 개입에 이의를 제기하는 사람은 그에 의해서 불신앙의 혐의를 받게 된다. 흄은 베이컨 경(Lord Bacon)을 인용하고 있다: "'약간의 철학은 사람들을 무신론자로 만들며, 많은 철학은 사람들을 종교와 화해시킨다'"(NR S. 27). 단순한 유신론자가 그의 미신적인 편견들을 포기하고 약간의 숙고를 통해서 자연의 경과가 규칙적이고 동형적이라는 것을 발견하게 되면, 그는 자신의 신앙을 잃게 될 것이다. 그런데 그가 계속되는 숙고를 통해서 바로 이러한 규칙성이 최상의 지성적 존재자의 실존에 대한 가장 강력한 증명이라는 것을 깨닫게 되면, 그는 그의 신앙을 다시 발견하고 그것을 굳건한 토대 위에 세우게 될 것이다.

대중종교의 유신론은 이성적인 근거들에 의거하지 않는다; 그것의 신상은 이성종교의 그것과 모순된다. 그렇다면 어떻게 다신론에서 유신론에로의 발전을 해명할 수 있겠는가? 흄은 다시금 종교가 의거하고 있는 공포와 희망이라는 정서들에 의지한다: 그 정서들이 인간들로 하여금 아첨하게 만들며, 그 산물이 유신론인 것이다. 흄이 이러한 발전을 개별적으로 묘사하고 있듯이(NR § 6), 다신론 안에서도 개별적인 신은 특별한 숭배와 기도의 대상이 될 수 있는데, 그가 특별한 수호신으로 간주되든, 혹은 다른 신들의 지배자로 간주되든 말이다. 어떤 경우에도 그 신의 숭배자들은 그의 총애를 얻으려 애쓰게 될 것이며, 그것을 위한 최선의 수단은 찬미와 아첨이라는 것이다. "사람들의 공포와 염려가 더 위협적인 것이 됨에 따라서, 그들은 늘 새로운 아첨의 표현들을 고안하게 되며[...], 마침내 무한성 자체에까지 도달하여 그것을 넘어서지 못하게 될 때까지 말이다." 미신의 원리들에 따르면 이 무한한 신성은 지성적 존재자로서 사유되어야만 한다(§ 222 참조). 그런 한에서 대중적인 유신론의 신 개념은 참된 철학의 신 개념과 일치한다. 그러나 이러한 일치는 순전한 우연이다; 대중적인 종교는 이성을 통해서 이 개념에 이르는 것이 아니라, "가장 일상적인 미신의 아첨과 공포를 통해서이다"(NR S. 28 이하).

대중적인 유신론은 이성적 근거들에 의거해 있지 않기 때문에 불안정하고 그 자체 모순적이다(NR § 8, § 13). 단일성, 무한성, 단순성 그리고 정신성이라는 속성들은 광범위한 대중의 이해력을 넘어선다; 결과적으로 유신론적인 신상은 그 원초적인 순수성 안에 보존된 채로 오래 남아 있지 못한다; 그것은 오히려 "인간과 최상의 신성 사이에서 중재역할을 하는 지위가 낮은 대변자들과 종속적인 조력자들을 가정함으로써 지원을 구하게 된다"(NR S. 34). 이 의인화된 중간 존재자들이 우리에게 더 친숙하기 때문에, 그들은 점점 숭배의 주요 대상이 되며, 그 결과 유신론으로부터 우상숭배에로 후퇴하는 발전이 귀결된다. 그러나 이 우상숭배는 나날이 더 조야하고 천박한 견해들로 타락하기 때문에, 그것 스스로가 영락의 길로 향하고 그래서 "조류가 다시금 유신론의 방향으로 움직이게 되는"(NR S. 35) 결과가 생겨난다. 흄은 이 과정에서 표현되고 있는 모순을 지시하고 있다: 최상의 신성에 대한 숭배는 그 자체로 다른 모든 예배를 배제할 수밖에 없을 것이다; 그럼에도 불구하고 대중은 종속적인 수호신성들에게로 향한다는 것이다. 그래서 개혁이전의 교회 안에서 "단지 경건한 여인으로서의 처녀 마리아로부터 전능한 존재자의 수많은 속성들을 자신에게 끌어들인 한 형상이 생겨났다"(NR S. 29)는 것이다. 인간본성의 모순적인 정서들과 경향들이 종교 안으로 유입되고, 그것들이 그 자체로 모순적인 신상에로 귀결되는 것이다. 미래의 사건들에 대한 공포로부터 악의적이고 보복적인, 가혹하고 무자비한 신성의 상이 생겨난다. 동일한 공포가 우리로 하여금 신에게 아첨하고 그를 찬미하도록 부추기며, 그로부터 상반된 신상이 생겨난다: 모든 덕은 신성에게 돌려져야 하며, 그 어떤 과장도 그의 완전성들에 부응할 수는 없다. 그럼에도 불구하고 흄은 이 일반적인 주장을 제한하고 있다: 사람들이 신성에 대한 그들의 표상을 정화한다면, "기려지는 것은 신성의 자비에 대한 개념이 아니라 그 힘과 앎에 대한 개념이다." 그 힘과 함께 신성에 대한 두려움은 증대된다; 이제 사람들은 그들 마음의 가장 깊은 곳에 있는 그 어떤 생각도 신성 앞에서 숨길 수 없다고 믿게 된다. 그렇기 때문에 그들은 책망이나 비난에 대한 그 어떤 생각도 떠오르지 않도록 주의해야만 한다; 모든 것은 "오히려 승인, 황홀 그리고 열광이어야만 한다". 그래서 종교는 내적인 분열, 부정직 그리고 오류를 귀결시킨다. 신성이 더욱 강력하게 생각될수록 그것은 더욱 무서운 것이며, 그러나 공포는 아첨을 강요하고, 신성이 무서운 존재라는 내적인 판단을 금지시킨다. "남몰래 마음은 저 잔혹하고도 화해될 수 없는 보복의 조치를 혐오하며, 그러나 판단력은 감히 그것이 완전하고 숭배 받을 만한 것과는 다른 어떤 것이라고 천명할 엄두를 못 낸다. 그리고 이 내적인 투쟁의 추가적인 악은 이 불행한 미신의 희생물이 이미 늘 괴롭힘을 당하고 있는 또 다른 공포들을 더욱 악화시킨다"(NR S. 60).

224_ 흄은 관용(NR § 9), 인간상(NR § 10) 그리고 합리성(NR § 11)과 관련하여 대중적인 유신론을 다신론과 비교하고 있으며, 매번 다신론이 더 좋은 성과를 얻고 있다. 우상숭배의 변질된 형태들이 "정점에까지 추진된 유신론의 변질된 형태보다도" 사회에 더 파멸적이지는 않다는 것이다. "카르타고인들과 멕시코인들 그리고 수많은 야만족들의 인간제물은 결코 로마와 마드리드의 종교재판과 박해들을 능가하지는 않는다"(NR S. 39). 무한히 우월한 그리고 공포를 불어넣는 유신론의 신성은 인간정신을 가장 깊은 비굴과 모욕에로 비하시키는 반면에, 인간보다 단지 조금 더 우월한 다신론의 신들은 용기와 관대함 그리고 자유로운 사랑에로 자극한다는 것이다. 철학은 유신론과 함께 신학적인 체계에로 합병되는데 기울어져 있으며, 그것을 위해서는 성서나 코란처럼 종교의 실증적인 출처들 안에 내포된 신앙조문들을 넘겨받아야 한다는 것이다. 이때 철학은 미신의 목적에 봉사하도록 왜곡된다는 것이다; 사람들은 다음과 같은 주장을 해도 좋다는 것이다. 즉, "모든 관습적인 신학 특히 스콜라 신학은 바로 부조리와 모순에 대한 탐욕을 갖고 있다. 이 신학이 이성과 건전한 인간오

성을 거치지 않고 나아간다면, 그것의 가르침들은 너무 단순하고 일상적으로 비쳐질 것이다"(NR S. 43).

225_ 생존하는 대중종교는, 그것이 다신론적이든 유신론적이든, 도덕과 모순이 된다. 그것은 *보편적인 최종관찰*(NR § 15) 바로 이전의 절(NR § 14)의 테제이며, 그렇게 강조된 입장이 보여주는 것은, 흄이 그것에 결정적인 의미를 부여하고 있다는 것이다. 종교와 윤리는 서로 모순되며 마지막에 있어서는 서로를 배제한다. 종교는 윤리적인 행위에로 동기를 부여하는 것이 아니라 그것을 가로막으며, 종종 비윤리적인 사람들이 가장 경건한 사람들이다. 흄이 출발하고 있는 생각은, 모든 종교 안에서 비록 가장 많은 부분은 아닐지라도 신봉자들의 많은 부분이 신적인 은총을 윤리적으로 선한 삶을 통해서가 아니라 피상적인 규율준수를 통해서 추구한다는 것이다. 이 보편타당한 관찰은 어떻게 해명되는가? 신상들의 신인동형론은 대답이 아니라는 것이다. 왜냐하면 "*어느 누구도* 자신의 자연적 이성의 판단에 따라서 덕과 성실을 누군가가 소유할 수 있는 가장 가치 있는 품성으로 간주하지 않을 정도로 그렇게 어리석지 *않기* 때문이다. 어째서 그는 동일한 신념을 그의 신성에 돌리지 않는가?"(NR S. 65). 종교적 규정의 준수는 윤리적 행위보다도 더 쉽다는 주장 역시 불충분하다는 것이다; 그것은 예를 들면 엄격한 단식규정들에 의해서 반박된다는 것이다.

흄은 다음과 같은 점에서 그 해결을 발견한다: 덕스런 행위는 편안하고 그 자체로 의미 있는 것으로서 경험된다는 것이다. 도덕적인 의무는 종교적인 공로에 대한 생각을 떠오르게 하지 않는다는 것이며, "덕스런 행위는 우리가 사회와 우리 자신에 대해서 책임이 있는 것이상으로 간주되지 않는다"(NR S. 66). 그렇기 때문에 미신에 빠진 인간은 윤리적인 행위 안에서, 그가 자신의 신성을 위해서 행한 것과 그것을 통해서 그가 신성의 은총과 보호를 얻게 되었을 것을 아무 것도 발견하지 못한다는 것이다. 그와는 반대로 모든 의례나 혹은 삶에서 완전히 무용한 것이거나 자연적인 경향에 모순이 되는 바로서의 규율준수는, 배타적으로 이러한 동기로부터 수행된다는 것이며, 그런 까닭에 이러한 행위들을 통해서 신성에 대해 하나의 요구가 마련된다는 것이다. 부채를 지불하는 사람에게 신성은 결코 감사하지 않다는 것인데, 왜냐하면 그것이 그의 의무이기 때문이다. 그러나 누군가가 하루 동안 단식한다면, 그것은 그의 견해에 따르면 신에 대한 봉사와 직접적인 관계를 갖는다는 것이다. "경건성의 이 오인할 여지가 없는 표징을 통해서 그는 이제 신적인 은총을 획득했고, 이 세상에서의 보호와 안정 그리고 다가오는 세상에서의 영원한 지복을 보수로 기대해도 좋은 것이다"(NR S. 67). 종교는 윤리적인 행위에로의 동기를 파괴한다. 그것은 주의력을 공포와 희망이라는 정서들에로 돌리고, 인간이 보호와 안정성을 획득할 수 있는 수단을 구한다. 종교는 하나의 *주고받음(Do ut des)*이다: 인간은 신성에게 재화들을 요구하기 위해서 그 신성에게 배타적으로 가치를 갖는 그 무엇을 제공한다. 그 재화들이란 공포와 희망을 가진 인간에게 관건이 되는 것들이다. 아첨은 신성과의 물물교환을 통해서 보완되고, 그것을 통해서 인간적 삶을 위해 본질적인 모든 재화들이 확보되어야만 하는 것이다.

흄은 이러한 숙고로부터 하나의 결론을 이끌어내고 있는데, 그것은 종교와 윤리성 사이의 모순을 훨씬 더 첨예하게 보이도록 한다: "그래서 사람들이 많은 경우에 가장 큰 범죄가 미신적인 경건성 내지는 신 숭배와 일치함을 발견하는 일이 생기는 것이다". 그리고 인간이 자신의 종교적 실천을 이행하는 양심성으로부터 그의 도덕성을 위한 결과들이 도출되는지는 꽤나 의심스럽게 된다는 것이다. 그는 그리스의 역사학자인 디오도로스 시쿠루스(Diodorus Siculus: 기원전 1세기)를 인용하고 있다. "'가장 비난받을만하고 위험한 일들을 넘겨받는 사람들은 일반적으로 미신에 빠진 사람들이다'". 그리고 그는 주석을 달기를: "그들의 경건성과 내적인 신앙은 그들의 공포심과 함께 증대된다." 범죄에 뒤따른 것은 양심의 가책들이며, 이것들이 종교적인 의례들에서 피난처를 구하도록 강요한다는 것이다. 종교가 윤리성을 파괴하듯이 윤리성은 종교를 파괴한다: "영혼의 균형을 약하게 하거나 교란하는 모든 것은 미신의 관심들을 후원하며, 이들에 대하여 남자답고 견고한 덕보다 더 파괴적인 것은 아무 것도 없다. 그 덕은 우리를 유해하고 우울한 사건들로부터 보호하거나, 혹은 그것들을 감당하도록 가르친다"(NR S. 67 이하).

5. 회고: "전체는 하나의 수수께끼이다"

226_ *종교의 자연사*는 두 개의 물음들로부터 출발하였다: 이성 안에서의 종교의 토대에 대한 물음과 인간본성 안에서의 종교의 근원에 대한 물음. 두 번째 물음에 대한 흄의 대답에 따르면 "의심, 불확실 그리고 판단의 미결이 이 용건에 있어서 우리의 가장 신중한 탐구의 유일한 결과인 것처럼 보인다"(NR S. 71). 종교는 인간본성의 원초적 본능에 의거하는 것이 아니다; 그것은 다만 이성 안에서의 토대를 가질 뿐이다. 그러나 이러한 이성종교에 접근할 수 있는 사람들의 수효는 적다. *대화*가 보여준 것은, 이성종교가 수많은 반론들에 내맡겨

있고, 그것이 결과적으로 중재할 수 있는 신 개념이 얼마나 공허하고 빈약한가이다. 이성종교는 철학의 분과 이상이 아니며, 그 자체로서 견해들의 다툼에 종속되어 있다. 흄이 이성종교에 대비시키고 있는 종교의 또 다른 형식은 정서, 무지 그리고 공상의 산물이다. 그것과 마주해서 철학은 전적으로 부정적인 과제를 갖는다: 철학은 상이한 미신의 종류들을 대비시킴으로써 그들을 서로 다투게 해야 한다. 즉 철학이 보여주어야 하는 것은, 우리가 여기서 관계하고 있는 것은 그 자체 모순적인 형성물이라는 것이다. *보편적인 최종관찰*은 이 모순들 중의 몇 가지를 목록에 담고 있다: 어느 것도 종교만큼 확실하지 않다는 구두로 된 확언에 모순되는 것은 사람들이 종교에 가장 경미한 신뢰도 두지 않음을 보여주는 품행이다. 가장 솔직한 열정은 위선을 배제하지 않는다는 것이다; 명백한 신성모독이 양심의 가책으로부터 수반된다는 것이다. 무지는 경건성의 어머니이며, 그러나 종교를 갖지 않은 민족은 단지 적게만 동물들과 구별된다는 것이다. 몇몇 신학적 체계들 내의 윤리적 가르침의 순수성과 대비되는 것은 이 체계들에 의해서 야기되는 행위들의 타락이라는 것이다. "미래의 삶에 대한 신앙이 우리에게 개시(開示)하는 가장 위로가 되는 전망들은 황홀하고 영광스러운 것이다. 그러나 인간의 심성을 확고하고도 지속적으로 점유하고 있는 공포심에 직면해서 그것들은 얼마나 빨리 사라지는가? 전체는 하나의 수수께끼, 불가사의, 설명할 수 없는 신비이다"(NR S. 71).

227_ 대중적인 종교는 인간본성 안에 아무런 토대도 갖지 않기 때문에, 그것의 확실성은 일상에서 우리를 인도하는 확실성에 멀게나마도

미치지 못한다는 것이다. 공포와 부정직은 인격의 중심에까지 진입했다는 것이다; 종교의 신봉자들은 단 한 번도 그들 자신에게 의심을 실토할 엄두를 못 냈다는 것이다; 광신이 모자라는 확신을 대치하고 있다는 것이다. "그들은 맹목적인 신앙을 그들의 공로로 돌리며 가장 강력한 확언과 열성적인 광신을 통해서 자신들의 사실적인 불신앙을 감추고 있다"(NR S. 51). 그러나 종교의 신봉자들은 스스로가 그들의 가르침과 행위 안에 있는 모순들을 못보고 있는 것인가? 흄은 "인간 이성의 나약함"과 저항할 수 없는, "전염적인 의견들의 힘"(NR S. 71)을 그 어떤 의심도 떠오르게 하지 않는 맹목의 원인들로서 거명하고 있다. 치유는 오직 회의적인 철학에 의해서만 기대될 수 있다는 것인데, 이것이 항상 다시금 가르침 안에 있는 모순과 가르침과 삶 사이에 있는 모순을 드러내 보이며, 그리하여 부득이 판단중지를 하게 만든다.

228_ 흄의 종교비판은 정직을 요구하는 매우 인상적인 경고이다; 그것은 경건성과 위선이 얼마나 서로 가까이 놓여있는지를 상기시킨다; 그것은 성신적인 실병에까지 이르게 하는 종교의 위험들을 지시하고 있다; 그것은 종교적 확신의 솔직성과 신앙고백과 삶의 일치를 요구한다. 종교적 확신의 합리성을 위한 필수적 조건은, 흄이 재촉하듯이, 비모순성과 (환원주의적으로 이해되어서는 안 되는) 종교와 도덕의 통일성이다. "실제로 인간본성 아래서 그렇게 쉽게 흐르고 있는 모순으로부터 한 종교가 자유롭다는 확인보다도 [...] 더 설득력 있게 그 종교의 신적인 근원을 증명하는 것은 아무 것도 없을 것이다"(NR S. 31). 흄이 여기서 염두에 두고 있는 모순이란 신인동형론과 아첨의 경향에서 생겨나는 것이지만, 우리는 그 문장을 보다 보편적인 비모

순성의 의미로 이해해도 좋을 것이다.

흄의 관심사는 참된 종교를 그것의 오류형식들과 구분하는 것이다; 그의 해결은 급진적이고 합리주의적이다. 인간본성 안에서의 종교의 근원에 대한 물음은 부정적으로 결정지어졌다; 도대체 종교가 있다면, 오직 이성의 성취로서만 있는 것이다; 다른 모든 종교의 형식들은 미신이란 판결 아래로 떨어진다. 흄과 마주해서 사람들은 인간본성 안에서의 종교의 근원에 대한 테제를, 그 근원은 이성보다도 더 깊이 도달하는 것인데, 어떻게 변호할 수 있겠는가? 근본적인 결정은 현상들을 보면서 내려진다; 여기서 흄과 그와 대비되는 제임스의 입장 간의 비교가 도움이 될 수 있을 것이다. 이미 정선된 소재들의 차이가 시야에 들어올 것이다. 제임스는 뉴잉글랜드에서의 각성운동에서 취한 개인적인 증언들과 신비주의의 역사로부터 취한 텍스트들을 제시하고 있다. 흄은 그의 소재를 압도적으로 그리스-로마적인 고대의 저자들에게서 끌어오고 있으며, 아무리 호의적인 해석가라 할지라도 이 선택이 이따금 경박한 냉소주의에 의해 규정되었다는 인상을 억제할 수 없다. 하나의 비판은 정당한 것일 수 있으나, 그럼에도 불구하고 충분하지 못할 수 있다; 제임스는 흄의 모든 비판사항들이 올바르다고 인정하겠지만 동시에 흄이 비판하는 것은 종교가 아니라 오류형식이라고 주장할 수 있을 것이다. 흄은 인류의 역사에서 공동체적으로 생존했던 종교는 일반적으로 그가 묘사하는 대로 발견된다고 대답할 수 있을 것이다. 제임스는 그것을 시인하겠지만 그럼에도 불구하고 흄에 반대하여, 종교는 이성보다도 더 깊이 도달하는 인간본성 안에 근원을 가진다고 주장할 수 있을 것이다. 그는 진정한 종교를 철학에로 환원시키고 다른 모든 형식들을 미신이라고 단죄하는 흄을 논박할 것이다. 비록 종교가 인간본성 안에 깊이 뿌리내리고 있다

하더라도, 제임스는 종교의 오류형식들이 존재한다는 흄의 주장을 승인할 것이다; 이상과 일상적으로 살아진 현실 사이의 긴장은 이를 통해서 폐지되지 않는다는 것이다.

참고문헌

Kemp-Smith 1935
Butler 1960
Gaskin 1978
Penelhum 1983, chap. 6
Kulenkampff 1989
Streminger 1994
Bonk 1998; 1999, Dritter Teil
Penelhum 2000, chap. 9-11
Badía Cabrera 2001

1. 인간조건(*condicio humana*)의 해석으로서의 참된 종교: 블레즈 파스칼

229_ 그리스도교의 변호를 위해 계획된 파스칼(1623-1662)의 저술의 기본생각에 따르면, "인간의 참된 본성, 그의 참된 구원, 참된 덕 그리고 참된 종교; 이것들은 그것들에 대한 인식이 분리될 수 없는 것들이다"(La 393; Br 442). 그리스도교 신앙에로의 통로는 오직 인간의 진정한 본성을 깨달은 자만이 발견하며, 오직 그리스도교 신앙만이 우리에게 인간의 진정한 본성을 깨닫게 해준다. 피상성과 가상을 꿰뚫어보고 인간실존 자체의 피폐와 분열 그리고 수수께끼를 경험한 자만이 하나의 해석과 구원에 이르는 길을 추구한다. 성서의 보도가 참되다는 것은 그것이 인간의 처지를 옳게 묘사하고, 밝혀주며, 그리고 탈출구를 보여준다는 점에서 드러난다.

I. 팡세의 본문

230_ 파스칼로 하여금 그리스도교 호교론을 집필할 계획을 무르익게 한 것은 무엇보다도 그의 생애에 발생한 두 사건이다. *비망록*(*Mémorial*)에서 파스칼은 1654년 11월 23일 밤의 체험을 전해주고

있다: "불, 아브라함의 하느님, 이사악의 하느님, 야곱의 하느님, 철학자들과 현자들의 신이 아닌. 확신, 확신, 지각, 기쁨, 평화. 예수 그리스도의 하느님"(La 618; Br 479). 1656년 3월 24일에 파스칼의 조카이자 파리 포르 루아얄(Port Royal) 수도원의 학생이었던 마르그리트 페리에(Marguerite Périer)는 수도원에 소장되어 있던 성형(聖荊)과의 접촉을 통해서 오른쪽 눈에 있던 누낭염이 낫게 된 것을 느꼈다(Schmidt-Biggemann 1999, 102-106). 파스칼은 종교적 신앙을 위해서 기적이 가지는 의미를 숙고하기 시작했다. "기적과 진리는 필수적이다. 왜냐하면 전체의 인간이 설득되어야 하기 때문이다. 육체는 물론이요 영혼도"(La 848; Br 806). 파스칼은 1657년에 호교론의 집필을 계획했다; 기록물의 대부분은 1658년에 작성된 듯하다. 1659년 파스칼은 중병에 걸려서 작업을 계속 수행할 수 없었다. 그는 다시 회복되지 못했다; 그의 사후에 기록물은 1658년에 도달된 상태로 계속 있었다(Schmidt-Biggemann 1999, 108).

231_ 파스칼의 유고는 상이한 크기의 메모지에 상이한 길이로 쓰인 대략 1000개의 단편들을 포함하고 있다. 고인의 가족과 친구들이 모든 것을 베끼게 해서 1670년 팡세(Pensées)란 제목으로 단편들을 출간했다. 이 간행본은 다만 대체적으로 정선된 팡세의 선집을 포함하고 있으며, 단편들의 순서는 임의적인 것이었다. 1935년 이래 뚜르너(Z. Tourneur), 꾸슈(P.-L. Couchoud) 그리고 라퓌마(L. Lafuma)가 초판을 위해 작성된 사본을 연구했고 그것을 최초의 쪽지들과 비교했다. 그 결과, 파스칼이 자신의 메모지들을 다발로 묶은 것이 밝혀질 수 있었다. 여기서 두 개의 부분이 구분된다. "색인이 그 앞에 놓여

있는 첫 부분은 27개의 장들을 포함하며, 이것들이 '호교론'의 핵심을 형성하고 있다. 두 번째 부분은 덜 정확하게 분류된 것이며 '호교론'에 속하지 않거나 첫 27개의 장들보다 나중에 작성된 단편들을 포함하고 있다. 이 두 번째 부분에서 파스칼이 자신의 계획을 수정하려했다는 어떤 단서도 추론되지는 않는다. 27개장들의 배치를 근거로 해서 파스칼이 유지하려고 생각했던 절차의 정확한 그림을 그리는 것이 가능하다"(Mesnard 1993, 553). Lafuma의 간행본은 이 순서를 넘겨받고 있다. 첫 장에서 파스칼은 자신의 작품을 두 부분으로 나누고 있으며, 그와 함께 전체의 논증구조를 분명히 드러내고 있다: "*첫 부분*: 신이 없는 인간의 비참. *둘째 부분*: 신과 같이 있는 인간의 행복. *첫 부분*: 우리의 본성은 타락해 있다는 것. 본성 그 자체에 의해서. *둘째 부분*: 구세주가 있다는 것. 성서에 따라서"(La 6; Br 60). 우리의 비참과 본성은 해석을 필요로 하는 자료들이다; 성서는 그것들에 포괄적인 의미를 부여하며, 그렇게 그것들의 진리를 입증한다. 해석은 본질적으로 이 두 분류를 따르고 있으며, 그러나 개별적인 장들의 순서에 준하지는 않는다.

Ⅱ. "신이 없는 인간의 비참"

1. 자기 자신으로부터 도주하고 있는 인간

232_ "*인간의 존재상황*: 변덕, 권태, 불안"(La 78; Br 126). 이러한 특성묘사를 입증하려는 보기는 파스칼의 시대나 오늘날이나 타당하다: "인간들은 공이나 토끼를 쫓는 일에 몰두해 있다"(La 39; Br 141). 파스칼의 시대에는 아직 월드컵 축구는 존재하지 않았다; 그래서 그는 사냥의 보기를 들어 자신의 생각을 피력하고 있다. 사람들은 선물로 얻거나 사고 싶지는 않은 토끼를 쫓느라 온종일을 보낸다. 그런 이유로 그들을 나무라는 사람은 인간의 심정을 모르고 있다. 사람들이 정신분산, 동요, 활동, 소음의 한 형식으로서의 사냥을 추구하는 것은 내적인 분열에서 말미암는다. 파스칼은 인간의 존재상황(condition)과 근본정서에 대해서 비관주의적인 그림을 그리고 있다. 정신을 분산시키려는 충동은 인간이 자기 자신에 대해서 숙고하길 원치 않는다는 것을 보여준다. "그들에게 산만함을 빼앗아 보라. 그러면 여러분들은 그들이 권태로 시들어버리는 것을 보게 될 것이다. 그들은 그렇게 되면 자신들의 허무를 알지도 못하면서 느끼게 된다: 왜냐하면 자기 자신에 대해서 숙고하도록 강요받자마자, 그리고 산만해질 수 없게 되자마자, 못 견디게 슬퍼지는 것 말고 다른 불행이 또 무엇이겠는가"(La 36; Br 164). "사람들이 그것에 대해 생각하지 않는 바로서의 죽음은 죽음 자체에 대한 생각보다 더 쉽게 견딜 수 있는 것이다"(La 138; Br 166). 인간은 "그 어떤 이유를 가지지 않고 근심하

고 있으며, 홀로 심정의 소질을 통해서" 불행하다. 사거나 선사받은 토끼는 "우리로 하여금 죽음이나 비참을 보지 못하게 만들 수는 없다; 그러나 사냥은 우리의 주의를 그것으로부터 돌려서 그것을 보지 못하게 만든다". 그러나 존재상황에 대한 느낌은, 그 점에 내적인 분열이 존립하는데, 참된 행복에 대한 느낌과 결부되어 있다. 사람들은 자기들이 추구하는 것을 소유하는 것이 자신들을 진정으로 행복하게 해줄 수 있다고 생각한다. 정신분산과 동요는 따라서 도피일 뿐만 아니라 소위 행복에 대한 추구인 것이다. 그러나 그로써 사람들은 스스로를 기만한다; 그들이 추구하는 것은 단지 사냥일 뿐 포획물이 아님을 그들은 알지 못한다. 사냥이 곧 그들이 속박당한 채 몰두하는 일로서, 그들로 하여금 자기 자신에 대해 숙고하지 못하게 한다. 사람들은 정신분산을 구하려는 성향을 가지고 있으며, 그들로 하여금 "행복은 실제로 평온함에 있지 활동의 소음 속에 있지는 않다"는 것을 예감하게 해주는 성향도 가지고 있다; "이 상반되는 두 성향들로부터 사람들은 혼란스런 계획을 세우게 되는데, 그것은 그들 영혼의 무의식에 감추어져 있으며 그들로 하여금 동요를 통하여 안정을 구하게 만든다"(La 136; Br 139). "이러한 비참에도 불구하고 인간은 행복해지기를 원하며 행복 이외의 아무 것도 구하지 않는다. 그리고 인간은 행복하지 않은 상태를 원할 수가 없다; 그러나 어떻게 인간은 행복해질 수 있는가? 인간은 진정으로 행복해지기 위해서 자신을 불멸적인 존재로 만들어야 한다; 그러나 인간에게는 그런 능력이 없기 때문에, 그것에 대해 생각하지 않기로 마음먹기에 이른다"(La 133; Br 169). 정신분산에로의 도피는 현재로부터의 도피이며 그와 함께 자신의 삶으로부터의 도피이다. "미래 하나만이 우리의 목적이다. 그렇게 우리는 살고 있는 것이 아니라, 살기를 희망하는 것이다". "우리는 결코 현재에 머물러 있지 않다. 우리는, 마치 미래가 너무 천천히 오기라도 하는 것처럼[...], 미래를 선취한다; 혹은 우리는 과거가 너무 빨리 사라지기에 그것을 붙잡아두기 위해서 과거를 회상한다: 우리의 것이 아닌 시간들 속에서 방황하며 우리에게 속하는 유일한 것을 잊어버리는 어리석음, 그리고 아무 것도 아닌 것을 숙고하며 현존하는 유일한 것을 상실하는 허망함. 왜냐하면 일상적으로 우리에게 상처를 입히는 것은 현재이기 때문이다"(La 47; Br 172).

전체의 교육체계는 사람의 주의를 자기 자신으로부터 돌리게 하는 데 맞추어져 있다. 사람들을 어린 시절부터 과도하게 짓누르는 것은 "수많은 일들, 언어와 학문의 배움이며, 그들은 만일 그들의 건강, 명예, 재산 그리고 친구들이 무언가 잘못되면 행복해질 수 없다고 단단히 교육을 받는다"(La 139; Br 143). 높은 직책이 탐해지는 이유는 그것이 사람들에게 자기 자신을 위한 시간을 허락하지 않기 때문이다. "아침 일찍부터 오고 가는 수많은 사람들을 영접하고 그래서 자기 자신에 대해서 숙고할 수 있는 여가를 남겨두지 않는 그런 직책을 가지는데서 오는 장점이 아니라면 재무장관이나 수상, 혹은 국회의장이 되는 것이 무슨 장점이 있겠는가?"(La 136; Br 139). 동일한 비판이 학문에 대해서도 적용된다. 파스칼은 순수한 학문과 인간에 대한 연구를 구분하고 있다. 그가 인간에 대한 연구를 시작한 이후에 그는 "순수한 학문들은 인간에게 적합하지 않으며 내가 그것들을 연구한 동안 나는 그것들에 대해서 아무 것도 몰랐을 때보다 나의 존재상황에 대해서 더 많이 미혹되었다"는 것을 깨달았다는 것이다. 그러면 사람은 인간을 연구해야 하는가, 혹은 "행복해지기 위해서 자기 자신에 대해 무지한 상태에 머무는 것이 더 나은가?"(La 687; Br 144). 그러나 인간에 대한 연구 또한 정신분산과 공허함에 기여할 수 있다. 파스칼은 그가 쓰고 있는 그 모든 것을 관찰하는 철학자들에 대해서 말한다. 그들은 "그 모든 것을 알아차리기 위해서 거의 자신들을 죽이고 있는데, 그로부터 무엇인가를 배우기 위해서가 아니라 그들이 그것을 알고 있다는 것을 보여주기 위해서 말이다; 이들은 가장 어리석은 일당이다. 왜냐하면, 만일 다른 사람들이 그것을 알게 될 경우 그들이 변하게 될 것이라고 우리가 믿을 수 있는 반면에, 이들은 알고 있으면서도 그 모양이니 말이다"(La 136; Br 139).

2. 가상의 지배

233 자신의 진정한 존재상황으로부터의 인간의 도피는 상상력(imagination)과 습관이 지배하는 결과에 이르며, 그와 함께 회의주의에로 이른다. 상상력은 이성에 있어서 불가능한 것을 할 수 있다: 인간을 행복하게 만드는 것. 이성은 "그의 친구들을 단지 비참하게 만들 수" 있을 뿐이다; 상상력은 "명성을 선사하고, 이성은 경멸을 선사한다". "상상력은 인간을 지배하는 부분이다". 그것은 그 자체로 전모가 파악될 수가 없다; 만일 상상력이 거짓의 분명한 표징이 된다면, 그것은 진실의 분명한 표징일 것이다. 그러나 대체로 상상력이 거짓이라 하더라도, 그것의 본질을 나타내는 특징이 없다. "왜냐하면 진실과 거짓은 동일한 표징을 지니기 때문이다". 이성이 아니라 상상력이 사물의 가치를 규정한다; "상상력은 아름다움과 권리 그리고 지상에서 최상의 것인 행복을 규정한다". 상상력은 인간 안에서 두 번

째 본성을 구축했다. 그것은 이성과 감각을 지배한다: "상상력은 사람으로 하여금 이성을 믿고, 의심하고, 부인하게 만든다; 그것은 감각을 차단하거나 일깨운다". 상상력의 도구를 지배하는 인간들은 확실성과 설득력을 발산한다; "그들은 사람들을 고압적으로 바라보고, 냉정하고 확신에 찬 태도로 논쟁하며, [이에 비해] 신중한 이들은 공포와 회의를 느끼며 이야기한다; 그리고 그들의 표정에 드러나는 쾌활함은 종종 충분할 정도로 그들의 청자들이 판단내릴 때 유리하게 작용한다". 이성은 퇴거해야만 한다; 이성은 결코 상상력을 이겨내지 못하며, 실상은 종종 그 반대의 경우이다(La 44; Br 82).

상상력의 지배에 대한 파스칼의 보기들은 상이한 영역들로부터 취해졌다. 지체 높은 시의원은 설교를 집중해서 경청하고 그리하여 이성의 견고성과 신심의 열정을 강화하려는 결심으로 교회에 간다. 설교자는 가장 고귀한 진리를 전달해줄지도 모른다; 시의원은 설교자가 제대로 면도를 하지 않았거나 혹은 그의 성직에 얼룩이 있는 것을 보게 될 경우 침착성을 잃게 된다. 가장 위대한 철학자는 필요한 것보다 더 넓은 판자 위에 있더라도 낭떠러지를 건널 때 현기증에 사로잡힌다. 고양이나 쥐를 보게 되면 이성은 탈선한다; "말소리 하나에 현자들도 좌우되며, 연설이나 시의 효과도 완전히 변한다". 애정, 증오 그리고 돈은 재판을 변경시킨다. 의사들과 법관들은 그들의 하얀 가운이나 뒤창 없는 슬리퍼, 사각모나 학복을 통해서 사람들을 속인다; 법관들이 진리와 정의를 소유하고 의사들이 치유의 기술을 가지고 있다면, "그들은 사각모를 필요로 하지 않을 것이며, 이 지식들의 권위는 그 자체만으로도 존경받을 만한 가치가 있을 것이다". 오래되고 존경할 만한 전통이 부여한 명성처럼 새로움의 자극도 동일한 방식으로 유혹적인 힘을 소유한다(La 44; Br 82).

234_ 상상력과 습관은 이성이 숙고의 출발점으로 삼는 원리들을 규정한다. "우리들의 자연적인 원리들은 우리에게 습관이 된 원리들이 아니겠는가?" 경험이 보여주는 것은, 다른 습관들은 다른 원리들을 낳게 된다는 것이다. 습관에 의해 없어지지 않는 원리들이 있다는 것은 사실이며, 본성이나 혹은 또 다른 습관을 통해서 없앨 수 없는 습관들이 있다는 것도 사실이다. 두 가지 중에 어느 것인지는 사람들의 소질에 달려있다(La 125; Br 92). 본성과 습관은 도대체 구분이 되는가? "습관은 제 2의 본성이며, 이는 제 1의 본성을 폐지한다. 그러면 본성은 무엇인가? 어째서 습관은 본성적이지 않다는 것인가? 내가 염려하기로는, 이 본성 자체는 단지 제 1의 습관이며, 이는 마치 습관이 제 2의 본성인 것과 같다"(La 126; Br 93). 이 회의적인 숙고의 무게는 특별히 공정과 정의에 대한 파스칼의 상론 안에서 분명해진다. "유행이 우리의 마음에 드는 것을 규정하듯이, 그것은 또한 정의를 규정한다"(La 61; Br 309). 사람들은 파스칼이 이러한 상대주의에 반대하고 있다고 주장한다. 곧 공정은 그때마다 통용되는 풍습들에 놓여 있는 것이 아니라 민족들의 상이한 관습들에 공통적인 자연의 법칙들 안에 있다는 것이다. 파스칼의 대답은 그와는 다르다: 보편적으로 타당한 인간의 법칙은 없다. "절도, 불륜, 유아살인, 부모살인 등이 모두 덕행으로 여겨지던 적도 있었다. 어떤 사람이 강 건너편에 살고 있다고 해서, 또 그의 영주와 나의 영주가 싸웠다고 해서, 나는 그와 다투지도 않았는데 그가 나를 죽일 권리를 가지고 있다는 것처럼 우스운 일이 있을까!" 그럼에도 이와 함께 자연법에 대한 생각이 폐기된 것은 아니다: "의심할 바 없이 자연법의 법률들이 있다. 그러

나 이 훌륭한, 타락한 이성이 모든 것을 타락시켰다". 자연법은 따라서 한갓 이념일 뿐이다; 그것은 공정의 정초에 유용하지 않다. 이성의 타락으로 인해서 "어떤 사람은 공정의 본질이 입법자의 권위라고 하고, 다른 사람은 지배자의 이익이라고 말하고, 또 다른 사람은 현행의 관습이라고 말한다. 그리고 유일하게 확실한 것은 이렇다: 순수한 이성에 따르자면 어떤 것도 그 자체로 정의롭지 않다. 모든 것은 시간과 함께 흔들린다. 습관만이 전체의 공정을 만든다; 공정의 유일한 근거는 그것이 전승되었다는 것이다; 습관이 공정의 권위에 대한 신비적인 토대이다. 공정을 그 참된 근거에로 되돌리려는 사람은 그것을 폐지한다"(La 60; Br 294).

235 도피와 가상은 오만, 허영 그리고 호기심의 태도 안에서 결합된다. 오만은 "모든 비참을 균형이 잡히게 하려는 것이다. 인간은 자신의 비참을 감추거나, 또는 그것을 드러낼 경우, 그것을 알고 있다고 자랑한다"(La 71; Br 405). 오만은 그토록 우리의 비참 가운데서 우리를 소유하며, 심지어 우리는 "다른 사람들의 입에 오르내리기만 하더라도 기꺼이 우리의 생명까지 버린다. 허영: 놀이, 사냥, 방문, 연극, 이름의 잘못된 지속"(La 628; Br 153). "호기심은 허영에 지나지 않는다; 사람들이 무엇인가를 알려고 하는 것은 대개가 그것에 대해서 이야기하기 위함이다"(La 77; Br 152). 활동, 몰두, 정신분산, 공상, 습관, 허영과 오만은 사람들을 결정적인 것에서 멀어지게 만든다: 자기 자신을 보고 "자기가 무엇이며, 어디서 와서 어디로 가는지"(La 139; Br 143)에 대해 숙고하는 것. "사고의 순서는 자기 자신으로부터 시작해서 다음에 자기의 창조주와 자신의 종말에로 향해야 한다"(La 620; Br 146). 파스칼은 우리의 상황을 감옥에 갇혀 있는 한

사람의 처지와 비교하고 있다. 그 사람은 자기에게 선고가 내려졌는지 모르고 있다. 그는 한 시간 후에는 그것을 알 수 있으며, 그 선고를 철회시킬 가능성을 갖고 있다. "만일 그가 선고가 내려졌는지를 확인하기 위해서 그 시간을 사용하지 않고 트럼프의 피케놀이에 허비한다면"(La 163; Br 200), 그것은 이치에 어긋나는 일일 것이다. "우리는 벼랑이 보이지 않도록 어떤 것으로 눈을 가리고 나서 천연덕스럽게 벼랑 쪽으로 달려가는 것이다"(La 166; Br 183). 종교가 그 마지막 엄숙을 획득하는 것은 죽음을 통해서이며 그리고 그 이후에 우리에게 어떤 일이 벌어지는지에 대한 물음을 통해서이다. 공동체 안에서의 삶의 피상성이 인상적으로 죽음의 고독과 대질되고 있다: "우리는 우습게도 우리처럼 비참하고 무력한 동료인간들과의 교제 안에서 평온을 발견한다; 그들은 우리를 돕지 못할 것이다: 사람은 혼자서 죽을 것이다. 따라서 사람은 마치 혼자인 것처럼 처신해야 한다"(La 151; Br 211). 파스칼의 종교의 '철학'은 자기 자신으로부터의 인간의 도피와 인간이 구축하는 가상이 종교가 답하고자 하는 물음들을 전혀 생겨나지 못하게 한다는 확인에서 시작한다. 인간은 이 물음들을 피한다. 인간 삶에서의 종교적인 것의 차원은 가려져 있다; 그것이 맨 먼저 드러나야 하는 것이다.

3. 위대함과 비참함

236_ 첫 번째 일보는 내가 시간과 공간에서의 내 실존의 허무함과 우연성을 의식하는 것이다. "내 생애의 짧은 기간이 그 전과 그 후의

영원에 의해 흡수됨을 생각할 때; 내가 점유하고 있는 작은 공간과 내가 바라보는 공간이 내가 아무 것도 알지 못할 뿐더러 나에 대해 아무 것도 모르는 무한한 공간의 넓이에 의해 삼켜져 있음을 생각할 때, 나는 내가 여기에 있지 저기에 있지 않다는 사실에 전율하고 경악한다; 왜 내가 여기에 있고 저기에 있지 않은지, 어째서 지금 있고 그때에 있지 않은지에 대한 이유는 없다." 파스칼은 지혜서(5,14)를 인용하고 있다: 인간은 "단 하루 머물렀던 손님에 대한 기억처럼"(La 68; Br 205) 사라져 간다. 그러나 인간은 자신의 무상성을 숙고할 수 있으며, 그 점에 인간의 위대함이 있다. "인간은 한 개의 갈대, 세상에서 가장 약한 갈대에 지나지 않는다. 그러나 인간은 생각하는 갈대이다. 그를 파괴하는 데는 전 우주가 무장하지 않아도 된다. 한 줄기의 증기, 한 방울의 물로도 그를 죽이기에 충분하다. 그러나 우주가 그를 파괴한다 해도, 인간은 자기를 죽이는 존재보다 더 존귀할 것이다. 왜냐하면 인간은 자기가 죽는다는 것을 알기 때문이다"(La 200; Br 347). 인간의 위대함은 그가 자신의 비참을 깨닫고 있다는 점에 존립한다. "나무는 자신의 비참에 대해 아무 것도 모른다. 그러므로 자신을 비참하다고 아는 자만이 비참하다. 그러나 사람이 비참하다는 것을 아는 것, 그것만이 위대함이다"(La 114; Br 397). 비참은 위대함의 인식근거이며, 위대함은 비참의 인식근거이다. 비참은 우리에게 무엇인가가 결여되어 있다는 경험이다. "입이 하나밖에 없다고 해서 누가 불행하다고 생각할까. 눈이 하나만 있다면 누가 불행하지 않다고 생각할까." "우리는 동물에 있어서는 자연스러운 것을 인간에게 있어서는 비참이라고 부른다; 그것이 우리에게 상기시키는 바는, 우리는, 현재 우리의 본성은 동물의 그것과 같은데, 이전에 우리의 것이었던 더 나은 본성으로부터 타락했다는 것이다"(La 117; Br 409). 인간은 자신의 본성 안에서 부서짐과 분열 그리고 긴장을 경험해야만 한다. "인간에게 그의 위대함은 보여주지 않고 그가 동물과 비슷하다는 것을 지나치게 지적하는 것은 위험한 일이다. 인간에게 그의 비열함을 보여주지 않고 그 위대함만을 지적하는 것은 더 위험한 일이다. 가장 위험스런 일은 인간에게 양자에 대해 모르게 하는 것이다"(La 121; Br 418). 인간의 비참을 가장 잘 알았던 성서의 두 인물들은 솔로몬과 욥이다; "한 사람은 가장 행복한 인간이었고, 다른 사람은 가장 불행한 인간이었다". 솔로몬은 자신의 경험으로부터 기쁨의 공허함과 무성을 알았고, 욥은 수난의 현실을 알았다(La 403; Br 174).

237_ 위대함과 비참은 인간적 삶의 상이한 영역들 안에서 드러난다. "인간의 위대함은 그의 정욕 안에서도 보인다. 인간은 그로부터 놀라운 질서를 만들어내고 사랑[charité]의 형상을 만들 줄 알기 때문이다"(La 118; Br 402). 공정에 대한 파스칼의 생각이(§ 234) 이 단편을 해석하는데 도움을 줄 수 있다. 정욕은 이기심이며, 자기보존과 힘에로의 충동이며, 타락한 이성이다. 인간의 위대함은 그로부터 법질서를 만들어냈다는 데에 존립한다. 그러나 법질서가 구축된 토대는 법질서와 모순에 놓여 있다; 질서는 불안정하며, 끊임없이 위태롭게 되고 오직 이성의 가상을 통해서만, 즉 마지막으로는 기만을 통해서 유지될 수 있을 뿐이다. "힘이 없는 정의는 무력하고, 정의 없는 힘은 전제적이다[...]. 이렇게 사람들은 올바른 것을 강하게 할 수 없었으므로 강한 것을 정의롭게 만들었다"(La 103; Br 298). "관습은 그저 그것이 관습이기 때문에 따라야 한다. 그런데 민중은 관습을 옳다고 간

주하기 때문에 그 유일한 근거로부터 관습을 따른다[...]. 왜냐하면 인간은 이성이나 정의에만 복종하려고 하기 때문이다"(La 525; Br 325).

정욕은 "육의 욕망, 눈의 욕망, 자만"(1요한 2,16)이다. 파스칼은 세 질서를 구분하고 있다: 육체, 정신, 의지. 육적인 사람들은 부자들이다; 그들의 대상은 육체이다; 여기서 지배적인 것은 좁은 의미에서의 정욕이다. 정신적인 사람들은 식자들이다; 여기서 지배적인 것은 호기심이다. 의지의 영역을 형성하는 것은 현자들이다; 그들의 대상은 정의이다; 여기서 지배적인 것은 자만이다. 이 모든 세 영역들에서 사람들은 놀라운 질서를 만들어냈다: 경제, 학문, 법률. 인간의 내적인 분열은 이 질서가 오만의 원인이자 대상이라는 점에서 드러난다. 부자들은 그들이 획득한 소유물을 자랑하며, 식자들은 그들의 지식을 자랑한다. 의지의 영역에서 모순이 가장 첨예하게 드러난다. 올바른 것을 그것 자체 때문에 행하는 사람만이 정의롭게 행동한다. 그러나 정욕으로 타락한 의지는 윤리적인 행위를 자만의 수단으로 만든다; 올바르거나 윤리적으로 바른 행위는 자만의 본래적인 동기이다; 정욕은 무엇보다도 자기정의감에서 나타난다. 파스칼은 이러한 도착(倒錯)을 피할 수 없는 것으로 간주하고 있다: 사람들은 "어떤 사람이 지혜에 도달했다는 것을 인정하면서 동시에, 그가 그 때문에 사람들의 칭찬을 받고 있다는 이유로 그는 불의하다고 말할 수는 없다. 왜냐하면 그것은 정의로운 일이기 때문이다"(La 933; Br 460). 철학자들 역시 정욕에 의해 규정되어 있다; 그들의 태도 역시 모순적이다. "그들은 신만이 사랑을 받고 숭배를 받을 자격이 있다고 믿는다. 그런데 그들은 자신들이 사람들로부터 사랑받고 숭배받기를 바라고 있다. 그들은 자신들의 타락을 알지 못하고 있다[...]. 그들은 신을 알았지만 사람들이 오직 신만을 사랑하기를 바란 것이 아니라, 자기들에게 만족해하기를 원했다"(La 142; Br 463).

4. 회의론과 독단론

238_ 불행하다는 것은 무엇인가를 원하지만 뜻대로 되지 않음을 의미한다. 인간은 "행복해지기를 바라며 약간의 진리를 확신하고 싶어 한다; 그러나 인간은 알 수도 없고, 아무 것도 모르기를 원할 수도 없다"(La 75; Br 389). 인간은 행복에 대한 예감을 갖고 있지만 불행하다; 그는 진리에 대한 표상을 갖고 있지만 아무런 지식도 없다. 파스칼은 인간적 비참의 이러한 차원을 회의주의와 교조주의와의 대질로 전개시키고 있다. 그는 무지(ignorance)의 두 형식들을 구분하고 있다. 하나는 "모든 인간들이 태어날 때부터 갖고 있는 순수하고 자연적인 무지이며, 다른 것은 진실로 위대한 영혼들이 도달하는 무지인데, 이들은 인간들이 알 수 있는 모든 것을 거친 후에 그들이 아무 것도 모른다는 것을 깨닫는다[...]; 그러나 그것은 자신에 대해 알고 있는 지혜로운 무지이다. 이 사이에 있는 자들은[...] 아는 체하는 사람들이다. 이들이 세상을 교란시키며 매사에 그릇된 판단을 한다"(La 83; Br 327). 이 단편은 학문숭배에 반대하고 있으며, 지식(savoir)과 인식(connaître)을 구분하고 있다.

239_ 극단적인 형식의 회의론인 퓌론주의와 독단론의 대질은 파스칼로 하여금 다음과 같이 외치게 하고 있다: "인간이란 도대체 괴물 같은 것이 아닌가[...], 무슨 모순에 가득 찬 것, 무슨 기적인가! 모든 것

의 심판자이면서, 어리석은 흙 속의 지렁이에 불과한 것, 진리의 주재자이면서, 불확실성과 오류의 시궁창, 우주의 영광이면서 쓰레기". 퓌론주의의 중요한 힘을 파스칼은 원리들의 진리에 대한 그 어떤 확실성도 없다는 점에서 보고 있는데, "우리가 그 진리를 자연적으로 우리 안에서 느끼지 않는 한에서 말이다. 그러나 자연적인 느낌은 그 원리들의 진리에 대한 설득력 있는 증명이 아니다. 왜냐하면, 신앙을 별도로 하고, 인간이 선한 신에 의해서 창조되었는지, 악마에 의해 혹은 우연에 의해 창조되었는지에 대한 아무런 확실성도 없기 때문이다". 그 결과 우리가 이러한 느낌을 신뢰할 수 있는지 그렇지 않은지는 열려진 채로 남는다. 독단론자들의 "유일한 견고함"은 "만일 사람들이 진실하고 정직하게 말한다면, 사람들은 자연적인 원리들을 의심할 수 없다"는 점에 존립한다. 파스칼은 여기서 분명하게도 모든 판단은 비모순율의 타당성을 전제하고 있다는 주장에 대해 생각하고 있다. 사람들 간의 이 전쟁에서 각자는 어느 편을 들어야 한다; "중립을 지킬 수 있다고 생각하는 사람은 훌륭한 회의론자이다". 인간은 어떤 선택을 내려야 하는가? 인간은 그가 깨어 있다는 것, 사람들이 그를 불태우고 있다는 것, 그가 살아 있다는 것, 그가 의심하고 있다는 것을 의심해야 하는가? 파스칼은 "실제의 그리고 완전한" 회의론자는 결코 존재한 적이 없다고 주장한다. "자연은 이성의 무능력을 도와서 이성이 그렇게 멀리까지 이탈하는 것을 저지한다". 그러나 인간은 모든 이의제기를 통해서 불안하게 되는 곳에서도 진리를 확신하고 있다는 주장이 정당화되는가? "자연은 회의론자를 당황하게 하며, 이성은 독단론자를 당황하게 한다". 인간은 자신의 자연적인 이성을 통하여 그의 참된 존재상황을 인식할 수가 없다. "오만한 자여, 그대가 그대 자신에게 어떤 종류의 모순인지를 인식하라. 무력한 이성이여, 겸손해 하라. 우둔한 자연이여, 침묵하라. 인간은 무한히 인간을 초월하고 있음을 파악하라". 자연과 이성은 초월되는 인간이다. 그러나 무엇이 그를 초월하는가? 계시를 듣는 능력: "그대는 아무 것도 알지 못하는 그대의 실제적인 상황을 주인으로부터 들어서 알아라"(La 131; Br 434).

Ⅲ. 종교적 신앙의 인식론에 대하여

1. 마음의 느낌

240_ 파스칼이 주장하기를, 실제적이고 완전한 회의론자는 결코 존재한 적이 없다는 것이다. 그럼에도 불구하고 회의론자와 독단론자 간의 다툼은 열려져 있다; 자연이나 이성 모두 그 다툼을 결정지을 수 없다. 최초의 원리들은 느껴지고 있다. 그러나 회의론자는 신학적인 반론을 제시한다: 우리는 자연의 근원에 대해서 무엇을 알고 있으며, 결과적으로 이러한 느낌의 신빙성에 대하여 무엇을 알고 있는가? 단편(La 110; Br 282)은 최초의 원리들이 회의론자들의 신학적인 반론 없이도 느껴지고 있다는 생각을 제시하고 있으며, 이러한 느낌과 이성 사이의 차이를 더 분명하게 드러내고 있다. 우리는 이성을 통하여 진리를 인식한다(connaître). 그러나 전적으로 이성을 통해서가 아니라, 근본적으로는 마음을 통해서도 진리를 인식하는데, 이 마음이 최

초의 원리들을 인식한다. 추론적인 이성(raisonnement)은 원리들의 인식에 참여하지 않으며 오히려 그것을 전제한다. 그리고 이성은 결과적으로 그런 인식과 싸울 처지에 있지 않다. 그 결과 최초의 원리들에 대한 모든 회의적인 반론들은 이성에 의거하는 것으로서 실패하도록 유죄판결을 받았다. "우리는 우리가 꿈을 꾸고 있지 않다는 것을 알고 있는데, 그것을 이성적 근거들을 통해서 증명하기에는 우리가 그토록 무능하더라도 말이다." 이 무능력으로부터 우리 이성(raison)의 약함이 귀결되지만, 그러나 모든 우리의 인식들(connaissnaces)의 불확실성이 귀결되는 것은 아니다. "왜냐하면 최초의 원리들에 대한 인식, 예를 들면: 공간, 시간, 운동, 수 등이 존재한다는 것은 우리의 추론들[raisonnements]이 우리에게 주는 그 어떤 인식과 똑같이 확실한 것이다. 그리고 이성이 의존해야 하는 것은 마음과 본능의 이와 같은 인식들이다[...]. 원리들은 직감되고[sentent], 명제들은 추론된다. 그리고 양자가 확실성을 가지고 행해지는데, 비록 상이한 방식에서이긴 하지만". 최초의 원리들을 이성적 근거를 통하여 증명하지 못하는 무능력은 이성의 한계를 보여주지만 그것이 회의론을 결과로 가지지는 않는다; 그 무능력은 "다만 모든 것에 대해서 판단내리고 싶어 하는 이성을 겸손하게 만드는 목적을 가질 뿐이지, 우리의 확실성을 흔들려는 목적을 갖는 것은 아니다".

241_ 파스칼은 이제 종교적 신앙의 인식론적인 지위를 최초의 원리들의 그것과 동일시하고 있다; 종교적 신앙 역시 마음의 느낌인 것이다; 최초의 원리들에게서처럼 그것에도 확실성이 부여되며, 최초의 원리들에게서처럼 종교적 신앙에 있어서도 이성을 통한 정초는 필요

하지도 않고 가능하지도 않다. "그렇기 때문에 신으로부터 마음의 느낌[sentiment]으로서의 신앙을 받은 사람들은 대단히 행복하며 정당하게 확신을 얻은 것이다". 그러나 인용문은 자연적인 원리들에 대한 느낌과 종교적 신앙의 느낌 간의 차이를 보여준다. 신앙은 최초의 원리들에 대한 느낌처럼 우리의 자연에 속하는 것이 아니라 신으로부터 주어진 것이다. 회의론자의 신학적 반론에 따르면, 최초의 원리들에 대한 느낌은 아무런 확실성도 중재하지 않는데, 그 이유는 우리가 우리 자연의 원인에 대하여 아무 것도 모르기 때문이다. 그러나 파스칼은 이 반론을 "신앙을 별도로 하고"(§ 239)라는 유보조건과 함께 표현하였다. 신이 느낌으로서 마음 안에 부여하는 신앙은 이 반론에 내맡겨져 있지 않다. 왜냐하면 자연적인 원리들과는 달리 신앙은 자신의 원인을 증언하기 때문이다. "그러나 신앙을 갖지 못한 사람들에게 우리는 단지 논증(rasonnement)을 통해서만 신앙을 중재할 수 있으며, 신이 그들에게 마음의 느낌으로서의 신앙을 주게 될 것을 바라는 것이다. 왜냐하면 그렇지 않을 경우 신앙은 단지 인간적인 것일 뿐 구원을 위해서는 무익하기 때문이다"(La 110; Br 282). 이성은 최초의 원리들을 증명할 수 없듯이 마음의 느낌으로서의 신앙을 증명할 수 없다; 논증들은 신앙에 다만 길을 준비할 수 있다. 이 신앙은 이성의 작품도 아니요 자연적인 원리들을 느끼는 마음의 작품도 아니다; 신앙 안에서 인간은 무한히 인간을 초월한다.

2. 판단, 의심, 신앙

242_ 파스칼은 이성의 반대자가 아니며, 이성의 독점권 내지는 절대

성 주장에 반대할 따름이다; 비합리주의 혹은 신앙주의의 극단은 합리주의의 그것처럼 피해야 하는 것이다. "두 개의 과도: 이성을 배제하는 것 — 이성만을 인정하는 것"(La 183; Br 253). 이성은 자신의 고유한 한계들에 대해 물어보아야 할 과제를 갖는다; 이성이 할 수 있는 가장 이성적인 일은 자기 자신을 물음의 대상으로 삼는 것이다. "이러한 이성의 부인(否認)처럼 이성에 적합한 것은 아무 것도 없다"(La 182; Br 272).

어디에 이성의 한계 혹은 전제가 놓여 있는가? 이성은 무엇을 성취할 수 있으며, 어떤 영역에 대해 권한이 있는가? 파스칼은 세 개의 명제적 입장들을 구분하고 있다: 주장 혹은 판단, 의심, 그리고 "복종" 혹은 신앙(La 170; Br 268). 판단은 이성의 행위이다; 이성은 근거들을 가지고 진술이 참인지 거짓인지를 결정한다. 의심은 판단의 보류이다; 의심은 진술이 참인지 거짓인지를 열어둔다. 신앙 혹은 이성의 복종은 이성의 사용과는 구분된다(La 167; Br 269): 이성은 스스로가 진술에 대한 근거들을 갖고 있지 않음에도 진술을 참이라고 간주한다. 그러나 아우구스티누스에 기대어서 파스칼은 이렇게 쓰고 있다: 이성이 복종하는 것은 단지 자신이 복종해야만 하는 경우들이 있다고 판단하기 때문에 그렇게 한다. "따라서 이성이 복종해야 한다고 판단할 경우에 복종하는 것은 올바른 일이다"(La 174; Br 270). 인간이 이 세 명제적 입장들 중에서 그때마다 어느 것에 찬성하는지는 자의적인 문제가 아니다. 그것은 인간이 처해 있는 인식적 상황에 달려있다; 결정은 옳거나 그르다. 파스칼은 그렇기 때문에 앎, 혹은 이해, 혹은 판단력(savoir)에 대해서 말하는데, 판단력은 여기서 판단하거나 혹은 의심하거나 혹은 복종하는 것이 옳은 일인지의 여부를 인식한다. 이러한 결정을 할 능력이 없는 자는 이성의 힘을 잘못 평

가하는 것이다: 그는 이성을 너무 많이 신뢰하거나 아니면 너무 적게 신뢰한다; 그는 모든 것이 증명될 수 있다고 주장하거나 아니면 모든 것을 의심한다. 모든 것이 증명될 수 있다고 생각하는 사람은 그와 함께 증명이 무엇인지를 그가 모르고 있다는 것을 보여준다. 왜냐하면 모든 증명은 원리들로부터 출발하며, 이 원리들은 스스로가 다시 증명될 수 없기 때문이다.

243_ 그러나 우리는 어떻게 이 원리들에 도달하는가? 우리가 본 것처럼(§ 240), 원리들은 마음이나 혹은 자연적 느낌을 통해서 인식된다. 회의론자는 이 점에서 시작하며, 여기서 우리는 이성이 복종해야 하는 경우를 목전에 두게 된다. 회의론자는 신학적으로 논변한다: 우리는 우리의 자연적 느낌을 통해서 우리를 속이고 있는 사악한 악마에 의해서 창조되었을 수도 있다(La 131; Br 434; § 239 참조). 신학적인 반론에 대해서는 오직 신학적인 대꾸만이 가능하다. 우리는 우리의 자연적 느낌이 우리를 속이지 않는다고 전제할 때에만, 다시 말해서 우리는 합목적적인 자연의 질서 혹은 우리를 속이려고 하지 않는 선한 창조주를 가정할 때에만, 우리의 자연적 느낌을 신뢰할 수 있다. 그러나 우리는 이런 전제를 정초할 수도 없고 우리의 마음을 통해서 인식할 수도 없다; 여기서 모든 통찰은 실패하며, 유일한 가능성은 이성이 복종하는 것이다. 파스칼은 따라서 우리에게 다음과 같은 양자택일을 제시한다: 모든 것을 의심하고 모든 판단을 보류하는 퓌론주의적인 회의주의, 아니면 이성의 복종이자 이성의 모든 활동을 위한 토대인 신앙의 행위. 따라서 다음과 같은 질서가 생겨난다: 이 복종의 행위 안에서 이성은 합목적적인 자연의 질서를 받아들인다; 그렇기 때문에 이성은 자연적인 느낌을 신뢰할 수 있다; 그렇

게 이성은 원리들에 도달하며, 그로부터 추론적인 사유가 출발할 수 있는 것이다. 모든 앎은 따라서 신앙에 의거한다; 이성은 활동할 수 있기 위해서 먼저 복종해야 하는 것이다.

244_ 그리하여 이러한 숙고가 요약하는 바는, "신앙은 감각이 가르치지 않는 바를 잘 가르치지만, 결코 감각이 보는 것과 반대의 것을 가르치지는 않는다. 신앙은 감각을 초월한 것이지 그것과 반대되는 것은 아니다"(La 185; Br 265). 합목적적인 자연의 질서에 대한 신앙이 없이는 우리는 감각에 의존할 수 없다; 신앙은 그것이 없이는 감각인식이 존재하지 않는다는 의미에서 감각을 초월한 것이다. 이성의 강점은 그것이 자신을 넘어서서 [무엇인가를] 지시한다는 점에 있다. "이성의 최후의 일보는 이성을 초월하는 것들이 무수히 있다는 것을 인정하는 일이다. 그것을 인정하는 데까지 나아가지 못한다면, 이성은 빈약한 것에 지나지 않는다." 신앙은 종교에 국한되어 있지 않다; 우리의 일상적인 확신들, 가령 우리가 깨어있지 꿈을 꾸고 있지는 않다는 확신, 그리고 공간과 시간의 인식과 같은 학문의 근본토대들은 신앙에 의거하는 것이지 이성에 의거하는 것이 아니다. "자연적 사물이 이성을 초월하고 있다면, 초자연적 사물에 대해서는 무엇이라고 말할 것인가?"(La 188; Br 267).

3. 신앙과 사랑

245_ 우리가, 우리 삶의 어떤 영역에서든지 간에, 믿거나 혹은 안 믿거나 하는 것은 우리의 수중에 놓여 있지 않다: 우리는 항상 믿는다.

I. 인간조건(condicio humana)의 해석으로서의 참된 종교 : 블레즈 파스칼

의심 역시 근거들을 필요로 하며, 우리의 자연적 느낌의 신빙성을 의심하는 회의론자는 적어도 인간이 사악한 악마나 우연에 의해 창조되었다는 가능성을 가정해야만 한다. "정신은 본성적으로 믿으며, 의지는 본성적으로 사랑한다. 그 결과 참된 대상이 결여되어 있으면 정신과 의지는 허위의 대상에 결부될 수밖에 없다"(La 661; Br 81). 파스칼은 의지가 사랑하는 것과 정신이 믿는 것 사이의 연관을 보고 있다. "의지는 신앙의 가장 중요한 기관들 중의 하나이다; 의지가 신앙을 형성했다는 것이 아니라, 사물은 사람이 그것을 바라보는 측면에 따라서 참일 수도 거짓일 수도 있기 때문이다". 정신은 의지와 손을 맞잡고 가기 때문에, "정신은 의지가 사랑하는 측면에 자신의 시선을 고정시킨다"(La 539; Br 99). 올바른 신앙은 따라서 올바른 사랑에 달려있다.

그러나 올바른 사랑에로의 의지는 어떻게 발견되는가? "두 종류의 인간들이 인식에 도달한다. 겸손한 마음을 가지고, 높거나 낮거나 어느 정도의 정신을 가지고 있더라도 자신의 비천함을 사랑하는 사람들. 혹은 어떤 저항들이 있더라도 진리를 보기 위해서 충분히 정신을 가진 사람들"(La 394; Br 288). 이 단편은 양자의 사람들을 제 3의 무리와 맞세우고 있는데, 이들은 "성스러운 신을 인식하기에는 적합하지 않은 거만한 현자들"이다. 사람들 안에 있는 저항들이 신의 인식 혹은 신앙에 맞서고 있는데, 그것들은 무엇보다도 자기사랑과 거만이다. 파스칼은 그것들이 극복될 수 있는 두 개의 길들을 거명하고 있다. 하나는 진리에 대한 깊은 통찰로서, 그것은 진리에 저항하는 모든 것들보다도 더 강한 것이다. 그러나 그것은 단지 적은 사람들에게만 선사될 수 있을 것이다. 모든 사람들에게 통할 수 있는 다른 길은 겸손이다. 자기사랑과 오만의 저항은 인식을 통해서도 부서지지 않으며, 자신의 비참에 대한 통찰과 그것에 대한 사랑이 신앙을 위한 지반을 제공한다. 지식은 거만하게 만든다; 그렇기 때문에 신이 자신을 숨기고 있는 것은 원망해야 할 이유가 아니라 감사해야 할 이유이다. "신은 정신보다 의지를 더 반겨한다. 완전한 명료성은 정신에게는 도움이 될지 모르나 의지에게는 해가 된다. 거만을 억누를 것"(La 234; Br 581). 자신의 비참에 대한 사랑은 신앙에로 기우는 성향이며, 파스칼은 어느 만큼이나 그것이 인간의 작품인지 혹은 신의 선물인지에 대해서 열어두고 있다. 그는 시편 119,36 "'제 마음을 기울게 하소서, 하느님(Inclina cor meum, Deus)'"을 인용하고 있으며, '*inclinare*', '기울게 만들다', '구부리다'의 다의성을 사용하고 있다: 신은 마음을 구부리면서, 즉 자기사랑을 부수면서, 그것을 신앙에 기울게 만든다. "단순한 사람들이 이성적으로 숙고하지 않고 믿는 것을 보고 놀라지 말라. 신은 그들에게 당신에 대한 사랑과 그들 자신에 대한 증오를 느끼게 하여, 그들의 마음을 신앙에로 구부린다. 만일 신이 마음을 구부리지 않는다면, 사람들은 결코 유익하고도 신뢰하는 신앙으로 믿지는 않을 것이다"(La 380; Br 284). 파스칼은 이 단순하고도 가르쳐지지 않은 그리고 반성되지 않은 신앙을 묘사하고 있다: "그들은 신이 자신들을 창조했다고 느낀다. 그들은 신만을 사랑하길 원하며, 그들 자신을 미워하려고 한다. 그들은 스스로에게 그런 능력이 없다는 것을 느끼며, 신에게 도달하기에는 무능력하다고 느낀다. 그리고 그들은 만일 신이 그들에게 오지 않는다면 신과의 어떤 결합도 불가능하다고 느낀다"(La 381; Br 286).

Ⅳ. 인간조건(condicio humana)의 해석으로서의 그리스도교

1. 상호적 해석의 방법론

246_ 성서의 두 인물들이 파스칼의 종교철학의 중심점에 서 있다: 아담과 예수 그리스도. "모든 신앙은 예수 그리스도와 아담 안에 존재한다"(La 226; Br 523). 그리스도교 신앙은 "오직 이 두 가지 사실을 확인하는 데까지 나아갈 뿐이다: 인간본성의 타락과 예수 그리스도를 통한 구원"(La 427; Br 194). 그래서 파스칼은 무엇보다도 두 개의 성서본문들 주위를 돌고 있다: 창세 1-3. 이것은 창조와 인류의 타락에 대한 이야기이다. 그리고 로마 5,12-21. 여기서 바오로는 이 세상 안으로 죄와 죽음을 초래한 인간과 은총과 의화를 초래한 인간에 대해 말하고 있다. 아담은 두 개의 신앙진리들을 대변하고 있다: "인간이 창조의 상태 또는 은총의 상태에서 모든 자연 위로 고양되었으며, 말하자면 신과 비슷하게 되어서 신성에 참여하고 있다는 것"과, "인간은 타락과 죄의 상태에서 저 처지로부터 전락하여 동물과 비슷하게 되었다는 것"(La 131; Br 434)이다. 인간의 죄는 교만이다. 그는 신의 광채를 보았지만, "그 영광을 감내할 수 없도록 월권에 빠지게 되었다. 그는 자기 자신을 중심점으로 만들고자 했으며 나의 은총에 매이지 않기를 원했다"(La 149; Br 430).

247_ 파스칼은 상호적 해석의 방법론으로 작업하고 있다: 그는 성서의 진술을 인간학적인 현상의 도움을 받아 해석하고 있으며, 인간의

상황을 신앙의 진술을 통해서 설명하고 있다. 인간학적인 현상들을 통해서 분명해지는 것은 성서가 무엇에 대해서 말하고 있는가이다; 성서의 진술들은 원뿔 모양의 빛과 같아서 우리에게 인간의 상황을 비로소 완전한 명료성 안에서 보여준다. 그리고 그것들은 경험적 자료들을 해명하는 자연과학의 이론에 비교될 수 있다. 성서는 우리를 우리의 상황과 대질시키고 있다; 그것은 우리 자신을 보도록 가르친다; 성서는 지금까지 우리에게 발생한 그 무엇에로, 혹은 우리가 아직도 이러한 예리함 속에서 보지 못한 그 무엇에로 우리의 시선을 이끈다. 창조와 타락에 대한 성서의 설화가 말하고 있는 인간의 두 상태들을 우리는 우리 자신에게서 관찰할 수 있다. "당신들은 창조되었을 때의 상태에 있지 않다. 이 두 상태들이 분명해졌기에, 당신들이 그것들을 인식하지 못하는 것은 불가능하다. 당신들의 마음의 충동을 따라가 보라. 당신 자신을 관찰하고, 당신들 안에서 이 두 본성의 살아있는 특성들이 발견되는지를 조사해 보라"(La 149; Br 430).

248_ 이 두 본성 간의 불화를 우리는 인간적 인식의 가능성과 한계 안에서 만나고 있다; 이 현상에 대한 파스칼의 해석이 보여주는 것은, 그가 어떻게 철학과 신학의 관계를 보고 있는가 하는 것이다(La 131; Br 434; § 243 참조). 철학의 시초 이래로 독단론자와 회의론자 간의 전쟁이 요동치고 있다. 각자는 어느 편에 서야만 한다; 중립적으로 남을 수 있다고 믿는 사람은 훌륭한 회의론자일 뿐이다. 파스칼에 따르면 이성은 이 다툼을 종결지을 능력이 없다. 독단론자들을 대변하는 내용은, 가령 자신이 깨어있는지 혹은 고통을 느끼고 있는지를 의심한 실제적인 회의론자는 결코 있어 본 적이 없다는 것이다.

그러나 이로써 독단론자가 승리한 것은 아니다. 그는 그가 확실히 진리를 소유하고 있다고 말할 수 없는데, 왜냐하면 그것에 대한 증명을 제시할 수 없기 때문이다. "자연은 회의론자를 당황하게 하며, 이성은 독단론자를 당황하게 한다". 인간은 자기 자신에게 하나의 역설이며, 그는 스스로 이것을 풀 수 없다. 파스칼은 로마 5,12에 대한 아우구스티누스의 주석에로 소급되는 "원죄의 유전"에 대한 가르침 안에서 이 모순의 해결을 보고 있다. 그는 이 가르침이야말로 그 어떤 다른 신앙명제와 같지 않게 우리의 이성을 격분시킨다는 것을 강조하고 있다. 여기서는 단지 우리에게 불가능할 뿐만 아니라 최상의 정도로 부당하게 보이는 그 무엇이 주장되고 있다. 어째서 아직 아무런 결정능력도 없는 어린아이가 그의 출생보다 수천 년 앞서서 저질러진 죄 때문에 유죄판결을 받아야 하는가? 그러나 우리의 상태에 대한 또 다른 설명이 존재하는가? 만일 인간이 타락하지 않았다면, "무죄의 상태에서 진리와 행복을 확신하며 기쁨을 누리고 있을 것이다. 그리고 만일 인간이 처음부터 타락해 있었다면, 그는 진리에 대해서도 그리고 행복에 대해서도 아무런 표상을 지니고 있지 못할 것이다".

249 파스칼이 놀라움과 함께 확인하고 있듯이, 우리의 파악을 넘어서고 우리의 이성을 도발하는 원죄유전에 대한 신비가 없이는 우리는 우리 자신에 대해서 아무 것도 알 수 없는 것이다. "확실히 우리에게 이 가르침보다 더 거슬리는 것은 아무 것도 없다. 그럼에도 불구하고 우리는 모든 것들 중에서 가장 파악하기 힘든 이 신비가 없이는 우리 자신을 파악할 수 없다[...]. 그리하여 이 신비가 없이는, 이 신비가 인간에게 이해되기 어려운 것보다도 더 인간은 자신을 이해하기 어렵

게 된다"(La 131; Br 434). 그렇다면 우리가 파스칼에게 물어야 할 것은, 어째서 우리는 인간의 파악불가능성에 만족한 채 끝을 맺어서는 안 되는가? 그 자체로 파악이 불가능한 신비를 통해서 인간의 역설적인 상황을 해명한다는 것은 무슨 말인가? 파악불가능성에 단계가 있다는 말인가? 어째서 원죄유전에 대한 신비는 독단론과 회의론 사이에 있는 인간의 처지보다 이해하기 어려운 정도가 덜하다는 말인가? 인간의 이성에게는 불쾌한 사안인 그 신비는 우리에게 우리의 역설적인 상황을 더 분명하게 의식시켜 준다. 그것이 우리에게 보여주려는 것은, 이성이 그것을 해결할 수 없다는 것이다. 우리는 우리의 이성을 떠나서 인식의 또 다른 영역에로 지시된다; 우리에게 분명해져야 하는 것은, 우리가 우리 자신을 "이성의 오만하고 불안한 활동에 의해서보다는 이성의 단순한 복종을 통해서 진실로 알 수 있다"는 것이다. 그러나 우리가 조회하게 되는 신앙이 파악할 수 없는 신비에 대한 신앙이라면, 이성으로부터 신앙에로의 일보는 우리 자신을 이해하는데 도움이 되는 것인가? 혹은 신비는 전체의 부분이며, 그로부터 신비는, 비록 그것 자체는 파악할 수 없는 것이라 하더라도, 하나의 의미를 획득할 수도 있다는 것인가?

250_ 또 다른 현상을 거명하자면, 인간은 자연에 대한 자신의 관계 안에서 내적인 분열을 경험한다(La 429; Br 229). 인간이 항상 자연 안에서 보는 것은 그에게 의심과 불안의 동기가 된다. 자연은 인간에게 신에 대한 물음에 대해 아무런 답도 주지 않는다. 인간이 자연 안에서 신을 지시하는 그 어떤 것도 보지 못한다면, 그는 신이 존재하는가의 물음에 부정적인 결론을 내릴 것이다; "만일 내가 어디서나

창조주의 표징을 본다면, 나는 평화로운 마음으로 신앙 안에 거주하게 될 것이다. 그러나 나는 부정하기에는 너무 많은 것을, 그리고 확신을 가지기에는 너무 적은 것을 보기에, 가련한 처지에 놓이게 된다". 나는 신에 대한 물음에 대답을 필요로 한다. 왜냐하면 "나의 마음은 참된 선의 소재를 알고 그것에 따라가려고 온 힘을 다하고 있기" 때문이다. 자연은 나를 버려두고 있다; 자연은 나에게 내가 누구인지, 나의 상태가 어떠한지, 내가 어떤 결정을 내려야 할지 그리고 무엇이 나의 의무인지를 말해주지 않는다.

251_ 종교는 파스칼에게는 마지막 '삶의 진지성(Lebensernst)', 다시 말해서 자신의 죽음이라는 피할 수 없는 사실과의 대질을 전제로 한다(La 427; Br 194). 그는 두 부류의 인간을 구분하고 있다: 대답을 구하는 사람들. 그리고 이 물음과 대면하지 않고, 그 물음에 신경을 쓰고 싶은 생각이 없으며, 그 물음 때문에 곤경에 처한 사람들을 멸시하면서 빈둥빈둥 살아가는 사람들. 종교를 공격하거나 경멸하는 사람은 마지막이자 결정적인 물음을 피한다. 그리고 파스칼은 이런 피상성에 경악하고 분노한다. "그와 같은 태만은 참을 수 없는 것이다. 여기서 관건이 되는 것은, 그런 태도를 취할 수 있는 얼굴도 모르는 사람의 사소한 이익이 아니다. 관건이 되는 것은 우리 자신과 우리의 모든 것이다". 파스칼은 인간의 상황을 묘사하고 있다: "나는 누가 나를 이 세상에 태어나게 했는지 모르며, 세계가 무엇인지, 내 자신이 누구인지도 모른다[...]. 나는 나를 에워싸고 있는 우주의 이 섬뜩한 공간을 바라본다. 그리고 나는 이 광대한 공간의 한 구석에 속박되어 있는 자신을 발견하며, 어째서 내가 이 장소에 있으며 오히려

다른 장소에 놓여 있지 않은지를 그리고 어째서 나에게 살아가도록 부여된 이 짧은 시간이 나보다 먼저 있었던 영원과 내 뒤에 오게 될 영원의 어떤 다른 시기에 정해지지 않고 이 시기에 정해졌는지를 알지 못한다[...]. 내가 알고 있는 전부는, 내가 곧 죽어야만 한다는 것이며, 그러나 내가 가장 모르고 있는 것은 바로 피할 방도를 내가 알지 못하는 이 죽음인 것이다."

이 물음들을 피하는 것이 시류이다. 무엇인가에 몰두하고 허풍을 떠는 것이 기품 있는 태도에 속한다. 가령 사람들이 "멍에를 벗어던졌다"고 말하거나, 우리의 행위를 지켜보는 신이 있다는 것을 믿지 않는다고 하거나, 단지 자기 자신에게만 자기의 행위에 대한 전말서를 빚지고 있다고 말하는 경우들이 그것이다. 이러한 태도에 대한 파스칼의 반응은 분노와 경멸이다. 파스칼의 판단에 따르면, 그와 같은 언사를 통해서 인간은 존경도 신뢰도 얻지 못한다; 그들에게는 윤리적인 진지함이 결여되어 있다. "누가 그처럼 말하는 자를 친구로 갖고 싶어 하겠는가? 자신의 용무를 털어놓기 위해서 누가 그런 사람을 선택하겠는가? 자신의 근심을 그런 자에게 의뢰하겠는가?"(La 427; Br 194). 파스칼은 이러한 태도를 모순적이라고 간주한다; 그것은 우리의 본성적인 자기사랑에 반하는 것이다. "직무를 잃었다고 해서 혹은 자신의 명예가 손상되었다고 상상함으로써 밤낮으로 분노와 절망 속에서 보내는 사람은 바로 죽음에 의해서 모든 것을 잃게 될 줄 알면서도 아무런 불안이나 동요도 일으키지 않는 사람과 동일인이다". 다시금 파스칼은 인간본성의 수수께끼 앞에 있는 자신을 본다: 작은 사안들이 문제되는 곳에서의 예민함, 그리고 가장 큰 사안이 문제되는 곳에서의 냉담함. "이런 상태를 자랑할 수 있는 인간의 본성에는 기묘한 전도(轉倒)가 있음에 틀림없다. 단 한 사람도 그런 상태에 머무르기를 고수할 성싶지 않기에 말이다."사람에게 그가 어디서 와서 어디로 가는지의 물음이 어떻게 상관없는 것일 수 있을까? 인간의 존재상황에 당면하지 않은 것이 치욕임에도 불구하고, 그런 물음이 마음을 건드리지 않음을 자랑으로 여기는 자가 있다면 그것이 어떻게 가능한가? "그것은 불가해한 마법이자 초자연적인 마비상태로서, 이런 상태들이 그것들을 야기한 전능한 힘을 가리킨다."마지막 물음들을 피하는 사람은, 파스칼이 판단하기를, 그의 변질된 감수성을 통해서 인간본성의 타락을 증언한다.

2. 교만과 절망의 딜레마

252_ 인간은 자신의 상태 앞에서 눈을 감아버리거나 혹은 그 자신이 기도 한 모순에 맞설 수 있다: 그의 위대함과 비참, 그에게 첫 번째 본성으로부터 남게 된 행복을 향한 무력한 열망, 그리고 그의 두 번째 본성이 되어버린 맹목과 욕정. 자기 자신에 대한 시선은 인간에게 오직 두 가능성만을 허용한다: 교만과 절망. 자신의 비참을 바라볼 때 인간은 절망한다; 창조물 안에서 신의 흔적을 추적하고 자신의 힘으로 신을 알려고 할 때 인간은 교만해진다. 신을 알지 못하고 자신의 비참을 아는 것이나, 자신의 비참을 알지 못하고 신을 아는 것은 똑같이 인간에게 위험스런 일이다. "자기의 비참을 모르고서 신을 안다는 것은 오만을 낳게 한다. 신을 모르고서 자기의 비참을 안다는 것은 절망을 낳게 한다"(La 192; Br 527). 형이상학의 신 증명에 대한 파스칼의 비판은 아우구스티누스의 설교(Sermo) 141에서 인용한 문장에 요약되어 있다: "그들이 자신의 호기심으로 알게 된 것을 그

들은 교만 때문에 잃어버리고 말았다(*Quod curiositate cognoverunt superbia amiserunt*)"(La 190; Br 543). 자연적인 신 인식에서의 모든 진보는 점증하는 교만을 대가로 해서 얻게 된 것이다. 인간은 헛되이 자기 자신 안에서 비참을 이길 구제책을 구한다. 철학자들이 그런 시도를 했으나 실패하였다; 그들은 악을 인식하지 못했기 때문에 그것을 치유할 수도 없었다. "당신들의 가장 고약한 병은 당신들을 신으로부터 벗어나게 하는 오만과, 당신들을 지상에 붙들어 매는 욕정이다". 철학자들은 이 병들 중의 하나를 그때마다 더 악화시켰다. 그들이 신의 실존을 가르쳤을 때, 그들은 사람들의 교만을 더 강화시켰다. 왜냐하면 "그들은 당신들의 본성을 통해서 당신들이 신과 닮았고 신과 필적한다는 생각을 당신들에게 가져다주었기 때문이다". 유물론자들과 쾌락주의자들은 또 다른 병을 더 악화시켰는데, 그것은 "그들이 당신들의 본성이 짐승의 본성과 비슷하다고 이해시키고, 동물적인 것에 불과한 욕정 안에서 행복을 구하라고 당신들을 움직이면서였다"(La 149; Br 430). 최초의 본성으로부터 인간에게 남게 된 것은 인간이 그것을 부정하기에는 너무 많은 것을 보여주며, 확신하기에는 너무 적은 것을 보여준다. 세계는 신의 완전한 부재도 그리고 신의 명백한 현존도 보여주지 않으며, "자신을 감추는 신을 보여줄 따름이다". 인간이 자연적인 인식을 통해서 자신의 불안으로부터 해방되는 것은, 그가 신의 어떤 표시도 보지 않고 있든지, 그가 확신을 갖기에 충분할 만큼 신을 보고 있든지 간에, 가능하지도 않고 필요하지도 않다. 필요한 것은 "그가 신을 잃어버렸다는 것을 인식하기 위해서 충분히 보는 것이다; 왜냐하면 사람들이 잃어버렸다는 것을 인식하기 위해서는 사람들은 보아야 하고 또 보지 말아야 하기 때문이다. 그리고 그것이 정확히 인간본성의 상태이다"(La 449; Br 556).

253_ 인간은 어떻게 교만과 절망의 딜레마에서 벗어날 수 있는가? 인간은 교만에 떨어짐이 없이 신을 인식해야 하며, 절망에 빠짐이 없이 자신의 비참을 보아야만 한다. 그리고 그것은 오직 육화의 신비를 통해서만 가능하다. 육화는 "인간에게 반드시 필요했던 구제책의 크기를 통해서 인간의 비참의 크기를 드러낸다"(La 192; Br 526). 인간은 자신의 비참의 크기를 보면서 교만으로부터 보호되며, 구제책의 크기를 보면서 절망으로부터 보호된다. 인간은 자신의 비참을 알지 못하면서 신을 알거나 혹은 신을 알지 못하면서 자신의 비참을 아는 위험으로부터 벗어난다. "예수 그리스도에 대한 인식은 중용을 취한다. 왜냐하면 우리는 그 안에서 신을 발견할 뿐만 아니라 우리의 비참도 발견하기 때문이다"(La 192; Br 527). 사람은 "확실히 자신의 비참을 알지 못하고도 신을 알 수 있으며, 신을 알지 못하고도 자신의 비참을 알 수 있다; 그러나 사람은 신과 자신의 비참을 동시에 알지 못하고서는 예수 그리스도를 알 수 없다"(La 449; Br 556). "예수 그리스도는 사람이 교만하지 않고 다가갈 수 있는 신이며, 그분 밑에서 사람은 절망하지 않고 자기를 낮출 수 있다"(La 212; Br 528). 사람이 자신의 비참을 의식함이 없이 알고 있는 신은 형이상학의 신이다; 그 신을 아는 것은 무용하고 무익한 일이다. "만일 어떤 사람이 숫자들의 비례관계가 비물질적이고 영원한 진리들이며, 그 진리들은 사람들이 '신'이라 명명하고 있는 최초의 진리에 종속되고 그것에 그 존재를 힘입고 있다는 것을 확신하고 있다면, 내 생각으로는 그 사람은 그런 확신으로써 자신의 구원을 향해서 어떤 진보도 이룬 것이 아

니다". 교만과 절망의 "중용"은 위로와 신뢰이다. 오직 자신의 비참을 보는 자만이 신을 "자비로운 아버지이자 모든 위로의 신"으로서 경험할 수 있다(2코린 1,3). 그리스도인들의 신은 다만 기하학적인 진리들의 창립자는 아니다; "그것은 이교도들과 에피쿠로스주의자들의 몫이다". 그리스도인들의 신은 자신을 숭배하는 이들에게 자신의 섭리로 장수와 행복한 삶을 선사할 뿐인 신도 아니다; "그것은 유대인들의 몫이다". 그 신은 오히려 "사랑과 위로의 신"으로서, 그분은 자신에게 속하는 사람들에게 "내부에서 그들의 비참과 당신의 무한한 자비심을 느끼게 해주며, 그들의 가장 깊은 영혼 안에서 그들과 하나가 되는 분이며, 그들을 겸손과 기쁨, 신뢰 그리고 사랑으로 채우는 분이다"(La 449; Br 556).

3. 세 질서들

254_ 파스칼이 언젠가 자신의 관심사를 표명하고 있듯이, 그는 신의 실존이나 영혼의 불멸성을 이성적 근거들을 가지고 증명하길 원치 않는데, 그것은 단지 그가 결의에 찬 무신론자를 설득시킬 수도 있는 그 무엇을 자연에서 발견하리라고 충분히 강한 느낌을 갖지 않기 때문만이 아니라, "이러한 인식이 예수 그리스도 없이는 무용하고 무익하기 때문이다"(La 449; Br 556). 종교는 형이상학이 아니다; 유일하게 관건이 되는 것은, 자신의 비참과 구원자를 아는 것이다. 그렇다면 철학은 여전히 종교를 위해서 무엇을 수행할 수 있는가? 종교가 형이상학의 그 어떤 형식도 아니라면 종교는 무엇인가? 어디에 예수

I. 인간조건(condicio humana)의 해석으로서의 참된 종교: 블레즈 파스칼

그리스도에 대한 인식이 존립하며, 어떻게 우리는 그것에 도달하는가? 파스칼은 현실의 상이한 질서들에 대한 자신의 가르침으로 그에 대답하고 있다(La 308; Br 793).

"물체로부터 정신까지의 무한한 거리는 정신으로부터 사랑[charité]에로의 무수히 많은 더욱 무한한 거리에 대한 형상을 제공하는데, 사랑은 초자연적이기 때문이다." 이 문장은 현실의 세 영역들에 대해서 말하고 있다: 물체, 정신 그리고 사랑. 그들 사이에는 저마다 무한한 거리가 놓여 있다. 다시 말해서 그것들은 본질적으로 상이하며, 보다 높은 영역은 더욱 낮은 것에로 되돌릴 수 없으며 그것에 의해서 설명될 수 없다. 모든 물체를 합해도 거기서 그 어떤 생각이 산출될 수는 없으며, 모든 물체와 정신이 참된 사랑의 충동을 산출해낼 수 없다. 그들을 서로 결합시키는 것은 하나의 유사, 즉 그림과 모사된 것의 관계이다: 물체와 정신 사이의 무한한 거리는 정신과 사랑 사이의 무수하게도 더 무한적인 거리에 대한 모사이다. 물체와 정신 사이의 거리는 우리에게 알려져 있다; 그로부터 우리는 우리에게 알려져 있지 않은 정신과 사랑 사이의 거리를 추론해야 한다. 물체, 정신 그리고 사랑은 더 높은 것이 더 낮은 것에로 환원될 수 없다는 것을 통해서 구분된다; '더 높은'이나 '더 낮은'이라는 언사가 말하는 바는, 가치서열의 단계들이 관건이 되고 있다는 것이다. "천공 안의 모든 물체, 별, 대지와 그 왕국들은 정신의 가장 미소한 것의 무게도 지니지 못한다. 왜냐하면 정신은 이 모든 것과 자기 자신을 인식하지만 물체들은 아무 것도 인식하지 못하기 때문이다. 모든 물체들을 합해도 그리고 모든 정신과 그 작품 모두를 합해도 사랑의 가장 미소한 충동의 무게에 미치지 못한다."

물체, 정신, 사랑의 질서와 나란히 파스칼은 두 번째의 삼 항을 제

시하고 있다: 왕들, 부자들 그리고 장군들; 학자들; 성인들. 이 세 부류의 각각은 저마다의 가치질서를 가지며, 여기서도 더 높은 가치질서가 더 낮은 것에로 환원될 수 없다는 것이 적용된다. 이 세 가치질서들의 각각에 고유한 인식능력이 상응한다. 왕들과 부자들의 가치는 눈으로 인식되며, 학자들의 가치는 정신으로, 그리고 성인들의 가치는 마음으로 인식된다. 왕들과 부자들은 학자들이나 성인들의 가치에 대해서 눈이 멀어 있다. 그리고 학자들은 성인들의 가치에 대해 눈멀어 있다; 왕들과 부자들의 가치는 학자들에게 아무런 의미도 없으며, 마찬가지로 학자들의 가치는 성인들에게 어떤 의미도 지니지 못한다: 성인들은 "그 어떤 육체적인 혹은 정신적인 위대함도 필요로 하지 않으며, 그들과 아무런 관계도 없다. 왜냐하면 이것들은 그들에게 아무것도 보태주거나 빼앗지 않기 때문이다".

이 두 삼 항들은 서로 어떻게 관계하는가? 파스칼에게 중요한 것은 두 번째 삼 항과 그들의 세 가치질서들이다. 첫 번째 삼 항에서의 물체와 정신의 관계는 연결시킬 수 없는 본질적 차이에 대한 보기로 기여하고 있는데, 이는 우리가 세 가치질서들, 곧 권력과 소유물, 정신 그리고 성스러움 사이에서 발견하는 본질적 차이와도 같은 것이다. 두 번째 삼 항에서의 성스러움을 우리는 첫 번째 삼 항에서의 사랑과 동일시해도 된다. 물체와 정신이 우리에게 알려진 크기들인 것처럼, 우리는 권력, 부 그리고 학문에 대해서도 잘 알고 있다. 그와는 반대로 성스러움은 우리가 그것을 만나는 곳에서 몰이해에 부딪친다; 우리는 그것 안에서 어떤 가치도 볼 수가 없다. 우리는 예수 그리스도를 우리에게 친숙한 가치서열로 측정하며, 그의 비천함 앞에서 불쾌해 한다. 그는 어떤 재화도 소유하지 않았으며, 학문적으로 성취하거나 고안해 낸 것이 아무 것도 없었다. 그는 어떤 권력도 행사하지 않았다. 우리가 그처럼 판단하면서 보여주는 것은, 우리는 성스러움의 가치나 그리스도의 위대함에 대해서 눈이 멀어 있다는 것이다. "예수 그리스도의 비천함이 마치도 그가 이 세상에 와서 계시한 위대함과 마찬가지로 같은 질서에 속하기라도 한 듯이, 우리가 그의 비천함을 못마땅하게 생각한다면, 이는 완전히 우스운 일이다." 우리가 예수의 비천함에 대해서 말할 경우, 우리는 권력이나 혹은 학문의 가치질서를 갖다 댄다; 성스러움의 질서 안에서는 이러한 비천함은 비천함이 아니라 위대함인 것이다.

종교는, 이 단편의 대답에 따르면, 사랑 혹은 마음의 눈으로 성스러움의 가치질서를 보고 그에 따라서 살아가는 능력이다. 지금까지 "육체적으로 위대한 자들", 곧 왕들, 부자들 그리고 장군들과 정신적으로 위대한 자들, 그 대표자로 아르키메데스를 꼽을 수 있는데, 간의 차이가 강조되었다. 이들은 그럼에도 불구하고 하나의 공통점으로 연결되어 있다. 파스칼에게는, 우리가 본 것처럼(§ 237), 인식은 교만과 결부되어 있다. 두 가치질서들은 따라서 두 번째의 타락한 본성의 가치질서들이다. 그들과 성스러움의 가치질서 혹은, 파스칼이 그것을 1코린 1,24에 연관지어 부르고 있듯이, "지혜" 사이에는 무한한 거리가 놓여져 있다; 사랑은 "또 다른, 초자연적인 질서에 속한다". 그렇기 때문에 사랑은 타락한 본성을 가진 인간들에게는 보이지 않는 것이다. "지혜의 위대함, 그것은 오직 신으로부터 올 경우에만 유효한 것인데, 육체적인 인간과 정신적인 인간에게는 보이지 않는 것이다". 그러나 어떻게 사람은 그것을 알아볼 수 있는가? 파스칼은 고유한 능력을 거명하고 있는데, 바로 "마음의 눈"이다. 그것은 새로운 가치질서를 인식하는데, 이는 그것이 예수 그리스도의 인물과 생애를 관조하기 때문이다. "사람들은 그분의 위대함을 그의 생애 안에서, 그의 수난의 길 안에서, 그의 감추어짐 안에서, 그의 죽음 안에서, 제자들의 선정 안에서, 그의 버림받음 안에서, 그의 신비스런 부활과 여타의 것들 안에서 관조한다. 사람들은 따라서 그분의 위대함을 그토록 숭고한 것으로 인식하게 될 것이며, 그분에게 존재하지 않는 비천함에 대해서 못마땅하게 여길 아무런 이유도 갖지 않게 될 것이다."

255_ 이로써 파스칼은 우리에게 성서를 지시하고 있다. 성서의 주석과 고찰은 우리로 하여금 새로운 가치질서를 보게 해주는데, 그것은 육체와 정신의 질서를 초월하며 이런 의미에서 계시인 것이다. 이보다 높은 가치질서는 두 개의 또 다른 가치질서들이 그 한계에 이르고 좌초하는 곳에서 의미를 주고 있음을 통해서 자신을 입증하고 확증해야 한다. 구약과 신약의 성서는 파스칼에 따르면 유일한 대상을 갖는다. "사랑에까지 이르지 못한 것은 모두가 상징이다. 성서의 유일한 대상은 사랑이다"(La 270; Br 670). "한 사람의 저자가 말하는 의미를 이해하기 위해서 우리는 모든 상반된 구절들을 조화시켜야만 한다. 이와 같이 성서를 이해하기 위해서도 우리는 모든 상반된 구절들이 그 안에서 일치되는 하나의 의미를 가져야만 한다." "예수 그리스도 안에서 모든 모순들이 일치에 이르게 되며"(La 247; Br 684), 그는 우리가 어떻게 신을 사랑할 수 있는지를 보여준다. 파스칼이 확인하고 있는 것처럼, 모든 종교에는 두 종류의 인간이 있다. 육체적으로 정향된 사람들에게 종교는 안녕, 부, 권력 그리고 기계적으로 작용하는 의례를 통한 죄로부터의 정화를 약속한다. "진실한 유대인과 진실한 그리스도인들은 항상 그들로 하여금 신을 사랑하게 하는 메시아를 고대해 왔다"(La 287; Br 607). "진실한 유대인들과 진실한 그

리스도인들은 그들로 하여금 신을 사랑하게 하는 메시아를 경배한다"(La 286; Br 609).

성서의 이러한 목적으로부터 그것의 "질서"가 생겨난다: 설득시키기 위해서 성서가 사용하는 문학적 형식 혹은 수단. 성서는 아무 것도 증명하려 하지 않으며 어떤 지식도 중재하려고 하지 않는다; 그것은 오히려 겸손과 사랑에로 정향시키려 한다; 성서가 그 목적에 도달할 경우 성서의 묘사방식은 올바른 것이다. "마음은 그 자신의 질서를 갖고 있다; 정신도 그 자신의 질서를 갖는데, 이것은 근본명제들과 증명들로 이루어져 있다. 마음은 이와 다른 질서를 갖고 있다. 사람은 사랑의 원인들을 질서에 따라 묘사하면서 사람이 사랑받아야만 된다는 것을 증명하지는 않는다; 그것은 우스운 일이 될 것이다. 예수 그리스도와 바오로는 사랑을 그들의 질서로 갖지 정신은 아니다. 왜냐하면 그들은 겸손을 느끼도록 해주려 하지, 가르치려고 하지는 않기 때문이다. 성 아우구스티누스도 마찬가지이다. 이 질서는 최종목표와 관련맺고 있는 개개의 항목에 대한 상론과 주로 연관되는데, 이는 이 최종목표를 늘 분명히 보여주기 위함이다"(La 298; Br 283).

4. '내기'

256_ "절대자가 서 있는 곳은 알려지지 않은 것에로의 비약에 필적할 만한 내기의 출구인가, 혹은 그것은 신앙과 사랑의 행위의 대상인가? 이 두 가설들 사이에서 파스칼에 대한 해석이 늘 움직여 왔다"(Mesnard 1993, S.564). 우리가 지금까지 본 바에 따르면, 오직 두 번째 가설만이 옳은 것일 수 있다. 그런데 아마도 가장 잘 알려져 있

고 가장 많이 토론된 파스칼의 종교철학적 텍스트인 '내기'(La 418; Br 233)는 어떤 의미를 가지는가? 아마도 문제가 되는 것은 "확실히 정당성이 결여된 채 팡세 안으로 들어온" 어떤 편지를 위한 초안일 수 있으며, "그것이 삽입된 곳에서 그것은 항상 이물질로서 간주되었다. *내기*는 일종의 경박함으로부터 자유롭지 않은데, 종교를 계산으로 서술하고 있기 때문이다"(Schmidt-Biggemann 1999, S.95). 이 단편의 마지막 부분에 나오는 기도는 아브라함과 예수 그리스도의 신이 아니라 철학자들의 신에게 향해져 있다: 이러한 언사는 "무한하고 불가분한 [...] 존재에게 기도드리기 위해 전이나 후에나 무릎을 꿇은 한 인간에 의해 작성된 것이다".

257_ '내기'의 텍스트는 이 모순들이 어떻게 해소될 수 있는지에 대한 지침을 던져주고 있다: 파스칼은 내부로부터의 신앙의 관점과 외부로부터의 신앙의 관점을 구분하고 있다. "그리스도인들이 자신들이 근거지을 수 없는 종교를 고백한다고 해서 그들을 비난할 자가 누구인가; 만일 그들이 이 종교를 세상에 설명할 경우, 그들은 그것이 하나의 어리석음(*stultitiam*)이라고 천명한다. 그렇게 되면 당신들은 그들이 그것을 입증하지 못한다고 불평한다. 만일 그들이 그것을 증명했다면, 그들은 자신들의 말을 어기게 될 것이다: 바로 그들에게 증명이 결여되어 있다고 해서 그들에게 분별력이 결여되어 있는 것은 아니다". 파스칼은 1코린 1,22을 암시하고 있다: "유다인들은 표징을 요구하고 그리스인들은 지혜를 찾습니다. 그러나 우리는 십자가에 못 박히신 그리스도를 선포합니다. 그리스도는 유다인들에게는 걸림돌이고 다른 민족에게는 어리석음입니다. 그렇지만 유다인이든 그리스인이든 부르심을 받은 이들에게 그리스도는 하느님의 힘이며 하느님의

지혜이십니다". 파스칼의 종교철학은 신앙을 증명하는 것이 아니라 그것을 반성하고 있다; 그것은 "마음의 눈"과 세 질서들 중의 세 번째인 "지혜"(§ 254)의 인식을 전제로 하고 있다. 그럼에도 불구하고 '내기'의 대화상대자는 이러한 관점을 나누어가질 수 없다; 그의 가치들은 또 다른 두 질서들, 곧 육체와 정신의 것들이다. 그에게는 근거 없이 종교를 받아들이는 것은 무책임한 일일 것이다. "사실, 종교를 그러한 것으로서 제시하는 사람들은 면책이 될지 모르나, 그리고 이성적 이유 없이 종교를 선포한다는 비난으로부터 그들이 자유로울지는 모르나, 그것이 종교를 받아들이는 사람들에게 변명이 되는 것은 아니다." 유일한 공통의 토대는 단편의 마지막에 나오는 기도 안에서 거명된 신 개념인데, 그것이 신의 실존에 대한 물음의 출발점을 형성하고 있다. 내기의 논증은, 과르디니가 옳게 판단하는 것처럼(1991, S.164. Anm.53), "어떤 방식으로든 파스칼 자신의 신앙의 토대를 제시하는 것은 아닌" 것이다. "그것은 회의론자에게 신 증명의 어려움에 즉해서 극단적인 것을 보여주려는 시도이며, 증명의 문제를 가장 멀리 밀쳐진 지점에서 수용하려는 시도이다." '내기'는 신 문제에 있어서 우리의 타락한 본성에 가능한 통찰들을 묘사하고 그 한계들을 제시하려고 한다.

258_ 논증은 수학과의 비교로부터 출발하고 있다. 우리는 수에 있어서 무한자가 있다는 것(daß)을 안다. 왜냐하면 수들이 유한하다는 것은 거짓이며 따라서 수들이 유한하지 않다는 것이 참이기 때문이다. 그러나 우리는 이 무한자가 무엇(was)인지는 알지 못한다; 그것이 짝수라는 것도 거짓이요, 그것이 홀수라는 것도 거짓이다. 따라서 신이 무엇인지 알지 못하면서 신이 존재한다는 것을 인식하는 것은 가능하

다. 수, 시간 그리고 공간적 연장의 영역에서 우리는 유한적인 것의 존재와 본질 그리고 무한적인 것의 존재를 알지만, 무한적인 것의 본질은 알지 못한다. "그러나 우리는 신의 존재도 본질도 알지 못하는데, 그는 연장도 갖지 않고 한계도 갖지 않으며" 결과적으로 우리와 그 어떤 관계도 갖지 않기 때문이다. 신이 존재한다면, 그는 "무한히 파악불가능하다"; 따라서 이성은 신이 존재하는지 존재하지 않는지에 대한 물음에 아무런 대답도 줄 수 없다. 따라서 이 물음은 열려진 채 남을 수밖에 없다. 파스칼은 그럼에도 불구하고 그것이 가능하지 않다는 데서 출발한다. 그는, 이 전제를 계속해서 근거지음이 없이, 하나의 결정이 불가피하다고 간주한다. (인식하는) 이성이 그 결정을 내릴 수 없기 때문에 우리는 또 다른 척도들을 찾아보아야 하며, 그래서 파스칼은 두 가지 선택들 중의 하나에 대한 결정과 결부되어 있는 이득과 손실에 대해 묻는다. 모험을 저울질함에 있어서는 두 요소들을 고려해야 한다: (a) 기대되는 재화 또는 불행의 크기; (b) 재화 또는 불행이 등장하게 되는 개연성. 개연성의 요소는 파스칼의 내기에서 고려될 필요가 없다. 재화가 획득되는지 혹은 그렇지 않은지는 신의 존재여부에 달려 있으며, 그가 존재하는 개연성과 그가 존재하지 않는 개연성은 동일한 것이다. 이제 우리는 내기의 두 가능성들을 이득과 손실을 고려하면서 살펴보도록 하자.

(1.) 나는 *신이 존재한다*는 쪽에 내기를 건다. 만일 신이 존재한다면, 나는 내기에서 이긴 것이고, 신이 존재하지 않는다면, 내기에서 진 것이다. 신이 존재할 경우, 나의 이득은 진리와 최상의 선이다. 내가 내기에서 질 경우, 손실은 이득과는 비교가 되지 않는다. "만일 당신들이 이쪽에 가담하기로 결심한다면 어떤 불행이 그로부터 당신들

에게 일어날 것인가? 당신들은 충실하고, 정직하며, 겸손하고, 감사할 줄 알며, 자선을 베풀고, 성실하고 참된 친구가 될 것이다. 물론 당신들은 유해한 쾌락이나 명예, 향락 없이 지내게 될 터이지만, 그럼에도 당신들은 그것 대신에 또 다른 기쁨들을 갖지 않는가?"

(2.) 나는 *신이 존재하지 않는다*는 쪽에 내기를 건다. 혹은 같은 말이지만, 나는 *신이 존재한다*는 쪽에 내기를 걸지 않는다. 만일 신이 존재하지 않는다면, 나는 내기에서 이긴 것이고, 신이 존재한다면, 내기에서 진 것이다. 신이 존재하지 않을 경우, 나의 이득은 이 삶에서의 특정한 재화들인데, 그것들은 만일 내가 신이 존재한다고 믿을 경우 포기해야만 했을 것들이다. 만일 신이 존재한다면, 나의 손실은 진리와 최상의 선이다; 최상의 선 대신에 이 삶 이후에 나를 기다리고 있는 것은 비참이다. 다시금 이득과 손실은 서로 비교가 되지 않는다.

이 비교가 보여주는 바는 이렇다: 만일 내가 *신이 존재한다*는 쪽에 내기를 걸 경우, 모험은 최소이고 이득의 승산은 최고이다.

이에 대한 반론에 따르면, 만일 내가 신이 존재한다는 쪽에 내기를 걸 경우, 내가 포기해야만 하는 손실은 확실하지만 이득은 불확실하다; 이득과 손실의 상이한 크기는 따라서 손실의 확실함과 이득의 불확실함을 통해서 조정되고 있다. 파스칼은 내기자의 태도로 답하고 있다: "누구나 내기를 하는 자는 불확실한 것을 얻기 위해서 확실한 것을 모험에 건다. 그럼에도 불구하고 그는 유한적인 것을 불확실하게 얻기 위해서 유한적인 것을 확실하게 내 걸며, 이는 이성에 어긋나는 것이 아니다." 만일 불확실한 유한적 재화를 얻기 위해서 확실한 유한적 재화를 내거는 것이 이성적이라면, 불확실한 무한적 재화를 얻기 위해서 확실한 유한적 재화를 내거는 것은 *더욱 더(a fortiori*) 이성적이다. 도박에 있어서 이기게 될 확실성은 질 경우보다 현저히 적다. 그럼에도 불구하고 이기게 될 불확실성과 내기에서 질 확실성 사이에는 적절한 비례가 존립한다; 이 비례는 이기게 될 개연성과 지게 될 개연성 간의 비례에 상응한다. *신이 존재한다*와 *신이 존재하지 않는다* 간의 내기에 있어서 이 개연성은 똑같이 큰 것이다; 결과적으로 내기에서 질 확실성과 이길 확실성은 똑같이 큰 것이다. 이로써 반론이 논박되었다. 이득과 손실의 똑같은 확실성 혹은 개연성 앞에서 사람은 유한적인 것을 내걸며 무한한 것을 얻을 수 있다. "이것은 증명력이 있는 것이다; 만일 인간들이 몇 가지의 진리들을 통찰할 수 있다면, 이것은 그 중의 하나이다." 파스칼의 대화상대자는 동의한다. 그러나 그는 그밖에도 도박의 배후를 볼 수 있는 가능성은 없는지 묻는다. "있고말고. 성서와 그 밖의 것들."

259_ 논증은 두 개의 전제들에 의거해 있고, 물어보아야 할 것은 파스칼의 회의적인 대화상대자가 그것들을 공유하고 있는가이다. 첫 번째는: 두 가능성들 중에서 선택은 불가피하다; 나는 내기에 참가해야만 한다; 내가 양자 중 어느 편에도 내기를 걸지 않는 것은 불가능하다. 두 번째는: 나의 행복, 내 삶의 최후의 성공과 실패는 내가 신을 믿느냐에 달려있다. 이것은 이미 파스칼의 회의론자가 공유할 수 없는 신학적 전제 아닌가? 파스칼은 첫 번째 전제를 이렇게 강화할 텐데, 말하자면 자신의 삶과 세계를 보는 데에는 단지 두 가능성들만이 있다는 것이다: 신에 대한 신앙 안에서 혹은 신에 대한 신앙 없이. 만일 내가 신의 존재에 대한 물음 안에서 그 어떤 결정도 내리지 않는다면, 나는 신을 믿지 않는 것이다; 그렇게 되면 나는 두 번째 가능성을 선택한 것이다. *믿는다는 것*(*glauben daβ*)과 *믿지 않는다는*

것(nicht glauben daß)의 두 가능성들은 서로를 배제한다; 그들 사이에 제 3자는 존재하지 않는다. 신이 존재한다는 것을 내가 믿지 않는다는 것은, 신이 존재하지 않는다는 것을 내가 믿는다는 것을 의미하는 것은 아니다. 그러나 파스칼의 논증에 있어서는 신이 존재한다는 것을 내가 믿지 않는다는 것으로 족하다. 신이 존재한다는 것을 내가 믿지 않으면서 나는 내기에 참여한 것이다; 만일 신이 존재한다면 나는 내기에서 진 것이다. 파스칼의 두 번째 전제를 공격하는 자는 마지막에 언급된 기도 안에서 발견되는 신 개념을 지시할 수 있을 것이다. 내가 무한하고 불가분한 존재의 실존을 믿든가 그렇지 않든가가 내 삶의 성공을 위해서 무엇 때문에 의미를 가져야만 하는가? 그와는 반대로 단편의 서두에서는 신의 정의에 대해 언급되고 있다. 오직 이러한 신 개념을 가지고서만 논증은 설득력이 있다. 양자택일은 다음과 같다: 나를 심판하게 될 신이 존재한다는 신앙 안에서 살아가는 것, 그리고: 이러한 신앙 없이 살아가는 것. 선택의 실존적 무게는 신 개념에 달려있다. 심판하는 신에 대한 신앙은 영원한 운명에 대한 신앙을 함축한다.

260_ 이치에 맞게 대화상대자는 설득되었다. 그럼에도 불구하고 그는 믿을 수가 없다. "알았다. 그러나 나는 손이 묶여 있고 입은 말을 듣지 않는다. 사람들이 나에게 내기를 하도록 강요하지만 나는 자유롭지가 않다. 사람들은 나를 자유롭게 해주지 않는다. 나는 믿을 수 없게끔 정향되어 있다. 당신의 의견에 따르면 나는 무엇을 해야만 하는가?" 그에 대한 원인은 부족한 인식 때문이 아니라는 것을 그는 파악해야 한다는 것이다. "이성이 거기까지 당신을 데리고 왔지만 그럼에도 당신은 믿을 수가 없다. 그렇기 때문에 신 증명들을 늘림을 통해

서가 아니라 당신의 정념들을 줄임을 통해서 납득할 수 있도록 노력하라." 이제 파스칼은 자극적인 충고를 던지고 있다. 그는 그와 똑같은 상태에 있었지만 치유가 된 사람들로부터 배워야 한다는 것이다. 그들은 "모든 것 안에서 마치도 자기들이 믿고 있는 것처럼 행동했는데, 성수를 사용하거나 미사를 올리게 하는 등등. 아주 자연스럽게 바로 그것이 **당신들로** 하여금 믿게 만들 것이며 어리석게 만들 것이다[abêtira]".

심히 불쾌감을 주는 "어리석게 만들다"라는 단어는 인간학적인 관점에서 볼 때 이성의 한계를 지시하려는 것이다. "두 개의 과도함들: 이성을 배제하는 것 ― 오직 이성만을 인정하는 것"(La 183; Br 253). 회의론자는 내기의 논증에 동의했다; 그것이 신앙을 위해서 그에게 제시될 수 있는 유일한 논증이다. 이성은 배제되지 않았다; 이성의 요구들은 충족되었지만 그럼에도 그는 믿을 수가 없다. "우리는 정신인 것과 마찬가지로 자동기계(Automat)이다. 그렇기 때문에 우리를 설득시키는 수단은 증명의 실행만이 아니라는 점이 귀결된다. 얼마나 적은 것들만이 증명되었는가! 증명들은 오직 정신만을 설득시키고, 습관은 우리의 증명들을 가장 강력하고 신빙성 있는 것으로 만든다." 증명들은 오직 그것들이 우리의 목전에 있는 동안만 설득시키며, 우리는 그것들을 늘 현존하는 것으로 소유할 수 없다. 그렇기 때문에 사람은 일찍이 통찰한 그 무엇을 습관을 통하여 자기의 것으로 만들어야만 한다. 습관을 통하여 우리는 시시각각으로 우리를 벗어나는 신앙에 의해 "침투되고 그 음성을 받아들여야 한다". 믿기 위해서 사람들이 늘 증명들을 목전에 가져야 한다는 것은 지나친 요구이다. "사람들은 보다 쉬운 신앙, 습관적인 신앙을 얻어야 하며, 그것은 무리가 없고 기교나 증명근거도 없이 생겨나는 것이다". 이성만이 아니라 전체의 인간이 믿어야 하는 것이다: 정신은 그가 일찍이 통찰한 근거들을 통해서, 자동기계는 습관을 통해서 믿는 것이다. 습관은 신앙과 느낌(sentiment)을 결합시킨다. 느낌은 파스칼에 있어서는 직관적 인식의 능력이며 추론적 사유와 대비되는 것이다. 그것은 원리들로부터 추론하지 않으며, 한 순간에 전체를 파악한다(La 751; Br 3 참조). 추론적 이성은 둔중하다; 그것은 수많은 원리들과 관점들을 목전에 가져야만 한다; 그것이 이성을 피로하게 만들며, 그것이 이성에게 항상 성공적이지 못하기 때문에 이성은 오류에 감염되기 쉬운 것이다. "느낌은 그렇게 작용하지는 않는다: 그것은 한 순간에 작용하며 항상 작용할 태세가 되어 있다. 그렇기 때문에 우리는 우리의 신앙을 느낌 안으로 가져가야 한다. 그렇지 않을 경우 신앙은 늘 흔들리게 될 것이다"(La 821; Br 252).

참고문헌

Rich 1953
Wasmuth 1962
Sellier 1970
Mesnard 1976; 1993
Gouhier 1986
Guardini (1935) 1991
Bouchilloux 1995
Schmidt-Biggemann 1999

K. 덕으로서의 종교적 신앙 : 토마스 아퀴나스

261_ 토마스 아퀴나스는 종교의 운명을 형이상학에 불가분리적으로 매 놓았다는 의심을 받고 있다. 종교철학의 맥락 안에서 그의 이름을 듣는 이는 맨 먼저 그의 신 증명들, 곧 그 유명한 다섯 길들을 생각하게 된다. 토마스는 종교적 신앙이 신의 실존에 대한 증명들에 의거한다고 보고 있는가? 신앙은 단지 신 증명들의 올바름을 확신하는 이에게만 가능한 것인가? 토마스에게는 종교적 신앙의 합리성이 신 증명들의 타당성과 일치하는 것인가? 이어지는 장은 이 물음들에 대해서 부정적인 대답을 준다. 종교철학은, 이것은 긍정적인 테제인데, 그 장소를 실천철학 안에 가지고 있다; 이 관점 아래서 토마스와 칸트 사이의 공통점이 존립한다. 종교적 신앙은 신의 실존에 대한 이론적 앎이 아니다. 그것은 오히려 하나의 덕이며, 덕들이란 우리의 행위의 목적에 정향되어 있고 그래서 좋은 삶을 가능하게 해주는 태도들이다. 종교철학에 대한 토마스의 결정적 기여는 다섯 길들이 아니라 신앙에 대한 그의 논문이다(S.th. II II 1-7).

I. 다섯 길들

262_ *신학대전*(summa theologiae) 1부의 제 2문제는 "신론, 신이 존재하는가"라는 표제를 갖고 있다. 토마스가 먼저 묻고 있는 것은, '신이 존재한다'는 진술은 그 자체로 즉 증명 없이도 자명한가(per se notum)이며, 그는 다음과 같은 구분으로 대답하고 있다: 신이 존재한다는 진술은 우리가 그것을 *자체 안에서*(in se) 고찰할 경우, *그 자체로*(per se) 자명한 것이다. "왜냐하면 술어는 주어와 같기 때문이다; 신은 자신의 존재이기 때문이다[...] 그러나 우리는 신에 대해 그가 무엇인지 모르기 때문에 이 진술은 우리에게 그 자체로 자명한 것이 아니다"(S.th. I 2,1). 따라서 토마스는 현실의 질서와 우리 인식의 질서를 구분하고 있다. 현실의 질서에서 신에게는 필연적으로 존재가 부여된다. 왜냐하면 신은 자신의 전적인 완전성 안에서 존재이기 때문이다. 그와는 반대로 우리 인식의 질서에서는 신이 존재한다는 것이 그 자체로 자명하지 않다. 왜냐하면 그것을 위해서 우리는 신의 본질을 인식해야 하겠기 때문이다. 우리가 신의 본질에 대한 인식을 가졌더라면 신이 존재한다는 것은 그 자체로 자명할 것이다. 그러나 우리는 신의 본질을 알 수 없기 때문에 신이 존재한다는 것을 알기 위해서 우리는 증명의 길에 의존해 있는 것이다. 그런 다음에 토마스는 '신이 존재한다'는 진술이 증명될 수 있는지를 묻고 있으며, 그의 대답은 이렇다: "신이 존재한다는 것은 다섯 길들 위에서 증명될 수 있다"(S.th. I 2,3).

263_ 첫째는 운동으로부터(ex parte motus). 우리는 이 세계 안에서

무엇인가가 움직여지고 있다는 것을 지각한다. 움직여지고 있는 모든 것은 그러나 또 다른 것에 의해서 움직여진다. 그러나 우리는 움직여 주는 것의 계열을 무한대로까지 계속할 수 없다. 따라서 또 다른 것에 의해서 움직여지지 않는 첫 번째 움직여주는 것에 도달하는 것이 필연적이다. 둘째는 *작용인*으로부터(ex ratione causae efficientis). 우리는 지각할 수 있는 세계에서 작용인들의 질서를 발견한다. 어떤 것도 자기 자신의 작용인이 될 수는 없다. 그러나 우리는 작용인들의 계열 안에서 무한대로까지 소급해 갈 수 없다. 모든 작용은, 유한한 수의 중간원인들을 통해서 중재되어, 최초의 원인에로 소급될 수 있다. 원인들의 계열이 무한하다면, 마지막 작용도 그리고 중간원인들도 존재하지 않을 것이다. 셋째는 *가능적인 것과 필연적인 것*으로부터(ex possibili et necessario). 생성과 소멸의 경험은 우리에게 존재할 수도 있고 존재하지 않을 수도 있는 존재자를 보여준다. 그러나 존재하지 않을 수도 있는 것이 항상 존재하는 것은 불가능하다. 그러나 모든 존재자가 존재하지 않을 수도 있다면, 언젠가 아무 것도 존재하지 않았을 것이며, 결과적으로 현재에도 아무 것도 존재하지 않을 것이다. 따라서 모든 존재자가 존재하지 않을 수도 있다는 것은 불가능하다; 오히려 필연적으로 존재하는 것이 있어야만 한다. 그런데 필연적으로 존재하는 것은 자신의 필연성의 원인을 다른 것 안에 가지거나 혹은 자기 자신 안에 가진다. 자신의 원인을 다른 것 안에 가지는 필연적인 것들의 계열은 그러나 무한할 수는 없다. 따라서 자신으로부터 필연적으로 존재하는 존재자를 가정하는 것이 필수적이다. 넷째는 *완전성의 정도들*로부터(ex gradibus). 경험이 우리에게 보여주는 것은, 긍정적인 규정들은 (예컨대, 선한, 참된, 고상한, 존재하는) 사물들에 상이한 정도로 귀속된다. 그러나 이는 이 규정들의 최상의 실현에 대한 상이한 근접을 의미한다. 이 최상의 실현은 상이하고 불완전한 실현들의 원인이다. 따라서 모든 존재자들에 대해서 선성과 저마다의 완전성의 원인이 되는 그 무엇이 존재한다. 다섯째는 *목적론으로부터*(ex gubernatione rerum). 우리는 아무런 인식도 갖지 않은 존재자들이 어떤 목적 때문에 작용하는 것을 관찰한다. 그러나 이것이 가능한 것은, 오직 그들이 한 지성적인 존재자에 의해 그들의 목적에로 정향될 때뿐이다.

264_ 이 다섯 길들에 대해서는 다음과 같은 것이 특징적이다: (a) 그것들 각각은 경험사실로부터 출발한다. 즉 각각은 경험적인 전제를 내포한다. 따라서 관건이 되고 있는 것은 *후천적인* 증명들이다. (b) 모든 전제들이 참이고 동시에 결론이 거짓인 것은 논리적으로 불가능하다. 다섯 길들은 따라서 귀납적이고 개연성에 의한 증명들과는 달리 *연역적인* 증명들이다. (c) 결론은 설명되어야 할 경험적 사실에 대한 *필연적인* 조건을 명명한다. 신의 실존은 따라서 다섯 길들에 따르면 다만 현상들을 해명하는, 그러나 한갓 충분하기만 할 뿐 필연적이지는 않은 설명으로서 다른 가설들을 배제하지 않는 그런 가설은 아니다. (d) 다섯 길들은 신학대전 I 2a,2c에 따르면 *무엇때문에* (*Warum*: propter quid)-증명이 아니라 *무엇이라는*(*Daß*: quia)-증명이다. 이러한 구별은 무엇보다도 신 증명들에 대한 신학적 반론들 때문에 중요성을 가진다. 이 길들을 통해서 토마스는 철학자들의 신과 계시의 신을 구분하고 있다. 토마스는 즉자적으로 더 잘 알려진 것과 우리에 대해서 더 잘 알려진 것 간의 아리스토텔레스적인 구별을 넘겨받고 있다. 즉자적으로 더 잘 알려진 것은 원인이다. 왜냐하면 오

직 원인만이 작용을 설명하기 때문이다. 그런데 그와 같은 설명이 전제하는 것은, 우리가 원인이 그 자체로 무엇인지를 알고 있다는 것인데, 다시 말해서 우리는 원인에 대한 실질적 정의(Realdefinition)를 가지고 있다는 것인데, 최초의 원인에 대한 그 같은 인식은 인간에게는 불가능한 것이다. 우리에게 더 잘 알려진 것은 최초의 원인의 작용들이다; 그러나 그것들은 단지 신이 존재한다는 것을 알려줄 뿐, 그가 무엇인지는 알려주지 않는다. 다섯 길들의 증명 마지막 항들에 있는 주격명사들('최초의 움직여주는 자', '최초의 원인' 등)은 '신'이라는 이름이 무엇을 의미하는지를 말하고 있지 신이 무엇인지는 말하지 않는다. 작용들은 원인에 상응하지 않는다; 그런 까닭에 그것들은 비록 최초의 원인이 실존한다는 결론은 허용하지만, 최초의 원인에 대한 완전한 인식은 중재할 수가 없다. 우리가 신에 대해서 인식하는 것은 다만 피조물에 대한 그의 관계 그리고 그와 피조물 사이의 차이일 뿐이며, 다시 말해서 신 자신은 그에 의해서 발원된 존재자들 중의 하나가 아니라는 것이다. 이때 주의할 것은, 증명 마지막 항들의 신에 대한 명사들은 단지 시간 안에서 진술되고 있다는 것이다. 그것들은 신에 대한 피조물의 실질적 관계(relatio realis)를 표현하며, 그러나 피조물에 대한 신의 논리적 관계(relatio rationis)를 표현할 뿐이다. 이러한 명사들에 있어서 중요한 것은 피조물로서의 인간의 관점에 전적으로 의거하는 특성묘사들이다. 그것들은 '신'이라는 고유명사에 대한 지시체를 확정하고 있다. 이러한 지시체에 대해서 이성이 알 수 있는 것은 단지 경험적으로 주어진 현실과 신과의 관계이며 그리고 이러한 관계로부터 필연적으로 생겨나는 것일 뿐이다; 다른 모든 것은 이성에게는 접근하기 어려운 것이다.

II. 신 증명들의 기능과 한계들

1. 학문이론적인 단초

265_ 토마스는 신 증명들을 신학이 학문인가라는 물음의 맥락에서 다루고 있다. 그는 신학의 학문성을 확실히 하기 위해서 다섯 길들을 필요로 한다. 이때 그는 아리스토텔레스의 *분석론 후서*의 학문개념을 전제하고 있다. 그에 따르면 학문은 그 자체로 자명한, 증명 불가능한 전제들로부터 출발하는 연역적 진술들의 체계이다. 저마다의 학문과 마찬가지로 신학은 자신의 원리들을 증명할 수 없으며, 오직 자신의 원리들 즉 신앙조항들로부터 출발하면서 논증할 수 있을 뿐이다(S.th. I 1,8). 가령 산술이나 기하학과는 달리 신앙조항들은 그 자체로 자명하지 않다는 인식이론적인 반론에 대해서 토마스는 단지 신학적으로 대답할 수 있을 뿐이다: 그것들은 신에게는 자명하다는 것이며, 신학은 그것들이 신에게서 계시되었기 때문에 믿는다는 것이다 (S.th. I 1,2).

266_ *분석론 후서*에 따르면 각각의 학문은 그 자체로 자명한 원리들 이외에도 그것이 증명할 수 없는 두 가지의 또 다른 전제들을 가져야만 한다. 각각의 학문은 첫째로 그것이 작업하는 [도구로서의] 단어들의 의미를 알고 있어야 하며, 두 번째로 그것이 다루는 대상들의 실존을 가정해야만 한다. 이 두 번째 전제를 토마스는 다섯 길들을 통해서 확실하게 하려고 한다. 이 신 증명들은 *분석론 후서*의 의미에서의 학문적 증명이 아닌데, 그 이유는 그와 같은 증명은, 토마스가 강

조하고 있듯이, 신의 본질에 대한 앎을 전제할 것이기 때문이다; 그러나 다섯 길들은 '신'이라는 단어의 실질적 정의(Realdefinition)가 아니라 유명적(唯名的) 정의(Nominaldefinition)로 작업하고 있을 뿐이다 (S.th. I 2,2 ad 2). 신 증명들은 *무엇 때문에*(*warum*) 신이 존재하는지가 아니라, 단지 그가 실존한다는 *것*(*daβ*)만을 보여준다(S.th. I 2,2).

우리가 이러한 상론들을 *분석론 후서*를 배경으로 해서 고찰할 경우, 그것들 안에서 하나의 단절이 분명해진다. 신 증명들은 '신'이라는 단어의 철학적인 유명적 정의로부터 출발하면서 신학의 대상의 실존을 확실히 해야만 하며, 그러한 규정어가 실존한다는 것을 보여주어야 한다. 그러나 이러한 유명적 정의로부터 출발한 길은 신학의 진술들에 대한 (철학적) 인식에로 이어지지는 않는다. 왜냐하면 신학의 진술들은 계시된 신앙조항들에 의거하기 때문이다. 사람들은 이러한 이원론이 극복될 수 있다고 주장할 수도 있는데, '최초의 원인'과 '계시의 신'과 같은 표현들이 동일한 지시체를 가진다는 것을 통해서 말이다. 그러한 주장은 옳지만 문제를 해결하지는 못하는데, 그것이 이미 신학적인 진술이기 때문에 그렇다.

2. 강한 정초들과 약한 정초들

267_ *이교도논박대전*(*Summa contra gentiles*)에서(I 3) 토마스는 *니코마코스 윤리학*의 방법론적인 근본명제들 중의 하나를 인용하고 있다: "이제 진리를 제시하는 저마다의 방법이 동일한 것이 아니기에, '그러나 각각의 사물에 대하여, 사물의 본성이 허락하는 바처럼, 되도록 많은 확실성을 얻고자 하는 시도가 교육받은 사람'의 사안이기에,

보에티우스의 판단에 따르면 아리스토텔레스가 이 점을 매우 잘 말한 바와 같이, 우선 주어진 진리가 어떤 방식으로 제시될 수 있는지를 보여주는 것이 필요하다". 토마스는 우리가 신에 대해 고백하는 것에 있어서 두 가지 그와 같은 방식들을 구분한다; 나는 그것을 강한 정초개념과 약한 정초개념이라 부르겠다. 우리는 다섯 길들 안에서 강한 정초개념을 발견한다. 관건이 되는 것은 연역적 증명들인데, 그것들에서는 세계의 실존으로부터 그것의 필연적인 조건으로서의 신이 추론되고 있다. 그러나 신 증명들을 도외시하고 신학은 약한 정초개념으로 만족할 수 있어야 한다. 토마스는 무엇보다도 다음과 같은 특징들을 거명하고 있다(§ 282 참조): 신앙의 진리들은 자연적 이성의 진리들과 모순되어서는 안 된다(S.c.g. I 7). 불신자들이 신앙조항들에 대하여 제기한 반론들은 해결되어야 한다(S.th. I 1,8). 개연성의 근거들이 모아지지만 그것들은 신앙의 진리들을 증명하거나 혹은 그 자체로 자명하게 만들기에는 충분치 않다(S.c.g. I 8). 신학에 종속된 분과로서의 철학은 신앙의 진술들을 전개시키고 서로 관계시킬 수 있으며, 유비들을 통해서 그것들을 명료하게 할 수 있다.

268 토마스가 신학의 합리성에 대해 말하는 것에 있어서 우리는 신학적인 진술들과 본래적으로 인식론적인 진술들을 구분해야만 한다. 예컨대 토마스는 신학적 진술들의 낮은 확실성의 정도를 해명하기 위해서, 우리에게 더 잘 알려진 것과 그 자체로 더 잘 알려진 것 사이의 *분석론 후서*의 구분에 의지하고 있다. 그러나 그것은 인식이론적인 전문용어임에도 불구하고 신학적인 진술이다. 신학의 합리성에 대한 물음의 대답으로서는 오직 약한 정초개념과 계시의 개념만이 남게

되며, 계시의 개념에 있어서 우리는 다시금 신학적인 개념과 인식이론적인 개념을 구분해야만 한다. 인식이론적으로 고찰했을 때 계시를 인증으로 삼는 것은 권위에 의한 논증이며, 권위에 의한 논증들은 토마스에 따르면 가장 약한 종류의 논증들이다(S.th. I 1,8 ad 2).

3. 신 증명들과 종교적 현상

269_ 토마스에 따르면 신 증명들은 종교적 현상에 필적하지 못한다. 이 점이 분명해지는 것은, 우리가 다섯 길들의 신 개념을 *신학대전*이 출발하고 있는 신 개념과 대조시키는 경우이다. 신 증명들을 통해서 우리는 단지 피조물에 대한 신의 관계만을 인식할 뿐이다(S.th. I 12,12). *신학대전*의 첫 번째 논설은 인간이 이성의 이해력을 넘어서 있는 목적으로서의 신에게로 정향되어 있다는 것과 함께 신학의 필연성을 정초하고 있다. 그것은 바오로가 코린토 서간의 서두에서(1코린 2,9) 자신의 선포를 요약하고 있는 바로서의 이사야 64,3을 전거로서 인용하고 있다: "오 하느님, 당신을 사랑하는 자들을 위해 당신이 준비하신 것을 당신 말고는 그 어떤 눈도 보지 못했습니다"(S.th. I 1,1). 존재론적 신 증명에 대한 논설에서 토마스는 모든 인간이 자연적인 신 인식을 소유하는지를 묻고 있다. 그의 대답에 따르면, 우리는 본성적으로 막연하게 신 인식을 가지고 있으며, 더욱이 그것은 우리에게 행복에 대한 보편적이고, 내용적으로 규정되지 않은 표상을 통해서 주어져있다. "왜냐하면 인간은 본성적으로 지복을 갈망한다; 본성적으로 인간에 의해서 욕구되는 것은 본성적으로 인간에게 인식

된다"(S.th. I 2,1 ad 1). 두 구절들은 신 개념을 실천적인 맥락에 부속시키고 있다. 초보적이고 막연한 신 인식은 인간의 지성적인 수행들 안에서가 아니라 그의 욕구 안에 함축되어 있다. *이교도논박대전* I 5에는 이렇게 적혀 있다: "말하자면 우리가 진실로 신을 인식하는 것은, 인간이 신에 대해 생각할 수 있는 모든 것을 신이 넘어선다는 것을 우리가 믿는 경우이다." 인간은 자신의 삶의 목적으로서의 신에 대하여 오직 계시를 통해서만 지식을 얻을 수 있다.

270_ 신앙의 확실성은 신 증명들의 타당성에 대한 통찰에 의거하는가? 이러한 통찰은 신앙의 확실성과 견고성을 위한 필수적인 조건인가? 신앙의 확실성은 신 증명들의 설득력만큼이나 강한가? 이러한 물음은 토마스에 의해서 단호히 부정되고 있다. 토마스는 신의 실존에 대한 물음이 철학자들 사이에서는 항상 논쟁의 여지가 있으며 인간적 이성은 여기서 항상 오류에 넘겨져 있다는 데서부터 출발한다 (S.th. I 1,1). 자연적인 신 인식은 인간이 자신의 삶을 그 위에다 구축할 수 있기에는 너무나 불확실한 것이다. 인간이 기본적으로 자신의 이성을 통해서 신에 관해 알 수 있는 것 역시 계시되어야 하고 신앙 안에서 수용되어야만 한다. 살아 있는 그리고 삶을 지탱하는 신앙은 따라서 연역적인 근거들에 의존할 수 없다; 그것은 오히려 신의 실존과 관련해서도 약한 정초개념의 의미로만 합리적일 수 있다. 그러나 이러한 약한 근거들은 신앙의 확실성을 정당화하기에 충분한가? 토마스에 따르면 신앙의 확실성은 어디에 의거하는가?

III. 덕으로서의 종교적 신앙

1. 인간조건(CONDICIO HUMANA) 안에서의 단절

271_ 신학적 덕들인 신앙, 희망 그리고 사랑에 대한 문제(S.th. I II 62)는 *신학대전*의 *2부 1편* 안에서 고대의 덕론, 곧 아리스토텔레스의 윤리적인 덕들과 지성적인 덕들 그리고 플라톤의 사추덕(四樞德)에 대한 상론들에 이어지는 것이다. 그와 함께 두 물음들이 제기된다: 신앙이 하나의 덕이라는 것은 무슨 뜻인가? 신학적인 덕들은 다른 덕들과 어떻게 관계하는가?

272_ 아리스토텔레스의 범주론에 따르면 덕의 개념은 습성(*hexis*; *habitus*)의 개념과 일치하며 이것은 다시금 성질의 개념과 일치한다. 범주론은 습성과 상태(*diathesis*)를 구분한다; 상태들이 빨리 교체하는 것에 반해 습성은 지속적인 것이다(Cat.8, 8b25-28). *형이상학*은 또다른 차이점을 거명한다: 습성은 하나의 상태로서 이 상태 안에 있는 것은 좋거나 혹은 나쁜 것으로서 존재한다(Met. V 20, 1022b10 이하). 습성의 개념은 따라서 상태의 개념에 가치평가를 추가로 함축한다. 토마스에 따르면 좋은 습성과 나쁜 습성은 본성에 대한 그것들의 관계를 통해서 구분된다; 좋은 습성은 행위자의 본성에 상응하며, 반면에 나쁜 습성은 그것과 일치하지 않는다(S.th. I II 54,3). 좋은 습성으로서의 덕은 능력을 완전하게 만드는 것이며, 그것은 그 능력이 완전하게 활동하도록 만든다(S.th. I II 55,1-3). 덕은 그것을 살아있게 유지하는 실천에 의존해 있다(S.th. I II 53,3). 의지의 습성은 특별한

비중을 가지는데, 왜냐하면 그것은 다른 능력들이, 지성 역시, 작용하도록 움직여주는 것이기 때문이다(S.th. I II 50,5; 56,3). 신앙이 덕이라는 것은 이 첫 번째 대략적인 개념규정에 따르면 이런 의미이다: 신앙은, 성격적 특성처럼, 한 인간의 삶을 근본적으로 각인하는 습성이다; 그것은 최신의 과학의 입장에 그때마다 동화되는 형이상학적 테제의 '참으로 간주함'보다도 더 깊이 나아간다. 습성은 단지 오랜 과정 안에서만 변화된다; 사람들은 습성을 마치 사람들이 언젠가 지지했던 의견처럼 잊어버릴 수는 없다. 덕으로서의 신앙의 습성은 성공적인 삶을 위한 필수적인 조건이다.

273_ 인간이 아리스토텔레스의 윤리적인 덕들과 지성적인 덕들 외에도 신학적인 덕들 또한 필요로 한다는 점은 토마스에게 있어서는 인간의 이중의 행복에 대한 자신의 가르침에서 귀결된다(S.th. I II 65,1). 우리는 이 가르침을 *인간조건*(condicio humana)의 현상학으로 읽을 수 있다. 토마스는 인간의 행복이 그의 본질에 적합한 이론적이고 실천적인 이성의 활동 안에 존립한다는 아리스토텔레스의 테제를 넘겨받고 있으며, 그와 함께 아리스토텔레스처럼 행복 안에서 하나의 과제를 보고 있는데, 이 과제는 인간이 이 삶 안에서 실현해야 하고 실현할 수 있는 것이다. 그러나 인간이 그렇게 해서 도달할 수 있는 구체적인 행복은 행복의 *개념* 뒤에 처져있다. 행복은 완전하고 자족적인 선("perfectum et sufficiens bonum": S.th. I II 5,3)이며, 이것은 첫째로 모든 불행을 배제하고 둘째로 모든 갈망과 욕구를 충족시킨다. 두 가지 중에서 어떤 것도 이 삶 안에서는 가능하지 않다; 수많은 불행들은 피할 수 없는 것들이며, 재화들은 생명 자체와 마찬가지로 지나가 버리는 것들이다(S.th. I II 5,3). 토마스는 인간이 갈망하고

추구하는 것과 그가 자신의 힘으로 도달할 수 있는 것 사이의 상위를 보고 있다. 나에게 관건이 되는 것은 *인간조건* 안에서의 불일치 혹은 단절이다; 토마스가 이때 어떤 가치들과 관계맺고 있는지는 나의 논변을 위해서는 부차적인 의미만을 갖는다. 토마스는 아리스토텔레스의 *형이상학* 1권에 인간의 근본욕구가 묘사되어 있음을 보고 있다: 인간은 첫째 원인을 인식하길 원하며, 이 갈망은 그가 신의 본질을 관조할 때에야 비로소 충족된다(S.th. I 12,1). 토마스가 여기서 아리스토텔레스의 개념들로 묘사하고 있는 것은 성서본문의 언어나 신비주의의 언어로 쉽게 번역될 수도 있을 것이다. 철학적인 논변으로써 토마스가 보여주는 것은, 인간은 자신의 자연적인 힘을 통해서 이 목적에 도달할 수 없다는 것이다(S.th. I 12,4). 아리스토텔레스의 인간상이 대변하고 있는 자연적인 인간상은 따라서 하나의 단절을 지시하고 있다: 인간은 자신에게 본질적인 능력으로 자신의 본질적인 갈망을 채울 수 없다; 인간의 이성본성은 신의 본질의 관조를 인간의 완성으로 규정하고 있으며(S.th. I 12,1), 동시에 그것은 인간이 자신의 힘으로 그 완성을 실현시킬 수 없게 만든다.

    자연적인 인간상 안에서의 이 단절이 신학적인 덕들의 장소이다. 토마스는 의미요청을 표현하고 있다: 자연적인 갈망(desiderium naturale)은 채워지지 않은 채 남을 수는 없다(S.th. I 12,1); 인간본질 안에 있는 모순은 마지막 말이 될 수는 없다. 이러한 의미전제는 아퀴나스의 종교철학을 위한 형이상학적 요체이며, 이러한 형이상학은 인간적 행위의 형이상학이다. 토마스는 *니코마코스 윤리학* 1장에서의 아리스토텔레스의 분석으로부터 출발하는데, 이에 따르면 모든 인간적 행위는 마지막의, 완전한, 자족적인 선을 추구한다(S.th. I II 1,5).

그는 아리스토텔레스적인 덕들에 따라서만은 삶이 이 추구를 충족시킬 수 없음을 보여준다. 그럼에도 불구하고 그는 이상적인 의미전제를 고수하고 있으며, 그것이 다른 방식으로 실현될 수 있는지를 묻고 있다. 대답은 계시가 주고 있다; 계시는 *인간조건*의 모순을 해소한다. 신앙이라는 신학적 덕은 인간의 전 삶을, 그의 사유를, 느낌과 행위를 이 대답에로 향하게 하는 태도이다. 다른 덕들과 마찬가지로 신앙의 덕은 인간적 능력의 완성 혹은 완전함인데, 이는 그것이 절대적인 의미를 개시하고 그와 함께 확신과 지지대를 제공하기 때문이다.

274_ 이제 벌써 분명해진 것은, 행복의 두 형식들에 대한 언사와 아리스토텔레스적인 덕들과 신학적인 덕들 사이의 차이는 초자연적인 이원론의 의미로 이해되어서는 안 된다는 것이다. 신학적인 덕들은 아리스토텔레스적인 덕들에 새로운 의미차원 그리고 그와 함께 새로운 동기를 선사하는 방식으로 아리스토텔레스적인 덕들을 완성시킨다. 토마스에 따르면 행복의 두 형식들 간에는 유사(similitudo/S.th. I II 3,6) 혹은 분여(participatio/S.th. I II 3,2 ad 4; 5,3)의 관계가 존립한다. 계시와 인간적 경험은 벌어진 틈을 통해서 분리되어 있지 않다. 계시는 *자연적 갈망(desiderium naturale)*에 대한 대답인 것만은 아니다; 계시의 약속은 오히려 불완전한 인간적 행복의 경험을 통해서 내용적으로 채워질 수 있고 유비적인 형식 안에서 선취될 수 있다.

275_ 신앙과 형이상학의 관계에 대한 결론은 이렇다: 아리스토텔레스 *형이상학* 11권의 의미에서의 자연적인 신 인식 혹은 다섯 길은 *인간조건*의 모순을 해소할 수 없다. 왜냐하면 그것은, 만일 그것이 도대체 행복과 관련을 갖는다면, 아리스토텔레스적인 덕들의 불완전한 행복에 부속되어야 하기 때문이다. "신학적인 덕들의 대상은 사물

들의 마지막 목적이자 우리 이성의 인식을 넘어서는 신 자신이다. 지성적이고 윤리적인 덕들의 대상은 그와는 반대로 인간 이성으로 파악할 수 있는 어떤 것이다"(S.th. I II 62,2). 토마스는 신앙의 덕의 즉자적인(per se) 대상과 *우연적인*(per accidens) 대상을 구분한다. "신앙의 대상 그 자체는 그것을 통해서 인간이 행복하게 되는 바의 것이다"(S.th. I II 62,2); "그 자체로 신앙에 속하는 내용들은 우리를 직접적으로 영원한 생명을 향해 질서 지우는데, 예컨대: 그것은 세 위격들, 신의 전능, 그리스도의 육화의 신비이다"(S.th. II II 1,6 ad 1). 토마스가 이 맥락에서 증거로 끌어대는 것은 무엇보다도 두 성서구절들이다: 히브 11,6 "하느님께 나아가는 사람은 그분께서 계시다는 것과 그분께서 당신을 찾는 이들에게 상을 주신다는 것을 믿어야 합니다"(S.th. II II 2,5). 그리고 1코린 2,9 "어떠한 눈도 본 적이 없고 어떠한 귀도 들은 적이 없으며 사람의 마음에도 떠오른 적이 없는 것들을 하느님께서는 당신을 사랑하는 이들을 위하여 마련해 두셨다"(S.th. I II 62,3). 신앙의 덕의 즉자적인 대상은 따라서 신이며, 그분은 자신을 사랑하고 찾는 인간에게 인간의 모든 파악을 넘어서는 방식으로 상을 내리신다. 즉자적인 대상은 따라서, 신학의 전문어로 표현하자면, 은총에 대한 가르침과 구원론이며, 이것들은 오직 계시를 통해서만 알려질 수 있다. 오직 그것들만이 *인간조건*의 모순을 해소할 수 있으며 인간적 삶과 행위에 최후의, 논란의 여지가 없는 의미를 부여할 수 있다.

2. 신앙(fides)과 사랑(caritas)의 관계

276_ 늦어도 플라톤의 *프로타고라스* 이래로 고대의 윤리학에서는 덕들의 통일성에 대해서 논의되고 있다. *2부 1편*의 상응하는 문제(Quästion)에서 토마스는 신앙과 희망이 사랑 없이 존재할 수 있는지 그리고 사랑이 신앙과 희망 없이 존재할 수 있는지를 묻고 있다(S.th. I II 65,4와 5). 관건이 되는 것은 신앙의 행위가 전적으로 이성의 행위인지 혹은 그것이 다른 능력들에 의해서도 규정되고 있는지의 문제이다.

신앙의 덕에 대한 *2부 2편*의 문제에서 토마스는 신앙이 덕들 가운데 첫 번째인지를 묻고 있다(S.th. II II 4,7). 그는 *그 자체로*(per se)와 *우연적으로*(per accidens)의 구분으로 대답하고 있다. 신앙은 그 자체로 모든 덕들 중에서 첫째 덕이다. *우연적으로*는 그와는 반대로 다른 덕이 신앙보다도 우선권을 가질 수 있는데, 무엇보다도 그것이 신앙에 대한 장애를 제거할 수 있기 때문이라는 것이다; 그렇게 용기는 신앙에 방해가 되는 무질서한 두려움을 제거할 수 있으며, 혹은 겸손은 지성이 신앙의 진리에 복속하는 것을 거부하게 만드는 교만을 제거할 수 있다는 것이다. 여기서 분명해지는 것은, 신앙은 고립된 인식적 관점이 아니라는 것이다; 그것은 오히려 다른 태도들과 결부되어 있다. 그러나 여기서 우리의 관심을 끄는 것은, 그 자체로 보았을 때 신앙이 덕들 가운데 첫째라는 주장에 대한 정초이다. 행동함에 있어서는 목적이 원리이기 때문에, "그로부터 필연적으로 귀결되는 바는, 마지막 목적을 대상으로 갖는 신학적 덕들에게 다른 덕들에 앞선 우선권이 부여된다는 것이다. 그러나 마지막 목적은 의지 안에서보다 지성 안에서 먼저 있어야 하는데, 의지는 오직 지성에서 파악된 대로의 그 무엇을 향하기 때문이다. 그러나 마지막 목적은 희망과 사랑을 통해서 의지 안에, 그러나 신앙을 통해서 지성 안에 있기 때문에, 신앙은 필연적으로 모든 덕들 가운데 첫째이다; 왜냐하면 자연적 인식은, 희망과 사랑이 신에게로 향해 있는 것처럼 신이 지복의 대상인 한에 있어서, 신에게 도달할 수 없기 때문이다"(S.th. II II 4,7).

전적으로 지성적 태도로서의 신앙은 다만 중재하는 기능을 갖는다. 덕은 인간을 최상의 선으로 정향되게 하는 과제를 갖는다. 그러나 최상의 선은 의지의 대상이지 지성의 대상은 아니다; 지성은 그것을 의지에게 나타내야 하며, 그러나 오직 의지만이 그것을 최상의 선으로서 추구할 수 있다. 인간에게 그것을 가능하게 해주는 덕은 사랑(caritas)이다; 사랑을 통해서야 비로소 신앙의 덕은 완성되는데, 신앙은 오직 사랑을 통해서 자신의 목적에 도달할 수 있기 때문이다. "신앙의 행위는 의지의 대상을 향해 질서 지어져 있는데, 그 대상은 선이며 그것이 신앙의 목적이다. 그러나 신앙의 목적인 이 선, 곧 신적인 선은 사랑에 고유하게 속하는 대상이다. 그렇기 때문에, 사랑을 통해서 신앙의 행위가 완성되고 형성되는 한에서, 사랑은 신앙의 형상이라 불려진다"(S.th. II II 4,3). 형상을 통해서 비로소 완성된 신앙, 곧 *사랑으로 완성된 신앙*(fides formata)은 덕이다. 왜냐하면 비로소 그것이 행위를 마지막 목적에로, 곧 신과의 공동체에로 정향시킴을 통해서 선한 행위의 원천이 되기 때문이다(S.th. II II 4,5; II II 23,7 참조).

그와는 반대로 형상이 없는 신앙, 곧 *사랑이 없는 신앙*(fides informis)은 덕이 아니다. 신앙의 덕은 두 능력들의 완전성을 요구한다: 지성의 능력과 의지의 능력; *사랑이 없는 신앙*에 있어서는 비록 첫 번째 능력은 주어져 있으나 두 번째 능력은 그렇지 않다. 토마스는 이것을 윤리적 덕(virtus moralis)과 도덕적 통찰(prudentia) 간의 관계를 통해서 명료하게 한다. 불가능한 것이기는 하나, 설사 욕구하는 영혼의 능력 안에 신중함의 덕이 있고, 그와는 반대로 이성적인 영혼의 능력 안에 도덕적인 통찰의 덕이 있지 않다면, 신중함은 덕이 아니다. 왜냐하면 신중함의 행위를 위해서는 "이성의 행위와 욕구능력의 행위가 요구되며, 이는 마치도 신앙의 행위를 위해서 의지의 행위와 지성의 행위가 요구되는 것과 같기"(S.th. II II 4,5) 때문이다. 하나의 행위가 비로소 신중함의 행위인 것은, 우리가 그렇게 행동하는 것이 옳다는 것을 통찰할 경우에 그리고 그것이 옳기 때문에 그렇게 행동하기로 우리가 결심할 경우이다. 그에 상응하게 신앙의 행위가 비로소 완전하거나 혹은 덕의 행위인 것은, 의지가 *사랑이 없는 신앙* 안에서 인식된 신을 자신의 최상의 선으로서 그리고 행위의 마지막 목적으로서 지향하는 경우이다.

277_ 윤리적 덕과 신앙의 덕은 양자 모두가 두 능력들의 완전성을 포괄하며, 물어보아야 할 것은 이러한 상응이 얼마나 멀리 미치는가이다. 윤리적 덕에 있어서는 두 완전성들 간에 교체적인 종속관계가 존립한다. 도덕적 통찰이 없는 윤리적 덕은 존재할 수 없다. 윤리적 덕은 올바른 결정을 가능하게 하는 태도이며 올바른 결정은 도덕적 통찰이 없이는 가능하지 않기 때문이다. 역으로 윤리적 덕이 없는 도덕적 통찰은 존재할 수 없다. 윤리적 덕은 도덕적 통찰이 자신의 숙고 안에서 그로부터 출발하는 바로서의 목적을 제시하기 때문이다 (S.th. I II 65,1 참조). 이에 상응하는 교체적인 종속성이 신앙에서도 발견되는가? 지성의 완전성은 의지의 완전성에 종속되며 그 역도 그러한가? 의지는 오직 지성이 파악한 것만을 지향할 수 있다; 의지의

완전성은 따라서 지성의 완전성을 통해서 조건지어져 있다. 그러나 지성의 완전성 또한 의지의 완전성을 통해서 조건지어져 있는가? 아퀴나스의 진술들은 그에 대해서 명확한 대답을 주고 있지 않다. *형상이 없는 신앙*은, 의지의 완전성이 결여되어 있더라도, 지성 편에서 요구하는 완전성을 갖고 있다는 것이다. 그에 따르자면 분명한 토대 관계가 존재한다; 지성의 완전성은 의지의 완전성을 통해서 조건 지어져 있지 않다. 그러나 토마스는 이 점을 조심스런 접속법 안에서 표현하고 있다: "*사랑이 없는 신앙*의 행위는 지성 편에서 요구하는 완전성을 가질 수도 있다"(etsi *habeat* perfectionem debitam actus fidei informis ex parte intellectus/S.th. Ⅱ Ⅱ 4,5); 그는 이 가능성을 배제하지 않고 있으나 그것을 주장하고 있지도 않다. 다른 곳에서 (S.th. Ⅰ Ⅱ 65,4) 그는 *사랑이 없는 신앙*을 "시작"(inchoationem quandam)으로 지칭하고 있으며, 그것을 도덕적 통찰이 없는 윤리적 덕들과 비교하고 있는데, 이 덕들은 다만 자연적인 성향이나 습관에 의거하는 것들이다(S.th. Ⅰ Ⅱ 65,1); 이러한 비교는, 신앙에 있어서 지성의 완전성이 의지의 완전성을 통해서 조건 지어져 있다는 것에 찬성한다. 나는 이 문제를 우선은 열어둔 채로 두겠으며, 신앙행위를 분석할 때 다시 이 문제로 돌아오기로 하겠다.

278_ 토마스는 신앙과 사랑을 통한 초자연적인 행복에로의 정향을 인간의 자연적인 목적에로의 정향과 비교하고 있다(S.th. Ⅰ Ⅱ 62,3). 나에게 이러한 비교에 있어서 중요한 개념은 자연적인 성향(inclinatio naturalis)의 개념이다. 그것을 통해서 인간은 자신의 자연적인 행복, 곧 아리스토텔레스적인 **행복(*eudaimonia*)**에로 향해져 있다. 자연적인 성향은 덕을 통해서 완성된다. 자연적인 목적에로의 정향을 위해서

인간은 그렇기 때문에 지성의 덕을 필요로 하며, 이 덕은 인간으로 하여금 첫 번째 보편적인 원리들을 인식할 수 있게 해준다. 그리고 인간은 의지의 덕을 필요로 하며, 최상의 선으로서의 이성적 활동에로 기우는 인간의 자연적 성향은 이 덕을 통해서 완성된다. 토마스는 올바른 상태에 있는 추구능력에 인식적 기능을 부여하고 있다(Ricken 1998, 138-140). 덕에 의해서 완성된 의지의 *자연적 성향*을 통해서 이성적 활동은 그것의 최상의 선으로서 파악된다. 지성의 활동에 대한 올바른 의지의 반응이 보여주는 것은, 그리고 그것만이 보여줄 수 있는 것은, 이 활동이 자신의 최상의 선이라는 것이다. 토마스는 본성에 부합하는 목적(*finis connaturalis*)에 대해서 말하고 있다: 올바른 의지의 반응은 지성의 활동이 목적이라는 것을 보여주며, 그 목적 안에서 의지는 자신의 본성에 입각해서 완전한 실현을 발견한다.

  초자연적인 목적에로의 정향을 위해서 두 능력들은 추가로 신학적인 덕들을 필요로 한다. 신앙은 초자연적인 *원리들의 이해*(*intellectus principiorum*)이다; 신앙은 초자연적인 원리들, 곧 신앙조항들을 파악하게 해준다; 사랑의 덕은 신앙조항들이 표상하는 것이 사랑받고 열망되도록 작용한다(S.th. I II 62,4 ad 3). *사랑*(*caritas*)을 통하여 의지는 초자연적인 목적을 본성에 부합하는 것으로서(als *connaturalis*), 곧 자신의 본질로부터 정향되어 있는 목적으로서 파악한다; 의지는 사랑의 행위 안에서 신앙조항에서 표상된 사안과 자신의 본질유사성(conformitas)을 경험한다. 토마스는 여기서 신비주의의 언어를 이용하고 있다: 사랑은 일종의 정신적 합일을 일으키며, 그것을 통해서 의지는 말하자면 저 목적에로 변화된다(S.th. I II 62,3).

3. 신앙정초는 순환적인가?

279_ 신학적 덕들의 통일성에 대한 토마스의 상론은 사안적인 관심을 얻을만한데, 그것이 종교적 신앙에 대한 순전히 합리적인 이해의 한계들과 그로써 종교적 신앙과 형이상학 간의 차이를 분명히 해주기 때문이다. 종교적 신앙은 전체적인 삶의 정향이고, 그 자체로서 그것은 전적으로 합리적인 혹은 지성적인 태도 안에서 고갈될 수 없는 것이다; 종교적 신앙은 의지와 느낌도 똑같은 정도로 포함해야 한다. 토마스가 이성뿐만 아니라 의지와 느낌에도 인식적인 수행을 부여할 경우, 그것을 위해서 그는 그리스도교 영성의 역사에 기댈 수 있다.

토마스가 종교적 신앙에서 끌어내는 합리성의 한계들은, 왜냐서 신앙, 희망 그리고 사랑이 *신학적인* 덕들로 지칭되고 있는지 그 이유들을 우리가 고찰할 경우, 더욱 분명해진다. "이 원리들이 신학적인 덕들로 불리어지는 것은, 일단은 그것들이 신을 대상으로 갖기 때문이며, 이때 우리는 그것들을 통해서 올바른 방식으로 신에게로 질서지어진다. 그 다음에는 그것들이 오직 신으로부터만 주입되기 때문이며, 마지막으로는 오직 신적인 계시 안에서만, 즉 성서 안에서만, 이 덕들이 전승되었기 때문이다"(S.th. I II 62,1). 아리스토텔레스의 덕들은 자연에 근거를 두고 있다; 그것들에 대해서 우리는 자연적인 재능을 소유하고 있다; 기초적인 형상 안에서 그것들은 우리에게 자연적으로 주어져있다. 그와는 반대로, 토마스가 진술하듯이, 신학적 덕들은 "완전히 외부로부터의"(S.th. I II 63,1) 것들이다; 아리스토텔레스적인 덕들과는 달리 그것들은 반복된 행위들을 통해서 습득될 수 있는 것이 아니라, 오직 신의 작용을 통해서만 우리 안에서 발원될 수 있는 것이다(S.th. I II 63,2). 이러한 외재주의(Extrinsezismus)의 근거는 능력과 목적 사이의 상응이다: 자연적 능력들의 습득된 완전성들은 인간을 그의 초자연적인 목적에로 정향시킬 수 없다. 덕으로서의 신앙의 외재주의에 상응하는 것은 내용의 외재주의이다. 이성은 인간에게 그의 마지막 목적을 지정해줄 수 없다. 왜냐하면 그것은 모든 인간적 파악을 넘어서기 때문이다. 그러나 인간이 이성을 통해서 신에 대해 인식할 수 있는 것 역시 계시의 내용이어야만 한다. 토마스에게 있어서 그것은 신앙의 실천적인 기능으로부터 생겨난다. 이성을 통한 신의 인식은 단지 소수에게만 가능하며, 그것에 이르는 것은 많은 시간을 요구하는 오랜 길이다. 그리고 그것은 많은 오류들과 섞여있다; 그렇기 때문에 그것은 실존적인 무게를 감당할 수 없는데, 그 무게는 마지막 목적에로의 정향에 귀속되는 것이며, 인간의 전체적인 구원은 그 정향에 달려있는 것이다(S.th. I 1,1). "따라서 인간들에게 신에 대한 의심할 수 없는 확실한 인식이 있기 위해서는, 신적인 것이 신앙의 형식으로 전승되는 것이, 말하자면 거짓을 말할 수 없는 신에 의해서 말해지는 것이 필연적이었다"(S.th. II II 2,4). 여기서 제기되는 신앙주의의 의혹은 *신앙의 서론*(praeambula fidei)에 대한 가르침을 통해서도 약화되지 않는데, 그 가르침에 따르면 "신앙은 자연적인 [신-]인식을 전제로 하며, 이는 은총이 자연을 전제하고 완전성이 완성될 수 있는 것을 전제하는 것과도 같다". 이를 위해서 토마스는 로마 1,19에 기대고 있다(S.th. I 2,2 ad 1). 신앙의 서론에 대한 가르침은 자연적인 신 인식이 필연적으로 신앙의 전제인 것처럼 이해될 수는 없다. 왜냐하면 토마스가 1부(Pars Prima)의 서두에서 자연적인 신 인식의 결함에 대해서 상론하고 있는 것은 이 가르침에 대해서도 타당하기 때문이다. 그렇기 때문에 토마스는, *신앙의 서론* 역시 신 증명들을 이해하지 못하는 사람들에 의해서 믿어질 수 있어야 한다는 점을 강조하며(S.th. I 2,2 ad 1; II II 1,5 ad 3), 그것은 대부분의 신앙인들에게 해당될 것이다.

280_ 신앙에 대한 토마스의 분석은 따라서 순환에 이르는 것처럼 보인다: 목적의 초자연적 성격과 인간이성의 한계와 나약함으로부터 생겨나는 것은, 인간은 단지 계시를 통해서만 자신의 삶과 행위의 마지막 목적을 인식할 수 있다는 것이다. 인간이성의 나약함은 자신과 다른 자들을 속일 수 없는 신의 권위에 인간이 자신을 맡김을 통해서만 극복될 수 있다. 신앙은 하나의 명제가 신에 의해서 계시되었다는 그 이유 때문에만 그것에 동의한다(S.th. I 1,1). 그러나 무엇인가가 신에 의해서 계시되었다는 것은 계시하는 신의 실존과 마찬가지로 다시금 신앙의 대상이다. 우리는 종교적 신앙의 자율성에 대해서 말할 수 있다. 신학적 학문은 최상의 원인들과 근거들에 대한 학문인 아리스토텔레스의 *형이상학*의 의미에서는 지혜이다(S.th. I 1,6; Aristoteles, Metaph. I 1 참조); 지혜 그 자체는 자신의 원리들을 증명하는, 자신에 대한 학문을 가질 수 없다; 결과적으로 철학은 신앙조항들을 정초할 수 없다. 남는 것은, 신앙의 내재적인 합리성이며, 그 척도들은 다음에서 제시되어야 한다. 그것들은 계시의 주장을 정당화하기 위해서 충분히 강한 것인가?

4. 신앙의 내재적인 그리고 외재적인 합리성

281_ 인간의 이성과 믿으려는 의지 사이의, 토마스가 그렇게 구분하

고 있듯이(S.th. II II 2,10), 이중의 관계를 생각해볼 수 있다. 이성은 믿으려는 의지에 선행할 수 있다: 만일 이성이 누군가에게 신앙을 위해서 그에 상응하는 근거들을 제시할 경우에만, 그는 믿을 준비가 되어 있다. 이러한 방식으로 이성은 신앙의 공로를 감소시킨다. 토마스는 그러한 신앙을 하나의 행위와 비교하고 있는데, 그 행위는 비록 윤리적으로 옳은 것이기는 하나 이성의 판단을 통해서가 아니라 열정을 통해서 동기가 유발된 것이다. 윤리적으로 올바른 것이 그 자신 때문에 행해져야 하듯이, 인간은 이성 때문에가 아니라 신의 권위 때문에 믿어야만 한다. 그러나 이성은 믿으려는 의지를 뒤따를 수도 있다. 인간은 신의 권위에 입각해 믿은 진리를 사랑하기 때문에, 이 진리에 대해 숙고하고 그것에 대한 근거들을 구한다. 그러한 정초는 신앙에 모순되는 것이 아니라, 오히려 신앙의 공로를 증진시킨다. 토마스는 요한 4,42을 인용하고 있는데, 거기서 사마리아인들은 야곱의 우물가의 여인에게 이렇게 말한다: "우리가 믿는 것은 이제 당신이 한 말 때문이 아니오". 우리가 이 인용문에 그 완전한 무게를 부여할 경우(사마리아인들은 말한다: 우리는 "알게 되었소": 그분이 세상의 구원자이심을), 인간이 우선은 근거들 없이, 유일하게 전통의 권위에 입각해서 받아들인 신앙의 반성은 어떤 통찰에로 이르게 되는데, 그것은 여기서 관건이 되는 것이 계시라는 주장을 확증한다. 그러나 그것은, 토마스가 강조하고 있듯이, 의지적인 전제들에 결부되어 있다: 믿으려는 의지 그리고 믿어진 진리를 "에워싸고" 그것에 대한 근거들을 구하는 사랑.

282_ 나는 신앙에 대한 그 같은 반성을 위해서 몇 가지 합리성의 척도들을 언급하겠다; 그것들은 무엇보다도 1부(*Prima Pars*)의 첫 번째

문제에서 발견되는데, 그것이 묻는 것은 신학이 학문인지 그리고 어떤 의미에서 그러한지 이다.

　신학은 자기 자신의 내용들을 분명히 하고 발전시키기 위해서 철학을 사용한다(S.th. I 1,5 ad 2). 예를 들면 신학은 창조론이나 삼위일체론 혹은 그리스도론 안에서 존재론을 사용한다. 그로써 신앙이 존재론이나 형이상학에로 환원되는 것은 아니다; 신앙내용들은 존재론을 통해서 증명되지는 않는다. 존재론의 개념들은 오히려 신앙조항들을 해석하기 위한 보조수단이며, 혹은 토마스가 표현하고 있듯이, 자연적 이성을 통해서 인식되는 것으로부터 보다 쉽게 이성을 넘어서 있는 것에로 인도하기 위한 보조수단인 것이다. 철학적 개념들이나 테제들의 유용성은 이 목적에 준해서 측정된다. 신학은 철학적으로 논증할 수 있다(S.th. I 1,8 ad 2). 그러나 이 논증들은 신앙을 증명하는 것은 아니다. 철학적 논증들로서 그것들은 신학의 최상의 원리들, 곧 신앙조항들로부터 출발하는 것이 아니며, 그렇기 때문에 토마스는 말하기를, 그것들은 신학에 "외적인" 것들이다. 신앙과 신학으로부터 보았을 때, 관건이 되는 것은 다만 개연성의 논증들이다; 그것들이 타당한지 혹은 그렇지 않은지의 여부는 신앙의 동의를 위해서는 어떤 결과도 갖지 않는다. 그것들은 유비들을 통해서 신앙내용을 명료히 하는 과제를 가지며, 그것들은 그렇게, 교부적인 호교론의 의미에서, 복음의 준비에 기여하는 것이다.

　이성은 신앙내용들 간의 연관을 산출할 수 있다. 토마스는 '신앙조항(artikel)'이란 말의 의미를 서로 조율되어 있는 한 신체의 지체들과의 비교를 통해서 해명하고 있다. 이성은 조항들 간의 연관과 그와 함께 신앙을 전체로서 보도록 시도할 수 있다. 이성은 마치 학문의 원리들로부터 결론을 추론하듯이 신앙조항들로부터 결론을 이끌어낼 수 있다(S.th. I 1,8). 역의 방향으로 이성은, 개별적인 신앙내용들로부터 출발하면서, 그것들이 그 자체로 그리고 고유한 의미에서 신앙의 대상인 진리들과 어떤 관계에 있는지를 묻는다. 그 진리들은 인간을 그의 초자연적인 목적에로 질서지우는 것들이다(S.th. II II 1,6 ad 1; II II 2,5 참조).

이성과 철학은 신앙을 증명할 수 없다; 어떤 의미에서 그것들은 신앙을 변호할 수 있는가, 즉 어느 정도까지 신앙에 내재적인 합리성 말고도 외재적인 합리성이 또한 귀속되는가? 토마스는 반대자들이 모종의 신앙 확신들을 공유하고 있는 경우를 한 번 들고 있는데, 그는 여기서 *형이상학* 4권의 의미에서의 일종의 선험적 논증을 가능한 것으로 간주하고 있다(S.th. I 1,8): 대화가 해명해야 하는 것은, 그때마다 공유된 확신들과 함께 이미 전제되고 있는 그 모든 것이 무엇인가이다. 일체의 공통의 믿을만한 토대가 없는 곳에서는, 오직 신앙에 대한 반론들을 논박하는 것만이 관건이 될 수 있으며(S.th. I 1,8), 믿어야 할 것으로 제시되는 것이 불가능하지 않다는 것을 보여주는 것만이 중요할 수 있다(S.th. II II 1,6 ad 2). 신앙과 학문은 서로 모순되어서는 안 된다(S.th. I 1,6 ad 2). 철학적 반성은 그런 이유로 세계에 대한 종교적 관점과 자연과학적 관점 사이의 차이를 밝혀내고, 자연과학에 설정된 한계를 그것의 문제제기와 방법론으로부터 제시하는 과제를 갖는다; 토마스가 전제하는 것은, 철학적 반성은 종교의 언어가 형이상학이나 혹은 자연과학의 언어에 환원되지 않는다는 것을 보여주어야 한다는 것이다.

5. 신에 대해 생각함, 신을 생각함, 신을 믿음

283_ 이러한 합리성의 척도들이 인간의 삶에 대해 신앙이 가지고 있는 실존적 무게를 지탱할 수 없다는 것은 명백하다; 우리는 그렇기 때문에 행위이자 태도로서의 신앙이 누구에게, 만일 그것이 근거들이 아니라면, 자신의 견고성을 빚지고 있는지를 물어야 한다. 신앙의 한 행위는 토마스에게는 동시에 지성과 의지의 행위이다; 결과적으로 신앙의 덕은 두 능력들의 습관이다(S.th. II II 4,2). 토마스의 분석에 있어서 특징적인 것은, 그가 신앙행위의 지성적인 불완전성을 강조하고 있다는 것이다. 신앙의 *한* 대상은, 그가 아우구스티누스의 정식인 '신에 대해 생각함, 신을 생각함, 신을 믿음(credere Deo, credere Deum, credere in Deum)'의 해석 안에서 상술하고 있듯이, 삼중의 고려 하에 숙고될 수 있다. 첫 번째 구분은 그것이 지성의 대상이고 의지의 대상이라는 데서 생겨난다. 지성의 대상에 있어서는 다시금 질료대상, 즉 믿어진 내용과, 형상대상, 즉 어째서 이 내용이 믿어지는지의 이유가 구분될 수 있으며, 그 이유란 첫 번째 진리(veritas prima)인 신에 의해서 계시되었다는 사실이다; 사람들은 *신에 대한 진술들*(credere Deum)을 오직 *신*에 대해 생각하는(credere Deo/S.th. II II 1,1) 방식 안에서만 믿을 수 있다.

토마스가 신앙행위의 지성적인 불완전성에 대해서 말하는 곳에서, 그는 질료대상과 형상대상을 구분하지는 않는다. 억견과 신앙이 공유하는 것은, 지성이 자신의 대상에 의해서 동의의 행위에 이르도록 충분히 움직여지지 않는다는 것이다; 오히려 의지가 두 진리가치들 중의 하나를 결정해야만 한다(S.th. II II 1,4; II II 2,1 ad 1). 질료대상은 지성으로 하여금 동의하도록 규정하기에는 충분치 않다는 것은 위에서 합리성의 척도들을 열거할 때 분명해졌다: 신앙인은 어떤 이유들을 가지고 있으며, 그것들은 신앙조항들이 신에게서 계시되었다는 것을 받아들이기 위해서 얼마나 강한가? 토마스는 계시가 분여된 사람들의 권위를 거명하고 있다(S.th. II II 1,4; II II 2,1 ad 1). 그리고 만일 우리가 이러한 권위의 척도들에 대해서 묻는다면, 우리는 기적과 선포의 설득력에 조회된다(S.th. II II 2,9 ad 3; II II 6,1). 계시의 사실은 따라서 역사로부터 알려져야만 한다. 이러한 이유들 역시 지성으로 하여금 동의하도록 움직이기에는 충분치 않다; 신앙인은 따라서 신앙내용이 신으로부터 계시되었는지를 알지 못한다; 형상대상은 질료대상의 불완전성을 공유한다. "하나이자 동일한 기적을 보고 동일한 설교를 듣는 이들 중에서 어떤 사람들은 믿고 다른 사람들은 믿지 않는다"(S.th. II II 6,1).

지성적인 불완전성을 신앙은 억견과 공유한다; 그것들은 동의의 견고성을 통해서 구분된다. 억견은 의심이나 염려, 즉 모순적인 것이 참일 수도 있다는 염려와 결부되어 있으며, 그에 반해서 신앙은 자신의 확실성을 통해서 두드러진다(S.th. II II 1,4). 그러나 무엇이 이 확실성의 원인인가? 그것은 지성에 동의를 명하는 의지의 결정으로부터 생겨난다. 신을 믿음(credere in Deum)이라는 정식은 의지를 이러한 행위에로 움직이는 한에서 신앙의 대상을 묘사한다. 의지는 계시하는 신을 사랑하며, 그 신은 첫 번째 진리(veritas prima)로서 계시된 것의 진리에 대한 보증자이다(S.th. II II 2,2). 사랑(caritas)의 신학적 덕은 의지의 자연적인 성향을 완성하는 것인데(S.th. I 1,8 ad 2), 이 성향은 첫째 원인의 인식에로, 곧 의지의 최상의 선에로 정향되어 있다. 지성의 행위에 결여되어 있는 것은 의지의 행위를 통해서 보완되며, 이것이 신앙의 초보적인 그리고 불완전한 인식을 사로잡는다. 왜냐하면 그러한 인식은 의지의 *자연적인 갈망*(*desiderium naturale*)에 상응하기 때문이다; 이러한 의미에서 토마스는 "초대하는 신에 대한 내적인 본능"(S.th. II II 2,9 ad 3)에 대해서 말하고 있다.

IV. 종교적 신앙과 형이상학

284_ 나는 나의 토마스-해석을 세 개의 테제들로 요약하겠다:

1. 신앙의 신학적 덕은 인간을 그의 행위의 마지막 목적에 질서 지운다; 종교철학은 따라서 실천적 철학 안에 자신의 장소를 갖는다. 종교는 우주의 마지막 원인에 대해 묻는다는 의미에서의 형이상학이 아니다. 신앙고백의 조항들은 하나의 전체로서 읽혀져야 한다; 창조론은 구원론과 분리되어서는 안 된다.

2. 형이상학과는 달리 종교적 신앙은 전적으로 지성적인 혹은 합리적인 현상이 아니다; 그것은 사랑을 본질적인 요소로서 내포한다. 토마스는 *동종성*(*connaturalitas*)에 대한 그의 가르침 안에서 사랑에 인지적 기능을 부여하고 있으며, 그로써 신앙에 대한 순전히 지성주의적인 분석과 의지주의적-결의론적인 분석 사이의 딜레마로부터 벗어나고 있다.

3. 종교적 신앙은 자율적이다. 그것은 형이상학을 자신의 토대로서 전제하지 않으며, 이는 신앙조항의 전개를 위해서 형이상학을 내재적으로 사용하는 것을 배제하는 것은 아니다. 종교적 신앙의 자율성은 그 현상이, 신학적인 덕들의 개념이 보여주는 것처럼, 오직 종교 혹

은 신학의 언어 안에서만 묘사될 수 있다는 데에서도 드러난다. 종교적 신앙을 지성과 의지의 두 능력들에 부속시키는 것은 단지 현상에 접근하는 것이지 그것의 묘사는 아니다. 우리는 현상의 묘사를 위해서 종교적 언어를 필요로 하며, 이 언어 안에서의 묘사가 보여주는 것은, 종교적 신앙의 현상은 설명될 수가 없다는 것이다.

참고문헌

Seckler 1961
Penelhum 1977
Ricken 1991
Jenkins 1997
Berchtold 2000

L. 통찰을 구하는 신앙 : 아우구스티누스

I. 본문

1. 고백록(Confessiones)을 종교철학적으로 읽음

285_ 아우구스티누스(354-430)의 *고백록*에 대해서는 캔터베리의 안젤무스가 본래 그의 *프로슬로기온(Proslogion)*이라 이름붙인 저서를 위해 예정했던 제목을 설정할 수도 있을 것이다: '통찰을 구하는 신앙'*(fides quaerens intellectum)*'. 사람들은 종종 *고백록*이 성 아우구스티누스의 회심을 묘사한 것이라 읽을 수 있다. 어떤 의미에서 그것은 옳지만 다른 의미에서는 그렇지 않다. 그리고 이러한 구분은 *고백록*과 안젤무스적인 정식이 갖는 종교철학적인 의미에로 이르게 한다. 아우구스티누스는 어린 시절부터 비록 세례를 받지는 않았으나 그리스도교의 신앙과 친숙했다. 따라서 *고백록*은 그가 그리스도교 신앙을 잘 알게 되고 그것을 선택한다는 의미에서의 회심을 묘사하는 것은 아니다. 그가 자신의 길에서 마주치게 되는 각기의 가르침에 갖다 대는 척도는 그가 거기서 "그리스도의 이름"(Conf. 3,4,8; 5,14,25)을 발견하는가의 여부이다. 아우구스티누스가 기술하는 것은 유년시절이래

로 친숙했던 신앙을 이해하는 과정이며 지성적으로 통찰된 신앙에로의 결단을 위한 노력이다. *고백록*은 이 사적인 자기소유화에 걸림돌이 되는 장애들을 기술하고 있다. 그것은 유년시절에 포착된 직관의 전개를 기술하고 있으며, 그러나 이러한 전개는 직선적인 과정은 아니다; 오히려 신앙은 그것에로의 통로를 차단하고 있는 수많은 오해들을 거쳐서 그것 자체의 이해에 이르고 있다. "여기서 한 인간은 그의 내부 가장 깊은 곳에 있는 것을 자신의 열려져 있는 사유 안으로 받아들일 수가 없는데, 그 이유는 사유가 그러한 일을 위해 필요한 표상들을 제공하지 않거나 또는 그것을 방해하는 표상들을 내포하기 때문이다. 그런데 그 표상들이 장애가 되는 것은 그것들 배후에 저 결론들을 이끌어내는 것을 방해하는 의지가 진을 치고 있기 때문이다"(Guardini 1989, 144). 지성적으로 책임 있는 그리고 사적으로 자기화된 신앙에로의 길은 수많은 외적이며 전기적으로 우연적인 사건들을 통해서 제약되어 있는 한에서 우연적인 것이다. 신앙은 수학적인 진리처럼 실증되지 않는다; 신앙은 고유한 전기(傳記)와 분리될 수 없다; 그것은 사적인 삶의 경험들에 결부되어 있으며, 이러한 의미에서 개인적인 신앙이다. 종교철학은 그와 같은 사적인 길을 항상 일반적인 관점들 하에서만 고찰할 수 있다. 종교철학은 직관의 전개에 대립되는 장애들의 종류에 대해서 물으며, 통찰에 이르기 위해서 신앙이 의존하고 있는 수단들에 대해서 묻는다. 종교철학은 *고백록*을 시간축(時間軸)에로 투사된 신앙의 분석으로서 읽으며, 이 분석은 자전적인 이야기의 형식 안에서 신앙에 본질적인 요소들을 전개시킨다.

286_ 신앙과 신에게 이르는 길은 아우구스티누스에게 있어서는 자기

자신에게 이르는 길이다. *고백록*은 목적으로부터 그 길을 돌아보고 있다. 그렇기 때문에 자전적인 보도는 기도이다.

아우구스티누스는 자신의 '회심'에 대한 보도를 마친 다음에 10권의 서두에서 어째서 그가 *고백록*을 쓰는지를 묻고 있다. 인간적 양심의 심연은 신 앞에 환히 드러나 있다; 신은 인간의 고백에 의존해 있지 않다. 그러나 인간이 고백하지 않을 경우 그는 신으로부터 몸을 돌리는 것이며, 신이 인간으로부터 돌아서는 것은 아니다. "내 한숨이 증명하듯 내가 내게 싫어진 지금에 와선 당신이 빛이시고, 당신이 내 기쁨, 사랑, 갈망입니다"(Conf. 10,2,2). 고백은 신과의 만남이다; 자기 자신에 대한 성찰은 그를 신의 현존 안으로 옮겨놓는다. 그러나 어째서 그는 신의 면전 앞에서 마음의 고백에 그치지 않는가, 어째서 그는 이 사적인 사안들을 다른 이의 삶을 호기심으로 알고 싶어 할뿐 자신의 삶을 개선시키는 데에는 게으른 사람들에게 알리고 있는가 (Conf. 10,3,3)? *고백록*은 논증하지 않는다; 그것은 무엇인가를 증명하려는 것이 아니라 무엇인가를 보여주려 한다. 그것은 보는 것을 가르치려 한다; 그것은 그것이 쓰이게 된 의식에로 이끌고자 한다; 독자는 아우구스티누스처럼 자신의 삶을 신의 현존 안에서 보아야만 한다; 자기 자신에 대한 시선은 신을 향한 시선이 되어야만 한다. 아우구스티누스의 고백, "이 참회록이 읽혀지고 들려지는 때면 마음이 벌컥 일어나서 '나는 할 수 없다'고 절망 속에 곯아떨어지는 대신에 도리어 당신 자비의 사랑 속에, 그리고 그로써 자신의 약함을 의식하고, 그로써 약자가 강하게 되는 바 당신 성총의 감미 속에 깨어나게 되나이다"(Conf. 10,3,4). 아우구스티누스가 죽기 몇 년 전에 *재고록* (*Retractationes*, 2,32,1)에서 회고하면서 적기를, "내 *고백록*의 13권의 책들은 나의 악함과 선함을 넘어서서 정의롭고 선한 신을 찬양하며,

인간적 지성과 정서를 신에게로 고양시킨다; 한동안 그것은, 나와 관계되는 한, 그것이 씌어졌을 때 나에게 이러한 작용을 끼쳤으며, 그것이 읽혀질 경우 그러한 작용을 갖는다. 다른 이들이 그것에 대해 생각하는 바를 그들 스스로가 보게 되기를 기원해 본다; 그럼에도 내가 알기로는, 그것이 많은 형제들에게서 아주 호감을 얻었었고 현재에도 그렇다는 것이다." *고백록*은 수사학자이자 설교자의 작품이며, 그가 향하는 것은 정서이고 그러나 정서를 통해서 지성에 이르러야 하는 것이다. 아우구스티누스는 그와 내적인 일치 안에서 결합된 독자들을 위해서 쓰고 있다. 그가 강조하는 것은, 사적인 사안들에 대해서 말하고 있기 때문에, 그토록 많이 그가 자신의 독자들의 주의와 감수성 그리고 공감능력에 의존해 있다는 것이다. 이 책은, 그의 독자들이 아우구스티누스가 정직하고 성실하다는 데서부터 출발할 때에만, 그것의 목적에 도달할 수 있다. "내 고백이 참된 것인지 저들에게 증명할 수는 없을망정 사랑이 저들의 귀를 열어주기에 내 말을 믿을 수 있을 것입니다"(Conf. 10,3,3).

2. 논쟁들

287_ *고백록*은 13권의 책들을 포괄한다. *재고록*(2,32,1)에서 아우구스티누스는 이렇게 적고 있다: "1권부터 10권까지는 나에 대해서 다루고 있으며, 나머지 세 권들은 성서에 대해서 다루고 있는데, 다음의 구절이 있는 데서부터 시작된다: *한 처음에 하느님이 하늘과 땅을 만드시고 이렛날에 쉬셨다*[창세 2,3]". 11권은 시간에 대한 유명한 논설을 담고 있다. 11권에서 13권까지의 책들이 1권부터 10권까지의 책

들과 어떻게 연관되는지는 논란의 여지가 있다. 오도넬(O'Donnell, 1992, Bd. 1, XL)이 명백한 해결책을 제안하고 있다: 고백록을 통해서 신에게 이르는 두 길들이 끌어내어지고 있다: 철학적인, 신플라톤적인 길과 성서적인 길. 11권-13권에서의 주석은 신에게 이르는 지성적인 길과 주석적인 길, 플라톤적인 길과 그리스도교적인 길의 결합을 보여준다는 것이다.

288_ 또 다른 쟁점은 고백록에서 묘사된 '회심'의 자서전적인 신빙성이다. 여기서 문제가 되는 것을 이해하기 위해서는 우선 몇 가지 자료들이 거명되어야 한다. 고백록의 8권 12장에서 기술된 회심체험은 386년 여름에 일어난 것이다. 아우구스티누스는 가을에 그의 어머니와 아들 그리고 몇 명의 친구들과 함께 까씨치아꿈(Cassiciacum)의 농장으로 갔다(Conf. 9,3,5; 9,4,7). 거기서 그는 여러 저서들 중에서도 특히 아카데미아학도반박(Contra Academicos)과 행복한 삶(De beata vita)을 집필하였다. 387년 성 토요일에 그는 밀라노에서 암브로시우스에 의해서 세례를 받았다(Conf. 9,6,14). 388년에 아우구스티누스는 아프리카로 돌아왔고, 395년 히포의 주교로 서품되었으며, 397년과 401년 사이에 고백록이 씌어졌다. 초기저작들은 두 개의 회심보도들을 담고 있는데, 이것들은 고백록 8권 12장의 내용과 일치하지 않는다(beata v. 1.4; c.acad. 2.2.3-6). 고백록의 보도에 따르면 결정적인 동인은 로마 13,13 이하이며, 초기의 보도들에 따르면 그것은 신플라톤적 철학과의 만남이다. 그로부터 아우구스티누스가 386년에 그리스도교에로가 아니라 플라톤주의에로 회심했다는 결론이 나오는가? "특별히 꾸르셀(P. Courcelle, [2]1968)의 고백록-연구는 그리스도

교적인 계기들이 처음부터 각인되어 있었다는 점에 대해 연구의 합의를 이끌어내었다. 그리스도교적인 그리고 신플라톤적인 요소들은 결코 자의적인 종합에로 연결되고 있지 않다; 실마리를 제공하는 것은 오히려 그리스도교의 철학적 재구성에 대한 아우구스티누스의 관심이다. 비록 회심의 결정적인 계기가 플라톤주의자들의 독서에 놓여 있기는 하나, 이것은 신플라톤주의의 철학적 장점들이 교회의 가르침을 근거가 없어 보이는 외관으로부터 해방시켰기 때문이다"(Horn 1995, 27).

II. 무엇이 먼저인가 : 신을 인식하는 것인가 혹은 그를 부르는 것인가?

289_ 고백록은 두 개의 시편구절들로 시작하고 있다: "주님은 위대하시고 드높이 찬양받으실 분"(시편 145,3), "우리 주님께서는 위대하시고 권능이 충만하시며 그 지혜는 헤아릴 길 없으시다"(시편 147,5). 그리고 전체의 본문은 시편으로부터의 인용문들과 그것에 대한 암시들로 주입되어 있다(Knauer 1955 참조). 아홉째 권에서 아우구스티누스는 까씨치아꿈의 정적 안에서 시편들과 처음으로 만난 것을 묘사하고 있다. "내가 다윗의 시편을 읽을 때, 신앙의 노래, 교만의 티라곤 찾아볼 수 없는 경건한 그 노래를 읽을 그때, 주여, 당신께 부르짖던 내 소리가 어떠하였나이까"(Conf. 9,4,8). 시편들의 본문은 아우구스

티누스 안에서 신앙과 신뢰라는 종교적인 근본행위를 일깨우고 있다. 시편들은 그의 내부에 있는 무엇인가에 말을 걸고 있다; 아우구스티누스는 시편들 안에서 자신을 다시 발견하고 있다; 그것들은 그의 가장 깊은 곳에서 살아 있는 것을 표현하고 있다. 그가 시편들에서 읽고 있는 것을 그는 자신의 내부에서 확증된 것으로 발견하고 있다. 그가 그것들을 읽을 때, 그는 자기 자신에게서 그가 고백을 통해서 일으키려 하는 것을 경험한다: 그것들은 "마음을 흔들어서 '나는 할 수 없다'고 절망 속에 곯아떨어지는 대신에 도리어 당신 자비의 사랑 속에, 그리고 그로써 자신의 약함을 의식하고, 그로써 약자가 강하게 되는 바 당신 성총의 감미 속에 깨어나게 된다"(Conf. 10,3,4). "저 시들을 읽으며 얼마나 나는 당신께 부르짖었나이까. 얼마나 당신께 불타오르게 되었나이까." 그는 시편 4장을 읽었을 때 그에게 어떤 일이 발생했는지를 전해주고 있다. "'제 의로움을 지켜주시는 하느님 제가 부르짖을 때 응답해 주소서. 곤경에서 저를 끌어내셨으니 자비를 베푸시어 제 기도를 들으소서.'" 이 구절은 "내 마음의 친숙한 정서"를 표현했다. "나는 무서움에 떨고, 한편 당신 자비에 기꺼하면서 희망에 벅차 있었습니다. 아버지". "'그 누가 우리에게 행복을 보여주리?[...]. 주여, 당신 얼굴의 빛이 우리 안에 찍혀졌나이다.'" 그 안에서, "내가 자책했던 [...] 그 곳에서 당신은 바야흐로 내게 맛스러워지고, '내 마음 속에 기쁨을 베푸셨습니다'. 나는 이 모든 말씀을 겉으로 읽고 속으로 깨달으면서 소리쳤습니다". "나는 읽고 마음이 타올랐습니다"(Conf. 9,4,8-11).

290_ 신의 권세와 지혜에 대한 찬미에 뒤따르는 것은 인간을 향한 시선, 곧 "당신의 창조물의 어떤 부분", 그의 사멸성에 대한 시선인

데, 그 덧없음은 인간의 죄와 그의 교만에 대한 신의 심판을 증언하는 것이다. 아우구스티누스는 긴장을 분명히 드러나게 한다: 죄, 교만 그리고 죽음에도 불구하고 인간은 신을 찬미하길 원한다. 그는 찬미하며 기뻐하는데, 이러한 정서의 형식 안에서 자기 실존의 목적을 경험하기 때문이다; 찬미는 이 정서의 표현이고, 그것이 이 정서를 일깨운다. "당신을 기림으로써 즐기라 일깨워주심이오니 당신 위해 우리를 내시었기에 당신 안에 쉬기까지는 우리 마음이 평온치 않사옵니다"(Conf. 1,1,1). 이로써 *고백록*이 그 주위를 돌고 있는 경험들이 거명되었다: 우주의 무한성 안에 있는 인간, 죽음, 죄, 교만, 양심, 평온과 행복에 대한 갈망.

291. 아우구스티누스는 시편의 기도자로서 자신에게 묻는다, '무엇이 먼저인가: 신을 아는 것인가 혹은 그를 부르는 것인가?' 대답은 분명해 보인다: 내가 누군가에게 향할 경우, 나는 *그가 존재한다는 것을* 알아야 하며, *그가 누구인지를* 알아야 한다. 그러나 시편의 기도자는 자신의 기도와 독립적으로, 신이 존재한다는 것과 그가 누구인지를 알고 있는가? 그는 신을 믿고 있다. 그러나 이 신앙은 그의 기도에 매이지 않고 살아가는가? 아우구스티누스는 자신의 물음을 기도로서 표현하고 있으며 그 안에 대답이 놓여있다. "무엇이 먼저인지, 주님, 제가 알고 깨닫게 해 주소서". *고백록*은 기도의 형식으로 씌어졌다; 기도는 그 안에서 모든 반성이 수행되고 모든 물음 일체가 비로소 제기될 수 있는, 넘어설 수 없는 지평이다. 아우구스티누스는 두 가지 가능성들을 숙고하고 있다: "그러나 누가 당신을 모르면서 부르오리까?" "혹은 당신을 알기 위해 부르는 것입니까?" 그리고 양자에 대한 이유들이 언급되고 있다. 무엇이 먼저인지의 물음은 결정될 수가 없

다. 그것은 잘못된 양자택일을 표현하고 있기 때문이다. 시편의 기도자는 신을 믿고 있다. 그러나 그가 믿고 있는 신은 그가 기도 안에서 찾고 있는 신이다. "주여, 내 당신을 부르며 찾고, 당신을 믿으며 부르옵니다". 신앙은 신의 육화와 설교를 통해서 선사된 것이다. 그러나 이 신앙은 언제나 부르고, 기도하며, 찾는 신앙이다: "주여, 내 신앙이 당신을 부르옵니다"(Conf. 1,1,1). 고백록의 끝은 창조의 일곱 째 날에 인간이 갈망하는 바로서의 신의 휴식에 대해서 말하며, 마지막 것은 인식이나 혹은 확실성이 아니라 구하는 기도이다: "당신은 아무런 선도 아쉽지 아니한 지선, 항상 고요하시니 고요함 자체가 바로 당신입니다. 그 누가 이를 깨우쳐서 다른 이에게 전해주오리까? [...] 당신께 빌어야 할 일, 당신 안에서 찾아야 할 일, 당신께 두들겨야 할 일이오니 오직 이렇게 함으로써만 받아지고, 발견되고, 열려질 것입니다"(Conf. 13,38,53).

292_ 기도에 대한 반성은 신의 내재성과 초월성에 대한 존재론적인 사변에로 이끌어진다. 내가 신을 부를 때 나는 그분을 만나고 싶어 한나; 내가 그분을 부를 때 나는 그분이 내 안으로 들어오도록 부른다. 그분은 하늘과 땅을 만드신 분이고 하늘과 땅이 담을 수 없는 분이거늘 그분이 내 안 어디로 와야 한단 말인가? 혹은 존재하는 모든 것이, 만일 신이 없다면 존재하지 않겠기에, 신을 수용한다는 말인가? "내가 이렇게 존재하는 바에야 내 안에 오시라 비는 까닭이 무엇이겠습니까? 당신이 내 안에 아니 계시다면 있지도 못할 내가 아닙니까? [...] 혹은 내가 당신 안에 있지 않다면 존재하지 않을 내가 아닙니까? '만물이 당신에게서 나와 당신을 통하여 당신을 향해 나아가기에'[로

마 11,36]. 그러합니다. 주여, 실로 그러합니다[...] 하늘 땅 너머 어디로 벗어나서 거기서부터 내 하느님을 내 안으로 오시게 하오리까. '내가 하늘과 땅을 채우리라'[예레 23,24]하고 말씀하셨거늘?"(Conf. 1,2,2).

본문의 문학적인 형식은 사안적인 긴장을 보여준다. 추상적이고 존재론적인 진리들이 문제가 되고 있는데, 그러나 그것들은 성서인용문들을 통해서 표현되고 있다. 존재론적인 숙고들은 인간과 신 사이의 차이를 폐기함이 없이 인간과 신의 관계를 보여주고 있다. 신은, 그분이 인간이 존재한다는 것에 대한 원인이라는 점에서, 인간 안에 있다; 인간은, 로마 11장으로부터의 인용이 표현하고 있듯이, 신에게로부터 그리고 신을 통해서 존재한다. 인간은, 신이 모든 것에 현존한다는 점에서, 신 안에 있다. 아우구스티누스는 예레 23장을 인용하고 있으며, 시편 139,8 "제가 하늘로 올라가도 거기에 당신 계시고 저승에 잠자리를 펴도 거기에 또한 계십니다"를 언급하고 있다. 존재론적인 진술들은 추상적이다. 그것들이 증명되는지 그리고 어떤 방법들을 가지고 증명되는지 물음은 열어두기로 하자; 어떤 경우에도 그것들은 인간의 사유나 삶으로부터 멀리 떨어져 있다. 그것들은 예레미야나 시편저자들 그리고 바오로의 입에서 다른 반향을 얻고 있다. 여기서 그것들은 생명으로 채워져 있다; 그것들은 경험의 표현이다. 추상적인 진리들은 길의 출발점이 될 수 있는데, 그 길의 목적은 예레미야나 혹은 바오로의 경험이다. *고백록*은 이 길을 묘사하고 있으며, 그것의 시작은 출발점과 목적을 보여주고 있다. 인간이 이 길을 걷기 위해서는 무엇이 요구되는가?

293_ 10권에서 아우구스티누스는 그가 신을 알게 되었을 때 어디서 그분을 발견했는지를 묻고 있다. 신은 어떤 장소에도 있지 않다. 그

럼에도 불구하고 우리는 그분께로 다가가거나 혹은 그분으로부터 멀어진다. 진리는 도처에 있으며, 그것을 묻는 모든 이들에게 대답한다. 그리고 진리는 인간들이 제기하는 모든 질문들에 답한다. 그러나 진리가 대답한다는 것으로는 충분치 않으며, 인간들은 그 대답을 또한 듣고 싶어 해야 한다. 인간들은 자신들이 알고 싶어 하는 모든 것을 물어볼 수 있다. 그러나 대답은 그들이 듣고 싶어 하는 것에로 향해져 있는 것이 아니라 참된 것에로 향해져 있다. "사람마다 제 마음대로 묻기는 하여도 제 마음대로 항상 듣는 것은 아닙니다"(Conf. 10,26,37). 그 자신이 원하는 것만을 듣고자 하는 자는 그 길을 걸어갈 수 없다; 그 길을 걸을 수 있는 자는 오직, 그가 신으로부터 듣는 것을 원하는 자이다. 신의 편재는 그분을 만나기 위해 충분한 것이 아니다; 우리가 그분 곁에 있지 않고서도 그분은 우리 곁에 있을 수 있다. "당신은 내 곁에 계셨고, 나는 당신 곁에 있지 않았습니다." 그러나 신의 편재가 그분 곁에 있기 위해서 충분한 것이 아니라면 우리는 어떻게 그분께 이르게 되는가? *고백록*의 서두에서는 신 자신이 그분을 찬미하도록 인간을 "자극한다"고 적혀 있다. 10권은 일련의 강한 은유들을 사용하고 있다: "당신께서는 부르시고 지르시는 소리로 절벽이던 내 귀를 트이시고, 비추시고 밝히시어 눈멀음을 쫓으시니, 향내음 풍기실 제 나는 맡고 이제 당신을 갈망합니다. 당신을 맛본 뒤로 더욱 기갈을 느끼옵고, 당신이 한 번 만지시매 위없는 기쁨에 마음이 살라지나이다"(Conf. 10,27,38).

294_ 시편 139,7은 묻는다: "당신 얼을 피해" 내가 어디로 가겠습니까? 아우구스티누스는 이 도주를 가능하면서 가능하지 않은 것으로 생각한다. "그들은 당신을 보지 않으려고 피해가지만 당신은 그들을

항상 보고 계시며, 그들의 눈을 어둡게 하여 당신과 부딪혀 다시 만나게 하십니다. 당신은 당신이 만드신 것을 하나도 버리지 않으십니다." 신 앞에서의 이 도주는 현실로부터의 도주이며, 인간이 서 있는 근본적인 관계로부터의 도주이고, 그로써 자기 자신에게서의 도주이다. "당신 홀로 당신에게서 멀리 떠난 자들에게도 계십니다." 아우구스티누스는 자기 자신에 대해 고백하고 있다: "당신은 내 앞에 바로 계셨습니다. 그러나 나는 내 자신으로부터 떠나 있었으므로 나 자신을 찾을 수 없었으니 하물며 당신을 어떻게 찾을 수가 있었겠습니까?" 이런 방식으로 신에게서 도주한 인간이 어디로부터 그분의 현존을 알겠는가? 아우구스티누스는 죄의 경험에 대해 말하고 있다: 눈이 먼 채 그들은 "불의한 자로서 당신에게 부딪혀 그에 합당한 고통을 받게 됩니다". 도주는 인간이 자기 자신의 마음으로부터 소원해지는 것이다; 그것은 인간에게서 삶의 힘을 빼앗는다; 그러나 인간이 온전한 의미에서 그것을 경험하는 것은 비로소 회심 안에서이다. "저들이 마땅히 돌아서게 하소서. 이에 당신은 저들의 마음 안에 계십니다. 당신께 고백하고 당신의 가슴에 파묻히는 사람들의 마음 안에[...] 주님, 당신은 저들을 내시고 저들에게 새롭게 생명과 용기를 주십니다"(Conf. 5,2,2). 고백록의 길은 아우구스티누스가 자기 자신에게 이르는 길이다; 그는 신의 현존을 자신의 의식 안에서 발견하고 있으며, 신의 현존에 대한 의식은 문학적인 형식으로 표현되고 있다. 이 형식은 그가 고백록을 위해서 선택한 것으로서 기도의 형식이다. "보소서, 당신은 내 안에 계셨건만 나는 내 밖에서 당신을 찾고 있었습니다[...] 당신이 나와 함께 계셨건만 나는 당신과 함께 있지 않았습니다"(Conf. 10,27,38).

295_ 존재론적인 숙고들은 신의 본질에 대한 물음에로 이른다: "나의 하느님, 당신은 누구십니까?" 대답은 형이상학의 개념이 아니라 성서의 지시를 통해서 주어지고 있다. "정녕 주님이 아니시고 누가 하느님입니까? '주님 말고 누가 주님입니까? 혹은 우리 하느님 말고 그 누가 하느님입니까?"(Conf. 1,4,4). 아우구스티누스는 시편 18,32을 인용하고 있으며, 시편저자들의 물음은 이사야 44,8에서도 똑같이 발견되고 있다. "나 말고 다른 신이 또 있느냐?" *우리의* 신 말고는 다른 신이 존재하지 않으며, *우리의* 신이 무엇인지는 성서가 우리에게 말하고 있다. 아우구스티누스가 여기서 신에 대한 자신의 진술을 위해서 사용하고 있는 언어적 도구들은 최상급과 반대명제이다. 신은 "가장 자비로우면서도 의로우시고, 지극히 은밀히 계시면서도 가장 가까이 현존하시는 분"이다. "당신은 사랑을 하시되 타버리지 않으시며, 질투하시되 평온하십니다[...] 당신은 하시는 일들을 바꾸시되 뜻은 바꾸지 않으십니다." 아우구스티누스는 성서의 신인동형적인 언어를 정당화하고 있는데, 이는 그가 최상급과 반대명제를 통해서 신인동형적인 언어가 신인동형적인 신상에로 귀결되지는 않는다는 것을 보여주면서이다. 신에 대한 그의 진술들은 그렇게 끝맺고 있다. "나의 하느님, 나의 생명, 나의 거룩한 즐거움이 되는 분, 내가 지금 무엇을 말했습니까? 혹은 인간이 당신에 대하여 말할 때 무엇을 감히 말할 수 있습니까?" 이 인용문은 진술의 내용과 호칭 사이의 긴장을 보여준다. 신에 대하여 말하는 자는 마지막에 있어서는 무의미한 것을 말한다; 그는 인간의 언어에 그어져 있는 한계들을 무시하고 있다. 그러나 이 의미론적인 회의주의는 사랑을 통해서 억제되고 있으며, 그

사랑은 기도의 언어행위 안에서, 신의 호칭 안에서 표현되고 있다. 진술은 언어행위에서 표현되고 있는 경험을 만회할 수 없다. 말함의 무의미성에도 불구하고 인간은 말하도록 강요받고 있다. 그는 말을 할 때에도 벙어리이며, 그럼에도 불구하고 불안해진 마음은 그에게 말하도록 강요한다. "당신에 대하여 침묵을 지키는 자들에게는 화가 있을 것입니다. 당신에 대해 말을 많이 하는 자들도 실은 벙어리와 같습니다."

296_ 그러나 아우구스티누스는 신의 본질에 대한 성서적 진술에도 만족하지 않는다. 여기서도 형이상학의 신 개념에 있어서처럼 거리를 두는 것이 가능하다; 인간은 성서적 신상이 자신에게 적중되지 않으면서도 그것을 알 수 있다. 신이 무엇인지의 물음이 기도 안에서 제기된다면, 그것은 필연적으로 기도자와 신 사이의 관계에 대한 물음에로 이어진다. 그래서 아우구스티누스는 묻고 있다: "당신은 나에게 무엇입니까?" 그리고 "나는 당신께 무엇입니까?"(Conf. 1,5,5). 그는 신이 그에게 누구인지를 알지 못하면서 그를 알 수는 없으며, 그가 신에게 무엇인지를 알지 못하면서 자기 자신을 알 수는 없다. 그가 신에게 무엇인지의 물음은, 언어의 한계에도 불구하고 신에 대해 말해야 하는 의무처럼, 필연성에서 생겨난다. "내가 당신에게 무엇이기에 당신은 내게 사랑받기를 원하시며, 내가 당신을 사랑하지 않으면 비참을 내리시리라 과도히 위협하십니까? 당신을 사랑하지 않음이 그저 작은 비참밖에 안 되기라도 하는 듯이!" 아우구스티누스에게는 그의 실존의 성공이 그가 신을 사랑하는 것에 달려 있다; 신을 사랑해야 하는 필연성은 의미 혹은 무의미함, 삶의 성공 혹은 실패 사이의

양자택일에서 생겨난다. 그에게 신이 무엇인지는 오직 신에 의해서만 그에게 말해질 수 있다. 아우구스티누스는 시편 35장과 27장을 가지고 응답을 구하는 기도를 하고 있으며, 그의 기도는 그가 어떤 대답을 얻고 싶어 하는지를 말해준다. "'제 영혼에게 말씀하소서: 나는 너의 구원이다'[시편 35,3]"; "'당신 얼굴을 제게서 감추지 마소서'[시편 27,9]". 이 대답은 아우구스티누스가 그것을 경험 안에서 듣는 식으로 주어져야만 한다. 본문은 "지극히 회의적인 정신의 저 마지막 경험에 대한 갈망을 표현하고 있는데, 그 경험은 지각과 논리의 상이한 반론들을 극복하는 것뿐만 아니라, 개연성으로부터 확실성에로의 저 마지막 일보를 내딛도록 도와주는 것이다. 그러한 일보는 한갓 사유가 강요할 수 없는 바의 것이다"(Guardini 1950, S.73). 그러나 이러한 경험 역시 다시금 하나의 시작일 뿐이며, 통찰을 구하는 신앙일 뿐이다: "나는 당신을 붙잡을 때까지 이 음성을 따르려 합니다."

10권에서 두 물음들이 해명되고 심화되고 있다. 아우구스티누스는 로마서의 가르침, 곧 신이 창조물을 통하여 알려지고, 따라서 인간은 신을 숭배하지 않고 그에게 감사드리지 않는 것에 대해서 변명할 수 없다는 가르침을 상기시키고 있다(로마 1,20 이하). 신을 사랑하는 의무는, 그것은 '내가 신에게 무엇인가?'라는 물음에로 이르게 하는데, 창조물로부터 알려진다. "하늘과 땅과 그 안에 있는 모든 것들이 사방에서 내가 당신을 사랑해야 한다고 말합니다." 1권이 말하고 있는 경험은 신의 말씀을 통한 관통이다. "당신의 말씀이 내 마음을 관통한 때부터 나는 당신을 사랑하게 되었습니다." 창조물은 아우구스티누스에게 신을 사랑해야 한다고 말한다. 그러나 성서가 비로소 신이 그에게 누구인지를 말해준다. "한편 당신께서는 어여삐 여기시는 자를 더욱 깊이 어여삐 여기시고, 불쌍히 여기시는 자에게 자비를 더욱 베푸시리니: 그렇지 않는 한, 저 하늘과 땅의 귀머거리들에게 당신의 송가를 들려주는 셈이 될 것이기 때문입니다"(Conf. 10,6,8).

III. 삶의 길과 신앙에 이르는 길

297_ 통찰을 구하는 신앙은 우연적인 만남들에 종속되어 있다; 신앙의 길은 삶의 길, 곧 개인적인 전기와 분리되어 있지 않다. 아우구스티누스는 그 안에서 섭리의 작품을 보고 있다; 그는 시편 37,23을 인용하고 있다: "주님께서 사람의 발걸음을 인도하시고, 오직 그렇게 해서 사람은 주의 길을 택합니다"(Conf. 5,7,13). "내가 흔들리고 있을 때에도 당신을 나를 인도하셨습니다"(Conf. 6,5,8). 이러한 사건들과 만남들 중의 몇 가지가 여기서 다시 묘사되었다는 것이다. 이때 중요한 것은 우연과 섭리의 문제가 아니다; 그것들은 오히려 종교적 신앙의 조건들 혹은 요소들로서 흥미를 일으킨다.

1. 키케로의 *호르텐시우스(Hortensius)*

298_ 수사학을 공부하는 19세의 학생이 어머니가 준 돈으로 키케로의 대화록인 *호르텐시우스*를 산다. 이 책은 철학적인 삶에로의 권유를 담고 있는데, 이 학생은 그 위대한 로마의 연사에게서 웅변술을 배우기 위해

그 책을 산다. 그러나 그에게 깊은 인상을 준 것은 웅변의 문체가 아니라 내용이다. 그 대화록은 보존되어 있지 않다; 우리는 그것의 진행을 단편들로부터만 재구성할 수 있다. 맨 끝에 철학에 대한 키케로의 찬사가 나오며, 그에 대한 단편들이 아우구스티누스의 *삼위일체론*(*De trinitate*) 14,12 그리고 26(Frg. 101-102 Straume-Zimmermann)에 보존되어 있다. 키케로의 논변에 따르면, 우리가 신화들이 이야기해주듯이 이 삶 이후에 복된 사람들의 섬의 도달하게 되면, 거기서는 웅변술도 덕도 필요로 하지 않게 되리라는 것이다. 우리는 "전적으로 자연에 대한 하나의 앎을 통해서만 행복하게 될 터인데, 그 자연만이 심지어 신들의 삶을 칭송할 만한 것으로 만드는 것이다"(Frg. 101). 우리가 밤낮으로 그러한 관조를 할 경우, 우리가 죽게 되더라도, 죽음은 우리에게 편안한 몰락이자 삶으로부터의 휴식인 것이다; 그러나 우리가, 옛 철학자들 중에서 가장 위대한 자들이 가르치는 것처럼, 불멸의 영혼들을 소유한다면, 이들에게 있어서는 "이성 안에서 그리고 탐구욕 안에서 더 많이 움직일수록, 그리고 인간들의 멍에와 오류 안으로 더 적게 연루될수록, 하늘로의 상승과 귀환은 그만큼 더 쉬운 일이 될 것이다"(Frg. 102).

*호르텐시우스*는 공명심에 찬, 성공적인 그리고 자신의 경력에 유의하고 있는 젊은 아우구스티누스에게 인간적 삶의 새로운 차원을 열어주고 있다. 그를 설득시키고 있는 것은 논증들이 아니다; 철학에 대한 키케로의 찬사는 오히려 감정적인 작용을 가진다; 그것은 이 젊은 이로 하여금 그 윤곽이 별로 분명치 않은 어떤 것에 대해 감동하게 만들고 있다; 결정적인 것은, 그것이 정서를 특별한 방향으로 이끌고 있다는 것이다. 대화록은 "내 마음을 아주 바꾸어버렸고 [...] 내 희망과 절원(切願)까지 딴 것으로 만들어버렸습니다". 키케로는 그로 하여

금 어떤 특정한 철학적 사조에 대해 감동케 한 것이 아니라 "지혜 자체를, 그것이 무엇이든지간에, 즐겨 찾고 얻고 움켜서 힘껏 안아보게"(Conf. 3,4,7-8) 만들었다.

2. 파우스투스(Faustus)

299_ 그 모든 것에도 불구하고 호르텐시우스는 신앙을 통찰에로 이끌 수 없다: 아우구스티누스가 간결하게 언급하고 있듯이, "그리스도의 이름이 거기에는 없었다"(Conf. 3,4,8). 그런 이유로 그는 성서에 몰두한다. 키케로의 문체가 그에게 지혜라는 사안에 이르는 통로를 열어주었다면, 성서의 문체는 그의 교만함으로는 이해가 힘든 것이었다. 성서의 문체는 키케로의 것과 비교가 되지 않는 것이었다. "나의 교만은 그 문체를 싫어했고, 나의 시력은 그 속을 사무칠 수 없던 것이었습니다"(Conf. 3,5,9). 그렇기에 아우구스티누스는 유대-그리스도교적인 사상적 재화를 지성적이고 수사적으로 호소하는 형식에서 묘사하는 조류, 곧 마니교도들에게로 향하게 된다. 그들은 지식을 약속하며(Conf. 6,5,7), 그들의 가르침의 진리를 강조한다(Conf. 3,6,10); 그로써 그들은 신봉자들에게서 신앙의 감행을 면제해준다. 우주론과 천문학은 그들에게서 중요한 역할을 하고 있으며, 그들은 그에 상응하는 자연과학적 지식들을 가지고 있노라 사칭하고 있다(Conf. 5,7,12); 그들은 신봉자들에게 그들의 종교적 가르침이 지닌 과학적인 성격을 보증해 주고 있다. 그들의 창립자인 페르시아인 마니(216-276)는 성령이 친히 권능으로 자기 안에 거하고 있다고 주장했

다(Conf. 5,5,8). 아우구스티누스는 거의 9년간이나 이 설의 신봉자로 있었다(Conf. 5,6,10). 학문성에 대한 주장 말고도 마니교가 젊은 아우구스티누스를 끌어당겼던 것은 무엇보다도 다음의 세 계기들 때문이다: (a) 인식론과 존재론은 직관의 영역에 제한되어 있고, 따라서 까다롭지 않다; 감각적인 표상의 영역을 넘어서는 것은 아무 것도 없다. 마니교도들은 해와 달을 숭배하며, 지각할 수 있는 물체들로부터 출발하면서 또 다른 "더 커다랗고 무한한" 물체들을 받아들인다. 아우구스티누스가 회고하면서 비판하고 있듯이, 그들은 현실의 질서를 전도시키고 있다. 현실의 질서에서 최하위의 위치를 점하는 것은 표상된 물체들이다; 그들 위로는 실제적인 물체들이 서 있으며, 그 다음에 오는 것이 영혼인데, 이것은 물체들에게 생명을 부여하는 것이다. 그리고 영혼들 위로는 영혼들의 생명, "생명의 생명"(Conf. 3,6,10)이 있다. (b) 아우구스티누스는 마니교의 이원론에서 악의 근원에 대한 문제의 해답을 발견할 수 있다고 믿었다(Conf. 3,7,12). 마니교적 가르침의 개요에 따르면, 그는 이것을 그의 서한들 중 하나에서(Epistola 236,2) 소개하고 있는데, 선하고 참된 신은 어둠의 군주와 투쟁하고 있다. 악은 전체의 대지에 침투해 있는, 징그럽고 형태가 없으며 희박하고 미세한 물체덩어리로 표상되고 있다(Conf. 5,10,20). 인간이 죄를 짓는 것이 아니라 인간 안에 있는 또 다른 본성이 죄를 짓는 것이다(Conf. 5,10,18). (c) 마니교는 아우구스티누스가 구약성서를 대하면서 가지고 있던 어려움들을 해결하는 것처럼 보인다. 구약성서에 적혀 있기를, 인간은 신의 형상에 따라서 창조되었다. 신은 따라서 인간처럼 육체와 머리털 그리고 발톱을 가지는가? 그리고 구약성서가 주장하듯이, 인간들은 일부다처제로 살아가고 살인을 하고 동물을 희생물로 바치면서 정의로울 수 있는가(Conf. 3,7,12)? 그런 이유로 마니교도들은 구약성서를 선한 신이 아니라 어둠의 군주에게로 돌리고 있다.

300_ 마니교로부터 풀려나게 된 경위에 대한 *고백록*의 보도는 종교비판의 주제로 읽혀질 수 있다. 모든 지성적인 대질에 앞서서 아우구스티누스는 마니교적인 신상의 실존적 불충분을 경험하고 있다. 4권은 젊은 날의 한 친구의 죽음이 그에게 초래한 심한 우울증에 대해서 보도하고 있다. "나는 내 스스로가 커다란 수수께끼였습니다. 그리하여 내 영혼에게 묻는 것이었습니다. 무엇 때문에 슬퍼하는 것인지, 어쩐 까닭에 이다지도 마음이 갈피를 잡을 수 없는 것이냐고. 그래도 대답이라고는 나올 리 없었습니다. '신께나 바라라'[시편 42,6]해도 별수 없었습니다: 그도 그럴 일이, 내가 지극히 사랑하다 잃은 이는 현실의 인간이므로 '바라라'고 명령받은 그 신의 표상보다도 훨씬 나은 까닭이었습니다"(Conf. 4,4,9). 몇 소절들 다음에 시편 25장의 말씀으로 적혀 있기를, "당신께 마땅히 들어 올려야 나을 영혼이었지만, 그럴 힘도, 그럴 마음도 없었습니다. 내가 당신에 대해 숙고했을 때, 당신은 나에게 확고부동한 분이 아니었기에 더욱 그랬습니다. 왜냐하면 내가 생각한 신은 당신이 아니라 나의 헛된 표상이었고, 나의 오류는 나의 신이었기 때문이었습니다. 내 영혼이 거기에 기대어 쉬려 했을 때, 그것은 허공으로 떨어져 내게 되돌아왔습니다"(Conf. 4,7,12).

301_ 그토록 단순하고 분명하게 마니의 가르침이 첫눈에 아우구스티누스에게 비쳤지만, 많은 의심들도 남아 있었다. 그가 만난 마니교도들은 그의 물음들에 대답할 수가 없었고, 파우스투스 주교의 권위를

지시하며 그를 달래었다; 그와의 대화는 아우구스티누스에 의해 제기된 모든 반론들을 해결해주리라는 것이었다(Conf. 5,6,10). 신흥종교(New Age Religion)의 방식으로 마니는 자신의 종교적 가르침을 우주론적이고 자연과학적인 진술들과 결부시키고 있다. 아우구스티누스는 양자를 분리시킨다; 하늘과 별들, 해와 달의 움직임에 대한 이론들은 종교의 가르침에 속하는 것이 아니다. 사람은 경건하지 않으면서도 위대한 우주론적 그리고 자연과학적 지식들을 소유할 수 있다. 그리고 사람은 자연과학적 지식이 없이도 경건할 수 있다. 학문에서 가르치는 것은 *고백록*이 시작하는 바로서의 고백과 찬미에 대조되고 있다: "설사 안다 할지라도 세상 것을 공언하는 것은 헛된 일이요, 반대로 당신을 고백하는 것이 경건이거늘"(Conf. 5,5,8). 그러나 신앙의 보도가 자연과학적인 진술과 결부되고 그것에 의존하게 될 경우, 이러한 자연과학적 진술이 허위라는 것이 밝혀지자마자 신앙의 보도는 그 신빙성을 잃게 된다. 신앙인은 자연과학적 세계상을 소유할 필요가 없다. 그가 옳지 않은 자연과학적 견해들을 가지고 있더라도 그것이 그의 신앙에 해가 되는 것은 아니며, 이때 항상 한 가지가 전제되어 있다: 그가 올바른 신상을 가지고 있다는 것. 그러나 "그가 이 사안이 신앙진리의 본질과 관계된다고 생각하거나, 자기가 모르는 것을 고집스럽게 주장하게 되면"(Conf. 5,5,9) 그는 해를 입게 된다.

302_ 파우스투스와의 만남은, 아우구스티누스는 그것을 거의 9년간이나 기다렸는데, 그에게 커다란 실망을 안겨주고 있다. 파우스투스는 사람들이 즐겨 경청하는 편안한 재담가였고, 마니교의 가르침을 생생하게, 내적인 공감 안에서 능숙하게 호소하는 언어로 전달하는 사람이었다. 아우구스티누스가 강조하듯이, 이 수사적 자질은 가르침의

진리를 대변하는 것도 아니요 그것에 반하는 것도 아니다. 그러나 고 대하던 대화의 기회가 오자마자 아우구스티누스가 확인해야 했던 것은 파우스투스가 기껏해야 피상적인 학식만을 소유하고 있었다는 것이다. "그는 키케로의 연설과 세네카의 저서 한두 권, 그리고 라틴어로 잘 엮어진 몇몇 시집과 제 교파의 서적쯤은 읽었고, 그 위에 날마다 하는 일이 강연이었습니다"(Conf. 5,6,11). 그와는 반대로 파우스투스는 학예(artes liberales: 문법, 변증술, 수사술, 산수, 기하학, 천문학, 음악)에 대해서는, 일단 사람들이 그의 평균적인 문법지식을 도외시한다면, 거의 교육을 받지 못했다. 만일 그가 마니교적 가르침에 내포된 자연과학적 주장을 믿을만하게 만들고자 원했다면, 바로 학에야말로 본질적인 것이 되었을 것이다. 아우구스티누스는 파우스투스와의 대화에서 섭리의 작품을 보고 있다. 마니교에 대한 그의 열의는 부서졌다; 그는 마니교를 이해하려는 시도를 포기한다. 그럼에도 불구하고 그는, 더 나은 어떤 것을 발견하지 못하기에, 그 종파와 갈라서지 않고 있다(Conf. 5,7,13). 그 모든 것에도 불구하고 그를 여전히 지성적으로 마니교와 결부시키고 있는 것은 그 교파의 유물론이었다; 그는 마니교 안에서 유물론과 양립할 수 있는 신약성서의 보도에 대한 주석을 보고 있다. "그때 내가 영적인 실체를 생각할 수 있었더라면 단번에 이 전체의 졸작을 분쇄해서 내 마음으로부터 추방할 수 있었을 것입니다." 그러나 마니교도들이 대변한 것은 졸렬한 유물론이다; 비교가 아우구스티누스에게 보여주는 것은, "우주의 구조와 육체적인 감각이 감지할 수 있는 자연 전체를 곰곰이 생각해 볼 때 대다수의 철학자들의 의견이 훨씬 더 개연성이 있다"(Conf. 5,14,25)는 것이다.

3. 암브로시우스

303_ 밀라노시로부터 로마시장에게 온 청원은 수사학의 교사를 한 사람 보내달라는 것이었다. 아우구스티누스는 마니교의 친구들의 도움을 받아 이 자리를 지망한다. 그는 당시 로마시장인 심마쿠스 앞에서 시험을 보도록 초대받아서 그 자리를 얻게 된다. 그는 이 외적인 정황을 통해서 밀라노의 주교인 암브로시우스와 만나게 된다. 아우구스티누스는 그의 설교를 들으러 간다; 그의 관심은 설교의 내용이 아니다; 오히려 그는, 공명심에 사로잡혀서, 암브로시우스의 수사적인 능력이 그가 누리는 높은 평판에 어울리는지를 검사해보려고 한다. 암브로시우스는 그가 발산하는 선량함을 통해서 아우구스티누스에게 강한 인상을 준다. 아우구스티누스의 주의력은 주교의 언어에 향해져 있다; 그의 설교내용에 대해서 아우구스티누스는 다만 냉담과 경멸만을 표명한다. 그러나 언어는 사안과 분리되지 않는다. "나는 다만 그가 얼마나 말을 잘하는지 듣기에만 마음이 열려져 있었는데, 동시에 그가 얼마나 참되게 말하는지를 깨닫게 되었습니다 — 그러나 이건 점차적으로 되는 것이었습니다"(Conf. 5,14,24).

304_ 암브로시우스의 설교들은 아우구스티누스를 불안하게 한다; 그것들은 그에게서, 자신이 지금까지 "가톨릭적인 신앙"이라고 간주했던 것이 실제로 가톨릭의 신앙인지에 대한 물음을 생겨나게 한다. 그는 그가 거부하던 신앙을 이해하기 위해서 도대체 노력했는가? 무엇보다도 문제가 되는 것은 창세 9,6의 해석이다: "당신의 모상으로서 하느님은 인간을 창조했다." 이 구절은 신이 인간적인 신체를 가지고 있음을 의미하는가? 암브로시우스는 아우구스티누스로 하여금 그 구

절이 오직 그렇게 이해될 수 있다는 것에 대해서 의심하게 만든다. 그는 자신의 설교에서 항상 반복해서 바오로 사도의 말을 인용하고 있다: "문자는 사람을 죽이고 성령은 사람을 살립니다"(2코린 3,6). 그리고 그는 구약성서에 대해서 모든 상스러운 것을 제거하는, 신비적-우의(寓意)적인 주석을 행하고 있다. 그것이 참이라는 것을 아우구스티누스는 결정할 수가 없으며, 마지막에 있어서는 그것을 이해할 수도 없는데, 그 이유는 이해를 위해 필요한 존재론적 범주들이 그에게 결여되어 있기 때문이다; 그는 우선은 "영적인 실체가 어떤 것인가에 대해 조금도 알 수 없었다"(Conf. 6,3,4). 그럼에도 불구하고 그에게 모순이 없는 신상과 구약성서에 대한 의미심장한 이해의 가능성이 나타나고 있다. "그가 신비의 너울을 벗기어 글자 그대로 받아들이면 불합리한 것같이 보이는 본문의 뜻을 영적인 의미로 해석하여 주었을 때, 그가 말한 것이 참인지를 내가 아직 알지 못했어도, 그는 나에게 그것을 불합리하게 여기도록 가르치지는 않았습니다"(Conf. 6,4,6). 아우구스티누스가 다음과 같은 고백을 쓰면서, 그는 창세 9,6에 대한 올바른 이해에 이르게 된 자신의 길을 돌아보고 있다: "가장 높으시면서 가장 가까우시고, 지극히 그윽하시면서 지극히 드러나 계시는 당신께서는 [...] 지체가 없이 어디나 오롯이 계시되 어느 공간에 계심이 아닙니다. 당신은 우리와 같은 육체를 가지고 계시지 않으나 사람을 당신의 형상을 따라 창조하셔서 인간이야말로 머리부터 발끝까지 공간 안에 존재하게 하셨습니다"(Conf. 6,3,4).

4. 플라톤주의자들의 서적들

305_ 자신의 생애에서 신의 섭리들 중의 하나로서 아우구스티누스가 숙고하고 있는 것은, 그가 "아주 거만한 어떤 사람을 통해서 그리스어에서 라틴어로 번역된 몇 권의 플라톤주의 서적들을" 얻고 있다는 것이다(Conf. 7,9,13). 우리는 어떤 서적들이 관건이 되고 있는지 알지 못하며, 누가 아우구스티누스에게 그것들을 주었는지도 알지 못한다(O'Donnell 1992, Bd.2, S. 413-426). 신국론(De civitate dei) 8,12은 그리스어를 구사한 명망 있는 플라톤주의자들로서 플로틴, 얌블리코스 그리고 포르피리오스를 거명하고 있다. 고백록 8,2,3에서 아우구스티누스는 그가 플라톤주의자들의 서적들을 마리우스 빅토리누스의 번역본으로 읽었다고 적고 있다; 이러한 지시는 그 이상 도움이 되지 않는데, 그것이 빅토리누스의 번역활동에 대한 유일한 전거이기 때문이다(O'Donnell 1992, Bd.3, S.14). 까씨치아꿈 농장에서의 회심 후 몇 달 안에 작성된 저서인 행복한 삶(De beata vita, 1,4)에서 아우구스티누스는 그가 플로틴의 저서들 몇 권을 읽었다고 전해주고 있다. 플라톤적인 사상의 재화를 아우구스티누스는 이미 암브로시우스의 설교로부터 알고 있었는데, 그는 알렉산드리아학자들처럼 성서의 영적인 의미를 물었다. 플라톤주의자들의 서적들을 통해서 아우구스티누스는 이제 그리스도교적인 맥락 밖에서 플라톤주의와 만나게 된다. 이러한 만남에 대한 묘사는 철학적 지식의 양면성을 분명히 해준다. 한편으로 플라톤주의와의 만남은 그에게 현실의 새로운 차원을 열어주고 있다; 그것을 통해 그는 마니교적 유물론을 극복하고 있다. 플라톤주의자들의 서적들은 그에게 가시적인 세계로부터 자기 자신에게

로, 자신의 고유한 내부로 돌아갈 것을 권하고 있으며, 그로써 그를 영적인 것의 현실에로 이끌고 있다. "그 책들로부터 내 자신 안으로 들어가라는 권고를 받고, 당신의 이끄심을 따라 나의 가장 안으로 들어가게 되었습니다"(Conf. 7,10,16). 다른 한편으로 눈에 띄는 것은, 얼마나 그가 플라톤주의자들의 책을 얻게 된 사람의 교만을 강조하고 있는가이다. 이 만남의 전체적인 묘사는 "하느님께서는 교만한 자들을 대적하시고 겸손한 이들에게는 은혜를 베푸십니다"(1베드 5,5; Conf. 7,9,13 참조)라는 표제 아래에 있다. 플라톤적인 존재론은 그리스도교의 복음을 이해하는데 도움이 되고 있지만, 동시에 플라톤주의자들의 지성적인 교만과 그리스도교적인 신앙의 전제로서의 겸손 사이의 차이는 아주 분명해진다.

306_ 아우구스티누스는 플라톤주의자들의 책들을 요한복음 서문과 로마서 1장의 배경 위에서 읽고 있다(Conf. 7,9,13-15). 그는 그 책들 안에서 비록 말은 같지 않지만 많은 근거들을 통해서 믿을 만하게 된 가르침을 발견하고 있다. 곧, 말씀이 하느님이었고 모든 것이 말씀을 통해서 창조되었다는 것; 인간의 영혼 스스로가 빛이 아니라 말씀이 모든 인간을 비추고 있다는 것. "그러나 '그분께서 당신 땅에 오셨지만 그분의 백성은 그분을 맞아들이지 않았다. 그분께서는 당신을 받아들이는 이들, 당신의 이름을 믿는 모든 이에게 하느님의 자녀가 되는 권한을 주셨다'[요한 1,11 이하] — 이것을 나는 거기서 읽지 못하였습니다." 아우구스티누스는 거기서 아들의 신성에 대한 필리피서의 소식을 발견했지만 십자가상 죽음에 이르기까지의 그분의 포기는 발견하지 못했다(필리 2,6-11). 신이 육화와 수난의 신비를 현자들에게

는 감추고 미소한 자들에게 계시한 것은 수고하고 무거운 짐을 진 사람들에게 원기를 북돋게 하려는 것이었다. 플라톤주의자들의 인식과 그리스도교 신앙 사이의 차이를 아우구스티누스는 로마 1,21에 명확히 표현되어 있음을 본다: 신을 인식하는 것이 하나의 사안이라면, 그분을 인정하고 찬양하며 그분께 감사하는 것은 또 다른 사안이다. 신을 알면서도 인정을 거부하는 것은 우상숭배에 이르게 되는데(로마 1,23-25), 아우구스티누스는 플라톤주의자들을 이런 이유로 비난하고 있다. 플라톤주의자들의 책들은 자연적인 신 인식에 대한 로마서의 가르침을 분명히 해주고 있다; 그것들 안에서는 바오로가 이 책들이 유래하고 있는 아테네에서 설교한 것이 발견된다: "우리는 그분 안에서 살고 움직이며 존재합니다"(사도 17,28). 아우구스티누스는 그들의 가르침을 이스라엘이 이집트에서 가져온 금과 비교하고 있는데, 그 금은 하느님께 속하기 때문이다. 그러나 그들은 이 금을 우상의 형상들에게, 곧 그들의 교만이라는 우상에게 바쳤다.

5. 신앙하는 마음

307_ 아우구스티누스가 키케로의 *호르텐시우스*와의 만남에 대해서 적고 있듯이, "[...] 그리스도의 이름은 거기 있지 않았습니다. 이 이름! 주여, 당신 아드님, 내 구속자의 이 이름이야말로 당신의 어여삐 여기심으로 내가 아직 어미의 젖을 먹을 때부터 여리고 여린 내 마음이 정성스레 마시고, 속 깊이 새겨두어서 이 이름이 없는 것이면 제 아무리 박학, 세련, 곧은 것이라도 나를 오롯이 심취시킬 수는 없었

습니다"(Conf. 3,4,8). 모든 추론적 이해와 근거 짓기에 앞서는 것은 직관적이고 감성적인 파악인데, 이것이 그 젊은이를 느낌과 판단력의 깊이에 이르도록 각인하고 있다. 이 비반성적이고 모호한 직관이 후에 그가 만나는 모든 세계관과 인생관을 재는 척도가 되고 있다. 우리는 유아기적인 각인에 대해서 말할 수 있는데, 이때 간과해서는 안 될 것은, 이 형상 없는 신앙의 각인하는, 비합리적인 직관이 이후의 비판적이고 탐색하는 반성을 견디어내면서 근거지어진 통찰에로 무르익는다는 것이다. 아우구스티누스가 이 직관을 묘사하듯이, "내가 아직 어렸을 때 영생에 대한 것을 들었습니다. 그것은 우리의 교만함에까지 내려오사, 우리 주 하느님의 겸손으로써 우리에게 약속된 것이었습니다"(Conf. 1,11,17). 그는 철부지의 기도체험에 대해 들려주고 있다. 나는 "당신께 기도하는 사람들을 만나게 되었고, 그들한테 배워서 제법 당신을 깨닫게 되었습니다. 비록 우리 감관에 나타나지는 않으실지라도 당신은 위대하신 그 누구, 우리의 기도를 들어주시고 도와주실 분이라는 것을 알았습니다"(Conf. 1,9,14). 마니교와의 대질은 모든 것을 의심하도록 아우구스티누스를 이끌고 있고, 이제 그는 아카데미아 학파의 회의에 가담해야 할지를 숙고하고 있다. "하지만 그 철학자들에게도 그리스도라는 구원의 이름이 없는 까닭에 그들에게 내 영혼 병의 치료를 맡길 생각은 도무지 없었습니다. 이리하여 나는 내 갈 길을 바로 인도할 어느 확실한 것이 비치는 날까지 내 부모가 당부하던 가톨릭교회의 예비신자로 남아있겠다고 작정하였습니다"(Conf. 5,14,25). 올바른 신상, 악의 근원 그리고 의지의 자유에 대한 녹초가 되게 하는 물음들은 마음 속 깊은 곳에 있는 직관을 흔들 수는 없었다. "그럼에도 가톨릭교회 안에 있는 '당신의 그리스도, 우리의 주님이요 구원자'[2베드 2,20]에 대한 신앙만은 내 마음 속 깊이 뿌리를 내리고 있었습니다. 물론 그것은 아직까지 또렷하지 못하고, 여러 면에서 올바른 교리에서 벗어나는 데가 많았어도, 그래도 정신에서 떠나기는커녕 오히려 날이 갈수록 더욱 젖어드는 것이었습니다"(Conf. 7,5,7).

308_ 신앙은 설득력 있게 살아진 보기를 필요로 하며, 이런 의미에서 아우구스티누스의 신앙은 그의 어머니인 모니카의 신앙과 분리될 수 없다. 아직 믿지 않았던 아버지에 대하여 신심 깊고 성격상 우월했던 어머니의 영향이 아우구스티누스에게 지배적이었다(Conf. 1,11,17). 아우구스티누스는 그녀의 인격성의 광채를 칭찬하고 있다: "그녀는 당신의 종들의 종이기도 했습니다. 그녀를 아는 이마다 그녀 안의 당신을 기리고 높이고 사랑했습니다. 거룩한 생활의 결과가 증명하듯 그녀의 마음 안에 당신이 계심을 느꼈던 것입니다"(Conf. 9,9,22). 이 열매들 중에서 아우구스티누스는 사람들을 서로 화해시키는 은사를 지칭하고 있다. 그녀는 적대관계에 빠진 이들의 말을 경청하고 그들의 원한과 증오를 풀게 했고, 한 사람에게서 들은 바로부터 오직 화해에 도움이 되는 것만을 다른 이들에게 말하였다. 아우구스티누스는 이 은사를 강조하고 있는데, 그것이 그가 수많은 사람들에게서 슬픈 경험을 했기 때문이다. 즉 사람들은 화가 나 있는 사람에게 그의 원수가 그에 대해 말한 나쁜 점을 이야기해줄 뿐만 아니라 하지도 않은 말까지 스스로 덧붙인다. "그와는 반대로 사람다운 사람이라면 원수 맺음을 나쁜 말로써 부채질하지 않기와 더 키우지 않는 일쯤 대수롭지 않아야 되고, 오히려 좋은 말로 풀어주기를 힘쓸 것일 텐데 그녀가 바로 그러하였습니다"(Conf. 9,9,21). 그녀의 신앙의 힘은 아프리

카에서 이탈리아로 항해하던 중 풍랑을 맞아서 생명이 위태롭게 되었을 때 드러났다. "물길이 어둔 선객들이 놀랄 제면 사공들이 위로해 주는 것이 보통인데도 오히려 어미는 사나운 바닷길에서 그 사공들을 위로하며, 편안히 닿을 테니 염려하지 말라는 것이었습니다. 이는 이미 현몽으로 당신께서 그녀에게 알려주신 까닭이었습니다"(Conf. 6,1,1). 그녀는 영들을 식별하는 은사도 가지고 있었다. 그녀가 주장하기를, 그녀는 자기에게 "말로 표현할 수 없는 어떤 종류의 심미안이 있는데, 그것으로 당신이 계시하는 것과 자기 영혼이 꿈꾸는 것 사이의 차이를"(Conf. 6,13,23) 분간한다는 것이다.

IV. 신앙과 인식

309_ 고백록 8권의 서두에서 아우구스티누스는 그의 여정에서 발생한 한 중요한 계기를 강조하고 있다. "당신의 영원한 생명에 대해서 나는 비록 '거울로 비친 모습처럼 어렴풋이 보지만'[1코린 13,12] 의심할 여지가 없었습니다. 나는 당신이 불멸의 실체요 다른 모든 실체의 근원이 되심을 의심치 않았습니다. 그리고 내가 바라는 바는 당신께 대한 확신보다는 차라리 당신 안에 보다 더 뿌리를 박고자 함이었습니다"(Conf. 8,1,1). 통찰을 *구하는* *신앙*의 인식적 과정은 완결되었다; 이제 관건이 될 것은 결심을 내리는 것이다. 신앙과 인식의 관계에 대한 사안적 물음으로부터 주도되어서, 아우구스티누스가 플라톤주의자 서적들과의 만남으로부터 획득한 통찰들을 돌아보기로 하자.

스스로를 이해하는 신앙이 의존하고 있는 존재론에 대해서 물어보기로 하자.

   플라톤주의자들의 책들은 아우구스티누스로 하여금 어떤 경험에로 이르게 하는데, 그것을 그는 존재론적인 반성 안에서 전개시키고 있다. 그렇게 해서 그는 마니교적인 유물론의 족쇄로부터 벗어나는데 성공한다. 7권은 창조의, 물리적인 불행의 그리고 악의 존재론을 제시하고 있는데, 이는 어떤 환시에 대한 두 개의 묘사들로 둘러싸여 있다(Conf. 7,10,16에서 17,23까지). 두 묘사들은 뚜렷하게 신플라톤주의적인 각인을 지니고 있다. 그들 중의 어느 것도 전기적으로 더 정확히 위치해 있지 않다; 우리는 시점, 장소 그리고 외적인 정황들에 대해서 아무 것도 경험하지 못한다. 문제가 되는 것이 두 개의 상이한 체험들인지 혹은 다만 하나의 동일한 체험에 대한 두 개의 상이한 묘사들인지에 대한 논란 있는 물음은 열려진 채로 남을 수 있다(O'Donnell 1992, Bd.2. S.434-459 참조).

1. 밀라노 환시(Vision)

310_"그 책들로부터 내 자신 안으로 들어가라는 권고를 받고, 당신의 이끄심을 따라 나의 가장 안으로 들어가게 되었습니다. 그리 될 수 있었던 것은 '당신이 나의 구원자가 되어 주신 때문입니다'[시편 30,11]." 플라톤주의자들의 책들은 아우구스티누스로 하여금 자신의 내부로 들어가도록 이끌고 있다; 그것이 그에게 성공적인 것은 신의 도움에 힘입고 있다. 그는 그의 영혼과 정신의 눈에 비친 영적이고 변하지 않는 빛의 관조를 묘사하고 있다. "진리를 아는 자는 그 빛을

알게 되고 그 빛을 아는 자는 영원을 알게 됩니다. 사랑이 그 빛을 알게 합니다."아우구스티누스는 신이 거기에 있고 그가 신을 볼 수도 있다는 것을 알고 있다. 그러나 동시에 그는 그 자신이 신을 볼 수 있는 자가 아니라는 것도 알고 있다; 신의 인식은 동시에 그를 신으로부터 떼어놓는 자신의 죄스러움의 인식이다.

"아찔하도록 쇠약한 내 안광에 세찬 빛을 쏘아 주셨기에 난 사랑과 두려움에 떨고 있었습니다. 그리고 나는 일그러진 모상의 낯설음 안에서 당신과 멀리 떨어져 있음을 발견했습니다."그럼에도 그 체험은 그에게 신의 존재에 대한 의심할 수 없는 확실성을 선사하고 있다. "차라리 내가 살고 있음을 의심할지언정 '창조된 피조물을 통하여 알 수 있게 된'[로마 1,20] 진리를 의심할 수는 없었습니다"(Conf. 7,10,16).

311_ 환시의 체험은 세상을 새로운 빛 가운데 나타나게 한다. 아우구스티누스는 신 밑에 존재하는 것들이 온전한 의미에서 존재하는 것도 아니요 완전히 존재하지 않는 것도 아니라는 것을 인식한다; 그것들은 신으로부터 온 것인 한 존재한다. 그리고 그것들은 신과 같이 존재하지 않으므로 존재하는 것이 아니다. 왜냐하면 오직 변하지 않는 것만이 진실로 존재하기 때문이다. 그로부터 아우구스티누스는 자신의 삶에 대해 결론을 내린다: "그러나 나에게는 하느님께 가까이 있음이 좋습니다'[시편 73,28]. 내가 그분 안에 머물지 않으면 나는 내 안에서도 머물지 못하기 때문입니다"(Conf. 7,11,17). 마니교의 이원론에 반하여 그에게 분명해지는 것은, 가변적이고 사멸하는 존재자는 전체로서 선한 것이다. 가장 넓은 의미에서 해를 입을 수 있는 것은 선한 것이다. 왜냐하면 해를 입는다는 것은 좋은 것이 감소되거나 파

괴된다는 점에 존립하기 때문이다. 무엇인가로부터 좋은 것이 상실된다면 그것은 더 이상 존재할 수 없다; 그것이 존재하는 한 그것은 좋은 것을 갖고 있으며, 그것은 박탈될 수 있는 것이다: 그의 존재(Conf. 7,12,18). 전체의 창조물과 관계될 수 있는 악이란 없다. 왜냐하면 선한 신과 그의 선한 피조물 이외에 우주의 질서를 파괴할 수 있는 것은 아무 것도 존재하지 않기 때문이다. 우주 안에서의 물리적 악은 특정한 부분들이 특정한 다른 부분들과 조화되지 않는다는 데에 존립한다; 그 대신에 그것들은 다른 것들과 조화를 이루며, 그것들은 그 자체로는 좋은 것이다. 이 점을 분명히 하기 위해서 아우구스티누스는 시편 148을 인용하고 있다: "당신을 찬미해야 한다는 것을 '땅으로부터, 용, 모든 심연, 불이며 우박, 눈이며 얼음, 당신의 말씀을 수행하는 거센 바람, 산들과 언덕들, 과일나무와 모든 향백나무들, 들짐승과 모든 집짐승'이 보여줍니다"(Conf. 7,13,19). 모든 존재자가 존재하는 한 좋은 것이라는 인식은 도덕적인 악, 불행, 죄의 본질에 대한 물음의 답으로 이끈다. 그것은 마니교도들이 하는 대로의 이원론적인 대답을 배제한다. 악은 실체가 아니며 인간적 의지의 왜곡된 정향이다. 의지의 왜곡이라 함은 최상의 선인 신으로부터 돌아서서 고유한 자아를 중심에 세우는 것이다. "나는 악이 무엇인지를 캐보았어도 그 실체를 열어보지 못하였고, 그것이 다만 지고의 실체이신 하느님 당신에게서 빗나가 스스로의 안을 버리고, 밖으로만 부풀어 미친 데로 떨어지는 의지의 잘못이란 것을 깨달았습니다"(Conf. 7,16,22).

312_ 빛의 환시는 신의 존재에 대한 의심할 수 없는 확신에로 이끌었지

만 동시에 그분과 분리되어 있다는 의식에로도 이끌었다. 양자가 이제 전개되고 심화되고 있다. 빛의 체험은 신플라톤주의적인 인식적 상승의 묘사를 통해서 다른 인식의 영역들과 연관되고 있다. 그러나 이러한 신플라톤주의는 그리스도교적인 보도와 중재되고 있다; 그것은 아우구스티누스에게는 자연적인 신 인식에 대한 로마서의 가르침의 해석에 기여하고 있다: "당신의 보이지 않는 것들, 곧 당신의 영원한 힘과 신성이 창조 때부터 피조물을 통하여 알아볼 수 있게 되었습니다"(Conf. 7,17,23; 로마 1,20 참조). 그러나 신플라톤주의의 책들 안에서 발견되지 않는 것은 분리되어 있음의 경험이다. 신플라톤주의는 따라서 최상의 인간적 의식의 단계에서 *인간조건(condicio humana)*에 대한 충분한 해석을 제공하지 않는다; 그것은 비로소 바오로에게서 발견된다.

아우구스티누스는 자신의 습관적인 의식상태를 묘사하고 있으며, 미적인 체험의 도움을 받아서 로마 1,20을 해석하고 있다. 그 체험에 대한 상기와 신의 존재에 대한 확신은 요구로서 경험되고 있다. "당신에 대한 기억은 내 안에 남아 있어 내가 매여 있어야 할 분인 당신이 계심을 결코 의심치 않았습니다. 그럼에도 나는 당신에게 매여 있기에는 아직 부족한 자였습니다." 미적인 판단은 하나의 비교이다; 변하는 사물은 변하지 않는 이념 혹은 규범과 비교되고 있으며, 그래서 우리는 이렇게 판단한다: "'이건 이래야 되고 저건 저래야 된다.'" 판단을 내리는 자의 감각경험과 활동은 그리하여 영원하고 불변하는 것의 영역에로 넘어간다. 이 상승은 이제 개별적인 단계들 안에서 기술되고 있다. 그것은 우리에게 외부세계에 대해 알려주는 육체적 감각들로부터 출발해서 지각들에 대해 판단하는 추론적 이성에로 나아간다. 그러나 판단 역시 시간에서 수행된 행위로서 변화의 지배를 받는다. 그렇기에 이성은 자기 자신에게로 되돌아간다. 이성은 감각적인 표상들에 매이지 않은 판단들과 통찰들을 소유한다; 그래서 이성은 "불변하는 것이 변하는 것보다 선호되어야 한다"고 판단한다. 이러한 통찰은 이성이 불변적인 것을 알고 있음을 전제로 하는데, 왜냐하면 "무슨 방법으로든 아는 바가 없고서야 불변하는 것이 변하는 것보다 낫다고 이성이 다짐할 수 없기" 때문이다. 어떻게 이성은 이러한 앎에 이르는가? 이성은 불변적인 것의 빛을 바라볼 능력이 있어야 한다. 판단하는 이성은 직관하는 이성을 전제로 한다; 이성의 활동들에 대한 반성은 불변적인 것을 직관하는 능력에로 이끈다. 그러나 아우구스티누스가 기술하는 반성과정은 다만 판단함의 전제로서의 직관의 능력을 개시하는 것만은 아니다. 그것은 오히려 직관의 체험에로 이끈다. 이성은 "눈 깜짝할 사이에 *있으신 그분께* 다다르게 되었습니다". 다시금 아우구스티누스는 자신의 약함을 경험한다. 그는, 로마 1,20의 말씀으로 표현하고 있듯이, 신의 보이지 않는 것을 창조된 것을 통해서 보고 있다. "그러나 나는 줄곧 바라볼 수는 없었습니다". 남아 있는 것은 다만 "흐릿한 기억"(Conf. 7,17,23) 뿐이었다.

2. 바오로

313_ 플라톤주의자들의 책들은 아우구스티누스를 신의 존재에 대한 인식에로 이끌었다. 그것들이 마니교도들의 감각주의와 유물론에 반대해서 그에게 보여준 것은, 신이 비물질적이고 비공간적이라는 것, 신 홀로 그 어떤 변화의 지배도 받음이 없이 본래적인 의미에서 *존재한다*는 것, 그리고 다른 모든 것은 그 존재를 그에게서 힘입고 있다

는 것이다. 그러나 그 모든 것은 그의 내적인 분열을 제거하지는 못했고 오히려 첨예하게 만들었다. 그는 무엇인가를 "알아보았다". 그러나 그것은 그를 "받아쳤다"; 그의 영혼의 어둠은 그가 그것을 "바라보는" 것을 허락하지 않았다. 아우구스티누스는 미적인 체험을 통해서 중재된 것이기는 하나 그 어떤 형이상학적인 인식과 종교적인 근본행위를 구분하고 있다. 인식은 그를 인식된 것과 분리시킨다. 왜냐하면 인식은 그를 교만하고 부풀게 만들기 때문이다. 플라톤주의자들의 책들은 그에게 하나의 목적을 보여주며, 그리고 그것들은 동시에 그리로 향하는 길을 막아버린다. 아우구스티누스는 플라톤적인 인식을 통해서 일으켜진 예감(praesumptio), 자아도취, 월권, 거만함, 교만과 고백(confessio), 신의 찬양, 감사, 자신의 사멸성과 죄스러움에 대한 고백을 구분하고 있다. 플라톤주의자들과 아우구스티누스는 결과적으로 로마 1,21의 말씀에 적중되고 있다: 그들은 "하느님을 알면서도 그분을 하느님으로 찬양하거나 그분께 감사를 드리기는커녕, 오히려 생각이 허망하게 되고 우둔한 마음이 어두워졌습니다. 그들은 지혜롭다고 자처하였지만 바보가 되었습니다". 겸손의 토대에서 구축되는 사랑이 인식의 교만함에 대비되고 있다.

314_ "그래서 나는 당신의 영으로 쓰인 숭고한 글들, 그 중에서도 사도 바오로의 서간들을 붙들고 늘어졌습니다." 아우구스티누스가 플라톤주의자들에게서 읽은 모든 진리들을 그는 바오로에게서도 발견하고 있다; 우리는 그가 로마서 1,20을 반복해서 인용하고 있음을 보았다. 그러나 바오로에게 있어서는 인식은 신을 찬양하는 동인이 된다; 그에게는 보고 있고 또 볼 수 있는 것은 선물이다. "왜냐하면 '그대가 가진 것 가운데 받지 않은 것이 어디 있습니까?'[1코린 4,7]". 플라톤

주의자들의 책들은 아우구스티누스를 어떤 조명에로 이끌었는데, 그 것은 그의 약함 때문에 단지 짧은 순간의 체험이었다; 바오로는 치유의 길을 보여주고 있으며, 치유를 통해서 알아보게 된 것은 삶을 지탱하는 힘이 되고 있다. 아우구스티누스는 바오로가 로마서 7장에서 기술하는 분열을 자신에게서 경험하고 있다: 그는 신의 법을 반겨하면서도, 동시에 그것에 대적하는 죄의 법을 경험하고 있다. "주여, 당신이 의로우시거늘 우리는 죄짓고, 악을 행하고, 무엄한 짓을 하여 '당신 손이 우리를 짓누르신'[시편 32,4] 탓이오니 우리는 의당히 저 묶은 죄인, 죽음의 왕자에게 부쳐졌나이다. 그가 우리의 의지를 꾀어서 당신 진리 안에 있지 않은 제 의지를 닮게 한 까닭이었습니다". 바오로와 함께 아우구스티누스는 누가 죄와 죽음의 지배로부터 그를 자유롭게 해줄지를 묻고 있으며, 바오로와 함께 그는 대답하고 있다: "오직 당신의 은총, 우리 주 예수 그리스도를 통하여"(Conf. 7,21,27). 플라톤주의자들이 아닌 바오로가 비로소 아우구스티누스에게 *인간조건(condicio humana)*에 대한 이해와 해석을 열어주고 있다; 비로소 비오로가 그에게 그가 길어야 할 길과 그의 분열이 치유될 수 있는 길을 제시하고 있다. 그러나 그는 바오로를 이해할 수 있기 위해서 플라톤주의자들을 필요로 한다. 마니교도들은 그에게 구원의 보도로서의 성서에 이르는 통로를 막았다. 플라톤적인 철학의 의미는 이 장애들을 제거하고 그리하여 성서의 참된 보도를 볼 수 있게 해 준 점에 존립한다.

3. 오스티아(Ostia)에서의 환시

315_ 아우구스티누스가 가톨릭의 신앙에 대한 자신의 유년시절의 직관을 묘사하는 바에 따르면, "내가 아직 어렸을 때 영생에 대한 것을 들었습니다. 그것은 우리의 교만함에까지 내려오사, 우리 주 하느님의 겸손으로써 우리에게 약속된 것이었습니다"(Conf. 1,11,17). 그리스도교의 복음은 영원한 생명을 약속하고 있으며, 아우구스티누스가 이 희망을 보다 포괄적인 세계상 안으로 편입시키기 위해서 붙잡는 것은 다시금 플라톤주의자들의 가르침이다. 밀라노 환시와는 달리 오스티아에서의 환시(Conf. 9,10,23-25)에서 우리는 장소, 시간 그리고 보다 상세한 정황들을 경험한다. 아우구스티누스의 세례 후에 그와 모니카는 밀라노에서 티베리나 강변에 있는 오스티아로 여행했는데, 그곳에서 그들은 피곤한 육로여행을 마치고 아프리카로 떠나는 배를 기다리기 위해서 휴식을 취하고 있었다. 그들은 집안의 정원이 내려다 보이는 창문가에 기대어 서 있었다. 그들은 "'어떠한 눈도 본 적이 없고 어떠한 귀도 들은 적이 없으며 사람의 마음에도 떠오른 적이 없는'[1코린 2,9] 성인들의 영원한 생명이 어떠할지를 서로 묻고 있었다. 본문은 두 개의 부분들로 나뉘어져 있다. 우선 아우구스티누스와 모니카가 함께 대화중에 체험한 상승이 기술되고 있다; 그리고 나서 그 체험이 해석되고 있으며 영원한 생명이 어떠한지에 대한 답이 주어지고 있다.

316_ 출발점은 육체적인 감관들의 지각에서 오는 기쁨이며, 무엇보다도 빛의 체험이다. 그 기쁨에 대해 또 다른 삶의 황홀경이 대비되고 있는데, 그것에 대하여 육체적 감관의 기쁨은 첫 번째 표상을 중재하

고 있으며, 그러나 그것은 그러한 표상과는 비교되지 않는 것이었다. 이러한 삶에로의 불타는 갈망과 그 안에서 직관된 것은 상승을 움직이는 힘이었다. "우리는 단계적으로 모든 물체적인 사물들을 통과했고, 해와 달과 별들이 지상으로 빛을 보내는 저 하늘에까지 오르게 되었습니다. 그리고 우리는 당신이 만드신 모든 것을 명상하고, 말하고, 감탄하면서 오르다가 우리의 정신적 영혼에까지 도달하게 되었습니다." 변화에 종속되어 있는 인간 정신을 넘어서서 상승은 신의 예지에 이르게 되는데, "그것을 통해서 이 모든 것들, 있었던 것이나 있게 될 모든 것이 다 창조됩니다; 그 예지 자체는 어떤 생성도 모르는 것이며, 과거에 있었던 그대로 현재에도 존재하며 항상 존재할 것입니다". 성서와 신플라톤주의의 존재론 그리고 플라톤적인 형상들에 대한 연상들이 "신의 예지"를 묘사하는데 기여하고 있다. 그 예지는 플로틴의 두 번째 실체, 곧 정신 혹은 자기 자신을 사유하는 이념들의 전체와 동일시되고 있다(§ 332). 그것은 시편저자들이 찬미한, 자연에서 경험된 창조주의 지혜이다: "주님, 당신의 업적들이 얼마나 많습니까! 그 모든 것을 당신 슬기로 이루시어 세상이 당신의 조물들로 가득합니다"(시편 104,24). 상승은 플라톤의 *파이드로스*에서 인간 영혼들과 신들이 초자연적인 이데아들의 장소로 올라가는 것을 상기시킨다. 이데아들의 관조는 영혼의 양식이며(246e1 이하; 247d2-4) 신들의 식사이다(247a8). 그리고 아우구스티누스는 플라톤의 신화를 자신의 양들에게 먹을 것과 안전을 제공하는 구약성서의 목자상과 결부시키고 있다: "우리는 당신이 진리의 음식으로 항상 이스라엘을 먹이시는 곳, 다함이 없이 넘치는 그 풍성한 영역에 도달했습니다"(에제 34,14; 시편 80,2 참조). 바라봄의 계기는 밀라노 환시에서와 비슷하게 기술되었다(§ 312). 그러나 이번에는 아우구스티누스가 자신을 그가 직관하는 것과 분리된 것으로 경험하고 있지 않다. 오히려 그 접촉은 "'성령의 첫 선물'(로마 8,23)"이며, 지속적으로 기억에 각인된 영원한 생명의 첫 번째 비추임이다. "우리가 그 예지를 들어 말하고 그에 몹시 애타하는 동안, 한 마음을 몰아쳐 약간 그에 부딪치게 되었습니다. 그리고 우리는 한숨을 길게 내뿜고는 '성령의 첫 선물'을 거기에다 남겨두게 되었습니다." 신적인 예지의 영원한 말씀으로부터 그들은 "시작이 있고 끝이 있는 우리 입의 지껄임으로 되돌아왔습니다"(Conf. 9,10,24).

317_ 잇따르는 해석적 대화는 그 체험과 연결되어 있지만 그것의 묘사는 아니다. 아우구스티누스는 조건명제들 안에서 말하고 있다. 삶의 종말적인 완성은 어떻게 생각될 수 있는가? 그것은 그러그러한 경우에 주어질 것이다. 영혼은 침묵해야 하며, 자기 자신을 더 이상 생각하지 않으면서 자기 자신을 넘어서고 잊어야 한다. 영혼은 모든 표상들로부터 자유롭게 되어야 한다: "꿈과 현몽과 혀와 온갖 기호와 시간 안에 형성되는 그 모든 것이 아주 고요해져버린다면". 이러한 침묵 속에서 영혼은 모든 사물들이 자신에게 말하는 것을 들을 수 있다: "'우리가 우리 자신을 만든 것이 아니라 영원히 계신 그분이 우리를 만드셨느니라.'" 그러나 피조물의 이러한 보도는 단지 듣기를 권유하는 것일 뿐이며, 사물들은 이 말을 한 다음에 잠잠해진다. "왜냐하면 그것들은 우리의 귀를 그들을 만든 분에게 돌리도록 하기 때문입니다." 이 들음을 위해서 아우구스티누스는 공통의 체험을 지시하고 있다. 그것은 말을 듣는 것이 아니며, 이러한 들음은 동시에 직관이다. 우리는 모든 피조물들 안에서 우리가 사랑하는 분을 듣는다. 그

러나 우리는 그분을 이것들 없이 듣는다. 마치도 우리가 바로 지금 "높이 떠서 모든 것 위에 계시는 영원의 예지에 생각 한 번으로 부딪쳤던 것처럼". 이러한 체험이 지속되고 다른 모든 직관들이 사라지게 되면, 그리고 이 하나의 체험된 것만이, 그것은 동시에 들음인데, "그것을 보는 자를 황홀케 하고 채우며 내적인 환희에 잠기게 한다면: 이것이 영원한 생명이라면[...] 그것은 '네 주님의 기쁨 안으로 들어가라'[마태 25,21]는 초대의 의미가 아니겠습니까?"(Conf. 9,10,25).

V. 신앙과 결단

1. 삶의 형식(Lebensform)을 위한 결심

318_ 종교적 신앙은 이론적인 숙고 이상이다; 그것은 하나의 삶의 형식이다. 구약성서의 보도들 가운데는 시나이 산에서 선포된 계명들이 속하며(탈출 20) 신약성서의 보도들에는 산상설교의 요구들이 속한다(마태 5-7). 인간은 그가 이러한 길을 걷겠다고 결심할 경우에만, 그것이 비록 그에게 불완전하게 이루어질지라도, 믿게 되는 것이다. 신앙은 인식의 행위가 아니라 이중의 의미에서 의지의 행위이다: 인식된 것에 대한 동의로서 그리고 계명들의 길을 걷겠다는 결심으로서. *고백록*은 이 행보들의 전기적인 제약성을 분명하게 해준다. 동인을 제공하는 것은 다른 사람들의 본보기이다.

319_ 내가 "바라는 바는 당신께 대한 확신보다는 차라리 당신 안에 보다 더 뿌리를 박고자 함이었습니다. 그러나 내 현실의 생활에 있어선 모두가 아직도 자리가 잡히지 않은 채 마음은 '묵은 누룩'[1코린 5,7]으로부터 정화되어야 했습니다"(Conf. 8,1,1). 명예와 재물은 아우구스티누스에게 그 매력을 잃어버렸다. "그러나 나는 여성에게만은 끈질기게 얽혀 있었습니다. 사도는 [...] 더 나은 생활을 하라고 권장하기는 할망정 나에게 결혼을 금하지는 않았습니다. 나는 그렇게 하기에는 너무 약했습니다." 그러나 아우구스티누스는 혼인의 부담을 지고 싶어 하지도 않았다(Conf. 8,1,2). 유명한 수사학자인 마리우스 빅토리누스가 노년에 그리스도교로 개종했고 그로 인해서 자신의 교수직을 잃었다는 소식은 아우구스티누스의 내면에서 그의 본보기를 따르려는 불타는 소망을 유발했지만, 그는 쇠사슬과도 같은 그의 습관들을 경험하고 있다. 이 사슬을 단련시킨 것은 그 자신의 원의였다. "내 의지가 왜곡되어 육욕이 생겼습니다; 육욕을 따름으로써 버릇이 생겨납니다; 버릇을 끊지 못하면 필연이 생겨납니다." 아우구스티누스는 내적인 분열을 경험하고 있다. 그는 빅토리누스의 보기를 따르길 원하지만, 자기 탓으로 생긴 습관의 족쇄에 묶여져 있다. 그는 자기가 아직도 진리를 충분히 인식하지 못했다는 변명을 둘러댈 수가 없다. 왜냐하면 진리는 이제 그에게 확실해졌기 때문이다(Conf. 8,5,10-11).

320_ 폰티키아누스는 트리어의 황실에서 높은 벼슬을 하고 있었던 사람인데, 그와 동향인이었던 아우구스티누스에게 이집트의 수도사였던 안토니우스의 삶에 대하여, 그리고 그의 세 동료들이 어떻게 황실

의 높은 자리를 포기하고 트리어에서 수도사들과 합류하게 되었는지를 이야기해 주었다. 폰티키아누스의 이야기는 아우구스티누스로 하여금 자기 자신과 대질하게 했다. "그가 말하는 동안 주여, 당신은 나를 내 자신 안으로 돌이키게 하셨습니다. 자신을 살피기 싫어서 여태 내가 있던 내 등 뒤에서 나를 떼쳐서 바로 내 얼굴 앞에다 나를 세워 놓으셨습니다. 그것은 내가 얼마나 추하고 일그러지고, 더럽고 때 끼었고, 종기투성이인지를 보도록 하기 위함이었습니다. 과연 자신을 보는 나는 소스라치며 몸 둘 바를 몰랐습니다. 그리고 내 자신에게서 도망칠 가망이라고는 더 이상 없었습니다"(Conf. 8,7,16). 그가 걸어가야 할 길을 그가 알지 못한다는 핑계는 더 이상 가능하지 않았다. "그러나 드디어 때는 오고야 말았습니다. 내가 내 앞에 벌거벗은 채 서 있고, 양심은 내 안에서 꾸짖는 것이었습니다: '네 혀가 어디 있지? 네가 언젠가 말했지. 진리가 불확실하기 때문에 허영의 짐을 버리지 않겠다고. 그러나 진리가 확실해진 지 이미 오래이거늘, 여태도 짐은 너를 더욱 짓누르고 있구나[...]'"(Conf. 8,7,18). 아우구스티누스는 자신의 친구인 알리피우스에게 적고 있다. "'무식꾼들이 불쑥 일어나서 하늘을 쟁취하는데, 그래 우린 학식을 가지고도 마음 하나가 없어서 이렇게 피와 살의 진흙탕에서 뒹굴고 있구나"(Conf. 8,8,19). "모든 논증은 고갈되었고 논박되었습니다"; 그에게 결정적인 일보를 저지하고 있었던 것은 습관을 끊는데 대한 두려움 그 하나였다(Conf. 8,7,18).

321_ 아우구스티누스는 자신의 원의 안에서 분열되어 있다. 그는 진리를 인식했고 그것을 따르기를 원하지만 또한 자신의 습관을 포기하

고 싶어 하지도 않는다(Conf. 8,10,24). "익히지 않은 선보다는 버릇된 악이 오히려 내겐 더 세었던 것입니다"(Conf. 8,11,25). 그는 자신의 상태를 마치 잠에서 깨어 일어나려고 하다가도 그 잠에 못 이겨 다시 누워버리는 사람의 상태와 비교하고 있다. 어떤 인간도 항상 자는 것만을 원하지는 않는다. 그리고 누구나가 다 깨어 있는 것이 자는 것보다 낫다고 판단한다; 그럼에도 불구하고 사람은 일어나야 할 시간임에도 불구하고 침대에 남아서 꿈꾸는 것을 즐긴다. "그렇게 나 역시 당신의 사랑에다 통째로 나를 바치는 것이 내 욕정에 맡기느니보다 월등 나은 줄을 알면서도, 이것이 좋고 승한가 하면 저것이 즐겁고 나를 묶어버리는 것이었습니다"(Conf. 8,5,12). 온전한 의미에서의 신앙을 위한 결단은 아우구스티누스가 본래적으로 원하는 것을 향한 해방으로서, 그리고 내적인 통일을 향한 걸음으로서 경험되고 있다. 밀라노의 정원에서의 유명한 장면에서, 아우구스티누스는 반복해서 외치는 한 소년 혹은 소녀의 음성을 듣고 있다: "'들고 읽어라, 들고 읽어라'." 아우구스티누스는 폰티키아누스와의 대화로부터 정원에 놓아두고 온, 바오로 사도의 서한이 실린 책을 달려가 집어들게 된다. 그는 안토니우스를 떠올리게 되었는데, 그는 우연히 미사 중에 모든 것을 팔아서 가난한 자들에게 나누어주고 자신을 따르라는 예수의 권고(마태 19,21)를 들었을 때 자신의 부르심을 발견했었다. 그가 우연히 펼쳐서 읽게 된 구절은 이렇다: "흥청대는 술잔치와 만취, 음탕과 방탕, 다툼과 시기 속에 살지 맙시다. 그 대신에 주 예수 그리스도를 입으십시오. 그리고 욕망을 채우려고 육신을 돌보는 일을 하지 마십시오'[로마 13,13 이하]." 이것은 바오로가 잠에서 깨어나도록 그리스도인들에게 권고한 말씀이다. 안토니우스처럼 아우구스티누스는 성서의 그 말씀이 자신에게 향한 것임을 깨닫게 된다. "나는 더 이상 읽을 마음도 그럴 필요도 없었습니다. 그 구절을 읽은 즉시 확실성의 빛이 마음에 넘치고, 의심의 모든 그림자들이 사라졌습니다"(Conf. 8,12,29). 한 순간에 오랫동안 감추어져 있었던 자유로운 의지가 신비스러운 심연으로부터 불러내어졌다: 의지의 결단, "그것을 통해서 내 목은 당신의 부드러운 멍에를, 내 어깨는 당신의 가벼운 짐을 짊어지게 되었습니다. '나의 도움이시며 구원자이신'[시편 19,15] 예수 그리스도여[...] 놓칠까 두려워했던 것을 놓아버린 것이 이제 내게 기쁨이 되었습니다"(Conf. 9,1,1).

2. 신앙인의 일상

322_ 밀라노와 오스티아에서의 환시들 그리고 정원에서의 확실성의 체험은 단지 '성령의 첫 선물'일 뿐이다; 바오로에게서처럼 아우구스티누스에게는 그것이 선사된 사람들 역시 계속해서 *인간조건*의 비참을 경험한다는 것이 유효하다. 결의는 유혹에서 보호하지 못한다. 오히려 삶은, 그 안에서 또 다른 차원이 비쳐졌는데, 그것의 일상적인 자명성을 상실했다. "당신의 눈앞에 나 스스로 수수께끼가 되어버렸으니 이것이 나의 비참입니다"(Conf. 10,33,50). "당신은 당신의 빛을 나에게 번쩍 비추시어 내 눈멀음을 쫓아내셨습니다. 당신의 향기를 풍기시매 나는 그 향기를 맡고서 이제 당신을 더욱 갈망하고 있습니다. 나는 당신을 맛보고는 더욱 굶주리고 목말라합니다. 당신이 나를 한 번 만져 주시매 나는 불타올라 당신의 평화를 그리워합니다"(Conf. 10,27,38). 아우구스티누스는

기분과 정서가 충돌하고 교체하는 것을 경험하고 있다. "내 안에서는 울어야 할 즐거움이 기뻐해야 할 슬픔과 겨루고 있으니 승리가 어느 쪽에 있는지 나는 알 수 없습니다[...]. 내 안에서는 나쁜 슬픔과 선한 기쁨이 서로 싸우고 있으니 어느 편이 승리하게 될지 나는 모릅니다. 가엾은 나를 주여, 불쌍히 여기소서. 보소서, 당신의 눈을 피해 내 상처를 숨기지 않습니다: 당신은 의사요, 나는 병자; 당신은 가엾이 여기는 분, 나는 가엾은 몸. '인생은 땅 위에서 고역'[욥 7,1]이 아니고 무엇입니까?"(Conf. 10,28,39).

323_ 고백록의 10권이 전해주는 수많은 작은 유혹들을 끄집어내 보자. 아우구스티누스가 길을 가다가 토끼를 쫓는 개를 구경하게 되면, 그는 비록 계속해서 자신의 길을 가며 말의 머리를 그리고 돌리지는 않는다. 그러나 개는 그가 막 몰두하고 있는 중요한 생각으로부터 그의 주의를 돌리게 만든다. 파리를 채서 먹는 도마뱀이나 거미줄에 걸린 파리를 둘러 감는 거미는 집에 앉아 있는 아우구스티누스의 주의력을 붙잡는다. "그런 것들을 보는 데서 나는 만물을 창조하시고 오묘하게 다스리시는 당신을 찬미하기에 이릅니다. 그러나 나의 주의력을 자극했던 것은 그것이 아니었습니다"(Conf. 10,35,57). 그가 여기서 한탄하고 있는 것은 단지 정신분산일 뿐인가? "이젠 토끼를 쫓는 개 구경을 하러 더 이상 원극장에 가는 일은 없습니다." 그로 하여금 이런 동물들을 관찰하게 하는 것은 잔혹에 대한 흥미이다. 다른 이들이 원극장에서 짐승을 쫓는 것을 구경하거나 "소름끼치게 능지처참을 당한 시체를 구경하는 것"(Conf. 10,35,55)은 동일한 호기심에서이다. 도마뱀이나 거미가 작은 동물들이라는 것은 그들의 잔혹함에 어떤 단절도 가져오지 않는다. 아우구스티누스는 자연의 이중성을 통해서 유

혹을 당하고 있다. 자연에서는 죽임의 잔혹한 법칙이 지배하고 있으며, 그럼에도 불구하고 자연에서 창조주의 지혜와 섭리를 인식하는 것은 고유한 관찰을 필요로 한다.

324_ 신앙은 어떻게 이 질병들을 고칠 수 있는가? "당신은 먼저 내 자신을 변명하려는 병을 고쳐주셨는데, 이는 그에 입각해서 내 모든 죄스러움을 용서하시고 내 약함을 고쳐주시기 위함이었습니다[...]. 당신께 대한 두려움을 통하여 당신은 내 교만을 꺾으셨고 내 목을 길들여 당신의 멍에를 메도록 하셨습니다"(Conf. 10,36,58). 아우구스티누스는 자기 자신 안에 서 있으면서 자기 자신을 변명하려는 것을 포기한다. 그는 자신의 약함을 대면하면서 신뢰하는 마음으로 홀로 자신을 고칠 수 있는 의사에게 자신을 내맡긴다. 그것은 *고백록*의 이 절에서 인용되고 있는 시편 103과 마태 11,28-30의 태도이다. 다른 곳에서(Conf. 10,40,65) 아우구스티누스는 그로 하여금 짧은 시간 동안 분열과 정신분산을 극복하게 해 주는 훈련에 대하여 말하고 있다. "당신은 다함이 없는 영원한 빛이시므로 내가 온갖 것에 대하여 그들이 사실 존재하는지, 어떠한 것인지, 얼마나 값진 것인지 당신께 물어 보았습니다[...]. 이것은 지금도 가끔 있는 일로서 이것이 내 기쁨입니다. 그리고 어쩔 수 없는 일에서 헤어나고 싶을 때면 이 기쁨을 찾아 피난합니다." 이것은 지성적인 훈련이요, 진리에 대한 물음이다; 그것은 정신을 모아지게 하고, 때때로 밀라노와 오스티아에서의 체험이 다시 살아나게 한다. "때로는 당신이 나를 내 자신의 근저에 있는 완전히 생소한 감정에로, 말할 수 없는 행복감에로 끌어들이십니다; 그 감정이 내 안에서 완성된다면, 그것은 이 세상 것은 아닐 것입니다. 그랬다가도 나는 고된 짐을 지고 이 현실에로 다시 떨어

저버립니다."

325_ 일상은 고양, 위로, 관조가 아니라, 자신의 비참의 체험이며, 그것은 낙담과 절망의 경계에로 이어지는 것이다. 플라톤이 아니라 바오로만이 우리에게 어떻게 치유될 수 있는지를 말해준다. *고백록*의 자전적인 부분은 자신의 실존을 이해하고 이겨낼 수 있는 유일한 가능성으로서 바오로적인 구원론과 함께 종결된다. "하느님의 오른 쪽에 앉아 계신 분, 그리고 우리를 위해 간구해 주시는 분'[로마 8,34]"에 대한 믿음만이 치유에 대한 희망을 선사한다. "그렇지 않다면 나는 아주 절망할 수밖에 없습니다. 내 병은 많고 큽니다. 정말 내 병은 많고 큽니다. 그러나 당신의 치유하는 힘은 더 큽니다. 당신의 말씀이 육신이 되어 우리 가운데 거처하지 않았더라면 인간과는 동떨어지신 줄로 알아 절망했을 것입니다." 고백록의 서두에서도 만나게 되는 시편 22의 인용이 *통찰을 구하는 신앙*의 범위를 종결짓는다: 아우구스티누스는 자신의 가난에 대한 의식으로 살아가며, 구원에 대한 바오로의 소식에서 가난한 자로서 배를 채운다. 교만한 자들은 그를 비방해서는 안 된다. "왜냐하면 나는 나를 속량한 몸값을 생각하고, 먹고 마시고 나누어 주며, 저 '먹고 배부른' 자들 가운데서 나 가난할망정 그분으로 배부르기를 갈망하기 때문입니다: '그분을 찾는 이들은 주님을 찬양하리라'[시편 22,27]"(Conf. 10,43,69).

참고문헌

Guardini 1950
Knauer 1955
Knauer 1957
Henry 1962
Courcelle 1963
Guardini 1989 (1935)
Confessions (O'Donnell 1992)
Clark 1993
Horn 1995
Fischer 1998
Kienzler 1998

M. 존재론과 신비주의: 플로티노스

326_ 수많이 논의된 종교철학의 물음들에는 — 윌리엄 제임스의 표현을 사용하자면 — 종교의 상이한 역사적 형식들과 신앙고백들의 공통의 "핵심"(VRE 507)에 대한 물음 그리고 전승된 가르침과 개인적인 종교적 경험 간의 관계들에 대한 물음이 속해 있다. 그리스도교와 이슬람의 신비주의자들은 그들의 경험을 묘사하고 분류하기 위해서 플로티노스의 인간학과 형이상학을 이용해 왔다. 극동의 종교들에서도 플로티노스의 개념들이 유용한지 그리고 상응하는 "핵심"이 거기서도 발견되는지를 결정하는 것은 그 종교들의 전문가들에게 맡겨질 수밖에 없다. 플로티노스의 철학은 그렇게 시선을 그리스도교적인 계시종교의 지평 너머로까지 확장시킬 수 있다. 그것은 다시 한 번, 칸트나 뉴먼과는 다른 형식 안에서, 종교와 이성의 관계에 대한 물음을 제기한다. 플로티노스는 플라톤적이며 아리스토텔레스적인 인식론과 존재론의 요소들로부터 하나의 테두리를 기획하고 있는데, 그것은 신비적 경험을 현실의 다른 영역들과 결합하는 것이다. 그는 철학과 종교의 관계를 어떻게 평가하고 있는가? 그는 형이상학 안에서 종교적 근본행위에 이르는 가능한, 혹은 심지어 필연적인 길을 보고 있는가? 이 길은 얼마나 멀리 이끄는가? 그것은 어디서 끝나는가?

327_ 뒤따르는 해석들의 중심에는 플로티노스의 첫째 저작물인 *아름*

다운 것에 관하여(I 6 [1])와 마찬가지로 초기의 논문인 *선한 것 혹은 일자에 관하여*(VI 9 [9])가 위치해 있다. 플로티노스의 플라톤적-아리스토텔레스적인 전통으로 각인된, 그리고 그런 까닭에 어떤 의미로는 스콜라적인 개념성은 의견기술적인(doxographisch) 서술에로 오도한다. 해석의 과제는 그 학파의 이러한 언어 배후에 감추어져 있는 현상들을 추적하는 것이다. 그 언어로 향하기 전에, 우리의 문제제기를 고려하면서 플로티노스의 제자이자 친구인 포르피리오스(대략 233-301/305)에 의해 작성된 생애묘사(Harder: Band Vc의 간행본)를 일별하기로 하자. (포르피리오스는 플로티노스의 저술들을 체계적인 관점에 따라서 각각 아홉 편의 논문들[엔네아데스]이 실린 6권으로 분류하였고, 그것들이 생겨난 연대적 순서도 전해주었다. 출전표시는 먼저 엔네아데스의 숫자와 그 다음에 모난 괄호 안에 연대적 숫자를 기입하였다.)

328_ 자신의 부모와 고향에 대해서 플로티노스(204/5-270)는 포르피리오스에게 아무 것도 말해주지 않았다. 28세에 그는 철학에 몰두하기 시작했다. 알렉산드리아의 저명한 교사들은 그를 실망시켰다. 마침내 그는 그곳에서 암모니오스를 발견했는데, 그의 영향이 너무 커서 11년의 세월을 꼬박 그의 곁에 머물렀다. 플로티노스는 "너무도 깊이 철학에 심취한 나머지, 페르시아인과 인도인에게서 통용되던 명망 있는 철학도 배우고자 힘썼다"(§ 15)고 한다. 이 목적을 위해서 그는 고르디아누스 3세의 페르시아 원정길에 참여했다. 고르디아누스가 메소포타미아의 듀라 유로포스(Dura Europos)에서 자신을 추종했던 필립포스 아랍스에 의해 살해되자(244년 2월), 플로티노스는 안티오키아로 도망쳤고, 40세에 로마로 돌아와서 가르치기 시작했다. 강

의에서 그는 먼저 플라톤과 아리스토텔레스에 대한 주석을 읽게 했다; "그러나 그는 결코 그 가르침들 중의 하나를 단순히 넘겨받지 않았고, 그의 학문적 사유에서 독창적이고 비범했다"(§ 73). 포르피리오스가 그의 곁에 있었던 시기 동안에 그에게 네 차례나 "어떤 형태나 형상도 갖지 않은 그리고 정신과 전체의 정신세계 위에 좌정하고 있는 저 신이 나타났다"고 한다. 플로티노스는 "자신의 사유와 함께" "제일의, 저편에 있는 신"에게로 올라갔다고 하며, 그에게 그곳으로 향하는 길을 지시한 것은 플라톤의 향연(*Symposion*)이었다고 한다(§ 130). 플라톤은 그에게 전적으로 신비해명적인(mystagogisch) 권위였기 때문에, 그는 자신의 저서(II 9 [33])에서 "플라톤은 정신적 본성의 깊이로까지 진입하지 못했고" 이를 통해서 많은 이들을 잘못 인도했다고 주장한 영지주의자들에게 반대하고 있다(§ 80). 그들은 "자신들의 가르침을 대부분 플라톤에게서 취하고 있으며, 반면에 그들 자신의 철학의 토대로 삼으려 한 새로운 것들은 진리를 지나쳐 버리는 허구들이다"(§ 44). 상이한 어법으로 포르피리오스가 강조하는 바는, 플로티노스가 의식적으로 그리고 ― 그리스도교 영성의 언어로 표현하자면 ― 신의 현존 안에서 살고자 애썼다는 것이다: "자기 자신에게 주목하면서 그는 결코 느슨해지지 않았다"(§ 47); 결코 그는 "그가 깨어있었던 동안은, 정신에로 정향된 긴장을 늦추지 않았다"(§ 51); "모든 것 위에 있는 신과 가까이 그리고 하나가 되는 것이 말하자면 그의 목표요 조준점이었다"(§ 131).

I. 두 개의 출발경험들

329_ 종교적 신앙은 전통으로부터 전수다. 그러나 그것에 개인적 경험의 정신이 불어 넣어지지 않으면, 그것은 공허하고 죽은 것으로 남는다. 플로티노스에게 플라톤은 철학적 권위일 뿐만 아니라 종교적 권위이기도 하며, 플라톤의 *향연*은 그에게, 포르피리오스가 전해주듯이, 신비해명적인 텍스트이다. 플라톤에게서 밑그림이 그려진 두 개의 근본체험들 혹은 근본경험들은 플로티노스에게는 일자 혹은 선 혹은 신적인 것에로의 상승의 시초에 서 있는 것들이며, 신적인 것의 추구 자체를 비로소 살아있게 만드는 것들이다. 신적인 아름다움에로의 상승은, 디오티마(Diotima)가 소크라테스에게 가르치고 있듯이, 젊은이가 아름다운 육체들을 뒤쫓는 데서 시작한다(Symp. 210a4-6). *국가*(Politeia)가 또 다른 출발점을 묘사하고 있듯이, 선은 "모든 영혼이 추구하는 것이며, 또 그것 때문에 영혼은 모든 것을 행한다네. 왜냐하면 영혼은 그것이 어떤 것임을 예감하면서도, 도대체 그것이 본래 무엇인지에 대해서는 당혹해하며 족히 파악할 수 없기 때문이지"(505d11-e2).

330_ 플로티노스가 묻기를, "관찰자의 시선을 자극하고, 자신에게 향하도록 이끌며 직관 안에서 흥겹게 만드는 것은 무엇인가?"(I 6[1] § 4). 처음에 존립하는 것은 행함이 아니다: 사유, 물음 혹은 반성; 상승의 최초의 "단계"(§ 4)는 오히려 당함(*paschein*, § 21)이며, 플로티노스는 이러한 기쁨과 충격의 체험(§ 10)을 유발하는 것이 무엇인지를 묻고 있다. 아름다움을 당함은 감성과 이성에게 닥치는 것이다;

그것은 한 내용의 경험이며 지각하는 자아의 경험이다. 플로티노스는 그것을 이해함과 인식함이라고 특징짓고 있다(§ 9). 지각은 종합을 수행한다: 그것은 "다양한 것을 모두 통합하고, 들어올리며, 이제 분리될 수 없는 것으로서의 내부 안으로 가져온다"(§ 15). 영혼은 지각된 형상과 자기 자신 사이의 상응을 경험한다. 영혼의 시선이 아름다운 것과 만나게 되면, "영혼은 그것에 동의하며 말하자면 그것에 순응한다; 영혼의 시선이 그와는 반대로 추한 것과 만나게 되면, 영혼은 뒤로 물러서며 그것을 거부한다. 그것이 영혼의 기분에 들지 않으며 낯설기 때문이다"(§ 9). 지각은 내부에다 단일성에로 통합된 형상을 "조화를 이루는 것, 그것에 들어맞는 것, 동류의 것으로서"(§ 15) 전해준다. 영혼은 지각된 미(美)를 "자기 자신과 관계지우며 자신의 가장 고유한 본질과 자신이 자체 안에 지니는 것을 상기한다"(§ 10).

331_ "모든 영혼이 추구하는 선을 향해"(I 6[1] § 33) 상승해 가자. 두 번째의 출발경험은 채워지지 않은 갈망의 경험, 불충분의 체험이다. 플로티노스는 행복에 대한 우리의 추구를 유일하게 충족시킬 수 있는 직관에 대해서 말한다. "그러나 그것에 성공하지 못하는 자는 실로 불행하다; 왜냐하면 아름다운 색채와 신체, 권력과 직무, 왕좌를 얻지 못하는 자가 불행한 것이 아니라, 이 하나를 얻지 못하는 자만이 불행하기 때문이다"(§ 36). 이 직관은 우리가 이미 항상 그 안에 처해 있는 관계를 의식하게 해준다; 그 안에서 모든 삶의 실행들의 무의식적인 정향이 그 완성에 도달한다. 플로티노스는 절대적인 것과의 이중의 관계에 대해서 말한다. 그것은 한번은 종속의 관계이다; 이 관계는 형이상학(Metaphysik)의 12권에서 차용된 표현으로 기술되

어 있다. 아리스토텔레스는 부동의 동자의 완전한 존재방식을 기술한 후에, 이렇게 적고 있다: "따라서 하늘과 자연은 그러한 원칙에 종속되어 있다"(1072b13 이하). 마찬가지로 플로티노스는 "모든 것이 그것에 종속되어 있는 바의" 것에 대해 말하고 있는데, "그것이 생명, 사유 그리고 존재의 원인이기 때문이다". 동시에 이 절대적인 것은 의식되지 않은 목적이며, 모든 활동들이 관련 맺고 있는 소실점이다; 모든 것이 그것을 향해 "시선을 두고 존재하며 살아가고 사유한다"(§ 33). 우리는 이 이중의 관계를 원의 형상으로 상징화할 수 있다: 반경들은 중심에서 자라나며 중심을 향해 퍼져나간다(VI 8[39] § 160). 이 의식되지 않은 근원과 이 의식되지 않은 목적이 인간의 중심이다; 우리는 그것의 지속적인 현존 안에서 살아간다. 우리가 그것을 찾아낼 때, 우리는 우리 자신을 발견하며, 우리가 이 중심에서 달아날 때, 우리는 자신을 상실한다. "저것은 [...] 누구에 대해서도 밖에 있는 것이 아니라 모든 이들 곁에 있는데, 그들은 그것을 알지 못한다. 그것에서 달아나는 것은, 혹은 더 정확히 말하자면, 자기 자신에게서 달아나는 것은 그들 자신이다"(VI 9[9] § 53).

플로티노스는 주변부로부터 중심에로 향해가려 한다; 그는 우리로 하여금 두 근본경험들의 원천을 향해 진입하도록 안내한다. 그 길은 윤리적인 정화와 합리적인 논증의 길이다; 그것은 정화와 덕을 필요로 하는 것과 마찬가지로 배움과 설득력 있는 증명의 실행을 필요로 한다(VI 9[9] § 29; VI 7[38] § 278 이하). 다음에서는 이 두 계기들의 조화와 상호적인 조건관계를 추적할 것이다: 합리적인 논증은 얼마나 멀리 이끄는가? 플로티노스는 어떤 논증을 제시하는가? 추론적 논증은 중심에 이르는 길을 위한 필수적인 조건인가, 혹은 절대적인 것에 이르는 비-추론적 길 역시 가능한가? 윤리적인 통찰과 존재론적인 입증은 서로 어떻게 관계하는가?

II. 일자에 대한 존재론적인 물음

332_ 이 물음들을 가지고 *선한 것 혹은 일자에 관하여*(VI 9 [9])라는 저서를 보도록 하자. 플로티노스는 일자와 존재자의 관계에 대한 존재론적인 숙고로 시작한다; 그는 무엇인가가 그것이 *하나*(eins)인 정도만큼 *존재한다*(ist)는 것을 보여준다(§§ 1-14). 그 무엇은 하나이지 않고는 존재할 수 없다; 그것은 자신의 존재를 자신의 단일성과 함께 상실한다. 자신의 부분들로 쪼개진 집이나 선박은 더 이상 집이나 선박이 아니다; 도주 중에 해체된 군대는 더 이상 군대가 아니다. "개별자가 일자를 상실하면, 그것은 도대체 더 이상 존재하지 않는다"(§ 9). 존재의 등급들에 상응하는 것은 단일성의 등급들이다: "더 경미한 존재는 따라서 또한 더 경미한 일자존재를 의미하며, 더 상위의 존재는 더 상위의 일자존재를 의미한다"(§ 5). 군대, 원형의 열 그리고 무리는 개체들로 구성되며, 이들은 다만 단일성에 대한 그들의 관계를 위해서 규칙적으로 결합되어 있다. 집이나 선박의 단일성은 그들의 목적에 의거한다; 그것이 재료의 선택, 부분들의 형태 그리고 전체에 대한 부분들의 배치를 규정한다. 하나의 소재는 자신의 구성부분들의 혼합비율을 통해서 단일성을 획득한다. 가시적인 세계에서 단일성의 최상의 등급은 마침내 유기체, 식물 그리고 생물체에

게 귀속된다; 그들의 단일성의 원인은 실체적 원리, 영혼이다. 자신의 종(種) 내에서의 한 개체의 완전성 역시 자신의 단일성에 상응한다: "신체가 단일성에로 질서 지어졌을 때 건강이 주어지며, 일자의 자연이 부분들을 지배할 때 아름다움이 주어진다; 그리고 영혼의 덕은 그것이 하나 안에 있고 조화롭게 합일될 때 주어진다"(§ 3).

만일 모든 존재자가 그것이 하나인 정도만큼 *존재한다*(*ist*)면, 한 존재자의 단일성의 근거 혹은 원인은 그것이 존재한다는 것에 대한 근거 혹은 원인이다. 그런 까닭에 그 저서의 서두에 나타나는 대로, "모든 존재자는 일자를 통해서 하나의 존재자이다"(§ 1). 단일성의 마지막 근거에 대한 물음은 그렇기 때문에 존재자의 마지막 근거에 대한 물음이다. 우리가 고찰한 바로서의 존재자와 일자의 등급질서는 하나의 대답을 시사한다: 단일성의 근거 혹은 원인은 영혼이다. 명령을 통해서 병사들을 하나의 군대로 결속하는 것은 지휘관의 영혼이며, 원무를 만들어내는 것은 안무가의 영혼이고, 재료를 기능상의 단일성에로 묶는 것은 건축가와 선박제조자의 영혼이며, 유기체들을 구축하고 그들의 단일성을 보존하는 것은 유기체들의 영혼이다.

플로티노스가 반론을 제기하듯이, 영혼은 그러나 스스로가 단일성은 아니다. 건축가가 집을 지을 때, 그는 집의 관념을 필요로 한다; 그는 집이 무엇인지를 알아야만 한다; 그는 집의 목적을 알고 있어야 한다; 이 목적이 달성될 수 있기 위해서 그는 부분들이 배치될 때 따라야 할 법칙들을 알고 있어야 한다. 건축가의 영혼이 재료에 부여하는 단일성은 따라서 영혼으로부터 나오는 것이 아니다; 그것은 형상(Eidos)에 힘입고 있으며, 건축가의 영혼은 그것을 바라본다. 그러나 유기체에 있어서 사물들은 달리 놓여있지 않은가? 여기서는 형상(Form) 혹은 실체로서의 영혼이 단일성의 원인이 아닌가? 플로티노스는 영혼이 구축하고 보존하는 유기체보다도 영혼이 더 높은 정도로 하나라는 점을 인정한다; 그럼에도 불구하고 영혼은 단일성 혹은 일자 자신이 아니며, 영혼 역시 단지, 비록 신체보다도 더 높은 정도에 서긴 하지만, 단일성에 관여할 뿐이다. 영혼과 일자 사이에는 동일성의 관계가 아니라 서술의 관계가 존립한다: 영혼은 (비록 더 높은 정도에서이긴 하나, 원무 혹은 신체처럼) 하나이지만, 일자 혹은 단일성은 아니다. 이 같은 개념적 차이 외에도 두 번째 근거가 거명되어야 한다: 영혼이 신체의 단일성의 원리이기는 하지만, 영혼 자체는 자기 편에서 재차, 비록 부분들로부터 존립하지는 않더라도, 다수이다. 영혼은 다수의 능력들을 가진다: 사유, 열망, 지각. 어디에 영혼의 단일성이 존립하는가? 이 능력들과 그것들의 활동들은 결합되지 않은 다수로 생각될 수는 없다. "따라서 영혼은 그렇게 다른 것에게 일자를 전달하며, 이때 영혼 역시 다른 것을 통해서 하나이다; 영혼 역시 다른 것에 의해 일자를 당한다"(§ 6).

플로티노스는 영혼과 정신을 구분하고 있다; 그들의 관계가 어떻게 더 정확히 규정될 수 있는지는 여기서 열려진 채 남을 수 있다. 정신은 단일성의 마지막 원인이고 그로써 "첫째 것"일 수 있는가? 부정적인 대답이 정신의 본질속성들, 지향성 그리고 반성성(§§ 13-14)에서 생겨난다. 사유는 사유하는 것과 사유된 것, 그로써 이원성을 포함한다. 정신은 존재자 혹은 자기 자신을 존재하는 모든 것으로서 사유한다. 왜냐하면 존재자는 그것이 정신에 의해 인식됨을 통해서 비로소 그것의 현실을 얻기 때문이다(Aristoteles, De an. III 8 참조). 존재하는 모든 것을 사유하면서 정신은 다수이다. 그러나 정신은, 존재자를 사유하면서, 자기 자신에게 향할 수 있다; 그렇다면 정신 자신은 사유하는 것일 뿐만 아니라 사유된 것이기도 하다. 정신은 그렇게 자기 자신을 반성하면서 자신의 근원에로 향한다. 정신은 반성 안에서 자신을 사유하는 것과 사유된 것의 이원성으로서 파악하며, 그와 함께 정신은 그 자신이 존재자의 근원이 아니라, 일자이자 첫째 것에 종속되어 있음을 파악한다. "그리고 실제로 우리는 정신이 한편으로는 선, 첫째 것의 현존 안에 있고 그것을 바라보고 있으며, 그러나 다른 한편으로는 또한 자기 자신과 함께 있고 자기 자신을 사유하고 있는 것으로 생각해야 한다"(§ 14). 본문은 소여존재의 두 방식들을 구분하고 있다. 정신은 반성의 행위 안에서 자기 자신과 함께 있다 (*suneina*): 정신은 자신의 고유한 행위, 사유를 수단으로 해서 자기 자신을 파악한다. 동시에 정신은 첫째 것 혹은 선의 현존(*pareinai*) 안에 있다: 첫째 것은 사유로 파악될 수가 없다. 사유 안에서 정신은 단지 자신의 이원성만을 파악할 수 있으며, 이 이원성 자체가 첫째 것일 수가 없다는 점을 통찰할 수 있을 뿐이다. 자신의 종속에 대한 이 인식이 정신을 첫째 것의 현존 안으로 데려온다.

333_ 존재론적인 사고과정은 나중에(§§ 33-42) 다루어지고 있다. 이 계속되는 논증의 중심에는 자족의 개념이 위치해 있다; 우리는 그것을 우연성증명(Kontingenzbeweis)의 한 형식으로 해석할 수 있다. 플로티노스는 그가 출발하고 있는 전제를 명시적으로 표현하고 있다: 유물론을 지지하고 단지 물체적인 원인들만을 허용하는 자는 일자의 개념을 형성할 수 없다. 플로티노스는 그런 자에게 향하지 않고, 단지 "물체들과 나란히 있는 또 다른 본질을 받아들이고 영혼에로 소급하는"(§ 30) 자들에게 향한다. 영혼은 앎의 원인으로서의 정신을 지시하지만 정신은 첫째 것이 아니다. 정신은 하나이자 단순한 것이 아니기 때문이다. 일자는 정신에 앞서 있으며, "그에게서 산출된 것, 곧

존재에 의해 알려진다". 플로티노스에게서 정신은 존재론적인 원리이다; 그것은 형상들 혹은 본질들의 전체이며, 그것을 통해서 저마다의 존재자는 자신의 본질로 존재한다. 형상과 그에 상응하는 활동 안에서의 형상의 실현이 존재자의 완전성을 결정한다. 정신은 형상들 그리고 그와 함께 완전성들의 다수이다. 정신의 근원으로서의 첫째 것은 모든 완전성들을 포함해야 하며, 그러나 그것들은 첫째 것 안에서 갈라지지 않은 단일성을 형성해야 한다. 결과적으로 첫째 것의 본질은 다음과 같은 것이다. "그것은 가장 완전한 것의 근원이며, 존재자를 산출하는 힘이다. 그러나 이때 그것은 자기 자신 안에 지속하며 감소되지 않는다"(§ 36).

우리는 이 근원을 무어라 불러야 할까? 우리가 그것을 이해하길 원한다면, 우리는 이름을 필요로 한다. 그리고 플로티노스는 우리가 어째서 그것을 부득이 '일자'라고 부르는지를 해명하고 있다. 이 표시는 유비적인 기능을 갖고 있다: 그것은 "나누어지지 않은 표상"에로 이끌고 "영혼을 단일성에로 이끈다"(§ 37)는 것이다. 플로티노스는 이 용어의 수학적 사용과의 관계를 산출하고 있다. 기하학적 점과 산술적 단일성은 양의 범주에 속하며, 이것은 어떤 것의 무엇임을 규정하는 첫 번째의 범주를 전제한다; 우리가 수를 헤아릴 경우, 우리는 우리가 셈하고자 하는 사물들이 어떤 종류의 것인지를 먼저 제시해야 한다. 우리가 그와는 반대로 근원을 '일자'로 표시할 경우, 우리는 양의 범주 안에서 진술하는 것이 아니라 이 용어를 유비적으로 사용한다. 공통적인 것은, 양자의 사용들 안에서 다수, 양적인 크기 그리고 분할가능성이 부정되고 있다는 점에 존립한다. 그러나 '분할할 수 없는'이란 술어는 그때마다 무엇인가 다른 것에 대해서 진술되고 있다.

수학적 사용에 있어서 그것은 양적인 크기에 대해서 진술되고 있다; 그래서 점은 길이와는 달리 분할할 수 없는 것이며, 각기의 숫자는 그렇게 단일성을 전제한다. 그와는 반대로 일자 혹은 첫째 것에게는 그 어떤 양적인 크기도 귀속되지 않는다; 우리가 그것에 대해서 분할할 수 없다고 말할 경우, 우리는 그것의 힘(*dunamis*)에 대해서 진술하는 것이다. 마치 점이나 단일성이 양적으로 감소되거나 증대될 수 없는 것처럼, 그리고 이런 의미에서 분할할 수 없는 것처럼, 그렇게 일자의 힘은 감소되거나 증대될 수 없다. 분할불가능성의 개념처럼 무한성의 개념 역시 유비적으로 진술될 수 있다. 수학에서는 거리를 나누거나 혹은 셈하는 활동들은 무한히 계속될 수 있다. 첫째 것, 모든 완전성들의 근원은 그 힘이 파악될 수 없는 것이기 때문에 무한하다(§§ 37-40).

무한한 힘을 갖고 있는 존재는 다른 어떤 것에도 의존해 있지 않으며, 그런 까닭에 "모든 것 중에서 가장 자족적인 것"이다. 그러나 그처럼 가장 자족적인 존재는 필연적으로 하나이다; 우리는 그것을 부분들로 이루어진 전체로서 생각할 수가 없다. 하나의 전체는 자신의 부분들을 필요로 한다. 이 부분들 중의 어느 것도 자기 자신 안에 존립하지 않으며, 각자는 다시금 전체에 그리고 그와 함께 다른 모든 부분들에 종속되어 있다. 전체는 자신의 부분들과 함께 존립하여 그것들에 속한다. 그리고 부분들은 전체와 함께 존립하며 전체에 속한다. 따라서 우리는 한 전체에 있어서 전체와 부분들의 내부적인 상호간의 종속을 가진다. 만일 완전한 자족적 존재가 응당 있어야 한다면, 그것은 하나여야 한다. 왜냐하면 오직 완전한 단일성만이 이 내부적인 종속을 폐지할 수 있기 때문이다. 완전한 자족적 존재는 다른 존재에 대해서 종속의 관계에 있지 않다. 따라서 완전한 자족으로부터 또한 단일성이 귀결되는데 그 의미는, 그와 같은 자족적 존재에게 다른 존재자에 대한 관계적 규정이 결코 귀속되지 않는다는 것이다(§§ 41-42).

334_ 이로써 존재론적인 입증은 한계에 도달하였다. 그것은 첫째 것에 대한 물음에로 이끌어서 동시에 그것이 개념의 도구를 가지고 대답될 수 없다는 것을 보여주었다. "따라서 일자는 무엇일 수 있으며 어떤 본성을 가질 수 있는가?"(§ 15). 개념적 인식의 길은 가능하지 않은데, 그 이유는 일자가 "형상 없는 것"이기 때문이다. 그리고 영혼은 말하자면 도장에 의한 것처럼 일자에 의해 각인될 수는 없다(§ 16); 그렇게 사유는 모호하고 규정되지 않은 것 안으로 사라진다(§ 49). 그러나 관조의 길 역시 우선은 통행할 수 없는 것으로 나타난다: "그러나 영혼이 순수하게 자신을 위해서만 일자의 관조에로 향하기로 결정한다면, 영혼은 일자와 함께 있고 그것과 하나인 동안에 일자를 본다. 그리고 바로 영혼이 일자와 하나이기 때문에, 영혼은 여전히 자신이 구하는 것을 가지고 있다고 결코 믿지 않는다. 왜냐하면 영혼은 사유된 것과 다르지 않기 때문이다. 그럼에도 불구하고 일자에 대해서 철학하려는 자는 이러한 방식으로 나갈 수밖에 없다"(§ 17).

335_ 존재론적인 입증은 물음을 제기했고 한계에로 이끌었는데, 이것은 오직 관조를 통해서만 넘어설 수 있는 것이다. 그러나 우리가 나중에 몰두하게 될 이 일보가 행해진 후에, 플로티노스는 이 관조 안에서 보여 진 것을 규정하기 위해서 재차 존재론의 도구를 붙잡는다(§§ 21-23). 관조된 것과 개념적으로 파악 가능한 현실 사이의 연관이 산출되는 것은 관조된 것이 부정적인 개념들로 특징지어지고 있

음을 통해서이다. 술어들을 통한 첫째 것의 저마다의 특징묘사는 그 것이 어떤 범주이든 간에 항상 배제되고 있다. 우리는 첫 번째의 범주를 가지고 그것이 무엇인지, 예컨대 '그것은 정신이다'라고 말할 수 없다. 왜냐하면 그렇게 되면 그것은 다른 것들 가운데 있는 한 존재자일 터이기 때문인데, 마치 정신이 영혼과는 상이한 존재자인 것처럼 말이다; 그러나 단일성 그리고 그와 함께 존재의 원인으로서의 첫째 것은 다른 것들 가운데 있는 한 존재자가 아니다; 그것은 오히려 모든 존재자에 앞서 있다. 또 다른 범주 안에서의 모든 진술은 첫째 것에게 그것의 본질과는 상이한 규정을 귀속시키게 될 터이고, 그로써 그것의 단일성을 폐지하게 될 것이다.

우리가 그것을 "원인"이라고 표시할 때, 그것은 첫째 것이 그것에 의해 발원된 것과의 관계 안에 존립하는 것처럼 이해되어서는 안 된다. 왜냐하면 그와 함께 우리는 그것 안으로 다수를 들여놓게 될 것이기 때문이다. 그 표시가 의미하는 것은 오히려, 그것 자체는 어떤 관계도 갖지 않고 자기 자신 안에 있는 반면에, 우리는 그것과의 관계 안에 존립한다는 것이다. 우리가 이미 첫째 것에 대해서 아무 것도 서술할 수 없다면, 우리는 적어도 논리적인 고유명사를 가지고 그것과 관계 맺을 수는 없을까, 예컨대 그것을 "저것"이라고 표시할 수는 없을까? 그러한 표시는 우리가 그것과는 다르다는 것을 의미할 것이다; 그러나 관조의 체험이 보여주는 바는, 첫째 것은 오직 인식하는 자와 인식된 것 사이의 차이가 폐지됨을 통해서만 알려질 수 있다는 것이다. 우리가 "저것"이라는 표현을 사용할 경우, 우리는 다시금 우리에 대해서만 말하는 것이다; 그 단어는 "우리가 때로는 일자에 근접해 머물다가도 때로는 완전히 뒤로 물리쳐지면서, 마치 우리가 말하자면 밖에서부터 일자의 주위를 장난치듯이 움직이듯이, 우리 자신이 그때 체험하는 것의 주석"(§ 23)이다. 우리는 원의 형상을 상기할 수 있다. 일자는 우리 자신의 중심이다; 따라서 우리는 "저것"을 통해서 우리와는 다른 무엇으로서의 그것과 관계 맺을 수는 없다. 그 표현은 오히려 우리 자신의 중심을 향한 그때마다의 상이한 근접을 표시하는데 기여한다.

336_ 부정적인 의미론에 상응하는 것은 부정적인 인식론이다(§§ 24-26). 첫째 것을 의식하게 됨(*sunesis*)은 학문(*epistēmē*), 즉 최상의, 자체적으로 자명한 원리들(Aristoteles, Nik. Eth. VI 3)로부터의 연역적인 추론을 통해서가 아니며, 우리가 개념들 혹은 형상들 그리고 최상의 원리들을 파악하는, 지성적인 통찰(*noēsis*)의 행위를 통해서도 아니며(같은 책. VI 6 참조), "학문보다도 더 높은 현재성(*parousia*)을 통해서"(§ 24)이다. 학문의 연역적인 절차는 관조의 완전한 단일성을 폐지하며, 지성적인 통찰 역시, 가령 원리의 용어들 안에서, 다수를 파악한다. "그렇기 때문에 그것에 대해서는 말해지지도 쓰여 지지도 않는다"(§ 26; Platon, 7. Brief 341c5 참조). 왜냐하면 저마다의 언급과 말함은 필연적으로 개념과 서술을 이용하기 때문이다. 그럼에도 불구하고 존재론적인 입증은 긍정적인 기능을 갖는다: "우리가 말하고 쓰는 것은, 그것에로 안내하기 위해서 그리고 논증으로부터 관조에로 각성시키기 위해서, 말하자면 무엇인가를 관조하려는 자에게 길을 보여주기 위해서이다; 왜냐하면 가르침은 길과 산책처럼 그렇게 나아가며, 그러나 관조는 이미 보려는 의향을 가진 자 스스로가 실행해야 하기 때문이다"(§ 26).

Ⅲ. 봄의 길

337_ 논증은 관조에로 이끌어야 한다는 것인데, 우리가 묻는 것은, 그로써 필수적인 조건이 지칭되었는가의 여부이다. 플로티노스의 존재론적인 상론을 따라갈 능력이 있는 자만이 관조의 길을 갈 수 있는가? 플로티노스의 신비주의는 따라서 개념의 작업이 불가결의 전제가 되는 철학적 신비주의인가? 이 물음과 함께 플로티노스의 가장 초기 저서인 *아름다운 것에 관하여*(I 6 [1])로 향해서 우선 그 구조를 일별해보자. 그것은 반성적, 분석적 그리고 신비해명적인 부분으로 구분되고 있다. 이 저서는 아름다움의 원인에 대한 물음으로 시작하며, 이때 감각적으로 지각할 수 있는, 자신의 본질 때문이 아니라 관여 덕분에 아름다운 대상들과 그 자체로 아름다운 덕들을 구분하고 있다(§§ 1-3). 미적인 체험과 도덕적 의식의 이 분석은 존재론적인 개념들로 작업하고 있다. "따라서 모든 영혼이 추구하는 선(善)에로 [...] 상승해 가자"(§ 33)는 요구와 함께 본문의 성격이 변하고 있다. 이제는 더 이상 반성과 분석이 관건이 되고 있지 않다; 오히려 이제는 불행하게 되고 싶지 않은 자라면 누구나가 도달해야 할 목적이 표상되고 있으며(§ 36), 어떻게 이 목적이 달성될 수 있는지 그 길이 묘사되고 있다(§ 37). 우리의 흥미를 끄는 것은 두 부분들의 관계이다. 존재론적인 분석과 상승의 묘사는 어떻게 관계하는가? 신비해명적인 부분은 분석적 부분의 존재론을 전제하는가? 학생은 관조에 이를 수 있기 위해서 이 존재론을 배워야만 하는가?

338_ 미적인 체험은 단지 그것 자신 때문에 분석되고 있는 것만은

아니다; 플로티노스는 아름다운 것의 더 높은 영역에서도 발견되는 구조들을 여기서 제시할 수 있기를 희망한다(§ 4). 분석은 플라톤적인 두 세계 이론, 아리스토텔레스적인 형상(Eidos)의 개념 그리고 플라톤적인 상기를 가지고 작업하고 있다. 관능적-미적인 체험에서 영혼은 자기 자신을 의식하게 된다. 영혼은 상위의 세계에 속하며, "그것을 보는 것이 영혼을 기쁘게 하고 감동시키는 바의 것은 동류적인 것이거나 혹은 단지 동류적인 것의 흔적이다; 영혼은 그것을 자기 자신과 관계시키며 자기 자신을 상기한다"(§ 10). 가시적인 세계의 사물들은 예지적 세계의 사물들과 똑같이 아름다울 수 있는데, 그들이 형상에 관여하고 있기 때문이다; 형상은 그들의 단일성과 아름다움의 원인이다. 분리될 수 없는 형상(Form), 가령 집의 형상은 부분들의 다수 안에서 가시적이 된다. 아름다운 것의 인식이 시작되는 것은, 지각이 형상을 가시적인 다양으로부터 단일성에로 통합하면서이다; 그것은 "형상을 들어 올리고, 그것을 이제부터는 분할할 수 없는 것으로서의 내부 안으로 가져온다"(§ 15). 영혼의 능력은, 형상들의 소유 안에 있는데, 이제 지각이 그것에 전달해준 것과 그 자신의 형상 간의 비교를 수행한다; 그것은, "마치 우리가 줄자를 대고 직선을 측정하듯이"(§ 13), 지각된 형상을 판단하기 위해 자신의 형상을 사용한다. 존재론과 인식이론이 보여주는 것은, 관능적-미적 체험의 형상들이 단지 "모상들이자 그림자들"(§ 18)일 뿐이라는 것이다: 가시적인 사물들의 아름다움은 그들이 예지적인 형상들에 관여한다는 것에 의거하며, 영혼은 지각된 것을 예지적 형상의 척도에 따라서 판단한다.

339_ 더 상위의 아름다운 것, 윤리적으로 아름다운 것에로의 상승은

추론적 과정에서 실행되는 것이 아니라, 새로운 방식의 봄을 요구한다. 소경으로 태어난 자가 그가 본 적이 없는, 감각적으로 아름다운 것에 대해서 말할 수 없듯이, 정의와 또 다른 덕들의 아름다움의 출현을 경험한 적이 없는 자에게 덕의 광휘에 대해서 말할 수는 없다; "도리어 우리는, 영혼으로 하여금 그와 같은 사물을 바라보게 해 주는 바로 그 능력을 가지고, 보는 자로 존재해야 한다"(§ 19). 상위의 아름다운 것은 따라서 윤리적 통찰 안에서 포착된다. 모든 인간들은, 비록 상이한 정도에서이긴 하나, 윤리적인 것의 아름다움과 만나고 있다. 윤리적인 것에 대한 이 경험은 플로티노스에 의해서 존재론적인 경험으로 묘사되고 있다. 덕들의 아름다움을 보는 자는 그가 여기서 감각세계와는 달리 참된 현실과 만나고 있다는 것을 안다. "왜냐하면 그것은 존재하며 드러나고, 그것을 본 자는 결코 이것이 진정한 존재자(ta ontôs onta)와 다른 어떤 것이라고 말하지 않을 것이기 때문이다"(§ 23).

플로티노스는 윤리적으로 아름다운 것에 대한 자신의 존재론을 그 것의 반대, 곧 윤리적으로 추한 것에 의해서 명료히 하고 있다. 이때 배경이 되는 것들은 플라톤의 *파이돈*의 이원론과 아리스토텔레스의 덕의 개념이다. "한편 추한 영혼을 가리켜 우리는 방탕하고도 불의하다고 말할 수 있을 것이다. [왜냐하면] 많은 욕정으로 가득 차거나 분답(紛沓)한 영혼, 비겁함으로 인해 두려움에 휩싸인 영혼, 소심함으로 인해 질투에 빠진 영혼, [...] 쾌락을 좇는 영혼은 육체를 통해 겪게 되는 그 어떤 것을 쾌락의 일종으로 여기며 살아가는 생명체로서 추한 영혼이라고 말할 수 있기 때문이다"(§ 24). 악덕들은 영혼의 본질을 왜곡한다. "그래서 순수하지 못하거나 금전 같은 것에 정직하지 못하거나 세속적인 것들에 집착할 경우 그런 영혼을 추하다고 하는 것이다"(§ 27). 그것들은 영혼을 감각적인 것에로 이끌고, 자기 자신 안에 머무는 것을 방해한다. 덕은 아리스토텔레스에 따르면 본질의 완성이며 그로써 본질에 합당한 완전한 활동에로의 능력이다. 이에 상응하게 악덕은 본질의 소외이다. 방탕한 영혼은 "정작 보아야 할 것을 보지 못하며, 자신 안에 조용히 침잠하지 못한다"(§ 25). 윤리적으로 아름다운 것은 진정한 존재자로서 경험되는데, 덕이 영혼에게 자기 자신과의 단일성을 부여하고, 영혼으로 하여금 완성된 존재로서의 본질부합적인 활동을 할 수 있게 하기 때문이다. 덕의 이러한 존재론적 규정으로부터 금욕적인 요구가 생겨난다: "모든 덕은 정화이다"(§ 28). 진정한 존재자로의 상승은 오직 윤리적인 정화로서만 가능하다. 자신의 목적에로 전진하는 덕은, *영지주의자들에 반대하여*라는 저서에 적혀 있듯이, 신을 보여준다; "사람들이 진정한 덕이 없이 신에 대해서 말한다면, 그것은 공허한 이름이다"(II 9[33] § 148). 플로티노스는 플라톤의 *테아이테토스*(176b2 이하)의 가르침, 즉 신과 닮게 됨은 정의롭고 경건하게 되는 데 존립한다는 점을 상기시킨다(§ 31).

340_ 상승적인(anagogisch) 부분은 목적의 묘사로 시작한다(§§ 33-36). 플로티노스는 목적에 대한 이중의 관계를 구분하고 있다: 그것은 모든 영혼에게 선으로서, 즉 추구의 마지막 목적으로서 주어져 있다. 그러나 그것을 본 자만이 그것이 아름답다는 것을 알며, 그 자만이 무엇에 대해 언급되고 있는지를 이해할 수 있다. 첫째 것은 봄의 영역과 윤리적 정화의 영역에 동시에 속해 있는 술어들로 묘사되고 있다: 그것은 "아주 명백하고, 단순하고, 순수하다". 관조는 모든

삶의 실행들의 그리고 모든 존재의 근원과 목표점으로의 회귀이자 귀환이다: 관조되는 것은 "모든 것이 의존해 있는 것, 모든 것이 그것을 쳐다보면서 존재하고, 살아가며 생각하는 것이다. 그것은 생명, 사유 그리고 존재의 원인이기 때문이다"(§ 33). 묘사되고 있는 것은 관조에 대한 정서적 반응이다: 사랑, 갈망, 그것과 합일하려는 소망, 감동, 놀라움, 기쁨, 충격. 관조하는 자의 성격은 관조를 통해서 변화된다: 그는 내적으로 비종속적이 되고 관조된 것과 비슷하게 된다. 왜냐하면 "이것은 그것을 사랑하는 사람들을 아름답고 사랑스럽게 만들기 때문이다"(§ 35). 첫째 것 혹은 목적은 봄과 체험의 언어로 묘사되어 있으며, 존재론은 다만 이러한 관조의 체험을 다른 모든 종류의 체험들과 구분하고 그들에 앞서 두드러지게 하는 데 기여한다. 존재론은 관조하는 자가 마지막 깊이에로 그리고 체험과 의식의 원초적 근거에로 진입하였음을 명료하게 해야 한다. 플로티노스는 플라톤의 *향연*(211d8-e2)을 의미에 맞게 인용하고 있으며, 체험의 경계를 설정하기 위해서 플라톤의 순수형상의 존재론을 이용하고 있다: "그러나 자신을 위해서 그리고 자신의 순수성 안에서, 살과 육체로 오염되지 않은 상태에서, 땅 위나 하늘에도 있지 않으면서, 아름다움 자체를 바라보는 자는 비로소 무엇을 체험하는가"(§ 34). 형상의 완전성이 경감되거나 혹은 형상이 사물들로부터 무엇인가를 획득함이 없이도 가시적인 사물들이 순수한 형상에 관여하듯이, "저것은 자기 자신 안에 머무르고 일체의 다른 것을 받아들이지 않으면서, 모든 것들에게 아름다움을 선사한다"(§ 35).

이 목적에 이르는 길은 봄의 언어로 묘사되어 있다. 그것은 외부로부터 내부로의 길이며, 모상, 그림자, 흔적으로부터 원형에로의 길이다. 관능적-미적인 체험을 통한 충격은, 앞서 적혀 있듯이, 영혼이 무엇인가 "자신과 동류적인 것 혹은 동류적인 것의 흔적"을 바라보는 데 기인한다(§ 10). 이제 관건이 되는 것은, 흔적을 흔적으로서 그리고 그림자를 그림자로서 인식하는 것이며, 은유법은 가시적인 아름다움이 자기 자신에게서 표징들을 지니고 있다는 것, 그것이 단지 보다 높은 현실의 모상이라는 것을 분명히 해준다: 그림자 혹은 흔적을 보는 자는 그림자가 그것을 드리우는 대상이 아니라는 것을 알며, 발자국은 그것을 각인한 발이 아니라는 것을 안다. 가시적인 아름다움의 불완전성은 윤리적 의식 안에서 경험된다: 영혼은 "지각대상들의 매력"(§ 26)을 경험하며, 그것들을 통해서 이리저리로 분산된다. 그럼에도 불구하고 모상과 그림자는 그것들을 현실로 간주하도록 오도할 수 있다. 플로티노스는 나르시스의 신화를 지시한다: "그는 물 위에 출렁거리는 환영을 보고 그것을 취하고자 달려들어서 깊은 물속으로 가라앉아 더 이상 보이지 않게 되었다"(§ 38). 그렇게 신체의 아름다움에 매달리는 자는 심연으로 가라앉게 되어 이미 여기서, 마치도 언젠가 명부(冥府)에 있었듯이, 그림자와 함께 살아갈 뿐이다.

참된 현실에로의 전향은 봄을 배우는 과정이다. 외적인 시각 말고도 내적인 시각이 있다. 모든 인간이 그것을 소유하지만 누구나가 그것을 사용하지는 않는다; 그것은 훈련을 필요로 한다. 영혼은 아름다운 작품들을 보는 데 익숙해져야 한다, "기예(技藝)가 창작하는 작품들이 아니라, 우리가 선하다고 부르는 사람들이 창작하는 작품들을. 그리고 나서 이 아름다운 작품들을 만들어 낸 자들의 영혼을 바라보라". 그 다음의 행보는 내부로의 귀환, 자기인식 그리고 작업 그 자체. "네 자신에게로 돌아가서 자신을 직시하라; 그래서 네 자신이 아직 아름다워 보이지 않는다면, 마치 조각가가 어떤 성상을 조각하듯이 아름답게 되어야 할 부분을 깎아내고 다듬어라[...], 조각가가 성상의 아름다운 자태를 드러나게 할 때까지; 그렇게 불필요한 부분을 깎아내고 비뚤어진 것을 바로 세워라; 어두침침한 것을 말끔해지도록 하고 환하게 되도록 하며, 신을 닮은 형상이 미덕을 따라 밝게 드러날 때까지 네 형상을 다듬는 일을 멈추지 말라"(§ 41). 윤리적 정화는 모든 낯선 것을 분리시키며 인간을 자기 자신과의 단일성에로 이끈다: "만일 네가 그와 같은 모습이 되고 그 모습을 지켜보게 된다면, 그래서 네가 순수하게 되고 오직 네 자신과 함께 있게 된다면"(§ 42).

341_ 이 절의 서두에서 물었던 것처럼, 논증은 관조의 필수적 조건인가? 플로티노스의 신비주의는 개념의 작업을 전제로 하는 철학적 신비주의인가? *아름다운 것에 관하여* 라는 저서는 부정적인 대답을 주고 있다. 그것은 칸트처럼 종교와 윤리성의 긴밀한 연관을 강조한다. 관조에 이르는 길은 윤리적 의식과 윤리적 정화를 거쳐서 인도된다. 나쁜 것들로 인해 시야가 가려져 있는 사람은 "누군가가 그에게 우리가 볼 수 있는 것이 현존하고 있음을 제시하더라도 아무 것도 보지 못한다"(§ 43). 관조에 이르는 길을 가고자 하는 자는 덕스런 생활에로의 지침을 필요로 하지만, 존재론적인 가르침을 필요로 하지는 않는다. 덕은 형상 혹은 본질의 완성이다; 그것이 영혼의 모든 능력들을 그 완전한 개화에로 이끈다. 상승은 존재론적인 입증을 필요로 하지 않으며, 올바로 보게 하는 안내를 필요로 한다. 그리고 이것은 일상어 안에 주어져 있다. 일상어 역시 존재론을 포함하고 있다; 그것은 무엇보다도 원형과 모사, 그림자, 흔적 간의 구분에서 분명해진다. 이러한 존재론은 반성되고 명시적이 될 수 있다. 그렇게 플로티노스

는 지각과 미적인 체험의 존재론을 발전시키고 있다; 그가 여기서 획득하는 범주들은 그에 상응하게 윤리적 인식의 영역에로 전용된다. 그럼에도 불구하고 결정적인 것은, 안내가 이러한 반성 없이도 이루어진다는 점이다; 그것을 위해서는 일상어와 그것의 직관들로 충분하다. 존재론적인 반성은 그 과정을 묘사하고, 분명히 하며, 상응하는 과정들과의 관계 안으로 설정할 수 있지만, 필수적 조건이라는 의미에서 그 과정을 구성하는 것은 아니다.

Ⅳ. 상징과 관조

342_ 우리가 이제 *아름다운 것에 관하여* 라는 저서에서 *선한 것 혹은 일자에 관하여* 라는 저서로 돌아가면, 첫째 것에 이르는 길이 상이한 지점들에서 출발할 수 있음이 드러난다. Ⅵ 9는 단일성과 존재의 상응에서 시작하며, 모든 다수를 배제하는 일자에 대해서 묻는다; Ⅰ 6의 출발점은 관능적-미적인 체험이다. 각각의 길은 일관성 있게 마지막을 향해 걸어져야 한다; 윤리적 정화의 길은 보는 자가 자기 자신 그리고 보여 진 것과 하나가 되고, 순수한 시력 그리고 순수한, 참된 빛이 될 때까지 가야 한다(Ⅰ 6[1] § 42). 존재론적인 길은 언어, 개념 그리고 앎의 한계에까지 다다라야 한다; 설득시키는 논증의 결함은 존재론적인 숙고에서 출발한 사람에게는 관조의 장애가 될 수 있다(Ⅵ 1[9] § 29). 그러나 이 길은 목적에까지 다다르는 것이 아니라 윤리적 정화의 길에로 합류한다; 개념의 한계들에 도달했을 때 남

는 것은 관조의 길뿐이며, 영혼은 윤리적 정화를 통해서 자신 안에 하나가 되었을 때만 이 길을 걸을 수 있다. 왜냐하면 그렇게 해서만 영혼은 일자와 하나가 될 수 있기 때문이다.

343_ *선한 것 혹은 일자에 관하여* 라는 저서는 하나가 됨의 훈련과 과정을 묘사한다. 그것은 마지막 것인 감각사물들로부터 위로 향하는 것이며, 모든 윤리적으로 나쁜 것으로부터 해방되는 것이고, "다수로부터 하나가 되는 것인데, 사람들은 근원과 일자를 바라보는 자가 되고 싶어 하기 때문이다"(§ 18). 관조에 도달하고자 하는 자는 "혼자서" 상승해야 한다; 그는 일자로부터 그를 분리시키는 어떤 것도 지녀서는 안 되며, 자기 자신을 단일성에로 모아야 한다(§ 27). 영혼은 비워져야 하며, 모든 인상과 탐욕으로부터 해방되어야 한다; 영혼에 달라붙어 있는 모든 것은 첫째 것에 의한 조명을 방해할 것이다; 영혼은 일자를 향해 집중해야 한다. "우리가 다른 무엇을 생각하고 그것에 주의할 때 이제 우리는 여타의 사물들에 있어서 아무 것도 생각할 수 없는 것처럼, 우리가 또한 실제로 그리고 홀로 사유된 것이 되기 위해서 오히려 다른 어떤 것도 사유의 대상으로 받아들여서는 안 되는 것처럼, 그렇게 우리는 여기서 우리가 영혼 안에 어떤 것에 대한 인상을 가지고 있는 동안은 저 일자를 생각하는 것이 불가능하다는 것을 알아야 한다. 그 인상이 작용하고 있는 동안은"(§ 50).

344_ 개념의 자리에 그림 혹은 상징이 들어선다. 그것은 개념이 중재할 수 없는 것을 보게 해준다; 그것은 그것을 명상하는 자를 내부로의 길로 그리고 내적인 단일성에로 이끌며, 그것은 존재론적인 해석에 대해 열려 있다. 이러한 상징이 원이다. 그 모든 활동들에 있어서

영혼은 자기 자신을 의식하고 있다. 개념, 사태 혹은 외적인 대상에로의 직선적인, 지향적인 정향은 플로티노스에게는 영혼의 본성부합적인 운동, 자기의식의 원운동으로부터의 이탈이다. 그것은 중심을 둘러싼 운동이며, 중심은 그로부터 원이 유래하는 바의 것이다. 모든 활동들을 동반하는 자기의식은 따라서 동시에 고유한 근원을 갖는 함축적인 의식이다. 영혼은 외적인 어떤 것이 아니라 자신의 근원인 고유한 중심을 선회하는 만큼 그것에 매달려 있고, 그것과 일치를 이루는 만큼 자신의 본성에 부합하는 운동을 실행한다(§ 54).

"이제 저 최고의 것은, 다름을 알지 못하기 때문에, 항상 우리 곁에 있으며, 그러나 우리는 다름을 갖지 않을 때에만 그의 곁에 있다. 저것은, 가령 그것이 우리 주위에 있기 위해, 우리를 갈망하지 않으며, 우리가 그것 주위에 있기 위해서 그것을 갈망한다"(§ 58). 첫째 것은 어떤 것과도 다르지 않다. 그와 같은 상이성은 하나의 관계일테고, 그로써 첫째 것의 단일성이 폐지되겠기 때문이다. 원의 중심에서 모든 반경들이 만난다; 그런 한에서 그것은 반경들의 어떤 것과도 다르지 않다; 반경들의 서로간의 그리고 중심과의 상이성은 그것들이 중심으로부터 멀어지는 곳에서 비로소 시작된다. 중심은 반경들과 원주를 위해 법칙을 정해준다; 모든 반경들은 중심에서 출발해야 하며, 원주의 모든 점들은 중심으로부터 동일한 거리를 가져야 한다; 이런 의미에서 그것들은 중심의 주위에 있고자 갈망한다. 원주의 점들은 중심에 의존해 있는데, 오직 그것과의 관계를 통해서만 그것들은 한 원의 원주 위에 있는 점들일 수 있기 때문이다. 그러나 중심은 원주의 점들에 의존해 있지 않다; 점들이 아니라 중심이 구성의 출발점을 정해준다.

지휘자 혹은 가무단안내자 주위에 모여 있는 합창단 혹은 노래하는 원무의 그림은 원의 상징을 하나가 됨의 도덕적 요구와 결합시킨다. 플로티노스는 중심을 향한 존재부합적인 정향과 의욕적인 정향을 구분하고 있다. "우리는 늘 그것 주위에 있지만 우리가 늘 그것을 바라보는 것은 아니다". 춤추는 자들이 가무단안내자를 바라보지 않을 경우, 원무의 조화는 흐트러지게 된다; 합창단은 모든 이들이 지휘자를 바라볼 때에야 비로소 아름답게 노래한다. 그렇게 우리는 저것을 향한 관조 안에서 살아갈 때, 비로소 내적인 단일성과 내적인 일치에 이르게 된다. 원이 중심에 그리고 합창단으로서의 합창단이 지휘자에 종속되어 있듯이, 우리는 우리의 존재 안에서 저것에 종속되어 있다: 우리는 "항상 저것 주위에 있으며, 그렇지 않다면 우리는 완전히 해체되어서 더 이상 존재할 수 없게 될 것이다". 우리가 저것을 바라보면서 단일성과 일치에 이를 때에야, 마치 원무로서의 원무가 힘들이지 않고 조화로운 춤 안에서 자신을 실현하듯이, 우리의 활동과 존재가 완성된다; "그렇게 되면 우리는 목적에 이른 것이고 휴식을 취해도 좋은 것이다"(§ 59).

점은 불가분적이며, 첫째 것은 우리가 본 것처럼(§ 333) 그것의 힘이 증대될 수도 경감될 수도 없다는 의미에서 불가분적이다. 중심은 모든 반경들의 근원이며, 이 반경들은, 스스로는 연장을 가짐이 없이, 연장된 것이고 분리될 수 있는 것이다. 그렇게 첫째 것은 선(善)의 모든 형식들의 근원이며, 스스로 선의 모든 형식들의 다양은 아니다. "우리는 따라서 또한 첫째 것이 그것이 제공하는 선이라고 말해서는 안 되며, 그것은 또 다른 방식으로 다른 모든 좋은 것들 너머에 있는 선이라고 말해야 한다"(§ 48). 주변부로부터 중심에로의 길은 상이한 반경들을 거친다. 그렇게 좋은 것들의 다수는 첫째 것에 이르는 길을 위한 출발점이다. "방금 거명한 사물들 안에서 당신의 지점을 취해서 거기서부터 바라보라. 그러나 바라봄에 있어서 당신의 생각을 외부를 향해서 허비하지 마라; 왜냐하면 그것은 어느 곳에도 놓여 있지 않으며 여타의 사물들에게서 자신을 빼앗는다. 그것을 접할 수 있는 자에게 그것은 현존하지만, 그렇지 못한 자에게 그것은 현존하지 않는다"(§ 49). 첫째 것은 우리가 본 것처럼(§ 335) 어느 것과도 다르지 않다. 그렇지 않다면 그것은 자신의 단일성을 상실하게 될 것이다; 이런 의미에서 그것은 모든 것 안에 현존한다. 그것에 이르는 길은 사물들, 좋은 것들 그리고 완전성들의 다수로부터 그들과는 다르면서 그들 안에 현존하는 그들의 근원에로의 길이다. 중심은 반경들처럼 연장되어 있지 않다; 첫째 것은 다수의 좋은 것들 중의 어느 하나가 아니다. 그러나 *부정의 길*(via negationis)은 *탁월의 길*(via eminentiae)을 통해서 보완되어야 한다: 완전성들의 다수는 그것들과 분리되지 않은 단일성으로서의 그것들의 근원 안에서 발견된다; 우리가 첫째 것의 무한한 힘을 파악하고자 한다면, 우리에게 남는 길은 단지, 이 다수로부터 내부를 향해서 그것의 분리되지 않는 근원에로 가는 것뿐이다.

내부, 곧 가무단안내자를 향한 일별은 그런 까닭에 "생명의 출처와 정신의 출처, 근원, 선의 원인, 영혼의 뿌리"에 대한 일별이다. 왜냐하면 우리는 저 일자로부터 분리된 것이 아니라, "숨을 쉬고 있으며 지탱되고 있는데, 저 일자가 [자신을] 주고 나서 몸을 돌린 것이 아니라, 그것이 일자로 존재하는 한, 늘 [자신을] 선사하고 있기 때문이다"(§ 61). 그러나 내부를 향한 길은 단지 자기 영혼의 중심을 향한 길만은 아니다. 플로티노스가 묻고 있기를, 모든 '중심들'이 그 안에서 일치하는 또 다른 무엇이 여전히 있다는 것을, 그리고 이곳 아래에서는 단지 원의 중심과의 유비만이 존립한다는 것을 받아들여야 하지 않을까? 현실은 모든 사물들의 '중심'을 가진 동심의 원들 혹은 공들의 다수로 보여 질 수 있다. 내부를 향한 길의 목적은, 우리가 우리 자신의 중심을 "모든 것의 '중심'"과 결합하는 것이다. "그리고 나서는 휴식한다"라고 말해질 때, 중력에 의해 만물의 중심에로 이끌려져서 그 자연적인 움직임이 종결되는 물체의 형상이 떠오른다. 마치 반경들이 중심을 추구하는 것처럼, 우리는 우리의 마지막 목적으로서의 존재의 토대에로 이끌려진다. 점들이 원주 위에서 움직이고 있더라도, 중심은 휴식하고 있다(§§ 55-56; § 71 참조).

345_ "주석가들 가운데 현자들이 그렇게 암시하듯이, 그 모든 것들은 저 신이 어떻게 보여지는지의 모방들이다"(§ 77). 플로티노스는 자신의 경험에 대해 말하고 있다; 그는 그 경험이 묘사하기 어렵다는 것을 알고 있으며(§ 72), 그것 자체를 본 자만이 무엇에 대해 언급되고 있는지 안다는 것을 알고 있다(§ 67). 그런 까닭에 우리는 최종적으로 원을 통해서 상징되고 있는 경험의 현상학에로 향하기로 하자. 플로티노스는 "영혼이 관조에 앞서 이미 가질 수 있는 신적인 것"(§ 77)에서 출발한다. 그는 사랑(*erôs*)이 영혼에 타고난 것임을 보여주기 위해서 에로스와 프시케의 신화들과 그림들을 상기시킨다. "왜냐하면 영혼은 신과는 다른 무엇이지만 신에게서 나온 것이기에, 그것은 필연적으로 신을 사랑한다". 영혼이 저 위에 있는 한, 그것은 천상적인 에로스로 채워져 있다; 이 세상으로 들어섬으로써 영혼의 사랑은 현세적인 사랑으로 변화된다; 천상적 아프로디테는 말하자면 창녀로 변질된다. 윤리적 정화를 통해서 영혼은 다시금 자신의 본성에 부합하는 상태에 이른다; 영혼은 "고귀한 사랑으로써" 신을 사랑하며, 그와

하나가 되기를 원하며, 기쁨으로 채워진다(§§ 64 이하).

이러한 정서가 알려져 있지 않은 자들에게 플로티노스는 현세적 사랑의 유비적 경험을 지시한다. 그들은 사람이 가장 많이 사랑하는 것을 얻는다는 것이 무엇을 의미하는지 숙고해야 하며, "현세적 사랑의 이 대상들이 사멸하는 것이며 불행을 가져온다는 것 그리고 이 사랑이 단지 모조품들에 이른다는 것, 그리고 그것들은 참된 연인, 우리의 선, 그리고 우리가 구하는 것이 아니기에 변해버린다는 것"을 숙고해야 한다. "참된 연인"은 현세적 사랑의 대상과 구분되고 있다; 그것과의 합일은, "사람들이 그것에 관여하고, 그것을 실제로 소유하며, 그것을 단지 외부에서 몸으로 포옹하는 것뿐만이 아닌" 방식으로 가능하다. 우리는 그것을 "우리의 전적인 자아로 포옹하고, 신과 접촉되지 않는 어떤 부분도 갖지 않기를" 갈망한다. 영혼이 그것을 향해 움직이고, 그것에 도달하고 그것에 대한 관여를 획득하면서, 영혼은 새로운 생명을 얻는다. 영혼이 이 상태에서 인식하는 것은, 참된 생명의 수여자가 자신 곁에 있으며, 그리고 영혼이 다른 사물을 더 이상 필요로 하지 않는다는 것, 그리고 "다른 모든 것을 버리고 오직 이 생명 안에서만 설자리를 얻고, 우리를 둘러싸고 있는 다른 모든 것을 쳐내고 이것 하나만이 되는 것이 관건이 된다"(§§ 66 이하)는 것이다. 합일은 "마치 사랑하는 자가 연인 안에서 쉬는 것처럼"(§ 27) 휴식의 상태이다.

관조는 관조하는 자가 관조된 것에로 올라감이며, 관조된 것 안으로의 자기포기이다; 첫째 것을 관조하려는 자는 "자기 자신에 대한 지식을 소멸해야"(§ 51) 한다. 일자의 관조와 자기 자신의 관조는 더 이상 구별되지 않는데, 관조하는 자와 관조된 것이 빛이기 때문이다. 관조하는 자는 자신을 ― 우리가 여기서 여전히 '관조하다'에 대해서 말해도 좋다면 — "빛 자체인, 순수한, 무겁지 않은, 가벼운, 신이 된 혹은 오히려 존재하는, 이 찰나 안에 점화된, 그러나 그가 다시 무겁게 되면, 곧장 소멸하는"(§ 68) 것으로 관조한다. 윤리적 정화를 통해서 영혼은 자신의 고유한 본질을 발견한다; 영혼이 저 일자와 교제하는 한, 플로티노스가 플라톤의 태양의 비유(Staat 509b9)로써 그것을 표현하고 있듯이, 영혼은 "본성이 [되는 것이] 아니라 본성의 저편에"(§ 78) 있게 된다. 첫째 것과의 만남은 "[대상을] 바라봄(Anblick)이 아니라, 다른 방식의 봄(Sehen)이다: 자신으로부터 나옴, 단순하게 됨, 자기 자신을 넘겨줌, 접촉을 갈망함, 조용히 서 있음, 그리고 동화(同化)에 유의하고 있음"(§ 76). 그것은 인식적 행위 이상이며 수동적 체험이다; 그것은 동시에 사랑의, 갈망의 행위이며, 실존적으로 신뢰하면서 자기 자신을 포기하고 넘겨주는 행위이다.

참고문헌

Arnou 1967
Hadot 1989
Halfwassen 1992
Hadot 1994
Kremer 1996
O'Meara 1996

저서들

아우구스티누스

—: Die Bekenntnisse, übers., eingel. u. Anm. von Hans Urs von Balthasar, Einsiedeln 1985

—: Bekenntnisse, lat./dt., übers. u. erläutert von Joseph Bernhart, Vorw. Ernst L. Grasmück, Frankfurt 1987 (^{1}München 1955)

—: Bekenntnisse, Einl. von Kurt Flasch, hrsg., übers. u. Anm. von Kurt Flasch u. Burkhard Mojsisch, Stuttgart 1989

—: Confessiones, übers. u. eingel. von James O'Donnell, 3 Bde., Oxford 1992

키케로

—: Hortensius — Lucullus — Academici Libri, lat./dt., übers., hrsg. u. komm. von Laila Straume-Zimmermann, Ferdinand Broemser u. Olof Gigon, München 1990

—: De Natura Deorum — Vom Wesen der Götter, lat./dt., übers., hrsg. u. erläutert von Wolfgang Gerlach u. Karl Bayer, Darmstadt 1978

데이비드 흄

—: The Letters of David Hume, hrsg. von John Y.T. Greig, 2 Bde., Oxford 1932

—: Enquiries Concerning Human Understanding and Concerning the Principles of Morals, hrsg. u. komm. von Peter H. Nidditch, Oxford 1975

—: Dialoge über natürliche Religion, übers. u. hrsg. von Norbert Hoerster, Stuttgart 1981

—: Dialoge über natürliche Religion, bearb. u. hrsg. von Günter Gawlick, Hamburg ⁶1993
—: Dialogues and the Natural History of Religion, hrsg., eingel. u. komm. von J.C.A. Gaskin, Oxford 1993
—: Eine Untersuchung über den menschlichen Verstand, hrsg. u. eingel. von Jens Kulenkampff, Hamburg 1993
—: Die Naturgeschichte der Religion, übers. u. hrsg. von Lothar Kreimendahl, Hamburg 2000

로욜라의 이냐시오
—: Der Bericht des Pilgers, übers. von Burkhart Schneider, Vorw. von Karl Rahner, Freiburg 1979

윌리엄 제임스
—: The Works of William James, hrsg. von Frederick H. Burckhardt, 17 Bde., Cambridge, MA 1975-1988:
Bd. 1: Pragmatism, Einl. von Horace S. Thayer, 1975 Bd. 6: The Will to Believe, Einl. von Edward H. Madden, 1979
Bd. 13: The Varieties of Religious Experience, Einl. von John E. Smith, 1985
—: The Letters of William James, hrsg. von Henry James, 2 Bde., London 1920
—: Some Problems of Philosophy — A Beginning of an Introduction to Philosophy, London 1948
—: Die Vielfalt religiöser Erfahrung, übers. von Eilert Herms, C. Sternhut, Vorw. von Peter Sloterdijk, Frankfurt a.M. 1997
—: Der Wille zum Glauben, in: Ekkehard Martens (Hrsg.): Pragmatismus

—: Ausgewählte Texte von Peirce, James, Schiller, Dewey, Stuttgart 1992, 128-160

임마누엘 칸트
—: Kants gesammelte Schriften, hrsg. von der königlich-preussischen Akademie der Wissenschaften, 9 Bde., Berlin 1902-23 (ND 1968)
Bd. 3 u. 4 Kritik der reinen Vernunft, 1904; 1903
Bd. 4 Grundlegung zur Metaphysik der Sitten, 1903
Bd. 5 Kritik der praktischen Vernunft / Kritik der Urteilskraft, 1908
Bd. 6 Die Religion innerhalb der Grenzen der bloßen Vernunft, 1907
Bd. 8 Über das Mißlingen aller philosophischen Versuche in der Theodizee, 1912/23

존 헨리 뉴먼
—: Ausgewählte Werke, hrsg. von Werner Becker, Mathias Laros u. Johannes Artz, 8 Bde., Mainz 1951-1969:
Bd. 5: Vom Wesen der Universität. Ihr Bildungsziel in Gehalt und Gestalt, 1960
Bd. 6: Zur Philosophie und Theologie des Glaubens. Oxforder Universitätspredigten, 1964
Bd. 7: Entwurf einer Zustimmungslehre, 1961
Bd. 8: Über die Entwicklung der Glaubenslehre, 1969
—: The Works, Westminster, Md., 28 Bde., 1966-77
—: An Essay in Aid of a Grammar of Assent, hrsg. u. eingel. von Ian Ker, Oxford 1985 (ND 2001)

블레즈 파스칼

—: Pensées, hrsg. von Léon Brunschvicg, Paris 1897 (ND 1972)
—: Pensées, in: B. Pascal: Oeuvres comlètes, hrsg. von Louis Lafuma, Paris 1952 (ND 1962), 493-641
—: Werke, übers. u. hrsg. von Ewald Wasmuth, Bd. I: Über die Religion, Heidelberg ^{5}1954 (ND ^{8}1978)
—: Gedanken, übers. von Ulrich Kunzmann, hrsg. von Jean-Robert Armogathe, Stuttgart 1997

찰스 샌더스 퍼스

—: The Collected Papers of Charles Sanders Peirce, hrsg. von Charles Hartshorne u. Paul Weiss, 6 Bde., Cambridge, MA 1965-67:
Bd. 1 Principles of Philosophy, 1965
Bd. 2 Elements of Logic, 1965
—: The Essential Peirce — Selected Philosophical Writings, hrsg. von Nathan Houser u.a., 2 Bde., Bloomington, Ind. 1992 u. 1998
—: Reasoning and the Logic of Things — The Cambridge Conferences Lectures of 1898, hrsg. von Kenneth Laine Ketner, Cambridge, MA 1992
—: Religionsphilosophische Schriften, hrsg. von Hermann Deuser, Hamburg 1995
—: Schriften zum Pragmatismus und Pragmatizismus, hrsg. von Karl-Otto Apel, Frankfurt a.M. 1991
—: Writings of Charles Sanders Peirce — a Chronological Edition, hrsg. von Max H. Fisch, 6 Bde., Bloomington, Ind. 1982-2000:
Bd. 1 (1857-66), 1982
Bd. 2 (1867-71), 1984

플로티노스

—: Plotins Schriften, übers. von Richard Harder, 5 Bde. Hamburg 1956-60
—: Plotini Opera, hrsg. von P. Henry und H.-R. Schwyzer, Bde. I-III, Oxford 1964-82

프리드리히 슐라이어마허

—: Kritische Gesamtausgabe, hrsg. von Hans-Joachim Birkner u.a., 22 Bde., Berlin u.a. 1980—(noch nicht abgeschlossen)
    Bd. I, 12: Über die Religion — Reden an die Gebildeten unter ihren Verächtern, 1995
—: Der christliche Glaube, nach der Ausgabe der 2. Aufl. (Berlin 1830/31), 2 Bde, hrsg. von Martin Redeker, Berlin 1960
—: Über die Religion — Reden an die Gebildeten unter ihren Verächtern, hrsg. von Rudolf Otto, Göttingen ^{7}1991

베네딕트 스피노자

—: Die Ethik nach geometrischer Methode dargestellt, übers. von Otto Baensch, Hamburg 1976

아빌라의 데레사

—: Sämtliche Schriften der hl. Theresia von Jesu, 6 Bde., übers. von P. Aloysius Alkofer (Ord. Carm. Disc.), München 1963-80:
    Bd. 1: Ihr Leben von ihr selbst beschrieben, ^{5}1979

토마스 아퀴나스

—: Sancti Thomae Aquinatis Ordinis Praedicatorum Opera Omnia, 25

Bde., Rom 1882-1996 (Editio Leonina)
—: Summa Theologiae, vollständige, ungekürzte deutsch-lateinische Ausgabe, Salzburg u.a. 1933—(noch nicht abgeschlossen)
—: Summa contra gentiles libri quattuor, Editio Leonina Bd. XIII-XV / Summe gegen die Heiden, hrsg. u. übers. von Karl Albert, Paulus Engelhardt u.a., 4 Bde., Darmstadt 1974-96

레프 톨스토이
—: Volkserzählungen, Jugenderinnerungen, Darmstadt 1961

시몬느 베이유
—: Écrits de Londres et dernières lettres, Paris 1957

루트비히 비트겐슈타인
—: Werkausgabe, 8 Bde., Frankfurt a.M. 1984
—: Briefe und Begegnungen, hrsg. von Brian F. McGuinness, Wien 1970 (Oxford [1]1967)
—: Briefwechsel, hrsg. von Brian F. McGuinness und Georg H. von Wright, Frankfurt a.M. 1980
—: Conversations with Wittgenstein, Maurice O'C. Drury, in: Ludwig Wittgenstein: Personal Recollections, hrsg. von Rush Rhees, Totowa, N.J. 1981, 142-235 (zitiert nach der deutschen Übersetzung: L.W.: Porträts und Gespräche, übers. von J. Schulte, Frankfurt a.M. 1984, 112-189)
—: Some Notes on Conversations with Wittgenstein by Maurice O'C. Drury, in: Ludwig Wittgenstein: Personal Recollections, hrsg. von Rush Rhees, Totowa, N.J. 1981, 91-111 (zitiert nach der deutschen

Übersetzung: L.W.: Porträts und Gespräche, übers. von J. Schulte, Frankfurt a.M. 1984, 117-141)
—: Bemerkungen über Frazers Golden Bough, in: ders.: Vortrag über Ethik, Frankfurt a.M. 1989, 29-46
—: Ursache und Wirkung. Intuitives Erfassen, in: Vortrag über Ethik, Frankfurt a.M. 1989, 101-140
—: Vortrag über Ethik, in: Vortrag über Ethik, Frankfurt a.M. 1989, 9-19

참고문헌

Albrecht, Christian: Schleiermachers Theorie der Frömmigkeit, Berlin 1993
Alston, William P.: Perceiving God — The Epistemology of Religious Experience, Ithaca u.a. 1991
—: The Distinctiveness of the Epistemology of Religious Belief, in: Brüntrup Godehard/Tacelli, Ronald K.: The Rationality of Theism, Dordrecht 1999, 237-254
Anderson, Douglas R.: Strands of System — The Philosophy of Charles Peirce, West Lafayette, Ind. 1995
Arnou, R.: Le désir de Dieu dans la philosophie de Plotin, Rom ^{2}1967
Arnswald, Ulrich/Weiberg, Anja (Hrsg.): Der Denker als Seiltänzer — Ludwig Wittgenstein über Religion, Mystik und Ethik, Düsseldorf 2001
Arrington, Robert L./Addis, Mark (Hrsg.): Wittgenstein and Philosophy of Religion, London u.a. 2001
Artz, Johannes: Newman und die Intuition, in: Theologische Quartalschrift 136 (1956) 174-198
—: Die Eigenständigkeit der Erkenntnistheorie J. H. Newmans, in: Theologische Quartalschrift 139 (1959) 194-222
—: Newman Lexikon, Mainz 1975 (Bd. IX von J. H. Newman: Ausgewählte Werke, hrsg. von Laros, M., Becker, W. u. Artz, J., 8 Bde., Mainz 1951-69)
—: Newmans philosophische Leistung, in: Newman Studien 10 (1976) 169-229
Badía Cabrera, Miguel A.: Hume's Reflection on Religion, Dordrecht 2001 (International Archives of the History of Ideas 178)

Barnard, G. William: Exploring Unseen Worlds — William James and the Philosophy of Mysticism, Albany 1997

Barrett, Cyril: Wittgenstein on Ethics and Religious Belief, Oxford 1991

Barth, Ulrich/Osthövener, Claus-Dieter (Hrsg.): 200 Jahre "Reden über Religion", Berlin u.a. 2000 (Schleiermacher-Archiv 19, Akten des 1. Internationalen Kongresses der Schleiermacher-Gesellschaft, Halle 14.-17. März 1999)

Baumgartner, Hans Michael/Waldenfels, Hans (Hrsg.): Die philosophische Gottesfrage am Ende des 20. Jahrhunderts, Freiburg/München 1999

Behrens, Georg: Peirce's "Third Argument" for the Reality of God and Its Relation to Scientific Inquiry, in: The Journal of Religion 75 (1995) 200-218

Berchtold, Christoph: Manifestatio Veritatis. Zum Offenbarungsbegriff bei Thomas von Aquin, Münster u.a. 2000

Biemer, Günther: Die Wahrheit wird stärker sein — Das Leben Kardinal Newmans, Frankfurt a.M. ^{2}2002 (Internationale Cardinal-Newman-Studien 17)

Bird, Graham: William James, London u.a. 1986

Birkner, Hans-Joachim: Schleiermacher-Studien, hrsg. von Fischer, Hermann, Berlin 1996

Bonk, Sigmund: David Hume: Kritiker der "Volksreligion", in: Wissenschaft und Weisheit 61 (1998) 265-286

—: Abschied von der Anima Mundi, Freiburg 1999

Bouchilloux, Hélène: Apologétique et raison dans les Pensées de Pascal, Klincksieck 1995

Brown, Hunter: William James on Radical Empiricism and Religion, Toronto u.a. 2000

Butler, Ronald J.: Natural Belief and the Enigma of Hume, in: Archiv für

Geschichte der Philosophie 42 (1960) 73-100
Cancik, Hubert/Gladigow, Burkhard/Laubscher, Matthias (Hrsg.): Handbuch der religionswissenschaftlichen Grundbegriffe, 5 Bde., Stuttgart u.a. 1988-2001
Clack, Brian R.: Wittgenstein, Frazer and Religion, London u.a. 1999
—: An Introduction to Wittgenstein's Philosophy of Religion, Edinburgh 1999 (zitiert als: Clack 1999a)
Clark, Gillian: Augustine: The Confessions, Cambridge 1993
Courcelle, Pierre: Les Confessions de Saint Augustin dans la tradition littéraire — antécédents et postérité, Paris 1963
—: Recherches sur les Confessions de Saint Augustin, Paris 1968
Cramer, Konrad: "Anschauung des Universums". Schleiermacher und Spinoza, in: Barth, Ulrich/Osthövener, Claus D. (Hrsg.): 200 Jahre "Reden über Religion", Berlin u.a. 2000, 118-141 (Schleiermacher Archiv 19, Akten des 1. Internationalen Kongresses der Schleiermacher-Gesellschaft, Halle 14.-17. März 1999)
Culler, Arthur D.: The Imperial Intellect — a Study of Newman's Educational Ideal, New Haven 1955
Deuser, Hermann: Gott: Geist und Natur — Theologische Konsequenzen aus Charles S. Peirce' Religionsphilosophie, Berlin 1993
—: Gibt es wirklich ein 'vernachlässigtes Argument' für die Realität Gottes?, in: Gestrich, Christof (Hrsg.): Gott der Philosophen — Gott der Theologen — Zum Gesprächsstand nach der analytischen Wende, Berlin 1999 (Beiheft zur Berliner Theologischen Zeitschrift 16(1999))
Dick, Klaus: Das Analogieprinzip bei John Henry Newman und seine Quelle in Joseph Butlers "Analogy", in: Newman Studien 5 (1962) 9-228
Dilthey, W.: Das Leben Schleiermachers, 2 Bde., hrsg. von Redeker, Martin, Berlin 1966-70

Ebeling, Gerhard: Schlechthinniges Abhängigkeitsgefühl als Gottesbewußtsein, in: ders.: Wort und Glaube, 4 Bde., Tübingen 1960-1994, Bd. 3, 1975, 116-136
Engelmann, Paul: Ludwig Wittgenstein. Briefe und Begegnungen, Wien 1970
Feil, Ernst: Religio — Die Geschichte eines neuzeitlichen Grundbegriffs, 3 Bde., Göttingen 1986-2001, Bd 1 (1986): Vom Frühchristentum bis zur Reformation; Bd. 2 (1997): Zwischen Reformation und Rationalismus (ca. 1540-1620); Bd. 3 (2001): Im 17. und 18. Jh.
Fischer, Hermann: Schleiermacher, in: Theologische Realenzyklopädie, Bd. 30 (1999), 143-189
—: Friedrich Schleiermacher, München 2001
Fischer, Norbert/Mayer, Cornelius (Hrsg.): Die Confessiones des Augustinus von Hippo — Einführung und Interpretationen zu den dreizehn Büchern, Freiburg u.a. 1998
Förster, Eckart: Die Wandlungen in Kants Gotteslehre, in: Zeitschrift für philosophische Forschung 52 (1998) 341-362
Fries, Heinrich: Die Religionsphilosophie Newmans, Stuttgart 1948
Gadamer, Hans-Georg: Wahrheit und Methode, Tübingen ²1965
Gaskin, J.C.A.: Hume's Philosophy of Religion, London 1978
Gouhier, Henri: Blaise Pascal — conversion et apologétique, Paris 1986
Guardini, Romano: Christliches Bewußtsein — Versuche über Pascal, Paderborn u.a. ⁴1991 (ND von ³1956; ¹1935)
—: Die Bekehrung des Aurelius Augustinus, Mainz u.a. ⁴1989 (ND von ³1959; ¹1935)
—: Anfang — eine Auslegung der ersten fünf Kapitel von Augustins Bekenntnissen, München ²1950
Guyer, Paul: In praktischer Absicht: Kants Begriff der Postulate der reinen praktischen Vernunft, in: Philosophisches Jahrbuch 104 (1997) 1-18

Hadot, Pierre (Einl., Übers., Kommentar): Les Écrits de Plotin — Traité 9 (VI, 9), Paris 1994
—: Plotin ou la simplicité du regard, Paris ³1989
Halfwassen, J.: Der Aufstieg zum Einen, Stuttgart 1992
Hendel, Charles W.: Studies in the Philosophy of David Hume, Indianapolis u.a. 1963
Henry, Paul S.J.: Die Vision zu Ostia, in: Andresen, Carl: Zum Augustin-Gespräch der Gegenwart, Darmstadt 1962, 201-270
Hookway, Christopher: On Reading God's Great Poem, in: Semiotica 87 (1991) 147-166
Horn, Christoph: Augustinus, München 1995
Jäger, Christoph (Hrsg.): Analytische Religionsphilosophie, Paderborn 1998
Jenkins, I.: Knowledge and Faith in Thomas Aquinas, Cambridge 1997
Kemp-Smith, Norman: Introduction to Hume's Dialogues Concerning Natural Religion, Oxford 1935
Kenny, Anthony: What is Faith? Essays in the Philosophy of Religion, Oxford 1992
Ker, Ian: John Henry Newman — a Biography, Oxford u.a. ²1995
Kerr, Fergus: Theology after Wittgenstein, Oxford 1986
Kienzler, Klaus: Gott in der Zeit berühren — Eine Auslegung der Confessiones des Augustinus, Würzburg 1998
Knauer, Georg N.: Psalmenzitate zu Augustins Konfessionen, Göttingen 1955
—: Peregrinatio Animae — Zur Frage der Einheit der augustinischen Konfessionen, in: Hermes 85 (1957) 216-248
Koritensky, Andreas: Wittgensteins Phänomenologie der Religion — Zur Rehabilitierung religiöser Ausdrucksformen im Zeitalter der wissenschaftlichen Weltanschauung, Stuttgart 2002
Kremer, Klaus: Plotin, in: Ricken, Friedo (Hrsg.): Philosophen der Antike, 2

Bde., Stuttgart 1996, 216-228, 298-302 (Bibliographie)
Kulenkampff, Jens: David Hume, München 1989
v. Kutschera, Franz: Vernunft und Glaube, Berlin u.a. 1990
Lamberth, David C.: William James and the Metaphysics of Experience, Cambridge 1999 (Cambridge Studies in Religion and Critical Thought 5)
Laube, Martin: Im Bann der Sprache — Die analytische Religionsphilosophie im 20. Jh., Berlin/New Work 1999
Loichinger, Alexander: Ist der Glaube vernünftig? — Zur Frage nach der Rationalität in Philosophie und Theologie, 2 Bde., Neuried b. München 1999
Lott, Eric J.: Vision, Tradition, Interpretation — Theology, Religion and the Study of Religion, Berlin u.a. 1988
Malcolm, Norman: Wittgenstein: A Religious Point of View?, London 1993
Meijer, P.A.: Plotinus on the Good or the One (Enneads VI, 9), Amsterdam 1992
Mesnard, Jean: Les Pensées de Pascal, Paris 1976
—: Blaise Pascal, in: Die Philosophie des 17. Jh., hrsg. von Schobinger, Jean-Pierre, Bd. 2: Frankreich und Niederlande, Basel 1993, 529-570 (Grundriss der Geschichte der Philosophie, begr. von F. Ueberweg)
Mitchell, Basil: Faith and Reason: A False Antithesis?, in: Religious Studies 16 (1980) 131-144
—: Newman as a Philosopher, in: Ker. Ian/Hill, Alan G.(Hrsg.): Newman after a Hundred Years, Oxford 1990, 223-246
Myers, Gerald E.: William James — His Life and Thought, New Haven u.a. 1986
Niebuhr, Richard R.: Schleiermacher on Christ and Religion, London 1964

Niewöhner, Friedrich (Hrsg.): Klassiker der Religionsphilosophie, München 1995
Nowak, Kurt: Schleiermacher und die Frühromantik, Weimar 1986
—: Schleiermacher, Göttingen 2001
O'Connell, Robert J., S.J.: William James on the Courage to Believe, New York 1997
O'Meara, Dominic: Plotinus — An Introduction to the Enneads, Oxford 1996 (^{1}1993)
Orange, Donna M.: Peirce's Conception of God — A Developmental Study, Lubbock 1984 (Peirce Studies 2)
Penelhum, Terence: The Analysis of Faith in St Thomas Aquinas, in: Religious Studies 13 (1977) 133-154
—: God and Skepticism, Dordrecht 1983
—: Themes in Hume — The Self, the Will, Religion, Oxford 2000
Perry, Ralph B.: The Thought and Character of William James, 2 Bde., Boston 1935
Pirillo, Nestore (Hrsg.): Kant e la filosofia della religione, 2 Bde., Brescia 1996
Plantinga, A.: Warranted Christian Belief, New York u.a. 2000
Proudfoot, Wayne: Religious Experience, Berkeley u.a. 1985
Putnam, Hilary: Wittgenstein on Religious Belief, in: ders.: Renewing Philosophy, Cambridge, MA 1992, 134-157 (Kap. 7)
Putnam, Ruth A. (Hrsg.): The Cambridge Companion to William James, Cambridge 1997
Raposa, Michael L.: Peirce's Philosophy of Religion, Bloomington, Ind. 1989 (Peirce Studies 5)
—: Peirce and Modern Religious Thought, in: Transactions of the Charles Sanders Peirce Society 27 (1991) 341-369

Rhees, Rush: Rush Rees on Religion and Philosophy, hrsg. von D.Z. Phillips, Cambridge 1997
Rich, Arthur: Pascals Bild vom Menschen, Zürich 1953
Ricken, Friedo: Nikaia als Krise des altchristlichen Platonismus, in: Theologie und Philosophie 44 (1969) 321-341
—: Sind Sätze über Gott sinnlos? Theologie und religiöse Sprache in der analytischen Philosophie, in: Stimmen der Zeit 193 (1975) 435-452
—: Zur Rezeption der platonischen Ontologie bei Eusebios von Kaisareia, Areios und Athanasios, in: Theologie und Philosophie 53 (1978) 321-351
—: Agnostizismus in der analytischen Philosophie, in: Schlette, Heinz R. (Hrsg.): Der moderne Agnostizismus, Düsseldorf 1979, 181-206
—: Zum wissenschaftstheoretischen Status theologischer Aussagen, in: Renovatio 36 (1980) 154-168
—: Staunen und Vertrauen. Zur Spiritualität Ludwig Wittgensteins, in: Entschluß 44 (1989/1) 27-29
—: Sprache und Sprachlosigkeit. Ludwig Wittgenstein über Religion und Philosophie, in: Stimmen der Zeit 207 (1989) 341-352
—: (Hrsg.): Klassische Gottesbeweis in der Sicht der gegenwärtigen Logik und Wissenschaftstheorie, Stuttgart 1991, ^{2}1998, Einführung, 7-15
—: Die Rationalität der Religion in der Analytischen Philosophie: Swinburne, Mackie, Wittgenstein, in: Philosophisches Jahrbuch 99 (1992) 287-306
—: Origenes über Sprache und Transzendenz, in: Honnefelder, Ludger/Schüßler, Werner: Transzendenz. Zu einem Grundwort der klassischen Metaphysik, Paderborn 1992, 75-92
—: u. Marty, Francois (Hrsg.): Kant über Religion, Stuttgart u.a. 1992
—: Kanon und Organon — Religion und Offenbarung im 'Streit der

Fakultäten', in: Ricken, Friedo/Marty, Francois (Hrsg.): Kant über Religion, Stuttgart u.a. 1992, 181-194
—: Religiöse Erfahrung und Glaubensbegründung, in: Theologie und Philosophie 70 (1995) 399-404
—: u. Muck, Otto: Gottesbeweise, in: Lexikon für Theologie und Kirche, 3. Auflage, Bd. 4 (1995), 878-886
—: Gotteserkenntnis — I. Philosophisch, in: Lexikon für Theologie und Kirche, 3. Auflage, Bd. 4 (1995), 908-910
—: Möglichkeiten und Grenzen der religiösen Sprache, in: Forum für Philosophie Bad Homburg (Hrsg.): Nachmetaphysisches Denken und Religion, Würzburg 1996, 33-48
—: Analogie der Erfahrung, in: Laarmann, Matthias/Trappe, Tobias (Hrsg.): Erfahrung — Geschichte — Identität (Festschrift f. Richard Schaeffler) Freiburg 1997, 91-109
—: Aristotelische Interpretationen zum Traktat *De Passionibus Animae* (Summa theologiae I II 22-48) des Thomas von Aquin, in: Thurner, Martin (Hrsg.): Die Einheit der Person — Beiträge zur Anthropologie des Mittelalters (Festschrift für Richard Heinzmann), Stuttgart u.a. 1998, 125-140
—: Glaube und Freiheit, in: Gestrich, Christof (Hrsg.): Gott der Philosophen — Gott der Theologen, Beiheft zur Berliner Theologischen Zeitschrift 16 (1999) 68-88
—: "Perspicious Representation" and the Analogy of Experience, in: Brüntrup, Godehard/Tacelli, R. K. (Hrsg): The Rationality of Theism, Dordrecht u.a., 1999 (Studies in Philosophy and Religion 19), 161-175
—: William James on the Act of Religious Belief, in: Bijdragen. Tijdschrift voor filosofie en theologie 60 (1999) 419-435

—: Der christliche Glaube als Herausforderung an die Philosophie, in: Theologie und Glaube 90 (2000/3) 449-466

—: Der religiöse Glaube als Tugend, in: Knapp, Markus/Kobusch, Theo (Hrsg.): Religion-Metaphysik(kritik)-Theologie im Kontext der Moderne/Postmoderne, Berlin u.a. 2001, 127-144

—: Kant über Selbstliebe: "Analogie zum Guten" oder "Quelle alles Bösen", in: Philosophisches Jahrbuch 108 (2001) 245-258

—: Religionsphilosophische Interpretationen zu Wittgensteins *Bemerkungen über Frazers GOLDEN BOUGH* I, in: Schlette, Heinz R. (Hrsg.): Religion — aber wie? Religionsphilosophische Perspektiven, Würzburg 2002, 33-48

Schaeffler, Richard: Religionsphilosophie, Freiburg ³2002

Schmidt-Biggermann, Wilhelm: Blaise Pascal, München 1999

Schulte, Joachim: Chor und Gesetz. Zur "morphologischen Methode" bei Goethe und Wittgenstein, in: ders.: Chor und gesetz — Wittgenstein im Kontext, Frankfurt a.M. 1990, 11-42

Seckler, Max: Instinkt und Glaubenswille nach Thomas von Aquin, Mainz 1961

Seifert, Paul: Die Theologie des jungen Schleiermacher, Gütersloh 1960

Sellier, Philippe: Pascal et Saint Augustin, Paris 1970

Silber, John R.: Kants Conception of the Highest Good as Immanent and Transcendent, in: The Philosophical Review 68 (1959) 469-492

—: Die metaphysische Bedeutung des höchsten Guts als Kanon der reinen Vernunft in Kants Philosophie, in: Zeitschrift für philosophische Forschung 23 (1969) 538-549

Smith, John E.: Purpose and Thought — the Meaning of Pragmatism, Chicago 1978

—: The Tension between Direct Experience and Argument in Religion, in:

Religious Studies 17 (1981) 487-498
—: The Spirit of American Philosophy, Albany 1983
Streminger, Gerhard: David Hume — Sein Leben und sein Werk, Paderborn 1994
Swinburne, R.: The Existence of God, Oxford 1991
Wagner, Falk: Was ist Religion? Studien zu ihrem Begriff und Thema in Geschichte und Gegenwart, Gütersloh 1986
Walsch, W.H.: Kant's Moral Theology, in: Proceedings of the British Academy 49 (1963) 263-289
Wasmuth, Ewald: Der unbekannte Pascal, Regensburg 1962
Welte, Bernhard: Religionsphilosophie, Frankfurt a.M. ^{5}1997(^{1}1978)
Wenz, Gunther: Ergriffen von Gott — Zinzendorf, Schleiermacher und Tholuck, München 2000
Willam, Franz M.: Aristotelische Erkenntnislehre bei Whately und Newman und ihre Bezüge zur Gegenwart, Freiburg 1960
Wimmer, Reiner: Kants kritische Religionsphilosophie, Berlin u.a. 1990
Winch, Peter: Discussion of Malcolm's Essay, in: Malcolm, Norman: Wittgenstein: A Religious Point of View?, London 1993
Winter, Aloysius: Der Gotteserweis aus praktischer Vernunft, in: ders.: Der andere Kant — zur philosophischen Theologie Kants, Hildesheim 2000, 257-343
Wolf, Kurt: Religionsphilosophie in Frankreich. Der "ganz Andere" und die personale Struktur der Welt, München 1999
Wolf, Robert G.: Analytic Philosophy of Religion — A Bibliography 1940-1996, Bowling Green 1998
Wood, Allen W.: Kant's Moral Religion, Ithaca 1970
Wuchterl, Kurt: Analyse und religiöse Vernunft — Grundzüge einer paradigmenbezogenen Religionsphilosophie, Bern u.a. 1989

Yandell, Keith: Philosophy of Religion — a Contemporary Introduction, London u.a. 1999

인명색인

A

Abraham 아브라함 438, 476
Adam 아담 294, 360, 461
Alston, W.P. 올스톤 127, 129
Alypius 알리피우스 556
Ambrosius 암브로시우스 518, 536, 537, 538
Ammonios 암모니오스 518, 536, 538
Anderson, D.R. 149, 171
Anselm von Canterbury 안젤무스 5, 514
Antonius 안토니우스 555, 557
Aphrodite 아프로디테 590
Archimedes 아르키메데스 76, 473
Aristoteles 아리스토텔레스 5, 29, 33, 37, 76, 117, 147, 174, 180-182, 199, 254, 256, 369, 487, 489, 491, 494-497, 502, 504, 506, 563-565, 568, 579-581
Arnou, R. 592
Arnswald, U. 98
Artz, J. 264

Augustinus 아우구스티누스 30, 33, 39, 50, 53, 54, 56, 57, 89, 90, 149, 152, 170, 213, 456, 463, 467, 475, 510, 514, 516-521, 523-533, 535-538
Augustus 아우구스투스 216

B

Bacon, F. 베이컨 426
Badía Cabrera, M.A. 436
Barnard, G.W. 132
Barrett, C. 98
Baumgartner, H.M. 47
Berchtold, C. 513
Biemer, G. 264
Bird, G. 132
Birkner, H.-J. 317
Boethius 보에티우스 490
Bonk, S. 436
Bouchilloux, H. 483
Brown, H. 132
Buddha 부처 148

인명색인 **613**

Butler, J. 버틀러　206
Butler, R. 버틀러　56, 436

C

Caesar 케사르　218
Calvin 캘빈　44, 46
Cancik, H.　47
Cato 카토　283
Chrysipp 크리시프　390
Cicero 키케로　33, 219, 236, 237, 387-390, 393, 398, 420, 529-531, 535, 540, 593
Clack, B.R.　98
Clark, G.　562
Clifford, W.K. 클리포드　102, 103, 105, 108, 249
Copleston, E. 코플스톤　184, 185
Couchoud, R.-L. 꾸슈　438
Courcelle, P. 꾸르셀　518, 562
Cramer, K.　292, 317
Culler, A.　264

D

Damaris 다마리스　261
Darwin, Ch.R. 다윈　154
David　519
Descartes, R. 데카르트　79-81
Deuser, H.　23, 171

Dick, K.　264
Dilthey, W. 딜타이　317
Diodorus Siculus 디오도로스 시쿠루스　432
Dionysios 디오니시오　261
Dostojewski, F. 도스또옙스키　54
Drury, M.O'C. 드루리　48-51, 55-57, 78

E

Ebeling, G.　317
Elliot, G. 엘리옷　391, 392
Emerson, R.W. 에머슨　112
Engel, H.　25
Engelmann, P. 엥겔만　67, 68, 70
Epikur 에피쿠로스　33, 177
Ezechiel 에제키엘　552

F

Faustus 파우스투스　533-535
Feil, E.　47
Ficker, L. v. 픽커　66, 67, 69
Fierlbeck, M.　25
Fischer, H.　317
Fischer, N.　562
Frazer, J.G. 프레이저　84, 86-89, 92, 93, 94
Fries, H.　264

G

Gadamer, H.-G. 가다머 39
Gallilei, G. 갈릴레이 152, 164, 165, 170
Gaskin, J.C.A. 418, 436
Gladigow, B. 47
Goethe, J.W. v. 괴테 84, 181
Gordian III. 고르디아누스 564
Gouhier, H. 483
Guardini, R. 과르디니 477, 483, 515, 528, 562
Guizot, F. 기조 179-181
Guyer, P. 384

H

Hadot, P. 592
Haeffner, G. 25
Halfwassen, J. 592
Harder, R. 564
Heinroth, J.Chr.F.A. 84
Hendel, C. 388
Henry, P. 562
Hesiod 헤시오도스 287
Hieronymus 예로니무 236, 237
Hiob 욥 354-356, 449
Homer 호머 222
Hookway, C. 171
Horaz 호라티우스 215, 222

Horn, G. 519, 562
Hume, D. 흄 28, 29, 40-43, 385-436

I

Iamblichos 얌블리코스 538
Ignatius von Loyola 로욜라의 이냐시오 124
Iphigenie 이피게니아 243
Isaak 이사악 438

J

Jäger, C. 47
Jakob 야곱 240
James, W. 제임스 28, 31, 35, 78, 99-130, 133, 177, 192, 213, 249, 385, 435, 436, 563
Jenkins, I. 513
Jeremia 예레미야 278, 523
Jesaia 이사야 278, 492, 526
Jesus von Nazareth 예수 35, 55, 61, 193, 194, 197, 203, 224, 365, 366, 438, 461, 469, 470, 472-476, 550, 558
Johannes 요한 (복음사가) 52, 196, 197, 209, 240, 259, 364, 368, 450, 507, 539
Johannes Chrysostomos 크리소스토모 236

인명색인 **615**

Johnson, S. 존슨　52

K

Kant, I. 칸트　28, 37, 41, 68, 100, 270, 271, 318, 320, 321, 323-327, 330, 331, 335, 339, 343-350, 352-363, 365, 367-370, 373, 374, 376, 378-380, 382, 407, 408, 410, 418, 595
Kehl, M.　25
Kemp-Smith, N.　436
Kenny, A.　47
Ker, I.　264
Kerr, F.　98
Kienzler, K.　562
Kierkegaard, S. 키르케고르　58, 100
Kleanthes 클리안테스　389
Knauer, G. N.　519, 562
Koch, B.　25
Konfuzius 공자　148
Kopernikus, N. 코페르니쿠스　396
Koritensky, A.　98
Kremer, U.　592
Kulenkampff, J.　436
Kurz, B.　25
Kutschera, F. v.　47

L

Lafuma, L. 라퓌마　438

Lamberth, D.C.　132
Laube, M.　98
Laubscher, M.　47
Lauterbach, H.　25
Leibniz, G.W. 라이프니츠　169, 336
Leuba, J. 류바　116, 118, 121, 123
Locke, J. 로크　214, 249, 250, 397
Loichinger, A.　47
Löser, W.　25
Lott, E.J.　47
Lukrez 루크레티우스　243, 246
Luther, M. 루터　124, 125

M

Malcolm, N.　98
Malebranche, N. 말브랑슈　398
Mani 마니　531, 533, 534
Maria 마리아　428
Marius Victorinus 마리우스 빅토리누스　538, 555
Marty, F.　384
Mesnard, J.　439, 475, 483
Meys, O.　25
Mitchell, B.　38, 264
Mohammed 모하메드　248
Monica 모니카　542, 551
Myers, G.E.　132

N

Narziß 나르시스 583
Newman J.-H. 뉴먼 7, 37, 172, 173, 175, 179-193, 195-262, 380, 563
Newton, I. 뉴턴 181, 396
Niebuhr, B. 317
Niewöhner, F. 47
Nikodemus 니코데모 197
Nowak, K. 317

O

O'Connell, R.J. 132
O'Donnell, J. 518, 538, 544, 562
O'Meara, D. 592
Orange, D.M. 171
Origenes 오리게네스 51

P

Paley, W.P. 페일리 206
Pascal, B. 파스칼 33, 51, 110, 146, 380, 437-482
Paulus 바오로 61, 144, 175, 188, 195, 197, 202, 203, 211, 246, 312, 461, 475, 492, 523, 537, 540, 547-550, 557, 558, 561
Peirce, Ch. 퍼스 133-170
Penelhum, T. 436, 513
Périer, M. 438
Petrus 베드로 197, 539, 542
Philippus Arabs 필립포스 아랍스 564
Philon von Larissa 라릿사의 필론 390
Pirillo, N. 384
Plantinga 플랜팅가 40, 43-46
Platon 플라톤 43, 51, 91, 271, 494, 499, 561, 565, 566, 580, 581, 582, 592
Plotin 플로티노스 30, 31, 563-591
Ponticianus 폰티키아누스 555-557
Porphyrios 포르피리오스 538, 564-566
Proudfoot, W. 132, 317
Putnam, H. 25, 98
Putnam, R.A. 25, 132

R

Raposa, M.C. 171
Renan, E. 르낭 91
Rhees, Rh. 98
Rich, A. 483
Ricken, F. 98, 384, 503, 513
Russel, B. 러셀 67

S

Salomon 솔로몬 449
Schaeffler, R. 47

Schatz, K. 25
Schlegel, F. 슐레겔 266
Schleiermacher, F. 슐라이어마허 33, 265-315
Schmidt-Biggemann, W. 438, 476, 483
Schneider, J. 26
Schöndorf, H. 25
Schubert, F. 슈베르트 93, 94
Seckler, M. 513
Sellier, P. 483
Seneca 세네카 415, 535
Sextus Empiricus 섹스투스 엠피리쿠스 64
Shakespeare, W. 셰익스피어 174
Silber, J. 384
Smith, J.E. 132, 171
Sokrates 소크라테스 91, 148, 566
Spinoza B. 스피노자 292, 335
Streminger, G. 436
Swinburne, R. 스윈번 9, 40-43
Symmachus 심마쿠스 536

T

Tacitus 타키투스 218
Tennant, F.R. 테넌트 56
Teresa von Avila 아빌라의 데레사 125
Theaitet 테아이테토스 43, 91, 581

Thomas von Aquin 토마스 아퀴나스 7, 37, 76, 100, 181, 206, 213, 410, 484-512
Tiberius 티베리우스 218
Tolstoi, L. 톨스토이 54, 55, 118
Tourneur, Z. 뚜르너 438
Trevor, J. 트레버 130

U

Uhland, L. 울란트 68

V

Vergil 베르길리우스 216, 219, 387
Vinnius 비니우스 387
Voet 보엣 387

W

Wagner, F. 47
Waldenfels, H. 47
Walsh, W.H. 384
Wasmuth, E. 483
Weiberg, A. 98
Weil, S. 베이유 50
Wellington, A.W. 웰링톤 222
Welte, B. 47
Wenz, G. 317
Whitman, W. 휘트만 128
Wilberforce, W. 윌버포스 222

Winch, P. 35
Winter, A. 384
Wittgenstein 비트겐슈타인 7, 30-97, 149, 156, 181, 253-255, 379, 385, 418
Wolf, K. 47
Wolf, R. 47
Wood, A.W. 384
Wuchterl, K. 47

Y

Yandell, K. 47

Z

Zenon von Kition 제논 389

용어색인

ㄱ

가설 Hypothese 42, 46, 85, 87, 88, 92, 93, 100, 103-105, 108-110, 123, 131, 132, 138-140, 143, 156-159, 161-166, 168, 169

가설유도추리(假設誘導推理) Abduktion 137, 138, 139, 162, 163, 170

각성의 체험 Erweckungserlebnis 311

감각 Sinn 274, 276, 279, 288-290, 293, 294

개연적 연역 Retroduktion 138

결론 Konklusion 128, 488

결의론(決疑論) Dezisionismus 110

겸손 Demut 459, 460

경건 Frömmigkeit 297-300, 430-432

경외심 Ehrfurcht 50-52, 180, 208, 290, 346, 398, 409

경탄 Staunen 52, 74, 76

경향 Neigung 79, 359, 360, 364, 378, 392

경험 Erfahrung 63, 73, 74, 95, 96, 563, 566, 567, 590, 591

계시 Offenbarung 240-242, 356-358, 379-382, 491, 492

계시된 계시 Revelatio revelata 241, 248

고백 confessio 549

공동체 Gemeinschaft 142, 143, 178, 179, 180

과학 Wissenschaft 133-137, 397

관념 Idee 173-179

관조 Schau 575-578, 581, 582, 584-586, 588, 591, 592

광신 Fanatismus 210, 341

교만 Hochmut 467-470, 473

교회 Kirche 279-281, 283-285

구상력 Einbildungskraft 173, 175, 228

구원 Erlösung 57, 58

그림 Bild 586, 588

그림이론 Bildtheorie 70, 72, 73

기도 Gebet 247, 248

ㄴ

노동 Arbeit 278
논증 Argument 149, 150-154
느낌 Gefühl (sentiment) 289-291, 454, 455

ㄷ

다섯 길 fünf Wege 37, 206, 484, 485, 487-492, 497
다신교 Polytheismus 282, 386
단일성 Einheit 569-571, 573, 574, 576
덕 Tugend 494, 495, 497, 580, 581, 584
도덕 Moral 269
도덕감 moral sense 232
도덕적 세계 moralische Welt 324-327, 373
도식 Schematismus
- 유비의 도식 der Analogie 367-369
- 대상규정의 도식 der Objektbestimmung 367, 368
독단론 Dogmatismus 451-453, 462-464
동의 Zustimmung
- 개념적 동의 begriffliche 221, 222, 225, 230, 231
- 실제적 동의 reale 221, 223-225, 227, 230, 231
동종성 connaturalitas 512
들음 Hören 553

ㅁ

마니교 Manichäismus 532-536, 538, 541, 544-546
마술 Theurgie 342
마음 Herz 453-455, 477
말함 Sagen 67, 68
명상 Meditation 147, 148
명상에 잠김 Versonnenheit (musement) 152, 154, 159
명제 Proposition 214, 215
목적의 왕국 Reich der Zwecke 338, 339
목적론적 논증 teleologisches Argument 207, 392, 398, 399, 402, 404
무관심주의 Indifferentismus 306, 308
무한자 das Unendliche 292, 293, 296, 297
문체 Stil 219, 530, 531
미신 Aberglaube 209, 210, 415, 417, 418, 423, 424, 426, 427, 429, 431-433, 435
미학, 미적인 체험 Ästhetik, ästhetisches Erlebnis 76, 547, 549, 578, 579, 583, 585

믿음 belief 229, 240,

ㅂ

보기 Beispiel 32, 364, 366, 367, 542, 554
보여줌 Zeigen 63, 67, 70, 71, 73
보증 warrant 9, 43, 44
복종 Unterwerfung 456-458
본능 Instinkt 83, 136, 137, 140, 141, 145-147, 149, 159, 163, 164, 166, 170, 192, 196, 210, 219, 226, 234, 236-238, 247, 255, 261, 359, 395, 396, 402, 411, 420, 432, 512
본성에 부합하는 목적 finis connaturalis 503
봄 Sehen 63, 79, 580-583, 592
변신론 Theodizee
- 진정한 변신론 authentische 355
- 교의적인 변신론 doktrinale 353
분석 Analyse 203, 204
불의 Ungerechtigkeit 41, 252, 350, 450, 525, 580
불행 Übel
- 윤리적 불행 moralisches 349
- 물리적 불행 physisches 348
비모순성 Widerspruchsfreiheit
- 내재적인 비모순성 36
- 외재적인 비모순성 36

비참 Elend 33, 261, 422, 439-441, 443, 446-449, 451, 460, 467, 469, 470, 527, 558, 561

ㅅ

사다리 Leiter 64, 66, 72
사랑 Liebe 459, 460, 471-475, 511
삶의 형식 Lebensform 30, 39, 78, 86, 148, 178, 294, 554
상상 Einbildung (imagination) 443, 444
상승 Aufstieg 547
상식 common sense 146, 151, 165, 234, 253, 343, 344
상징 Symbol 56, 90, 91, 585, 586, 588, 590
생장 Wachstum 402, 422
선 Gut
- 최상의 선 höchstes 327, 329, 330, 339, 479, 500, 503
- 최상의 연역된 선 höchstes abgeleitetes 322
- 최상의 근원적 선 höchstes ursprüngliches 325
선택 Option 103-105, 109,
세계종교들 Weltreligionen 313
습관 Gewohnheit 445, 446, 482, 483
시간적 근원 Zeitursprung 358, 360, 361

시편 Psalmen　519-524, 526, 528, 529, 533, 544, 545, 546, 550, 552, 558, 560, 561
신비주의 Mystik　31, 35, 122, 123, 126-128, 131, 132, 323, 435, 496, 503, 563, 578
신비주의 Mystizismus　115
신뢰성 Glaubwürdigkeit　107, 130
신성한 감각 sensus divinitatis　44, 46
신앙 faith　106, 229
신앙 Glaube
- 교회신앙 Kirchenglaube　374, 375, 379, 382, 383
- (실천적) 이성신앙 (praktischer) Vernunftglaube　328, 340, 342, 347, 357, 383
- 종교신앙 Religionsglaube　374, 375, 377, 379, 382, 383
- 사랑이 없는 신앙 fides informis　500
- 사랑으로 완성된 신앙 fides formata　500
신앙상태 Vertrauenszustand (faith-state)　101, 117, 119, 120, 121, 127
신앙주의 Fideismus　505
신의 백성 Volk Gottes
- 덕의 법칙에 따르는 nach Tugendgesetzen　373
- 법규적 규칙에 따르는 nach statuarischen Gesetzen　373

신인동형론 Anthropomorphismus　341, 342, 368, 369, 399, 407-409, 411, 413, 414, 423, 424, 430, 434
신 인식 Gotteserkenntnis
- 막연한 신 인식 konfuse　493
- 자연적인 신 인식 natürliche　468, 492, 493, 497, 505, 547
신 증명 Gottesbeweis
- 목적론적 신 증명 teleologischer　29, 56, 115, 148, 206
신지학(神智學) Theosophie　341
신학 Theologie
- 자연적 신학 natürliche　205, 206
- 물리적 신학 physische　205-208
실재 Realität　145-148
실체적 합일 Hypostatische Union　366

ㅇ

악 das Böse　348, 349
앎 Wissen　331, 332
양심 Gewissen　41, 42, 230-235, 237-239
억견 Meinen, Meinung　331, 510, 511
언어놀이 Sprachspiel　31, 49, 77-81, 83, 86, 254
언어행위 Sprechakt　214, 527
연결고리 Zwischenglieder　36, 37, 92, 93, 94
영혼 Seele　94, 570, 571, 573

예감 praesumptio 549
예감 Vorahnung (presentiment) 260
완전성 Vollkommenheit 412, 413, 485-487, 589
완전성의 선취 Vorgriff der Vollkommenheit 39
외재주의 Extrinsezismus 505
요청 Postulat 157, 272, 307, 328-334, 340-342
우상숭배 Idolatrie 428
우주 Universum
- 세 우주들 die drei Universen 154
원 Kreis 568, 577, 586-588, 590
원리 Prinzip 453-455
원죄의 유전 Vererbung der Sünde 463
원현상(原現象) Urphänomen 79, 80, 84, 89, 96, 97
위대함 Größe 447-449
유물론 Materialismus 468, 535, 538, 544, 548, 572
유비 Analogie 410-412
유신론 Theismus 43-46, 402, 407-410, 412, 420, 421, 424-430
육체 Körper 472-474, 477
윤리적 공동체 ethisches gemeines Wesen 370-374, 379, 381
윤리적 발전 ethische Entwicklung 179, 180
윤리적으로 아름다운 것 das sittlich Schöne 579-581
윤리학 Ethik 71, 74-76
의례 Ritus 89, 90, 92, 93, 95, 96
의무감 sense of duty 232
의식 Bewußtsein 298-300
의심 Zweifel 214, 215, 455-457, 459, 464,
의욕적인 본성 willing nature 109
이성 Vernunft
- 직관하는 이성 anschauende 548
- 판단하는 이성 urteilende 548
이성적 근원 Vernunftursprung 358, 360, 361
이신론 Deismus 407-409, 413
이원론 Dualismus 490, 497, 532, 545, 580
이해 Verstehen 274, 276, 277
일관성 Konsistenz 46
일목요연한 묘사 übersichtliche Darstellung 7, 36, 83, 84, 88, 95, 161, 181
일상어 Alltagssprache 77, 145, 156, 584, 585
일자 das Eine 572-577

ㅈ

자기의식 Selbstbewußtsein 298, 587
자연 Natur 325-328, 333-339, 464, 465, 470
자연과학 Naturwissenschaft 102,

104, 105, 115, 117, 534, 535
자연법 Naturrecht 445, 446
자연의 빛 lumen naturale 164
자연적 갈망 desiderium naturale 170, 497
자연적인 성향 inclinatio naturalis 502, 511
자족 Selbstgenügsamkeit 572, 574, 575
전적인 종속감 schlechthinniges Abhängigkeitsgefühl 298, 301-304
절망 Verzweiflung 467, 469, 561
정신 Geist 94, 471-475, 552, 560
정신분산 Zerstreuung 440, 441, 443, 446, 559, 560
정욕 Konkupiszenz 449, 450
정초개념, Begründungsbegriff
- 강한 starker 491
- 약한 schwacher 491, 493
제일성 Firstness 154, 159
제이성 Secondness 154, 155, 159
제삼성 Thirdness 154
존재론 Ontologie 33
존재상황 Seinslage (condition) 440-443, 452, 467
종교 Religion
- 자연적 종교 natürliche 206, 212, 239, 240, 242-248, 258, 260, 261, 263, 379
- 대중적인 종교 populäre 416, 424, 425, 427, 433
- 이성종교 Vernuftreligion 415, 417, 418, 425-427, 432, 433
- 문명의 종교 der Zivilisation 243
종교비판 Religionskritik 341, 342, 385
종교적 근본행위 religiöser Grundakt 99, 100, 102, 111, 213, 563
종교적 다원주의 religiöser Pluralismus 305, 306
종교적 인격성 religiöse Persönlichkeit 311, 312
종교전쟁 Religionskrieg 282, 370
주술 Magie 86-89
주장 Behauptung 214
죽음 Tod 277, 278, 465, 466
중심 Mittelpunkt 310, 587-590
증명 Beweis
- 무엇이라는 증명 Daß (quia) 487
- 무엇때문에 증명 Warum (propter quid) 487
지성주의 Intellektualismus 103, 105
지혜 Weisheit
- 예술적 지혜 Kunstweisheit 352
- 도덕적 지혜 moralische 352
직관 Anschauung 270, 281, 282
직관 Intuition 515, 532, 541, 548

진리 Wahrheit 122-126
질료대상 Materialobjekt 510, 511

ᄎ

철학 Philosophie 181, 182, 184-187
첫째 것 das Erste 571-577, 581, 582, 585-589, 591, 592
추론감각 Folgerungssinn (illative sense) 251, 253-256, 258
추론결과 Schluβfolgerung 162, 194, 200
침묵 Schweigen 553

ᄏ

캘빈파의 인식론 Reformed Epistemology 40

ᄐ

태도 Einstellung 82, 83
통찰 Einsicht 141

ᄑ

파악 Erfassen
- 개념적 begriffliches 215, 220, 221, 230
- 실제적 reales 215-218, 220, 221, 230

판단 Urteil 456
판단력 Urteilskraft 184, 185
프로네시스 Phronesis 37, 182, 255, 256
플라톤주의 Platonismus 538-540
필연적 존재자 ens necessarium 155-158, 160

ᄒ

하느님의 명예 Ehre Gottes 52, 53
한계 Grenze 56, 57, 68, 69
합리성 Rationalität
- 내재적인 합리성 interne 506, 509
- 외재적인 합리성 externe 506, 509
합리주의 Rationalismus 115, 116
해석 Interpretation
- 상호적 해석 wechselseitige 30, 37, 461
- 진정한 해석 authentische 353
- 교의적인 해석 doktrinale 353
행복 Glück 495, 497, 498
행복 Glückseligkeit 323-327
행복을 누릴만함 Glückswürdigkeit 325, 328, 335
허무 Eitelkeit 440, 447
형상대상 Formalobjekt 510, 511
형이상학 Metaphysik 5, 33, 34, 56, 57, 64, 71, 83, 100, 106, 253, 268-273, 287, 320, 334, 337, 342, 346, 386, 407, 467, 469,

470, 484, 494, 496, 497, 504, 506, 509, 512, 526, 527, 549, 563
확신 Gewißheit (certitude) 251
회의주의 Skeptizismus 394-396, 451